龍向洋 編

哈佛燕京圖書館書目叢刊第十四種

美國哈佛大學
哈佛燕京圖書館藏
民國時期圖書總目

Catalogue of Books of the Period of the Republic of China

Collected in

Harvard-Yenching Library, Harvard University, U.S.A.

· 2 ·

GUANGXI NORMAL UNIVERSITY PRESS
廣西師範大學出版社
· 桂林 ·

007550440　4555　3834
中華銀行會計制度
顧準著　長沙　商務印書館　1940 年
　再版　（m.）

007550617　4555　4200
現代會計學
楊端六著　上海　商務印書館　1946 年
　再版　（m.）

007550620　4555　4234
近代各國審計制度
楊汝梅著　上海　中華書局　1931 年
（m.）

007550726　4555　4848
會計制度調查初稿
黃蔭普撰　廣州　國立中山大學
1931 年

007550727　4555　4848.1
廣東工商業固有簿記調查彙編
黃蔭普撰　香港　中山大學經濟處
1934 年　（m.）

007567335　4555　6102
財政部特種公務田賦徵課會計制度草案
財政部　1941—49 年

007550743　4555　7476
巴希歐里"計算與記錄要論"漢譯
南京　計政學院　1936 年

011804388　HF5616.C6　X829　1933
改良中式簿記概說
徐永祚著　上海　徐永祚會計師事務所
　1933 年　（m.）

007550683　4555　8022
會計名辭彙譯
潘序倫編著　上海　商務印書館　1934
年　（m.）

007552958　4556　4923
廣告學綱要
蘇上達撰　上海　商務印書館　1930 年

007552811　4556　7142
廣告
陸梅僧著　上海　商務印書館　1947 年
　再版　（m.）

011883807　HF5823.S85　1934
廣告學概論
蘇上達著　上海　商務印書館　1934 年
　商學小叢書　（m.）

007556400　4559　1223.11
南北貨海味業須知
張一凡主編　上海　中華書局　1949 年
（m.）

007552975　4559　1223.7
國藥業須知
張一凡主編　上海　中華書局　1949 年
（m.）

007552898　4559　2170
商品檢驗
行政院新聞局編　南京　行政院新聞局
　1947 年　（m.）

007552990　4560　1100
金貴銀賤問題叢刊
工商部工商訪問局　上海　工商部工商
訪問局　1930 年　（m.）

007552993　4560　1288
銀價之研究
邵金鐸著　上海　學術研究會總會
1924 年　再版　（m.）

007556435　4560　3618　CHIN　372　F47
金融法規彙編
聯合徵信所編印　漢口　聯合徵信所

社會科學類

1947 年　初版　（m.）

007552853　4560　4243
上海金融組織概要
楊蔭溥編　上海　商務印書館　1930 年
（m.）

007552854　4560　5582　CHIN　372　F47
金融法規大全
中央銀行經濟研究處編　上海　上海商務印書館　1947 年　初版　中央銀行經濟研究處叢刊　（m.）

007553028　4560　5582　（2）
金融法規大全補編
中央銀行經濟研究處編　上海　商務印書館　1947 年　中央銀行經濟研究處叢刊　（m.）

007552933　4560　5582.1
金融法規彙編
中央銀行經濟研究處編纂　上海　商務印書館　1937 年　中央銀行[經濟研究處]叢刊　（m.）

007554223　4560.14　1350
中國金融論
張輯顏著　上海　商務印書館　1933 年（m.）

007554225　4560.18　5582
十年來中國金融史略
中央銀行經濟研究處編印　郭家麟等編纂　趙蘭坪、傅堅白校訂　重慶　中央銀行經濟研究處　1943 年　（m.）

007554195　4560.3　0382
金融市塲論
交通銀行總管理處編印　上海　交通銀行總管理處　1947 年　滬 1 版　交通銀行經濟叢刊　（m.）

007554197　4560.3　1302
金融漫紀
張方仁著　上海　三和印刷所　1949 年　增訂 3 版　（m.）

011916656　HG187.C6　Y36　1931
楊著中國金融論
楊蔭溥著　上海　黎明書局　1931 年　初版　（m.）

007554249　4560.5　7233
中國之新金融政策
馬寅初著　上海　商務印書館　1937 年　3 版　國立交通大學叢書　（m.）

007554358　4560.6　2135
上海金融機關一覽
史久鼇撰　上海　銀行周報社　1920 年（m.）

007554233　4560.6　5582
全國金融機構一覽
中央銀行稽核處編印　上海　六聯印刷公司　1947 年　增訂版　（m.）

007554235　4560.8　2343
華南金融貿易須知
香港　經濟導報　1949 年

007554291　4560.8　2347　FC7818　Film　Mas　31792
東三省金融概論
侯樹彤編著　上海　太平洋國際學會　1931 年　太平洋國際學會叢書　（m.）

007554236　4560.8　2930
增改最近上海金融史
徐寄廎編　馮子明校閱　上海　徐寄廎　1932 年

007554365　4560.8　6108
十年來之金融
財政部錢幣司編　廣州　中央信託局印

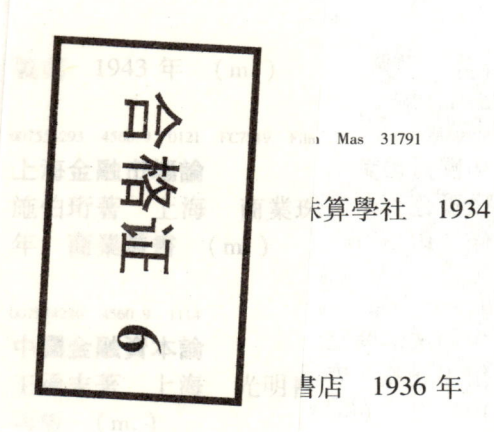

007554290　4560.9　1337
中國之幣制與匯兌
張家驤、吳宗燾、童蒙正著　上海　商務印書館　1931年　萬有文庫　第1集（m.）

007554292　4560.9　1822
南京金融業概覽
聯合徵信所南京分所調查組編輯　南京　聯合徵信所南京分所調查組　1947年（m.）

007554198　4560.9　3694
金融問題討論集
潘恒勤著　上海　商務印書館　1948年　初版　銀行學會叢書　（m.）

007538918　HG175.L68
近代金融學說
梁慶椿主編　重慶　中國農民銀行經濟研究處　1945年　增訂版　中國農民銀行經濟研究處研究專刊　（m.）

011896236　HG1586.C47　1940
銀行學
陳其鹿著　上海　商務印書館　1940年（m.）

011597073　HG1607.X835　1930
最新銀行論
徐鈞溪編著　上海　中華書局　1930年（m.）

007554374　4560.9　4127
最近各省金融商況調查錄
桂紹熙撰　香港　1916年

011592621　HG1586.Y364　1946
貨幣與銀行
楊端六著　上海　商務印書館　1946年　上海第1版　新中學文庫（m.）

007554287　4560.9　4200
貨幣與銀行
楊端六著　上海　商務印書館　1947年（m.）

007554376　4560.9　4224
國幣葡幣港幣黃金及投資
麥健增撰　澳門　1945年

007554196　4560.9　4243　FC7820　Film Mas 31790
楊著中國金融論
楊蔭溥著　上海　黎明書局　1934年　3版　黎明商業叢書　（m.）

007554222　4560.9　4243.5
中國金融研究
楊蔭溥著　上海　商務印書館　1936年（m.）

007554438　4560.9　7228
金融與僑匯綜論
劉佐人著　廣州　廣東省銀行經濟研究室　1947年　（m.）

007554261　4560.9　7249
新中國金融問題
周有光作　香港　經濟導報社　1949年　初版　新經濟叢書（m.）

007555624　4561　0246
言錢別錄二卷
方若撰　1928 年

007555513　4561　0416
中國貨幣金融問題
章乃器著　上海　生活書店　1936 年
（m.）

007555687　4561　0416.2　FC7821　Film　Mas　31801
中國貨幣制度往那裏去
章乃器、錢俊瑞等著　上海　新知書店
　1937 年　5 版　（m.）

007555445　4561　1191
貨幣概論
王恒編　上海　中華書局　1933 年　4
版　常識叢書　（m.）

007555650　4561　1317
法幣・外匯・黃金張一凡演講集
張一凡著　香港　著作人書屋　1940 年
　內外政治經濟編譯社叢書別集

007555491　4561　1336
中華幣制史
張家驤著　北京　民國大學　1925 年
（m.）

007555476　4561　1337
中國之幣制
張家驤著　吳宗燾增訂　上海　商務印
書館　1934 年　商學小叢書　（m.）

007555511　4561　1357
白銀問題與中國幣制
張素民著　上海　商務印書館　1936 年
　再版　（m.）

011885688　HG309.H85
金貴銀賤問題之研究
夏廣英編　上海　北新書局　1930 年
（m.）

007555651　4561　1822
中國貨幣論
耿愛德著　蔡受百譯　上海　商務印書
館　1933 年　（m.）

007555712　4561　2110
中國法幣問題總論
伍頑立著　廣州　大道文化事業公司
1943 年　（m.）

007555495　4561　2217
古錢
衛聚賢、丁福保編著　桂林　中央銀行
經濟研究處　1942 年　（m.）

007552818　4561　2395
中國貨幣問題叢論
吳小甫編　上海　光明書局　1936 年
（m.）

011937491　HG1282.C45　1944
中國法幣史之發展
千家駒著　香港　南華出版社　1944 年
　初版　（m.）

007552966　4561　2923
中國貨幣問題
朱偰撰　重慶　青年書店　1940 年
（m.）

007552889　4561　2923.5
中國信用貨幣發展史
朱偰著　重慶　中國文化服務社　1943
年　初版　青年文庫　（m.）

007552900　4561　2941
貨幣銀行學
朱彬元著　上海　黎明書局　1930 年
（m.）

009414002　T　4561　2945
紙幣樣本
瀋陽　滿洲中央銀行　1932 年

008563865　FC2789
貨幣問題宣傳教育大綱
香港　豫皖蘇行政公署印　1944 年

007552901　4561　3322
貨幣學
肯列著　王怡柯編譯　上海　商務印書館　1924 年　經濟叢書社叢書　（m.）

009112676　T　4561　3355a
舊紙幣樣本
滿洲中央銀行編　濟南　1933 年

005160010　4561　3833
泉志菁華錄
洪遵撰　丁福保刪節　上海　醫學書局　1936 年　古泉叢書

007552977　4561　3904
國際貨幣論集
梁慶椿編　重慶　中國農民銀行經濟研究處　1945 年　（m.）

007552979　4561　4122
國際貨幣制度之檢討
姚崧齡撰　上海　商務印書館　1947 年　（m.）

011881093　HG221.S5935　1936
世界幣制問題
壽勉成著　上海　商務印書館　1936 年　初版　現代問題叢書　（m.）

007552847　4561　4232
新貨幣學講話
彭迪先著　上海　生活書店　1947 年　（m.）

011908879　HG221.Y24　1947
新貨幣學
楊培新著　上海　致用書店　1947 年　（m.）

007552816　4561　4273
中外貨幣政策
彭學沛著　上海　神州國光社　1930 年　初版　（m.）

007552846　4561　4273B
中外貨幣政策
彭學沛著　上海　神州國光社　1929 年　（m.）

011596536　HG221.F364　1947
現代貨幣學
樊弘著　上海　商務印書館　1947 年　初版　國立復旦大學叢書　（m.）

007552925　4561　4410
銀價問題與遠東
1932 年　中國太平洋國際學會叢書

007552886　4561　4413
紙幣概論
蔣廷黼著　上海　中華書局　1936 年　社會科學叢書　（m.）

011984748　HG221.C85　1936
幣制與銀行
崔曉岑撰　廣州　廖英芬　1936 年　（m.）

011987137　HG221.C85　1936
幣制與銀行
崔曉岑撰　廣州　廖英芬　1936 年　（m.）

007552899　4561　4433
貨幣學概論
李達著　上海　生活・讀書・新知三聯

書店 1949 年 （m.）

007552989　4561　4479
中國紙幣發行史
李駿耀著　重慶　中央銀行經濟研究處　1944 年　（m.）

007552868　4561　4539
中國貨幣問題
華漢光著　國際編譯社編輯　長沙　商務印書館　1938 年　初版　國際時事問題叢書　（m.）

007552817　4561　4557
改革幣制法令彙編
本局編審處編　上海　大東書局　1948 年　初版　（m.）

007552875　4561　4814
白銀國有論
黃元彬著　上海　商務印書館　1939 年　3 版　（m.）

007555497　4561　4829
古今貨幣
衛聚賢等著　重慶　説文社　1944 年　初版　（m.）

011910150　HG1224.C446　1943
現代幣制論
趙蘭坪著　南京　正中書局　1943 年　社會科學叢刊　（m.）

007555548　4561　4924　4561　4924b
中國之新貨幣制度
林維英著　朱義析譯　長沙　商務印書館　1939 年　初版　銀行學會業務叢書　（m.）

007555740　4561　5098
貨幣學
成榮鎬撰　杭州　浙江財務人員養成所　1931 年　（m.）

009293672　T　4561　5476
中華民國紙幣
上海　中央印製廠　1930—48 年

007555742　4561　5539
中央造幣廠工作經過報告書
上海　1935 年

007555582　4561　6102　4561　6102.91
幣制彙編
財政部泉幣司編　濟南　財政部泉幣司　1919 年　（m.）

007555743　4561　6740
銀與中國
畢匿克原著　褚保時、王棟譯　上海　商務印書館　1934 年　再版　（m.）

007555623　4561　7104
廣東幣制與金融
丘斌存著　上海　新時代社　1941 年　新時代學術叢書　（m.）

007555746　4561　7221
幣制改革中之"金單位"問題
陶德琨撰　北平　陶德琨　1930 年

007555575　4561　7224
中國貨幣史綱
吉田虎雄著　周伯棣編譯　上海　中華書局　1934 年　（m.）

011916672　HG1226.C5　1936
白銀問題與中國貨幣政策
周伯棣編　上海　中華書局　1936 年　（m.）

007555475　4561　7225
白銀問題與中國貨幣政策

周伯棣編　上海　中華書局　1936 年
（m.）

007555480　4561　7233
通貨新論
馬寅初著　上海　商務印書館　1947 年
　3 版　（m.）

007557511　4561　7234
中國幣制及生計問題
劉冕執著　香港　1914 年　（m.）

007555474　4561　7252
法幣講話
馬咸著　長沙　商務印書館　1938 年
　初版　（m.）

007555753　4561　7252A
法幣講話
馬咸著　重慶　商務印書館　1944 年
（m.）

007555574　4561　7255
中國幣制改造問題與有限銀本位制
劉振東著　香港　中央政治學校　1930
　年　（m.）

007555545　4561　7255B
中國幣制改造問題與有限銀本位制
劉振東著　上海　商務印書館　1934 年
　中國經濟學社叢書　（m.）

011930309　HG1222.H6　1930
中國貨幣沿革史
侯厚培著　上海　世界書局　1930 年
　經濟學叢書　（m.）

007555555　4561　7282
中國幣制改革論
劉錫齡著　上海　立信會計圖書用品社
　1948 年　初版　（m.）

007555517　4561　7904　FC8395　Film　Mas　C5145
中國近代幣制問題彙編
陳度編　陳度　1932 年　（m.）

007555477　4561　8163
中國幣制問題
金國寶著　上海　商務印書館　1928 年
（m.）

007555514　4561　8195
國內幣制改革與工商業
金烽、趙廣志等著　香港　南方論壇社
　1948 年　（m.）

007555760　4561　8594
錢幣考
1920—40？年

007555580　4561　8624
戰後國際幣制論
曾紀桐著　上海　中華書局　1944 年
（m.）

007555471　4561　8654
銀價變遷與中國
谷春帆著　上海　商務印書館　1935 年
　初版　經濟叢書　（m.）

007555581　4561　8654.8
銀問題
谷春帆著　上海　生活書店　1933 年
　時事問題叢刊　（m.）

007555627　4561　8692
金圓券的大崩潰
徐仲堯等著　香港　南方論壇社
1948 年

007555584　4561　8951
中國的新貨幣政策
余捷瓊著　上海　商務印書館　1937 年
　國立中央研究院社會科學研究所叢刊

（m.）

007555552　4561　8951.1
1700—1937年中國銀貨輸出入的一個估計
余捷瓊　上海　商務印書館　1940年初版　國立中央研究院社會科學研究所叢刊

007555762　4562　0249
戰時日本物價管制
鄘松光編著　重慶　獨立出版社　1943年　（m.）

011888440　HD1447.Z435　1946
各國農產物價統制實施
章柏雨、汪蔭元著　上海　商務印書館　1946年　（m.）

007555763　4562　1021　FC7822　Film Mas　31800
全國物價統計表民國十五年至十六年份
中國工商部總務司　香港　1928年

007555539　4562　1172
通貨膨脹論
王璧岑著　上海　商務印書館　1948年　（m.）

007555653　4562　1372
江蘇武進物價之研究
張履鸞撰　南京　金陵大學農學院　1933年　（m.）

008115120　4562　2702
衡陽市物價統計
長沙　湖南省民生物品購銷處編印　1943年　湖南省民生物品購銷處叢書

007555469　4562　330
中外物價指數彙編民國二十一年
實業部編　南京　實業部　1932年（m.）

007555537　4562　3308
中國銀價物價問題
實業部銀價物價討論委員會編　上海　商務印書館　1936年　（m.）

007556413　4562　4240
中國通貨膨脹論
楊培新著　上海　生活書店　1948年（m.）

007556625　4562　6791
生活費指數之編制法
國際勞工局編　丁同力譯　上海　商務印書館　1933年　（m.）

007556464　4564　3384
典當論
宓公幹著　上海　商務印書館　1936年　社會經濟調查所叢書　（m.）

007556433　4564　4273
中國典當業
楊肇遇著　上海　商務印書館　1932年　商學小叢書　（m.）

007556630　4564　5618
北京典當業之概況
中國聯合準備銀行調查室編　北京　1940年　（m.）

007556632　4565　0121
錢莊學
施伯珩編　上海　商業珠算學社　1934年　（m.）

007556689　4565　0292
中國省地方銀行概況
郭榮生編　重慶　中央銀行　1945年　中央銀行經濟研究處叢書　（m.）

007556524　4565　0358
京兆通縣農工銀行十年史
卓宣謀編　北平　大慈商店　1927年
（m.）

007556691　4565　0382
決算報告
交通銀行　上海　該行　1937年

007556697　4565　0382.1
交通銀行報告1936
上海　交通銀行總行　1936年

007556698　4565　0382.31
交通銀行業務會計規則
交通銀行　上海　交通銀行　1936年

007556699　4565　0471
銀行學原理
敦巴著　王建祖譯　上海　商務印書館　1919年　（m.）

007556521　4565　1144
中國之儲蓄銀行史
王志莘編輯　上海　新華信託儲蓄銀行　1934年　（m.）

011907861　BJ1668.C5　C437　1934
銀行行員的新生活
張公權[嘉璈]著　南京　正中書局　1934年　新生活叢書　（m.）

011913049　HG3276.S8　1934
各國中央銀行比較論
孫祖蔭著　上海　商務印書館　1934年　3版　商學小叢書　（m.）

011723093　HG1576.Z493　1936
英美銀行制度及其銀行業之現狀
資耀華著　上海　商務印書館　1936年　商學小叢書　（m.）

007556401　4565　2128
郵政儲金匯業局法規彙編
南京　該局　1947年

007556700　4565　2217B
山西票號史
衛聚賢編　香港　中央銀行經濟研究處　1944年　（m.）

007556427　4565　2313
中國的銀行
吳承禧著　上海　商務印書館　1934年　國立中央研究院社會科學研究所叢刊　（m.）

007556702　4565　233
蘇聯的貨幣與銀行
吳清友編　上海　中華書局　1949年　大眾文化叢書　（m.）

008522483　HG2040.5.U5　H78　HG2040.5.U5　X785　1940
美國不動產抵押放款之研究
徐賢懷著　上海　商務印書館　1940年　（m.）

007556703　4565　2334
美國聯合準備銀行制述要
吳宗燾編譯　香港　1924年　（m.）

011735801　HG3280.S52　X955　1926
最近上海金融史
徐寄廎編　徐裕孫校閱　上海　徐寄廎　1926年　（m.）

007556415　4565　2931
上海銀行公會事業史
徐滄水編述　上海　銀行周報社　1925年　（m.）

007591745　4565　3198
福建省銀行五周年紀念冊
福建省銀行編　福州　該銀行　1940年

007557505 4565 3198.1
福建省銀行概況
福建省銀行編　香港　1939 年　(m.)

007557506 4565 3198.2
福建省銀行職員錄
福建省銀行人事室編　香港　1944 年

007557513 4565 3495.2
江蘇省農民銀行
江蘇省農民銀行總行　鎮江　江蘇省農民銀行總行　1930—32 年

007781729 MLC – C
江蘇省農民銀行二十周年紀念刊
鎮江　該銀行　1948 年　(m.)

007557291 4565 3610
中國錢莊概要
潘子豪著　上海　華通書局　1931 年初版　華通經濟學叢書　(m.)

011760871 HG1811.K512 1933
中央銀行概論
克胥、愛爾金著　陳清華譯　上海　商務印書館　1933 年　鉛印國難後 1 版　中國經濟學社叢書　(m.)

007724356 MLC – C
中央銀行之理論與實務
陳天表著　上海　中華書局　1934 年　(m.)

007557514 4565 3980
中央銀行制度概論
梁巨文撰　上海　大東　1931 年　(m.)

007557409 4565 4180
戰後銀行組織問題
姚曾癯著　昆明　國立中央研究院社會科學研究所　1940 年　國立中央研究院社會科學研究所中國社會經濟問題小叢書　(m.)

007557516 4565 4224
法蘭西銀行史
楊德森編譯　上海　商務印書館　1926 年　(m.)

007557517 4565 4224.4
英格蘭銀行史
楊德森編譯　上海　商務印書館　1926 年　(m.)

007557518 4565 4224.8
義大利銀行史
楊德森撰　北京　京華印書局　1925 年

007557521 4565 4382.1
臺灣銀行職員錄
臺灣銀行秘書室編　臺北　1947 年

007557524 4565 4413
倫敦貨幣市場概要
香港　1925 年　(m.)

007557525 4565 4430
戰時中國的銀行業
壽進文著　重慶　1944 年　(m.)

007557534 4565 5193
東三省官銀[總]號職務通則
東三省官銀總號　香港　東三省官銀總號　1924—25 年

007557408 4565 5582.1
中央銀行同人錄
中央銀行人事處編　上海　1946 年　(m.)

007699811 MLC – C
湖南省金融概況
邱人鎬、周維梁主編　湖南省銀行經濟

研究室編　耒陽　湖南省銀行經濟研究室　1942年　湖南省銀行經濟叢刊（m.）

007554211　FC5121　FC – M1082
江西之金融
江西省政府經濟委員會　南昌　江西省政府經濟委員會　1933年　（m.）

007748435　MLC – C
臺灣之幣制與銀行
吳永福撰述　南京　財政部財政研究委員會　1947年　財政部財政研究委員會叢刊　（m.）

008378244　4565　5651.2
浙江地方銀行農業貸款概況
193？年

007791157　MLC – C
中央銀行稽核處稽字通函
香港　中央銀行稽核處　193？年

007557493　4565　5656
銀行會計
曹振昭著　上海　中華書局　1947年4版　銀行學會叢書　（m.）

007557298　4565　5657.1
中國農民銀行土地金融業務條例放款規則
中國農民銀行土地金融處　重慶　土地金融處編印　1942年

007559666　4565　5682.2　（1921－1931）
中國重要銀行最近十年營業概況研究
中國銀行總管理處經濟研究室編纂　1933年　（m.）

007559935　4565　6122.1
四聯總處文獻選輯
中央中國交通農民四銀行聯合總處輯　上海　1948年　（m.）

007559612　4565　7122
廣州之銀業
區季鸞編著　黃蔭普校正　廣州　國立中山大學法學院經濟調查處　1932年　國立中山大學法學院經濟調查處叢書（m.）

007559963　4565　7228
省地方銀行泛論
劉佐人著　廣州　廣東省銀行　1946年　（m.）

007559966　4565　7242
中華銀行史
周葆鑾編　上海　商務印書舘　1920年再版　（m.）

007559764　4565　7946　FC7823　Film　Mas　31799
山西票莊考略
陳其田著　上海　商務印書館　1937年　史地小叢書　（m.）

007559769　4565　7995
陳光甫先生言論集
陳光甫著　上海　商業儲蓄銀行　1949年　商業儲蓄銀行同人勵練叢書（m.）

007559862　4565　8128　（1－2）
銀行實踐
金伯銘著　長沙　商務印書館　1939年　（m.）

007559667　4565　8482
金城銀行創立二十年紀念刊
金城銀行　上海　1937年　（m.）

011720988　KNN937.J564　1947
票據問題與銀行立法
金國寶著　上海　中華書局　1947 年
（m.）

011918963　HF4539.L53　1936
實用投資數學
劉覺民編　上海　中華書局　1940 年
再版　（m.）

011919618　HB74.M3　C55　1948
投資數學
褚鳳儀著　上海　商務印書館　1948 年
　增訂本　（m.）

011902766　HF5693.C5　C478　1947
投資算術
褚鳳儀著　上海　商務印書館　1947 年
（m.）

007559992　4569　1134
支票之處理與法律
王淡如著　香港　大東書局　1941 年
（m.）

007560001　4569　5520
中央信託局業務內規第一至十八編
中央信託局　上海　1947 年　（m.）

007559760　4569　5520.4
中央信託局同人錄
秘書處編　上海　中央信託局　1947 年
（m.）

007560007　4569　5582
中央銀行發行兌換券處理規則
1911—49？年

007556561　4570　2333
新外匯政策的分析
吳逸之編　廣州　綜合　1946 年　戰後
經濟小叢書

007556642　4570　2923
外匯統制問題
朱偰撰　重慶　獨立出版社　1940 年
（m.）

008377175　4570　4442
金漲銀落問題及其救濟
李大年編　上海　啟智書局　1930 年
（m.）

007556646　4570　5671
中國之金融與匯兌
曲殿元撰　上海　大東　1930 年
（m.）

007556528　4570　5682
華東區外彙管理法規彙編
中國銀行經濟研究室編　上海　中國銀
行　1949 年

007557412　4570　6723
外匯統制與貿易管理
國民經濟研究所編輯　上海　正中書局
　1947 年　國民經濟研究所叢書　（m.）

007557499　4570　7131
封存資金後之外匯
丘漢平撰　香港　福建省銀行總管理處
金融研究室　1943 年　（m.）

007557500　4570　7233
中國國外匯兌
馬寅初著　上海　商務印書館　1933 年
　國難後 1 版　（m.）

007557501　4570　7322
金貴銀賤風潮
陳德徵編　上海　大東書局　1930 年
（m.）

007557502　4570　8242
匯兌論

俞希稷編　香港　商務印書館　1925年
（m.）

009837372　MLC-C
芙蓉余仁生督營業結冊
濟南　1926年

007557503　4572　4493
華南米業股份有限公司營業報告自開辦至廿七年十月
1939年

009837375　MLC-C
源安泰醬園第廿七期營業總結冊
新加坡　源安泰醬園　1942年

007639545　MLC-C
國外匯兌之理論與實務
潘世傑編　重慶　中央銀行經濟研究所　1943年　（m.）

007557504　4572　5465
信託公司交易所精義合刻
中華圖書集成[公司]編輯所著　上海　中華圖書集成公司　1921年　（m.）

011894987　HG1284.H836　1916
調查幣制意見書
黃遵楷撰　北京　商務印書館　1916年　（m.）

011883050　HG1226.T9　1930
金貴銀賤之根本的研究
資耀華編　上海　華通書局　1930年　（m.）

007557404　4574　2009
物產證券與按勞分配問答
閻錫山著　香港　山西省主張公道團總團部　193?年

005826850　CJ3497.C5　1939x
中國金銀鎳幣圖說
蔣仲川著　上海　寰球郵幣公司　1939年　（m.）

011760760　HG1282.Z436　1915
中國泉幣沿革
章宗元著　北京　經濟學會　1915年　（m.）

007557555　4574　2324
交易所論
吳德培編著　上海　商務印書館　1946年　（m.）

007557581　4574　4243
中國交易所論
楊蔭溥著　上海　商務印書館　1930年　初版　（m.）

007557582　4574　4243.2
中國交易所
楊蔭溥著　上海　商務印書館　1934年　商學小叢書　（m.）

007557589　4574　6710
中國各交易所交易品市況統計
國民政府主計處統計局　南京　該局　1937年

007557591　4576　0280
保險業法規
立信會計師重慶事務所編輯　重慶　1943年　工商業主要法規　（m.）

007557594　4577　4322
人壽保險學
廣州　1925年　（m.）

011800720　HG171.K63312　1930
各國財政史
小林丑三郎著　鄒敬芳譯　上海　神州

國光社　1930 年　（m.）

007557577　4580.3　4234
財政論集
楊汝梅等著　上海　中華書局　1935 年　（m.）

007557597　4580.3　5513
財政經驗集第一集
中央政治學校畢業生指導部　重慶　中國文化服務社　1941 年　（m.）

007557598　4580.3　6138
財政淵鑒
民友社　上海　民友社　1912 年　（m.）

007559611　4580.6　6181
財政金融大辭典
張一凡、潘文安主編　上海　世界書局　1937 年　（m.）

007560017　4580.9　1940
財政學大綱
亞當士著　劉秉麟譯　香港　商務印書館　1939 年　國難後 1 版　（m.）

007559759　4580.9　2252
戰時財政
衛挺生著　上海　世界書局　1933 年　（m.）

007559816　4580.9　4123
財政學綱要
姚傳淦撰　廣州　原道印刷所　1948 年　新訂 4 版

011909205　HF5437.T55　1936
採購學
丁馨伯編著　上海　商務印書館　1936 年　（m.）

011787894　HB116.T365　1930
俄林貿易理論
湯元炳譯　上海　商務印書館　1937 年　社會科學小叢書　（m.）

011885833　HB180.C5　L538　1929
交易論
李權時著　上海　東南書店　1929 年　初版　經濟叢書　（m.）

011908864　HF5351.H83　1934　1943 printing
商業通論
侯厚培、侯厚吉合編　上海　黎明書局　1934 年　黎明商業叢書　（m.）

011911669　HF5415.H76　1935
市場學
侯厚吉編　上海　黎明書局　1935 年　黎明商業叢書　（m.）

011938079　HF5415.T57　1947
市場學原理
丁馨伯編譯　上海　世界書局　1947 年　（m.）

011799183　HB180.C5　L455　1928
消費論
李權時著　上海　東南書店　1928 年　初版　經濟叢書　（m.）

007559814　4580.9　4444
比較財政制度
李超英著　上海　商務印書館　1947 年　（m.）

011902142　HJ141.S512　1935
財政學新論
薛資時［沙拉斯］著　許炳漢譯　上海　商務印書館　1935 年　再版　（m.）

011909358　HJ191.C52　Q253　1935
財政學綱要

錢亦石編　上海　中華書局　1935年
中華百科叢書　(m.)

007559914　4580.9　7475
財政學
廣州　1920年

007559572　4580.9　7932
財政學總論
陳啟修著　上海　商務印書館　1928年
　4版　(m.)

007559765　4580.9　8161
都市財政論
金國珍編　上海　商務印書館　1929年
　(m.)

011803226　HJ1414.T364　1937
非常時期之財政
唐孝剛著　上海　中華書局　1937年
(m.)

007559753　4581　1829
民國財政簡史
賈德懷著　上海　商務印書館　1946年
　上海第1版　(m.)

007561006　4581　1840　(1-3)　FC8396　Film Mas C5144
民國財政史
賈士毅編纂　上海　商務印書館　1917
年　(m.)

007561007　4581　1840　(2)
民國續財政史
賈士毅編纂　上海　商務印書館
1932—34年　(m.)

007560015　4581　1840.3
中國經濟建設中之財政
［賈士毅］著　廣州　中國太平洋國際學
會　1932年　(m.)

007559771　4581　1992
中國財政之病態及其批判
孫懷仁著　上海　生活書店　1937年
(m.)

007559770　4581　2252
財政改造
衛挺生著　上海　太平洋書店　1930年
(m.)

007561219　4581　2319
清財政考略
吳廷燮著　濟南　1914年

007561149　4581　2923
中國戰時稅制
朱偰著　重慶　財政評論社　1943年
中國戰時財政金融叢書　(m.)

007561005　4581　2944
中國財政史略
徐式圭著　上海　商務印書館　1926年
(m.)

007561247　4581　3038　(1936)
主計法令彙編第一輯
國民政府主計處　南京　該處　1936年
(m.)

007560939　4581　4233
唐代財政史
鞠清遠著　長沙　商務印書館　1940年
　初版　史地小叢書　(m.)

007561153　4581　4234
民國財政論
楊汝梅著　上海　商務印書舘　1927年
(m.)

007561255　4581　4243
中國財政史輯要四十卷
楊志濂纂　無錫　大公圖書館　1936年

007561090　4581　4244
中國財政統計大綱
楊壽標編著　上海　中華書局　1946年初版　（m.）

007561004　4581　4446
國地財政劃分問題
李權時著　上海　世界書局　1929年（m.）

007561307　4581　4468
最近中國財政史七卷　附錄二卷
李景銘撰　北平　朝陽學院　1930—31年

007562242　4581　5667
四年來的財政金融
中國國民黨中央執行委員會宣傳部編　重慶　1941年　抗戰第四周年紀念小叢書　（m.）

007561981　4581　5667.5
抗戰六年來之財政金融
中國國民黨中央執行委員會宣傳部編　重慶　中國國民黨中央執行委員會宣傳部　1943年　初版　抗戰建國六周年紀念叢刊　（m.）

007562122　4581　6100
戰時財政金融法規彙編
財政評論社編　香港　財政評論社　1940年　（m.）

007562244　4581　6102
十年來之財務法制
財政部參事廳編　重慶　中央信託局印製處　1943年　（m.）

007562247　4581　6104
十年來之地方財政
財政部地方財政司編　重慶　中央信託局印製處　1943年　（m.）

007562248　4581　6106.4
十年來之財政金融研究工作
重慶　中央信託局印製廠　1943年（m.）

008148088　MLC－C
中國財政問題
朱偰著　南京　國立編譯館　1934年（m.）

007562143　4581　6185
中國財政問題
羅介夫著　上海　太平洋書店　1932年（m.）

007562166　4581　7233
財政學與中國財政理論與現實
馬寅初著　上海　商務印書館　1949年第2版

001489461　4581　7934　CHIN　372　F36
計政法規匯覽
梁哲若主編　陳泮藻、李鑫垚合編　廣州　廣大高級會計職業學校　1936年　廣大高級會計職業學校叢書

007562142　4581　8161
中國財政論
金國珍著　上海　商務印書館　1931年（m.）

007562117　4581　8661
第二次全國財政會議彙編
全國財政會議秘書處編　南京　財政部總務司　1934年　（m.）

007562284　4581　9214
中國財政制度史
常燕生撰　上海　世界書局　1935年

010094052　T　4582　3422
江都續修縣志局造送收支清冊
江蘇　江都縣志局　1921—22年　紅格鈔本

007562139　4582　4210
縣地方財政
彭雨新著　重慶　商務印書館　1945年　國立中央研究院社會科學研究所叢刊（m.）

007562316　4582　6010
各省區歷年財政彙覽
財政部財政調查處　香港　該處　1927年　（m.）

007562005　4582　7283
自治財政論
劉善述編　上海　正中書局　1947年　初版　（m.）

008651274　FC4563
財政說明書
清理財政處輯　北京　經濟學會　1915年

007562317　4582.14　0318　FC9612　Film Mas 35913
京兆縣地方財政說明書
京兆尹公署總務科　香港　該署財政講習所　1920年

007699808　MLC-C
財政紀要
財政廳編　香港　財政廳　1929年　（m.）

007563331　4582.14　3196
定縣賦稅調查報告書
河北省縣政建設研究院編　定縣　1934年　（m.）

010108469　T　4582.14　7611
民國張北縣長徵解支欠清冊
河北　1931年　鈔稿本

007563276　4582.16　1911
河南財政說明書
濟南　1912—??年

007728931　4582.18　5442
中華蘇維埃共和國中央政府[駐]西北辦事處訓令
延安　1935年

007563280　4582.18　7433
邊區財政實行統籌統支辦法
陝甘寧邊區財政廳編　香港　1942年

007563363　4582.24　2180
湖北財政紀略
魏頌唐撰　香港　湖北吏治研究所　1917年

007563367　4582.26　2434
江西特稅紀要
傅汝楫撰　南昌　江西財政特派員公署財政月刊處　1929年

008627510　FC5
第三次全國財政會議彙編
第三次全國財政會議秘書處編　重慶　該秘書處　1941年　（m.）

007843053　MLC-C
湖北省民國二十四年度縣地方歲入歲出預算表
湖北省　湖北省政府財政廳　1935年

007563379　4582.26　3191
江西財政紀要第三編會計
南昌　江西省政府財政廳　193?年

007795296　MLC-C
臺灣一年來之會計行政
臺北　臺灣省行政長官公署宣傳委員會
　　1946年　（m.）

007563741　FC5123　FC-M1085
浙江財政紀略
魏頌唐編　1929年　（m.）

007639508　MLC-C
中國公庫制度
楊承厚編　重慶　經售處　新中國文化
社　1944年　中央銀行經濟研究處叢書
　　（m.）

007775280　MLC-C
中國內外債詳編
中國聯合準備銀行調查室編纂　北京
中國聯合準備銀行調查室　1940年　財
政金融叢書　（m.）

005668266　79　667　HJ8799.C53
中國外債彙編
中國銀行總管理處經濟研究室編纂　上
海　1935年　（m.）

011912379　HMYHD9213.C52　T5　1929
中國鹽稅與鹽政
田斌編著　戴霱廬校閱　鎮江　江蘇省
政府印刷局　1929年　（m.）

007563381　4582.26　6100
江西統稅銀元簡明稅則附湖口進口稅則郵包稅簡章
江西省財政廳修訂　南昌　1920年

010119241　4582.27　4491
東流縣民國六年秋成全案一卷
孝光輯　香港　1919年　鈔本

010119583　T　4582.27　7632
民國潛山縣交代覆摺稿
濟南　潛山　1926年　鈔稿本

010104719　T　4582.28　1223
現任吳江縣知事林承查沈任交代登復冊稿
江蘇　1924年　紅格鈔本

010107422　T　4582.28　1253
現任青浦縣縣長許承查韋貴任經手正雜各稅交代登復冊
青浦　1928年　紅格鈔稿本

010107230　T　4582.28　1282
正任銅山縣知事署理南匯縣知事李承查朱任經手正雜各款交代登復冊
南匯　1921年　紅格鈔稿本

010108244　T　4582.28　1682
現署金山縣知事鄧造送朱任地方費交代各款登復冊
金山　1923年　藍格鈔本

007563382　4582.28　4262　FC2318　FC-M583
江蘇武進南通田賦調查報告
萬國鼎等著　南京　參謀本部國防設計委員會　1934年　（m.）

008132478　FC9079　Film　Mas　34651　T　4582.28　4638
嘉定縣國省地丁漕銀清冊及地方費收支清冊民國元年至七年
濟南　1912—18年

010109556　T　4582.28　4724
南匯縣林任未交案款清冊
南匯　1912—45年　紅格鈔本

007563440　4582.28　5042
江南財政論叢
申蘭生著　上海　經綸出版社　1943年
　　初版　（m.）

008580257　FC2932
冀南行署第一次財聯會報告與總結
冀南[區]行[政公]署　香港　冀南區行政公署　1946年

007563740　4582.28　6420
江寧蘭溪財政調查報告
嚴仁賡著　南京　行政研究月刊社　1937年　（m.）

010108783　T　4582.28　7225
丹徒縣捕蝻設局總冊
江蘇　丹徒　1912—45年　紅格鈔本

010108679　T　4582.28　7647
民國南匯縣知事移交四柱冊
南匯　1921年　紅格鈔本

010108864　T　4582.28　7647.76
民國南匯縣知事交代登復冊
南匯　1921年　紅格鈔稿本

010119273　T　4582.28　7690
民國常熟縣附稅交代登復冊
江蘇　常熟　1921年　紅格鈔本

010119468　T　4582.28　7690.76
民國常熟縣正稅交代登復冊
江蘇　常熟　1921年　紅格鈔稿本

010107525　T　4582.28　8828
無錫縣知事楊承查責任地方賦稅交代登復冊
江蘇　1926年　紅格鈔稿本

010107579　T　4582.28　8828.88
無錫縣知事楊承查責任經手正雜國省稅款交代登復冊
江蘇　1926年　紅格鈔稿本

010108707　T　4582.28　9028
常熟縣知事造送民國十年分秋勘田畝分別應徵應蠲應緩應減銀米斗則細數清冊稿
江蘇　常熟　1922年　紅格鈔本

010109093　T　4582.28　9028.90
常熟縣知事造送民國十年分蘆洲荒熟地灘分別徵蠲各數清冊稿
江蘇　常熟　1922年　紅格鈔本

010109069　T　4582.28　9325
常字壬戌年度共二十一市鄉各項捐款細數冊
江蘇　常熟　1922年　紅格鈔本

008580324　FC2980
國民黨統治區的災荒和苛捐雜稅
中國人民解放軍魯中軍區政治部　香港　中國人民解放軍魯中軍區政治部　1945年

011930125　HJ4771.L69　1940
所得稅納稅便覽
李彬編　上海　中華書局　1940年（m.）

007563743　4582.29　3361
浙江省營業稅法一覽
杭州　該會　192？年

007544683　4582.29　3396　FC9295　Film　Mas　35705
浙江省財政一覽民國元年至十八年度止
廣州　浙江財政人員養成所　1932年（m.）

007842213　MLC–C
浙江省各縣雜稅統計表第一卷第三期附冊
浙江省　1932年　財政經濟彙刊（m.）

010106891　T　4582.29　8222
慈溪縣縣稅冊稿

浙江　1914年　稿本

010107461　T　4582.29　8223
慈溪縣選送田賦雜稅各數簡明清冊稿
浙江　慈溪縣公署　1915年　紅格稿本

010155471　T　4582.29　8226
慈溪縣國稅冊稿
浙江　1914年　稿本

010107608　T　4582.29　8614
慈署承查何任交代發復底冊
浙江　1914年　稿本

007563547　4582.31　1152
福建財政史綱
王孝泉編著　福州　遠東印書局　1936年　再版　地方財政研究叢書　(m.)

007703769　MLC－C
廣東財政
廣東省政府秘書處編譯室　珠江　廣東省政府秘書處編譯室　1943年　初版　廣東省叢書　(m.)

007563605　4582.32　4224
澳門金融市場
麥健增編　濟南　1945年

007563745　4582.33　0191　FC8708　Film　Mas　32759
中華民國二十三年度廣西省各縣普通歲入歲出概算書
[廣西省政府]　南寧　該省　1935年

007563716　4582.34　6420
雲南之財政
嚴仁賡擬具　重慶　資源委員會經濟研究室　1939年　雲南經濟研究報告

007563748　4583　1143
最近日本之國際收支
孔志澄著　長沙　商務印書館　1938年　(m.)

007563677　4583　5823
日本財政
賴季宏編著　上海　商務印書館　1939年　日本叢書　(m.)

007563614　4583　7932
戰時日本財政
陳宗經著　重慶　商務印書館　1943年　中法比瑞文化叢書　(m.)

007563676　4586.4　4013
蘇聯財政制度
吳清友譯　北京　北平天下圖書公司　1949年　3版　(m.)

007563611　4587　0414
國庫制度之研究
譚平著　上海　民智書局　1929年　(m.)

007563759　4587　1278
財政學問答
丁留餘編著　上海　大東　1931年　(m.)

007563475　4587　2233
財政學
何廉、李銳合著　上海　國立編譯館　1935年　(m.)

007563610　4587　4289
財務行政論
胡善恒著　上海　商務印書館　1934年　(m.)

007563760　4587　4462
財政詮要
壽景偉著　香港　商務印書館　1924年　(m.)

007567349　4587　4837
中國政治分析
黃淑賢撰　香港　1939 年

007559932　4587.8　6181
英國戰時財政金融
財政金融研究所編　許性初等編輯　上海　中華書局　1940 年　（m.）

007559933　4588　0343
理財救國論
康有爲著　1912—33 年　（m.）

007559934　4588　2249
日本帝國主義侵略下東北的金融
何孝怡撰　上海　中華書局　1932 年

007559671　4588　2252
中國今日之財政
衛挺生著　上海　世界書局　1931 年　（m.）

007561278　4588　4282　FC8482　Film Mas　32040
中國財政史講義
胡鈞著　廣州　1920 年

007559943　4588　4444
中國的財政改良與公債整理問題
（日）木村增太郎著　香港　中國太平洋國際學會　1932 年　（m.）

007559733　4588　7229
中國財政小史
劉秉麟著　上海　商務印書館　1931 年　（m.）

007559948　4589.4　6500
日本的軍費膨脹與財政危機
日本評論社　南京　日本評論社　1933 年

007559952　4590　0022
歲計法令彙編二卷
主計處歲計局　廣州　歲計局　1933 年　（m.）

007559543　4590　0022.1
中華民國二十二年度國家普通歲出十三類假預算
國民政府主計處　南京　國民政府主計處　1933 年　（m.）

001486328　4590　0103　(1940)　CHIN　943　CHE
主計法規要義
陳永標編著　香港　新中文化服務社　1940 年　（m.）

007559715　4590　0133
中國政府會計論
雍家源著　上海　商務印書館　1933 年　　大學叢書　（m.）

007559982　4590　0280
直接稅法令彙編
立信會計師重慶事務所編　重慶　1942 年　工商業主要法規　（m.）

007559985　4590　0561
稅務法規
廣東財政特派員公署全省緝私總處編印　廣州　1937 年　（m.）

007559701　4590　1130
會計審計法規補編
王逢辛編　長沙　商務印書館　1941 年　3 版　立信會計叢書　（m.）

007559988　4590　1313
中國直接稅制度
張淼著　金華　國民出版社　1943 年　（m.）

007559994　4590　1883
預算法民國二十一年八月國民政府立法院第一九七次大會通過
1931—33 年

007559766　4590　2252
中國現行主計制度
衛挺生、楊承厚著　上海　商務印書館　1946 年　部定大學用書　(m.)

007559571　4590　2342
中國政府會計
吳藼編著　長沙　商務印書館　1940 年　3 版　立信會計叢書　(m.)

007559999　4590　2342A
中國政府會計
吳藼撰　重慶　敦煌印務局　1942 年　立信會計叢書　(m.)

007559570　4590　2366
中國之預算與財務行政及監督
吳貫因著　上海　建華書局　1932 年　(m.)

007561155　4590　2376
中國豫算制度芻議
吳貫因編著　北京　內務部編譯處　1918 年

007561283　4590　3232
清宣統三年核定各省國家歲出豫算表
191？年

007560959　4590　3602.3
中國政府會計制度
潘序倫、顧準編著　長沙　商務印書館　1941 年　初版　立信會計叢書　(m.)

007561098　4590　4289
賦稅論
胡善恒著　上海　商務印書館　1935 年　再版　大學叢書　(m.)

011737842　HJ2043.B934　1936
各國預算制度
彭子明譯　上海　商務印書館　1936 年　(m.)

007747297　MLC－C
歲計制度論
潘傳棟著　上海　中華書局　1941 年　現代經濟叢書　(m.)

007561288　4590　4413
中央預算制度
李君達著　重慶　獨立出版社　1942 年　(m.)

011909362　HF5681.B2　H77　1938
決算表之編制及內容
黃組方編著　廣州　商務印書館　1941 年　5 版　立信會計叢書　(m.)

007561289　4590　4923
實用政府會計
蔡經濟編著　重慶　立信會計圖書用品社　1942 年　改訂本　立信會計叢書　(m.)

007561294　4590　6102
十年來之財務行政
財政部秘書處　重慶　中央信託局印製處　1943 年　(m.)

007561296　4590　6103
現行自治財政各稅重要法規彙編
財政部江西稅務管理局經濟研究室編　贛州　1943 年　現行稅務重要法規彙編

007561304　4590　6103.12
現行貨物統稅重要法規彙編

財政部江西稅務管理局經濟研究室編　贛州　1943年

007561302　4590　6106
十年來之國庫
財政部國庫署編　重慶　中央信託局印製處　1943年　（m.）

007561301　4590　6108
十年來之會計工作
財政部會計處　重慶　中央信託局印製處　1943年　（m.）

007561154　4590　6151
試擬中央及各省區國家歲入歲出預算表
財政整理會編　濟南　財政整理會　1924年　（m.）

007560964　4590　7244
中國財務行政論
馬大英著　上海　正中書局　1947年　初版　（m.）

007569998　4591　0241
戰時整理田賦問題
郭垣著　重慶　國民圖書出版社　1942年　（m.）

007562308　4591　1112
地價稅要論
王晉伯著　重慶　文信書局　1943年　（m.）

008581724　FC3897
簡明合理負擔暫行辦法
香港　晉冀魯豫邊區冀魯豫第十行政督察專員公署翻印　1945年

008580239　FC2914
簡明合理負擔暫行辦法
香港　冀魯豫邊區冀魯豫第十行政督察專員公署翻印　1945年

007562184　4591　2138
五代十國正賦苛捐考
盧逮曾著　濟南　六藝書局　1948年

004353614　4591　2322　CHIN　973　HSI
現行土地稅制述要
熊仲虛編述　上海　商務印書館　1946年　初版　（m.）

007562141　4591　2374
戰時租稅制度
侯厚吉著　上海　汗血書店　1936年　國防實用叢書　（m.）

008580425　FC3045
山東省膠東區卅五年度徵糧辦法
山東省膠東區行政公署　香港　山東省膠東區行政公署　1947年

008580445　FC3055
山東省膠東區行政公署公佈令財字第四號制定田房契稅暫行條例
山東省膠東區行政公署　香港　山東省膠東區行政公署　1946年

011762705　HJ4406.T535　1936
田賦問題研究
汗血月刊社編　上海　汗血書店　1936年　汗血叢書　（m.）

007563380　FC5168　FC–M1207
浙江省田賦一覽表
周天旦編　杭州　浙江財務人員養成所　1932年　（m.）

007563772　4591　3814
河南省地丁銀目錄
滿鐵北支經濟調查所　東京　東亞研究所第六調查委員會　1940年

007563774　4591　3814.2
呈控樂亭地畝原案
滿鐵北支經濟調查所　東京　東亞研究所第六調查委員會　1940年

007563775　4591　3814.3
通州潾縣地畝原案
滿鐵北支經濟調查所　東京　東亞研究所第六調查委員會　1940年

007562138　4591　3973
田賦徵實概論
宋同福著　重慶　中央銀行經濟研究處　1942年　中央銀行經濟研究處叢書　（m.）

007563370　4591　4568
戰時田賦徵實與戰後糧食問題
戴日鑛著　重慶　獨立出版社　1942年　（m.）

007562118　4591　5730
農民淚
芷石、李茹等著　中國問題研究社編　1945年　（m.）

007563373　4591　6010
田賦案牘彙編民國元年至三年七月
北京　財政部印刷局　1914年

007563258　4591　6442　FC9619　Film Mas 35909
田賦芻議
晏才傑著　北京　共和印刷局　1915年　（m.）

007563376　4591　6810
中央接管後之契稅
財政部直接稅署　重慶　直接稅署　1946年　（m.）

007563377　4591　7220
中國租稅史略
劉秉麟著　廣州　1920年

007563378　4591　7224
租稅論
周伯棣著　上海　文化供應社　1948年　新1版　財政學　（m.）

007563609　4591　7241
田賦會要
郭垣等編　重慶　正中書局　1943—44年　（m.）

007563776　4591　7241　(1)
地稅理論
郭垣、崔永楫編纂　重慶　正中書局　1943年　田賦會要

007563777　4591　7241　(4-5)
國民政府田賦實況上下
關吉玉、劉國明編纂　重慶　正中書局　1943年　田賦會要

007563778　4591　7241　(6)
田賦法令
關吉玉等編纂　重慶　正中書局　1943年　田賦會要

004353194　4591　7242　CHIN 973.3　LIU
中國田賦問題
劉世仁著　長沙　商務印書館　1935年　學藝叢書　（m.）

007563135　4591　7923
近代中國地租概說政治課參考書高中一年級用
陳伯達著　瀋陽　東北書店　1949年

007563608　4591　7923b
近代中國地租概說
陳伯達著　北京　新華書店　1949年　增訂本　（m.）

007563115　4591　7941
田賦徵實制度
陳友三、陳思德著　上海　正中書局
1946 年　滬 1 版　（m.）

007563780　4591　7968
田賦改徵實物論集
陳明鑒編　香港　福建省銀行經濟研究室　1941 年　（m.）

008132482　FC5027　FC－M388　T　4591.5　4322
延陵吳宅催領戶簿 丙辰至辛酉 [1916—1921]
濟南　1916—21 年

008133493　FC5025　FC－M386　T　4591.5　4324
租約原件 [民國九至十九年]
1920—30 年

007563783　4592　2672
各國經界紀要
經界局編譯所　北京　經界局　1915 年（m.）

004353193　4592　2923　CHIN　973　CHU
中國租稅問題
朱偰著　上海　商務印書館　1936 年初版　中國財政問題　（m.）

007563784　4592　3282
中國田賦研究
馮節著　上海　民智書局　1929 年（m.）

008976257　T　4592　4212
中國財政叢書第六編不分卷　中國財政叢書第七編不分卷
胡一臧撰　濟南　胡氏　1912—49 年　稿本

007563785　4592　6106
最近田賦紀要

1917 年

007563788　4592　7226
關稅特別會議議事錄
關稅特別會議　北京　關稅特別會議
1928 年

007563790　4593　2123　FC8489　Film　Mas　32121
煙酒稅史
程叔度、秦景阜總纂　上海　大東
1929 年　（m.）

007563793　4593　2123.2　FC8687　Film　Mas　32732
捲煙統稅史
程叔度總纂　上海　新國民印書館
1929 年　（m.）

007563143　4593　8035
廣東菸酒稅沿革
余啟中編述　朱公準校正　廣州　國立中山大學出版部　1933 年　初版　國立中山大學法學院經濟調查處叢書（m.）

007563419　4594　0141
關稅論
童蒙正著　上海　商務印書館　1934 年初版　經濟叢書　（m.）

007563604　4594　0141.5
中國陸路關稅史
童蒙正著　上海　商務印書館　1926 年　百科小叢書　（m.）

007565431　4594　5637　（1928）
中華民國海關進口稅稅則特刊
國民政府文官處　南京　該處印鑄局
1928 年

007639664　4594　5637　（1948）
中國海關進口稅則

上海　上海總稅務司署統計科　1948年

007563509　4594　7286
中國海關之組織及其事務
周念明著　上海　商務印書館　1934年　商學小叢書　（m.）

007563560　4594　7921
中國關稅史
陳向元著　北京　世界書局　1926年　有不爲齋叢書　（m.）

007984066　4595　5183
釐金案牘彙編民國元年至三年
香港　財政部印刷局　1914年

004353188　4595　6115　CHIN 973 LO FC8308 Film Mas 32177
中國釐金史
羅玉東撰　上海　商務印書館　1936年　國立中央研究院社會科學研究所叢刊　（m.）

011912018　HJ2981.T664　1946
中國營業稅之研究
童蒙正著　上海　正中書局　1946年　滬1版　（m.）

007563476　4596　1301
天津市稅捐概況十七年度至二十一年度
天津市政府統計委員會編　天津　統計委員會　1935年　（m.）

007563508　4596　1323
中國所得稅論
張保福編著　上海　正中書局　1947年　（m.）

007566236　4596　1659
北平稅捐考略
雷輯輝著　北平　社會調查所　1932年　（m.）

007566467　4596　2146
中國所得稅逃稅論
包超時著　重慶　財政部直接稅處經濟研究室　1943年　中國直接稅實務叢書　（m.）

007566468　4596　2170
遺產稅
行政院新聞局編　南京　1947年　（m.）

007565170　4596　2923
所得稅發達史
朱偰著　上海　正中書局　1947年　滬1版　所得稅叢書　（m.）

011981893　HJ2315.O6415　1931,1926(初版)
租稅總論
薩孟武譯　上海　商務印書館　1931年　再版　經濟叢書　（m.）

007566473　4596　3174
印花稅例規釋補輯覽
河北印花煙酒稅局　北平　河北印花煙酒稅局秘書室　1932年　（m.）

007565291　4596　3613
各國所得稅制度論
汐見三郎著　寧柏青譯　上海　商務印書館　1936年　經濟叢書　（m.）

007566261　4596　4268
中國所得稅
楊昭智著　上海　商務印書館　1947年　初版　（m.）

007565171　4596　5806
中國直接稅概要
費文星編著　上海　世界書局　1947年　初版　（m.）

007566476　4596　6013
遺產稅法
財政部福建稅務管理處編　廣州
1943年

007566477　4596　6102
十年來之貨物稅
重慶　中央信託局印製處　1943年
（m.）

007567365　4596　6103
中國直接稅叢書
財政部江西稅務管理局直接稅叢書編纂委員會編　泰和　財政部江西稅務管理局直接稅叢書編纂委員會　1943—63年　合訂本

007566480　4596　6104
遺產稅法規
財政部直接稅署　廣州　該署　1946年
（m.）

007566481　4596　6104.7
所得稅法規
財政部直接稅署　重慶　該署　1946年
（m.）

007565168　4596　8163
遺產稅
金國寶著　上海　商務印書館　1937年
（m.）

007566483　4596　9632
營業稅法
重慶　立信會計圖書用品社　1942年
（m.）

011808272　HJ4629.P368　1937
所得稅原理及實務
潘序倫、李文傑編著　上海　商務印書館　1937年　（m.）

011908914　HJ5815.C5　L5　1930
遺產稅問題
李權時著　上海　世界書局　1930年
經濟學叢書　（m.）

011918966　HJ2315.W35　1935
租稅
王首春著　上海　商務印書館　1935年
百科小叢書　（m.）

008592685　FC2852
太行區1944年國民經濟調查初步研究
晉冀魯豫邊區政府調查研究室　香港
晉冀魯豫邊區政府調查研究室　1944年

008581738　FC3915
國民經濟調查初步研究太行區
晉冀魯豫邊區政府調查研究室編　香港　韜奮書店發行　1944年

008592689　FC2854
太行區稅務工商工作歷年來重要決定指示命令第五編　第一集
香港　冀南銀行總行工商管理總局
1945年

011807388　HJ2270.X898　1935
比較租稅
徐祖繩著　上海　商務印書館發行
1935年　國難後第2版　經濟叢書

007565253　4597　0596
廣東省國防公債條例及募集辦法彙編
廣東省國防公債勸募委員會編印　廣州　廣東省國防公債勸募委員會　1938年

007607576　4597　1143
日本之公債消化力
孔志澄著　長沙　商務印書館　1938年
（m.）

007565193　4597　1840
國債與金融
賈士毅著　上海　商務印書館　1930年
（m.）

011514547　4597　2303
內國公債要覽
上海商業儲蓄銀行信託部　上海　商業儲蓄銀行　1931年　3版　（m.）

007565292　4597　2931
內國公債史
徐滄水編　上海　商務印書館　1926年
（m.）

007567368　4597　3323
國民政府應付內債本息統計表及說明
浙江興業銀行　上海　浙江興業銀行
1932年

007567369　4597　3323B
一年來之中國公債國民政府應付內債本息統計表及說明
浙江興業銀行　上海　浙江興業銀行
1933年　（m.）

007566304　4597　3403
省債
凌文淵編　北平　北平銀行月刊社
1928年　（m.）

007567189　4597　4022
最新中國內外債券要覽
董仲佳編　上海　通易信託公司
1929年

007567370　4597　5510
中央政府發行各項公債條例彙刊
上海　交通銀行總管理處業務部　1939年　（m.）

007569994　4597　6105
財政部經管無確實擔保內債表
財政整理會　南京　財政整理會　1925年　（m.）

007567371　4597　6108
十年來之公債
財政部公債司編　重慶　中央信託局印製處　1943年　（m.）

009013419　4597　6131
財政清理處報告書表文件彙編不分卷
北京　京華印書局　1924年　鉛印

007567372　4597　6151
整理債務案進行概要
財政整理會　北京　財政整理會　1928年　（m.）

011987151　HJ8799.H85　1922
公債論
晏才傑撰　北京　新華學社　1922年
增訂再版　中國政治問題　（m.）

011891146　HJ8799.S44　1914
中國國債指掌
神州編譯社編譯部編譯　上海　神州編譯社　1914年

007567373　4597　6810
財政部新訂債券程表彙編
南京　財政部　1932年

007566281　4598　1131.1
中國國民所得[1933]
巫寶三主編、汪馥蓀等編　上海　中華書局　1947年　初版　國立中央研究院社會科學研究所叢刊

007567375　4598　1131.2
中國國民所得[1933]修正
巫寶三撰　南京　國立中央研究院社會

研究所　1947 年

007566233　4598　2308
物資調節
臺灣省物資調節委員會編　臺北　臺灣省物資調節委員會　1949 年

007567376　4598　4394
臺灣省煙酒事業概況
臺灣省煙酒公賣局統計室　臺北　新生印刷廠　1948 年　（m.）

007567377　4598　4396
公產處理
臺灣省財政廳　臺北　該廳　1949 年

007567379　4598　6105
二年來之專賣事業
財政部專賣事業司編　重慶　中央信託局印製處　1943 年　（m.）

007591860　4599　0211.213
四川全省財政說明書
經濟學會　香港　財政部　1914 年

007591861　4599　0211.213
新疆全省財政說明書
經濟學會　香港　財政部　1914 年

007591862　4599　0816.213
廣西全省財政說明書
經濟學會　香港　財政部　1914 年

007591864　4599　0859.213
廣東全省財政說明書
經濟學會　香港　財政部　1914 年

007591866　4599　1342.213
雲南全省財政說明書
經濟學會　香港　財政部　1914 年

007591867　4599　2716.213
山西全省財政說明書
經濟學會　香港　財政部　1914 年

007591868　4599　2759.213
山東全省財政說明書
經濟學會　香港　財政部　1914 年

007591869　4599　3149.213
江蘇全省財政說明書
經濟學會　香港　財政部　1914 年

007593770　4599　3211.213
湖北全省財政說明書
經濟學會　香港　財政部　1914 年

007593769　4599　3211.213
湖南全省財政說明書
經濟學會　香港　財政部　1914 年

007591203　4599　3231.213
浙江全省財政說明書
濟南　財政部　1912 年

009264664　4599　3242.213
各省財政說明書
清理財政處輯　香港　經濟學會　1914 年

007593772　4599　3242.213
河南全省財政說明書山西全省財政說明書
經濟學會　香港　財政部　1914 年

007593773　4599　3424.213
安徽全省財政說明書
經濟學會　香港　財政部　1914 年

007593774　4599　3424.213
江西全省財政說明書
經濟學會　香港　財政部　1914 年

007593775　4599　3614.213
福建全省財政説明書
經濟學會　香港　財政部　1914 年

007593778　4599　4143.213
奉天全省財政説明書
經濟學會　香港　財政部　1914 年

007593777　4599　4143.213
直隸全省財政説明書
經濟學會　香港　財政部　1914 年

007593780　4599　4649.213
黑龍江全省財政説明書
經濟學會　香港　財政部　1914 年

007593779　4599　4649.213
吉林全省財政説明書
經濟學會　香港　財政部　1914 年

007593781　4599　4752.213
甘肅全省財政説明書
經濟學會　香港　財政部　1914 年

007593782　4599　5832.213
貴州全省財政説明書
經濟學會　香港　財政部　1914 年

007805812　4599　7316.213
陝西全省財政説明書
經濟學會　香港　財政部　1914 年

007591645　4599.34　3633
湘滇綫雲貴段經濟調查總報告書
鐵道部財務司調查科編　南京　鐵道部財務司調查科　1931 年　鐵道部經濟叢書　（m.）

007593786　4599.35　6162
昆明縣市經濟調查報告書
香港　鐵道部財務司調查科印行　1928—32? 年

政法

007567380　4600　4085
政治學概論
李劍農著　上海　商務印書館　1948 年　修訂第 4 版　（m.）

007567381　4600　7933
政治學
陳之邁編著　重慶　正中書局　1943 年　（m.）

007556696　4603　0230
戰時宣傳技術
廖道謙著　廣州　第七戰區司令長官司令部編纂委員會　1942 年　（m.）

007556530　4603　0434
章力生政法論文集
章淵若著　上海　商務印書館　1936 年　（m.）

007557507　4603　0670
論戰局
廣州　正報社　1946 年　時事研究小叢書

007557537　4603　1230
猛醒
鄧家彥撰　香港　1925 年

007557330　4603　1313
政治改造
馮焯芬等著　香港　西南圖書印刷公司　1941 年

007559832　4603　2114
芹曝之獻中國治亂形數研究錄
任矜蘋著　上海　大光書局　1949 年　（m.）

007559898　4603　2224
美國人在華的最後關頭
上海　民治出版社　1948年　（m.w.）

007559998　4603　2608
愛國主義之解剖
三藩市　平社　1930年

011879401　LB41.L92　1923
教育文存
陸費逵著　上海　中華書局　1923年（m.）

007559799　4603　2993
政治與教育
朱光潛等著　上海　正中書局　1948年　思想與時代叢刊　（m.）

007559682　4603　3138
汪精衛先生最近言論集上下編[從民國二十一年到現在]
汪兆銘著　林柏生編輯　上海　中華日報館　1937年　中華日報館叢書（m.）

007561324　4603　442
當代中國政治問題之解決途徑
李崇淮著　武漢　1948年

008167983　MLC－C
國際政治及中國革命根本問題
鮑羅廷演述　1927年　（m.）

007561139　4603　4464
曾仲鳴先生行狀
汪兆銘撰　南華日報社編輯部編　香港　南華日報社　1939年　南華日報社叢書

007563227　4603　4540
救亡根本救亡
梁啟超等著　青溪散人編　上海　進步書局　1915年　（m.）

007559748　4603　4872.9
民國經世文編
經世文社編譯部編輯　朱瓊校閱　上海　經世文社　1914年

007559747　4603　4912
中國政治內幕
林天行編　上海　南華出版社　1947年（m.）

007561287　4603　4931
經世文綜
蘇淵雷編　重慶　黃中出版社　1943年

007561295　4603　4948
中國內幕一百八十度大轉變第一輯
林真著　上海　新聞雜誌出版社　1948年　（m.）

011883603　KJA147.H83　1935
羅馬法
黃俊編譯　上海　世界書局　1935年初版　（m.）

011787626　KJA160.H836　1930
羅馬法與現代
黃右昌著　上海　錦章圖書局代售　1930年　3版　現代法學叢書　（m.）

007562273　4603　7107
政法論叢
阮毅成著　南京　時代公論社　1932年（m.）

007562082　4603　7371
監察院彈劾顧孟餘案始末記
先導社編　1934年

007563346　4603　8213
無綫電宣傳戰
重慶　中國國民黨中央宣傳部　1942 年
　　（m.）

007563230　4603　9214
清寧集
常乃德［燕生］著　上海　中流書店
1947 年　（m.）

011763015　JC273.C5　C446　1928
政治學綱要
陳築山著　北京　中華平民教育促進總
　　會　1928 年　（m.）

011918044　JA69.C5　G36　1930
政治學綱要
高一涵著　上海　神州國光社　1930 年
　　再版　（m.）

008581681　FC3787
大衆政治學
傅于琛撰　上海　書報雜志聯合發行所
　　1949 年

007563532　4606　0241
政治法律大辭典
高希聖、郭真編　上海　科學研究社
　　1934 年　初版　（m.）

007463425　4606　1657
邊疆政教名詞釋義
石青陽編　南京　蒙藏委員會　1933 年
　　邊政叢書　（m.）

007563479　4606　7970
世界政治手冊
陳原編　上海　生活書店　1947 年
　　（m.）

007565470　4607　1280
政治藝術論
鄧公玄著　上海　中國文化服務社
1946 年　1 版　（m.）

007563452　4607　4233
人權論集
胡適、梁實秋、羅隆基著　上海　新月書
店　1930 年　（m.）

007565474　4607　5624
民主講話
曹伯韓著　重慶　北門出版社　1946 年
　　（m.）

007565476　4607　5843
民主・憲法・人權
費孝通撰　香港　生活書店　1948 年
5 版　（m.）

007565479　4607　7240
政治學問答
邱培豪編著　上海　大東　1931 年
（m.）

007559817　4608　0416
古代政治思想研究
謝無量著　上海　商務印書館　1923 年
　　國學小叢書　（m.）

007559740　FC348
中國近代政治思想史料
龔稷編　哈爾濱　東北書店　1948 年
　　（m.）

007560012　4608　1361
中國政治與民生哲學
張默君著　南京　翼社　1946 年　3 版
　　（m.）

007559706　4608　1722　FC9464　Film Mas 35882
北伐後之各派思潮
司馬仙島著　北平　鷹山社出版部

1930 年　初版　（m.）

007560013　4608　2204
興國論
繆斌著　北京　中華民國新民會出版部
　1939 年　（m.）

007561250　4608　3102
介紹選民政治學說
江亢虎著　香港　1940 年　（m.）

007561252　4608　3102.5
中國的新體制
江亢虎撰　香港　1940 年

007561200　4608　3934
先秦政治思想史一名中國聖哲之人生觀及其政治哲學
梁啟超著　上海　商務印書館　1924 年
　3 版　（m.）

007560945　4608　4229
當代中國政治學
楊幼炯著　南京　勝利出版社　1947 年
　初版　（m.）

007561254　4608　4229.1
政治建設論
楊幼炯著　重慶　獨立出版社　1942 年
　（m.）

009247130　4608　4284C
中國政治思想史
蕭公權著　上海　商務印書館發行
　1945—46 年　上海初版　部定大學用
　書　（m.）

007561037　4608　4444　FC8486　Film Mas 32032
中國古代政治哲學批判
李麥麥[劉胤]著　上海　新生命書局
　1933 年　（m.）

007561260　4608　4952
統一與民主
葉青著　重慶　獨立出版社　1940 年
　（m.）

007561194　4608　5604
中國六大政治家
梁啟超等編著　上海　正中書局　1947
　年　（m.）

011887830　DS710.I117　1929
中國政治史要
易君左著　上海　商務印書館　1929 年

007563264　4608　6651b
中國政治思想史
呂振羽著　廣州　新華書店　1945 年
　增訂版　（m.）

007561117　4608　7202　（1934）
中國政治理想
劉麟生著　上海　商務印書館　1934 年
　國難後第 1 版　國學小叢書　（m.）

007561122　4608　7241b
中國政治思想史
陶希聖著　重慶　南方印書館　1942 年
　（m.）

011903449　DS754.C435　1934
中國近代政治史
陳安仁撰述　上海　商務印書館　1934
　年　新時代史地叢書　（m.）

007561156　4608　7932.5b
中國政治思想史大綱
陳安仁編　上海　商務印書館　1934 年
　（m.）

007561017　4608　8248
中國政略學史編上
俞誠之作　上海　生活書店　1933 年

初版

011885764　JA69.C45
政治常識講話
章漢夫著　漢口　生活書店　1939年
　3版　青年自學叢書　（m.）

007561137　4609　4143
新政治講話
杜埃著　香港　新民主出版社　1949年
　再版

007682535　4611　0213
歐洲政治思想史上中卷
高一涵編著　上海　商務印書館　1926
年　北京大學叢書　（m.）

007563306　4611　0482
政治學說史
上海　神州國光社　1931年　（m.）

007561206　4611　2671
近百年政治思想變遷史略
白鵬飛著　上海　華通書局　1929年
（m.）

011826204　JA81.D85　1931
近代政治思想史略
上海　中華書局　1931年　（m.）

011881169　HX21.X825　1929
社會思想史 ABC
徐逸樵著　上海　ABC叢書社　1929
年　ABC叢書　（m.）

011828011　JA84.U5　Z436　1934
美國政治思想史
張金鑒著　上海　商務印書館　1934年
　政法叢書　（m.）

007562243　4612　4111
現代政治思潮
薩孟武著　上海　商務印書館　1930年
　再版　（m.）

007593606　FC2053
現代中國政治教育
楊漢輝著　北平　人文書店　1932年

007562246　4612　4128
近代政治思潮
杜久撰　香港　中央航空學校　1937年

007562040　4612　4229.3　JC423.Y36x　1947
近世民主憲政之新動向
楊幼炯著　上海　商務印書館　1947年
　初版　（m.）

007562145　4612　4441
國家
樓桐孫著　上海　商務印書館　1931年
　百科小叢書　（m.）

007562063　4614　0243.79
商鞅評傳
陳啟天著　上海　商務印書館　1935年
　國學小叢書　（m.）

007562012　4614　0243B
商君書五卷　附考
商鞅撰　嚴萬里校　上海　中華書局
1927—36年

007873078　4614　0243c
商子
（戰國）商鞅著　上海　涵芬樓　1929
年　四部叢刊

007562277　4614　0243D
商君書
商鞅著　張之純選　上海　商務印書館
　1927年　5版　（m.）

唐敬杲選註　上海　商務印書館　1931
年　初版　學生國學叢書　（m.）

007563538　4614　8725D
管子通釋
支偉成編　上海　泰東圖書局　1924年
　初版　諸子研究　（m.）

007563539　4614　8725D
管子附校正
（清）戴望校正　上海　商務印書館
1934年　初版　國學基本叢書　（m.）

007710918　4615　0643
臣軌二卷　附校記一卷
濟南　東方學會　1924年

007710914　4615　0643
帝範二卷　附校記一卷
（唐）唐太宗著　濟南　東方學會
1924年

007563497　4616　1131.2
王安石政略
熊公哲著　上海　商務印書館　1937年
　（m.）

007565484　4616　1131.8　FC8483　Film　Mas　32031
王安石新政綱要暨其政論文選
姜豪撰　上海　國民讀書互助會　1935
年　（m.）

007565288　4616　1383
爲政忠告
（元）張養浩著　上海　商務印書館
1936年　四部叢刊

007565142　4616　4411
作邑自箴十卷
李元弼撰　上海　商務印書館　1934年
　四部叢刊

007568112　4617　0343d
大同書
康有爲著　上海　長興書局　1919年
（m.）

007565187　4617　0343e
大同書
康有爲著　錢安定校訂　上海　中華書
局　1935年　（m.）

007565501　4617　0343f
康有爲大同書
康有爲撰　美國三藩市　世界日報印刷
發行　1948年

007565247　4617　4838
明夷待訪錄
黃宗羲撰　上海　中華書局　1934年
聚珍倣宋版　四部備要

007565247　4617　4838C
明夷待訪錄
（清）黃宗羲著　上海　商務印書館
1937年　國學基本叢書

007565524　4617　7182b
康濟錄四卷
陸曾禹輯　1933年　（m.）

007563325　4618.0244
全民政治
方志超編著　杭州　新新印書公司
1931年　再版　（m.）

011930321　JA69.L71　1941
青年政治讀本
廖競存編著　長沙　商務印書館　1941
年　（m.）

011800636　JA71.Y36　1934
現代政治概論
楊玉清著　上海　商務印書館　1934年

初版 （m.）

011800930　JA71.H83
政治學的諸重要問題
黃開山著　上海　神州國光社　1932 年
（m.）

009087971　4618　0227
共通原則論不分卷
郭步陶著　上海　郭步陶　1935 年
鉛印

011982618　JC273.T43　1947
新政治學大綱
鄧初民著　上海　生活書店　1947 年
新中國大學叢書　（m.）

007563238　4618　0448
甲寅雜志存稿
章士釗著　上海　商務印書館　1926 年
（m.）

007563332　4618　0448.7　FC9442　Film Mas 35899
長沙章氏叢稿癸甲集
章士釗著　上海　商務印書館　1929 年
初版

007563229　4618　1122
民族生存
王健生編輯　上海　中國民生學社
1937 年　（m.）

007563191　4618　1314
立國之道─名國家社會主義
張嘉森述、馮今白筆記　張君勱先生遺
著編輯委員會編輯　桂林　1939 年

005376135　FC6067　FC－M4751
國內戰爭六講
張君勱著　上海　國立自治學院　1924
年　國立自治學院叢書　（m.）

009246975　4618　1314.7
民主方法
張君勱講　上海　中國民主社會黨出席
第一屆國民大會代表團　1948 年

007563335　4618　1354
理性與民主
張東蓀著　上海　商務印書館　1946 年
（m.）

007563338　4618　1378
政治學大綱
張慰慈編　香港　商務印書館　1926 年
5 版　（m.）

007563239　4618　1534
國家主義講演集第一集
醒獅周報社編　上海　醒獅周報社
1925 年　醒獅叢書　（m.）

007563344　4618　2114　FC8446　Film Mas 32503
民國圖治芻議
伍廷芳撰　上海　商務印書館　1915 年

001559208　4618　2123.6
民主政治新論
葉青著　重慶　獨立出版社　1945 年
初版　（m.）

007563357　4618　2213
建國之路
邵元沖撰　上海　建國周刊社　1929 年
（m.）

011912043　JC311.T2612　1927
國家主義
太戈爾［Rabindranath Tagore］原著　樓
桐孫譯述　上海　商務印書館　1927 年
再版　（m.）

007563235　4618　2223
國家主義概論
何魯之編　上海　中國人文研究所
1948年　初版　國家主義叢書　(m.)

011937231　JA81.Z53　1943
現代政治思想
詹文滸著　重慶　中國文化服務社
1943年　初版　青年文庫　(m.)

007563127　4618　2366　FC5124　FC－M1086
皇權與紳權
吳晗、費孝通等著　上海　觀察社
1948年　(m. w.)

007563368　4618　2946　FC9641　Film　Mas　35965
將吏法言八卷
徐世昌著　廣州　1919年

007563192　4618　2948
建國詮真
徐樹錚著　1921年　(m.)

007563231　4618　3213
建國問答二〇四問
馮玉祥著　桂林　1945年

007563738　4618　4113
政學真詮總論
姚震著　天津　北洋美術印刷所　1931年　(m.)

007563739　4618　4222
重建之路
柯台山著　廣州　1947年　(m.)

007563742　4618　4418
國家主義淺說
李璜編　上海　中國國家主義青年團
1928年　(m.)

011829383　JQ1508.L525　1933
建國忠言
李次山著　上海　1933年

007563541　4618　4451
唯生論政治學體系
蔣靜一著　南京　政治通訊月刊社
1935年　初版　政治月刊叢書　(m.)

007563744　4618　447
政本論
薛學潛著　上海　商務印書館　1928年
(m.)

011912116　JS323.L58　1943
各國地方政治制度美利堅篇
劉乃誠編著　重慶　正中書局　1943年
(m.)

011903646　K3165.C435　1917
歐美憲政真相
陳壽凡編著　上海　商務印書館　1917年　初版　(m.)

011929527　K3165.S4　1913
世界共和國政要
商務印書館編譯所編譯　上海　商務印書館　1913年　3版　(m.)

007563530　4618　4473
薛著憲政論
薛學海著　上海　商務印書館　1926年
初版　(m.)

011903582　JA69.Q256　1929
政治學概論
秦明編著　上海　南強書局　1929年
新社會科學叢書　(m.)

011906231　JA69.C5.S325　1932
政治學概論
薩孟武編　上海　世界書局　1932年

(m.)

007563731　4618　4830
遠生遺著
黄遠庸著　上海　1920 年　（m.）

007563467　4618　4878
偉人黄興政見書
顯微編　1916 年

007567305　4618　4916
爲政與制産
林天明著　廣州　南瀛出版社　1948 年

007563750　4618　4962
救國南針之摧
蔡曉丹撰　天津　大公報館　1932 年

007563564　4618　6223
帝王春秋
易白沙著　上海　中華書局　1924 年
（m.）

007563758　4618　6308
國家主義與世界潮流原名什麼是世界的新潮
張子柱等著　上海　愛文書局　1928 年
（m.）

011468362　4618　792
新政治學
陳豹隱編　上海　樂群書店　1929 年
（m.）

007563623　4618　7927
中國民主政治的原理
陳伯驥著　上海　商務印書館　1946 年
（m.）

007733709　4618　7931
民主憲政論
陳啟天著　重慶　商務印書館　1944 年
（m.）

007563734　4618　7931b
民主憲政論
陳啟天著　上海　商務印書館　1945 年
（m.）

007567221　4618　9856
國家主義論文集
少年中國學會編輯　上海　中華書局　1925—26 年　少年中國學會叢書
（m.）

007563698　4619　1126
中國革命基本問題
王向升、劉毅合編　天津　天津知識書店　1949 年　（m.）

007563766　4619　5648
中國革命基本問題
大連　大衆書店　1948 年　（m.）

007563615　4628　1146
社會通詮
甄克思原著　嚴復譯述　上海　1924 年

011914476　B1849.D4712　1934
方法論
笛卡兒 [R. Descartes] 著　彭基相譯　上海　商務印書館　1934 年　初版　漢譯世界名著　（m.）

007563770　4628　2173
民約論
盧騷著　馬君武譯　上海　中華書局　1927 年　5 版

011931270　B3983.C6　H6　1943
致知篇
（荷）斯賓諾沙 [B. Spinoza] 著　賀麟譯　重慶　商務印書館　1943 年　初版

（m.）

007563555　4628　2424
群己權界論
穆勒約翰原著　嚴復譯述　上海　商務印書館　1926年　9版　（m.）

007563771　4628　3214
政治中之人性
Wallas Graham著　鍾建閎譯　香港　1923年

007563682　4628　3441
族國主義論叢
海士[赫士]著　蔣廷黻譯　上海　新月書店　1930年　（m.）

007563773　4628　4224
現代民治政體
蒲徠斯著　趙蘊琦譯　上海　商務印書館　1927年　（m.）

007563786　4628　5842.4
政治典範要義
杭立武著　上海　商務印書館　1947年　（m.）

011977792　JC223.B1412　1935
物理與政理
巴佐特[Bagehot Walter]著　鍾建閎譯　上海　商務印書館　1935年　漢譯世界名著

007565425　4628　7122
物理與政理
巴佐特[Bagehot Walter]著　鍾建閎譯　香港　1924年

011800770　JC325.S24
新國家論
薩孟武著　上海　商務印書館　1928年

政法叢書　（m.）

007565185　4629　5144
全民政治
廖仲愷譯　上海　民智書局　1925年　（m.）

007565430　4629　5144B
全民政治
威爾格斯著　廖仲愷譯　上海　中國文化服務社　1945年　中國國民黨叢書　（m.）

007565439　4629　5144c
全民政治
威爾確斯著　廖仲愷譯　江西省　三民主義文化運動委員會　1941年　（m.）

011901547　JC258.R8　C45　1921
政治理想
羅素原著　程振基譯　上海　商務印書館　1921年　共學社羅素叢書　（m.）

007565450　4633　4304
庚午論文集
燕京大學政治學系　北平　燕京大學政治學系　1930年

007565293　4637　4411
國際政治經濟一覽民國二十三至二十四年
李聖五、史國綱編輯　上海　商務印書館　1934年　（m.）

011836819　JF1601.C45　1946
各國人事行政制度概要
張金鑒編著　上海　正中書局　1947年　（m.）

007565300　4639　0451
各國行政研究概況
譚春霖著　廣州　嶺南大學歷史政治學

系　1939 年　（m.）

007565464　4639　1722
中外革命史
三民出版社編　上海　三民出版社　1927 年　（m.）

007565469　4639　1930
行政三聯制與行政權的運用
孫澄方著　重慶　國民圖書出版社　1941 年　（m.）

007565475　4639　235
行政三聯制概論
吳哲生編著　重慶　正中書局　1943 年　（m.）

007565481　4639　4260
平民政治的基本原理
芮恩施著　羅家倫譯　蔣夢麟校　上海　商務印書館　1926 年　5 版　（m.）

007565294　4639　4434
大衆革命知識
艾寒松著　上海　華夏書店　1949 年　大衆知識叢書

007565495　4639　4474
觀弈閒評
有賀長雄述　廣州　1913 年

007565497　4639　4683
近世民主政治論
森口繁治著　薩孟武譯　廣州　1925 年　（m.）

007565500　4639　6102
現代民治的趨勢
羅敦偉著　上海　大東　1931 年　（m.）

007565298　4639　7940
聯邦政治
陳茹玄著　上海　1926 年　政法叢書

007565262　4639　7965
機關組織論
陳果夫編著　上海　正中書局　1946 年　（m.）

007565511　4639　8303
憲法學原理
美濃部達吉著　歐宗佑、何作霖譯　廣州　1925 年　（m.）

004573883　4639　8303.1　JAPAN　967　MIN/AC
行政法撮要
（日）美濃部達吉著　程鄰芳、陳思謙譯述　上海　商務印書館　1934 年　初版　政法叢書　（m.）

007565221　4643　3400
考查司法記
法權討論委員會秘書處編　北京　法權討論委員會秘書處　1924 年　（m.）

007566266　4646　2384
創制復決罷免三權怎樣行使
吳鐵城著　南京　中國出版社　1946 年　初版　（m.）

007566307　4646　8174
國民大會代表立法院立法委員監察院監察委員選舉程式
金葆光編著　南京　獨立出版社　1947 年　（m.）

007565243　FC5120　FC－M1081
共和平議
康有爲撰　上海　長興書局　1919 年　（m.）

007566439　4647　2151
全民政治與議會政治
崔書琴編著　上海　正中書局　1947年
　第4版　憲政叢書　（m.）

011906477　KNN440.L58　1918
中華新法治國論
劉世長著　上海　中華書局　1918年
　（m.）

007566440　4647　7905
會議常識
陳毅夫著　上海　民眾書店　1929年

011831011　JF2011.H495　1934
各國政黨史
何子恒撰述　上海　商務印書館　1934
　年　再版　新時代史地叢書　（m.）

007566446　4648　4273
歐美日本的政黨
彭學沛著　上海　太平洋書店　1930年
　再版　（m.）

007566312　4648　4283
政黨概論
楊公達著　上海　神州國光社　1932年
　（m.）

007566452　4650　0484
自治叢書
文公直編著　上海　時還書局　1933年

007566469　4650　0484　（1）
行政淺說
上海　時還書局　1933年　自治叢書
　（m.）

007566472　4650　0484　（2）
公益衛生　財政公安
上海　時還書局　1933年　自治叢書

007566475　4650　0484　（3）
長副須知
上海　時還書局　1933年　自治叢書
　（m.）

007566478　4650　0484　（4）
合作制度
上海　時還書局　1933年　自治叢書
　（m.）

007566482　4650　0484　（5）
自治組織　財政警衛　農村教育
上海　時還書局　1933年　自治叢書

007566265　4650　0484　（6）
自治法規、區自治施行法釋義
文公直編著　上海　時還書局　1933年
　修訂初版　自治叢書

011273586　ML.C－C
第六次合作講習會彙刊
中國華洋義賑救災總會編　香港　中國
　華洋義賑救災總會　1931年　中國華洋
　義賑救災總會叢刊　乙種　（m.）

007566487　4652　0213
各國地方制度綱要
高一涵撰　北京　內務部編譯處　1917
　年　（m.）

007566309　4652　1381
比較市政府
張銳著　上海　華通書局　1932年
　（m.）

004332687　4652　2200　CHIN　367M　F30
地方自治全書國民政府公佈區鄉鎮制
繆訒言編　上海　公民書局　1929年
　（m.）

011916998　HT166.Z446　1930
城市計劃學

鄭肇經著　上海　商務印書館　1930 年　工學小叢書　（m.）

007566489　4652　4126
市政新論
董修甲著　上海　商務印書館　1924 年　（m.）

007566273　4652　4126.1
市政學綱要
董修甲著　上海　商務印書館　1932 年　國難後第 1 版　政法叢書　（m.）

007566310　4652　4126.2
市政研究論文集
董修甲著　上海　青年協會書局　1929 年　（m.）

007566270　4652　4921
地方自治概論
林棨可著　上海　商務印書館　1931 年　初版　（m.）

007566188　4652　6624
比較地方自治論
呂復著　上海　商務印書館　1945 年　上海再版　（m.）

007566497　4652　7767
英德法美比較都市自治論
門羅氏著　朱毓芬譯　香港　中華代印　1921 年　（m.）

007566180　4652　7943
地方政府總論
陳柏心著　長沙　商務印書館　1940 年　再版　廣西建設研究會叢書　（m.）

007566303　4652　7985
地方自治簡述
陳念中著　重慶　商務印書館　1942 年　3 版　（m.）

007566190　4652　7985　（1947）
地方自治簡述
陳念中著　上海　1946 年　上海初版　（m.）

011919374　JS145.C4　1927
市制新論英法德意美日及我國現行市制之比較　我國之理想的市制
張銳編著　梁啟超校閱　上海　商務印書館　1927 年　再版　（m.）

007585881　FC5117　FC－M1077
地方行政會議記錄
北京　內務部　1920 年

007566267　4654　4404
縣司法處關係法規詳釋
蔣應杓編　上海　中華書局　1937 年　初版　（m.）

007566506　4654　7316
機關管理
陝西省地方行政幹部訓練團　香港　陝西省地方行政幹部訓練團　1942 年

008378171　4660.3　0654
潛廬政論集一名党國罪言
諸青來著　上海　1935 年　（m.）

007566507　4660.3　1143
時事研究小叢書
正報社　香港　正報社　1946 年

005359634　2922.6　9867　4660.3　1143　（1）
當前時局重要問題
香港　正報社　1946 年　時事研究小叢書

005340827　2922　4430　4660.3　1143　（2）
七七宣言及其研究

正報社　香港　正報社　1946年　時事研究小叢書

007566508　4660.3　1143　(3)
無理要求
香港　正報社　1946年　時事研究小叢書

007566509　4660.3　1143　(4)
翻總案
香港　正報社　1946年　時事研究小叢書

007566301　4660.3　1143　(5)
中國內戰中的兩條路綫評蔣介石文告之三
正報社編　香港　正報社　1946年　時事研究小叢書

007566511　4660.3　4451
實現和平民主的文獻
蔣介石撰　廣州　新民主出版社　1946年　(m.)

007566512　4660.3　4821
開國政略
黃統著　上海　商務印書館　1921年　(m.)

011825396　JQ1505.P55　1929
分治合作問題討論集
畢修勺編　上海　革命周報社　1929年　革命小叢書　(m.)

007567190　4660.6　5631
中國憲政手冊
盧豫冬等合編　曲江　大光報　1947年　初版　(m.)

011493451　JQ1502.T85　1925
中華民國政府大綱
曾友豪編　上海　商務印書館　1925年

政治叢書　(m.)

007567348　4660.7　4462
中國四大政治家評傳
蔣星德著　重慶　中周出版社　1943年　(m.)

007567350　4660.7　7873
中國內幕
歐陽宗等　上海　新中國報社　1943年　(m.)

007568233　4660.9　0233
中國政府大綱
謝瀛洲著　廣州　天成印務局　1945年　(m.)

007568222　4660.9　0233b
中國政府大綱
謝瀛洲著　韶關　韶關大光報營業部　1942年　(m.)

007568170　4660.9　4229
國家建設原理
楊幼炯著　重慶　商務印書館　1946年　中山文化教育館研究叢書　(m.)

007568240　4660.9　4882
中國問題之綜合的研究
黃尊生著　天津　啟明書社　1935年　(m.)

008583400　FC4548
參議院議事錄民國元年一至四月
南京　參議院文書科　1912年　(m.)

007568279　4660.9　7662
中國的出路
屠景山著　香港　憶伊閣　1932年　(m.)

008570134　FC3441(N)
僞府內幕第三、四輯
南京前進出版社編輯　南京　前進出版社出版　1945年

007568556　4661.92　5641
內務法令輯覽民國元年一月至民國七年四月
香港　內務部編輯處　1918年

007568412　4661.92　5641.2
內務法令提綱
劉光藜、林鶴鳴合編　北京　內務部編譯處　1918年　(m.)

007892198　4661.92　6177
法令輯覽
印鑄局官書科編　北京　印鑄局　1917年　(m.)

007892199　4661.92　6177.1
法令輯覽續編
印鑄局編校科編　北京　印鑄局編校科　1920年　(m.)

007568562　4661.92　7872
法令全書
北京　印鑄局　1912—16年　(m.)

004332675　4661.93　0175　CHIN　203　F24
民國法令大全
商務印書館編譯所編　上海　商務印書館　1924年　初版　(m.)

011986527　KNN25.5.A2　1920
中華民國法令大全
商務印書館編譯所編　上海　商務印書館　1920年　增補10版　(m.)

007568565　4661.93　7641
臨時執政府法令文電輯要
北京　臨時執政府　1925年　印本

007568404　4661.94　0175　CHIN　203　F33
中華民國現行法規大全
商務印書館編　上海　商務印書館　1934年　(m.)

004332453　4661.94　037　CHIN　203　F34
中華民國法規彙編
立法院編譯處　上海　中華書局　1934年　(m.)

008050645　4661.94　037.1
中華民國法規彙編[1934年輯]
立法院編譯處編　上海　中華書局　1935年　(m.)

008050639　4661.94　037.2
中華民國法規彙編
立法院編譯處編　上海　中華書局　1936年　(m.)

007568379　4661.94　2910
中華民國法規大全
徐百齊編輯　吳鵬飛助編　上海　商務印書館　1936年　(m.)

004332672　4661.94　3270　CHIN　203　F29
國民政府現行法規
國民政府法制局編　上海　商務印書館　1929年　初版　(m.)

011895891　K3400.C4　1931
行政法總論
趙琛著　上海　上海法學編譯社　1931年　初版　(m.)

007568575　4661.94　4533
國民政府新公文新法令編
戴渭清輯　上海　廣益書局　1928年　7版

007568411　4661.94　5063
國民政府法令大全
中國法律編輯所編　上海　中國法律編輯所　1932年　初版　(m.)

011893627
中華民國國民政府附廣東省政府組織
中國國民黨中央執行委員會上海執行部印行　1925年

007568410　4661.94　6710
國民政府法規彙編[第1輯]
國民政府文官處編　南京　印鑄局　1929年　初版

007568578　4661.94　6710B　FC9608　Film Mas　35920
中華民國國民政府組織法令
香港　中國國民黨中央執行委員會上海執行部印　1925年

007568591　4661.94　7291
民國法規集刊
劉燿元、曾少俊編　上海　民智書局　1933年　印本　(m.)

008581558　FC3157
法令彙編第一、二分冊合訂本
晉冀魯豫邊區政府編　1946年　(m.)

007585299　FC3250(N)
法律草案彙編
修訂法律館編　北京　京城印書局印刷　1926年　(m.)

007534648　FC531(N)
抗日根據地政策條例彙集
1941年

008630468　FC1308
抗日根據地政策條例彙集陝甘寧之部
延安　1942年

007568630　4662.4　7148b
唐陸宣公奏議讀本四卷
陸贄撰　上海　啟智書局　1934年

007568390　4662.4　7148c
陸宣公奏議
陸贄著　上海　商務印書館　1935年　初版　國學基本叢書　(m.)

007568444　4662.5　7234
元城先生盡言集十三卷
劉安世撰　上海　商務印書館　1934年　四部叢刊

007568385　4662.5　8270
鄭忠肅奏議遺集二卷
鄭興裔撰　上海　商務印書館　1934年

009204762　4662.7　1104
崇禎存實書鈔八卷
國立北京大學研究院文史部編　上海　商務印書館　1934年　國立北京大學研究院文史叢刊

007568439　4662.7　3816
洪承疇章奏文冊彙輯
國立北京大學研究院文史部編　上海　商務印書館　1937年　國立北京大學研究院文史叢刊

009147551　4662.8　0343
康南海奏稿
康有爲著　濟南　1927年

009251430　4662.8　4264
退廬疏稿四卷　補遺
胡思敬著　南昌　1913年

007570106　4662.8　4422
李忠節公奏議十六卷
李秉衡撰　香港　1930年

007570982　4662.8　4463
蘇州織造李煦奏摺
國立北平故宮博物院文獻館編　北京　國立北平故宮博物院　1937年

007571106　4662.8　4928　FC9575　Film Mas 35974
林文直公奏稿七卷
林紹年著　北京　1927年

007570997　4662.8　5139
盛尚書愚齋存稿初刊一百卷
盛宣懷撰　濟南　武進盛氏思補樓　1939年

009215607　4662.8　7931
陳文忠公奏議二卷
陳寶琛撰　北京　文楷齋　1940年　藍印本

009067288　4662.86　3842
晚聞齋稿待焚錄一卷
竇垿撰　昆明　雲南圖書館　1912—49年　雲南叢書

007563566　4662.86　4963B　4662.86　4963C
林文忠公政書三十七卷
林則徐著　上海　商務印書館　1935年　再版　國學基本叢書　（m.）

007565540　4662.86　4963D
林文忠公禁煙奏稿
林則徐撰　香港　福州林氏　1928年

007565545　4662.87　1410　FC8237　Film Mas 32132
聶亦峰先生爲宰公牘
聶爾康著　上海　1943年　（m.）

008554134　4662.88　1333
張文襄公全集卷首二卷　二百二十九卷
張之洞撰　王樹枏編　北平　文華齋　1928年

008053980　4662.88　1333.2
張文襄公集
許同莘輯　1919—21年

007565548　4662.88　1333.3
張文襄書翰墨寶
張之洞撰書　上海　文明書局　1924年

007565549　4662.88　1343
寸草廬奏稿二卷
張嘉祿撰　香港　四明張氏　1948年

007565551　4662.88　3151
梅陽江侍御奏議二卷
江春霖撰　香港　莆田江氏　1927年

007563597　4662.88　4430.2
李文忠公尺牘
李鴻章撰　香港　合肥李氏　1916年

007565558　4662.88　4430.23
李文忠公朋僚函稿二十四卷
李鴻章撰　香港　1912—49年

007565561　4662.88　7623
屠光祿奏疏四卷
屠仁守撰　廣州　潛樓劉氏校刻　1922年

009251682　4662.88　7971
望巖堂奏稿
陳璧撰　濟南　1932年

007566412　4662.88　8664.4
曾文正公胡文忠公批牘
朱太忙標點　上海　大達圖書供應社　1934年　（m.）

007566414　4662.89　4343.2
樊山公牘四卷
（清）樊增祥著　香港　1912—49年

007566417　4662.9　0403
塔景亭案牘十卷
許文濬撰　香港　1924 年

007566419　4662.9　0444
治閩公牘二卷
許世英撰　1915—38 年

007566421　4662.9　0624
會澤督黔文牘六卷
［唐繼堯］著　昆明　雲南督軍署秘書廳　1920 年　（m.）

007566422　4662.9　1164
治臨公牘
王國聲撰　香港　1918 年

007564563　4662.9　1232
散木居奏稿二十五卷
廣州　餐菊軒　1939 年

007566423　4662.9　2114
伍秩庸先生公牘二卷
伍廷芳撰　上海　文瑞樓書局　1926 年　4 版

007566425　4662.9　2217
武漢退卻後上蔣委員長書
喬一凡著　廣州　中國民生教育學會　1938 年　（m.）

007564564　4662.9　2313
黎副總統書牘二卷
黎元洪撰　上海　新中國書局　1912 年

007564562　4662.9　2313.2
黎大總統文牘類編
黎元洪著　上海會文堂新記書局編輯　上海　上海會文堂新記書局　1934 年

007567227　4662.9　2313.3　（1925）
黎副總統書牘彙編
黎元洪著　汪鈺孫編輯　上海　廣益書局　1921 年

007565277　4662.9　2313.6
黎副總統政書三十四卷
黎元洪撰　易國幹編　武昌　湖北官紙印刷局　1914 年

007566428　4662.9　4342
袁大總統書牘彙編八卷
袁世凱著　上海　廣益書局　1926 年　15 版　（m.）

007565278　4662.9　4342.08
袁大總統書牘
袁世凱著　吳硯雲編訂　上海　廣益書局　1912 年

007566429　4662.9　4342.3
袁大總統書牘彙編二卷
袁世凱撰　上海　廣益書局　1913 年　（m.）

007566450　4662.9　4342.33
養壽園奏議輯要四十四卷
沈祖憲輯　香港　項城袁氏家　1938 年

007566451　4662.9　4342.5
袁大總統文牘類編
袁世凱著　上海　會文堂新記書局　1925 年　（m.）

007566430　4662.9　4342A
袁大總統書牘彙編八卷
袁世凱著　上海　廣益書局　1933 年　續版　（m.）

007565331　4662.9　4342b
袁大總統書牘彙編
徐有明編　上海　新中國圖書局　1931 年

009041561　4662.9　4668
博羅縣公署周歲報告書不分卷
博羅縣公署編輯　香港　粵華公司
1917年　鉛印

007565191　4662.9　4942　5558　494
遐庵彙稿
葉恭綽撰　1930年序

007566453　4662.9　7214
蒙事紀略
周正朝著　北京　1913年

007699458　MLC-C
民國年鑒
許指嚴、徐哲身編述　上海　國民圖書公司　1930年

008581593　FC3189
民國以來大事年表
田家英主編　香港　新華書店　1946年
（m.）

007566455　4663　1084.21
政府公報分類彙編
雷瑨撰　上海　掃葉山房　1915年
（m.）

007566457　4664　7990
宦遊偶記二卷
陳惟彥撰　香港　1918年

007566458　4664　8664
鳴原堂論文二卷
曾國藩輯　上海　中華書局　1930年
四部備要

007566259　4664.7　4146
神廟留中奏疏彙要四十一卷
董其昌輯　顧廷龍、薛瀛伯編　北平
燕京大學圖書館　1937年

007607570　4664.8　2324
清季籌藏奏牘
吳豐培著　長沙　商務印書館　1938年
（m.）

007566295　4664.8　2350
皇清奏議六十八卷　續編四卷
濟南　大連羅氏墨緣堂　1936年

007568315　4664.8　7183
清代軍政名牘彙編十八卷
劉鐵冷撰　上海　中原書局　1926年

007566185　4664.80　2318
順治元年內外官署奏疏
北京　國立北京大學研究所國學門
1931年

008133534　4664.86　2077　FC4552　FC-M1839
剿辦髮匪疏鈔
未註鈔輯者　濟南　1941年

010122174　T　4664.88　8532
謗書四卷
錢祥保撰　何震彝編次　香港　憫瓜廬
1920年　紅格稿本

007568537　4664.9　1183
麻溪改壩爲橋始末記四卷
王念祖撰　香港　紹興戢社　1919年

007568540　4664.9　1376
君憲問題文電彙編第一、二編
北京　正蒙印書局　1915年

007567308　4664.9　4418
李烈鈞之言論
李烈鈞講　南京　1935年　（m.）

007567306　FC479(N)
中國考試制度史
鄧嗣禹纂著　南京　商務印書館經售

1936 年

007568543　4665　1238
中國考試制度研究
鄧定人編著　上海　民智書局　1929 年
（m.）

008445971　MLC – C
宋代制舉考略
聶崇岐撰　1938 年

007567246　4666　3127
宋元科舉三錄
徐乃昌校刊　香港　南陵徐氏　1923 年

007568544　4666　3127　(1)
紹興十八年同年小錄
廣州　南陵徐氏　1923 年　宋元科舉三錄

007568546　4666　3127　(2–3)
寶祐四年登科錄
廣州　南陵徐氏　1923 年　宋元科舉三錄

007568547　4666　3127　(4)
元統元年進士錄
廣州　南陵徐氏　1923 年　宋元科舉三錄

007987922　4667　1397　FC9088　Film　Mas　34626
明清巍科姓氏錄二卷
張惟驤輯　廣州　小雙寂刊　1930 年　小雙寂庵叢書

007567242　4668　0454　FC8707　Film　Mas　32762
清代考試制度
章中如著　上海　黎明書局　1931 年
（m.）

011887636　JQ1512. Z1　C435　1934
清代考試制度資料
章中如著　上海　黎明書局　1934 年
初版　（m.）

007572683　4668　1674　FC8972　Film　Mas　34366
通静二庠題名錄明洪武至清宣統
習艮樞撰　香港　南通習氏　1931 年

007572687　4668　1674　(1–2)
通庠題名錄四卷　卷首一卷　卷末一卷
顧鴻原輯　顧金梓續輯　顧曾煥等增輯　香港　南通習氏　1931 年　通静二庠題名錄

007572688　4668　1674　(3–4)
静庠題名錄二卷　卷首一卷
崔靈驥等原輯　成廷寀續輯　成謂等增輯　香港　南通習氏　1931 年　通静二庠題名錄

007567297　4668　2443
清代殿試考略
傅增湘著　天津　大公報社　1933 年
初版

007482270　4668　3234　Z3101. Y446x　Suppl. vol. 19
增校清朝進士題名碑錄附引得
房兆楹、杜聯喆合編　引得編纂處　北京　哈佛燕京學社　1941 年　引得
（m.）

008621409　4668.9　3401　FC4795　FC – M1944
清嘉慶至宣統科舉同年錄一卷
濟南　1912—45 年　鈔本

007571007　4668.932　3120
清末廣東縣級科舉取士紀實
沈拜言述　香港　1930 年

007571035　4669　2170
考選制度
行政院新聞局編　南京　行政院新聞局

1947 年 （m.）

008441368　MLC－C
民國二十三年首都普通考試總報告書
首都普通考試典試委員會編輯　1934 年
（m.）

007574631　4669　7224
中華民國各種考試章程
劉俊編輯　廣州　法政學會　1915 年

007574635　4674　0444
遷安政治紀實五卷
謝桐森撰　天津　華新印刷局　1914 年

007574636　4674　0591
戰時公務員須知
廣東省政府秘書處編譯室　廣州　廣東省政府秘書處編譯室　1940 年　（m.）

007574638　4674　2124
治匪紀略
任傳藻撰　香港　豐城任氏　1926 年

007574640　4674　2366
花溪閒筆
吳鼎昌撰　貴州　貴州企業股份有限公司　1943 年

007574645　4674　2366b
花溪閒筆
吳鼎昌撰　1940—68 年

007574648　4674　3198
吳省長言論集八卷
河北省公署　濟南　河北省公署　1941 年

007574650　4674　5511.2
中央政務機關三十一年度上期工作進度抽查報告
香港　1942 年

007574654　4674　8204
怎樣才能使機關學校化
鄭彥棻撰　重慶　青年書局　1943 年
（m.）

007574661　4678　5754
本學指南一卷　奏摺款式一卷
上海　蟬隱廬　1936 年

007572343　4679　1614
清諡法考
雷延壽編輯　北京　代售處商務印書館　1924 年

007574688　4680　6032
北泉議禮錄
國立禮樂館編　北碚　私立北泉圖書館　1944 年　（m.）

007563827　4681　0423
中國政制概要
許崇灝著　上海　商務印書館　1946 年　上海初版　（m.）

007563835　4681　1152
中國革命讀本
王惠德、于光遠著　廣州　新華書店　1949 年　（m.）

007563870　4681　1326　FC7824　Film　Mas　31798
中國政治二千年
張純明著　長沙　商務印書館　1940 年　文史叢書　（m.）

007563858　4681　2162B
歷代職官表七十二卷
正總裁永瑢等　紀昀等總纂　上海　中華書局　1934 年　聚珍倣宋版　四部備要

007563830　4681　2162D
歷代職官表七十二卷

永瑢等奉勅修纂　上海　商務印書館
1938年　國學基本叢書　（m.）

008369721　4681　4276
中國政治制度史
楊熙時著　上海　商務印書館　1947年
　（m.）

007563875　4681　4276.4
中國歷代政治大要
彭鳳昭編輯　武昌　太平洋書局
1928年

004341182　4681　5640　CHIN　905　TSA
法治通史
曹恭翊編纂　北京　曹恭翊　1917年
（m.）

007565231　4681　6003
中國政體制度史
呂誠之著　上海　龍虎書店　1935年
增訂版

007565235　4681　6003.5
中國國體制度史
呂誠之著　上海　龍虎書店　1935年
增訂版

007565478　4681　6399B
吾學錄初編二十四卷
吳榮光撰　上海　中華書局　1934年
四部備要

007565492　4681　8501
中國政治史講話
錢亦石著　上海　生活書店　1946年
勝利後第2版　（m.）

009253335　4681　8632b
中國政治制度史
曾資生著　重慶　南方印書館　1943年

文史哲叢書　（m.）

007565516　4681　9212
中國政治制度小史
常燕生著　上海　愛文書局　1928年
（m.）

009245803　4682　2910.2c
東漢會要
徐天麟撰　上海　商務印書館　1937年
　初版　萬有文庫　（m.）

007565147　4682　2910B
西漢會要
徐天麟撰　上海　商務印書館　1935年
　國學基本叢書　（m.）

007885258　4682　2910c
西漢會要
徐天麟撰　上海　商務印書館　1935年
　國學基本叢書　（m.）

007565555　4682　4101
七國考十四卷
（明）董說著　吳興　劉氏　1919年

007565289　4682　4921
獨斷二卷
蔡邕撰　上海　涵芬樓　1936年　四部
叢刊

011760331　JQ1500.T368　1937
秦漢政治制度
陶希聖、沈巨塵著　上海　商務印書館
　1937年　再版　史地小叢書　（m.）

007566175　4683　1134B
唐會要
王溥撰　上海　商務印書館　1935年
　初版　萬有文庫　（m.）

007566438　4683　2301.1
貞觀政要講義四卷
溫肅撰　廣州　1936 年

007566293　4683　2301B
貞觀政要古寫本　卷五　卷六　二卷
吳兢撰　　附佚篇校記　羅振玉錄　京都　東方學會　1924 年

007566436　4683　2301C
貞觀政要十卷
（唐）吳兢著　上海　中華書局　1933 年

007566264　4683　2301D
貞觀政要
戈直集論　上海　商務印書館　1934 年　初版

007566298　4683　4824　FC7827　Film Mas　31805
唐代地方行政史
黃綬撰　北京　西充黃氏　1927 年（m.）

007885205　4683　7939
隋唐制度淵源略論稿
陳寅恪著　重慶　商務印書館　1945 年（m.）

011907814　JS7353.A8　Q33　1944
兩漢縣政考
瞿兌之、蘇晉仁著　重慶　中國聯合出版公司　1944 年　初版　（m.）

007566177　4683　7939A
隋唐制度淵源略論稿
陳寅恪著　上海　商務印書館　1946 年　中央研究院歷史語言研究所專刊（m.）

003314923　4684　381
宋會要輯稿
徐松輯　北京　國立北平圖書館　1936 年

007734330　4684　381.35
宋會要研究
湯中著　上海　商務印書館　1932 年（m.）

007566352　4684　4432
建炎以來朝野雜記甲集二十卷　乙集二十卷
（宋）李心傳著　上海　商務印書館　1937 年　國學基本叢書　（m.）

007566289　4685　3322
通制條格
北平　國立北平圖書館　1930 年

007493382　4687　7251
清代行政制度研究參考書目
馬奉琛輯　北平　國立北京大學政治系研究室　1935 年

007567351　4687　7263.4
大清會典要義
黃純垓講述　1912—40 年

007567249　4687　7263B
清會典
崑岡等續修　上海　商務印書館　1936 年　初版

007567217　4687　7284
清朝續文獻通考四百卷
劉錦藻撰　上海　商務印書館　1935 年　十通　（m.）

007567254　4687　7932　4687　7932（1933）
中國近代政治史
陳安仁撰述　上海　商務印書館　1933 年　新時代史地叢書　（m.）

007567321　4688　1345
計劃政治與計劃經濟
張希哲編　重慶　正中書局　1944年
　初版　（m.）

009567406　MLC－C
情報局工作概況
華北政務委員會總務廳情報局編　北京
　華北政務委員會總務廳情報局　1945
年　（m.）

007567191　4688　2126
中華民國臨時政府二周年紀念
行政委員會情報處　北京　行政委員會
情報處　1939年　（m.）

007567261　4688　4119
中國政府政制概説暨法規選錄
董霖編著　上海　世界書局　1941年
（m.）

004347388　4688　4273　CHIN 962.4 HU
四權行使法論
胡次威［胡長清］編著　上海　正中書局
　1946年　初版　（m.）

007567248　4688　4732
論國民參政會
志剛等著　上海　求知出版社　1941年
　（m.）

007568121　4688　4930
中國政治制度論
林家瑞著　長沙　商務印書館　1940年
　初版　中山文化教育館研究叢書
（m.）

007568232　4688　4942
中國現行行政法論
林翰撰　北京　開明　1924年　3版

007568234　4688　7230
政治建設與制度精神
劉乃誠著　重慶　國民圖書出版社
1941年　（m.）

007574445　4688　7933
中國政府
陳之邁著　重慶　商務印書館　1944年
　初版　（m.）

007568100　4688　7933B
中國政府
陳之邁著　上海　商務印書館　1945—
46年　（m.）

007588152　4689　0433
國府組織法研究
謝瀛洲撰　上海　華通書局　1931年
華通法學叢書　（m.）

011806303　KNN2500. X544　1931
國府組織法研究
謝瀛洲編　南京　司法行政部法官訓練
所　1931年　再版　（m.）

007588167　4689　1138
五院政府研究集
孔憲鏗撰　上海　華通書局　1930年

008581562　FC3161
和平建國之路政協會提案
重慶　政治協商會議　1946年

007588848　4689　2232　5211　1344.1
中國在戰盤上
何永佶著　上海　觀察社　1948年
（m.）

009245794　4689　3212
國民政府組織法研究
馮震著　南京　南京書店　1931年　初
版　（m.）

011800400　KNN2500.X54　1931
國民政府組織法研究
謝瀛洲編　上海　華通書局　1931年
初版　華通法學叢書　(m.)

007589009　4689　4205
戰時政治之改進
蕭文哲編著　重慶　獨立出版社　1941年　抗戰建國綱領叢書　(m.)

003537629　4689　4490
戰時政治建設
蔣煥文著　廣州　國民圖書出版社　1942年　(m.)

007589180　4689　4719
中國行政新論
甘乃光著　重慶　1943年　(m.)

007588976　4689　4719　(1947)
中國行政新論
甘乃光著　上海　商務印書館　1947年　上海初版　(m.)

008627090　FC1296
國府還都言論集
汪兆銘撰　廣州　中國國民黨廣東省執行委員會　1940年

007589188　4689　5564
慶祝國民政府還都周年紀念冊
南京　中央日報　1946年

003537641　FC2469
抗戰建國綱領釋義
黃埔出版社編　1940年　(m.)

007589075　4689　5667.2
抗戰建國綱領釋義
喬光鑒著　桂林　文化供應社　1941年　(m.)

007589191　4689　5667.6
國慶特刊
中國國民黨駐港澳總支部編　香港　1948年　(m.)

007589077　4689　5670
對目前時局宣言
中國民主建設協會編　香港　中國民主建設協會宣傳部　1946年

005387505　4689　6322
國家總動員
中國國民黨中央執行委員會訓練委員會編　重慶　中國國民黨中央執行委員會訓練委員會　1943年　訓練教程　(m.)

007589192　4689　6322.1
國家總動員要義
中國國民黨中央執行委員會宣傳部　重慶　1942年　(m.)

007588914　4689　6322.2
國家總動員法淺釋
中國國民黨中央執行委員會宣傳部編　重慶　中國國民黨中央執行委員會宣傳部　1942年　(m.)

007589198　4689　6710.6
國民政府暨五院組織法
香港　國民政府文官處印鑄局　1928年

007588913　4689　6760
行政三聯制文告法令輯要增訂本
國防最高委員會黨政工作考核委員會編　上海　正中書局　1946年　滬1版　(m.)

007588903　4689　7105
戰時法律常識
阮毅成著　長沙　藝文研究會　1938年　初版　藝文叢書　(m.)

007589230　4689　7228
行政三聯制的涵義與運用
劉佐人著　香港　廣東省地方行政幹部訓練委員會　1943年

007589233　4689　7228.1
行政三聯制發凡
劉佐人著　曲江　民族文化出版社　1942年　（m.）

007590030　4689　7933.1
中國政制建設的理論
陳之邁著　藝文叢書編輯部編輯　長沙　商務印書館　1939年　藝文叢書（m.）

007589822　4689　8244
增進行政效率之方法
鄭堯桦著　上海　商務印書館　1947年　上海初版　社會科學小叢書　（m.）

007590102　4689　8502A
民國政制史
錢端生著　長沙　商務印書館　1939年　大學叢書　（m.）

007590044　4689　8502b
民國政制史
錢端生等著　上海　商務印書館　1946年　增訂2版　（m.）

007590190　4689.3　1022
國人皆曰──漢奸汪精衛痛斥偽組織特輯
正論出版社編　重慶　中央秘書處文化驛站總管理處　1931年　（m.）

007590195　4689.3　1371
復興第一年
政治月刊社編輯　上海　1941年　（m.）

007568281　4689.4　2568
從中國人民政協到中央人民政府成立
時代書局編輯部編輯　上海　1949年

007568289　4689.4　2904
人民政協三大文獻問答
休文編著　廣州　正大書店　1949年

007568568　4689.4　7922
中國目前的政治行勢與中共當前的主要任務
王明著　1932年

007568122　4691　4101C
總管內務府現行則例
北京　國立北平故宮博物院　1937年

007568243　4692　0373
總統府暨五院組織法專刊
立法院法制委員會編印　南京　1948年

007568115　4693　6710
國民政府政治總報告
南京　1931年　（m.）

007568247　4693.4　6710.1
中央各機關及所屬統一會計制度實例附總說明
南京　國民政府主計處統計局　1935年　3版

007568204　4694　1111
中書典故彙紀八卷
王正功輯　趙輯寧校補　上海　吳興劉氏嘉業堂　1916年　嘉業堂叢書

007568251　4694　1230
官制沿革備論論秦以後無真宰相上
鄧之誠撰　北平　燕京大學歷史學會　1938年

007568252　4694　5511.1
中央政務機關三十年度工作成績考察報告
1942—47 年

007568079　4695　0213
中國內閣制度的沿革
高一涵著　上海　商務印書館　1934 年　國學小叢書　（m.）

007568254　4695　0423
中華民國的內閣
章熊著　香港　古城書社　1928 年　（m.）

007568206　4695　4424
中國宰相制度
李俊著　上海　商務印書館　1947 年　（m.）

007568123　4695　4523
批本處現行事宜
載齡、文啟編輯　北京　國立北平故宮博物院　1937 年

007568053　4695.5　2128
臨臺故事殘本三卷
程俱撰　上海　商務印書館　1934 年

011912861　KNN2764.C4 1937
行政訴訟及訴願
朱采真編著　上海　商務印書館　1937 年　初版　新時代法學叢書　（m.）

007570110　4698　8623
工作報告
全國經濟委員會籌備處　香港　中國科學儀器公司　1933 年

007568653　4698　8624
全國經濟委員會章則彙編二集
香港　1932—33 年

007568445　4699　4420
中美人事行政比較
薛伯康著　上海　商務印書館　1934 年　行政院行政效率研究會叢書　（m.）

007568389　4699.1　3326
資源委員會法規彙編
資源委員會參事室編　1947 年　（m.）

007568659　4699.5　1100
中國歷代災況與賑濟政策
王龍章編　重慶　獨立出版社　1942 年　（m.）

007568386　4699.5　7221
行總之食糧賑濟
馬黎元著　行政院善後救濟總署編纂委員會、中央研究院社會研究所合編　上海　行政院善後救濟總署　1948 年　（m.）

008580292　FC2961
萊西南縣按置難民的概況
萊西南縣政府　香港　萊西南縣政府　1946 年

008580356　FC3005
平南縣十一月至十二月份難民總結
平南縣[政府]民政科　香港　平南縣政府民政科　1946 年

007568661　4699.8　2104
善後救濟總署重慶難民疏送站工作總報告
重慶　1947 年　（m.）

007568421　4699.8　2982
善後救濟工作的行政制度
徐義生著　行政院善後救濟總署編纂委員會、中央研究院社會研究所編　上海　行政院善後救濟總署　1948 年　行政

院善後救濟總署叢書　(m.)

007568662　4699.8　4413
善後救濟總署干什麼　怎樣干？
行政院善後救濟總署編　重慶　1945 年

007568435　4699.8　4413.1
蔣署長開幕訓詞
蔣廷黻著　南京　行政院善後救濟總署
　1946 年　(m.)

007570113　4699.8　4413b
中國善後救濟總署
蔣廷黻著　上海　國際出版社　1946 年

007568665　4699.8　8243
基本協定
善後救濟總署　上海　國際出版社
1946 年

007987924　4699.8　8243.1
行政院善後救濟總署河南分署業務報告三十五年一至七月
善後救濟總署　194？年

007568668　4699.8　8243.2
善後救濟總署浙江分署三十五年度業務報告
香港　該署　1946 年　(m.)

007568669　4699.8　8243.24
行政院善後救濟總署稽核規程彙編
善後救濟總署　香港　善後救濟總署
194？年

007568387　4699.8　8243.3
兩年來的善後救濟
南京　行政院新聞局　1947 年　(m.)

007568438　4699.9　1312
多爾袞攝政日記　司道職名冊
北平　國立北平故宮博物院　1935 年

文獻叢書

007570146　4702　6020　(1940)
國立編譯館工作概況
國立編譯館編　四川白沙　1940 年

007570147　4702　8658
全國中等教育統計簡編
南京　教育部統計處　1945 年

007625732　MLC－C
雲南省中等教育概覽
雲南省教育廳地方教育專刊編輯委員會
編　昆明　雲南省教育廳地方教育專刊
編輯委員會　1931 年　初版　(m.)

007569975　4703　2172
財政經濟緊急處分令及有關法令彙編
行政院經濟管制委員會編印　南京　行
政院經濟管制委員會　1948 年　(m.)

007570159　4703　4234
國民政府財政概況論
楊汝梅著　香港　1936 年　(m.)

007569997　4703　6100
全國財政會議彙編
全國財政會議秘書處編輯　南京　國民
政府財政部秘書處總務科　1928 年
(m.)

007570061　4703　6135
財政法規
財政部編纂處編　廣州　財政部編纂處
　1923 年　(m.)

007570160　4703　6135b
財政法規新編
財政部參事廳編　上海　中華書局代印
　1937 年　(m.)

007570162　4703　6410
國民政府財政部法規彙編
上海　大東　1928 年　（m.）

007493512　4703.9　6010
清九朝京省報銷冊目録第一冊順治康熙
國立北京大學研究所國學門明清史料整理會編　北京　國立北京大學研究所國學門明清史料整理會　1925 年　（m.）

007648190　4704　1342
雲南鹽政紀要
潘定祥撰　1911—32 年

007570988　4704　6810
公庫法規彙編
財政部國庫署編印　南京　財政部國庫署　1946 年　（m.）

007648122　4704　7110
鹽務討論會會議彙編
國民政府鹽務署編輯　南京　國民政府鹽務署　1930 年

007593818　4704.13　7116
全國場產調查報告書兩浙
北京　鹽務署　1916 年　（m.）

007570903　4704.8　7116
清鹽法志
北京　鹽務署　1920 年

007572071　4705　1260
改革鹽務報告書
丁恩著　北京　鹽務署　1922 年

007571961　4705　2224
鹽政概要
繆秋傑講述　南京　財政部鹽政總局　1946 年　初版　鹽政叢書

007572157　4705　3403
中國鹽業最近狀況
淩文淵著　北京　北京鹽政討論總會　1913 年　（m.）

007572159　4705　4144
鹽務稽核所統計報告書撮要
左樹珍編　上海　鹽務稽核所　1934 年　（m.）

007572160　4705　4274
鹽法起草經過及社會輿論
楊興勤撰　香港　鹽務緝私督察人員訓練班　1935 年

007572072　4705　4954
鹽政辭典
林振翰編　上海　商務印書館　1928 年　（m.）

007571971　4705　5671
中國鹽務之現狀
中國鹽政討論會編印　南京　中國鹽政討論會　1935 年　（m.）

007571976　4705　6107
中國鹽政實錄
臺北　財政部鹽務總局　1933 年　（m.）

007572161　4705　6107　(2)
中國鹽政實錄第二輯
重慶　財政部鹽務總局　1943 年　（m.）

007572164　4705　6107　(3)
中國鹽政實錄第三輯
重慶　財政部鹽務總局　1942 年　（m.）

007572165　4705　6107.1
鹽專賣法規彙編
財政部鹽務總局編　重慶　1943 年
（m.）

007572166　4705　6107.4
十年來之鹽政
財政部鹽政司編　重慶　中央信託局印製處　1943 年　（m.）

007572070　4705　6810
鹽務法令彙編
財政部鹽務總局編輯　重慶　財政部鹽務總局　1942 年　（m.）

007572055　4705　6952　FC9615　Film Mas　35929
鹽務革命史
韜園編著　南京　鹽政雜志社　1929 年
（m.）

007572169　4705　7116
國民政府奠都南京以來鹽務整理之概況
南京　該所　1937 年

007572170　4705　7122
鹽政彙編
財政部鹽務署編　南京　1936 年

007593812　4705　7127
鹽務通令彙編
財政部鹽政總局編　南京　1946—49 年

007593813　4705　7127　（1）
人事規則
南京　1946—49 年　鹽務通令彙編
（m.）

007593814　4705　7127　（2）
鹽務會計統計人員應用法令手冊
南京　1946—49 年　鹽務通令彙編

007593618　4705　7127　（3）
產運銷章則
財政部鹽務總局編　濟南　財政部鹽務總局　1949 年　訂正版　鹽務通令彙編
（m.）

007593815　4705　7127　（4）
財務章則
南京　1946—49 年　鹽務通令彙編

007593816　4705　7127　（5）
鹽警章則
南京　1946—49 年　鹽務通令彙編

007572118　4705　7201
鹽法通志一百卷
周慶雲纂　鴻寶齋　1928 年　聚珍第 3 版

007572073　4705　7833
中國鹽政小史
歐宗佑編　上海　商務印書館　1935 年　百科小叢書　（m.）

007572174　4705.13　2928
兩浙鹽務彙編十二卷
徐紹棨撰　香港　1923 年

007572646　4705.13　4274
兩浙鹽務概況
楊興勤撰　香港　鹽務緝私督察人員訓練班　1935 年

007572176　4705.133　0671
鹽章彙錄
唐壁撰　香港　兩廣運使公署　1930 年

007572179　4705.15　2339
青鹽志略
吳祖耀著　青島　1933 年　（m.）

007572180　4705.17　2942
晉北治鹺錄
徐翻撰　香港　1920 年

007572181　4705.19　7253
甘肅鹽法志略十卷
劉邦選輯　1930 年

007572187　4705.2　6978
鹽政叢刊
景學鈐編　北京　鹽政雜志社　1921 年
　（m.）

007572119　4705.23　1316
四川鹽務報告書
張習編　濟南　1912 年

007571991　4705.23　4954
川鹽紀要
林振翰編輯　上海　商務印書館　1919
年　增訂再版　（m.）

007572189　4705.31　4274
福建鹽務概況
楊興勤撰　香港　鹽務緝私督察人員訓
練班　1935 年

007572192　4705.32　2219
[增訂]粵鹺紀實
鄒琳撰　廣州　鹽務總處　1927 年
（m.）

007593808　4705.51　1144
東三省鹽法新志四十卷　卷首一卷
王樹柟纂　北平　1928 年

007572194　4706　0321
京師稅務紀實十四卷
京師稅務公署　北京　京師稅務公署
1925 年　（m.）

007572196　4706　4888
海關常關地址道里表
黃錫銓撰　北京　稅務處　1915 年

011987813　HF2316.S54　1919
海關稅務紀要
盛俊著　上海　財政部駐滬調查貨價處
　1919 年　（m.）

007572201　4706　6102.4
十年來之緝私
財政部緝私署編　重慶　中央信託局印
製處　1943 年　（m.）

007572204　4706　6103
十年來之海關
財政部海關總稅務司署編　重慶　中央
信託局印製處　1943 年　（m.）

007572067　4707　5035
農商法規彙編
農商部參事廳編纂　北京　農商部參事
廳　1918 年　（m.）

007572223　4707　5035.2
農商法規
北京　農商部　1925 年　（m.）

007572110　4708　8342
礦業報告
虞和寅著　北京　農商部礦政司　1926
年　（m.）

007572214　4709　1103
工商法規彙編
香港　工商部　1930 年　（m.）

007572224　4710　1026
建設委員會工作計劃概要
香港　建設委員會　1930 年　（m.）

007572225　4710　2335　(1947)
經濟法規彙編
南京　該部　1930—47年

007572230　4710　3112
湖北省平價物品供應處業務概況三十一年七月至十二月
湖北省平價物品供應處　香港　1942年
　(m.)

007572231　4710　3113
湖北省平價物品供應處法令彙編組織
湖北省政府　香港　湖北省政府
1942年

007571964　4710　3115
中國戰時經濟法規彙編
盛慕傑等編　上海　世界書局　1941年
　再版　(m.)

007572233　4710　5357
經濟部農本局概況
農本局研究室　香港　農本局　1942年
　(m.)

008118502　4710　5553　(28)
棉之不孕籽研究
王培祺著　重慶北碚　農林部中央農業實驗所　1943年　農林部中央農業實驗所特刊　(m.)

008543928　4710　5553　(29)
蠶豆遺傳之初步研究報告
華興鼐著　重慶北碚　農林部中央農業實驗所　1943年　農林部中央農業實驗所特刊

008118510　4710　5553.1
民國二十五年全國蝗患調查報告
吳福楨、陸培文合著　四川榮昌　經濟部中央農業實驗所　1939年　經濟部中央農業實驗所特刊

007568282　4711　030
交通部職員錄
國民政府交通部編　重慶　1942年
　(m.)

007568283　4711　0301
交通部電政法令彙刊第一、二、三集
南京　該部　1933—34年

007593440　4711　0302
郵政規程
中華民國交通部郵政總局　香港　該局駐滬供應處　1936年

007568284　4711　0302.1
郵政便覽
上海　該局　1935年　(m.)

003537647　4711　0308　FC2326－FC2327
交通史電政編
交通鐵道部交通史編纂委員會編　南京　1936年　(m.)

007568285　4711　2321
交通部上海航政局職員錄
上海　1936年

007567236　4711　3219
明南京車駕司職掌三卷
祁承爜編　上海　商務印書館　1934年　國立北京大學研究院文史叢刊
(m.)

007568286　4711　6710
全國交通會議彙編
國民政府交通部秘書處　上海　商務印書館　1928年　(m.)

007568288　4712　6710
中華民國鐵路統計規則附各級應用表式及

編制説明
鐵道部　南京　該部　1937 年　1 版
（m.）

007568294　4713　5667.1
抗戰六年來之社政
中央黨部宣傳部　重慶　中央宣傳部
1943 年　（m.）

007568295　4713　5667.2B
抗戰六年來之内政
中國國民黨宣傳部　重慶　該部　1943
年　（m.）

007567194　4713　6710
蘇賑紀要
國民政府救濟水災委員會江蘇賑務專員
辦公室編　香港　國民政府救濟水災委
員會江蘇賑務專員辦公室　1932 年
（m.）

007568622　4714　2120
行政統計
内政部統計處　廣州　中央訓練委員會
　1942 年　（m.）

007568103　4714　3353
澄清吏治建議案
内政部編　南京　該部　1929 年
（m.）

007996018　4714　4102　FC4720
全國内政會議報告書
全國内政會議秘書處編纂組　南京　内
政部　1929—42 年　（m.）

008137817　4714　4188
内政年鑒
上海　商務印書館　1936 年　（m.）

007568628　4714.5　6368
縣户口普查方案
1941—69 年

007568166　4714.5　7239
中國户口行政
周祥光著　重慶　商務印書館　1943 年
（m.）

007568109　4714.5　8248
新户籍法釋義
俞斯錦編著　上海　户政學社　1947 年
　4 版　（m.）

007568116　4715　2000
駐外使領館職員錄民國十九年
外交部編　南京　外交部　1930 年
（m.）

007570125　4715　2000（1931）
駐外使領館職員錄
廣州　1931 年

007570127　4715　2001
外交部職員錄
北平　1931 年　（m.）

007570128　4715　2001（1935）
外交部職員錄
南京　1935 年

007570130　4715　2032
外交官銜名錄
重慶　外交部　1944 年　（m.）

008244739　4715　2302
外交年鑒
外交部統計科編　香港　外交部
1921 年

007568436　4715　2350
外交部沿革紀略
吳成章編輯　北京　外交部印刷處
1913年

007570137　4715　3236
滿日議定書調印關係
廣州　1932年

007568380　4716　7999　FC8399　Film　Mas　32501
清代邊政通考
邊疆政教制度研究會編　南京　邊疆政教制度研究會　1934年　（m.）

007568428　4716　8963　FC8460　Film　Mas　32524
中國土司制度
佘貽澤編著　上海　正中書局　1947年　滬1版　（m.）

007593706　4716　8963　（1944）
中國土司制度
佘貽澤編著　重慶　正中書局　1944年　（m.）

009147078　4716.3　4472　（1912—1915）
蒙藏院統計表民國元、二、三、四年
蒙藏院總務廳統計科編　北京　蒙藏院總務廳統計科　1916年　（m.）

007570140　4716.9　0627
抗戰與華僑
謝作民等執筆　重慶　獨立出版社　1939年　5版　（m.）

007570142　4716.9　2126.2
僑務十五年
僑務委員會　南京　僑務委員會　1947年　（m.）

007568489　4716.9　2127
蔣公榮壽華僑獻機命名典禮專刊
僑務委員會編印　香港　僑務委員會　1937年

007571165　4716.9　7167
華僑保護論
丘日興撰　廣州　海外通訊社　1941年

007571167　4716.9　8243
福建華僑匯款
鄭林寬著　福州　福建省政府秘書處統計室　1940年　（m.）

007570057　4718　1149
八旗制度考實
孟森撰　上海　商務印書館　1936年

007571184　4718　6151
折沖府考補一卷　補遺一卷
羅振玉撰　廣州　1924年

007571187　4718　7335
陸軍法規
北京　武學總社　1918年

007571188　4718　770
陸軍統計簡明報告書二十八卷
香港　陸軍部　1916年

007572216　4719　330.9
海軍服製圖說
北京　海軍部　1912年

008443353　MLC－C
三十五年高考及格人員臨時縣長挑選挑取縣長訓練班同學錄
19??年

007572218　4719　5545
中央直轄滇軍幹部學校同學錄
香港　1924年

007572219　4719　5573
中央陸軍軍官學校成立十五周年紀念冊

社會科學類

香港　該校　1939年

007570998　4719　5573.1　FC8665　Film　Mas　C5267
中央陸軍軍官學校史稿
中央陸軍軍官學校編　南京　中央陸軍軍官學校　1936年

007572227　4719.6　3300　FC9614　Film　Mas　35919
海軍全軍職員錄
海軍部　南京　該部　1932年

007571062　4719.6　3300.1
海軍法規彙編
海軍部編　1919年

008145101　MLC－C
海軍部所屬各機關編制表
海軍部編　1935年

008143216　MLC－C
海軍全軍職員錄
海軍部編　南京　海軍部　1934年（m.）

007572228　4720　7824
兵役法令表解
重慶　兵役署　1942年　（m.）

007572229　4720.8　5623
防空法規
航空委員會防空總監部編　南京　1945年

007572234　4721　1430
閻司令長官對軍隊政治工作之指示
第二戰區司令長官部政治部　香港　1940年　（m.）

007572235　4721　2040
陸地測量總局二十一、二年業務報告
南京　參謀本部陸地測量總局　1934年

007572237　4721　3526
第二期抗戰軍隊黨員訓練綱要
軍事委員會政治部　香港　政治部　1938年

007571069　4721　3526.2
軍事委員會委員長行營政治工作報告
南昌　軍事委員會委員長行營　1935年（m.）

007572239　4721.8　7906
關於軍隊政訓工作之指示
陳誠撰　香港　軍事委員會政治部　1939年

007570964　4723　037
立法院職員錄
立法院編　南京　立法院　1934年（m.）

007597423　4723　0371　FC8172　Film　Mas　32059
立法院工作報告
立法院　香港　1942—47年

009436898　TA　4723　2107
議會規則
魏文舉著　北京　利民印刷局　民國間鉛印

005668749　4723.5　4119　79　667.3
中國國籍法
董霖[William L. Tung]著　重慶　國民圖書出版社　1943年　初版　國際編譯社法學叢書　（m.）

007572017　4724　1325
司法例規
司法部參事廳編纂　北京　司法部　1919年　4版　（m.）

007572668　4724　1325
司法例規補編
北京　司法部參事處　1918—20 年

004336655　4724　1325.1　CHIN 397 F30　CHIN 397 F31
國民政府司法例規
國民政府司法院參事處編　南京　司法院秘書處公報室　1930 年　（m.）

007571981　4724　1325.2
國民政府司法例規補編
國民政府司法院參事處編　南京　司法院參事處　1933—34 年　（m.）

008616933　FC2853
太行區司法工作概況徐處長在太行區司法會議上之總結報告
徐處長講　香港　太行行署　1946 年

004336912　CHIN 397 F40　KNN1572.A28　1940
國民政府司法例規
司法院參事處編　香港　商務印書館代印　1940 年　（m.）

011911599　KNN1572.A28　1931
國民政府司法例規
國民政府司法院參事處編　南京　司法院參事處　1931 年　增訂版　（m.）

007572097　4724.5　8614
人民政府的司法制度
曾子敬著　廣州　榮興書局經售　1949 年

011984711　KNN1572.A28　1922　Suppl.1–4
司法例規補編
司法部參事廳司法例規編纂處編著　北京　司法公報發行所　1924—27 年　初版

007572031　FC5153　FC-M1165　KNN1572.A28　1922
司法例規
司法部參事廳編　北京　司法部參事廳　1922 年　（m.）

008146101　4725　1372
司法年鑑
司法院編譯處編　長沙　商務印書館　1941 年

009315185　4725.6　1174
平政院裁決錄三卷
平政院編　北京　平政院　1916 年　鉛印　（m.）

007572539　4726　1143
人事管理
王世憲著　上海　商務印書館　1947 年　（m.）

011803500　HF5549.T785　1946
人事管理的實施
屠哲隱著　上海　世界書局　1946 年　3 版　（m.）

011984256　JF1358.F8　1945
行政管理
富伯平著　重慶　商務印書館　1945 年　（m.）

007593535　4726　1388
人事行政學
張金鑑編著　長沙　商務印書館　1939 年　南開大學經濟研究所叢書　（m.）

007572552　4726　2170
銓敘制度
南京　行政院新聞局　1947 年　（m.）

007574681　4726　4831
人的管理
趙宗預編著　上海　世界書局　1946 年　（m.）

007572358　4726　4864
中國人事問題新論
黃景柏著　上海　商務印書館　1946 年
（m.）

007572589　4726　4894
民主化的機關管理
黃炎培著　上海　商務印書館　1947 年
　　增訂版　（m.）

007572346　4726　4894B
機關管理一得
黃炎培著　上海　商務印書館　1946 年
　　上海 3 版　（m.）

007575912　4726　6108
十年來之財務人事
重慶　中央信託局印製處　1943 年
（m.）

007575914　4726.9　2308
上海市公用局職員錄
上海　該局　1948 年　（m.）

011906357　HD2768.C65　S5369　1949
上海之公用事業
趙曾珏著　上海　商務印書館　1949 年
（m.）

007648182　4726.9　4234
內蒙古職員表
1912—49 年

007568667　4726.9　5476
第一回全體聯合協議會代表名簿
中華民國新民會中央總會　廣州
1940 年

007568670　4726.9　6101
財政部職員錄
財政部編　南京　1936 年

010277508　MLC – C
閩侯縣第二區自治職員錄
閩侯縣　閩侯縣第二區公所　1934 年

010277496　MLC – C
閩侯縣第一區概覽
閩侯縣　1936 年

007568674　4726.9　6710
**國民政府任命文武官一覽表自 16 年 9 月
20 日至 16 年 12 月 31 日**
國民政府編　南京　1928 年

009273239　4726.9　8686
全國鐵路職員錄滬寧滬杭甬綫
濟南　1929 年　（m.）

007568705　4726.916　1914
河南同官錄民國三年
祥記石印報館　開封　祥記石印報館
1914 年

007568706　4726.916　1919
河南同官錄民國八年
祥記石印報館　開封　祥記石印報館
1919 年

008630391　FC16
河南同官錄
河南　祥記名印報社　1915—22 年

007588081　4726.93　4352
中華民國搢紳全書民國六年丁巳春季
京都　榮錄堂　1917 年

007568713　4727　4207
考銓法規集
考試院秘書處　南京　中國印刷廠
1947 年　（m.）

007568714　4727　4207.5
中央人事行政會議彙編

中央人事行政會議　重慶　考試院
1941年　（m.）

009245304　4727　4335
考選法規輯要
考試院考選委員會編　重慶　考試院考選委員會　1940年　（m.）

007649473　4727　4777
國民政府第二屆高等考試始末記
北平朝陽學院法律評論社　1932—34年

007568716　4727　5955
考試法規第一輯
未央書店　上海　未央書店　1931年

007568718　4727　7918
考試院施政編年錄初稿
陳天錫撰　香港　考試院　1945年

007885574　4727　7918b
考試院施政編年錄
陳天錫編　重慶　考試院　1945年（m.）

007568719　4727　7964
普通行政考試大全
陳野萍撰　上海　真美書社　1931年

007568720　4727　7964.6
財務行政考試大全
陳野萍撰　上海　真美書社　1931年

011919926　KNN4514.W8　1940
公務員懲戒制度
吳紱徵著　文史叢書編輯部編　長沙　商務印書館　1940年　文史叢書（m.）

007568696　4727.6　4078
現行銓敘法規彙編
銓敘部秘書處第三科編　南京　考試院　1936年　（m.）

007568697　4727.6　4537
考選銓敘教育聯繫方案
戴道驤著　上海　中華書局　1946年　新中華叢書　（m.）

007568702　4728　0213
中國御史制度的沿革
高一涵著　上海　商務印書館　1926年　國學小叢書　（m.）

007568694　4728　2944
中國監察史略
徐式圭著　上海　中華書局　1937年（m.）

007570058　4728　7944
兩漢監察制度研究
陳世材著　重慶　商務印書館　1944年（m.）

008369716　4728.26　4451.48
蔣校長演講集
蔣中正［介石］演講　廣州　中央軍事政治學校政治部宣傳科　1927年

007570090　4729　5581
懲戒法規彙編
中央公務員懲戒委員會　南京　該會　1933年　（m.）

007569988　4729.8　2170
審計制度
南京　行政院新聞局　1947年　（m.）

007570111　4729.8　3000
審計法令彙編
重慶　該部　1940年

007570112　4729.8　3000.1
審計法令彙編續輯
重慶　該部　1942年　（m.）

007570118　4729.8　3602
政府會計審計法規
潘序倫撰　重慶　立信會計圖書用品社　1943年　（m.）

007570119　4729.8　4463
政府審計原理
蔣明祺編著　重慶　立信會計圖書用品社　1941年　立信會計叢書　（m.）

007570121　4729.8　7194
政府審計
陝西省地方行政幹部訓練團　香港　陝西省地方行政幹部訓練團　1941年　（m.）

007570152　4729.8　7211
中國政府審計
陶元琳編著　重慶　大時代書局　1942年　（m.）

007570004　4734　3180
社會法規彙編第一輯
社會部編　重慶　社會部　1942年　（m.）

007570155　4734　3493
社會法規彙編
江蘇省社會處編輯　鎮江　1946年　（m.）

007570992　4735.04　5667
國民會議宣言決議案宣傳集
中國國民黨中央執行委員會宣傳部編　南京　中國國民黨中央執行委員會宣傳部　1931年　（m.）

007571122　4735.04　6780　FC7943　Film　Mas　31845
國民會議實錄
國民會議實錄編輯委員會　南京　國民會議實錄編輯委員會　1931年　（m.）

007571125　4735.05　67
國民參政會
南京　行政院新聞局　1947年　（m.）

007571129　4735.05　672
國民參政會
范予遂等　重慶　獨立出版社　1938年　戰時綜合叢書　（m.）

008627155　FC780
太行行署1946年重要文件彙集
太行區行政公署　香港　協成印刷廠　1946年

007570993　FC365
有關政治協商會議文件彙集
晉冀魯豫邊區政府秘書處　廣州　晉冀魯豫邊區政府秘書處　194？年

007570910　4735.1　0145
政治協商會議文獻
立華編　北京　中外出版社　1946年　北平初版　（m.）

008630489　FC773
政協文獻
歷史文獻社編選　廣州　歷史文獻社　1946年　（m.）

007570937　4735.1　1340
政治協商會議
國際出版社編　上海　國際出版社　1946年　（m.）

007570985　4735.1　4441　FC7831　Film　Mas　31807
政治協商會議之檢討
李旭編　南京　時代出版社　1946年

時事論叢　（m.）

007570986　4735.1　6462
政治協商會議始末記
嚶鳴、慈正合編　廣州　中心出版社
1946 年　（m.）

007571145　4735.2　1.011
國民大會會議紀錄
國民大會秘書處　1946—48 年

007649283　4735.2　1.02
國民大會代表提案目錄
國民大會秘書處編　南京　國民大會秘書處　1948 年　（m.）

007649476　4735.2　1.021
國民大會代表提案勘誤表
國民大會秘書處　1948—57 年

007649479　4735.2　1.022
提案及書面意見補篇
國民大會秘書處　1945—57 年

007571148　4735.2　1.051
第一屆國民大會代表名冊
國民大會秘書處　1945—63 年

007571152　4735.2　1.053
國民大會代表在京通信地址表
國民大會籌備委員會編　南京　1946 年
（m.）

007649478　4735.2　1.055
第一屆國民大會旁聽記者通訊錄
國民大會秘書處　1948—68 年

007571155　4735.2　1.11
第一屆國民大會第一次會議紀錄
國民大會秘書處　1948 年

008167986　MLC–C
三全大會提案彙刊
奚楚明編　1929 年

007571079　4735.2　1344
國民大會錄
張士超編　臺北　國民出版社　1947 年

007570976　4735.2　1806
國民大會參考資料
耿文田編　上海　中華書局　1936 年

007571196　4735.2　2230
國民大會特輯
何漢章編輯　黃香山主編　南京　東方出版社　1947 年　再版　（m.）

009247140　4735.2　2230.1
第一屆國民大會專輯
唐亞屏主編　何漢章編　南京　東方出版社　1948 年　（m.）

007571008　4735.2　2944
出席國民大會記
朱克勤著　廣州　工商航業無限公司
1948 年　（m.）

007571056　4735.2　4242
什麼是國民大會
彭赫生著　香港　新中出版社印行
1946 年　我們的祖國小叢書　（m.）

007571052　4735.2　674
國民大會
上海　大東書局　1948 年

007649268　4735.2　6748
國民大會組織法　國民大會修正代表選舉法　國民大會修正代表選舉法施行細則
1937 年

008016441　4735.2　7913　FC7942　Film　Mas　31844
國民大會制度論述
陳玉祥編著　上海　商務印書館　1947年　初版　（m.）

007571200　4735.2　8620
開國民會議的基礎
曾傑撰　上海　大公印刷公司　1927年

011887442　DS777.15.Y83　N3612　1914
正傳袁世凱
張振秋譯　上海　廣益書局　1914年

011906411　DS777.533.A35　L53　1947
中國空軍抗戰史畫
梁又銘編繪　上海　正氣出版社　1947年　初版　（m.）

007571978　4735.4　1.110　DS777.547.C48　1949x
中華人民共和國開國文獻
新民主出版社編　香港　新民主出版社　1949年

011831653　DS777.53.156　1938
組織工作讀本
廖庶謙著　漢口　生活書店　1938年　戰時社會科學叢書　（m.）

007572094　4735.4　1.111
中國人民政治協商會議第一屆全體會議重要文獻
新華書店編輯　北京　新華書店　1949年

007572153　4735.4　1.116
怎樣學習人民政協三大文獻新中國人民大憲章研究輯
學風出版社編輯　香港　學風出版社　1949年

007572444　4736　0442　4736　0442b
民國政黨史
謝彬編著　上海　學術研究會　1926年　學術研究會叢書　（m.）

008604692　FC3262
中國黨派
南京　中聯出版社　1948年

007572306　4736　0560
中國新民主運動中的黨派
新中國文獻出版社編譯部編　上海　新中國文獻出版社　1946年　（m.）

007572329　4736　1142　FC8386　Film　Mas　32291
中國歷代黨爭史
王桐齡著　北京　文化學社　1928年　再版　（m.）

007572643　4736　1142a
中國歷代黨爭史
王桐齡著　北平　文化學社　1931年　（m.）

007572452　4736　1430
論第三方面與民主運動
平心［趙一萍］著　香港　知識出版社　1947年　（m.）

007572542　4736　4321
論中國各黨派
慈生著　上海　讀者文摘出版社　1946年　讀者文摘叢書　（m.）

007572653　4736　562
中國各黨派之史略與批判
1948年

007572656　4736　5629
中國各小黨派現況
廣州　1946年　（m.）

007572453　4736　5631
和平民主統一方案

中國民主憲政黨擬稿　1948 年

001921623　4736　7220
中國政黨史
印維廉編輯　廣州　中央圖書局　1927 年　（m.）

007572523　4736　8939
中國當代政黨論
余潤棠、姚傳鏗編著　廣州　縱橫文化事業公司　1948 年　再版　新青年基礎常識叢書　（m.）

005265534　FC7756　Film Mas　31719
明清之際黨社運動考
謝國楨撰　上海　商務印書館　1934 年　史地小叢書　（m.）

011826948　JQ1519.A45　Z435　1939
抗戰中的政黨和派別
張執一編　上海　讀書生活出版社　1939 年　（m.）

008580450　FC3057
黨派問題
葉青[任卓宣]著　香港　中中出版社　1940 年　（m.）

007649488　4737　3290
進步黨
1912—40？年

007572659　4737　5625
中國自由社會黨籌組宣言　政綱及黨章草案
中國自由社會黨編　1947 年

007649489　4737　5631.1
中國憲政黨宣言大綱
1928—49 年

007572662　4737　5631.3
憲政黨章程
紐約　中國維新報　1914 年

008592763　FC2884
關於部隊執行新黨章內幾個問題的解釋與初步規定草案
新四軍兼山東軍區黨務委員會　香港　新四軍兼山東軍區黨務委員會　1947 年

007572665　4737　5651.1
中國農工民主黨參考資料
1947—72 年

007572676　4737　5658
中國青年黨公開黨名宣言中國青年黨及中國國家主義青年團第四次全國代表大會宣言
廣州　中國青年黨留日總支部印行　1929 年

007572583　4737　5658.05
中國青年黨史略及政綱
中國青年黨廣東省黨部　廣州　中國青年黨廣東省黨部　1947 年　（m.）

007572368　4737　5658.41
十八年來之中國青年黨
柳下編　成都　國魂書店　1941 年　（m.）

007572679　4737　5658.42
中國青年黨黨史及政綱
柳下、燕生著　上海　大光書局　1947 年

008583414　FC750
抗戰國策下之中國共產黨
區江東　桂林　統一出版社　1941 年

007572579　4737　5658.43
抗戰建國中之中國青年黨

左宏禹編　廣州　國魂出版社　1939年　（m.）

007572685　4737　5658.6
中國國家主義青年團第一、二兩屆國內外代表大會宣言
醒獅社編　上海　1927年

007561180　4737　5670.1　FC9547　Film Mas 35998
民主社會黨政綱釋義
張君勱著　1947年

007572689　4737　5670.12
中國民主社會黨專輯
再生社編輯部編　上海　1946年（m.）

007572572　4737　5670.2　FC9555　Film Mas 36014
中國民主社會黨分裂之經過
盧毅安著　1946年

007572690　4737　5670.51
中國民主社會黨宣言及政綱
1936年

007574573　4737　5670.52
中國民主社會黨總章
1947年

007574508　4737　5670.53
中國民主社會黨組織委員會宣言
中國民主社會黨　濟南　1946年

007574376　4737　5670.54
中國民主社會黨政綱　黨章　宣言及公告
中國民主社會黨第一次全國代表大會秘書處　廣州　中國民主社會黨第一次全國代表大會秘書處印　1947年

007574578　4737　7076.3
中國民主同盟三中全會緊急聲明政治報告宣言
中國民主同盟總部編印　1948年

007574530　4737　7076.7
民主同盟文獻
中國民主同盟　廣州　中國民主同盟總部　1946年　（m.）

008581566　FC3166
顯微鏡下之醒獅派
香港　中國青年社　1925年　（m.）

008627076　FC1705
機會主義的第三黨
中國國民黨河北省黨務指導委員會宣傳部編　清苑　中國國民黨河北省黨務指導委員會宣傳部　1928年　宣傳叢書（m.）

007571108　4738　4202
中國國民黨的新階段
獨立出版社　重慶　獨立出版社　1938年　（m.）

007571046　4738　5631
中國憲政黨總部對時局之嚴重宣言
中國民主憲政黨　三藩市　中國民主憲政黨駐美國總支部　1929年

008563820　FC1706
黨國偉人演說錄上下卷
時希聖　上海　廣益書局　1928年（m.）

007814339　MLC-C
黨國要人言論集
天津　黨國要人言論集刊所　1936年再版　（m.）

008627179　FC792
黨國名人重要書牘
會文堂新記書局輯　上海　會文堂新記

書局　1929 年　（m.）

007750097　MLC－C
黨化教育要覽
華超著　1928 年　（m.）

008630477　FC1295
黨務報告
1929 年

008570132　FC3437(N)
國人皆曰──漢奸汪精衛第二、四輯
正論出版社編輯　香港　正論出版社發行　1939 年

008141304　MLC－C
蔣黨內幕
翊勳著　1948 年　（m.）

008627136　FC1307
抗戰以來中央各種會議宣言及重要決議案彙編
中國國民黨中央執行委員會訓練委員會編　重慶　1943 年

008630467　FC1302
偽擴大會議與汪逆精衛
中國國民黨中央執行委會宣傳部　南京　該會　1930 年　（m.）

008569182　FC3259
中國國民黨第二次全國代表大會各省區黨務報告
廣州　中國國民黨中央執行委員會　1926 年

008569188　FC3260
中國國民黨第二屆中央執行委員會第五次全體會議提案彙錄
南京　1928 年

008167652　MLC－C
中國國民黨第三次全國代表大會快覽
1929 年　（m.）

009482096　FC9389
中國國民黨史料
192？年

008581568　FC3168
中國國民黨駐美國總支部歷年黨務概要
1934 年

008581572　FC3172
中國國民黨駐三藩市總支部所屬部處代表大會始末記
黃二明編　1925 年

008580287　FC2957
組織形式與工作制度改變後支部工作的做法
香港　分區政治部　1944 年

005331274　2918.6　3020　4738.03　7413
和平反共建國文獻
中報出版社　1940 年

007571114　4738.05　5667
中國國民黨黨義研究綱要
中國國民黨中央執行委員會組織委員會　南京　中國國民黨中央執行委員會組織委員會　1933 年

007571117　4738.09　7093
關於黨派問題
陳銘樞等撰　重慶　獨立出版社　1939 年　戰時綜合叢書　第 3 輯　（m.）

007571121　4738.10　1904
中山全書
孫文著　上海　大華書局　1926 年　（m.）

011883375
孫中山先生遺教遺屬所舉各書全部
孫中山撰　上海　1925 年

007570967　4738.10　3526
總理遺教全集
孫逸仙著　重慶　軍事委員會政治部
1943 年　（m.）

007571127　4738.10　4237
總理全集
胡漢民編輯　上海　民智書局　1930 年
（m.）

007571134　4738.10　5667
國父遺教
孫逸仙撰　香港　中國國民黨中央宣傳
部　1925—48 年

007571142　4738.10　7913
黨義表解彙編
陳正江著　貴陽　1942 年

007570912　4738.10　7941
總理遺教索引
陳培瑋、胡去非編纂　中山文化教育館
編譯部編輯　上海　商務印書館　1937
年　再版　（m.）

007571146　4738.10　8521
中國國民黨黨義問答一千條
錢釋雲撰　上海　三民公司　1933 年

007571057　4738.11　1322
中山先生遺教
張和重選輯　上海　商務印書館　1937
年　中學國文補充讀本　第 1 集
（m.）

007591133　4738.11　1904
孫中山先生選集
孫文著　香港　新華書店　1945 年

007571149　4738.11　1904.4
國父全集選本
任卓宣撰　江西省　三民主義文化運動
委員會　1941 年　（m.）

007878339　4738.11　3057　（3）
中山叢書演講
1924—49 年

007652153　4738.11　3248
中山外集
馮超編輯　太倉　中央圖書局　1927 年
（m.）

007570999　4738.11　4864
孫中山先生遺教遺屬所舉各書全部
孫中山撰　上海　1925 年

007571154　4738.11　4952
總理全書提要
任卓宣撰　重慶　青年書店　1941 年
（m.）

009585938　4738.11　5679
總理遺教摘要
孫逸仙著　南京　中國國民黨中央執行
委員會宣傳部　1928 年　（m.）

007571163　4738.11　5679.2
總理關於農人的遺教
中國國民黨宣傳部　香港　國民黨宣傳
部　1929 年　（m.）

007571186　4738.11　7194
總理遺教教本
陝西省地方行政幹部訓練團　香港　陝
幹團　1943 年

007572163　4738.11　7912
中山文選
孫逸仙著　陳劭先選輯　桂林　文化供
應社　1943 年　（m.）

007572020 4738.11 7982
中山文選
孫逸仙著　陳知行選輯　香港　啟蒙出版社　1949年

007572167 4738.12 0271
中山先生思想概要
新覺編　上海　愛知社　1925年　再版（m.）

007572033 4738.12 1148
孫文學說疏證
王萬鍾著　重慶　正中書局　1944年　初版　總理學說研究叢書（m.）

007649492 4738.12 1336
總理之一貫哲學
張濟時著　武昌　華美印書館　1946年

007572098 4738.12 1981 FC9676 Film Mas 35930
對於孫文主義之哲學的基礎之商榷
孫鏡亞撰　上海　1925年

007572036 4738.12 2123
國父哲學言論輯解
葉青［任卓宣］著　南昌　江西省三民主義文化運動委員會　1942年　初版（m.）

007572060 4738.12 2139
孫中山評論集
伍達光編輯　香港　中國國民書局　1926年

007572148 4738.12 2213B
孫文主義總論
邵元沖著　上海　中國文化服務社　1933年　中國國民黨叢書（m.）

007572195 4738.12 2361
孫中山底哲學
吳曼君著　重慶　時代思潮社　1941年（m.）

007571944 4738.12 4182
中國國民革命之使命—名世界改造之原理
范錡著　上海　民智書局　1928年（m.）

007572009 4738.12 4384 FC8306 Film Mas 32179
國父孫中山底歷史哲學
燕義權著　重慶　國民圖書出版社　1942年　（m.）

007572062 4738.12 4481
總理遺教六講
蔣［介石］講　南京　國防部新聞局　1946年（m.）

007572202 4738.12 4481b
總理遺教六講
蔣介石講　四川省　學生集訓總隊訓育室翻印　1940年（m.）

007889927 4738.12 4481c
總理遺教六講
蔣中正講述　北京　中國文化服務社　1945年（m.）

007572058 4738.12 4527
孫文主義之哲學的基礎
戴季陶著　上海　民智書局　1925年（m.）

007572034 4738.12 4805
知難行易說與知行合一說
賀麟著　重慶　青年書店　1943年　初版（m.）

007572210 4738.12 4946
孫中山先生的國家論
林桂圃著　重慶　現實出版社　1943年　現實叢書（m.）

011914028　　JC273.C5　L88　1935
現代國家學
羅敦偉著　上海　中華書局　1935 年
（m.）

007572023　　4738.12　5667
總理遺教表解附總裁重要言論表解
中國國民黨中央執行委員會宣傳部編
重慶　1941 年　（m.）

007572217　　4738.12　5667.1
總理遺囑淺說
中國國民黨中央執行委員會宣傳部編
重慶　中國國民黨中央執行委員會宣傳部印　1939 年　（m.）

007572222　　4738.12　5683
孫文學說問答
曹無逸撰　上海　大東　1930 年

011831110　　DS777.Z468　1925
中山先生思想概觀
周佛海著　上海　民智書局　1925 年
再版　（m.）

007572232　　4738.12　7248
黨義考試指南
周郁年、何恒編　上海　大達圖書供應社　1935 年　（m.）

007572032　　4738.12　7294
國父思想體系述要
劉炳藜著　重慶　獨立出版社　1943 年
初版　（m.）

007572244　　4738.12　7902
大同新論
陳夢韶［陳敦仁］著　廣州　中國學術研究社　1944 年　（m.）

007572245　　4738.12　7905　（1）
唯生論上卷
陳立夫講　重慶　正中書局　1943 年
中央政治學校講演集　（m.）

007572035　　4738.12　7905　（2）
生之原理
陳立夫著　重慶　正中書局　1944 年
初版　（m.）

011735836　　4738.12　7905b
生之原理
陳立夫著　重慶　正中書局　1945 年
（m.）

007572247　　4738.12　7923
論孫中山主義
陳伯達著　香港　作家出版社　1946 年
（m.）

007572525　　4738.13　1904
三民主義
孫文［逸仙］講演　上海　民智書局
1925 年　（m.）

007878340　　4738.13　1904.1
三民主義總理遺教之一
上海　三民圖書公司　1924—49 年
（m.）

007572621　　4738.13　1904B
三民主義
孫文著　香港　中央宣傳部　1941 年
（m.）

009255338　　4738.13　1904c
三民主義
上海　商務印書館　1928 年　再版
（m.）

007797047　　MLC – C
三民主義
孫文講演　上海　生活書店　1945 年

勝利後第 1 版　（m.）

007797048　MLC – C
三民主義
孫逸仙撰　上海　中國文化服務社
1946 年　滬版　（m.）

007572634　4738.136　3236
三民主義辭典
馮家勳編著　桂林　軍民書店　1941 年
（m.）

007572647　4738.15　1038
孫文主義研究集
上海　大東書局　1929 年　（m.）

007572528　4738.15　1114
三民主義之理論研究
孟雲橋編著　中山文化教育館主編　重慶　正中書局　1943 年　（m.）

011906806　DS777. A53　W36　1940
三民主義研究大綱
王治心編著　上海　中華書局　1936 年
（m.）

007572651　4738.15　1134
孫文主義詳釋三卷
甄冠南撰　廣州　民志書社　1929 年

007572654　4738.15　1142
三民主義國際問題研究法表解　圖解例解
王芃生撰　重慶　軍事委員會特別黨部國際問題研究所區黨部　1945 年

007572660　4738.15　1381
三民主義論叢
張鐵君著　重慶　獨立出版社　1942 年
（m.）

007572598　4738.15　1624
三民主義行政論
雷殷編著　桂林　廣西建設研究會
1942 年　廣西建設研究會叢書　（m.）

007572526　4738.15　17
徵印三民主義一百萬册運動報告書
三民主義青年團中央幹事會文化建設運動委員會　香港　三民主義青年團中央幹事會文化建設運動委員會　1946 年

007572587　4738.15　1930
三民主義與地方自治
孫澄方著　重慶　國民圖書出版社
1940 年

007572664　4738.15　2123.2
認識三民主義的先決問題
葉青［任卓宣］著　泰和　時代思潮社
1941 年　（m.）

007572486　4738.15　2123.3
三民主義底哲學基礎
葉青［任卓宣］著　江西泰和　時代思潮社　1942 年　初版　（m.）

007572667　4738.15　2135
論三民主義
毛澤東等著　香港　東北書店　1943 年

007572671　4738.15　2151
三民主義新論
崔書琴著　上海　商務印書館　1946 年
再版　（m.）

007572530　4738.15　2225
三民主義的科學研究法
何名忠著　桂林　科學書店　1942 年
（m.）

007572678　4738.15　2320
三民主義與民主主義
侯外廬著　上海　長風書店　1946 年
（m.）

007574587　4738.15　2917
新時代三民主義教科書
朱子辰編纂　上海　新時代教育社印
1927 年　（m.）

007574595　4738.15　2942
關於三民主義
朱執信著　江西省　三民主義文化運動委員會　1941 年　（m.）

007574598　4738.15　3600
三民主義教育概論
潘廉方著　南京　國民圖書出版社
1946 年　（m.）

007574601　4738.15　3903
三民主義課本
宗亮寰撰　上海　商務印書館　1932 年
　國難第 4 版

007574471　4738.15　3943
三民主義概述
宋垣忠著　香港　河南民國日報社
1943 年　增訂版

007574613　4738.15　4123
三民主義精義
范任宇著　重慶　正中書局　1941 年
總理學說研究叢書　（m.）

007574470　4738.15　4229.1
三民主義之理論與制度
楊幼炯編著　上海　中華書局　1947 年
　（m.）

007574418　4738.15　4237
三民主義的連環性
胡漢民著　上海　民智書局　1928 年
（m.）

007574468　4738.15　4237.2
三民主義者之使命
胡漢民著　上海　民智書局　1928 年
（m.）

007574643　4738.15　4237.21
三民主義論叢
吳曼君編　江西省　三民主義文化運動委員會　1941 年　（m.）

007574639　4738.15　4237.2B
三民主義者之使命
胡漢民著　上海　中國文化服務社
1946 年　中國國民黨叢書　（m.）

007574531　4738.15　4237.3　4738.15　4237.3B
三民主義之認識
胡漢民著　上海　中國文化服務社
1945 年　滬 2 版　（m.）

007574515　4738.15　4237B
三民主義的連環性
胡漢民著　上海　文華書局　1945 年

007574653　4738.15　4283
新時代三民主義教科書
胡愈之撰　上海　新時代教育社發行
1927—28 年　（m.）

007574452　4738.15　4374　4738.15　4374B
唯生進化論
袁月樓編　上海　正中書局　1946 年
滬 1 版　（m.）

007574664　4738.15　4382
三民主義教育哲學概論
袁公爲著　南京　獨立出版社　1947 年
　（m.）

007574666　4738.15　4384
三民主義之文化
燕義權著　重慶　獨立出版社　1942 年
（m.）

007574679　4738.15　4441
三民主義研究
樓桐孫著　長沙　商務印書館　1941 年
（m.）

007574708　4738.15　4527
三民主義講演集
戴季陶著　江西省　三民主義文化運動委員會　1941 年　（m.）

002283745　4738.15　4527.4
戴季陶先生兩個重要的演講
戴季陶撰　黃埔　中央軍事政治學校政治部　1927 年　（m.）

007574709　4738.15　4623
三民主義問答
曹無逸著　上海　大東　1931 年　（m.）

007574714　4738.15　4962
三民主義的綜合研究
林曉峰著　臺山　文風出版社　1945 年

007574716　4738.15　5322
三民主義表解
中心出版社　廣東　曲心　中心出版社　1941 年

007574719　4738.15　5667
民眾運動之三民主義訓練綱要
中國國民黨中央執行委員會民眾訓練委員會　南京　中國國民黨中央執行委員會民眾訓練委員會　1928 年

007574443　4738.15　6172
三民主義的體系與原理
羅剛著　重慶　東方出版社　1943 年
（m.）

007575827　4738.15　6462
三民主義學術
嚴明編輯　曲江　民族文化出版社　1943 年　（m.）

007575828　4738.15　6731
三民主義問答
香港　國民軍聯軍總司令部政治部　1928 年

007575879　4738.15　7124
三民主義革命論
劉修如編著　香港　正中書局　1942 年
（m.）

007575707　4738.15　7194
三民主義之哲學體系
劉炳藜著　泰和　江西省三民主義文化運動委員會　1942 年　（m.）

011895882　DS777.A567　C48　1931
三民主義的基本問題
周佛海著　上海　新生命書局　1931 年
（m.）

007647256　4738.15　7223　FC8387　Film Mas 32292
三民主義之理論的體系
周佛海著　上海　新生命月刊社　1927 年

007575892　4738.15　7224
三民主義革命論
劉修如編著　上海　正中書局　1946 年
（m.）

011895711　DS777.A567　L588　1945
三民主義教程
教育部三民主義教學研究會校訂　劉修如執筆　上海　正中書局　1945 年　滬

1 版 （m.）

007575706　4738.15　7245
三民主義哲學思想之基礎第一册
周世輔著　上海　正中書局　1945 年
滬 1 版　總理學說研究叢書　（m.）

011560673　DS777.A567　M344　1946
三民主義的政治學
馬璧著　上海　世界書局　1946 年
（m.）

007575752　4738.15　7271
三民主義政治淺說
馬璧著　香港　國民圖書出版社　1942
年　黨義叢書　（m.）

007575701　4738.15　7277
三民主義的立法原理及原則
劉陸民著　上海　太平洋書店　1929 年
（m.）

007575796　4738.15　7911
三民主義故事畫册
陳可璋作　韶關　廣東省黨部　1942 年
（m.）

007575705　4738.15　7932　DS777.A567　C4　1943
孫先生之思想及其主義
陳安仁著　重慶　國民圖書出版社
1943 年　（m.）

007575913　4738.15　7948　FC8388　Film Mas 32283
三民主義註釋與索引
陳彬龢、宗幼澤編　上海　商務印書館
1930 年　（m.）

007575922　4738.15　9333
三民主義提要
黨軍社編　重慶　黨軍社印　1942 年

007575925　4738.16　1125
民族主義闡微
王叔惠著　重慶　國民圖書出版社
1941 年　黨義叢書　（m.）

007577060　4738.17　1904
民權初步
孫文著　重慶　青年書店　1940 年
（m.）

007576940　4738.17　5624
民主淺說
曹伯韓著　上海　北門出版社　1945 年
北門小叢書　（m.）

007649500　4738.17　5667
民權初步淺說
中國國民黨廣東省執行委員會　濟南
該會　194? 年

007576868　4738.17　8167
直接民權大綱
金鳴盛著　重慶　國民圖書出版社
1943 年　初版　（m.）

007576895　4738.18　1381
民生主義論戰的總清算
張鐵君著　重慶　國民圖書出版社
1941 年　（m.）

007577063　4738.18　1452
民生主義經濟共管制
夏威著　廣西　柳州大道書社　1943 年
（m.）

007577067　4738.18　2123
民生主義真解
葉青［任卓宣］著　泰和　時代思潮社
1942 年

007576871　4738.18　4123
民生史觀

范任宇著　上海　商務印書館　1946年
初版　（m.）

007576742　4738.18　4144
民生主義經濟政策之理論體系
范苑聲編著　重慶　正中書局　1940年
總理學說研究叢書　（m.）

007576867　4738.18　4241
民生主義與廢除遺產制
郗若霖著　南京　新中國出版社　1948
年　初版　革命建國叢書　（m.）

011884246　DS777.A567　C4　1938
抗戰建國與民生哲學
姜琦著　重慶　獨立出版社發行　1938
年　初版　（m.）

011810087　DS777.A567　W8x　1941
民生史觀研究
吳曼君著　江西泰和　時代思潮社
1941年　初版　（m.）

007577077　4738.18　5202
民生史觀研究集
中山文化教育館編　上海　中華書局
1947年　（m.）

011920137　DS777.A567　W3　1940
民生哲學的新認識
萬民一著　桂林　文化供應社　1940年
初版　（m.）

011981900　DS777.A567　T8　1929
唯物史觀與民生史觀析論
童行白著　上海　南華圖書館　1929年
（m.）

011987482　B831.3.H8　1942
唯行論
黃光學著　江西泰和　三民主義文化運

動委員會　1942年　（m.）

011807586　DS777.S495　1948
心理建設論
邵元沖著　上海　中國文化服務社
1948年　初版　中國國民黨叢書
（m.）

007576931　4738.18　6607
民生主義經濟學
呂調陽著　桂林　立體出版社　1942年
（m.）

007577083　4738.18　7117
民生主義之租稅制度
劉不同著　重慶　青年書店　1941年
再版　（m.）

007577091　4738.18　7945
民生主義淺說
陳載耘編　上海　中華書局　1935年
（m.）

007576872　4738.18　7972
民生主義之綜合研究
陳長蘅著　重慶　正中書局　1940年
初版　總理學說研究叢書　（m.）

007577003　4738.18　8521
論民生主義的本質資本主義乎？社會主義乎？
錢俊瑞著　香港　世界社　1940年
（m.）

007577098　4738.19　0237
建國新論
高清岳著　廣州　政治前綫月刊社
1946年　（m.）

007577103　4738.19　1026
北方大港之現狀及初步計劃

南京　東南印刷公司　1929年　（m.）

007649502　4738.19　1904
建國方略
孫文［逸仙］著　香港　中央宣傳部
1918—46年　（m.）

005109481　4738.19　1904b
建國方略
上海　上海求古齋書局　1928年　5版
（m.）

007577108　4738.19　4022
建國之路
獨立出版社　重慶　獨立出版社　1938年　（m.）

011820091　4738.19　4969
孫中山先生實業計劃圖
蘇甲榮著　上海　日新興地學社　1929年　3版

007577139　4738.19　5667
五大建設述要
中國國民黨中央執行委員會訓練委員會編　重慶　1941年　（m.）

007577170　4738.19　9333
經濟建設
黨軍社編　重慶　黨軍社印　1942年　訓練叢書　（m.）

007576874　4738.19　9333.1
倫理建設
黨軍社編　香港　黨軍社　1942年　初版　（m.）

007577172　4738.19　9333.2
政治建設
黨軍社編　重慶　黨軍社印　1942年

011901568　DS777.Y3　1936
心理建設論證
楊一峰編著　南京　正中書局　1936年　初版　唯生論社叢書　（m.）

003537041　4738.20　0223
抗戰建國手冊
文化供應社編輯部編　桂林　廣西省政府秘書處編譯室　1940年　初版　（m.）

011882201　DS740.4.K324　1925
帝國主義與中國
高爾松、高爾柏編　抱恨生校　廣州　青年政治宣傳會　1925年　（m.）

008454120　MLC-C
第一屆全國大學學生三民主義論文競賽
中山文化教育館編輯　1937年

011934914　DS777.H8　1947
國父思想研究
惠迪人著　南京　中央日報社　1947年　初版　（m.）

007649503　4738.20　0594
建國大綱淺説
中國國民黨廣東省執行委員會　廣州　該會　194?年

011831066　DS777.A6　1536　1940
三民主義理論之探討三民主義是理想與現實之統一
梁寒操講　蕭次尹記　桂林　桂林青年書店　1940年　（m.）

007801252　MLC-C
三民主義青年團在成都的一年
李天民撰　香港　青年人出版社　1940年　初版

007797046　MLC‒C
三民主義商榷
諸青來著　香港　箋文書局　1930 年
再版

011932935　DS777.A6　J43　1945
三民主義與民主政治
葉青[任卓宣]著　重慶　青年出版社
1945 年　甲種青年叢書　（m.）

011912987　DS777.A436　J43　1941
三民主義與自由
葉青[任卓宣]著　泰和　時代思潮社
1941 年　（m.）

007797139　MLC‒C
三民主義之批評
陳漫郎撰　193？年

008580251　FC2928
政治講演大綱
惲代英編　香港　中央軍事政治學校入
伍生部政治部印行　1927 年

011825727　DS721.T365　1929
中國社會與中國革命
陶希聖著　上海　新生命書局　1929 年
（m.）

008627092　FC1697
中國社會與中國革命
陶希聖撰　上海　新生命書局　1929 年
（m.）

011889233　DS777.C6　1929
中山政治 ABC
朱采真著　上海　世界書局　1929 年
ABC 叢書　（m.）

008563816　FC1698
中山主義概論
高爾柏撰　上海　光華　1926 年
（m.）

007577177　4738.20　1904
政治建設附建國的行政
孫逸仙撰　重慶　軍事委員會政治部
1939 年　（m.）

007649253　4738.20　1904.5
建國大綱重要宣言
孫逸仙著　重慶　中國國民黨中央宣傳
部　1941 年

007577182　4738.20　3207
建國大綱淺說
馮放民編纂　重慶　國民圖書出版社
1942 年　（m.）

007577184　4738.20　5667
總理遺教建國大綱重要宣言
孫逸仙撰　香港　中國國民黨中央宣傳
部　1924 年

007577186　4738.20　5667.1
建國大綱淺釋
南京中國國民黨中央執行委員會宣傳部
　重慶　1940 年　（m.）

007577187　4738.20　7194
中國國民黨抗戰建國綱領
陝西省地方行政幹部訓練團　香港　陝
西省地方行政幹部訓練團　1943 年

007572029　4738.21　0433
五權憲法大綱
謝瀛洲編著　上海　遠東書局　1927 年
初版　（m.）

007572028　4738.21　0633
中華民國憲法論
謝瀛洲著　臺灣　謝瀛洲　1947 年
（m.）

011831124　KNN2270.W873　1930
五權憲法
薩孟武編　上海　新生命書局　1930年
（m.）

007572005　4738.21　4229
五權憲法之思想與制度
楊幼炯編著　長沙　商務印書館　1940年　（m.）

007591179　4738.21　5683
五權憲法問答
曹無逸編著　上海　大東書局　1930年　初版　考試必攜百科問答叢書（m.）

007574431　4738.21　8632
中國五權憲法制度之史的發展與批判
曾資生著　上海　商務印書館　1948年　初版　（m.）

007574574　4738.22　4483
怎樣實行三民主義肅清貪污團結救國
李鍾漢著　廣西　南寧建設書店　1938年　（m.）

007574575　4738.23　1904
大元帥關於北伐之命令及宣言大元帥對時局重要宣言
孫文著　南京　中國國民黨中央執行委員會宣傳部　1935年

007574441　4738.23　56
政令宣傳輯要
中國國民黨中央執行委員會宣傳部編　重慶　國民圖書出版社　1943年　初版（m.）

007648183　4738.23　566　FC8475　Film　Mas　32020
中國國民黨與農人
1930—49？年

007878341　4738.23　5667　FC9567　Film　Mas　36012
中國國民黨宣言訓令集
上海　上海民生書局　1925—49年

007574577　4738.23　5667　(1927)
中國國民黨歷年宣言彙刊
上海　中國國民黨中央執行委員會宣傳部　1927年　（m.）

007574580　4738.23　5667　(1937)
中國國民黨宣言集
中國國民黨中央執行委員會宣傳部編　南京　1937年　（m.）

007574581　4738.23　5667　(1939)
中國國民黨宣言集
中國國民黨中央執行委員會宣傳部編　重慶　獨立出版社　1940年　增訂本（m.）

007574582　4738.23　5667　(1943)
中國國民黨宣言集
重慶　中國文化服務社　1946年　中國國民黨叢書　（m.）

007574584　4738.23　7193
中國國民黨政綱政策及決議
陝西省地方行政幹部訓練團　香港　陝西省地方行政幹部訓練團　1942年（m.）

007574585　4738.23　7194
中國國民黨五十年來外交奮鬥史
陝西省地方行政幹部訓練團　香港　陝西省地方行政幹部訓練團　1943年（m.）

007574586　4738.24　1143
民生主義與人口問題
王警濤著　上海　民智書局　1927年（m.）

007574414　4738.24　1904
孫中山先生由上海過日本之言論
孫文著講演　廣州　民智書局　1926 年　4 版　（m.）

007574476　4738.24　1904.1
孫中山演說集
孫逸仙著　廣州　國民書局　1926 年

007574593　4738.24　1904.2
孫中山先生演講集
孫文講　上海　卿雲圖書公司　193？年

007574420　4738.24　1904.4
孫中山先生演說集
孫逸仙著　黃昌毅編輯　上海　民智書局　1926 年　（m.）

007649504　4738.24　1904.8
重要演講
濟南　中央宣傳部　1923—46 年

008627181　FC2023
孫中山先生十講
孫逸仙講　上海　民智書局　1923 年　（m.）

007571162　FC5105　FC－M403
總理關於商人的遺教
中國國民黨宣傳部　香港　國民黨宣傳部　1929 年

007574525　4738.24　2361.1
總理談話集
孫文[逸仙]著　吳曼君編選　香港　江西省三民主義文化運動委員會　1941 年　（m.）

007591783　4738.24　2361.2
總理演講集
吳曼君編　香港　江西省三民主義文化運動委員會　1942 年　（m.）

007574602　4738.24　5667
總理遺教重要演講
孫逸仙撰　重慶　中國國民黨中央宣傳部　1939 年

007574467　4738.24　5667.3
孫中山先生最近講演集
孫文講　廣州　中國國民黨中央宣傳部　1924 年　國民黨叢書　（m.）

007574528　4738.24　8426
國慶紀念的認識
南京　首都各界慶祝國慶紀念暨全國統一大會　1928 年　紀念叢刊

007574609　4738.25　1151
中山先生所說的故事
巫春子選輯　黃警頑、胡德潤校訂　上海　商務印書館　1930 年

007591785　4738.25　1904
孫中山先生文集
廣州　孫文主義研究社　1925 年　（m.）

007574614　4738.25　1904.1
孫先生致蔣先生手札墨跡
孫逸仙著　暹羅　華僑日報社　1939 年

007574552　4738.25　1904.17
孫中山書牘
三民出版部編　廣州　三民出版部　1927 年

007574619　4738.25　1904.3
軍人精神教育
孫逸仙撰　成都　中央陸軍軍官學校　1939 年　再版　（m.）

007649320　4738.25　1904.6
國民政府建國大綱
上海　大統一圖書局　1927 年　（m.）

007574627　4738.25　2361
總理函電集
吳曼君編輯　香港　江西省文化運動委員會　1942 年　（m.）

007574629　4738.25　2673　FC8476　Film Mas 32019
最新物質建設精解
白眉初著　北平　建設圖書館　1931 年　（m.）

007574637　4738.25　4604
大元帥東征日記
古應芬撰　上海　民智書局　1926 年

007574527　4738.25　4822
總理總裁倫理思想之研究
賀嶽僧著　重慶　獨立出版社　1942 年　總理總裁思想研究叢書

007574641　4738.25　4842
總理遺教論文集
黃埔出版社　重慶　該社　1940 年　（m.）

007574642　4738.25　4946
孫中山先生的國家論
林桂圃著　重慶　獨立出版社　1939 年　5 版　（m.）

007574644　4738.25　7138
孫中山先生逸語
陸達節編　香港　江西省文化運動委員會　1941 年

007574403　4738.25　7138.1
孫中山先生外集
陸達節編　上海　中華書局　1932 年　（m.）

007710925　4738.25　7148
孫中山先生兵工計劃論一名國民政府兵工計劃大綱
陸世益撰　上海　北新書局　1927 年　（m.）

007574647　4738.26　1137
孔院長在黨政訓練班講演詞
重慶　中央訓練團黨政訓練班　1939 年　（m.）

007591788　4738.26　1202　FC744
剿匪文獻
鄧文儀撰　南京　拔提書店　1933 年

007591789　4738.26　1213.3
演講集第一輯
邵元沖撰　上海　商務印書館　1928 年

007574478　4738.26　1920
三民主義新中國
孫科著　重慶　商務印書館　1945 年　（m.）

007591136　4738.26　1924
中國的前途
孫科著　重慶　商務印書館　1945 年　初版　（m.）

007574507　4738.26　1924.1
我們唯一的路綫
孫科著　濟南　1944 年　（m.）

007574658　4738.26　1924.2
孫哲生先生言論集
孫科著　耿文田選輯　上海　中華書局　1933 年　（m.）

007574663　4738.26　2164
抗戰言論集
任國南撰　香港　永隆印務　1937 年　（m.）

007575829 4738.26 2204
新民主義
繆斌撰　北京　新民會中央指導部
1938 年

007575713 4738.26 2204.1
新民精神又名武德論
繆斌著　香港　新民會中央指揮部
1938 年　再版

007575830 4738.26 2204.2
繆斌先生新民主義講演集
繆斌講　北京　該部　1938 年　再版
（m.）

007575712 4738.26 2204.3
武德論又名新民精神
繆斌著　上海　開明書店　1935 年
初版

008563839 FC1691
白崇禧先生最近言論集
香港　創進刊社　1936 年

008616965 FC2940
蔣胡最近言論集
中央軍事政治學校特別黨部編印　廣州
　中央軍事政治學校特別黨部　1927 年

007575926 4738.26 2204.6
繆斌最近言論集
繆斌著　大東書局輯　上海　大東書局
1928 年　（m.）

007575831 4738.26 2208
何總長應欽言論選集
濟南　1939 年

007575676 4738.26 2208.5
何總長應欽講抗戰第六年之軍事
蒙藏委員會編譯室編譯　重慶　蒙藏委
員會編譯室　1943 年　（m.）

007575834 4738.26 2226
鄒魯文存
鄒魯著　北平　北華書局　1930 年
（m.）

007575837 4738.26 2326
吳稚暉陳公博辯論集
孟明編　上海　復旦書店　1930 年　3
版　（m.）

007575839 4738.26 2326.2
吳稚暉先生最近對於黨國之意見
吳敬恒撰　廣州　平社　1927 年

007575842 4738.26 2363
中國國民黨政策
黎照寰編纂　上海　商務印書館　1929
年　（m.）

007575844 4738.26 2384
吳處長演講集第一集
吳鐵城撰　廣州　中國國民黨廣東員警
黨團　1925 年

007575849 4738.26 2914
中國國民黨政綱政策概要
朱子爽著　重慶　獨立出版社　1944 年
（m.）

007887665 4738.26 2942.1 FC5#03 FC－M1007
朱執信文存
邵元沖編　上海　民智書局　1927 年
（m.）

007575718 4738.26 2924.1B
朱執信文存
朱執信著　邵元沖編　重慶　中國文化
服務社　1944 年　初版　中國國民黨叢
書　（m.）

007575717　4738.26　2942　FC9268　Film　Mas　35772
朱執信集
朱執信著　建設社編輯　上海　民智書局　1921年　初版　(m.)

007578910　4738.26　3138.2
汪精衛先生最近講演集
汪精衛講　上海　民智書局　1927年　4版　(m.)

007575729　4738.26　3138.3
汪精衛先生重要聲明附覆華僑某君書
汪精衛撰　香港　南華日報社　1939年　(m.)

007575851　4738.26　3138.31
汪精衛説詞
汪精衛撰　上海　瀛志書社　1926年

008099434　T　4738.26　3138.32
汪精衛先生遺稿真跡
汪兆銘著　濟南　1912—49年

008627135　FC1298
汪精衛先生最近演説
法國　法國都爾中華印字局　1919年　初版

007575852　4738.26　3138.39
汪精衛先生最近演説集
汪精衛著　香港　1928年

007575757　4738.26　3138.4
汪精衛先生最近之言論
林伯生編　上海　中華日報館　1937年　中華日報館叢書

007575599　4738.26　3138.44
汪精衛先生最近言論集從民國十八年歸國後到現在
南華日報社編輯部編　香港　南華日報社營業部　1930年　初版　(m.)

007575651　4738.26　3138.45
汪精衛先生重要建議附南華日報社評論集第一輯"和戰問題之討論"
南華日報社編輯部編輯　香港　南華日報社　1939年　南華日報社叢書　(m.)

007575857　4738.26　3138.5
汪精衛演講錄
汪精衛撰　香港　中國印書館　1927年　再版

008728822　MLC–C
自述及其他
汪兆銘撰　1943年

007801986　MLC–C
告海外同志書
1931年

008627391　FC1292
關於汪精衛叛國
廣州　新新出版社　1939年　時事叢書

007575858　4738.26　3138.7
汪精衛先生關於和平運動之重要言論
汪精衛著　香港　1939年　(m.)

007754932　MLC–C
汪精衛先生致各黨部同志書
汪兆銘撰　香港　南華日報社　1930年　再版

009563116　MLC–C
汪精衛先生最近之言論集由二十五年歸國到現在續編
林伯生編輯　香港　香港南華日報社　1938年　再版　南華日報社叢書

007575861　4738.26　3182
團結禦侮的幾個基本條件與最低要求
沈鈞儒撰　香港　1936年

007575629　4738.26　3211　FC9439　Film Mas　35897
革命與反革命
郎醒石編　上海　民智書局　1928年
初版　(m.)

007575865　4738.26　3213　(1)
馮在南京報告集(一)
馮玉祥撰　南京　1937年　再版

007575866　4738.26　3213.1　(1)
馮在南京報告集(一)
馮玉祥撰　南京　1936年

007575868　4738.26　3213.3
馮總司令在首都之講演
馮玉祥講　上海　三民公司　1928年

007575870　4738.26　3213.4
馮副委員長抗戰言論集
馮玉祥著　重慶　生活書店　1940年
(m.)

007577062　4738.26　3213.41
馮在南京第一年
董志成撰　香港　三戶社　1937年
(m.)

007576899　4738.26　3213.42
馮在南京第二年
馮玉祥撰　桂林　三戶圖書社　1938年
(m.)

007576754　4738.26　3296
海外黨員手冊
中國國民黨駐港澳總支部編印　香港
中國國民黨駐港澳總支部　1947年

008563821　FC1707
謹告國民黨黨員同志書
蔣介石撰　香港　國民革命總司令政治
部　1927年

008581591　FC3187
美洲國民黨黨員注意四年七月二十四日至
八月三日懇親大會時之興味
三藩市　中國國民黨懇親大會　1915年

008603287　FC1059(N)
中國國民黨告同志書
香港　中央執行委員會北京執行部印
1926年

007577064　4738.26　3935
世界新秩序與三民主義
梁寒操著　重慶　青年書店　1941年
(m.)

007577065　4738.26　3935.1
中國國民黨重要宣言及議決案
梁寒操撰　濟南　1941年

007578183　4738.26　4237　FC5810　FC－M1024
胡漢民先生演講集第一至三集　胡漢民先
生在俄演講錄第一集
胡漢民撰　上海　民智書局　1927年
(m.)

007578115　4738.26　4237　(4)
胡漢民先生在俄演講錄
胡漢民撰　廣州　民智書局　1927年
3版　(m.)

007578184　4738.26　4237.1　FC1655
胡漢民先生在俄演講錄第一集
胡漢民撰　廣州　民智書局　1926年
(m.)

007576968　4738.26　4237.4　FC7828　Film Mas　31804
革命理論與革命工作
胡漢民著　王養沖編　上海　民智書局
　1932年

007577072　4738.26　4322
建國精神

社會科學類

真實出版社　重慶　真實出版社　1944
　年　（m.）

008166660　MLC－C
蔣總司令在國民政府建都南京閱兵典禮
　訓話
蔣總司令撰　1927 年

008166662　MLC－C
蔣總司令在南京總部第五次紀念周訓話
蔣總司令撰　1927 年

008166658　MLC－C
蔣總司令在慶祝國民政府建都南京歡宴
　席上講演詞
1927 年

007807270　MLC－C
李主席在省政府擴大紀念周訓詞三十年
　一月十二日
廣東　省政府秘書處編譯室　1946 年

007577088　4738.26　4432
李總司令最近演講集
李宗仁講　廣州　培英印務局　1935 年
　再版　（m.）

007577089　4738.26　4432.4
李宗仁隨棗勝利後演詞
李宗仁撰　南寧　1939 年

007576983　4738.26　4433
李濟深將軍在香港對時局意見及各方反
　響　關於所謂"違反黨紀"及反響
南聯社編　香港　南聯社　1947 年
　（m.）

007576969　4738.26　4434
黨政軍工作要訣
李宗黃編著　重慶　國民圖書出版社
　1944 年　（m.）

007577094　4738.26　4451.02
今日青年的前途
蔣委員長［中正］講　郭中襄編　上海
　中流書店　1937 年

007577097　4738.26　4451.05
總裁對於人事制度之訓教
廣州　廣東省地方行政幹部訓練團
　1942 年

007576873　4738.26　4451.057
讀書與救國
蔣中正著　上海　群力出版社　1939 年
　初版　（m.）

011831130　BD431.C47368　1940
人格修養與訓練
蔣中正著　貝華編　上海　文化編譯館
　1940 年　3 版　（m.）

007577099　4738.26　4451.07
蔣中正全集
上海　金城書局　1937 年

007577100　4738.26　4451.11
訓練的目的與訓練實施綱要
重慶　1939 年

007576928　4738.26　4451.12
重慶訓練集選輯
蔣介石講　成都　中央陸軍軍官學校
　1939 年　黃埔叢書　第 2 輯　（m.）

007576926　4738.26　4451.18
蔣委員長一年來言論集
蔣介石講　香港　1937 年

007578109　4738.26　4451.2
蔣介石先生最近之言論
北京民社編輯　北京　北京民社　1926
　年　（m.）

007578188　4738.26　4451.23
總裁思想
吳曼君編　重慶　中國文化服務社
1941 年　再版　(m.)

007578191　4738.26　4451.3
蔣介石言行錄
上海　新民書局　1933 年　4 版

007578192　4738.26　4451.38
軍人修養
南京　政治通訊月刊社　1935 年

007578000　4738.26　4451.42　FC5805　FC-M1009
蔣介石先生嘉言類鈔
蔣介石著　彭國棟編纂　長沙　商務印書館　1937 年　(m.)

007649843　4738.26　4451.424
蔣總裁致友人書
章爾華纂輯　香港　三民書店　1940 年　初版　(m.)

007578224　4738.26　4451.442
蔣委員長抗戰言論集
蔣介石著　新生活運動促進總會編　重慶　1938 年　新運叢書　(m.)

007578068　4738.26　4451.451
蔣中正演講錄
蔣介石講　廣州　三民出版部　1926 年　(m.)

007578200　4738.26　4451.46　FC5806　FC-M1010
蔣中正言行錄
上海　國光書店　1938 年

007578201　4738.26　4451.467
報國與思親
北京　孔聖學會　1946 年　再版　(m.)

007578075　4738.26　4451.47　(v.2)
蔣委員長抗戰言論集
重慶　進步英華周刊社　1942 年　(m.)

007577999　4738.26　4451.485
革命書簡
蔣委員長[介石]手訂　上海　文史研究會　1946 年　(m.)

008440336　MLC-C
蔣委員長手書共通校訓
蔣介石撰　1945 年

007590163　4738.26　4451.5
革命的精神教育
上海　太平洋書店　1929 年　(m.)

008563842　FC1687
爲反抗帝國主義野蠻殘暴的大屠殺告全國民衆
中共中央執委會　香港　中共中央執委會　1925 年

007578205　4738.26　4451.50
總裁爲"九一八"第九周年、雙十節紀念日告全國同胞書
香港　中央秘書處文化驛站總管理處印行　1940 年

007578207　4738.26　4451.51
抵禦外侮與復興民族
廣州　廣東國民軍事訓練委員會　1938 年　(m.)

007578209　4738.26　4451.52
領袖的救國教育思想及其方法
盛克猷著　重慶　獨立出版社　1942 年　(m.)

007578135　4738.26　4451.521
抗戰到底
蔣委員長[介石]講　上海　生活書店　1938 年　救亡文叢　(m.)

007578914　4738.26　4451.55
教育文化言論集
中央宣傳部　香港　正中書局　1941 年　(m.)

007578925　4738.26　4451.564
《中國之命運》提要
蕭尹言、楊乙厂編　福建　總動員出版社　1943 年

007578667　4738.26　4451.567
《中國之命運》研究
陳淑雨編　桂林　南光書店　1943 年　(m.)

002643817　4738.26　4451.56b　(1943)
中國之命運
蔣中正[介石]著　重慶　正中書局　1943 年　(m.)

007653230　4738.26　4451.56B　(1945)
中國之命運
蔣中正著　上海　正中書局　1945 年　增訂版　(m.)

007591378　4738.26　4451.56c
《中國之命運》研究大綱參考書目
重慶　正中書局　1943 年　(m.)

007578918　4738.26　4451.56c
中國之命運
蔣中正[介石]著　上海　上海中國書店　1945 年　(m.)

007653019　4738.26　4451.56C　(1945)
《中國之命運》研究大綱參考書目
上海　正中書局　1945 年　滬復 1 版　(m.)

007578922　4738.26　4451.56D
中國之命運
蔣中正[介石]著　澳門　澳門華僑報　1943 年　(m.)

007653231　4738.26　4451.56E
中國之命運
蔣中正著　上海　百成公司出版　1945 年　增訂本　(m.)

007578932　4738.26　4451.6　(2)
領袖抗戰言論續集
蔣介石著　重慶　中國國民黨中央執行委員會宣傳部　1939 年　(m.)

007578934　4738.26　4451.6　(5)
領袖抗戰言論五集
蔣介石著　獨立出版社編輯　重慶　1940 年　(m.)

007578936　4738.26　4451.62
團結與統一
香港　西南圖書印刷公司　1941 年

007578682　4738.26　4451.63
總裁抗戰言論集
蔣介石著　顧祝同輯　上饒　戰地圖書出版社　1940? 年　(m.)

007578938　4738.26　4451.64
國力之源
南京　國民政府軍事委員會政治部　1938 年　(m.)

007578942　4738.26　4451.67
蔣委員長論抗戰必勝訓詞釋義
重慶　該部　1939 年　(m.)

007578946　4738.26　4451.69
總裁言論一至四冊

香港　中國國民黨中央宣傳部　1940 年
（m.）

007578676　4738.26　4451.7
抗戰與建國
蔣委員長［介石］著　民尉主編　香港
香港民社　1939 年　（m.）

007578948　4738.26　4451.70
總裁言論簡輯八卷
重慶　中央周刊社　1940 年　（m.）

007578746　4738.26　4451.71
委員長抗戰言論
胡樹榮編　第七戰區編纂委員會編刊
曲江　新建設出版社　1941 年　抗戰建
國史料類編

007578639　4738.26　4451.73
蔣介石先生抗戰建國名言鈔
陳福華輯　上海　商務印書館　1946 年
（m.）

007579003　4738.26　4451.74
蔣主席戰後重要言論集第一集
蔣介石撰　吧城　國民書局　1946 年
（m.）

007578955　4738.26　4451.77
蔣介石全集
貝華主編　上海　文化編譯館　1937 年

007585488　4738.26　4451.8
總裁訓詞特輯第三集
重慶　中央秘書處文化驛站總管理處
1942 年　（m.）

007582718　4738.26　4451.81
中華民族整個共同的責任
香港　國民政府軍事委員會委員長侍從
室　1942 年　（m.）

007582721　4738.26　4527
國民革命與中國國民黨上編
戴季陶著　上海　季陶辦事處　1925 年
（m.）

007582726　4738.26　4527.5
青年之路
戴季陶著　上海　中國文化服務社
1945 年　中國國民黨叢書　（m.）

007582723　4738.26　4527B
國民革命與中國國民黨
戴季陶著　上海　中國文化服務社
1946 年　中國國民黨叢書　（m.）

008603286　FC1057(N)
國民革命與國民黨第一册
譚平山撰　廣州　大本營宣傳委員會
1923 年

007585269　4738.26　4719
中國國民黨幾個根本問題
甘乃光著　廣州　湖北省黨部執行委員
會漢口特別市黨部執行委員會宣傳部
1926 年　（m.）

007582628　4738.26　4810
蔣介石言行對照錄
蔣介石撰　漢口　新華書店　1949 年
（m.）

007653045　4738.26　4933
抗戰言論集
葉波澄編　上海　上海進化書局總經售
1937 年　（m.）

007582728　4738.26　5502
中國國民黨政綱政策與實施概況
中央訓練委員會　重慶　中央訓練委員
會　1945 年　（m.）

007591858　4738.26　5542c.2　FC5178　FC－M1038
中國國民黨第三次全國代表大會宣言及決議案
中國國民黨宣傳部　南京　國民黨中央宣傳部　1929年　（m.）

007582730　4738.26　566
中國國民黨總章民國十三年一月二十八日第一次全國代表大會通過
1924年　（m.）

007582733　4738.26　5667
汪主席和平建國言論集由豔電到現在
中國國民黨宣傳部　香港　該部　1939年　（m.）

007582735　4738.26　5667.3
中國國民黨宣言訓令集第一次全國代表大會宣言　第二次全國代表大會宣言
三民出版部　香港　三民出版部　1926年

007582731　4738.26　566b
中國國民黨總章
中國國民黨中央執行委員會秘書處　南京　1929年

007582550　4738.26　5740
護黨論文選輯
中興報　濟南　中興報　1935年　中興報叢書　（m.）

007582739　4738.26　7241
抗戰言論集
馬韋石編輯　廣州　大中書局　1937年　（m.）

007582592　4738.26　7262　FC5808　FC－M1012
中國國民黨政綱政策之史的發展
周曙山著　北平　正中書局　1948年　（m.）

011827001　DS721.K86　1935
不受侵略論文集續編
郭步陶著　濟南　1935年　（m.）

008563830　FC1715
陳公博先生文集上下冊
陳公博著　香港　達仁　1929年　（m.）

009562996　MLC－C
大亞洲主義論集
中國國民黨中央宣傳部編印　南京　中國國民黨中央宣傳部　1940年　（m.）

009563054　MLC－C
到中日全面和平之路
譯叢編譯委員會編印　南京　中日文化協會出版組　1942年　（m.）

011889308　JC481.C45　1934
法西斯蒂與中國革命
周毓英著　上海　民族書局　1934年　（m.）

007719966　MLC－C
海外社論選編
海外通訊社編著　香港　1940年　（m.）

009563049　MLC－C
和平建國與國民黨
中國國民黨中央執行委員會宣傳部編印　南京　中國國民黨中央執行委員會宣傳部　1940年　（m.）

009563067　MLC－C
和議與組府
中國國民黨中央執行委員會宣傳部編印　南京　中國國民黨中央執行委員會宣傳部　1940年　（m.）

009563022　MLC‐C
和運史話
崔玲等翻譯　上海　新中國報社　1943年　再版　（m.）

007577092　FC5804　FC‐M1008
蔣介石先生演說集
廣州　平社　1927年

007801926　MLC‐C
蔣委員長抗戰論文集
香港　文化出版社　1945年　（m.）

011883841　D720.J53　1935
將來大戰與中國
蔣堅忍著　上海　中國書業聯合市場　1935年　（m.）

007736201　MLC‐C
舉一個例汪先生最近重要論文
汪兆銘著　上海　中華日報館　1939年　（m.）

007528161　FC362
民眾革命與民眾政權
秦邦憲撰　廣州　出版委員會　1932年　再版

009567446　MLC‐C
全面和平與中日關係
新民聲社編　北京　新民聲社　1944年　（m.）

008627231　FC742
團結與民主
壽春園、黃瑜編　廣州　時事研究會出版　1939年　初版　（m.）

009563004　MLC‐C
汪精衛先生抗戰言論集
汪精衛撰　漢口　獨立出版社　1938年　初版　（m.）

009563088　MLC‐C
汪精衛主義讀本
江蘇省教育廳　南京　政治月刊社　1942年　（m.）

008617058　FC3169
項英將軍言論集
集納出版社編　上海　集納出版社　1939年　集納叢書　（m.）

009563027　MLC‐C
爭取解放
胡蘭成著　上海　國民新聞圖書印刷公司　1942年　（m.）

011910868　DS777.47.S95　C5　1938
中國不亡論
宋慶齡著　上海　生活書店　1938年　救亡文叢　（m.）

008616910　FC3153
中國共產黨與中華民族
山東　新華書店　1943年　（m.）

009563030　MLC‐C
中日問題與世界問題
胡蘭成著　漢口　大楚報社　1945年　（m.）

009563046　MLC‐C
重慶政權崩潰
北京　北京新聞協會　1942年　時局小叢書　（m.）

008592981　FC3108
自反錄第一、二集
蔣中正撰　濟南　1931年　（m.）

007585489　4738.26　7282　（1‐13）
閻司令長官抗戰復興言論集
閻錫山著　香港　1939年

007582746　4738.26　7282　(15)
閻伯川先生最近言論集
閻錫山著　廣州　1935年

011837740　B99.C52　C435　1935
民族復興之學術基礎
張君勱著　北京　再生社　1935年　初版　(m.)

007960073　FC6049　FC－M4738
汪精衛文存初集
汪兆銘著　廣州　民智書局　1927年　(m.)

011559640　DS778.W3　A33　Suppl.
汪主席和平建國言論集續集
汪兆銘著　宣傳部編輯　南京　宣傳部　1942年　(m.)

007582548　4738.26　7282.1　FC9414　Film　Mas　35846
閻伯川先生復興言論集第十三輯
閻錫山著　臺北　復興出版社　1949年

007582504　4738.26　7282.33　FC9430　Film　Mas　35861
實行兵農合一之商榷附兵農合一舉要
山西　山西省政府　1947年　(m.)

007582462　4738.26　7282.42
閻院長博採衆議錄
閻錫山撰　香港　行政院秘書處　1949年

008579033　FC2046
抗日救國指南第一輯
毛澤東等撰　1937年

008563812　FC1694
毛澤東救國言論選集
毛澤東著　重慶　新華日報館　1939年　新群叢書

007585221　4738.26　7282.7
閻伯川先生救國言論選集
閻伯川著　方寒松等編輯　北京　民革出版社　1939年

007582498　4738.26　7282.71a
閻伯川先生南行言論集
于非編　廣州　現代化編譯社　1949年　初版

007582629　4738.26　7282.73　FC9416　Film　Mas　35847
閻伯川先生言論類編九卷
閻錫山著　香港　1939年　(m.)

007585422　4738.26　7857　FC9597　Film　Mas　35934
中國國民黨講演集
民智書局編輯　上海　民智書局　1926—27年　(m.)

007582766　4738.26　7905.4
力
陳立夫撰　香港　1934年

007698653　MLC－C
革命的寶劍
王培槐編　廣州　衛黃社　1936年

007582769　4738.26　7906.1
革命的道理
陳誠撰　香港　湖北省政府秘書處　1940年　(m.)

007582771　4738.26　7939
陳總司令言論集
陳濟棠講　國民革命軍第一集團軍總司令部政治訓練處編　廣州　1933年　(m.)

007582707　4738.26　7965
醫政漫談
陳果夫編　重慶　天地出版社　1943年　增訂本　(m.)

007582602　4738.26　7984
中國國民黨所代表的是什麼？
陳公博著　1928年　3版　(m.)

007582463　4738.26　7984.1
國民革命的危機和我們的錯誤
陳公博著　1928年　(m.)

004655113　4738.26　7984.3　FC866　FC-M4718
寒風集
陳公博著　上海　地方行政社　1944年　再版　(m.)

008067489　DS777.15.C493　A2　1928　MLC-C　T　4738.26　7996
中國統一芻議
陳炯明著　1928年

007582778　4738.26　8608
政治建設的建議——生產建設
曾慶錫撰　上海　藝林書局　1935年

007582779　4738.26　9628
黨國名人演講集
林森等講　杭州　空軍特別黨部　1935年　復興叢書　(m.)

008167655　MLC-C
中國國民黨重要宣言訓令集民國十三年一月起十四年十二月止
中國國民黨陸軍軍官學校政治部輯印　1925年　(m.)

007582782　4738.27　2326
吳稚暉論政及其他
T.S.編輯　廣州　出版合作社　1928年

011825681　DS777.488.C5　J535　1939
革命與哲學
蔣介石著　重慶　戰時出版社　1939年　(m.)

009424002　4738.27　4451.48
革命哲學的重要
中央訓練團編印　香港　中央訓練團　1940年

011836610　B52.W354　1936
怎樣研究哲學
王特夫著　上海　三江書店　1936年　初版　(m.)

007582790　4738.27　4451.56
抗戰方針
黃埔出版社編輯　成都　中央陸軍軍官學校　1938年　(m.)

007582465　4738.27　4451.6
國民精神總動員
蔣委員長［介石］著　重慶　中國文化協進會　1939年　(m.)

007582794　4738.27　4451.8
認識時代何謂"科學的群眾時代"
香港　1939年

007582795　4738.27　5322
總裁重要言論表解
中心出版社　廣東　曲江中心社　1941年

007878347　4738.27　6379
國民精神總動員綱領及其實施辦法
1930—42年

007582797　4738.27　7221　FC2787
復興中國革命之路
劉健群著　香港　中央軍校廣州分校政訓處　1937年　4版　(m.)

007582798　4738.27　7242
國民精神總動員辨歧
印南峰撰　重慶　求是出版社　1939年

007582633　4738.27　7633　FC8467　Film　Mas　32525
中國國民黨黨員在宣傳工作上對於階級鬥爭應取的態度
中國國民黨中央執行委員會上海執行部　上海　中央執行委員會上海執行部　1925年

007582666　4738.27　7905
政工會議訓詞集
國民政府軍事委員會政治部編　重慶　軍事委員會　1939年

007582807　4738.27　7905.2
訓導討論會訓詞選輯
陳誠撰　香港　湖北省政府教育廳　1941年　（m.）

007582478　4738.28　0449
黨國大事紀要
謝森編著　桂林　遠東書局　1943年　（m.）

009244892　4738.28　1234
中國國民黨二十年史跡
鄧澤如著　上海　正中書局　1948年　（m.）

003380378　4738.28　2226　FC9643　Film　Mas　35953
中國國民黨史稿
鄒魯編著　重慶　商務印書館　1944年　增訂第1版　（m.）

011932072　JQ1519.A52　Z68　1946
中國國民黨概史
鄒魯編著　上海　正中書局　1946年　滬1版　（m.）

003380379　4738.28　2226.2
中國國民黨史略
鄒魯著　重慶　商務印書館　1945年　（m.）

009413029　MLC－C
中國國民黨黨史檔
1925年

008112428　JQ1519.H68　C45　1937
冀東紀念專刊
殷汝耕編　1937年

011910725　JQ1519.A52　Z685　1940
中國國民黨黨史紀要
鄒魯著　重慶　黃埔出版社　1940年　初版　黃埔叢書　第4輯　（m.）

007582537　4738.28　2220　4738.28　2226C
中國國民黨史稿
鄒魯編　上海　民智書局　1929年　（m.）

007653074　4738.28　2226d
中國國民黨史稿
鄒魯編　上海　商務印書館　1941年　第3版　（m.）

007585487　4738.28　313
中國國民黨史概論
汪精衛撰　廣州　中央軍事政治學校　1927年　3版

007584205　4738.28　4434　FC7900　Film　Mas　31832
中國國民黨黨史
李宗黃編著　上海　民智書局　1928年　4版　（m.）

007583955　4738.28　4541　4738.28　4541B
中國國民黨史
華林一撰述　蔡元培校閱　上海　商務印書館　1928年　新時代史地叢書　（m.）

007583856　4738.28　4850
中山先生親征錄
黃惠龍敘述　陳鐵生潤辭　上海　商務

印書館　1930 年　（m.）

007584214　4738.28　5633
黨史問答
曹無逸撰　上海　大東　1930 年

009244582　4738.28　5667
中國國民黨黨史概要初稿
中國國民黨中央黨史編纂委員會編　香港　中國文化服務社　1943 年　中國國民黨叢書

007584217　4738.28　5667.1
中國國民黨黨史概要
中國國民黨中央黨史編纂委員會　上海　中國文化服務社　1945 年　（m.）

007584229　4738.28　5683
建國大綱問答
曹無逸撰　上海　大東　1931 年

008625022　FC1007(N)
民國政府建國大綱
中共六次大會編　上海　三民學社　1932 年　再版

007584230　4738.28　7940　FC7944　Film　Mas　31846
過去三十五年中之中國國民黨
陳希豪著　上海　商務印書館　1934 年　（m.）

007583903　4738.28　7940　(1929)
過去三十五年中之中國國民黨
陳希豪著　上海　商務印書館　1929 年　初版　（m.）

007583775　4738.29　3225.2
中國革命運動二十六年組織史
馮自由著　上海　上海商務印書館　1948 年　（m.）

009248068　4738.29　3231a
三十三年落花夢
宮崎滔天原著　譯者不詳　王文英標點　上海　大達圖書供應社　1934 年　（m.w.）

011929485　JQ1519.A52　I25　1949
蔣黨真相三十年見聞雜記之一
翊勳著　廣州　大眾出版社　1949 年　（m.）

008583665　FC1288
復興中國國民黨
汪精衛　廣州　中國國民黨中央執監委員非常會議　1936 年　（m.）

007572574　4738.30　5086
新生中的國民黨
成智編　廣州　港粵三友出版社　1946 年　（m.）

007572578　4738.30　5667.5
抗戰六年來之黨務
中國國民黨中央執行委員會宣傳部編　重慶　中國國民黨中央執行委員會宣傳部　1943 年　（m.）

007572359　FC352
改組派之真面目
中國國民黨中央執行委員會宣傳部編　南京　中國國民黨中央執行委員會宣傳部　1929 年

008580524　FC3109
同護共和花
中國國民黨美國三多些棉通訊處編　濟南　1917 年

008581557　FC3156
襄助報務[及]陳英士營葬捐款[簿]
中國國民黨美國三多通訊處編　1917 年

008581594　FC3191
民國維持會勸捐簿
駐美國三藩市民國總維持會編　1914 年

007575863　4738.30　7984
中國國民黨的新階段
陳銘樞撰　重慶　獨立出版社　1940 年 8 版　（m.）

008563836　FC1722
中國國民革命的前路
陳公博著　香港　待旦書局發行　1929 年　（m.）

008581590　FC3186
美洲金山國民救濟局革命軍籌餉徵信錄
美洲中華革命軍籌餉局編　三藩市 1912 年

007575871　4738.31　1325
張上將自忠畫傳
張上將自忠傳記編纂委員會　上海　該會　1947 年　（m.）

007572374　4738.31　1685
中國國民黨內幕
君羊、千兒合譯　宋千金校閱　廣州　新民主報社　1946 年　（m.）

007572356　4738.31　1904
總理奉安實錄
總理奉安專刊編纂委員會　南京　總理奉安專刊辦事處　1929 年

007572355　4738.31　1904.01
孫中山先生與中國
高爾松、高爾柏編著　上海　民智書局 1926 年　5 版　（m.）

007575872　4738.31　1904.02
孫中山先生傳
高良佐著　成都　近都書屋　1945 年 （m.）

007575874　4738.31　1904.11
國父墨寶
孫逸仙撰　北平　北方雜誌社國父遺墨籌印委員會　1948 年　（m.）

007772863　4738.31　1904.132
總理開始學醫與革命運動五十周年紀念史略
孫逸仙博士醫學院籌備委員會編　廣州　嶺南大學　1935 年

007574472　4738.31　1904.15
孫中山先生傳略
夏炎顯著　濟南　1926 年

007574526　4738.31　1904.17
孫中山
平民書局編輯　上海　平民書局　1925 年　（m.）

007574307　4738.31　1904.18
孫中山評論集
三民編譯部編次　上海　民智書局代售 1925 年　（m.）

007575878　4738.31　1904.2
哀思錄七卷
孫中山先生葬事籌備處　濟南　1930 年

007653243　4738.31　1904.200
中山革命史
吳毅等編輯　香港　新文書局　1927 年 （m.）

007574516　T　4738.31　1904.21
孫中山先生紀念特刊
良友　上海　良友印刷公司出版部 1926 年

007575889　4738.31　1904.332
孫中山
沈邁行編　上海　中華書局　1948年
中華文庫　(m.)

011936089　DS777.C5459　1937
孫大總統廣州蒙難記
蔣中正[介石]著　南京　正中書局
1937年　2版　(m.)

007574474　4738.31　1904.4
孫中山革命奮鬥小史
胡繩著　香港　海洋書屋　1949年　萬人叢書　(m.)

007574460　4738.31　1904.41
國父民初革命紀略
葉夏聲編述　廣州　孫總理侍衛同志社　1948年　初版　(m.)

009245324　4738.31　1904.41　(1960)
國父民初革命紀略
葉夏聲編述　1949年　第3版

007574359　4738.31　1904.42
總理事略
胡去非編纂　上海　商務印書館　1937年　初版　中山文化教育館研究叢書

007578211　4738.31　1904.45
孫大總統廣州蒙難記
蔣介石記錄　上海　民智書局　1926年
(m.)

007578215　4738.31　1904.48x　FC5178　FC-M1038
孫中山先生北上與逝世後詳情
黃昌毅講演　上海　民智書局　1927年
(m.)

007137136　4738.31　1904.49
孫逸仙傳記
徐植仁譯　北京　中國文化服務社
1944年　再版　中國國民黨叢書
(m.w.)

007578217　4738.31　1904.49b
孫逸仙傳記
林百克[Paul Myron Anthony Linebarger]著　徐植仁譯　上海　三民公司　1927年　(m.)

007578221　4738.31　1904.547
孫中山先生追悼大會報告
中華留日各團體追悼孫中山先生大會
廣州　中華留日各團體追悼孫中山先生大會　1925年

007493597　4738.31　1904.561
總理史料目錄彙刊
中國國民黨黨史史料編纂委員會　南京
中國國民黨中央執行委員會黨史史料編纂委員會　1932年　(m.)

007578222　4738.31　1904.61
中山先生倫敦蒙難史料考訂
羅家倫撰　上海　商務印書館　1930年
初版

007576848　4738.31　1904.621
國父之大學時代
羅香林著　重慶　獨立出版社　1945年
(m.)

007576859　4738.31　2384
吳鐵城先生周甲榮壽特刊
伍燕昌主編　鄭冠松、何漢章編輯　上海　藝文書局　1947年　(m.)

009428989　T　4738.31　2815
紀念孫中山標語六張
中國國民黨中央宣傳部　濟南　中國國民黨中央宣傳部　1920—29年　藍印本

007578228　4738.31　2947
先烈史略稿
徐壽眉編　廣州　1946 年

007578229　4738.31　2980
徐錫麟傳秋瑾傳
中國國民黨黨史史料編纂委員會編輯
臺中　1949 年

007578232　4738.31　3138　FC5809　FC－M1013
汪精衛先生復國行實錄
張次溪撰　北京　中華民國史料編刊會
　　1943 年　（m.）

007576904　4738.31　3138.02　（2）
汪精衛是什麼東西？第二輯
廖毅甫編　遂溪　嶺南出版社　1939 年

007578238　4738.31　3138.1
汪精衛先生庚戌蒙難實錄
張次溪撰　北平　雙肇樓　1937 年

007576886　4738.31　3138.5
燃犀新史十二回
春申弔夢人撰　上海　守經書局
193？年

007578236　4738.31　3138B
汪精衛先生行實錄
張次溪撰　香港　東莞張氏拜袁堂
1943 年

007578239　4738.31　3914
梁密庵先生哀輓錄
梁錫佑撰　香港　1941 年

007576924　4738.31　4130
姚雨平先生革命史
朱浩懷編述　廣州　廣東文化事業公司
　　1948 年　（m.）

007578961　4738.31　4426.1
蔣經國先生思想與生活
丁鍾山編纂　上海　贛縣正氣出版社
1948 年　滬再版　（m.）

007578962　4738.31　4426.5b
蔣經國論
曹聚仁著　廣州　聯合畫報社　1948 年
（m.）

007582831　4738.31　4451.723b
人民公敵蔣介石
陳伯達著　大連　東北書店　1949 年
（m.）

007580843　4738.31　4451.723C
人民公敵蔣介石
陳伯達著　天津　新華書店　1949 年
（m.）

007578064　4738.31　4451.02
蔣委員長傳
文化勵進社編　上海　作新書店　1937
年　（m.）

006618785　DS777.488.C5　C487　1943x
蔣委員長傳
蔣星德著　重慶　天地出版社　1943 年
　初版　（m.）

007578005　4738.31　4451.05
蔣主席軼事
文史研究會編輯　上海　長風書店
1945 年　（m.）

007578002　4738.31　4451.08
蔣主席奮鬥史
施瑛編著　上海　啟明書局　1946 年
（m.）

007578142　4738.31　4451.1
菲韓紀行
張其昀編著　臺北　中正書局　1949 年

007578004　4738.31　4451.12
偉大的蔣主席
鄧文儀主編　梁又銘等編輯　梁雪清、鄭克基藝術設計　南京　國防部新聞局　1946 年　（m.）

007578967　4738.31　4451.121
蔣主席
潘公展主編　上海　永祥印書館　1945 年　（m.）

007578970　4738.31　4451.13
蔣委員長究竟是怎樣的一個人物
張治中著　漢口　新時代書店　1938 年

007578971　4738.31　4451.135
蔣先生之人格與修養
張治中著　重慶　中央航空學校印　1936 年　（m.）

007578039　4738.31　4451.14
偉大的領袖
石丸藤太原著　陳瑰瑋譯　深心校正　上海　前進出版社　1937 年

007578976　4738.31　4451.14B
蔣介石評傳
吳世漢、邢必信合譯　1937 年　（m.）

007578977　4738.31　4451.14C
蔣介石傳
石丸藤太著　施落英譯　上海　啟明書局　1937 年　（m.）

007578037　4738.31　4451.17
《蔣委員長西安半月記蔣夫人西安事變回憶錄》讀後感
邵洵美著　上海　上海時代圖書公司　1937 年　論語小冊子

007578038　4738.31　4451.2
民國十五年以前之蔣介石先生
毛思誠主編　陳布雷校訂　臺北　1936 年

007578001　4738.31　4451.21
我們的領袖
于右任等著　趙逢吉選輯　桂林　大我出版社　1943 年　（m.）

007578675　4738.31　4451.23
中國最高領袖蔣介石及其著名將領
儲褘編著　上海　東方書店　1945 年

007581177　4738.31　4451.24
領袖的青年期
殷作楨撰　重慶　真實出版社　1944 年

007581181　4738.31　4451.28
蔣委員長故鄉名勝
何鐵華攝作　香港　中國書店　1939 年　名勝影集

007578513　4738.31　4451.3
我所認識的蔣介石
馮玉祥著　香港　文化供應社　1949 年　再版　（m.）

007578640　4738.31　4451.31
馮玉祥回憶錄
馮玉祥著　上海　文化出版社　1949 年　初版

007578586　4738.31　4451.32
蔣主席畫傳
海外文化事業社香港分社編　香港　1946 年

007581182　4738.31　4451.34
蔣委員長壽辰紀念畫冊

良友圖畫雜志社　上海　良友圖畫雜志社　1936年

007801298　MLC－C
蔣委員長五秩慶壽集
香港　軍事新聞社出版社　1937年再版

007578685　4738.31　4451.35
蔣主席畫傳
梁中銘編繪　上海　正氣出版社　1947年　（m.）

007581186　4738.31　4451.37
蔣介石歷史
三民出版部編輯　1926年

007581189　4738.31　4451.41B
中國最高領袖蔣介石
董顯光著　蔣鼎黼、鄒慕農譯校　上海　文史研究會　1947年　增訂第5版（m.）

007578613　4738.31　4451.41c
總裁傳記三卷
董顯光著　上海　1938年

007581191　4738.31　4451.42
蔣介石其生平及其言論
姚寅仲編著　上海　開華書局　1941年

007649861　4738.31　4451.426
蔣委員長傳略
吳嘉博編　山東　江海出版社　1945年

007578607　4738.31　4451.427
領袖與抗戰建國
胡秋原、李建明編著　重慶　正中書局　1940年　抗戰建國綱領叢書　（m.）

007578542　4738.31　4451.444
偉大的蔣主席
李樸生編　廣州　文建出版社　1946年廣州1版　（m.）

007580726　4738.31　4451.484
蔣介石先生傳記
黃傑編著　楊懷真校訂　上海　中庸書店　1937年

007887820　4738.31　4451.49
蔣主席畫傳
葉枝編　上海　古今圖書供應社　1946年

007578651　4738.31　4451.5
蔣主席六十壽辰紀念論文集
中央政治學校研究部編　香港　該部　1946年　初版

007581215　4738.31　4451.50
委員長生活漫記
Edgar Snow[史諾]等著　張雪懷譯　臺北　王仁德　1946年　（m.）

007581217　4738.31　4451.51
蔣介石全書
香港　中國統一書局　1927年

007582815　4738.31　4451.56
我們的領袖蔣主席
中國國民黨駐港澳總支部　香港　該部　1946年

007580753　4738.31　4451.566
總裁言行
中國國民黨中央執行委員會訓練委員會編輯　上海　正中書局　1945年（m.）

007580752　4738.31　4451.583
領袖言行
張治中序　青年軍出版社　1946年

（m.）

007582824　4738.31　4451.7
五十年來蔣先生與中國
劉大元著　漢口　建國出版社　1939年　6版　（m.）

007582828　4738.31　4451.71
總裁言行
陝西省地方行政幹部訓練團　香港　陝幹團　1942年

007582832　4738.31　4451.75
六十年來之蔣主席
陳蝶衣、紫虹、劉柳影編輯　上海　老爺雜誌社　1946年　（m.）

007705521　DS777.488.C5　1.587　1946x
六十年來之蔣主席
真善美出版社編輯部　梁伯文　1946年（m.）

007580811　4738.31　4451.8
介克先生責蔣介石書
介克撰　上海　祥光印書局　1931年再版

007582833　4738.31　4828
紅花岡四烈士傳
革命紀念會　上海　民智書局　1927年（m.）

008580397　FC3027
黃興先生演說辭彙編
黃興著　金山大埠　華僑團　1914年

007580802　4738.31　5595
革命先烈傳記
中國國民黨　中央宣傳部主編　中央黨史史料編纂委員會編著　重慶　中國文化服務社　1941年　初版　（m.）

008592753　FC2879
貴州革命先烈事略
平剛著　李次溫署首　1937年

007580748　4738.31　5667
港澳抗戰殉國烈士紀念冊
中國國民黨駐港澳總支部編　香港　該部　1946年　（m.）

007574529　4738.31　7125
陸皓東傳史堅如傳
中央黨史史料編纂委員會編　臺北　中央黨史史料編纂委員會　1949年　革命先烈傳記

007575918　4738.31　8928
黨國名人傳
余牧人著　上海　世界書局　1928年（m.）

007649224　MLC－C
夢蝶先生對報告書之批評
三藩市　世界日報社　1932年

007574506　4738.32　0284
中國國民黨的危機
鄺念慈著　香港　冷流出版社　1947年

007574456　4738.32　0928
蔣宮秘聞
辛勞山人著　香港　建華出版社　1947年

009273053　4738.32　192
孫科先生最近之言論
孫科講演　香港　中國國民黨中央執行委員會青年部　1927年　青年叢書

007685273　4738.32　2624
我的國民黨觀
信愛著　香港　自由主義研究社　1927年　3版　（m.）

007577167　4738.32　2901
建國曆詳解
徐文珊著　重慶　中國文化服務社
1943年　（m.）

007576919　4738.32　3120
革命紀念日史略
中國國民黨中央執行委員會宣傳部編
重慶　中國國民黨中央執行委員會宣傳部　1941年　（m.）

007574524　4738.32　3138
革命的同志們聯合起來
汪精衛等著　北京　中國國民黨北京特別市黨部　1926年

008630475　FC1300
汪精衛言行錄
時希聖編　上海　廣益書局　1933年第4版　（m.）

008580519　FC3103
我對於中日關係之根本觀念及前進目標
汪兆銘著　上海　中華日報　1939年

007575805　4738.32　3464　FC5811　FC–M1025
清黨實錄
南京　江南晚報　1928年　（m.）

007575756　4738.32　4237
胡漢民先生政論選編民國二十年十月至二十三年三月
廣州先導社編　廣州　廣州先導社　1934年　（m.）

007649745　4738.32　4237.4
胡漢民先生最近之政見續編
胡漢民撰　1932年

007577145　4738.32　4251
現代活葉文選抗戰建國編
胡春水編　香港　現代出版社　1940年再版

007577146　4738.32　4451
愛錢就不革命
蔣介石撰　香港　國民軍聯軍鐵路運輸司令部印　1928年

008580486　FC3074
新中國要從我們的手裏創造出來
蔣中正著　上海　熱血出版社　1938年

007575604　4738.32　4803
後期革命的號角
賀衷寒編著　重慶　中央訓練團義務勞動高級人員訓練班　1947年　（m.）

007597377　4738.32　7174
革命史譚
陸丹林著　重慶　獨立出版社　1945年　（m.）

007577150　4738.32　8270
我所認識的馮玉祥及西北軍
簡又文撰　香港　1927年

007575596　4738.32　8426
首都各界慶祝國慶紀念暨全國統一大會特刊
中國國民黨中央宣傳部　南京　中國國民黨中央宣傳部　1928年　（m.）

011893873　DS773.S68　1928
首都各界慶祝國慶紀念暨全國統一大會特刊
首都各界慶祝全國統一大會宣傳部編
南京　1928年　（m.）

007577152　4738.32　9524
本黨重要宣言訓令之研究
惲代英編　廣州　中央軍事政治學校印　1926年　（m.）

007577153　4738.33　1708
黨與團的關係
三民主義青年團中央團部　重慶　該部
　1940年　（m.）

007577154　4738.33　5520
黨員統計省市部份
中央統計處　南京　該處　1930年

007577156　4738.33　5667
中國國民黨整理黨務法令彙刊
中國國民黨　南京　中央組織部　1928
　年　（m.）

008569219　FC3263
中國國民黨的階級基礎問題
中國國民黨河北省黨務指導委員會宣傳
　部編　1928年　（m.）

008576928　FC1054(N)
中國國民黨第二次全國代表大會會議紀錄第一至二六號
中國國民黨全國代表大會　廣州　1926
　年　（m.）

007649897　4738.35　5667
中國國民黨第一次全國代表大會宣言
中國國民黨全國代表大會　廣州　1924
　年　（m.）

007575744　4738.35　5667.1
中國國民黨第一、二、三次全國代表大會彙刊
中國國民黨中央執行委員會宣傳部編
　南京　中國國民黨中央執行委員會宣傳
　部　1931年

007577161　4738.35　5667.3
中國國民黨第五次全國代表大會代表題名
中國國民黨中央組織委員會調查科　南
京　該會調查科　1935年

007577164　4738.35　5667.5
中國國民黨第三次全匯代表大會宣言及議決案宣傳大綱
中國國民黨中央執行委員會宣傳部　南
京　國民黨中央宣傳部　1929年

007578248　4738.35　5667.6
中國國民黨第六次全國代表大會重要議題參考文件
中國國民黨全國代表大會　重慶　中央
執行委員會秘書處　1945年　（m.）

007649898　4738.35　5667.61
中國國民黨第六次全國代表大會資料輯要
中國國民黨全國代表大會　重慶　中心
出版社　1945年　（m.）

007577159　4738.35　5667b　FC9568　Film Mas 35983
中國國民黨第二次全國代表大會宣言及決議案
中國國民黨全國代表大會　廣州　中央
執行委員會宣傳部　1926年　（m.）

007578260　4738.36　7180
評二中全會
學習知識社　重慶　學習知識社　1946
年　學習知識叢書

007576990　4738.37　5535　FC5812　FC-M1026
中國國民黨第二屆中央執行委員會第五次全體會議紀錄
中央秘書處編　南京　中央秘書處
1928年

007578262　4738.37　5667
[中國國民黨中央委員各省各特別區市海外各統支部代表]　聯席會議宣言及決議案

中國國民黨中央執行委員會　北京　該會　1926年

007578263　4738.37　5667.1
以黨治國的真義
中國國民黨中央執行委員會宣傳委員會　南京　該會　1933年　（m.）

007578264　4738.37　5667.2
實行訓政宣傳大綱
中國國民黨中央執行委員會宣傳部　南京　該部　1928年

007578265　4738.37　5667.4
民衆訓練方案法規彙編
中國國民黨南京特別市執行委員會民衆訓練委員會　南京　南京特別市執行委員會民衆訓練委員會　1930年　（m.）

008569168　FC3257
中國國民黨懇親大會始末記
鄧家彥編　三藩市　中國國民黨總支部　1915年

007578269　4738.37　5667.5
中國國民黨歷次會議宣言及重要決議案彙編
中國國民黨中央執行委員會訓練委員會編　香港　1941年　訓練叢書　（m.）

008581582　FC3179
中國國民黨全美懇親大會祝詞
1915年

008581564　FC3164
中國國民黨全美洲同志第二次懇親大會始末記
1921年

008616967　FC2855
國民黨六屆中委各派名單

書報簡訊社編印　廣州　書報簡訊社　1945年

007576922　4738.37　5667.63
中國國民黨第六屆三中全會紀要
忠報社編輯　香港　忠報社　1947年　忠報叢書

007581211　4738.38　5113
重慶國民黨中央執行委員會全體會議及國民參政會彙刊自民國二十七年至民國三十年
東亞研究所　東京　該所　1943年

007578273　4738.40　7296
蔣中正竊國證
關懷國撰　香港　1929年

007578274　4738.42　3140　FC5813　FC–M1027
中國國民黨左派ABC
江蘇評論社　北平　青雲書局　1930年　（m.）

007578275　4738.43　1203.1
工作競賽章則輯要
工作競賽推進委員會　重慶　工作競賽推進委員會　1942年　（m.）

007578276　4738.43　1203.2
工作競賽研討專輯
工作競賽推行委員會　重慶　工作競賽推行委員會　1944年　（m.）

009274485　4738.43　5472
民衆運動法規方案輯覽
中央民衆運動指導委員會編印　濟南　中央民衆運動指導委員會　1933年

007578277　4738.43　5502
四年來之中央文化運動委員會
中央文化運動委員會　重慶　該會

1945 年 （m.）

007578278　4738.43　5573
黨員監察網
中國國民黨中央監察委員會秘書處編
廣州　1941 年　（m.）

007578279　4738.43　7326　FC9480　Film Mas 35869
彈劾共產黨兩大要案
中國國民黨中央監察委員會　香港　國民黨中央監察委員會　1930 年　（m.）

007578280　4738.43　7326A
彈劾共產黨兩大要案
中國國民黨中央監察委員會　香港　中國國民黨中央監察委員會　1927 年　（m.）

007579016　4738.44　4226
如何做縣的黨務工作
[中國國民黨]中央[執行委員會]組織部編　重慶　1943 年　（m.）

007579013　4738.46　3202
[增訂]宣傳部現行法規彙輯
宣傳部總務司　重慶　1942 年

007579010　4738.46　3526
推進兵役宣傳運動
軍事委員會政治部　廣州　政治部　1941 年

007579008　4738.46　5432
宣傳法規彙編
中央宣傳委員會　廣州　中央宣傳委員會　1933 年

007579007　4738.46　5532
中央宣傳講習所第三屆畢業學員紀念刊
重慶　1942 年

007579006　4738.46　5667
如何防止走私
中央黨部宣傳部　重慶　中央宣傳部　1942 年　（m.）

007579004　4738.46　5667.4
國民精神總動員之理論與實施
中央黨部宣傳部　重慶　宣傳部　1941 年　（m.）

007579002　4738.46　5963　FC9463　Film Mas 35883
本黨最近之宣傳方針
中國國民黨中央執行委員會宣傳部編　南京　1929 年

007652077　4738.46　6443
戰地遊擊區宣傳綱要
重慶　政治部　1939 年

007581213　4738.46　6795
總理安葬紀念宣傳叢刊
中國國民黨中央執行委員會宣傳部　香港　1929 年

007581214　4738.46　6795　(1)
孫中山先生年譜
香港　1929 年　總理安葬紀念宣傳叢刊　（m.）

007570991　4738.46　6795　(2)
總理遺教摘要
孫逸仙著　南京　中國國民黨中央執行委員會宣傳部　1929 年　總理安葬紀念宣傳叢刊　（m.）

007578671　4738.46　6795　(3)
總理重要宣言合刊
孫逸仙著　中國國民黨中央執行委員會宣傳部編　南京　中國國民黨中央執行委員會宣傳部　1929 年　總理安葬紀念宣傳叢刊　（m.）

007578672　4738.46　6795　(4)
三民主義之認識
胡漢民著　南京　中國國民黨中央執行委員會宣傳部　1929年　總理安葬紀念宣傳叢刊　(m.)

007581216　4738.46　6795　(5)
政權與治權淺說
香港　1929年　總理安葬紀念宣傳叢刊　(m.)

007578777　4738.46　6795　(6)
平均地權淺說
中國國民黨中央執行委員會宣傳部編　南京　1929年　總理安葬紀念宣傳叢刊　(m.)

007578780　4738.46　6795　(7)
節制資本淺說
孫逸仙著　香港　中國國民黨中央執行委員會宣傳部　1929年　總理安葬紀念宣傳叢刊　(m.)

007578658　4738.46　6795　(8)
黨旗和國旗
中國國民黨中央宣傳部編　南京　中國國民黨中央宣傳部　1929年　總理安葬紀念宣傳叢刊　(m.)

007578688　4738.46　6795　(9)
國都南京的認識
中國國民黨中央執行委員會宣傳部編　南京　中國國民黨中央執行委員會宣傳部　1929年　總理安葬紀念宣傳叢刊　(m.)

007581218　4738.46　6795　(10)
總理哀思錄節要
香港　1929年　總理安葬紀念宣傳叢刊　(m.)

007652082　4738.47　1124
文化人的崗位
王健著　廣州　新民圖書雜志公司經售　1938年

008580231　FC2900
覺悟起來向國民黨反動派控訴復仇
香港　冀東軍區政治部　1947年

008364328　4738.47　1331
夢蝶先生批評南京國民黨中央宣傳部告國人書
紐約　紐約公報　1932年

007577955　4738.48　1203
開展革命工作
鄧文儀著　南京　新中國出版社　1947年　(m.)

007579000　4738.48　1372
黨務實施上之問題
張厲生講　重慶　中央訓練團　1939年　(m.)

007578999　4738.48　4451
廬山訓練集
蔣中正講　南京　國防部新聞局　1947年　國防建設叢書　(m.)

007095756　4738.48　4942
黨務實施上之問題
葉楚傖講　重慶　中央訓練團　1939年　(m.)

007578997　4738.48　5667
第三屆中央執行委員會訓練部工作報告
中國國民黨第四次全國代表大會　南京　該會　1931年

011893676
中國國民黨中央執行委員會宣傳部十七年度部務一覽

1929 年

008564775　FC1725
中國國民黨全國代表大會[1924]特號第一至三特號
國民黨全國代表大會第一次[1924]　香港　國民黨全國代表大會第一次[1924]　1924 年

009255611　4738.48　5667.1
中國國民黨全國訓練會議報告書
濟南　中國國民黨中央執行委員會訓練部　1930 年

007578063　4738.48　5667.2
中央訓練團講詞選錄
中央訓練團　重慶　中國國民黨中央執行委員會訓練委員會　1940？年（m.）

007577899　4738.48　5667.3
黨員手冊
中國國民黨駐港澳總支部編　香港　海外書局　1947 年　初版

007578110　4738.48　5667.5
中國國民黨黨員訓練大綱
中國國民黨中央執行委員會訓練委員會　南京　中國國民黨中央訓練部　1928 年　（m.）

007798988　MLC－C
中央政治學校附設地政學院一覽
南京　1935 年　（m.）

007578996　4738.48　5667.56
中國國民黨黨員須知
廣州　中國國民黨廣東省執行委員會　1942 年　（m.）

007578995　4738.48　5667.56a
中國國民黨黨員須知
中國國民黨中央執行委員會頒行　南京　中國出版社　1948 年　（m.）

007578994　4738.48　7223
黨員守則釋證
劉繼宣著　香港　中國國民黨中央政治學校　1942 年　（m.）

007710932　4738.48　8167
革命軍人必讀十四種
第三戰區司令長官司令部政治部　香港　該部陣中出版社　1930？—48 年

007581220　4738.50　1708
革命青年行動綱領
三民主義青年團四川支團部　成都　四川支團部　1941 年

007581221　4738.50　1708.1
團員須知
三民主義青年團中央團部　重慶　中央團部　1942 年

007581223　4738.50　4451
團長訓示
三民主義青年團中央團部　重慶　中央團部　1942 年　（m.）

007578705　4738.50　5667
全國黨童子軍宣傳大綱
中國國民黨童子軍司令部編　香港　中國國民黨中央執行委員會宣傳部　1927 年

007581227　4738.50　5822.1
三民主義青年團論文集第一、二集
青年出版社　重慶　青年書店　1942 年　（m.）

007581229　4738.50　5822.2
三民主義青年團灌縣青年夏令營訓練紀

實
重慶 青年出版社 1942年

007581230　4738.50　7905
青年節約獻金運動
陳誠撰　重慶　青年出版社　1939年
（m.）

007578636　4738.51　2390
中國青年組訓問題
吳耀麟著　上海　商務印書館　1946年
上海初版

007578647　4738.51　2390.1
青年訓練之理論與實際
吳耀麟著　上海　商務印書館　1946年

007581231　4738.51　2390A
中國青年組訓問題
吳耀麟撰　重慶　商務印書館　1944年

007582791　4738.54　5667
雙十特刊
中國國民黨駐港澳總支部　香港　該部
1946年

007582800　4738.93　5667.1
元旦特刊
中國國民黨駐港澳總支部　香港　該部
1948年

007582801　4738.93　5667.2
元旦特刊
中國國民黨香港支部　香港　該部
1949年

007582803　4739　0444
自衛與覓食之政治觀
許桂馨編　香港　南京書店　1932年
（m.）

007567223　FC5122　FC－M1083　JQ1508.W25　C94　1941
中國的政治改進
王贛愚著　文史叢書編輯部編輯　重慶
商務印書館　1941年　（m.）

007580650　4739　1114
中國官僚政治研究中國官僚政治之經濟的
歷史的解析
王亞南著　上海　時代文化出版社
1948年　（m.）

007580857　4739　1237
民主的理論與實踐
鄧初民著　重慶　文治出版社　1946年
（m.）

007580942　4739　1430
從勝利到民主
平心[趙一萍]著　上海　明華出版社
1946年　（m.）

007582806　4739　1554
論中國政治與中國文化的動向
尹耕南撰　重慶　國民圖書出版社
1943年　（m.）

007580808　4739　2123
中國政治問題
葉青著　重慶　青年出版社　1943年
（m.）

007597381　4739　2232A
爲中國謀政治改進
何永佶著　重慶　商務印書館　1945年
（m.）

007582810　4739　2232B
爲中國謀政治改進
何永佶著　上海　商務印書館　1946年
（m.）

007580804　4739　2244
對反民主的抗爭
韜奮著　上海　韜奮出版社　1946年
（m.）

007580900　4739　2414
中國政治之建設問題
傅瑞華著　成都　中西書局　1943年
（m.）

007582812　4739　2943
競存論略
秉志著　上海　開明書店　1946年

011931016　DS777.47.F44　1935
中國往那裏去
馮今白著　北京　再生社　1935年

011933656　DS777.47.F4　1935
中國往那裏去
馮今白著　北京　再生雜誌社　1935年

007582813　4739　3687
政制改革的途徑
潘公展著　1935年　（m.）

007580832　4739　3881
尊元政論集
洪尊元著　重慶　重慶新見地社　1941年　（m.）

007580838　4739　421
中國立國大方針商榷書
共和建設討論會編　上海　共和建設討論會　1912年　（m.）

006028100　4739　4229　　4739　4229B
現階段的建國論
楊幼炯著　重慶　商務印書館　1945年　初版　（m.）

007580725　4739　4313
兩條路
樊弘著　上海　觀察社　1949年
（m.w.）

007580877　4739　4816
民盟批判
黃幹因編著　香港　忠報社　1947年

007584258　4739　4916
新中國與新政治
林天明著　花蓮　東台日報社　1946年
（m.）

007582600　4739　6202
中國往何處去上冊　時與文周刊政論選輯
時代文化出版社編　上海　時代文化出版社　1949年　初版　（m.）

007582503　4739　7281
桂系解剖
周全著　上海　七星書屋　1949年
初版

007805762　4739　8522A
政學私言
錢穆著　重慶　商務印書館　1945年
（m.）

007582469　4739　8522B
政學私言
錢穆著　上海　商務印書館　1946年
（m.）

007699577　MLC－C
地方自治法令彙編
廣東省政府編　廣州　廣東省政府
1930年　（m.）

007710476　MLC－C
現行地方自治法規釋義
王均安釋義　朱鴻達校　上海　世界書

局　1933 年　（m.）

007959552　4740　1171
地方自治四權行使實習手冊
任覺吾［五］、簡伯邨著　重慶　青年出版社　1945 年　（m.）

007584274　4740　1278
市政學問答
丁留餘編著　上海　大東　1930 年（m.）

007651721　4740　2902
各省高級行政人員奉召南昌集會紀錄
國民政府軍事委員會委員長南昌行營第二廳編輯室編輯　1934 年　（m.）

007959017　4740　3841
地方自治
洪鋆編　臺北　臺灣書店　1949 年

011521717　JS271.L53　1933
中國民族自救運動之最後覺悟
梁漱溟著　上海　中華書局　1933 年（m.）

007582400　4740　3933
中國民族自救運動之最後覺悟梁漱溟先生村治論文集
梁漱溟撰　北平　村治月刊社　1932 年（m.）

007699578　MLC – C
地方自治法規
薩師炯編　上海　大東書局　1946 年再版　現行重要法規叢刊　（m.）

007959551　4740　4237.6
縣自治提要
胡次威［長清］著　上海　大東書局　1948 年　（m.）

007710478　MLC – C
中央頒行縣各級民意機關法規
四川省政府民政廳編　成都　四川省政府民政廳　1941 年　四川省政府民政廳民政叢刊　（m.）

007582560　4740　4434
中國地方自治概論
李宗黃編著　臺北　正中書局　1949 年

007582489　4740　4470
現行地方民意機構制度
李學訓著　上海　中華書局　1946 年（m.）

007585521　4740　4950
地方自治
葉春編著　福州　教育圖書出版社　1946 年　（m.）

007582567　4740　5202
地方制度改進專刊
中山文化教育館編輯　重慶　中華書局　1943 年　民權政治集刊　（m.）

007585523　4740　6143
中國地方行政制度
羅志淵著　重慶　獨立出版社　1943 年（m.）

008616927　FC3972　（1–3）
地方自治講義
周成編纂　上海　泰東圖書局　1925 年（m.）

007706598　MLC – C
現行地方自治法令講義
內務部編　上海　泰東圖書局　1922 年　地方自治講義　（m.）

007706599　MLC – C
現行關係地方自治各項法規

內務部編　上海　泰東圖書局　1922年
地方自治講義　（m.）

007703819　MLC – C
戶籍法講義
周成編　上海　泰東圖書局　1929年
（m.）

007706921　MLC – C
道路水利及土木行政講義
周成撰　上海　泰東圖書局　1925年

007585525　4740　7283
縣長考試大全
劉鐵冷撰　上海　真美書社　1931年

011830954　JS241.C446　1929
地方自治通論
陳顧遠著　上海　泰東圖書局　1929年
（m.）

011829536　JS7352.A2　C44　1946
縣各級民意機關
陳念中編著　上海　正中書局　1946年
憲政叢書　（m.）

007582374　4741　0185　FC7946　Film Mas 31848
中國省行政制度
施養成著　上海　商務印書館　1947年
初版　（m.）

007582477　4741　1344　FC7945　Film Mas 31847
省制條議
張嘉森著　上海　商務印書館　1916年
再版　（m.）

007585527　4741　3102
省憲草案
江亢虎撰　上海　南方大學出版部
1926年　再版

007583985　4741　3172
縣政實際問題研究
沈鵬主編　陳一編輯　上海　正中書局
1947年　（m.）

007585532　4741　3360
禮教資料彙輯
新京　該部　1933年　（m.）

009567554　MLC – C
華北政務委員會施政紀要五周年紀念
北京　華北政務委員會　1945年

007583765　4741　411
華北政務委員會四周年施政紀要
華北政務委員會　北京　華北政務委員
會　1944年

007583883　4741　4235
省組織法論
胡次威［胡長清］編著　上海　正中書局
1947年　初版　（m.）

007583893　4741　8204
省政五論
鄭彥棻著　重慶　青年書店　1944年
初版　（m.）

007584017　4742　0142
地方民意機關與基層政治
亢真化著　重慶　國民圖書出版社
1942年　（m.）

007584018　4742　0200　FC9446　Film Mas 35876
保甲長之任務
高亨庸編著　上海　正中書局　1947年
憲政小叢書　（m.）

007584122　4742　0411
縣政全書官幕必攜
許天醉等編撰　鏤冰室主校訂　上海
政藝合作社　1925年

007585536   4742   0620
新縣制論文集
蔣中正等著　大剛報社　1940 年
（m.）

007585537   4742   1112
新縣制與地政
王晉伯著　重慶　文信書局　1943 年
（m.）

007583988   4742   1133
中國地方制度沿革
王道編　北京　內務部編譯處　1918 年

007651977   4742   1143   FC9354   Film   Mas   35813
村治之理論與實施
村治月刊社編　北平　村治月刊社
1930 年　村治月刊社村治叢書　（m.）

007875860   4742   1213x   FC5178   FC–M1038
訓政時期地方行政計劃
邵元沖著　上海　民智書局　1925 年
（m.）

007585538   4742   1313
國防與地方行政
張天福著　上海　汗血書店　1936 年
國防實用叢書　（m.）

011801022   JS46.Z36
市政制度
張慰慈編　上海　東亞圖書館　1925 年
（m.）

007585543   4742   1904
總理地方自治遺教
孫逸仙撰　重慶　正中書局　1940 年
縣政叢書　（m.）

007585544   4742   1912
縣政管窺
孫百急著　廣州　1936 年

007586011   4742   1927   FC9346   Film   Mas   35799
縣政大觀
粟伯隆編撰　南京　軍用圖書社　1932 年　（m.）

007583834   4742   1963
新縣制的實施
粟顯運著　重慶　國民圖書出版社
1941 年　（m.）

007597262   4742   1963.1
新縣制的理論
粟顯運著　重慶　國民圖書出版社
1940 年　（m.）

007584121   4742   2102
中國縣政概論
程方著　長沙　商務印書館　1939 年
中央政治學校研究部叢書　（m.）

007958962   4742   2141
現行保甲制度現行保甲制度續編
程懋型編　上海　中華書局　1936 年
（m.）

011933805   DS734.C5436   1947
人物中心中國政治史
褚柏思著　南京　白雪出版社　1947 年
（m.）

007583829   4742   2144
中國地方行政制度史略
程幸超編著　上海　中華書局　1948 年
（m.）

007583979   4742   2170   FC9447   Film   Mas   35875
地方自治
行政院新聞局編　南京　行政院新聞局
　1947 年　（m.）

007586012   4742   2217
新縣制法規彙編

行政院縣政計劃委員會　重慶　正中書
局　1941年　縣政叢書　（m.）

007584040　4742　2309
中國地方自治之實際與理論
黎文輝編著　王雲五主編　上海　商務
印書館　1936年　百科小叢書　（m.）

007586014　4742　2337
地方自治法規彙編
上海法學編譯社編　上海　會文堂新記
書局　1927年　（m.）

007583879　4742　2338　FC9448　Film　Mas　35874
縣保甲戶口編查辦法詮釋
吳顧毓編　重慶　商務印書館　1943年
初版　（m.）

007586015　4742　2352
縣行政概論
侯暢著　南京　民本出版公司　1947年
（m.）

007583984　4742　2914
中國縣制史綱
朱子爽著　重慶　獨立出版社　1942年
（m.）

007586016　4742　2914.1
新縣制述要
朱子爽編　重慶　中國文化服務社
1941年　再版　（m.）

007584039　4742　2922
地方自治之理論與實施依照現行地方自
治法令編輯
徐德驎著　上海　法學編譯社　1937年
3版　（m.）

007585429　4742　3102
市行政學

江康黎著　長沙　商務印書館　1938年
（m.）

007586020　4742　3196
縣政人員訓練
福建省縣政人員訓練所　香港　福建省
縣政人員訓練所　1939年　（m.）

007586023　4742　3241　FC7219　Film　Mas　31189
保甲運動之理論與實際
郎擎霄撰　廣州　廣東民政廳編輯處
1929年　（m.）

007586025　4742　3272
新縣政研究
汗血月刊社　上海　汗血書店　1936年
3版　（m.）

007586027　4742　3278
三民主義下之地方自治
馮巽著　南京　南京書店　1930年
（m.）

007586030　4742　3847
春秋時代的縣
北平　禹貢學會　1937年

003537664　4742　3933
中國之地方自治問題
梁漱溟講演　李淵庭筆記　鄒平　山東
鄉村建設研究院出版股　1935年
（m.）

007585366　4742　4126　FC7947　Film　Mas　31849
中國地方自治問題
董修甲編著　上海　商務印書館　1936
年　現代問題叢書　（m.）

011492850　JS141　D664　1928
市組織論
董修甲著　上海　商務印書館　1928年

市政叢書 （m.）

011885716　KNN2937.T8　1928
市憲議
董修甲著　上海　新月書店　1928年初版　中華市政學會叢書 （m.）

007698732　MLC-C
地方自治實施方案法規彙編
胡次威[胡長清]著　上海　大東書局　1947年 （m.）

007586035　4742　4237
鄉鎮自治題要
胡長清編著　上海　大東書局　1947年

011988639　JQ1518.H75　1946
參議員選舉實務
胡長清著　上海　商務印書館　1946年 （m.）

007588128　4742　4237.2
參議員選舉實務
胡長清著　上海　商務印書館　1946年 （m.）

007585309　4742　4237.4
地方自治概要
胡次威著　上海　昌明書屋　1948年再版 （m.）

007585308　4742　4237.6
縣自治法論
胡次威[胡長清]編著　上海　正中書局　1947年　初版 （m.）

007585339　4742　4256
現代市政通論
楊哲明著　上海　民智書局　1929年初版 （m.）

007588131　4742　426
非常時期之縣政
胡鳴龍著　上海　中華書局　1937年　中國新論社非常時期叢書 （m.）

007585348　4742　4260
新縣政之管理
蕭明新編著　上海　正中書局　1947年滬1版 （m.）

009245785　4742　4264
新縣制概論
胡昭華著　重慶　商務印書館　1942年 （m.）

007585281　4742　4426
戰時的鄉村社區政治
蔣旨昂著　上海　商務印書館　1946年

007588132　4742　4434.06
新縣制講演集
李宗黃著　廣州　行政縣政計劃委員會　1939年　縣政叢書 （m.）

007585436　4742　4434.1B
現行保甲制度
李宗黃著　上海　中華書局　1945年3版 （m.）

007585354　4742　4434.4
地方自治工作人員手冊
李宗黃撰　重慶　青年出版社　1944年　五項建設手冊 （m.）

007588135　4742　4434.6
縣各級組織綱要要義
李宗黃著　重慶　正中書局　1944年　縣政小叢書 （m.）

007585241　4742　4434A
新縣制之理論與實際
李宗黃著　重慶　中華書局　1944年

渝再版　增訂本　（m.）

007597261　4742　4434B
新縣制之理論與實際
李宗黃著　重慶　中華書局　1943 年
（m.）

007585368　4742　4434C
新縣制之理論與實際
李宗黃著　上海　中華書局　1945 年
增訂本　（m.）

007588136　4742　4451A
總裁地方自治言論
蔣中正撰　重慶　正中書局　1940 年
縣政叢書　（m.）

007588138　4742　4451B
總裁地方自治言論續編
行政院縣政計劃委員會　重慶　正中書
局　1942 年　縣政叢書

007585833　4742　4451C
總裁地方自治言論續編
香港　正中書局　1946 年　縣政叢書

007585731　4742　4491
近代中國市政
蔣慎吾編　上海　中華書局　1937 年
（m.）

007588139　4742　4719　FC7829　Film　Mas　31803
怎樣做農工行政？
甘乃光撰　廣州　農工行政講習所
1927 年

007588141　4742　4831
鄉鎮保甲人員全書
賀次君、朱徵蘭編著　桂林　僑興出版
社　1943 年

007585923　4742　4841
地方自治之理論與實際
趙如珩編　上海　華通書局　1933 年
再版　（m.）

007959544　4742　4945
中國保甲制度之發展與運用
葉木青著　上海　世界書局　1936 年
（m.）

007585764　4742　5502
縣各級組織綱要及地方自治參考材料
中央訓練團編　香港　中央訓練團
1940 年　（m.）

007585759　4742　5540
地方自治法規輯要
中央地方自治計劃委員會輯　南京　正
中書局　1936 年　初版　中央地方自治
計劃委員會叢書　（m.）

007602349　4742　5667　FC9458　Film　Mas　35887
保甲運動宣傳綱要
中國國民黨中央執行委員會宣傳部編
南京　1929 年

007706863　MLC－C
地方自治
周厚強編　長沙　湘芬書局　1943 年
修正版　（m.）

007585740　4742　5842
接管城市的工作經驗
賴志衍編　廣州　人民出版社　1949 年

007589199　4742　7174　FC5707　FC－M1529
市政全書
陸丹林編　上海　道路月刊社　1928 年
（m.）

007585890　4742　7194
縣各級組織
李宗黃講　西安　陝西省地方行政幹部訓練團　1942年　（m.）

007585758　4742　7217
村里自治全書
周天鵬編　上海　鑫記書社　1929年　（m.）

007585841　4742　7230
新縣制綱要淺說又名地方自治概要
劉乃誠著　重慶　國民圖書出版社　1942年

007585874　4742　7263　FC9449　Film Mas 35885
地方自治
邱昌渭著　南寧　廣西省政府編譯委員會印行　1939年　（m.）

007586052　4742　7281　FC8390　Film Mas 32502
中國保甲制度
聞鈞天著　廣州　直學軒　1933年　（m.）

008378442　4742　7281b　FC3974
中國保甲制度
聞鈞天著　上海　商務印書館　1936年　第1版　（m.）

007585875　4742　7316
地方自治
陝西省地方行政幹部訓練團編　西安　陝西省地方行政幹部訓練團　1942年　（m.）

007589200　4742　7943　FC8491　Film Mas 32025
中國的地方制度及其改革
陳柏心著　長沙　商務印書館　1939年　（m.）

007589201　4742　7943.4
地方自治與新縣制
陳柏心著　重慶　商務印書館　1942年　（m.）

007585842　4742　7943.5
中國縣制改造
陳柏心著　重慶　國民圖書出版社　1942年　（m.）

007589202　4742　7985
怎樣組織縣各級民意機關
陳念中編著　重慶　正中書局　1941年　憲政小叢書　（m.）

007589203　4742　8153　FC8194　Film Mas 32129
新中國之縣政建設
金惠著　永安　改進出版社　1942年　（m.）

007589207　4742　8232　FC7830　Film Mas 31802
地方自治理論與實施
鄭必仁著　上海　漢文正楷印書局　1934年　（m.）

007587746　4743　0372　FC8052　Film Mas 31989
治瀋記
滿洲國立法院紀錄處編　新京　1934年

007589212　4744.44　4242
依蘭縣報告書
楊夢齡撰　香港　1914年

007589218　4745　4417
黑龍江省施政大綱三年計劃書
韓雲階撰　香港　黑龍江省公署　1933年

007590247　4746　0911
京兆地方行政簡要方針
京兆尹公署　北京　京兆尹公署　1925年　（m.）

004336883　4746　1109.2　CHIN　379　F15
京師警察法令彙纂
京師警察廳編　北京　京師警察廳
1915年　初版　（m.）

007587843　4746　1109.3
京都市法規彙編
京都市政公所編譯室編　北京　京都市
政公所編譯室　1928年　（m.）

007590249　4746　1110
北平市政府施政概況圖表
袁良撰　北平　市政府　1934年

007590250　4746　1114
發展北平之根本政策
白陳群著　北平　達誠印刷所　1929年
（m.）

007587840　4746　124　FC-M1028
現行地方自治法規彙編
河北省地方行政人員訓練所編　天津
河北省民政廳第四科　1933年　河北省
地方行政人員訓練所講義　（m.）

007651858　4746　1335
天津租界及特區
南開大學政治學會著　上海　商務印書
館　1926年　初版　（m.）

007590252　4746　1922　FC8222　Film Mas 32105
出巡紀實
孫夬侖撰　廣州　1929年

007095757　4746　3125
河北省政府法規彙編
河北省秘書處編　北平　河北省秘書處
1929年　（m.）

007587842　4746　3125.1
河北省政府法規類編河北省政府周年紀念特刊

河北省政府秘書處編　北平　河北省政
府秘書處　1928年　（m.）

007597255　4746　3176
河北省臨時參議會第一次大會會刊
保定　河北省臨時參議會秘書處編印
1947年

007590257　4746　3191　FC5633　FC-M1164
河北省政府建設廳調查報告第三編農礦
保定　河北省政府建設廳　1928年

007590259　4746　3196　FC9451　Film Mas 35895
河北省縣長考試委員會彙刊
河北省縣長考試委員會　香港　1929年

007590260　4746　3197　FC8054　Film Mas 31991
民政法規彙編
天津　河北省民政廳第四科　1934年

009411567　MLC-C
河北省公署一周年施政紀要
濟南　1939年　（m.）

009411651　MLC-C
河北省公署二周年施政紀要
濟南　1940年　（m.）

007792948　MLC-C
河北省公署三周年施政紀要
濟南　1941年

008581563　FC3162
河北省公署職員錄
河北省公署編　河北　1939年

007589088　4746　6701
河北省綏靖實驗區工作實況
國防部政工局　南京　國防部政工局
1948年　（m.）

社會科學類

007590263　4746　7244
治磁政要録存十一卷續編六卷
劉夢揚撰　北京　京華印書局　1922年

007588884　4746.11　0401
京都市政彙覽中華民國三年六月至七年十二月
京都市政公所　北京　該所　1919年（m.）

007590262　4746.11　1101
北平市政府二十二年度行政統計
北平　北平市政府秘書處第一科編纂股　1935年　（m.）

007590264　4746.11　3870
北平社政一年民國三十四年十月至三十五年九月
北平市社會局統計室編印　北平　1946年　（m.）

008378235　4746.13　3965
天津特別市物質建設方案
梁思成、張銳合擬　1930年　（m.）

007595144　4746.36　3196
河北省縣政建設研究院定縣實驗區工作概略
河北省縣政建設研究院　定縣　該院　1935年　（m.）

005450684　4747　2561
山東財政法規彙編
李欽彙編　香港　1920年　（m.）

009411548　MLC–C
青島特別市市公署行政年鑑民國二十八年度
（偽）青島特別市公署總務局編　青島特別市　青島特別市公署　1939年（m.）

007653256　4747　2592
山東省行政訓練所教育綱領
山東省行政人員訓練所　山東濟南　山東省行政人員訓練所　1912—49年

007595147　4747.52　4818
青島治安維持會行政紀要彙編
趙琪撰　青島　青島治安維持會　1939年　（m.）

011920017　DS797.72.J536　S5　1923
膠州行政
沙美著　朱和中譯　上海　民智書局　1923年　（m.）

007595148　4748　2610
治輝一年報告書
白雪亭撰　輝縣　縣公署　1939年

007595150　4748　3491.1
五年來河南政治總報告
開封　河南省政府秘書處　1935年（m.）

007593541　4748　3498
人事法令彙編第一集
（偽）河南省公署秘書處人事科編　香港　河南省公署秘書處　1940年　（m.）

007595152　4748　3498.2
河南省公署辦事細則職員錄
開封　1939—41年

007595154　4748　6492
鎮平自治之紀念
嚴慎修撰　太原　晉新書社　1934年

008445864　MLC–C
臺灣省地方自治研究會專刊
1949年

007593442　4748　8814　FC9349　Film　Mas　35800
鎮平縣自治概況
鎮平縣　十區自治辦公處　1932年
（m.）

008143777　4749　2101
山西六政三事彙編
1929年

008143779　4749　2126
山西都署現行法規彙編
山西都署秘書廳　太原　山西都署秘書廳　1927年

007593716　4749　2129
山西綏省兩署防共聯席會議召集沿河各縣縣長防共會議錄彙編
山西綏省兩署防共聯席會議　太原　防共聯席會議　1935年

007593720　4749　2141
山西村政彙編
山西　村政處　1928年

007593616　4749　2191
山西省政十年建設計劃案
太原　山西省政府　1933年

007595158　4749.12　4429
五台縣河邊村村政十年建設計劃案
李秉彝著　1933年　（m.）

007595160　4750　7113
陝西各縣政治視察彙刊六卷
陝西政治視察所　香港　陝西政治視察所　1924年

007595161　4750　7132
陝西省施政計劃概述
劉永德撰　香港　陝西省地方行政幹部訓練團　1943年

007595162　4750　7196
陝西省財政統計報告民國二十八年份
香港　陝西省政府　1940年

007595164　4750　7197.1
陝西省第一屆各縣政治視察彙刊六卷
［陝西省長公署］　長安　陝西省長公署　1924年

007959543　4750　7197.2
陝西省整理保甲總報告
陝西省民政廳編　香港　陝西省民政廳　1940年　（m.）

007707852　MLC－C
關於陝甘寧邊區黨高幹會經過及其經驗的總結
延安　西北局　1943年

008579168　FC730(N)
晉綏解放區鳥瞰
穆欣著　山西　呂梁文化教育出版社　1946年

007593667　4750　743
陝甘寧邊區政府工作報告民國二十年至三十年
陝甘寧邊區政府委員會編　濟南　1941年　（m.）

007595166　4751　4591.1
甘肅省新縣制實施概況
香港　甘肅省政府　1942年　（m.）

007596266　4751　4591.2
甘肅省改進縣地方自治財政計劃與實施方案
香港　甘肅省政府　1942年　（m.）

007596267　4751　4591.3
甘肅省之衛生事業
香港　甘肅省政府　1942年

007596268　4751　4591.4
甘肅兵役概況
香港　甘肅省政府　1942年　(m.)

011805604　DS793.K6　B353　1938
廣西的軍事建設
白崇禧講　全面戰周刊社編輯　濟南　1938年　(m.)

007596269　4751　4591.5
甘肅省銀行概況
香港　甘肅省政府　1942年　(m.)

007596270　4751　4591.6
甘肅省三十年度省庫收支及整理稅捐概況
香港　甘肅省政府　1942年　(m.)

007596275　4752　6296
四川省縣市臨時參議會參議員手冊
四川省圖書雜志審查處編纂　成都　勝利出版社四川分社　1942年

007710812　MLC-C
縣各級組織綱要釋義
田鎬編著　重慶　商務印書館　1943年　(m.)

007596307　4754　1326
武漢特別市政府周年紀念特刊
武漢特別市政府　漢口　武漢特別市政府　1940年

008579208　FC3609
湖北全省保安處法令彙編
湖北全省保安處　香港　湖北全省保安處　1933年　(m.)

007594966　4754　3191.1
湖北省經濟建設計劃實施綱要民國三十一年十月三十日公佈施行
武昌　1942年

007596285　4754　3191.10
湖北建設最近概況
武昌　該廳　1933年　(m.)

007594967　4754　3191.11
湖北省三十一年度推進各縣經濟建設事業計劃辦法及表報彙編
湖北省政府編　武昌　湖北省政府　1942年　(m.)

007596286　4754　3191.12
湖北省三十一年度施政計劃大綱
香港　湖北省政府　1941年　(m.)

007594801　4754　3191.2　(v.1-3)
湖北縣政概況
湖北省政府民政廳編　武昌　湖北省政府民政廳　1934年　(m.)

007596288　4754　3191.3
湖北省三十二年度各縣經濟建設事業實施方案
香港　湖北省政府　1943年　(m.)

007959534　4754　3191.4
鄂西視察記
湖北省政府秘書處編輯　漢口　1934年　(m.)

007596289　4754　7905
新湖北建設計劃大綱
陳誠等擬　香港　湖北省政府秘書處　1941年　(m.)

007596301　4754.36　3601
漢口市政報告
漢口市政府　香港　漢口市政府　1946年　(m.)

007574703　4755　0113
市政研究第一輯
長沙市政計劃委員會編　長沙　市政府

1943 年

007574704　4755　3249
湖南省縣政報告
湖南省政府編印　長沙　湘益印刷公司
1931 年　（m.）

007653103　4755　3491.1
湘政三年
湖南省政府秘書處編譯室編　長沙　湖南省政府秘書處編譯室　1941 年
（m.）

007653295　4755　3491.2
湘政五年統計上下二冊
湖南省政府統計室編　長沙　該室印
1941 年　（m.）

007653109　4755　3491.3
湘政六年統計
湖南省政府統計室編　長沙　湖南省政府統計室　1942 年　（m.）

007574707　4755　3491.4
湖南省第二次擴大行政會議彙編
湖南省政府秘書處編　耒陽　1941 年
（m.）

001839198　4756　1081
江西省工商管理處會計報告暨工作概況
江西省工商管理處　1938 年

007575700　4756　3191
江西省現行法規彙編
江西省政府編　南昌　江西省政府
1932 年　（m.）

007854881　4756　3191.1
江西省現行法規
1928 年

008145074　4757　2158
安徽省道計劃書
程振鈞編　安徽　安徽省道局　1925 年
（m.）

008145086　4757　2923
大別山戰役後安徽省半年來復興工作
朱佛定撰　立煌　安徽省政府秘書處
1943 年　安徽政治月刊

008580255　FC2931
即墨縣政府關於靈山河流莊戰役調查工作及救濟總結
即墨　1946 年

007575832　4757　3291
安徽行政工作檢討三十一年度上半年
香港　省府　1942 年　（m.）

007575833　4757　3291.1
主計法規摘要彙編
香港　1942 年

007575835　4757　3291.2
安徽政治建設實績
香港　1943 年　（m.）

007575840　4757　4331
戰時皖南行政資料
大江編　屯溪　中國文化服務社皖南分社　1945 年　（m.）

007575843　4758　4121
蘇北行政概況三十年度
蘇北行政專員公署　徐州　蘇北行政專員公署　1942 年　（m.）

007575720　4758　7962
蘇浙皖各地保甲概況第一輯
南京　民政部中華青年團指導部　1939 年　（m.）

007575799　4758　8867
無錫縣臨時參議會紀念冊
錢少明等編輯　無錫　無錫縣臨時參議會　1947年　（m.）

003980365　4758.23　2326　（2）
上海特別市市政法規彙編二集
上海特別市政府編　上海　上海特別市政府　1929年　（m.）

007575759　4758.23　2326.1
上海特別市政府初周紀念特刊
上海特別市政府秘書處編輯　上海　上海特別市政府秘書處　1940年　（m.）

007653269　4758.23　2326.4
上海特別市市政統計概要
上海特別市政府秘書處　香港　1927年　（m.）

007575785　4758.33　3323
江寧縣政概況
江寧自治實驗縣縣政府編　南京　江寧自治實驗縣縣政府秘書室　1934年　（m.）

007575819　4758.88　8861
無錫概覽
無錫縣政府編　華洪濤總編纂　嚴慎予總校訂　無錫縣　無錫縣政府　1935年　（m.）

007575769　4759　2170
首都建設
行政院新聞局編　南京　行政院新聞局　1947年　（m.）

007575855　4759　4001
南京市政府行政統計報告民國二十四年度
南京　南京市政府秘書處統計室　1937年　（m.）

007575797　4759　4001.2
十年來之南京
南京市政府秘書處　南京　南京市政府秘書處　1937年　（m.）

007575699　4759　4026.1
南京市市政法規彙編初集
南京特別市市政府編　南京　民智書局　1929年　初版

007685335　4760　3310
浙江省現行建設法規彙編
浙江省政府建設廳編輯　杭州　1929年　（m.）

008451558　MLC－C
浙江民政統計特刊第一集
浙江省民政廳編印　1930年　（m.）

008374965　4760　3391
浙江省政府公報法規專號
浙江省政府秘書處編　杭州　浙江省政府秘書處　1938—39年　（m.）

007575876　4760　3391.12
浙江省水利局民國十八年年刊
杭州　1930年

007575698　4760　3391.2
浙江省現行法規彙編1934—1935年
浙江省政府秘書處編　杭州　浙江省政府秘書處　1936年　（m.）

007575880　4760　3397
浙江省保甲施行準則
杭州　浙江省民政廳　1930年

007575884　4760　5667　FC5835　FC－M4671
五年來之浙江民運概略
中國國民黨浙江省執行委員會訓練部

杭州　浙江省杭州印刷局　1929年

007578644　4761.8040　0401
高雄要覽
高雄市政府秘書室編　高雄　高雄市政府　1948年

007575909　4761　3191.2
閩政一年
香港　福建省政府秘書處編譯室　1942年　（m.）

007575923　4761　3196
福建省財政法規彙編
福州　福建省縣政人員訓練所　1936年

007577075　4761.8　4325
機構調整概況
臺北　臺灣秘書室　1949年　臺灣省政紀要

007577104　4761.8　439.3
人事法令彙編
臺北　國防部臺北印製廠　1949年

009413724　MLC－C
臺灣省行政長官公署各單位及臺北市各公共機關職員錄
臺灣省行政長官公署秘書處編　臺北　臺灣省行政長官公署秘書處　1946年

007577181　4761.8　4392　（1943）
臺灣總督府職員錄
臺灣總督府編纂　臺北　臺灣時報發行所　1943年

007577174　4761.8　4392　（1946）
臺灣省各機關職員錄
臺灣行政長官公署人事室編印　臺北　1946年　（m.）

007577176　4761.8　4392　（1947）
臺灣省行政長官公署職員通訊錄
臺灣省行政長官公署人事室編印　臺北　1947年

007576841　4761.8　4392.1
臺灣省民意機關法令輯覽
臺灣省行政長官公署民政處編　臺灣　臺灣省行政長官公署民政處　1946年　（m.）

007577178　4761.8　4392.3
臺灣省行政長官公署提出省參議會第一屆第一次大會施政報告
臺北　該公署　1946年

007577183　4761.8　4392.4
臺灣省行政長官公署工作計劃
臺灣省行政長官公署編　臺北　1947年

007578233　4761.8　7274
陳儀與臺灣
南瀛出版社編輯部編輯　上海　1948年

007578012　4761.8　7837
陳公洽與臺灣
臺灣　南瀛出版社　1947年　（m.）

007577909　4761.8　7925
陳長官治臺言論集
臺灣省行政長官公署宣傳委員會編　臺北　1946年　（m.）

007579041　4761.841　410
里民大會政治訓練資料手冊附有關法令
臺北　市政府　1949年

007578784　4761.841　410.1
里民大會手冊
臺灣省各縣市村里民大會　臺北　臺北市政府民政局　1949年

007579044　4761.841　4101　(1947)
臺北市政府民國三十六年總報告
臺北　市政府　1948 年

007581154　4761.845　4501　(1949)
臺中市政府工作檢討報告
臺中　臺中市政府　1949 年

007842262　MLC－C
新竹臺中烈震報告
臺北　臺北觀測所　1936 年

007581178　4761.875　7561　(1946-7)
兩年來的市政概況
屏東市　屏東市政府　1949 年

007581180　4761.875　7561　(1947)
屏東市政府工作概況
屏東市　屏東市政府　1947 年　(m.)

007651944　4762　0232
廣州市黨政軍金融機關負責人名單集
廖淑倫編　廣州　天南出版社　1948 年

007580856　4762　0510　FC8416　Film Mas 32241
五年來之廣東建設
廣東省建設廳　廣州　廣東省建設廳　1930 年　初版　(m.)

007581190　4762　0591
廣東建設綱領
香港　廣東建設廳　1929 年　(m.)

007580853　4762　0591.1　FC8335　Film Mas 32216
廣東地政
廣東省政府秘書處編譯室編　廣州　廣東省政府秘書處編譯室　1940 年　廣東省政叢書　(m.)

007580842　4762　0591.2
廣東省五年建設計劃
廣東省五年建設計劃起草委員會編　廣州　廣東省五年建設計劃起草委員會　1947 年　(m.)

007581201　4762　0591.3
廣東省三年施政計劃說明書
廣州　該處　1933 年　(m.)

007580771　4762　0591.6
縣政輔導法令彙編第一輯
廣東省政府民政廳編　廣東　廣東省政府民政廳　1945 年　(m.)

007580773　4762　0591.7
廣東省單行法令彙編
廣東省政府秘書處編　廣州　廣東省政府秘書處　1933 年　(m.)

007581204　4762　0591.8
廣東建設
廣東省政府秘書處編譯室編　曲江　193? 年　廣東省政叢書

011984150　HB195.S55　1938
國防經濟講話
石西民著　漢口　生活書店　1938 年　(m.)

011917972　UA18.A2　L5　1939
經濟動員與統制經濟
劉大鈞著　長沙　商務印書館　1939 年　初版　國民經濟研究所叢書　(m.)

007513989　FC6068　FC－M4752
南洋勸業會研究會報告書
上海　中國圖書公司　1913 年　(m.)

007699520　MLC－C
四川省之主要物產
江昌緒編著　重慶　民生實業公司經濟研究室　1936 年　(m.)

011990368　HC428.C3　A52　1931
浙江建德縣經濟調查
杭州　建設委員會調查浙江經濟所
1931 年　（m.）

007549324　FC5142　FC – M1139
浙江省生產會議報告書
浙江省政府　杭州　浙江省政府　1934
年　（m.）

008630367　FC1743
中國經濟研究緒論
任曙編　上海　神州國光社　1932 年
初版　（m.）

007581207　4762　0592
廣東省參議會第一屆第二次大會彙編
廣州　光天印務公司　1947 年

008600846　FC1033 –　FC1035
中華民國元年贛省臨時議會議決案上中下
1912 年

007581237　4762　0694
廣州市民申報戶口須知
唐光坤編　黃仕欽校正　廣州　1948 年

007581246　4762　0832.1
非常時期之社會行政
劉石心著　廣州　廣州市社會局非常時期服務團編印　1937 年

007581249　4762　0832.2
廣州市政例規章程彙編
廣州　1924 年

007580665　4762　0832.3
廣州市人民政府一月來的工作和今後工作
朱光撰　廣州　廣州市各界人民代表會議秘書處　1949 年

007580898　4762　1204
廣東的建設問題
鄧彥華講　廣州　廣東建設廳編輯處
1929 年　（m.）

007707909　MLC – C
廣州市市政概要
廣州市市政廳總務科編輯股編輯　濟南　廣州市市政廳總務科編輯股　1922 年　（m.）

007580631　4762.52　1005
建設新中山言論集第一輯
中山縣　中山縣政府第二科　1930 年

011933568　JS7352.A2　C46　1947
保甲研究
周中一編著　南京　獨立出版社　1947
年　初版　（m.）

011560120　JS78.H836　1935
地方自治綱要
黃哲真著　上海　中華書局　1935 年
（m.）

007707908　MLC – C
地方自治資料
浙江省地方自治專修學校編　1934 年

005392485　FC354
贛粵閩湘鄂剿匪軍西路清剿概要報告書
國民政府軍事委員會委員長南昌行營贛粵閩湘鄂剿匪軍西路總司令部編　長沙
1934 年

005392487　FC363
國民政府軍事委員[會委員]長南昌行營處理剿匪省份政治工作報告
南昌　行營　1934 年

008581800　FC3988
南京市政府民國十九年工作總報告

南京市政府秘書處編譯股　南京　南京市政府秘書處　1931年　（m.）

008581802　FC3989
南京特別市政府工作總報告
南京特別市政府秘書處編譯股　南京　南京特別市政府秘書處　1930年　（m.）

007704065　MLC-C
上海市政概要
上海特別市政府秘書處編輯出版　上海　上海特別市政府秘書處　1934年　（m.）

011930403　DS793.S62　Y36　1933
現在的新疆
楊纘緒、汪日昌合編　北平　文化學社　1933年　（m.）

011906238　DS793.K7　L455　1925
新廣東觀察記
李宗黃著　上海　商務印書館　1925年再版　（m.）

006497389　FC367
中共之秘密軍事工作
公論出版社編　重慶　公論出版社　1941年

007582616　4763　0126
廣西各縣施政準則
南寧　廣西省政府秘書處　1934年（m.）

008616919　FC3938　(2-7)
民國二十二年度廣西各縣概況
廣西省政府民政廳編　南寧　南寧大正印書館　1934年

008616930　FC3938
民國二十一年度廣西各縣概況
1933年

007582719　4763　0191.1
如何推行新政
桂林　該會　1940年　（m.）

007653105　4763　0191.4
桂政紀實民國二十一至三十年
廣西省政府十年建設編纂委員會編　南寧　1946年　（m.）

007582724　4763　2371
廣西人事行政
吳勝己著　香港　廣西省政府編譯委員會　1940年　（m.）

008563814　FC1056　FC1681
國民革命中之民團問題
譚平山、馮菊撰　廣州　大本營宣委會　1923年

007582727　4763　2623
民團政策與民族革命
白崇禧著　南寧　民團週刊社　1938年（m.）

008603277　FC1005（N）
紳士民團縣長與農民
中國國民黨中央執行委員會農民部編　廣州　中國國民黨中央執行委員會農民部印　1926年

007582568　4763　2982
廣西省縣行政關係
徐義生著　重慶　商務印書館　1943年　國立中央研究院社會科學研究所叢刊　（m.）

007582729　4763　4843
廣西建設應該走的路綫

香港　廣西省政府編譯委員會　1940 年

007582732　4763　4843.4
幹部政策
黄旭初著　桂林　文化供應社　1940 年
（m.）

008579006　FC2029
關於前東北地下黨組織之黨員與抗聯幹部的決定
中國共産黨東北局　香港　中國共産黨東北局　1948 年

008592764　FC2886
中共關於幹部問題的決議
濟南　1931 年

007582549　4763　6748
廣西民團條例章則彙編
國民革命軍第四集團軍總司令部、廣西省政府編　濟南　1934 年　（m.）

007582566　4763　7263
廣西縣政
邱昌渭著　桂林　文化供應社　1941 年
（m.）

007582734　4763　7293
廣西省政府合署辦公經過概況
周焕撰　香港　廣西省政府編譯委員會
　1940 年

011821124　4764　1345
雲南省政府工作報告民國三十年一月份至十二月份
雲南省政府秘書處編　昆明　該處
1942 年

007582742　T　4764　4434
主滇回憶錄
李宗黄著　南京　中國地方自治學會
1948 年

008630512　FC3290　（1-2）
雲南行政紀實
雲南行政紀實編纂委員會編纂　昆明
雲南財政廳印刷局　1943 年

007582747　4765　5391
貴州省保甲概況
貴陽　該廳　1937 年　（m.）

007582545　4766.2　7834
貫徹政治之部
綏遠省政府秘書處編　濟南　1942 年

007582773　4768　0026
新疆第一期三年計劃
新疆省第一期三年計劃設計委員會編
廣州　新疆日報社印　1942 年　（m.）

007582774　4768　0026.1
新疆第二期三年計劃
新疆省第二期三年計劃設計委員會編
廣州　新疆日報社印　1941 年　（m.）

007582776　4768　4222
新疆芻議
楊纘緒撰　香港　1915 年

007582780　4768　7104
十年邊政之剖視
劉效黎著　迪化　新疆人社　1947 年
新疆文叢　（m.）

007582785　4771　0123
最近日本政治的剖視
龍象著　長沙　商務印書館　1938 年
（m.）

007582827　4771　0649
日本主義的没落
謝南光著　重慶　國民圖書出版社

社會科學類

817

1944 年 （m.）

007582829　4771　1134
日本政府綱要
（日）北澤直吉著　上海　太平洋書店　1920 年 （m.）

007582660　4771　1332
日本政治機構
張道行著　上海　商務印書館　1937 年 （m.）

007582627　4771　4138
日本帝國主義的特性
姚寶猷著　重慶　商務印書館　1944 年　中山文化教育館研究叢刊 （m.）

007582554　4771　4193
日本法西斯主義
木下半治著　林紀東譯述　上海　商務印書館　1937 年　新時代史地叢書 （m.）

007582838　4771　5667
四年來的敵情
中國國民黨中央執行委員會宣傳部　重慶　中國國民黨中央執行委員會宣傳部　1941 年　抗戰第四周年紀念小叢書 （m.）

007582840　4771　7684
日本民主革命論
（日）風早八十二著　上海　中國建設印務股份有限公司　1948 年 （m.）

007582841　4771　7874
日本政治的末路
歐陽樊著　重慶　國民圖書出版社　1944 年 （m.）

007582607　4771　8172
日本政府
金長佑著　上海　商務印書館　1937 年 （m.）

007582556　4772　8530
日本政治史大綱
今中次磨原著　孫筱默譯述　長沙　商務印書館　1939 年 （m.）

007584168　4775　4486
日本主義批判
李毓田著　長沙　商務印書館　1938 年 （m.）

007584169　4777　1143
近衛內閣論
孔志澄著　長沙　商務印書館　1938 年 （m.）

011887620　JQ1681.L54　1932
日本政治制度
劉莊著　上海　1932 年　日本研究會叢書 （m.）

007584173　4785　119
支配日本少壯軍人思想之日本改造法案
（日）北一輝著　天津　大公報社　1932 年 （m.）

007584178　4785　5017
日本政黨史
盛子明編　上海　華通書局　1929 年 （m.）

007584179　4785　8420
日本地方行政概觀
姜季辛編著　重慶　獨立出版社　1942 年 （m.）

007583974　4786　2342
日本之農村都市
吳孝侯編譯　上海　大東書局　1931 年
　（m.）

011896157　DA110.B8512　1945
英國人之生活與思想
A. D. K. Owen 等著　王學哲譯　上海
商務印書館發行　1945 年　上海初版
　（m.）

011906820　JN231.Y45　1930
英國政府綱要
張慰慈編　上海　商務印書館　1930 年
　初版　（m.）

011801419　JN321.F35
英國政治組織
費鞏［福熊］著　上海　生活書店　1932
年　（m.）

011802977　JN6531.W875　1945
蘇聯政制
吳清友著　上海　商務印書館　1945 年
　新中學文庫　（m.）

007584191　4796·2334　FC7832　Film　Mas　31806
蘇聯政制
吳清友著　上海　商務印書館　1946 年
　（m.）

007584195　4796　2414
蘇俄之政治經濟社會
（日）山內一雄著　上海　新生命書局
1932 年　（m.）

007584211　4798　1161
美國市政府
上海　商務印書館　1925 年　（m.）

007583980　4798　1363
美國政府與政治
張國安編著　成都　天群出版社　1945
年　（m.）

011932881　JK2265.S54　1928
美國政黨
沈乃正編　香港　商務印書館　1928 年
　政法叢書　（m.）

011885978　JK2261.B3612　1929
美國政黨鬥爭史
（美國）貝爾德著　自明譯　上海　遠東
圖書公司　1929 年　初版　遠東社會科
學叢書　（m.）

007578080　4800　7294
殖民政策
何崧齡校　上海　商務印書館　1930 年
　新時代史地叢書　（m.）

007578199　4800.6　6707
國際新聞辭典
賓符等主編　桂林　樂群書店　1943 年

007578056　4800.8　3902
世界知識十講
梁彥編著　上海　博文書店　1939 年
　（m.）

007578081　4800.8　7431
世界的石油戰爭
陳漢平著　上海　商務印書館　1933 年
　實業叢書　（m.）

007578212　4800.9　4216
帝國主義殖民政策概要
胡石明編著　上海　大東　1929 年
　（m.）

011910022　D727.C525　1938
國際現勢讀本
張仲實著　漢口　生活書店　1938 年

戰時社會科學叢書 （m.）

007578218　4800.9　7902
國際現勢讀本
賓符等著　上海　生活書店　1947年（m.）

011910076　HC57.C44　1927
國際新局面
陳翰笙著　中國　北新書局　1927年再版　（m.）

011836310　D443.W27　1936
一九三五年的國際政治
萬良炯編著　上海　商務印書館　1936年　1935年世界概況叢書（m.）

011913782　JV6061.K86　1937
世界移民問題
孔士諤、吳聞天編著　上海　商務印書館　1937年　現代問題叢書（m.）

009014810　4801　2327
黑龍江墾殖說略不分卷
吳仲卿纂　濟南　1915年　鉛印

011904499　CB113.C5　Y3　1930
文化起源論
楊宙康著　上海　商務印書館　1930年　百科小叢書

011875633　CB113.C5　Z45　1933
殖民地獨立運動
王雲五、李聖五主編　上海　商務印書館　1933年　初版　東方文庫續編（m.）

011911699　JV151.S55　1946
戰後世界殖民地問題
石嘯沖著　香港　新中出版社　1946年　初版　國際知識小叢書（m.）

011884233　D299.S43　1926
各國革命史略
邵元沖講演　袁同疇筆記　上海　民智書局　1926年　4版（m.）

011913670　D299.S43　1927
各國革命史略
邵元沖講演　袁同疇筆記　上海　民智書局　1927年　6版（m.）

011883518　DA415.C45　1928
近代革命史概要
張廷休編　上海　民智書局　1928年（m.）

011891939　D359.L56　1937
近代國家統一過程的研究
劉平著　上海　黑白叢書社　1937年　黑白叢書（m.）

011836623　D213.Y364　1932
近世革命史綱
楊幼炯演講　王逢辛筆述　上海　中華書局　1932年（m.）

011930395　D421.T96　1932
世界殖民地獨立運動
董之學編　上海　中華書局　1932年　國際叢書（m.）

007578234　4802　4641
殖民地保護國新歷史
古柏爾等著　吳清友譯　大連　光華書店　1949年　3版（m.）

007578147　4802　7367
世界原料與殖民地問題
史國綱譯　長沙　商務印書館　1938年　萬有文庫簡編（m.）

011885773　HC55.C48
世界之經濟利源與製造業

周志驊編　上海　商務印書館　1934 年
　（m.）

011825391　JC311. C455　1936
世界弱小民族問題
鄭昶編　上海　中華書局　1936 年　中
　華百科叢書

007578058　4802.1　2170
移民交涉
南京　行政院新聞局　1947 年　（m.）

007578243　4802.1　2236.1
僑務彙編第一集
何海鳴撰　北京　僑務旬刊社　1922 年

007578143　4802.1　2776
移民問題
張梁任、王世傑著　上海　商務印書館
　1933 年　東方文庫續編　（m.）

011735614　K7120. X943　1937
保護僑民論
薛典曾著　上海　商務印書館　1937 年
　初版

006027507　4802.1　7237
海外問題言論選輯第一集
周啟剛著　上海　海外月刊社　1935 年
　（m.）

011889993　DS732.L78　1913
華僑參政權全案
劉士木編輯　上海　上海華僑聯合會
　1913 年　（m.）

007577958　4802.1　7962　FC5696　FC–M1426
中國海外移民史
陳里特著　上海　中華書局　1946 年
　（m.）

007578272　4803　7933
殖民地與半殖民地
陳洪進著　上海　黑北叢書社　1938 年
　再版　黑白叢書　（m.）

007577951　4803.1　1118
滬租界前後經過概要
王臻善著　1925 年　（m.）

008626992　FC2754
費唐法官研究上海公共租界情形報告書
工部局華文處譯述　上海　1931—
　32 年

007577960　4803.1　3862
租界與中國
顧器重著　上海　卿雲圖書公司　1928
　年　（m.）

007578281　4803.1　7195
租界制度與上海公共租界
阮篤成編著　杭州　法雲書店　1936 年
　（m.）

007578054　4804　6100
荷法遠東殖民地行政
Hesketh Bell 著　蘇鴻賓、張昌祈譯　上
　海　商務印書館　1934 年　初版
　（m.）

007578083　4805　0873
中國民族海外發展狀況
龔學遂著　上海　大華書社　1929 年
　（m.）

007578906　4805　1133
東北移民問題
王海波編　上海　中華書局　1932 年
　（m.）

007648006　4805　1346
華僑中心之南洋

張相時著　海口〔廣東〕　海南書局　1927年　（m.）

007578907　4805　1422
夏威夷之華僑
夏佩樂著　臺灣　中國太平洋國際學會　1932年　（m.）

007578595　4805　2170
僑胞復員
行政院新聞局編　南京　行政院新聞局　1947年

007889593　4805　2230　FC5822　FC-M1096
華僑概況
何漢文著　上海　神州國光社　1931年　（m.）

007578788　4805　3141　FC5634　FC-M1167
南洋華僑通史
溫雄飛著　上海　東方　1929年　初版　（m.）

007578627　4805　3402
華僑志
宓亨利著　岑德彰譯　上海　商務印書館　1928年　（m.）

007578992　4805　3977
華僑
涂開輿著　上海　商務印書館　1934年　百科小叢書　（m.）

007578664　4805　4043
南洋華僑
黃競初著　上海　商務印書館　1930年　（m.）

007578793　4805　4230
南洋華僑教育會議報告
國立暨南大學南洋文化事業部編纂　上海　國立暨南大學南洋文化事業部　1930年　（m.）

007580807　4805　7144
華僑概觀
劉士木、徐之圭合編　上海　中華書局　1935年　中華百科叢書　（m.）

007580840　4805　7924
東省韓民問題
陳作樑著　北京　燕京大學政治學系　1931年　（m.）

007580663　4805　7933　FC5639　FC-M1234
南洋華僑與閩粵社會
陳達著　長沙　商務印書館　1938年　初版　（m.）

009834121　MLC-C
新嘉坡南洋鶴山同鄉會第一期報告
南洋鶴山同鄉會　新嘉坡　南洋鶴山同鄉會　1940年

007581162　4805　8190
僑民運動指導
饒尚慶撰　香港　1940年

007581208　4805.10　3612
墾政輯覽十卷
察哈爾墾務總局　香港　1917年

007580819　4805.1c　7981
菲律賓與華僑事跡大觀
陳笑予編著　馬里拉　1948年

007580820　4805.2c　2644
荷印華僑經濟志
魯葆如著　香港　南洋出版社　1941年

007580873　4805.3C　1344
南洋華僑與經濟之現勢
田村壽原、濱田恒一著　張淵若、張禮千

主編　張蔭桐譯述　南洋華僑協會南洋通報社編輯　上海　商務印書館　1946年　上海初版　（m.）

007581250　4805.3C　3143
汕頭南洋華僑互助社社務報告
汕頭　汕頭南洋華僑互助社　1934年

007581255　4805.3C　3527
馬來亞人民抗日軍
新加坡　華僑出版社　1945年

007580700　4805.3c　4072
南洋華僑史
李長傅著　上海　國立暨南大學南洋文化事業部　1929年　南洋叢書　（m.）

007599688　4805.3c　4072b
南洋華僑史
李長傅著　上海　商務印書館　1934年　修訂　史地小叢書　（m.）

007581257　4805.3C　4144
馬來亞華僑史綱要
姚枏著　南洋研究所編纂　重慶　商務印書館　1943年　（m.）

007582531　4805.3C　434
南洋華僑
李長傅著　上海　商務印書館　1933年　東方文庫續編　（m.）

007582713　4805.3c　4342
大戰與南僑馬來亞之部
南洋華僑籌賑祖國難民總會大戰與南僑編纂委員會　新加坡　新南洋出版社　1947年　（m.）

007582715　4805.3C　4939
南洋華僑教育調查研究
林之光、朱化雨著　廣州　國立中山大學　1936年　（m.）

007582717　4805.3C　6648
南洋英屬麻六甲明星慈善社殉難社員哀思錄
明星慈善社編　麻六甲　明星慈善社　1949年

007582589　4805.3C　7226
南洋華僑問題
國立中山大學社會研究所編輯　重慶　金門出版社　1944年　國立中山大學社會研究所叢刊　（m.）

007582741　4805.40C　0576
廣東留日學生同鄉錄
廣東留日學生同鄉會　香港　廣東留日學生同鄉會　1925年　（m.）

007582749　4805.40C　3301
大阪神戶華僑貿易調查
實業部工商訪問局　上海　實業部工商訪問局　1931年　（m.）

007582387　4805.4c　2332
八一七越南海防慘殺華僑案紀
黎燡生編輯　廣州　海外駐粵辦事處　1927年

007582528　4805.4C　4144
中南半島華僑史綱要
姚枏著　重慶　商務印書館　1946年　上海初版　（m.）

007582762　4805.52　7223
中華民族拓殖南洋史
劉繼宣、束世澂合著　上海　商務印書館　1934年　（m.）

007651968　4807.8　2328
管區法令填報須知

香港佔領地總督部華民代表會編　香港　1942年

007582786　4808.4C　4446
駐港美總領事報告書的批判
李大明著　三藩市　世界日報　1945年

007582802　4808.4C　7633　FC5695　FC－M1406
旅美華僑實錄
屠汝涑撰　香港　1924年

007582635　4808.4c　7643
美國待遇華僑律例節要
屠楚漁編　紐約　紐約華僑印務書局印刷　1928年　初版

005438549　28　22　4808.4c　7932
美國華僑年鑒
陳汝舟編　紐約　中國國民外交協會駐美辦事處　1946年

007583957　4809.5C　7945
澳洲及旅澳華僑
陳直夫編　僑務委員會研究室主編　上海　商務印書館　1947年　（m.）

007584162　4810.18　1920
最新國際公法
孫紹康撰　天津　大公報館　1932年

007584164　4811　0125
國際條約大全
商務印書館　上海　1915年

007584165　4811　1182
戰爭與條約
王鐵崖著　重慶　中國文化服務社　1944年　再版　（m.）

011804264　JX1570.W648　1933
我國修改條約之運動
王雲五、李聖五主編　上海　商務印書館　1933年　初版　東方文庫續編　（m.）

007584167　4811　2133
最近適用世界公約中外專約彙編
上海法學編譯社　上海　會文堂新記書局　1931年

007584171　4811　2964
非戰公約與世界和平
徐景薇著　南京　外交評論社　1932年　（m.）

007584175　4811　3864
國際條約要義
寶田來編　香港　中華書局　1914年　（m.）

007649469　4811　4012
協商及參戰各國與德國間之和平條約暨議定書
北京　外交部　1920年

007649470　4811　4012.2
協商及參戰各國與奧國間之和平條約
北京　外交部　1920年

007649471　4811　4012.3
協商及參戰各國與匈國間之和平條約
北京　外交部　1920年

007649472　4811　4012.4
協商及參戰各國與德奧匈等國間之和平條約附件
北京　外交部　1920年

011913301　JX1570.W85　1933
不平等條約概論
吳崑吾撰述　上海　商務印書館　1933年　新時代史地叢書　（m.）

011890640　JX1961.C5　C51　1937
戰爭乎？和平乎？
姜君辰著　上海　當代青年出版社　1937 年　（m.）

011806357　JX1952.S512　1928
國際紛爭與國際聯盟
薩孟武著　信夫淳平著　薩孟武譯　上海　商務印書館　1928 年　政法叢書（m.）

007648153　4811　4677
九國間關於中國事件應適用各原則及政策之條約
中華民國國民政府外交部編　南京　中華民國國民政府外交部　1931 年　白皮書（m.）

007584186　4811　5648.1
駁斥日本反對九國公約之論點
曹樹銘著　重慶　國民圖書出版社　1940 年　（m.）

007584193　4811.8　0210
國際條約分類輯要二十四卷
郭延謨編　北京　京華書局　1914 年　（m.）

011919418　JX91.C5　G86　1912
國際立法條約集
張嘉森譯　上海　神州大學　1912 年　初版（m.）

007583899　4812　1424
中外條約彙編
黃月波、于能模、鮑釐人編　上海　商務印書館　1936 年　（m.）

007710946　4812　2002
外交文牘
北京　外交部　1918—27 年

007835900　4812　2002　（1）
參戰案
北京　外交部　1921 年　外交文牘

007710959　4812　2002　（2）
中德協約及附件
北京　外交部　1921 年　外交文牘

007710989　4812　2002　（3）
張勳逃匿和蘭使館案
北京　外交部　1918 年　外交文牘

007710965　4812　2002　（4）
華乙船案
北京　外交部　1921 年　外交文牘

007835951　4812　2002　（5）
修改稅則案
北京　外交部　1921 年　外交文牘

007710962　4812　2002　（6）
中日軍事協議共同防敵案
北京　外交部　1921 年　外交文牘

007835973　4812　2002　（7）
廟街事件交涉案
北京　外交部　1921 年　外交文牘

007836003　4812　2002　（8）
福州中日人民鬥毆案
北京　外交部　1921 年　外交文牘

007710993　4812　2002　（9）
華盛頓會議案
北京　外交部　1923 年　外交文牘

007710990　4812　2002　（10）
金佛郎案
北京　外交部　1927 年　外交文牘

007710995　4812　2002　（11）
中日解決山東懸案臨時會議錄

北京　外交部　1927年　外交文牘

007584228　4812　2002.22
外交部條約研究會報告第一至十九次
北京　外交部　1913年

007493605　4812　2200
外交部儲藏約章合同原鈔本編號目錄附儲藏圖
外交部條約司第四科　香港　1923年

007584236　4812　6108
鐵路借款合同彙編
南京　財政部公債司　1914年　（m.）

007583971　4812　7238
中外訂約失權論
丘祖銘撰　上海　商務印書館　1929年　百科小叢書　（m.）

007583968　4812　7241
長江下遊的日本經濟獨佔組織各種經濟密約及密件
陶希聖編　194?年　（m.）

005663078　4812.8　1316
不平等條約的研究
張廷顥講演　高爾松筆記　上海　光華書局　1926年　（m.）

007463637　4812.8　2002
外交部儲藏條約原本編號目錄
外交部總務廳統計科編　香港　外交部總務廳統計科　1913年

007577147　4812.8　7247
中外新舊條約彙刻[清康熙至宣統三年]十三卷
劉樹屏撰　1913年

007577002　4812.88　0164
研究各國變更庚款辦法意見書
財政討論會編　財政討論會　1927年（m.）

007577020　4812.9　0052
新訂中外條約
外交部情報司編　南京　1928年（m.）

007576843　142　805　4812.9　0214
中外條約司法部份輯覽
姜震瀛、郭雲觀主編　上海　商務印書館　1935年

005545800　FC2752
民國十七年條約附關係檔
南京　外交部　1929年

005545804　FC2753
關係中國之國際公約簡表
南京　外交部條約委員會　1929年（m.）

007577173　4812.9　2026
分類編輯不平等條約
外交委員會　上海　商務印書館　1929年　初版　（m.）

005668636　4812.9　2324　79　667.3
我國不平等條約之修訂
吳凱聲著　上海　商務印書館　1937年（m.）

007576796　4812.9　4458
中國參加之國際公約彙編
薛典曾、郭子雄編　上海　商務印書館　1937年　初版　（m.）

007577175　4812.9　7247
外交統系表節本
劉樹屏撰　北京　京華書局　1915年

007576869　4812.9　8023
簽訂上海特區法院協定案 1930 年 2 月 17 日簽訂協定　同年 4 月 1 日實行改組
外交部編　南京　外交部　1930 年　（m.）

007576913　4813.1　2350
俄蒙協約審勘錄
吳成章著　北京　約章研究社　1913 年

007578175　4813.1　3307
中俄立約始末記
憲法新聞社　北京　明新印字局　1913 年　（m.）

007578061　4813.1　4917
蘇聯陰謀文證彙編
張國忱編譯　北京　1928 年

007578176　4813.1　5280
中俄會議文件
中國外交部中俄交涉公署　北京　1924 年

007578177　4813.1　5280　(1)
中俄舊約節要
北京　1924 年　中俄會議文件

007578178　4813.1　5280　(2)
中俄問題往來文件
北京　1924 年　中俄會議文件

007578179　4813.1　5280　(3)
中俄臨時協定
北京　1924 年　中俄會議文件

007578180　4813.1　5280　(4)
中俄協商草案
北京　1924 年　中俄會議文件

007578181　4813.1　5280　(5)
蘇俄與各國所訂協約
北京　1924 年　中俄會議文件

007578182　4813.1　5280　(6)
蘇維埃社會共和國聯邦憲法
北京　1924 年　中俄會議文件

011723060　DS740.4.Z4666　1928
不平等條約十講
周鯁生講演　上海　太平洋書店　1928 年　（m.）

007578190　4813.1　5444
中蘇友好同盟條約
國際出版社編　上海　1945 年　約章叢刊　（m.）

008563835　FC1721
反俄與反共
明志著　香港　烽火社　1929 年　4 版

011895756　D385.Z48　1946
近代歐洲之政治與外交
翟楚著　上海　商務印書館　1946 年　上海初版　新中學文庫　（m.）

011883079　HX59.M55　1933
蘇俄革命之研究
米留庫夫著　大竹博吉ヨ譯　王希夷重譯　上海　商務印書館　1933 年　初版　（m.）

007578202　4813.2　1124
中美中英新約文獻
現代英語專修學校　重慶　天地出版社　1943 年　（m.）

007657613　4813.2　2707
廈門英租界收回換文民國十九年九月十七日在南京互換
南京　外交部　1930 年

007657614　4813.2　2783
鎮江英租界收回案民國十八年十月三十一日互換照會十一月十五日實行交收
南京　外交部　1929 年

007657615　4813.2　5402
中英交收威海衛專約及協定民國十九年四月十八日簽訂於南京同年十月一日互換批准於南京
南京　外交部　1930 年　（m.）

007648045　4813.4　7023
關於上海法租界內設置中國法院之協定 1931 年 7 月 28 日簽訂
外交部編　南京　外交部　1931 年（m.）

007578267　4813.5　1544
中日條約彙纂
尹壽松編　上海　中華書局　1924 年（m.）

011912315　DS740.5.J3　A5　1932d
中日條約彙纂
尹壽松編纂　王卓然校正　廣州　東北外交研究委員會　1932 年　再版（m.）

007578549　4813.5　3632
汪日密約
汪大義編撰　遂溪　嶺南出版社　194? 年

007578920　4813.5　5062
中日上海停戰及日方撤軍協議中華民國 21 年 5 月 5 日在滬簽定
香港　外交部　1932 年

007650002　4813.5　5613
中日聯運規章彙覽
北京　交通部　1921 年　（m.）

007580740　4813.5　5622.1
中日條約全輯
1932 年　（m.）

007657616　4813.5　5643
中日協定中華民國 19 年 5 月 6 日簽訂於南京同年 5 月 14 日奉國府指令批准
南京　外交部　1930 年　（m.）

007578670　4813.5　5645
中日基本條約及其意義
宣傳部編　南京　宣傳部　1941 年　時事叢書　（m.）

007578669　4813.5　7217
中日關係條約彙釋
趙紀彬著　劉百閔、秦林舒編　長沙　商務印書館　1940 年　（m.）

007578926　4813.8　2342.4
中奧通商條約
黃榮良撰　香港　1926 年

007578937　4813.8　6111
中墨條約展限協議換文
香港　1921 年

007578939　4813.9　1211
中華玻利非亞通好條約
香港　1919 年

007657617　4813.9　2713
天津比租界收回案民國十八年八月三十一日簽訂協定二十年一月十五日實行交收
南京　外交部　1931 年

007657621　4813.9　5634
中國波蘭友好通商航海條約民國十八年九月十八日在南京簽定
南京　外交部　1931 年

007657618　4813.9　6434
中希通好條約民國十八年九月三十日訂於巴黎十九年六月十四日互換批准於巴黎
南京　外交部　1930 年　（m.）

007657622　4813.9　6544
中捷友好通商條約民國十九年二月十二日簽訂於南京同年十一月二十日互換批准於南京
南京　外交部　1930 年

007578703　4814　2142
日本廢除不平等條約小史
崔萬秋著　長沙　商務印書館　1938 年　初版　（m.）

007578561　4816　7247
歐洲風雲
陶菊隱編譯　昆明　中華書局　1940—41 年　（m.）

007578943　4816.4　4137
蘇聯違反條約義務紀錄
國務院編　臺北　美國新聞處　1949 年

007578950　4820　0241
國際與中國
高希聖、郭真著　上海　泰東出版　1929 年　（m.）

007578951　4820　0242
最近列强海軍政策實力與太平洋問題
郭壽生編　上海　華通書局　1929 年　（m.）

007578958　4820　1216
國際問題研究法
儲玉坤撰　上海　永祥印書館　1947 年　再版　青年知識文庫　第 2 輯　（m.）

007578985　4820　1334
各國外交行政
張安世著　上海　大東　1931 年　（m.）

007578986　4820　1381
戰後列國大勢與世界外交
張介石編　上海　中華書局　1937 年　（m.）

007826653　MLC－C
參考資料三十一年度 1—34 號合訂本
香港　軍訓部軍學編譯處　1943 年

011912285　D840.S535　1946
歷史轉變的年代
石嘯沖著　上海　中外出版社　1946 年　（m.）

008458858　MLC－C
世界王者誰
日本國際問題研究會編　陳辛木譯　上海　神州國光社　1931 年　初版　（m.）

011825385　D383.L58　1930
世界政治經濟概要
柳克述著　上海　商務印書館　1930 年　初版　（m.）

008145087　MLC－C
一九三六年
章乃文撰　上海　樂華圖書公司　1935 年　（m.）

011909097　HD2731.A6512　1949
戰後世界經濟與政治
沈志遠譯　上海　世界知識社　1948 年　2 版　世界知識叢書　（m.）

007650004　4820　2644
國際關係論
香港　1924 年　（m.）

007578990　4820　3644
帝國主義者在太平洋上之爭霸
福克斯［Forks］著　陳宗熙譯　上海　華通書局　1929 年　（m.）

007578998　4820　4202
世界和平建設問題
彭文凱編　重慶　國民圖書出版社　1944 年　（m.）

007579001　4820　4216
近代弱小民族被壓迫史及獨立運動史
胡石明編著　上海　大東　1929 年　（m.）

007579011　4820　4243
近百年世界外交史
柳克述著　上海　商務印書館　1931 年　（m.）

007578498　4820　4332
戰後各國外交政策
袁道豐撰述　上海　商務印書館　1934 年　新時代史地叢書　（m.）

007579015　4820　4582
最近世界外交史
戴鑫修撰　北平　京城印書局　1926 年

007579018　4820　4644
世界政治概論
吉貢士撰　鍾建閎譯　上海　啟智　1929 年　（m.）

007579019　4820　4940
非常時期之國際關係
林希謙編　上海　中華書局　1937 年　（m.）

007578605　4820　4953
外事警察與國際關係
林東海著　上海　商務印書館　1937 年（m.）

007578574　4820　7481
廢約問題資料
聞普天輯述　重慶　獨立出版社　1943 年　初版　（m.）

008122431　4820.1　2204b
外交報
上海　商務印書館　1914 年

007578661　4820.3　2321　FC7833　Film　Mas　31813
伏生國際論文集
胡愈之著　上海　生活書店　1933 年　（m.）

007579040　4820.3　3844
中國抗戰與國際形勢
賓符撰　漢口　光明書局　1947 年

007579933　4820.3　7299
國際問題的縱橫面
劉光炎著　重慶　獨立出版社　1943 年　（m.）

007578076　M　4800.8　8124
國際政治參考地圖
金仲華編　上海　生活書店　1936 年　（m.）

007579923　4820.3　8501
緊急時期的世界與中國
錢亦石著　上海　生活書店　1937 年　（m.）

007579929　4820.6　2002
中英法外交辭典
1925 年　（m.）

007463475　4820.6　2078　(1937)
外交大辭典
王卓然、劉達人主編　外交學會編　上

海　中華書局　1937 年　（m.）

007579936　4820.8　1317
列强軍縮外交戰鬥史
張一凡著　上海　世界書局　1935 年
（m.）

009898807　MLC - C
星華義勇軍戰鬥史 1942 年星洲保衛戰
胡鐵君編　新加坡　新中華出版社
1945 年

007579938　4820.8　2423
太平洋諸國的經濟鬥争與二次大戰
傅任達著　北平　佩文齋　1934 年
（m.）

007868703　4820.8　2913
近三十年國際關係小史
徐弦著　上海　生活書店　1948 年　青
年自學叢書

007579926　4820.8　2913b
近卅年國際關係小史
徐弦著　上海　生活·讀書·新知聯合
發行所　1949 年

011793816　D421.C485　1934
近代各國外交政策
周鯁生等著　南京　正中書局　1934 年
初版　外交叢書　（m.）

007580730　4820.9　0263
近代外交史
鄺明清著　香港　1948 年

007580870　4820.9　1312
現代外交的基本知識
張弼著　上海　生活書店　1936 年
（m.）

011913419　DS775.8.W8　1934
外交政策論及其他
吳頌皋著　上海　黎明書局　1934 年
（m.）

007581151　4820.9　4220
持久和平問題
Herbert Hoover & Hugh Gibson 原著　彭
榮仁譯　重慶　獨立出版社　1944 年
戰後世界建設研究叢書　（m.）

007591821　4820.9　4268
戰後國際和平導論
萬異著　重慶　中國文化服務社重慶分
社　1943 年　（m.）

007581169　4820.9　5510
國府還都後的政治情勢特稿輯第一集
中央［電訊］社調查處編輯　南京　中央
電訊社　1941 年　中央電訊社叢書
（m.）

007581174　4820.9　7983
外交本質論
陳鍾浩著　重慶　商務印書館　1944 年
（m.）

007581080　4820.9　7983B
外交本質論
陳鍾浩撰　上海　商務印書館　1946 年
（m.）

007580679　4821　0212
外人在華投資之過去與現在
高平叔、丁雨山合著　上海　中華書局
　1947 年　（m.）

007581232　4821　0438
外人在華礦業之投資
謝家榮、朱敏章著　香港　中國太平洋
國際學會　1932 年　（m.）

007580744　4821　0442
國防與外交
謝彬撰　上海　中華書局　1925 年（m.）

007580682　4821　1280
中國國際條約義務論
刁敏謙著　上海　商務印書館　1925 年 4 版（m.）

007581233　4821　2161　FC9537　Film　Mas　35288
太平洋問題與中國
程國璋著　北京　求知書局　1924 年（m.）

007580874　4821　2168
在華外僑之地位
鮑明鈐原著　中國太平洋國際學會編譯　廣州　中國太平洋國際學會　1932 年　中國太平洋國際學會叢書（m.）

007581238　4821　2168.2
外人在華沿岸及內河航行權問題
鮑明鈐著　香港　中國太平洋國際學會　1932 年

007581239　4821　3138
巴黎和議後之世界與中國
汪精衛撰　上海　民智書局　1927 年（m.）

006027625　4821　3138.6
國民會議國際問題草案
汪精衛[兆銘]著　北京　國際問題研究會　1925 年

007580902　4821　3983
外交指南
宋善良著　上海　商務印書館　1936 年（m.）

007580715　4821　4119
帝國主義與中華民族
董霖著　上海　光明書局　1930 年（m.）

007580871　4821　7211
外交監督與外交機關
周子亞編著　上海　正中書局　1947 年（m.）

007580714　4821　7222
革命的外交
周鯁生著　上海　太平洋書店　1928 年（m.）

007581243　4821　7247
外交綱要節本
劉樹屏編　北京　京華書局　1915 年

007581244　4821　7248
外人在華投資統計
劉大鈞著　香港　中國太平洋國際學會　1932 年（m.）

007580872　4821　7971
中國外交行政
陳體強著　重慶　商務印書館　1945 年　國立西南聯合大學行政研究室叢刊（m.）

007581245　4821　7983
外交行政制度研究
陳鍾浩著　重慶　獨立出版社　1942 年（m.）

006414398　137　290.9.5　4821　8204
中國國際商約論
鄭斌著　上海　商務印書館　1925 年　政法叢書（m.）

007582555　4822　4441
租界問題

樓桐孫著　上海　商務印書館　1932 年
　　百科小叢書　（m.）

007582736　4822　7211
外交官
周子亞編著　貴陽　文陽書局　1946 年
　　（m.）

008273378　4822.5　8358
日本對華投資
金冶井谷著　中國太平洋國際學會編
香港　中國太平洋國際學會　1932 年
中國太平洋國際學會叢書　（m.）

007582480　4823　1126
各國在華領事裁判權制度
王德昭編著　重慶　獨立出版社　1943
年　初版　（m.）

011913688　KNN1574.L5　1912
司法交涉案
李金杜編著　奉天　李金杜　1912 年
（m.）

007582758　4823　200.2
領館報告第一編
外交部　香港　1917 年

007582761　4823　2200
領事官職務條例
外交部　香港　1915 年

007582763　4823　4403
日本的新東方政策
李毅之撰　北平　文化學社　1931 年

007582454　4824.1　1964
領事裁判權問題
孫曉樓、趙頤年編著　上海　商務印書
館　1937 年　（m.）

006136684　4824.1　2985
上海公共租界制度
徐公肅、邱瑾璋著　南京　國立中央研
究院社會科學研究所　1933 年　國立中
央研究院社會科學研究所專刊　（m.）

003537838　4824.1　3828
外人在華之地位
顧維鈞著　吳琴孫譯　上海　外交部圖
書處　1925 年　（m.）

007582379　4824.1　3948
在華領事裁判權論
梁敬錞著　上海　商務印書館　1934 年
　　國難後第 1 版　（m.）

007582479　4824.1　5667
撤廢領事裁判權運動
中國國民黨中央執行委員會宣傳部編
南京　中國國民黨中央執行委員會宣傳
部　1929 年　（m.）

007582581　4824.1　5667.2　FC9462　Film　Mas　35884
收回領事裁判權運動宣傳大綱
中國國民黨宣傳部　南京　中國國民黨
中央執行委員會宣傳部　1929 年
（m.）

011903065　JX1570.G86　1914
國際訴訟條約
熊元翰編　北京　安徽法學社　1914 年
　　初版　（m.）

011918560　JX1570.L5　1923
領事裁判權
周鯁生著　上海　商務印書館　1923 年
　　初版　東方文庫　（m.）

007582770　4825　4207
蘇俄的東方政策
布施勝治撰　半粟譯　上海　太平洋

1928年　(m.)

011919640　DU29.C39　1939
太平洋軍事地理
蔣震華著　重慶　生活書店　1939年　(m.)

007582772　4825　4923
第三屆太平洋國交討論會紀要
蘇上達、祁仍奚編　香港　觀海社　1929年　(m.)

007582781　4825.1　1627
三國外長會議與中國
廣州　時事叢刊社　1946年

007582529　4825.1　2232
爲中國謀國際和平
何永佶著　重慶　商務印書館　1946年　(m.)

007582535　4825.1　2914
中國國民黨外交政策
朱子爽編著　重慶　國民圖書出版社　1942年　中國國民黨政策叢書　(m.)

007582538　4825.1　4220
帝國主義與中國政治
胡繩著　大連　新中國書局[生活書店]　1948年　(m.)

007582459　4825.1　4430
門户開放與中國
李祥麟著作　上海　商務印書館　1937年　新時代史地叢書　(m.)

007582354　4825.1　4894
中國外事警察
趙炳坤編纂、內政部警政司主編　上海　商務印書館　1935年　初版　警察叢書　(m.)

007582536　4825.1　7202
被侵害之中國即中國最低限度應取消之不平等條約
劉彥著　上海　太平洋書店　1929年

007584181　4825.1　7363
中國領土內帝國主義者資本戰
長野朗著　丁振一譯　上海　上海聯合書店　1929年　(m.)

007584183　4825.1　8120
租借地
金保康著　上海　商務印書館　1933年　(m.)

011938769　D725.K97　1938
國際現勢與抗戰前途
陶希聖等著　漢口　時事新聞編譯社　1938年

011720496　D725.Q253　1937
戰神翼下的歐洲問題
錢亦石著　上海　生活書店　1937年　(m.)

007583986　4826.4　4120
蘇聯的解剖
布烈特著　余兆麒譯　香港　建華有限公司　1947年

007584286　4826.4　4150　FC8056　Film Mas 31993
中俄邊境之新關係
香港　1931年　(m.)

007583973　4826.4　4223
蘇俄民族政策之解剖
楊幼炯著　上海　民智書局　1929年　(m.)

011916954　DB215.W8　1937
現代捷克斯拉夫政治
吳克剛編著　上海　商務印書館　1937

年　現代政治叢書　（m.）

007583833　4828　2524
丟掉幻想準備鬥爭評美國關於中國問題的白皮書
新華書店編輯　廣州　新華書店　1949年

007584293　4828　6124
美蘇外交秘錄
貝爾斯著　王芒等譯　廣州　中央通訊社　1948年　再版　（m.）

007584295　4828　7228
美國遠東外交政策
周繼銓著　長沙　商務印書館　1940年　（m.）

007584301　4828　8367
和平與戰爭 1931—1941 年間美國之外交政策
美國駐華大使館新聞處　香港　中外出版社　1943年　（m.）

007583959　4828.10　8661
美國與中國之關係特別著重 1944—1949 年之一時期
美國國務院根據檔案編輯　中華民國外交部譯　臺北　公共事務出版科　1949年　國務院出版品　第3573號　（m.）

011937036　E743.T88　1947
論美國金元外交
自由世界出版社編輯　香港　智源書局　1947年　自由叢刊

011885730　E744.C53　1947
替美國算命
喬木[冠華]著　香港　中國出版社　1947年　（m.）

007584306　4828.83　1230
美國反蘇派真面目
丁達撰　香港　現實社　1946年　（m.）

007583800　4828.83　7248
美國侵華簡史
劉大年著　北京　新華書店　1949年　新華時事叢刊

007651956　4829　4154
近代國家觀念
王檢譯　上海　商務印書館　1936年　（m.）

007583963　4829　4225
太平洋問題之解剖
葛綏成編　上海　中華書局　1932年　（m.）

007649269　4830　2167
修正國際裁判常設法庭規約議定書暨美國加入國際裁判常設法庭規約議定書批准案
外交部編　南京　外交部　1930年

007585552　4830　6730
國際法庭規約
北京　外交部　1921年

007649270　4830　6749
國際裁判常設法庭規約
外交部編　南京　外交部　1931年　再版　（m.）

011802911　JX4422.C6　B36　1948
海上國際法
包遵彭著　南京　海軍總司令部新聞處　1948年　初版　海軍小叢書　（m.）

011801334　JX3695.C6　C45x　1931
現代國際法問題

周鯁生著　上海　商務印書館　1931 年
初版　國立武漢大學叢書　（m.）

007585554　4830　7933
國際組織概要及其技術問題
陳澤湉著　重慶　商務印書館　1946 年
（m.）

007578620　4833　7203
國際法庭
周敦禮編著　南京　正中書局　1936 年
初版　社會科學叢刊　（m.）

007578981　4835　1840
華會見聞錄
賈士毅編　上海　商務印書館　1924 年
（m.）

007587960　4835　4682　4835　4682.1
聯合國憲章
三藩市　少年中國晨報社　1945 年
（m.）

011722954　JX1977.S456　1945
勝利與和平展望三藩市會議
喬木［冠華］等著　重慶　讀書出版社
1945 年

007579028　4836　4439
論世界大同與促進方策
薛祚光撰　香港　中央訓練團印刷所
1948 年

007579031　4837　2200
國際聯合會一九三八年九月所通過於中日爭議之決議案及報告書
香港　該部　1938 年

011539570　182a　598.9.8.5　KZ4871.L895　1934
國際聯盟研究
盧瀛洲著　上海　商務印書館　1934 年

初版　社會科學小叢書　（m.）

007579032　4837　2901
國際聯合會與國際紛爭
徐敦璋編　北平　平津學術團體對日聯合會　1932 年　（m.）

011912004　KZ4871.L4312　1931
國際聯合會之目的及其組織
國際聯合會編　鄭毓旒譯　上海　商務印書館發行　1931 年　初版　萬有文庫
（m.）

011913311　JX1975.W44　1926
國際聯盟概況
鄭毓秀編譯　上海　商務印書館　1926 年　（m.）

007579033　4837　4846
到和平之路
黃藥眠著　上海　新中出版社　1946 年
增訂本　（m.）

007579035　4837　4940
日內瓦之花
林希謙撰　福建　連城生力學社
1940 年

007578739　4837　6716
國際聯盟十年記
國聯秘書處編　章駿騎譯　上海　中華書局　1933 年　（m.）

007578659　4838　1353
國際智識合作運動史
張輔良撰述　上海　商務印書館　1928 年　新時代史地叢書

007579046　4838　65A
國際聯合會調查團報告書
香港　1932 年　（m.）

007579047　4838　65B
國際聯合會調查團報告書
香港　國民政府外交部譯印　1932 年
（m.）

007580789　4838　65C
國聯調查團報告書附事變後之中國地圖及世界各國人士評論
中日問題研究社編輯　上海　中日問題研究社　1932 年　3 版　（m.）

007588105　4838　65f
國際聯盟調查團對於中日問題報告書節要
香港　1932 年　（m.）

007581127　4838　65g
國聯調查團與各方言論
求實雜志社　南京　正中書局　1933 年

007581131　4838　65h
反國聯調查團報告書
馮玉祥著　香港　1932 年

007650005　4838　6718
國際聯合會盟約
南京　外交部　1931 年　（m.）

005454398　4840　0493
國際公法原論
譚焯宏編著　上海　中華書局　1934 年　初版　（m.）

011906814　JX3695.C6　E7　1913
二十世紀國際公法
（法）福偶著　朱文黼譯　上海　民友社　1913 年　（m.）

011896839　JX3695.C6　T7　1948
國際法
崔書琴編　上海　商務印書館　1948 年　滬再版　大學叢書　（m.）

011912063　JX3695.C6　C4　1929
國際法 ABC
朱采真著　上海　世界書局　1929 年　ABC 叢書　（m.）

011937118　JX54.H34　R4　1931
國際公法與國際關係
（美）呂德［Read Elizabeth Fisber］著　鄧公玄譯　上海　亞細亞書局　1931 年　初版　（m.）

011758310　JX3695.C6　O612　1928
國際公法之將來
（德）奧本海［Oppenheim Lassa Francis Lawrence］著　陳宗熙譯　上海　泰東圖書局　1928 年　（m.）

007580767　4840　4700
公法的變遷
（法）狄驥［L. Duguit］著　徐砥平譯　上海　商務印書館　1933 年　初版　漢譯世界名著　（m.）

007581142　4841　1333
春秋國際公法
張心澂撰　北京　1924 年

007580895　4841　2922
先秦國際法之遺跡
徐傳保編著　上海　中國科學公司　1931 年　第 1 版　（m.）

007580669　4841　3884　FC8057　Film　Mas　31994
春秋國際公法
洪鈞培編著　上海　中華書局　1939 年　（m.）

007580784　4841　7238
國際法發達史
劉達人、袁國欽著　上海　商務印書館　1937 年　初版　（m.）

005454286   4841   7933   FC5106   FC–M1029
中國國際法溯源
陳顧遠著　上海　商務印書館　1934 年　（m.）

007580778   4842   1127   JX64.I57x   1984a   3776.
現代國際公法上卷
王化成著　上海　新月書店　1932 年　初版　現代文化叢書　（m.）

007580737   4842   2917
侵略問題之國際法的研究
朱建民著　長沙　商務印書館　1940 年　（m.）

007580774   4842   4411
國際公法論上冊
李聖五著　上海　商務印書館　1933 年　初版　（m.）

007580777   4842   4424
國際法典
（荷蘭）格勞秀斯著　岑德彰譯　上海　商務印書館　1937 年　初版　（m.）

007581173   4842   7222
國際法大綱
周鯁生著　上海　商務印書館　1935 年　（m.）

007580775   4842   7225
新國際公法
周緯編著　上海　商務印書館　1930 年　初版　（m.）

005454401   JX3695.C6   Z468   1934
國際公法之新發展
周鯁生著　上海　商務印書館　1934 年　初版　（m.）

007580783   4843   7240
平時國際公法問答
邱培豪編著　上海　大東書局　1930 年　初版　百科問答叢書　（m.）

007580779   4846   3400
列國在華領事裁判權志要
法權討論委員會編　北京　法權討論委員會事務處　1923 年　（m.）

006099517   4846   4161   96a   262.1
國際航空公法平時
（法）J. Kroell 著　徐砥平譯　上海法學編譯社編　上海　會文堂新記書局　1935 年　初版　（m.）

007580781   4846   3644
航空法大要
潘樹藩著　上海　商務印書館　1934 年　初版　航空叢書　（m.）

007580683   4846   6382   JX4175.W8   1929
治外法權
吳頌皋著　上海　商務印書館　1929 年　初版　（m.）

005668746   4848   2438
戰時國際法述要
季灝編　重慶　國民圖書出版社　1944 年　初版　（m.）

009041541   4848   4701
戰時國際法講義二卷
寺岡謹平著　濟南　1934—37 年　油印

011937131   JX3695.C6   C4   1944
國際法新論
周子亞著　重慶　新評論出版社　1944 年　初版　（m.）

005444750   JX4518.C6   O6   1934
奧本海國際法戰爭與中立

（德）奥本海［L. Oppenheim］著　（德）賴克思堡編　岑德彰譯　上海　商務印書館　1934年　初版　汉譯世界名著

007580782　4848　7240
戰時國際公法問答
邱培豪編　上海　大東書局　1930年　初版　百科問答叢書　（m.）

007161230　JX4518.C6　C4　1931x
戰時國際公法
鄭允恭編著　上海　大東書局　1931年　初版　國立暨南大學法律叢書　（m.）

011929898　UA929.C5　C4　vol.5
戰時國際公法
陶百川編著　南京　正中書局　1938年　初版　戰時民衆訓練小叢書　（m.）

011929727　JX4518.C6　L5　1938
戰時國際公法
李聖五、鄭允恭著　長沙　商務印書館　1938年　初版　戰時常識叢書　（m.）

007580797　4848　8204
戰時國際法
鄭斌編　上海　商務印書館　1939年　3版　（m.）

007170206　D804.J32　N57　1948x
東京審判內幕
倪家襄編　上海　亞洲世紀社　1948年　（m.）

001566287　4852　1153　JX1570.C59x　1914
局外中立條規釋例
王揚濱、胡存忠編　北京　文益印書局　1914年　（m.）

007580780　4854　4532
國際空戰法規論
韓逋仙編譯　上海　中華書局　1937年　初版　國際叢書　（m.）

007580824　4855　0628
中國國際私法論
唐紀翔著　上海　商務印書館　1934年　第1版　（m.）

007580785　1990　105　4855　2124
國際私法之理論與實際
盧峻著　上海　中華書局　1937年　（m.）

007582482　4855　6633
國際私法典
（古巴）畢時達滿特［A.B. Eustamante］著　蕭經方譯　上海　商務印書館　1935年　初版　新時代法學叢書　（m.）

011883522　K7040.X85　1932
國際私法
徐砥平著　上海　民智書局　1932年　初版　（m.）

011799724　K7040.W368　1931
國際私法
王毓英編　上海　商務印書館　1931年　初版　（m.）

011894076　K7040.J8　1933
國際私法
阮毅成編著　上海　世界書局　1933年　（m.）

001241286　4855　7105　K7040.J82x　1938
國際私法論
阮毅成著　長沙　商務印書館　1938年　（m.）

007582481 143 4114 4855 8207
國際司法問題
鄭麟同著　上海　商務印書館　1936 年
　初版　現代問題叢書　（m.）

011912080 JX3695.C5 Z446 1933
平時國際法
鄭斌著　上海　商務印書館　1933 年
初版　萬有文庫　第 1 集　（m.）

011787666 JX3695.C6 S546 1932
平時國際公法
盛沛東編　上海　大東書局　1932 年
初版　大夏大學法律叢書　（m.）

007650008 4863 4143.92 FC5697 FC－M1428
華洋訴訟判決錄民國三年三月至民國八年六月
直隸高等審判廳　香港　北洋印刷局
1919 年

008149633 4863 4317.93 FC6136
大理院判決錄
大理院書記廳編　北京　大理院書記廳
　1912 年　（m.）

004341094 4863 5474 CHIN 904 CHU
法制論叢
中華學藝社編輯　上海　商務印書館
　1928 年　（m.）

007493405 4864 1934
中國歷代法家著述考
孫祖基輯　1934 年　岱盧叢著

007584187 4866 2327
上海律師公會會員名錄
上海律師公會編　上海　1939 年

007584188 4866 2327 (1940)
上海律師公會會員名錄
上海律師公會編　上海　1940 年

004325857 4866 2924 CHIN 013 CHU
中國法律大辭典
朱采真編　吳經熊等校閱　上海　世界
書局　1931 年　初版　（m.）

007584194 4866 2924b
中國法律大辭典
朱采真編　上海　世界書局　1935 年
4 版　（m.）

001232293 4866 3140 CHIN 010 WAN PL1441.F3x 1934
法律大辭典
汪翰章主編　董康編撰　上海　大東書
局　1934 年　（m.）

007583837 4866 8200
法律大辭書
鄭競毅編著　上海　商務印書館　1936
年　（m.）

007583889 4866 8200a
法律大辭書附補編
鄭競毅、彭時編　長沙　商務印書館
1940 年　（m.）

007583870 4869 0885
比較法學概要
龔鉞著　上海　商務印書館　1947 年
初版　（m.）

004554400 4869 2122 JAPAN 906 HOZ/AC
法理學大綱
（日）穗積重遠著　李鶴鳴譯　上海　商
務印書館　1933 年　國難後 1 版　政法
叢書　（m.）

007584288 4869 2223
法學通論
何任清著　上海　商務印書館　1948 年
　5 版　（m.）

004336879　4869　2322　CHIN　906　WU
法律哲學研究
吳經熊著　上海　上海法學編譯社
1937年　再版　法學叢書　(m.)

005288503　COMP　905　CHU　K237.C485　1933
法律現象變遷史
朱章寶編著　上海　商務印書館　1933
年　再版　(m.)

007584290　4869　2924
法律學通論
朱采真撰　上海　世界書局　1930年
(m.)

007607577　4869　3462
冤獄賠償言論集
黎騷編輯　廣州　中華民記印務局
1946年

007585298　4869　3706
法學新思潮
王雲五、李聖五主編　上海　商務印書
館　1933年　初版　東方文庫續編
(m.)

007649411　4869　4211
驚天雷六卷
上海　錦章圖書局　1930年

011937518　K230.W35　F3　1929
法理學史概論
王傳璧編　上海　上海法學書社　1929
年　(m.)

007585581　4869　4441
法學通論
樓桐孫撰　重慶　正中書局　1943年
(m.)

011803568　K230.M3　F365　1931
法學通論
毛家騏編著　南京　中央陸軍軍官學校
政治訓練處　1931年　初版　政治教程
(m.)

004479640　CHIN　906　CHI　K230.Q258　F3　1933
法學通論
丘漢平著　上海　商務印書館　1935年
4版　(m.)

011917968　K230.H83　F3　1933
法學通論
胡慶育編　上海　太平洋書店　1933年
初版　(m.)

007586008　4869　4563
[漢譯世界名著]古代法
方孝岳、鍾建閎譯述　上海　商務印書
館　1933年　(m.)

007585897　4869　5033
法律與階級鬥爭
史家祺著　上海　中華書局　1949年
大衆文化叢書

011912363　K230.C48　F3　1932
法律學ABC
朱采真著　上海　世界書局　1932年
4版　ABC叢書　(m.)

011914503　K230.C43　F3　1929
法學大意
趙志嘉著　上海　世界書局　1929年
最新警察全書　(m.)

011910382　K232.C4　L5　1940
法學教程
李景禧、季灝編著　成都　中央陸軍軍
官學校　1940年　黃埔叢書　第10輯
(m.)

007587833　4869　5033.1
唯物論與法律學
史家祺著　上海　中華書局　1949 年
　初版　大眾文化叢書　(m.)

011913264　K230.C48　A38　1931
現代法學通論
朱采真編　上海　世界書局　1931 年
(m.)

007585747　4869　7105
法語
阮毅成著　長沙　商務印書館　1940 年
　初版　(m.)

004336876　4869　7222　CHIN　906　CHO
法律
周鯁生著　上海　商務印書館　1933 年
　國難後 1 版　(m.)

007586022　4869　7226
法學通論
劉德暄撰　香港　1940 年　(m.)

007585749　4869　7372
法學通論
歐陽溪著　上海　上海法學編譯社
1931 年　初版　(m.)

007585748　4869　8303
公法與私法
(日)美濃部達吉編著　黃馮明譯　長沙
　商務印書館　1941 年　初版　漢譯世
界名著　(m.)

004341183　4870　2142　CHIN　905　CHE　FC7834　Film
Mas　31762
中國法制史
程樹德編著　上海　華通書局　1931 年
　初版　華通法學叢書　(m.)

007584199　4870　2198
支那之法理學
程光銘著　長春　福文洪印書局　1937
年　(m.)

004483848　CHIN　905　TIN　KNN122.D564　1937
中國法制史
丁元普著　上海　會文堂新記書局
1933 年　(m.)

007582475　4870　2902　FC7835　Film　Mas　31811
中國法制史
朱方著　上海　法學社　1931 年
(m.)

007584202　4870　2923
中國歷代法制考初、二編
徐德源著　北京　直隸書局　1913—
14 年

007584208　4870　4231　FC8700　Film　Mas　32755
中國法律發達史二部
楊鴻烈編著　上海　商務印書館　1930
年　(m.)

011831100　KNN20.Q584　1934
歷代律例全書唐
丘漢平校編　上海　民權律師團　1934
年　初版　(m.)

004341185　4870　4231.1　CHIN　905　YAN　FC7836　Film
Mas　31810
中國法律在東亞諸國之影響
楊鴻烈著　上海　商務印書館　1937 年
　初版　(m.)

007582472　4870　4441
現代法學
梅汝璈編著　上海　新月書店　1932 年
　初版　現代文化叢書　(m.)

007584210　4870　4942
中國法律之批判
蔡樞衡編著　香港　正中書局　1942年
（m.）

007582473　4870　5994
中國法制及法律思想史講話
秦尚志編著　上海　世界書局　1943年
初版　（m.）

007582446　4870　7931　FC7837　Film Mas 31809
中國法家概論
陳啟天著　上海　中華書局　1936年
（m.）

004341085　4870　7933　CHIN　905　CHE
中國法制史
陳顧遠著　上海　商務印書館　1934年
初版　（m.）

007649265　4871　1152
中國古代法理學
王振先著　上海　商務印書館　1925年
初版　國學小叢書　（m.）

011811702　KNN1572.T369　1926
中國司法制度
陶彙曾［希聖］著　上海　商務印書館
1926年　初版　（m.）

007582396　4880　0247
大陸近代法律思想小史
方孝岳編　陶履恭校　上海　商務印書館　1921—23年　初版　（m.）

011903818　K215.C5　M67　1939
法律發達史
M. F. Morris著　王學文譯　長沙　商務印書館　1939年　初版　（m.）

004341181　CHIN　905　TIN　K215.C45　T5　1933
法律思想史
丁元普著　上海　上海法學編譯社
1933年　法學叢書　（m.）

011919032　K215.C45　T5　1932
法律思想史概說
（日）小野清一郎編著　何建民譯　上海
民智書局　1932年　初版　（m.）

007584221　4880.64　0261
蘇聯的法院
上海　時代出版社　1949年

007582474　4880.64　7223
俄國法律學說
劉仰之編著　上海　商務印書館　1948年　初版　（m.）

007584224　4881　2142
漢律考七卷
程樹德撰　京師　1919年

007582476　4881　2142.4
九朝律考
程樹德著　上海　商務印書館　1934年
國難後2版　（m.）

009245819　4882　4422
唐明律合編
薛允升著　上海　商務印書館　1937年
初版　國學基本叢書　（m.）

007566445　4683　4005d
大唐六典三十卷
唐玄宗撰　李林甫註　近衛家熙校　東京　京都帝國大學文學部　1935年

007585437　4882　7187.2
唐律通論
徐道鄰著　重慶　中華書局　1945年
（m.）

007649266　4882　7187B
唐律疏議三十卷
（唐）長孫無忌著　上海　商務印書館
1933 年　初版　國學基本叢書　（m.）

007583969　4882　7187c
故唐律疏議三十卷
長孫無忌撰　上海　涵芬樓　1936 年
四部叢刊

007583900　4883　3912
宋刑統
北京　國務院法制局　1918 年

007585506　4883　3912B
刑統三十卷
竇儀撰　香港　吳興劉氏　1921 年　嘉
業堂叢書本

007585507　4883　4149
棠陰比事
桂萬榮撰　廣州　1921 年

007585509　4883　4149b
棠陰比事
桂萬榮撰　上海　商務印書館　1934 年

007586028　4885　8143c
駁案彙編
上海　大成書局　1923 年

007586050　4886　0136
戰時人民法定行爲之析述
施宏勳編著　重慶　正中書局　1940 年
（m.）

007585772　4886　0217
最高法院解釋法律文件
商務印書館編譯所編輯　上海　商務印
書館　1929—30 年　初版　（m.）

007585882　4886　0222
中華民國六法理由判解彙編
郭衛、周定枚編輯　上海　萬籟　1933
年　（m.）

004336913　4886　0222.1　CHIN　503　CHI
大理院解釋例全文
郭衛編　上海　會文堂新記書局　1930
年　初版　（m.）

007585768　4886　0222.2
大理院解釋例全文檢查表
郭衛編　上海　上海法學編譯社　1931
年　（m.）

007586053　4886　0222.4
大理院判決例全書檢查表
郭衛編　香港　萬籟　1932 年　再版

001363830　4886　0222.8　CHIN　203　F33
司法法令
郭衛輯校　上海　上海法學編譯社
1932 年

007585715　4886　0222.9
六法全書
郭衛輯校　上海　上海法學編譯社
1931 年　（m.）

007586054　4886　0222.91
法令大全
郭衛輯校　上海　上海法學編譯社
1931 年　（m.）

004336911　4886　1321　CHIN　397　F46
司法法令彙編
司法行政部編　上海　上海法學編譯社
1946 年　初版　（m.）

007588070　4886　1321.7　FC8331　Film　Mas　32207
民國二十一年度司法統計
司法行政部統計室編輯　南京　1935 年

005668720　4886　2438
戰時法規述要
季灝編著　重慶　中心印書局　1943 年
（m.）

007585767　4886　2452
司法院最高法院判解例要旨彙編
傅哲泉編　上海　民智書局　1929 年
初版　（m.）

007588076　4886　2534
新法令彙編
山東濟南地方法院選輯　濟南　1947 年

007588078　4886　2910
[袖珍]六法彙編
徐百齊撰　上海　商務印書館　1937 年

004332715　4886　2910.3　CHIN　203　F37
法律專册
徐百齊編　上海　商務印書館　1937 年
（m.）

007588079　4886　3025
司法行政法令輯要
法部編輯室　北京　法部總務局　1939
年　（m.）

007585765　4886　4143　FC8069　Film　Mas　32005
直隸高等審判廳判牘集要
直隸高等審判廳編　天津　天津商務印
書館　1915 年　初版　（m.）

007588082　4886　4819
中國六法全書
趙琛、楊元彪、沈志明編輯　上海　世界
書局　1936 年　最近增訂　（m.）

007588084　4886　4846
法律的農民化
黃右昌撰　北平　中華印書局　1928 年

007585750　4886　5502
現行法規選輯
中央訓練團編　重慶　中央訓練團
1944 年　（m.）

007588089　4886　5635
最新六法全書
中國法規刊行社　上海　春明書店
1946 年　（m.）

007588091　4886　6322
中華民國六法理由判解彙編
吳經熊編輯　上海　會文堂新記書局
1941 年　增訂本　（m.）

007588093　4886　6637
新六法大全
昌明法學編譯社　上海　昌明書屋
1947 年　新 1 版　（m.）

004332710　4886　7252　CHIN　204C　F23
大理院判例解釋新六法大全
周東白編　上海　世界書局　1923 年
初版　（m.）

007789715　MLC－C
大理院判例解釋現行商法大全
香港　世界書局　1924 年　初版

007590232　4886　794
民刑事裁判大全
陳士傑、謝森、殷吉墀著　上海　會文堂
新記書局　1937 年　（m.）

007590245　4886.09　0222
最高法院解釋法律文件彙編第一至五集
郭衛編　上海　法學編譯社　1928—29
年　3、4 版　（m.）

007590246　4886.09　0222.1
司法院解釋法律文件彙編
郭衛編　上海　上海法學編譯社　1930

845

社會科學類

年　再版　（m.）

007588930　4886.09　2933
司法院解釋例要旨彙覽
朱鴻達編　上海　世界書局　1931 年（m.）

007588928　4886.09　6037
兩年來解釋判例彙編
（僞）最高法院書記廳編　南京　最高法院書記廳　1942 年　（m.）

008370634　4886.09　6037.1
最高法院刑庭會議記錄類編 1928 年至 1948 年 6 月
最高法院編　上海　上海法學編譯社　1948 年　（m.）

007588929　4886.09　6403
最高法院判例要旨 1932—1940 年第二輯
最高法院判例編輯委員會編　重慶　大東書局　1944 年　初版　（m.）

007590253　4886.09　6403.1
最高法院判例要旨
吳經熊校訂　上海　會文堂新記書局　1935—36 年　（m.）

007588931　4886.09　7213　（v.1－2）
司法院解釋要旨分類彙編
劉霽凌編　上海　大東書局　1946 年　初版　（m.）

007590255　4886.09　8370
最高法院判決解釋例要旨彙覽
鄭爱諏編　上海　世界書局　1932 年

011979241　KNN1650.C4　1923
全國律師民刑訴狀彙編
凌善清編　程訥校勘　上海　大東書局　1923 年　初版　（m.）

007588805　4886.101　3133
晉察冀法令彙編
湛之編　1946 年

007588911　4886.28　2303
上海市重要法令彙刊初編
上海市通志館編　上海　中華書局　1947 年　（m.）

007589921　4888　0175
日本六法全書政法學堂參考用書
商務印書館編譯所編譯　上海　商務印書館　1914 年　17 版　（m.）

007589924　4890　0443
比較憲法上册
章友江著　重慶　生活書店　1945 年　勝利後 1 版　（m.）

007591421　4890　1144
比較憲法
王世傑、錢端升著　重慶　商務印書館　1947 年　增訂 5 版　（m.）

011933174　K3165.W3　1934
比較憲法綱要
汪馥炎著　上海　上海法學書局　1934 年　（m.）

011912020　K3165.L8　1933
比較憲法論
呂復著　北平　中華印書局　1933 年（m.）

011920044　K3165.W3　1930
比較憲法學
王覲煒編　北平　北平大學法學院寄售　1930 年　3 版　畏園叢書　（m.）

011911916　KNN2506.L5　1931
比例代表法概説
劉絜敖編　上海　商務印書館　1931 年

初版　社會科學小叢書　（m.）

011932039　K3165.M4　1913
美法英德四國憲法比較
（美）約翰・温澤爾著　楊鉌森、張萃農合譯　上海　中華書局　1913年　初版　（m.）

007589871　4890　1343
中國憲政論
張友漁著　重慶　生生出版社　1945年　再版　（m.）

007589922　4890　2110
憲法與教育
程天放編　上海　正中書局　1946年　滬1版　憲政叢書　（m.）

007589903　4890　2142
憲法歷史及比較研究
程樹德著　北京　朝陽學院出版部　1933年

007589891　4890　2244
憲政運動論文選集
重慶　生活書店　1940年　再版　（m.）

007589925　4890　3182　FC-M1543
憲法要覽
沈鈞儒、何基鴻編纂　北京　北京商務印書分館　1922年　（m.）

011937067　K3293.M5　1918
選舉法綱要
（日）美濃部達吉著　畢原、張步先合譯　北京　內務部編譯處　1918年　（m.）

007589923　4890　4111
各國憲法及其政府
薩孟武著　重慶　南方印書館　1943年　（m.）

007589892　4890　4226
憲法綱要
胡經明編著　重慶　獨立出版社　1945年　（m.）

004347379　4890　7105
比較憲法
阮毅成著　上海　商務印書館　1934年　新時代法學叢書　（m.）

007589893　4890　8282
中國比較憲法論
鄭毓秀著　湯彬華編輯　上海　世界書局　1927年　（m.）

007591428　4890　8770
人民民主國家憲章
北京　群眾書店　1949年

011919913　K3165.C4　1931
比較憲法
程樹德著　上海　華通書局　1931年　初版　（m.）

011909350　K3165.F45　1934
比較憲法
費鞏編著　上海　世界法政學社　1934年　世界法學叢書　（m.）

011892441　K3165.L8　1915
美法民政之比較
陸懋德著　香港　陸懋德　1915年　（m.）

011739611　KNN2110.Z436　1933
現代憲政論中國制憲問題
章淵若著　上海　中華書局　1933年　（m.）

011903518　K3165.W364　1938
憲法綱要
汪馥炎著　長沙　商務印書館　1938 年
　再版　政法叢書　（m.）

011982131　JQ1504.L5　1946
中國新憲法論
劉静文著　南京　獨立出版社　1946 年
　南京 5 版　（m.）

007584233　4890.1　0245
憲政問題參考資料
新華書店　香港　該店　1946 年

007584234　4890.1　0343　FC8072　Film　Mas　32008
擬中華民國憲法草案
康有爲撰　上海　廣智書局　1916 年

007583872　4890.1　1111
中國憲法淺釋
王孫録編著　南京　新中國出版社
1948 年　初版　時代知識叢刊　（m.）

007583874　4890.1　1137
五五憲法草案之研究與修正
王澤民修正　江西　1946 年　（m.）

004332680　4890.1　1806　CHIN　100　F47
中華民國憲法釋義及表解
耿文田著　上海　商務印書館　1947 年
　初版　（m.）

007584237　4890.1　1924　CHIN　961　SUN
憲政要義
孫科著　重慶　商務印書館　1944 年
（m.）

007588904　4890.1　2133
五權憲法釋義
魏冰心編著　上海　中央圖書局　1927
年　再版　（m.）

007583876　4890.1　2217
大中華民國憲法草案補訂案一稱喬訂憲法草案
喬一凡補訂　重慶　中國民生教育學會
　1940 年　初版

007583832　4890.1　2232
憲法平議
何永佶著　上海　大公報館　1947 年
（m.）

007584248　4890.1　2263
憲法草案研究
韜奮等著　上海　生活書店　1946 年
（m.）

007583873　4890.1　2320　FC8071　Film　Mas　32007
中華民國憲法史料
岑德彰編　上海　新中國建設學會
1933 年　初版　新中國建設學會叢書
（m.）

004347336　CHIN　965　WU　FC5581　Film　Mas　31729
中國制憲史
吳經熊、黄公覺著　上海　商務印書館
　1937 年　初版　（m.）

007585490　4890.1　2338
中華民國憲法史
吳宗慈編　北京　東方時報館　1923 年
（m.）

007583871　4890.1　2374
憲政問題討論集
上海周報社編　上海　上海周報社
1940 年　再版　上海周報社叢書
（m.）

007583976　4890.1　2614
中國憲法大綱
儲玉坤編著　上海　中華書局　1948 年

增訂本 （m.）

007584260　4890.1　3102
國憲綱目
江亢虎撰　上海　南方大學出版部　1926 年

007583875　4890.1　3130
憲政實施協進會對五五憲草意見整理及研討結果
憲政實施協進會編　重慶　憲政實施協進會　1945 年　（m.）

007585513　4890.1　3181
憲政實施的認識
王劍琴撰　香港　政論編譯社　1940 年　（m.）

007585371　4890.1　3343
中華民國憲法草案初稿
濟南　憲法草案委員會　1936 年　（m.）

007585446　4890.1　3344　FC7838　Film Mas 31808
憲法起草委員會會議錄
憲法起草委員會編　北京　衆議院　1913 年　（m.）

007585526　4890.1　3643
中國憲法史綱要
潘大逵著　上海　會文堂　1937 年　再版　（m.）

007590164　4890.1　4221.3
憲政要覽
楊紀撰　香港　念瑛齋　1940 年

007585409　4890.1　4224
憲政問題研究
胡卓英編著　重慶　重慶新意識社　1940 年

004347347　4890.1　4229　CHIN 9●5 YAN
近代中國立法史
楊幼炯著　上海　商務印書館　1936 年　中山文化教育館研究叢書　（m.）

007585542　4890.1　4243
中國習慣法論
胡樸安撰　1920 年

007591768　4890.1　4248
中華民國憲法中英對照
郝志翔英譯　上海　商務印書館　1947 年　再版　（m.）

007585443　4890.1　4942
憲政問題常識問答
林世權［柏生］、張方、陳哲民合編　香港　青年自勵社　1940 年　（m.）

007585303　4890.1　5476
中華民國憲法 1946 年 12 月 25 日國民大會通過
國民大會秘書處編　南京　國民大會秘書處　1946 年　（m.）

007585306　4890.1　5476.2
中華民國訓政時期約法
中國國民黨中央執行委員會編　南京　中國國民黨中央執行委員會　1931 年　（m.）

007585353　4890.1　5628
約法會議記錄
約法會議秘書廳編　北京　約法會議秘書廳　1915 年

007585305　4890.1　6143
中國憲法釋論
羅志淵著　南京　政衡月刊社　1947 年　（m.）

007585304　4890.1　6344.2
草憲便覽
林長民編　北京　國憲起草委員會
1925年　（m.）

007585410　4890.1　6631
國民大會與憲政手冊
呂家瑞編　上海　現實出版社　1940年
（m.）

007589106　4890.1　5476.1　T　4890.1　6748
中華民國憲法
上海　商務印書館　1947年　（m.）

007585558　4890.1　6748.2
第一屆國民大會第一次會議關於憲法提案原文
南京　國民大會秘書處　1946年

007585302　4890.1　6748.3
國民大會代表對於中華民國憲法草案發言記錄
國民大會秘書處編　南京　國民大會秘書處　1946年　（m.）

004347380　4890.1　7105　4890.1　7105b　CHIN　961　YUA
中華民國訓政時期約法
阮毅成編著　上海　商務印書館　1935年　4版　實用法律叢書　（m.）

007585370　4890.1　7220
中國憲政問題研究
周鯨文著　香港　時代批評社　1940年　時代叢書　（m.）

007585564　4890.1　7250
中國憲政原理增訂本
劉靜文撰　上海　正中書局　1947年　2版　（m.）

007585565　4890.1　7260
中國憲政發展史
周異斌、羅志淵著　重慶　文威印刷所　1944年

011737455　KNN2160.Z468　1947
中國憲政發展史
周異斌、羅志淵同著　上海　大東書局　1947年　增訂版　（m.）

007585300　4890.1　7398
民國憲法問題
民治協會編　上海　民治協會　1933年　初版　民治協會叢書　（m.）

004344618　4890.1　7940　CHIN　961　CHE　FC7736　Film Mas　31728
中國憲法史
陳茹玄編著　上海　世界書局　1933年　初版　（m.）

011918960　KNN2160.C4　1947
增訂中國憲法史
陳茹玄著　上海　世界書局　1947年　增訂

007585271　4890.1　8165
五權憲政論集
金鳴盛著　上海　中華書局　1936年　（m.）

007585240　4890.1　8756
憲政運動參考材料
全民抗戰社編　重慶　生活書店　1939年　再版　（m.）

011982631　JQ1516.L78　1946
中國憲政的經濟基礎
劉靜文編　上海　正中書局　1946年　（m.）

008606986　FC7738　Film　Mas　31733
中國議會史
顧敦鍒撰　蘇州　正堂　1941 年
（m.）

011900468　KNN2514.A28　1912
中華民國國會組織法選舉法淺釋
陶保霖、孔昭焱、壽孝天編　上海　商務
印書館　1912 年　初版　（m.）

011983660　KNN2064.6　1936.C4　1945
五權憲法草案精義
陳長蘅編著　上海　正中書局　1945 年
　憲政叢書　（m.）

011830579　KNN2064.61936.L86　1946
中華民國憲法芻議—名五五憲草修正案
羅家衡著　上海　自由出版社　1946 年
　再版　（m.）

011934854　KNN2064.61936.C4　1946
人民之權利義務
章淵若編著　上海　正中書局　1946 年
滬初版　憲政叢書　（m.）

011892023　JQ1504.H3　1946
憲法論
韓幽桐著　北平　中外出版社　1946 年
　初版　（m.）

011986023　HQ1121.L78　1947
婦女問題文集
劉蘅靜著　南京　婦女月刊社　1947 年
　（m.）

011937514　HQ1121.W4512　1920
世界女族進化小史
亮樂月著　上海　廣學會　1920 年

007585949　4890.2　0328
憲政實施與婦女
新生活運動促進總會婦女指導委員會
重慶　該會　1944 年　（m.）

007585757　4890.2　037
中華民國憲法草案說明書
立法院中華民國憲法草案宣傳委員會編
　重慶　正中書局　1943 年　8 版
（m.）

007585754　4890.2　037.3
憲政法規
立法院秘書處編　南京　立法院秘書處
　1948 年　初版　（m.）

007585951　4890.2　037A
中華民國憲法草案說明書
重慶　正中書局　1940 年　（m.）

007585957　4890.2　1133
中國選舉史略
王道編　北京　內務部編譯處　1917 年
　（m.）

007585756　4890.2　1134
五五憲草有關文獻
中國文化服務社編　上海　中國文化服
務社　1946 年　初版　（m.）

007585753　4890.2　1135
五五憲草及有關法規彙編
憲政實施協進會編　重慶　中國文化服
務社　1944 年　初版　（m.）

007585755　4890.2　1181
五五憲草之評議
孔繁霖編　南京　時代出版社　1946 年
　初版　時代論叢　（m.）

007585858　4890.2　1274
制憲芻議
邵履均著　南京　獨立出版社　1946 年

004344613　4890.2　1314　CHIN　961　CHA　FC8070　Film Mas　32006
中華民國民主憲法十講
張君勱著　上海　商務印書館　1947年　初版　（m.）

007585751　4890.2　1314A
中華民國民主憲法十講
張君勱著　上海　商務印書館　1948年　再版　（m.）

007585752　4890.2　3199
中國憲法史
汪煌輝編　上海　世界書局　1931年（m.）

004344534　4890.2　3644　CHIN　961　PAN　FC8075　Film Mas　31981
中華民國憲法史
潘樹藩編纂　上海　商務印書館　1935年　（m.）

007585975　4890.2　4111
憲法提要
薩孟武著　重慶　大東書局　1945年（m.）

005668723　4890.2　4119
中國憲法
董霖編著　重慶　國民圖書出版社　1943年　初版　國際編譯社法學叢書（m.）

007588147　4890.2　4653
三民主義憲法論
茹春浦編　重慶　四川省學生集訓總隊翻印　1940年　（m.）

007587835　4890.2　5564
行憲法規
中央日報社編　南京　中央日報社　1947年　再版　（m.）

007587834　4890.2　5667
憲政建設重要文獻彙編
中國國民黨中央執行委員會宣傳部編　重慶　中國國民黨中央執行委員會宣傳部　1943年　（m.）

007587836　4890.2　7222
中華民國憲法草案
馬俊生編著　上海　華通書局　1933年　初版　（m.）

007588159　4890.2　7284
請提前實行憲政以一人心而救國難案
劉鎮華撰　香港　1931年

008209256　MLC－C
國民大會代表提案原文
1948年

007570994　FC347
政治協商會議文彙
學習知識社編　廣州　學習知識出版社　1946年

009481172　FC9625　Film Mas　35941
國民大會民國35年
1946年

011805426　JN6511.W874　1921
俄憲說略
吳山著　兩極譯　潛夫編　廣州　協和公司　1921年　修正再版　（m.）

011809709　JN6511.S855　1944
蘇聯新憲法研究
張仲實編譯　重慶　生活出版社　1944年　3版　（m.）

007589142　4890.64　1323　USSR　961　ZHA64　1937
蘇聯新憲法研究
張仲實編譯　上海　生活書店　1937年　初版　（m.）

007591407　4890.64　2044
蘇聯法律
維辛斯基編著　吳澤炎等譯　上海　商務印書館　1949—50年

007591410　4890.64　2044　(3)
蘇聯社會組織
上海　商務印書館　1949—50年　蘇聯法律　(m.)

007591412　4890.64　2044　(4)
蘇聯國家組織
上海　商務印書館　1949—50年　蘇聯法律

007591413　4890.64　2044　(5)
蘇聯最高國家權力機關
上海　商務印書館　1949—50年　蘇聯法律

007591416　4890.64　2044　(6)
蘇聯國家行政機關
上海　商務印書館　1949—50年　蘇聯法律

007591417　4890.64　2044　(7)
蘇聯地方機構
上海　商務印書館　1949—50年　蘇聯法律

007591418　4890.64　2044　(8)
蘇聯法院和檢察機關
上海　商務印書館　1949—50年　蘇聯法律　(m.)

007591419　4890.64　2044　(9)
蘇聯公民的基本權利和義務
上海　商務印書館　1949—50年　蘇聯法律　(m.)

007591420　4890.64　2044　(10)
蘇聯選舉制度
上海　商務印書館　1949—50年　蘇聯法律　(m.)

004818348　4890.64　8204　USSR　961　CHE
社會主義的新憲法
鄭斌編著　上海　商務印書館　1934年初版　新時代史地叢書　(m.)

007589920　4890.75　0240
意大利憲法新論
(意)齊勉蒂[P. Chimienti]著　錢九威譯　上海　商務印書館　1935年初版　(m.)

007589091　4891　1329
民法總則概要
張季炘編著　上海　世界書局　1929年　考試準備政法概要叢書

007588917　4891　1422　(1-2)
中華民法
平衡校閱　上海　中央書店　1935年3版　(m.)

007588920　4891　2378
事情變更原則與貨幣價值之變動戰時民事立法
吳學義著　重慶　商務印書館　1944年初版　(m.)

007589086　4891　2378A
事情變更原則與貨幣價值之變動戰時民事立法
吳學義著　上海　商務印書館　1946年　(m.)

007589161　4891　2963
離婚法論
徐思達撰　天津　益世報館　1932年　(m.)

007588923 4891 4173
民法債編概要
姚驥編　上海　世界書局　1930年
"考試準備"各科概要叢書　（m.）

007588918 4891 4173.7
民法物權概要
姚驥編　上海　世界書局　1930年
"考試準備"各科概要叢書　（m.）

004489951 4891 4273 CHIN 920 HU
民法債總論
胡長清編　上海　商務印書館　1931年
　新時代法學叢書　（m.）

007588919 4891 4273.7
民法總則
胡長清編　上海　商務印書館　1933年
　國難後1版　新時代法學叢書
（m.）

011931309 KNN500.O8 1937
民法總論
歐陽溪著　上海　上海法學編譯社
1937年　4版　（m.）

007589175 4891.1 2903
民法總論
徐謙著　上海　會文堂新記書局　1936
年　法學叢書　（m.）

011910506 KNN500.T3 1932
民法總論
唐紀翔著　北平　開明書局　1932年
　再版　（m.）

003611760 4891.1 4225
新民法總則提要
蕭志鼇著　上海　神州國光社　1931年
（m.）

007588916 4891.1 4273 FC8073 Film Mas 31979
中國民法總論
胡長清著　上海　商務印書館　1948年
　滬9版　（m.）

007590167 4891.1 4846
民法詮解總則編及補編
黃右昌編著　上海　商務印書館　1945
年　增訂本　（m.）

007591181 4891.1 5493
民法總則釋義
史尚寬釋義　上海　上海法學編譯社
1946年　新1版　現行法律釋義叢書
（m.）

007589123 4891.1 6710
民法總則
南京　司法行政部　1929年　（m.）

007591763 4891.1 7872
民法總則釋義
歐陽溪著　上海　上海法學編譯社
1931年　1936年修正版　（m.）

007590171 4891.1 8220
民法總則集解
鄭爰諏編輯　朱鴻達校訂　上海　世界
書局　1934年　（m.）

007649271 4891.1 8544
管轄在華外國人實施條例案
外交部編　香港　外交部　1931年
（m.）

004357449 4891.2 0168 CHIN 918 LUN FC8074 Film Mas 31980
現行法上租賃之研究
龍顯銘著　上海　商務印書館　1946年
　滬初版　（m.）

011902955　K2292.R836　1933
陪審制度
阮毅成編著　上海　世界法政學社
1933年　世界法學叢書　（m.）

011912227　KNN1690.K3　1937
強制執行法通義
康煥棟編著　上海　會文堂新記書局
1937年　初版　法學叢書　（m.）

004357438　4891.2　2559　CHIN　920　WAG
中國民法債編總則論
（日）我妻榮著　洪錫桓譯　上海　商務
印書館　1936年　初版　政法叢書
（m.）

007607273　4891.2　4233　CHIN　921　KO
中華債法論綱
柯淩漢著　上海　商務印書館　1934年
初版　（m.）

011916819　KNN811.H8　1939
民法債總論
胡長清編著　長沙　商務印書館　1939
年　長沙再版　新時代法學叢書
（m.）

007588922　4891.2　4242
民法要義債編通則
郗朝俊著　上海　會文堂新記書局
1937年　再版　（m.）

007588921　4891.2　4273　CHIN　921　HU　CHIN　925　HU
契約法論
胡長清著　上海　商務印書館　1934年
再版　（m.）

007590177　4891.2　4273.1
中國民法債篇總論
胡長清著　上海　商務印書館　1940年

011896146　K623.15　1933
比較民法債編通則
李祖蔭著　北平　朝陽學院　1933年
初版　（m.）

011800745　KNN811.C44x　1933
民法通義債編總論
陳瑾昆著　北平　朝陽學院　1933年
3版　（m.）

007287255　KNN500.M5　1913x
民法問題義解
日本普文學會編著　共和法政學會編譯
部譯　上海　共和法政學會　1913年
（m.）

011909212　KNN500.M5　1914
民法要覽
東方法學會譯編　上海　泰東圖書局
1914年　初版　法政要覽叢書　（m.）

007590180　4891.2　4424
民法債編各論
韋維清編著　汪翰章主編　上海　大東
書局　1948年　國立暨南大學法律叢書
（m.）

011886480　KNN640.C4x　1932
物權新論
鍾洪聲編著　上海　大東書局　1932年
初版　（m.）

011758250　KNN640.W364　1933
現代物權法論
王去非編著　上海　世界書局　1933年
（m.）

011933320　KNN811.15　1947
民法債編總論
李謨、黃景柏編著　上海　大東書局
1947年　3版　國立暨南大學法律叢書

（m.）

007590183　4891.2　4521b　FC7739　Film　Mas　31730
民法債編各論
戴修瓚著　上海　會文堂新記書局　1933年　法學叢書

007801943　MLC－C
強制執行法釋義
林廷柯編著　香港　會文堂新記書局　1947年　初版　（m.）

007590185　4891.2　6441　CHIN　925　HSI
新式契約撮要
時希聖著　上海　廣益書局　1936年

007590193　4891.2　8220
民法債編集解
鄭爰諏編輯　朱鴻達修訂　上海　世界書局　1933年　（m.）

004559792　4891.3　1321　JAPAN　916　MIT/AC
物權法提要
三潴信三著　孫芳譯　上海　商務印書館　1934年　初版　政法叢書　（m.）

007589927　4891.3　4233
中華物權法論綱
柯淩漢著　上海　商務印書館　1935年　初版　（m.）

004357434　CHIN　915　HU　KNN640.H834　1934
民法物權
胡長清著　上海　商務印書館　1934年　初版　新时代法學叢書　（m.）

007591182　4891.3　4242
民法要義物權編
郗朝俊著　上海　會文堂新記書局　1937年　3版　（m.）

007591391　4891.3　4846　（1）
民法學詮解物權編上冊
黃右昌撰　上海　商務印書館　1947年　3版

007591393　4891.3　4846　（2）
民法詮解物權編下
黃右昌編著　上海　商務印書館　1945年　（m.）

011908967　KNN640.C4　1947
中國民法物權論
張企泰著　重慶　大東書局　1947年　4版　（m.）

011895570　KNN640.C4　1936
物權法要論
周新民著　上海　商務印書館　1936年　初版　新時代法學叢書　（m.）

007589888　4891.3　8111
典權制度論
鍾乃可著　上海　商務印書館　1937年　（m.）

007589929　4891.4　2324
中國親屬法原理
吳岐著　上海　中國文化服務社　1947年　初版　（m.）

007589930　4891.4　2902
民法親屬編詳解
朱方編　上海　上海法政學社　1936年　初版　現行法律叢書　（m.）

007589900　4891.4　2947
中國親屬法溯源
徐朝陽著　上海　上海商務印書館　1933年　初版　國學小叢書　（m.）

007591386　4891.4　4103
民法親屬編修正案民法繼承編修正案
董康撰　香港　1939年

007591401　4891.4　4431　　4891.4　4431A
現行親屬法論
李宜琛編著　上海　商務印書館　1946年　（m.）

007589890　4891.4　4876
民法親屬編
趙鳳喈編著　南京　國立編譯館　1946年　（m.）

008364171　4891.4　4920
親屬法
林鼎章著　司法院法官訓練所主編　上海　商務印書館　1946年　滬初版　（m.）

004357446　4891.4　5629　CHIN　913　TSA
中國民法親屬編論
曹傑著　上海　會文堂新記書局　1935年　（m.）

007589928　4891.4　7105
中國親屬法概論
阮毅成編著　上海　世界法政學社　1933年　初版　（m.）

011905206　KNN770.W3　1929
女子繼承權詮釋
汪澄之編　上海　民治書店　1929年　婦女叢書　（m.）

004357477　4891.5　4122　CHIN　919　LO
民法繼承論
羅鼎著　上海　上海法學編譯社　1933年　初版　（m.）

007591600　4891.5　4431
現行繼承法論
李宜琛著　上海　國立編譯館　1946年　滬再版　（m.）

007698956　MLC－C
邊區繼承問題處理辦法
延大教務處編　延安　延安大學教務處　1946年　延安大學司法班講義

007591184　4891.5　4533　FC5876（3）
女子繼承權法令彙解
戴渭清編　上海　民治書店　1929年　初版　婦女叢書　（m.）

011735568　KNN770.L863　1946
民法繼承實用
羅鼎編撰　上海　大夏書局　1946年　滬再版　中央政治學校法官訓練班法律叢書　（m.）

007591183　4891.5　7280
繼承法
劉含章著　司法院法官訓練所主編　上海　商務印書館　1946年　（m.）

007591302　4891.5　7284
民法繼承釋義
劉鍾英著　上海　會文堂新記書局　1936年　現行法律釋義叢書

007591229　4891.5　8264
中國民法繼承論
鄭國柟著　上海　中華書局　1945年　初版　（m.）

007591780　4891.8　4392
合作法令輯要
臺灣省行政長官公署民政處合作事業管理委員會編輯　臺北　臺灣省行政長官公署民政處合作事業管理委員會　1947年

007591781　4891.8　5093
信託法論
史尚寬著　上海　商務印書館　1947年
（m.）

007584273　4892　0280
工商業管制法規
立信會計師重慶事務所編　重慶　1943年　工商業主要法規　（m.）

011797621　KNN1005　C446　1934
國際私法商事編一名國際商事法論
陳顧遠著　上海　民智書局　1934年　初版　（m.）

007583839　4892　1043
中國商事法概論
王孝通編著　上海　世界書局　1933年
（m.）

007584278　4892　1126
商標註冊指導
王叔明編　上海　商務印書館　1934年
（m.）

004357455　4892　1143　CHIN　929　WAN
商事法概要職業學校教科書
王孝通編著　長沙　商務印書館　1938年　4版　（m.）

007585313　4892　1931
最新商業重要法規稅則彙編
霖社編　桂林　霖社　1943年　初版
（m.）

007585494　4892　2306
商法概要
吳應圖編　上海　中華書局　1926年　常識叢書　（m.）

007585311　4892　23208　FC10009　Film　Mas　37937
商法調查案理由書
預備立憲公會、上海商務總會、上海商學公會主編　上海　商務代售　1912年　再版　（m.）

007585312　4892　7132
中國商事法
劉朗泉編著　上海　商務印書館　1937年　初版　南開大學經濟研究所叢書
（m.）

007649267　4892.1　7228　FC10010　Film　Mas　37936
商人通例釋義
陶彙曾[陶希聖]編　上海　商務印書館　1925年　初版　（m.）

007585546　4892.2　0280
公司法規
立信會計師重慶事務所編　重慶　立信會計圖書用品社　1943年　工商業主要法規　（m.）

007585548　4892.2　1143
中國公司法論
王孝通著　廣州　世界法政學社　1932年　（m.）

007585553　4892.2　1331
新公司法解釋
張肇元編　上海　立信會計圖書用品社　1947年　3版　（m.）

007585314　4892.2　2300
公司法附公司法施行法暨公司登記規則
經濟部編　長沙　商務印書館　1940年　初版　經濟部刊物　第2種　第1類
（m.）

007585317　4892.2　2902
公司法詳解依照最新法令編制
朱方著　上海　上海法政學社　1931年　初版　（m.）

007585242　4892.2　3602
公司登記規則
潘序倫編著　上海　商務印書館　1936年　4版　實用法律叢書　(m.)

011916493　K1301.W3　1917
比較商法論
王家駒編　上海　中華書局　1917年　初版　(m.)

007585318　4892.2　4524
公司法概論
梅仲協編著　上海　正中書局　1947年　滬4版　(m.)

011913773　KNN937.H7　1925
票據法研究續編
徐滄水編　上海　銀行週報社　1925年　(m.)

011902969　KNN920.M3　1917
商法原論
松本蒸治著　陳壽凡譯述　上海　商務印書館　1917年　初版　(m.)

011879250　KNN920.X56　1914
商法總則
熊元翰編　北京　安徽法學社　1914年　4版　(m.)

011906443　KNN920.W3　1947
商事法要義
王效文著　上海　昌明書屋　1947年　1版　(m.)

007585560　4892.2　4844
公司法 ABC 上冊
黃夢樓著　上海　ABC 叢書社　1931年　(m.)

011801372　KNP99.5.W8　1937
銀行法務論
吳士宏著　上海　商務印書館　1937年　初版　經濟叢書　(m.)

007585315　4892.2　6710
公司法
國民政府公佈　上海　商務印書館　1946年　初版　(m.)

011918993　HD2894.W3　K9　1936
公司法
王效文著　上海　商務印書館　1936年　4版　實用法律叢書　(m.)

011896142　KNN937.Q58　1933
中國票據法論
丘漢平編著　上海　上海法政學社　1933年　世界法學叢書　(m.)

004357459　CHIN　931　HSI　KNN937.X545　1934
票據法要義
謝霖著　上海　商務印書館　1934年　2版　(m.)

007585316　4892.4　1143
票據法要義
王孝通撰　上海　上海法學書局　1934年　(m.)

004344627　4892.5　1100　CHIN　953　WAN
海商法論
王效文著　上海　上海法學編譯社　1933年　法學叢書　(m.)

011562644　KNN970.Y364　1934
海商法新論
楊鵬編著　北平　朝陽學院出版部　1934年　初版　(m.)

011739560　KNN970.W459　1933
海運法
魏文翰編譯　上海　青光書局　1933年

初版　（m.）

004344626　CHIN　953　WAN　KNN970.W3　1946
中國海商法論
王效文著　上海　上海法學編譯社
1946 年　新 1 版　法學叢書　（m.）

007585952　4892.5　2104
共同海損論
魏文翰著　香港　中華書局　1943 年
（m.）

011912395　KNN998.W3　1930
中國保險法論
王效文著　上海　中華書局　1930 年
（m.）

011911691　KNN998.W3　1933
中國保險法論
王孝通編著　上海　世界法政學社
1933 年　世界法學叢書　（m.）

007585760　4892.6　1143
保險法論
王孝通著　上海　會文堂新記書局發行
　 1937 年　增訂 5 版　法學叢書
（m.）

011919917　KNN998.A291929　W3　1931
保險法釋義
王效文釋義　上海　上海法學編譯社
1931 年　（m.）

007585991　4892.6　7933
保險法概論
陳顧遠編著　重慶　正中書局　1943 年
　 （m.）

010521952　KNN998.C44　1946
保險法概論
陳顧遠編著　上海　正中書局　1946 年

滬 1 版　（m.）

007586004　4892.8　1124
破產法要論
王仲桓著　上海　中華書局　1937 年
（m.）

011912251　KNN1942.A29　1935　W3　1935
中國破產法釋義
王去非釋義　上海　上海法學研究社
1935 年　初版　（m.）

011735533　KNN1942.A29　1935　D464　1937
破產法釋義
丁元普著　上海　上海法學編譯社
1937 年　再版　現行法律釋義叢書
（m.）

007587844　4892.8　2327
比較破產法
吳傳頤編著　上海　商務印書館　1946
年　滬初版　（m.）

011919456　KNN1942.N5　1935
破產法論
寧柏青著　上海　商務印書館　1935 年
　 初版　新時代法學叢書　（m.）

007587860　4892.8　7215
破產法
陶亞東編著　上海　商務印書館　1936
年　5 版　實用法律叢書　（m.）

007589136　4892.9　0280
銀行法規
立信會計師重慶事務所編輯　重慶　立
信會計圖書用品社　1943 年　工商業主
要法規　（m.）

007589137　4893.1　2304
全國註冊商標索引

經濟部商標局編　香港　經濟部商標局
　　1942 年　（m.）

007589138　4893.1　3300
商標彙刊東亞之部
實業部商標局編　上海　中華書局
　　1934 年　（m.）

007588912　4893.1　6571
商標法施行細則
經濟部商標局編　南京　經濟部商標局
　　1947 年　（m.）

007588910　4893.2　0280
商業同業公會法規
立信會計師重慶事務所編　重慶　立信
　　會計圖書用品社　1943 年　初版　工商
　　業主要法規　（m.）

009562983　　　MLC – C
商業統制機構及其法規
居衡編　南京　全國經濟委員會經濟調
　　查研究所　1944 年　初版　（m.）

007589144　4893.2　7734
商會法通釋
歐陽瀚存著　上海　商務印書館　1924
　　年　（m.）

007589073　4893.4　5041
我國工會法研究
史太璞編著　上海　正中書局　1947 年
　　社會行政叢書　（m.）

007589167　4893.8　6100
納稅須知
韶關　財政部廣東稅務管理局數據室
　　1943 年　（m.）

007589169　4893.8　6104
印花稅法規

重慶　財政部直接稅署　1946 年
　　（m.）

011918174　KNN65.4.T335　1917
大理院法律解釋分輯
王世裕輯　上海　商務印書館　1917 年
　　初版　（m.）

011931400　KNN65.4.T334　1919
大理院解釋例要旨匯覽
大理院編輯處編　北京　大理院編輯處
　　1919 年　（m.）

011981306　KNN3709.C4　1938
動員綱領與動員法令
陳傳鋼編　漢口　新知書店　1938 年
　　初版　（m.）

011800794　KNN2915.W34　1914
廢省議
王登義著　北京　憲法新聞社　1914 年
　　（m.）

004085674　KNN1040.A291929　W454　1930　Unclassed
公司法釋義
翁敬棠著　上海　上海法學編譯社
　　1930 年　再版　法學叢書　（m.）

011916554　KNN2064.61913.N5　1922
國憲修正論
寧協萬著　北京　中華書局　1922 年
　　初版　（m.）

011911678　KNN970.A291929　W3　1936
海商法釋義
王效文著　上海　會文堂新記書局
　　1936 年　現行法律釋義叢書　（m.）

011431375　KNN970.A291929　C4　1930
海商法釋義
朱鴻達編著　上海　世界書局　1930 年

（m.）

004357239　CHIN　913　TSE　KNN542.Z464　1935
婚姻法
曾友豪著　上海　商務印書館　1935 年（m.）

011919854　KNN2970.A28　1947
考銓法規
羅志淵編　上海　大東書局　1947 年　初版　現行重要法規叢刊　（m.）

011913948　KNN540.A291930　T7　1932
民法親屬淺釋
宗惟恭著　上海　上海法學編譯社　1932 年　再版　現行法律淺釋　（m.）

011801779　K0.1.H83
民法親屬釋義
黃右昌著　上海　法學編譯社　1933 年　法學叢書　（m.）

001363818　CHIN　921　LIU　KNN810.L488　1946
民法實用債編各論
劉鎮中編著　上海　大東書局　1946 年　中央政治學校法官訓練班法律叢書（m.）

011981442　KNN634.31929.A6　C4　1930
民法物權編集解
朱鴻達集解　上海　世界書局　1930 年（m.）

011938112　KNN1610.H3　1914
判牘輯存
韓秉衡編　濟南　湖北法院　1914 年（m.）

011919033　KNN937.Y8　1931
票據法
余榮昌著　北平　好望書店　1931 年　初版　（m.）

011761034　KNN937.A291929　Z484　1931
票據法集解
朱鴻達編　上海　世界書局　1931 年（m.）

011912380　KNN938.W36　1936
票據法釋義
王效文著　上海　會文堂新記書局　1936 年　現行法律釋義叢書　（m.）

011911495　KNN937.W3　1931
票據法要論
王去非編著　上海　華通書局　1931 年　初版　華通法學叢書　（m.）

004357442　CHIN　913　YU　KNN540.Y865　1932
親屬法要論
郁嶷著　北平　朝陽大學出版部　1932 年　初版　（m.）

011981255　KNN540.T8　1930
親屬法原論
屠景山著　上海　世界書局　1930 年（m.）

011929858　KNN914.31914.A6　L5　1917
商人通例詳釋
劉震著　香港　劉震　1917 年　（m.）

011911653　KNN1402.A28　1936
商人團體組織規程
嚴諤聲編　上海　上海市商會　1936 年　初版　（m.）

011801792　KNN937.W39x　1933
現代票據法論
王效文編著　上海　世界書局　1933 年　初版　（m.）

010521956　KNN1220. A31923. Z846　1929
現行商標法釋義
朱鴻達編著　上海　世界書局　1929 年
　再版　(m.)

011919912　JF109. L5　1937
憲法知識讀本
劉平編著　上海　憲政常識叢書社
1937 年　初版　憲政常識叢書　(m.)

011933591　KNN3141. A28　1921
小學教育法令大全
上海　商務印書館　1919—20 年　初
版　(m.)

011910004　KNN500. H8　1929
新民法一束
黃右昌編　北平　中華印書局　1929 年
　(m.)

011806406　KNN1710. S459　1932
新民事訴訟法評論
石志泉著　北平　國立北平大學法學院
出版課　1932 年　(m.)

011931435　KNN914　1914
新商法商人通例、公司條例釋義
民友社編訂　上海　民友社　1914 年
(m.)

008206832　MLC – C
新刑法問題義解
日本普文學會編　共和法政學會編譯部
譯　上海　共和法政學會　1913 年
(m.)

011939109　KNN3800. C4　1935
新刑法總論
江鎮三著　上海　會文堂新記書局
1935 年　(m.)

008630615　FC5876　(1)
新中國的婚姻問題
陸思紅著　上海　新聲通訊社　1931 年
(m.)

011934142　KNN2064. 61936. H7　1945
新中國憲法研究
毅生編　上海　生活書店　1946 年　初
版　(m.)

011930228　KNN3800. H7　1930
刑法新詮第一編總則
謝越石著　北平　謝越石　1930 年　初
版　(m.)

011916206　KNN124. J8　1936
毅成論法選集
阮毅成編著　南京　正中書局　1936 年
　初版　(m.)

008627133　FC1311
戰時法規及新頒重要汜規合編
郭衛編輯　重慶　上海書店　1938 年
(m.)

011984156　KNN122. C4　1938
戰時法律概要
張彝鼎著　漢口　軍事委員會政治部
1938 年　抗戰建國叢書　(m.)

011888464　KNQ5241. C4　1921
浙江制憲史
陳益軒編　杭州　上海泰東圖書局總發
行　1921 年　再版　(m.)

011907390　KNQ1270. T36　1931
中國勞動法之理論與實際
陶百川著　上海　大東書局　1931 年
中國勞工政策學會叢書　(m.)

011918515　KNN540. C4　1933
中國親屬法論

鍾洪聲編著　上海　世界書局　1933年
　初版　世界法學叢書　（m.）

011912356　KNN811.K6　1924
中國債權法總論
柯淩漢著　福州　柯淩漢　1924年
（m.）

011986632　KNN25.C48　1913　Suppl.1
中華民國法令大全補編
商務印書館編譯所編　上海　商務印書館　1917年　再版　（m.）

011910214　KNN2110.W3　1925
中華民國聯省憲法草案及說明書
汪馥炎、李祚輝編著　上海　泰東圖書局　1925年　（m.）

011903654　KNN640.I58　1933
中華民國物權法論
劉鴻漸著　北平　朝陽學院　1933年　初版　（m.）

004483967　CHIN　380Y　F35　KNN3800.Y8　1937
中華民國新舊刑法條文比較
俞承修編　上海　法學編譯社　1935年（m.）

011911679　KNN2064.61939.W8　1936
中華民國訓政時期約法釋義
吳經熊、金鳴盛釋義　上海　上海法學編譯社　1936年　現行法律釋義叢書（m.）

011931789　KNN1160.C4　1914
著作權律釋義
秦瑞玠編纂　上海　商務印書館　1914年　再版　（m.）

011894140　KNN65.7.P36　1929
最高法院判決例要旨彙覽
朱鴻達編　上海　世界書局　1931年（m.）

009562992　MLC–C
最近商業統制法規及組織
榮惠人編　上海　上海特別市商會　1943年　（m.）

007588925　4894　0222
刑法總則釋義
郭衛釋義　上海　上海法學編譯社　1931年　初版　現行法律釋義叢書（m.）

011807781　KNN3800.H474　1947
刑法提要
何任清著　上海　大東書局　1947年　初版　社會科學提要叢書　（m.）

007588924　4894　2337
中華民國刑法
上海法學編譯社輯校　上海　會文堂新記書局　1935年　（m.）

004357466　4894　2944　CHIN　985.5　HSU
中國大赦考
徐式圭著　上海　商務印書館　1934年　初版　學藝叢書　（m.）

004353452　4894　2947　CHIN　980　HSU　FC7740　Film Mas　31731
中國刑法溯源
徐朝陽著　上海　商務印書館　1933年　再版　國學小叢書　（m.）

004353453　4894　4319　CHIN　980　CHA
新刑法原理
趙琛著　上海　中華書局　1930年　初版　（m.）

007589196　4894　7206
[大理院判解]新刑律集覽

周廣昌編　上海　世界書局　1924 年

004336900　4894　7909　CHIN　380　F36
中華民國刑法解釋圖表及條文
陳應性編著　上海　商務印書館　1936 年　初版　（m.）

011801601　KNN3794.31912.C44x　1913
中華民國暫行刑律釋義分則
陳承澤釋義　上海　商務印書館　1913 年　初版　（m.）

011807316　KNN3800.C455　1948
刑事特別法通義
陳璞生編著　上海　商務印書館　1948 年　初版　（m.）

007588926　4894　8220
中華民國刑法集解
鄭爰諏、朱鴻達修正　上海　世界書局　1929 年　再版　（m.）

007589210　4894.08　422
河南監獄志稿二卷
萬自逸撰　香港　1938 年

011893723　HV6080.S8　1939
變態行爲
孫雄編著　上海　世界書局　1939 年　初版　（m.）

011739585　HV6025.L473　1937
犯罪社會學
李劍華著　上海　會文堂新記書局　1937 年

011918368　HV6080.T4　1933
犯罪心理學
寺田精一原著　吳景鴻譯　上海　上海法學編譯社　1933 年　叢書本　法學叢書　（m.）

007589931　4894.1　1941
犯罪學研究
孫雄著　昆明　中華書局　1939 年　初版　（m.）

007590162　4894.10　1322
中華民國刑法例解
張虛白撰　上海　廣益書局　1930 年

007650012　4894.10　3222
刑法理由判解彙編
郭衛編　上海　會文堂書店　1930 年

007589936　4894.10　4896
中華民國刑法釋例彙纂
黃榮昌編著　上海　法政學社　1929 年　（m.）

004353451　4894.2　0222　CHIN　980　KUO
刑法要覽
郭衛編著　上海　上海法學編譯社　1930 年　（m.）

007589934　4894.2　0226
新刑法之理論與實用總則編
高德明著　上海　中華書局　1937 年　初版　（m.）

007589932　4894.2　0471
比較刑法綱要
許鵬飛編著　上海　商務印書館　1936 年　初版　政法叢書　（m.）

007590181　4894.2　1141
中華刑法論總則二卷
王覲著　香港　北平朝陽學院　1933 年　增訂 7 版

007590186　4894.2　1230
新刑律理由箋釋
香港　中國圖書公司　1912 年

007590120　4894.2　1325
新刑法總則大綱
張雋青編　上海　中華書局　1936年
（m.）

007590187　4894.2　1340
刑法大意
臺灣　臺灣省員警訓練所　1946年

011893865　KNN3800.C4　1929
刑法新論
朱鴻達著　上海　世界書局　1929年
初版　（m.）

011937001　KNN3800.C4　1931
刑法總論
江鎮三編　上海　上海法政學院　1931年　（m.）

004336901　4894.2　1643　CHIN 380 F34　CHIN 380S F30
刑法通義
石松編　上海　商務印書館　1930年
初版　（m.）

004336892　4894.2　2924　CHIN 380 F32
刑法義例
徐步垣著　上海　中華書局　1932年
初版　（m.）

004353456　4894.2　3137　CHIN 980 CHI
新刑法各論
江海颿編著　上海　商務印書館　1936年　初版　（m.）

007589935　4894.2　3224
中華民國罰則彙纂附懲戒法規
法律編查會編　北京　法律編查會
1915年　（m.）

007590114　4894.2　4819
刑法總則
趙琛編著　司法院法官訓練所編　重慶　商務印書館　1945年　（m.）

007590222　4894.2　7922
刑事審檢實務
陳綱編著　上海　正中書局　1948年
2版　（m.）

004363997　CHIN 993 CHU　KNN4610 Z484 1934
刑事審判實務
朱鴻達著　上海　世界書局　1934年
初版　（m.）

007589933　4894.2　8212
中華民國刑法總則釋義
俞承修釋義　上海　上海法學編譯社
1947年　新2版　現行法律釋義叢書
（m.）

007590113　4894.3　4819
刑法分則實用
趙琛編著　重慶　大東書局　1946年
中央政治學校法官訓練班法律叢書
（m.）

007591372　4894.5　1422
惡訟師刀筆故事
襟霞閣主人[平衡]新編　上海　中央書店　1937年

010113003　4894.5　3291
安徽省司法彙登
濟南　1917—45年．鈔本

007585319　4894.8　2302
現行特別刑事法規
吳賡虞著　成都　中國文化服務社四川分社　1943年　（m.）

007585496　4894.952　2644
荷印法律指南

魯葆如撰　爪哇　吧城南洋出版社
1937 年

007585499　4894.983　2631
美國刑法學綱要及與我國刑法之比較
上海　正中書局　1947 年　1 版
（m.）

011918006　KNN1580.F328　1939
法院組織法
丁元普編　上海　大東書局　1939 年
初版

001499737　4896　4491　CHIN 997 LI
法院組織法論
李光夏著　上海　會文堂新記書局
1949 年　法學叢書

011895587　KNN1580.L5　1933
法院組織法論
林廷琛著　上海　上海法學編譯社
1933 年　法學叢書　（m.）

007585321　4896　7287
法院組織法
劉鍾岳編著　上海　正中書局　1948 年
2 版　（m.）

007585322　4897　0132
新訴狀彙編民事
施澤臣［施沛生］編　上海　中央書店
1929 年　（m.）

007585517　4897　0214
法官採證準繩
郭雲觀撰　1915 年

007585449　4897　0442
訴訟程式狀式大全
許志傑編著　上海　大方　1949 年

007585320　4897　1250
刑事訴訟條例附刑事訴訟條例施行條例
司法部編　北京　司法部　1921 年
（m.）

007585555　4897　1322
民事訴訟詳解
張盧白撰　上海　法政學社編譯部
1931 年

007585556　4897　2315
辯駁大全四卷
吳瑞書撰　上海　中央書店　1931 年

004363898　4897　2947　CHIN 990 HSU FC7741 Film Mas 31732
中國訴訟法溯源
徐朝陽著　上海　商務印書館　1934 年
（m.）

007585953　4897　3917
刀筆精華四冊　續集四冊
上海　亞東　1930 年

007585958　4897　4343.4
樊山判牘正續編
樊增祥撰　上海　大達圖書供應社
1933 年　（m.）

007585963　4897　7403
民事訴訟法
上海　商務印書館　1930 年　（m.）

005584711　4897.1　5247
東吳大學法律學院審判實務講義
上海　東吳大學法律學院　193？—34？
年　（m.）

007585966　4897.1　7200
民眾訴訟常識新國民須知
上海　中原書局　193？年

007585973　4897.3　0322
廣州律師公會會員名錄
廣州　1949年

007585978　4897.3　1422
中國大狀師
平衡編輯　廣州　中華法學會社
1927年

007585981　4897.3　1431
犀利尖刻現代新刀筆四卷
上海　中央書店　1937年　6版

007585984　4897.3　3170
辯駁新編四卷
上海　中央書店　1937年　7版

007585900　4897.3　4962
最新刀筆精華
廣州　南光書店　1947年

004363993　4897.5　0119　CHIN　991　SHI
中國民事訴訟法論
施霖編著　上海　世界法政學社　1933年　初版　世界法學叢書　（m.）

011896166　KNN1710.C4　1933
民事訴訟法論
陳允、康煥棟著　上海　上海法學編譯社　1933年　法學叢書　（m.）

011739553　KNN1710.W898　1945
民事訴訟法要論
吳學義編著　上海　正中書局　1945年
（m.）

007586001　4897.5　2378
民事訴訟法要論
吳學義編著　廣州　1947年　大學用書
（m.）

007586010　4897.5　3331
民事訴訟法精義
過守一編輯　南京　大陸法律事務所
1933年　（m.）

007586051　4897.5　4110
民事訴狀程式
姚乃麟編著　上海　春明書店　1947年

007586055　4897.5　4136
民刑訴訟撰狀方法
董浩編纂　上海　會文堂新記書局
1937年

004363899　CHIN　992　CHA　KNN1690.C4x　1936
民事訴訟強制執行法
查良鑒編著　上海　商務印書館　1936年　（m.）

007585763　4897.5　5476
中華民國民事訴訟法
國民政府頒佈　1935年　（m.）

002745880　4897.5　6580
民事訴訟法問題義解
日本普文學會著　共和法政學會編譯部翻譯　上海　共和法政學會編譯部
1913年　（m.）

004363996　CHIN　991.2　TSA　KNN1710.C364　1933
民事審判實務
曹鳳蕭編著　上海　世界書局　1933年　世界法學叢書　（m.）

007585766　4897.5　8970
民事審判實務
余覺編著　重慶　大東書局　1944年　初版　中央政治學校法官訓練班法律叢書　（m.）

007587846　4897.57　8200
强制執行法釋義

鄭競毅編著　上海　商務印書館　1937
年　初版　（m.）

011801759　KNN4610.K3x　1936
刑事訴訟法論
康煥棟著　上海　會文堂新記書局
1936 年　初版　法學叢書　（m.）

007594903　4897.6　1442
刑事訴訟法釋疑
夏勤著　南京　南京法律評論社經售
1947 年　（m.）

004516143　4897.6　1920　CHIN　993　SUN
刑事訴訟法
孫紹康編　上海　商務印書館　1935 年
　初版　實用法律叢書　（m.）

011916847　KNN4610.Z483　1929
刑事訴訟法新論
朱采真著　上海　世界書局　1929 年
初版　（m.）

007594902　4897.6　1936
刑事訴訟實務
孫潞著　上海　商務印書館　1947 年
（m.）

007595099　4897.6　2315
刑事訴狀程式
吳瑞書編著　上海　春明書店　1948 年

007591185　4897.6　2337
中華民國刑事訴訟法
上海法學編譯社編　上海　會文堂新記
書局　1935 年　（m.）

007591187　4897.6　2941
刑事訴訟法要義
朱觀編著　重慶　大東書局　1944 年
初版　（m.）

004364041　4897.6　3137　CHIN　993　CHI
新刑事訴訟法精義
江海飆編　上海　中華書局　1941 年
再版　（m.）

005308712　4897.6　4231
刑事訴訟法問題義解
日本普文學會著　共和法政學會編譯部
編譯　上海　共和法政學會　1913 年
（m.）

004516144　4897.6　4240　CHIN　993　YU
刑事訴訟法通論
郁懿新編　廣州　中華書局　1938 年
初版　（m.）

007591383　4897.6　4521
刑事訴訟法釋義
戴修瓚著　上海　上海法學編譯社
1946 年　現行法律釋義叢書　（m.）

007591384　4897.6　494
刑事訴訟法要義
葉在均、葉于紹著　上海　昌明書屋
1947 年

007591388　4897.6　4942
刑事訴訟法教程
蔡樞衡著　北京　1947 年

003092512　4897.7　0230
調解爲主審判爲輔
陝甘寧邊區政府辦公廳　1944—75 年
邊政讀物　（m.）

007591164　142　708　4897.8　4134　FC7742　Film　Mas
　31724
華洋訴訟例案彙編
姚之鶴編　上海　商務印書館　1915 年
　（m.）

社會科學類
869

004363892　4898　4803　CHIN　997　HUA
各級法院司法行政實務類編
黃敦漢編　上海　商務印書館　1934 年
（m.）

007591736　4898　4819
行政法各論
趙琛撰　上海　會文堂新記書局　1937 年　7 版

007591593　4898　7105
非常時期之法律知識
阮毅成編著　上海　中華書局　1938 年　3 版　中國新論社非常時期叢書（m.）

007591772　4898　7271
中國行政法總論
馬君碩著　上海　商務印書館　1947 年（m.）

007591595　4898　8778
行政法各論
管歐著　上海　商務印書館　1936 年　初版　（m.）

004332705　4898　8778.1　CHIN　367K　F37
現行訴願法釋義
管歐編著　上海　商務印書館　1937 年　初版　（m.）

007591778　4898.10　1417　FC5698　FC－M1442
裁決錄[民四至民十]七卷
中國平政院　香港　1922 年

007593796　4899　3382.9
增註洗冤錄集證六卷
宋慈撰　王又槐增輯　李觀瀾補輯　阮其新補註　瞿中溶辨正　上海　章福記書局　1914 年

007593798　4899　3382.9b
重刊補註洗冤錄集證五卷
宋慈撰　王又槐增輯　李觀瀾補輯　阮其新補註　瞿中溶辨正　上海　廣益書局　1916 年

教育

007593809　4900　3143
教育學
汪懋祖編　重慶　正中書局　1942 年（m.）

011735517　LB1025.K457　1927
教育方法原論
克伯屈著　孟憲承、俞慶棠譯　上海　商務印書館　1927 年　2 版　現代教育名著　（m.）

011890195　LB875.D3512　1933
民本主義與教育
鄒恩潤譯　上海　商務印書館　1933 年　國難後 1 版　大學叢書　（m.）

011912264　LB1025.P2612　1933
普通教學法
帕刻[派克]著　俞子夷譯　上海　商務印書館　1933 年　（m.）

008473192　4901　4070　Microfiche　C－0045
教育學報
1939 年

007595105　4903　1133
孟祿博士講演錄
濟南　山東教育廳　1921 年

003146862　4903　1247　(4)
小學教科書的改革
沈百英等著　杭州　華華書店　1948 年

現代教學叢刊 （m.）

011913650　LB1571.Z48　1933
小學課程研究
朱智賢著　上海　商務印書館　1933 年　初版　師範小叢書　（m.）

007595050　4903　1425
思想教育舉例
夏征農著　香港　新中國　1949 年（m.）

007595124　4903　2242　FC8058　Film Mas C5129
教育參考資料選輯
邰爽秋主編　上海　教育編譯館　1933—35 年　（m.）

007595136　4903　3402
活教育的創造理論與實施
陳鶴琴編　上海　華華書局　1948 年

008346437　4903　3696c
讀書問題
潘光旦著　1930 年　（m.）

007595017　4903　3933
教育論文集
梁漱溟著　重慶　開明書店　1945 年　再版

007595207　4903　4003
教育播音講演集
長沙　商務印書館　1936 年　（m.）

008581742　FC3919
新教育論文選集
教育陣地社編　張家口　新華書店晉察冀分店　1946 年　（m.）

007598034　4903　4074
新民主主義文化教育
教育陣地社編　毛澤東等著　張家口　新華書店晉察冀分店　1946 年

007801938　MLC-C
廣州市教育局報告書
廣州　廣州市教育局　1934 年　（m.）

008443162　MLC-C
梅縣學校年鑒二十四年度
梅縣教育局編　1935 年

011894971　Pl2625.W8　1947
雪鴻集
吳雙熱、許指嚴著　上海　國華新記書局　1947 年　初版

008630371　FC1287
政治報告
1929 年

011908723　LA1131.81.D66　1949
中國教育民主化之路
董渭川著　上海　中華書局　1949 年（m.）

007598037　4903　4133　FC7743　Film Mas 31725
如何使新教育中國化
莊澤宣著　上海　民智書局　1929 年（m.）

011931589　LA1131.C549　1946
改造中國教育之路
莊澤宣著　上海　中華書局　1946 年　初版　（m.）

011931725　LA1131.81.M536　1929
廟產興學問題
邰爽秋編　上海　中華書報流通社　1929 年　初版

011881074　LB1031.F35　1936
個性教育
范壽康著　上海　商務印書館　1936 年

（m.）

007598040　4903　4187
教育學參考資料
華北人民政府教育部教科書編審委員會編　上海　上海聯合出版社　1949年

007598043　4903　4424
教育叢稿
李延翰撰　上海　中華書局　1927年再版

007599941　4903　4843
黃旭初先生廣西教育講話
黃旭初撰　南寧　建設書店　1939年

007599945　4903　6132
抗戰與文化
羅家倫著　重慶　獨立出版社　1939年（m.）

007605138　4903　7433
陝甘寧邊區文教大會選輯
張家口　察哈爾省政府教育廳　1945年（m.）

011919813　LB1547.Y8　1935
園丁野話
俞子夷著　上海　兒童書局　1934年初版　（m.w.）

007903541　4904　2242
增訂教育論文索引
邰爽秋等編訂　彭仁山增訂　上海　民智書局　1932年　國立中山大學教育學研究所叢書

007464621　4904　3245b
教育論文索引
清華學校教育學社編　香港　1924年（m.）

007585878　4905　4402
全國專科以上學校教員研究專題概覽
上海　商務印書館　1937年　（m.）

007585706　4906　0685
教育大辭書
唐鉞、朱經農、高覺敷主編　上海　商務印書館　1933年

007464625　4906　4124
[英漢對照]教育學心理學詞典
檀仁梅、陳懿祝編　福州　私立福建協和大學農業教育學系　1945年

007586066　4906　4133
英漢對照教育學小詞典
莊澤宣撰　九龍　中華書局　1938年

007588045　4906　4522
國民教師手冊
戴自俺等編著　桂林　華華書店　1943年　3版　（m.）

007588046　4906　4522b
國民教師手冊
戴自俺等編著　上海　華華書店　1947年　5版　（m.）

007587966　4906　6020
教育學名詞
國立編譯館編　上海　正中書局　1947年　（m.）

007464458　4906　8934
中國教育辭典
王倘等編輯　上海　中華書局　1928年（m.）

007588050　4907　1131
教育概論
孟憲承編　上海　商務印書館　1933年（m.）

007588052　4907　1346
中華歷代大教育家史略
張其昀著　上海　大東書局　1946年
（m.）

007588059　4907　2124
中國大教育家
程俊英編　上海　中華書局　1948年
（m.）

007591432　4907　5623
教育學問答
曹無逸編著　上海　大東　1931年
（m.）

007591433　4907　6119
中國的大教育家
羅廷光著　重慶　青年出版社　1944年
青年叢書　（m.）

007591434　4908　9233
德法英美四國教育概觀
常導之編　上海　商務印書館　1930年
初版　（m.）

007591437　4909　1336
教育改造的新途徑
張安國編著　重慶　正中書局　1942年
教育小叢書　（m.）

007649396　4909　2338
世界各國學制考
吳家鎮著　上海　商務印書館　1924年
（m.）

007591440　4909　4016
戰時與戰後教育
李建勛、許椿生著　城固　國立西北師
範學院師範研究所　1942年　（m.）

007650018　4909　4658
近代教育史

香港　1925年　3版

011985379　LA1131.81.H83　1914
黃炎培考察教育日記
黃炎培著　上海　商務印書館　1914—
5年　初版　（m.）

011909145　LB775.L88　1934
教育概論
羅廷光編著　上海　世界書局　1934年
世界新教育叢書　（n.）

011913494　LB43.Q258　1934
學制
邱椿著　上海　商務印書館　1934年
百科小叢書　（m.）

007591443　4909　8120
比較教育
鍾魯齋撰　長沙　商務印書館　1938年
再版　（m.）

011881400　LB1028.L79　1932
教育科學研究大綱
羅廷光[炳之]著　上海　中華書局
1932年　中央大學教育學院叢書
（m.）

011883455　LB875.J92　1925
教育之科學的研究
吉特著　鄭宗海譯　上海　商務印書館
1925年　現代教育名著　（m.）

011883619　LB1028.Z58　1935
教育之科學研究法
鍾魯齋著　上海　商務印書館　1935年
初版　（m.）

011920054　Q181.T9912　1933
科學教授法原理
推士著　王璡譯　上海　商務印書館

1933 年　國難後第 1 版　大學叢書
（m.）

011882644　LA11.L5
教育史 ABC
李浩吾著　上海　ABC 叢書社　1929 年　ABC 叢書　（m.）

011892209　LA11.Z45　1921
教育史講義
張華年編纂　上海　商務印書館　1921 年

011895169　LA31.M464　1931
西洋古代教育
孟憲承著　上海　商務印書館　1931 年　師範小叢書　（m.）

011760456　LA11.W364　1939
西洋教育史
王克仁著　香港　中華書局　1939 年　（m.）

007585557　4911　1131
新中華教育史
孟憲承編　上海　中華書局　1932 年　（m.）

007585559　4911　1154
抗戰與教育
王書林等著　重慶　獨立出版社　1940 年　（m.）

007585561　4911　1176
中國教育史
王鳳喈編著　臺北　國立編譯館　1945 年　修訂本　（m.）

011735498　LA1131.K867　1922
中國教育制度沿革史
郭秉文著　上海　商務印書館　1922 年（m.）

007585246　4911　1176A
中國教育史大綱
王鳳喈著　上海　商務印書館　1930 年　北京師範大學叢書　（m.）

007585259　4911　2019
近代中國教育實況
樂嗣炳編　程伯群校訂　上海　世界書局　1935 年　（m.）

007585571　4911　2152　FC8059　Film　Mas　31997
中國教育史
毛邦偉著　北平　文化學社　1932 年（m.）

007585573　4911　2226
我對於教育之今昔意見
鄒魯撰　上海　商務印書館　1946 年（m.）

007585344　4911　2242
中國普及教育問題
邰爽秋、黃振祺等編　長沙　商務印書館　1938 年　現代問題叢書　（m.）

007585255　4911　4003
中國的基本教育
教育部遠東區基本教育研究會議籌備委員會編　上海　商務印書館　1947 年　初版　（m.）

007585577　4911　4049　FC7744　Film　Mas　31726
中國教育之經濟觀
古楳著　上海　民智書局　1934 年（m.）

008627011　FC138
抗戰時期邊區教育建設
教育陣地社編　張家口　新華書店晉察

冀分店 1946 年 新教育叢書 （m.）

007585333　4911　4094
中國教育史要
黃炎培著　上海　商務印書館　1930 年　百科小叢書 （m.）

007585734　4911　4132
舊教育批判
董渭川著　上海　中華書局　1949 年
（m.）

007652979　4911　4630
新社會的新教師陶端予和她的教學方法
求是社編校　香港　求是社　1944 年
（m.）

007585285　4911　4821
南廱志二十四卷
黃佐撰　南京　江蘇省立國學圖書館　1931 年

007585413　4911　4912
教育危言
林礪儒著　香港　文化供應社　1946 年
（m.）

007585585　4911　4942
中國學制史
蔡芹香編著　上海　世界書局　1933 年
（m.）

007585250　4911　5131
中國書院制度
盛朗西編著　上海　中華書局發行　1934 年 （m.）

011916526　LA1131.81.C4864 1933
中國教育問題之討論
王雲五、李聖五編　上海　商務印書館　1933 年　初版　東方文庫續編

（m.）

007585587　4911　7228　FC7745　Film　Mas　31722
中國教育改造
陶行知撰　上海　亞東圖書館　1937 年
（m.）

007585729　4911　7264
中國教育及教育思想史講話
周思真編　上海　世界書局　1943 年　初版 （m.）

007585247　4911　7557
中國教育史
陳東原著　上海　商務印書館　1936 年
（m.）

007585287　4911　7938　(v.1–2)
中國教育史
陳青之著　上海　商務印書館　1936 年　初版 （m.）

007585589　4911　7938B
中國教育史
陳選善撰　長沙　商務印書館　1940 年　3 版 （m.）

007585830　4911　7957　FC7746　Film　Mas　31727
中國古代教育
陳東原著　上海　商務印書館　1931 年　師範小叢書 （m.）

007585818　4911　7957.1　FC7747　Film　Mas　31741
中國科舉時代之教育
陳東原著　上海　商務印書館　1934 年　初版　師範小叢書 （m.）

007585972　4911　7957B
中國古代教育
陳東原著　上海　商務印書館　1935 年
（m.）

007585860　4911　7965
中國教育改革之途徑
陳果夫著　上海　正中書局　1944 年
（m.）

007585795　4911　8204　FC8702　Film Mas 32752
近代中國教育史料四卷
舒新城編　上海　中華書局　1928 年
教育叢書　（m.）

007585690　4911　8457　FC7748　Film Mas 31723
中國近代教育制度
姜書閣編著　上海　商務印書館　1934 年　初版　（m.）

007585976　4911　8934
中國教育史要
余家菊著　上海　中華書局　1934 年
（m.）

007585989　4911.89　2242
庚款興學問題
邰爽秋撰　上海　教育編譯館　1935 年
（m.）

007585829　4911.9　2122　FC7840　Film Mas 31786
中國現代教育
盧紹稷撰　上海　商務印書館　1933 年
師範小叢書　（m.）

007585996　4911.9　3825
中國戰時教育
顧嶽中著　重慶　正中書局　1940 年
（m.）

007586005　4911.9　4008
民國十八年度全國初等教育概況
教育部普通教育司　南京　大陸印書館
1932 年

007585730　4911.9　4484
抗戰教育的理論實踐
李公樸著　漢口　讀書生活出版社總經售　1938 年

007586006　4911.9　5590
四年來之教育與文化
中央黨部宣傳部　香港　中央宣傳部
1941 年　（m.）

007585937　4911.9　6140
中國教育之改進
國聯教育考察團　C. H. Becker 等著
國立編譯館譯　南京　國立編譯館
1932 年　（m.）

007585676　4911.9　6314
最近三十五年之中國教育
莊俞、賀聖鼐合編　上海　商務印書館
1931 年　初版　（m.）

007586870　4911.9　7904　4911.9　7904a　FC8477　Film Mas 32018
最近三十年中國教育史
陳翊林[啟天]著　上海　上海太平洋書店　1932 年　3 版　（m.）

007586872　4911.9　7905
戰時教育方針
陳立夫講　廣州　中央訓練團黨政訓練班　1942 年

007587766　FC8492　Film Mas 32024
近代中國留學史
舒新城著　上海　中華書局　1927 年
（m.）

007586867　4911.9　8204
中國教育指南
舒新城著　上海　商務印書館　1926 年
（m.）

007586854　4911.9　8204.3
近代中國教育史稿選存

舒新城著　上海　中華書局　1936 年

007586865　4911.9　8204.8
舒新城教育叢稿第一集
舒新城　上海　中華書局　1925 年
（m.）

007650019　4912　4013
中國教育一瞥錄
王卓然　上海　商務印書館　1923 年初版　中華教育改進社叢書　（m.）

007650020　4912　4013.2
中國教育統計概覽
中華教育改進社　香港　1924 年
（m.）

007588123　4912　4894
考察教育日記二集
黃炎培撰　上海　商務印書館　1914—15 年

007589055　4912　8204.5　FC8478　Film　Mas　32017
中國新教育概況
舒新城著　上海　中華書局　1928 年
（m.）

008581732　FC3906
東北四年來教育文件彙編
東北教育社輯　大連　新華書店　1949 年　（m.）

011919845　LB1556.7.C6　L5　1934
天津市小學教育之研究
李建勳編　北平　國立北平師範大學研究所　1934 年　初版　國立北平師範大學研究所教育專刊　（m.）

007587896　4912.15　2124
從一個村看解放區的文化建設
白桃等著　香港　新民主出版社　1949 年　（m.）

008617036　FC3990
山東省政府教育廳視察報告第二集
山東省教育廳　濟南　山東省教育廳　1931 年　（m.）

007588126　4912.18　6117
陝北的青年學生生活
羅瑞卿、成倣吾合著　上海　中華大學圖書有限公司　1939 年

008592978　FC3096
文教工作新方向
香港　冀魯豫書店　1944 年　（m.）

007588130　4912.19　4591
三年來之甘肅教育
甘肅省政府　香港　甘肅省政府　1942 年　（m.）

007587853　4912.22　1347　FC7841　Film　Mas　31787
三十年來之西康教育
張敬熙著　長沙　商務印書館　1939 年　（m.）

007588133　4912.23　4434
四川省各縣市國民教育調查及統計
薛鴻志著　重慶　商務印書館　1944 年　（m.）

007587941　4912.24　3191
湖北省計劃教育實施綱領湖北省中等以上學校學生升學就業實施辦法
湖北省政府編　恩施　湖北省政府　1942 年

007588151　4912.29　8340
全浙教育會聯合會民國十年八月臨時會議決案
全浙教育會聯合會　香港　1921 年

007588164   4912.318   4392.1
臺灣省教育要覽
臺灣省政府教育廳編   臺北   1947 年
（m.）

007588171   4912.318   7501
平東市教育概況
平東市政府   臺灣   平東市政府
1947 年

007587940   4912.32   2631.6
港澳學校概覽
中華時報編纂   香港   中華時報社
1939 年   （m.）

007588176   4912.32   4931
廣東教育概況
林汝珩撰   廣州   中興   1941 年
（m.）

007588179   4912.32   7119
香港教育之制度之史的研究
陳柔撰   香港   進步教育出版社
1948 年

007589152   4912.33   7282   FC8060   Film   Mas   31998
廣西特種教育
劉介撰   香港   廣西省政府編譯委員會
    1940 年

007589155   4912.34   8264
雲南邊疆教育問題與計劃
俞思敬著   重慶   中國文化服務社總經
售   1943 年

007589118   4913   4623
日本的教育
吉田熊次、海後宗臣著   東京   東亞交
通公社   1944 年   日本國態叢書

007589173   4913   7211
最近之日本教育
周瑞之撰   上海   商務印書館   1935 年
（m.）

007589179   4913   9764
日本教育史
（日）小原國芳著   上海   商務印書館
1935 年   （m.）

011911649   LA1312.T3712   1935
日本教育行政通論
高田休廣、小笠原豐光著   馬榮譯   上
海   商務印書館   1935 年   （m.）

007589183   4913.8   8233
東方白美國派赴日本教育團報告書
鄭宗海撰   上海   商務印書館   1947 年
（m.）

007589184   4914   4216
留日指南
葛建時編   上海   商務印書館   1935 年
（m.）

007649384   4914   4421
考察日本斐律賓教育團紀實
黃炎培著   上海   商務印書館   1917 年
（m.）

007589037   4915   4838
六十七國教育制度一覽
趙演編譯   上海   商務印書館   1937 年
（m.）

007589189   4915   8412
歐戰後之西洋教育
姜琦、邱椿著   上海   商務印書館
1931 年   師範小叢書   （m.）

011930238   LA126.C448   1934
德法英美四國教育概觀
常導之編纂   上海   商務印書館   1934

年　師範叢書　（m.）

007589204　4915.64　4144
蘇聯教育制度
梅丁斯基著　莊季銘譯　上海　開明書店　1949年　（m.）

007589231　4916　2242
教育行政之理論與實際
邰爽秋主選　上海　教育編譯館　1936年　再版　教育參考資料選輯　（m.）

007507991　4916　2524
山東鄉村建設研究院概覽
山東鄉村建設研究院編印　鄒平　1934年　（m.）

007589061　4916　6119
教育行政
羅炳之撰　上海　商務印書館　1946年　（m.）

011913967　LC71.L57　1946
教育行政
劉真著　上海　中華書局發行　1946年　再版　（m.）

011722918　LB2341.Y364　1939
教育之行政學的新研究
楊鴻烈著　長沙　商務印書館　1939年　（m.）

007589032　4916　7239
最近中國教育行政四講
馬宗榮著　長沙　商務印書館　1938年　（m.）

007588885　4916　8412
中國新教育行政制度研究
姜琦、邱椿撰　上海　商務印書館　1928年　（m.）

007593819　4917　0591
教育法令選輯
廣東省政府教育廳輯　廣州　1939年

007591526　4917　1322　FC8479　Film　Mas　32110
中國教育行政大綱
張季信編　上海　商務印書館　1934年　（m.）

007593820　4917　2134
中國教育行政
程湘帆編　上海　商務印書館　1934年　（m.）

007593821　4917　4002　FC5626　FC－M1122
中華民國第五次教育統計圖表
教育部總務廳統計科編　北京　教育部　1917年　（m.）

007593823　4917　4002.1　FC9616　Film　Mas　35928
教育部行政紀要
中國教育部編　北京　1916年　（m.）

007593825　4917　4002.2　FC7843　Film　Mas　31785
中華民國二十四年度全國教育統計簡編
長沙　商務印書館　1938年

007593830　4917　4006
國民教育法規彙編第一輯
香港　正中書局　1946年　（m.）

007593828　4917　4006　(1941)
國民教育法規彙編
香港　正中書局　1941年　（m.）

004336966　4917　4013　CHIN　377　F36
職業教育法令彙編
教育部編訂　上海　商務印書館　1935年　（m.）

007591540　4917　4025　(2)
教育法令續編

社會科學類

南京　教育部秘書處公報室　1934 年
（m.）

007591678　4917　4028
師範教育法令彙編
教育部編訂　上海　中華書局　1935 年
（m.）

007593834　4917　4038　FC5699　FC－M1454
中華民國二十三年度全國社會教育統計
長沙　商務印書館　1939 年

007649192　4917　4038　（1929）　FC5699　FC－M1454
全國社會教育概況民國十八年度
教育部社會教育司編　南京　大陸印書館　1932 年　（m.）

007596386　4917　4205　（1）
現行重要教育法令彙編
南京　國民政府教育部秘書處公報室　1930 年　（m.）

007593839　4917　4400
教育法令彙編
重慶　正中書局　1940—41 年　（m.）

007593842　4917　4400.1
非常時期國立中等以上學校及省私立專科以上學校規定公費生辦法
教育部編　廣州　1943 年

007591671　4917　4400.4
教育部改進專科以上學校訓令彙編
教育部編訂　上海　中華書局　1936 年（m.）

007591523　4917　4400B　CHIN　477　F47
教育法令
教育部參事室編　上海　中華書局　1947 年　初版　（m.）

007593843　4917　4403
現行教育法令大全
上海　世界書局　1930 年　（m.）

007593845　4917　6172
民國行政統計彙報第四編教育類
國務院統計局　北京　國務院印鑄局　1917 年

007591515　4917　6623
四譯館則二十卷
呂維祺編　京都　京都帝國大學文學部東洋史研究室　1928 年

008580506　FC3097
文化教育政策
膠東新華書店編　濟南　1946 年　解放區現行政策法令簡編　（m.）

007591574　4918　3140
邊疆教育概況
南京　教育部邊疆教育司　1947 年（m.）

007607582　4918.14　1026
北京市教育統計民國二十七年度第一學期
北京特別市公署教育局編　北京　1939 年　（m.）

007593763　4918.14　2311
河北省各縣普通教育概覽民國十七年度
卜西君、齊泮林編輯　井蔚卿校訂　北平　河北省教育廳　1929 年　（m.）

007593657　4918.14　3194
河北省現行教育法規輯要
河北省教育廳第三科編輯　北平　河北省教育廳　1929 年　（m.）

007593645　4918.14　3194.2
河北省政府教育廳行政輯要
保定　河北省政府教育廳　1928 年

（m.）

007959608　4918.14　4477
直隸教育統計圖表民國元年分
直隸學務公所　天津　直隸學務公所
1914年　（m.）

011825655　4918.23　6294　（1939）
四川教育年報民國二十八年
成都　教育廳　1940年　四川省教育廳
教育叢刊

007706895　MLC–C
湖北省計劃教育實施概況
恩施　湖北省政府　1943年　[湖北省
政府]　計劃教育叢書　（m.）

007650025　4918.28　3440　FC8701　Film Mas　32758
江蘇省教育行政報告書二編
香港　1913年

007593848　4918.31　3191
福建省五年來教育行政
福建省政府編　福州　1939年　閩政叢
刊　（m.）

007807280　MLC–C
廣州市國民教育法令輯要
廣州　兒童文化服務社　1947年

007958933　4918.32　0591
廣東教育
廣東省政府秘書處編譯室編　曲江　廣
東省政府秘書處編譯室　1943年　初版
　廣東省政叢書　（m.）

007595113　4918.33　6001
西大法規一覽
廣西大學法規委員會　桂林　廣西大學
　1947年

007595114　4918.36　4004
邊疆教育法令彙編第一輯
教育部蒙藏教育司　香港　1941年
（m.）

007595115　4918.92　4400
教育法規彙編民元至民二
香港　教育部　1919年　（m.）

008354019　4918.93　4400
中華民國教育新法令
1923年

007593416　4918.94　4377　FC8061　Film Mas　31995
全國教育會議報告
中華民國大學院編　上海　商務印書館
　1928年　（m.）

011920123　LB2823.X84　1932
學務調查
程其保編　上海　商務印書館　1930年
　初版　師範叢書　（m.）

011913969　LC71.T8　1933
教育與學校行政原理
杜佐周著　上海　商務印書館　1933年
　國難後1版　（m.）

007595128　4923　4127
教育與學校行政原理
杜佐周著　上海　商務印書館　1930年
（m.）

011895177　LA11.C5　1928
西洋教育制度的演進及其背景
莊澤宣著　上海　民智書局　1928年
（m.）

011882006　LA126.C45　1937
各國教育制度
常導之編著　上海　中華書局　1936年
　大學用書　（m.）

007595131　4924　3193
學制改革論
江恒源著　重慶　正中書局　1939 年
（m.）

007593652　4924　4482　FC8062　Film　Mas　31996
中國教育行政制度史略
薛人仰編　上海　中華書局　1939 年
（m.）

007595137　4924　7248
戰時教育之改造
邱友錚編著　重慶　獨立出版社　1939 年　（m.）

007593486　4924　7932
中國近代學制變遷史
陳寶泉著　北京　文化學社　1927 年
（m.）

007593578　4925　5020
中國教育制度討論專刊
中山文化教育館研究部編　上海　商務印書館　1936 年　（m.）

007595139　4925　9433
比較教育
常導之編著　上海　中華書局　1930 年
（m.）

007595141　4925.11　7204
學校令及學校規程
民生部教育司　遼寧　民生部教育司　1937 年

007711059　4925.318　4394.5
臺灣省第一屆全省教育會議實錄
臺北　教育廳　1948 年　（m.）

007595143　4928.52　7244
南洋荷屬東印度之教育制度
劉士木譯　上海　國立暨南大學南洋美洲文化事業部　1930 年　（m.）

011829485　LA1251.W8　1939
南洋各屬之教育制度
吳體仁編著　長沙　商務印書館　1939 年　再版　（m.）

007595168　4929　4133
西洋教育制度的演進及其背景
莊澤宣著　廣州　中華書局　1938 年
（m.）

011739954　LA721.8.O43912　1934
德國新興教育
小川正行著　張安國譯　上海　商務印書館　1934 年　師範小叢書　（m.）

007595170　4929.68　7916
捷克斯洛伐克的學校改革
陳理昂撰　北京　新華書店　1949 年
新華時事叢刊

011881682　LA722.W551　1938
今日德國教育
Theodor Wilhelm & Gerhard Graefe 著　王錦第譯　楊丙辰校　北平　中德學會　1938 年　初版　中德學會特刊　（m.）

011913317　LA209.W24　1928
美國教育徹覽
汪懋祖著　上海　中華書局　1928 年 5 版　（m.）

011910603　LA205.H4　1920
美國教育制度
何炳松譯述　廣州　商務印書館　1922 年　2 版　（m.）

011596456　LA632.Y854　1925
英國教育要覽
余家菊著　上海　中華書局　1925 年

少年中國學會叢書　（m.）

011803285　LA210.P7612　1947
戰後美國之國民教育
美國全國教育會編輯　曾大鈞譯　上海　商務印書館　1947 年　上海再版　新中學文庫　（m.）

007593658　4930　1142
地方教育行政
王克仁著　上海　中華書局　1939 年　（m.）

007595174　4930.2　3191
湖北省學生公費制度之實施
湖北省政府　香港　湖北省政府　1942 年　（m.）

011883466　LB1775.C47　1929
教學指導
程湘帆著　上海　商務印書館　1929 年　國難後第 1 版　東南大學教育科叢書　（m.）

007595175　4930.5　1951　4930.5　1951A
教育視導大綱
孫邦正編著　上海　商務印書館　1944 年　（m.）

011913695　LA1134.C45　C44　1936
浙江教育輔導制研究
莊澤宣、華俊升編　上海　中華書局發行　1936 年　（m.）

007595177　4930.5　7253
教育視導
周邦導編著　南京　正中書局　1938 年　（m.）

007597465　4930.6　4400
三十年度視察各省市國民教育報告

教育部　香港　教育部國民教育司　1942 年　（m.）

011881452　LB1555.W85　1940
初等教育概論
吳研因、吳增芥合編　上海　中華書局　1940 年　3 版　中華百科叢書　（m.）

007595032　4931　1112
基本教育
王承緒譯　上海　商務印書館　1948 年　（m.）

011912903　LC1016.T8　1933
普通教育
杜佐周、姜琦著　上海　商務印書館　1933 年　百科小叢書　（m.）

011891032　LA21.C612　1935
西洋教育思潮發達史
Percival R. Cole 著　于照儉譯　上海　商務印書館　1935 年　漢譯世界名著　（m.）

011895377　LA126.L52　1935
新興的世界教育思潮
雷通群著　上海　商務印書館　1935 年　（m.）

007597470　4931　17.2
明日之學校
上海　商務印書館　1927 年　4 版　（m.）

007597471　4931　1748
尹氏小學大全
尹嘉銓撰　香港　養志堂趙氏重校刊本　1917 年

007597472　4931　1748　(1-2)
小學義疏六卷

香港　養志堂趙氏重校刊本　1917 年
尹氏小學大全

007597473　4931　1748　（3）
小學或問
香港　養志堂趙氏重校刊本　1917 年
尹氏小學大全

007597475　4931　1748　（4）
小學後編二卷
香港　養志堂趙氏重校刊本　1917 年
尹氏小學大全

007597476　4931　1748　（5）
小學考證
香港　養志堂趙氏重校刊本　1917 年
尹氏小學大全

007597477　4931　1748　（5）
小學釋文二卷
香港　養志堂趙氏重校刊本　1917 年
尹氏小學大全

007597479　4931　2422
教育哲學講話
傅統先撰　上海　世界書局　1944 年

007594800　4931　2925
教育思想
朱經農著　上海　商務印書館　1946 年
　復興叢書　（m.）

011879206　LB17.Q43　1934
現代教育學說
錢歌川編　上海　中華書局　1934 年
（m.）

007595041　4931　3422
現代教育學說
波特著　孟憲承譯　上海　商務印書館
　1929 年　（m.）

007595033　4931　4123
教育概論
范任宇著　上海　商務印書館　1946 年
（m.）

007594921　4931　4133
教育概論
莊澤宣著　上海　中華書局　1931 年
教育叢書　（m.）

007650026　4931　4140
教育哲學大綱
范壽康著　上海　商務印書館　1925 年
　再版　（m.）

007597480　4931　4211
教育概論
彭震球等編著　臺北　臺灣省立師範學
院　1947 年　（m.）

011881625　LA1131.K375　1933
現代教育思潮
高卓著　上海　商務印書館　1933 年
國難後第 2 版　新時代史地叢書
（m.）

007597481　4931　7187
教育哲學
陸人驥著　上海　商務印書館　1931 年
（m.）

007597482　4931　727
教育通論
邱覺心撰　上海　商務印書館　1947 年
（m.）

011906672　LB875.M4312　1921
密勒氏人生教育
鄭宗海、俞子夷譯　上海　商務印書館
　1921 年　南京高等師範學校叢書

011892427　LB14.5.C54　1935
時代教育講稿
張含清著　河北省定縣　1935 年
（m.）

011906892　LB14.5.Z48　1932
新中華教育概論
莊澤宣編著　上海　新國民圖書社
1935 年　8 版　（m.）

007597487　4931　85.1
教育之根本原理
上海　中華書局　1934 年　（m.）

007650028　4931　8933
國家主義教育學
余家菊著　上海　中華書局　1925 年
（m.）

011919555　LB17.C55　1929
教育哲學 ABC
瞿世英著　上海　ABC 叢書社　1929
年　ABC 叢書　（m.）

011913722　LC1016.X84　1931
人文主義與教育
薛文蔚著　上海　商務印書館　1931 年
師範小叢書　（m.）

007597488　4931　8934
教育原理
余家菊著　上海　中華書局　1940 年
17 版　（m.）

007594953　4932　1113　FC8063　Film Mas 31999
中國古代教育思潮
王一鴻著　上海　商務印書館　1934 年
國學小叢書　（m.）

007597489　4932　1303
先秦教育思潮
張望騫編著　上海　世界書局　1934 年
（m.）

007597491　4932　1344
三民主義教育學
張九如編　上海　商務印書館　1929 年
（m.）

007594961　4932　1348
中山先生之教育思想
張志智編著　上海　正中書局　1946 年
總理學說研究叢書　（m.）

007594963　4932　1348.2
總裁的教育思想
張志智、姚欣宜編著　重慶　國民圖書
出版社　1942 年　黨義叢書　（m.）

007596303　4932　4248
學校兼辦社會教育
彭大銓、喬汶荃著　重慶　正中書局
1941 年　（m.）

007596306　4932　4440
過渡時代之思想與教育
蔣夢麟著　上海　商務印書館　1933 年
（m.）

007596214　4932　7228
實施民主教育提綱
陶行知著　上海　文建出版社　1947 年
民主教育叢書　（m.）

011920239　LC94.C5　Z485　1949
論新民主主義教育
朱智賢著　上海　文光書店　1949 年
修訂本　（m.）

011824307　LC94.C5　L825　1928
三民主義教育法
盧紹稷編　上海　商務印書館　1928 年
（m.）

011894208　LA1131.F26　1929
三民主義教育原理
范錡著　上海　民智書局　1929年
（m.）

008216350　MLC-C
生活教育簡述
方與嚴著　上海　教育書店　1947年　生活教育叢書　（m.）

007596069　4932　7228.4　FC5700　FC-M1455
陶行知教育論文選輯
方與嚴編　上海　生活・讀書・新知三聯書店　1949年　（m.）

007596172　4932　7228.7
民族解放大學
陶行知著　上海　文建出版社　1947年　初版　民主教育叢書　（m.）

011881406　LA1131.M11　T6　1941
大時代的教育
馬宗榮撰　長沙　商務印書館　1941年　（m.）

007596317　4932　7905
戰時教育方針
陳立夫講　重慶　正中書局　1939年　（m.）

007596321　4932　8204　FC8688　Film Mas　32730
近代中國教育思想史
舒新城編　上海　中華書局　1929年　（m.）

007596166　4932　8204.5
中國教育建設方針
舒新城著　上海　中華書局　1932年　（m.）

007596356　4934　3910
盧梭與自然教育
梁天詠撰　昆明　中華書局　1939年

011916534　LA11.S55　1933
世界教育新潮
莊澤宣等著　王雲五、李聖五主編　上海　商務印書館　1933年　初版　東方文庫續編　（m.）

011893735　LB775.H87
教育哲學
蕭恩承著　上海　商務印書館　1930年　（m.）

007596163　4934　6144
西洋教育思想史
瞿世英［菊農］編　香港　商務印書館　1926年　尚志學會叢書　（m.）

011797793　LA21.J536　1934
西洋教育思想史
蔣徑三編　上海　商務印書館　1934年　師範叢書　（m.）

011901556　LC191.L8　1934
教育社會學
盧紹稷著　上海　商務印書館　1933年　師範小叢書　（m.）

007596364　4934　7144
教育社會哲學
上海　中華書局　1933年　（m.）

011896723　LB775.A3512　1934
教育哲學史
余家菊譯　上海　中華書局　1934年　（m.）

007596367　4935　2925
近代教育思潮七講
朱經農著　長沙　商務印書館　1941年　（m.）

007649317　4935　7274
社會與教育
陶孟和著　上海　商務印書館　1926 年
　訂正 5 版　北京大學叢書　（m.）

007596130　4935　8238
鄭洪年一年來國難中之教育言論
鄭洪年講　國立暨南大學秘書處編　香港
　國立暨南大學秘書處　1932 年　（m.）

011882089　LB1051.Z85　1933
教育心理學大綱
朱君毅編著　上海　中華書局　1933 年
　（m.）

011879374　LB1055.A5　1936
教育心理學論叢
艾偉著　上海　中華書局　1936 年
　（m.）

007596189　4936　4234
教育心理的實驗
戴應觀譯　上海　商務印書館　1922 年
　尚志學會叢書　（m.）

011892038　LB1051.C435　1938
教育心理
陳選善編　長沙　商務印書館　1938 年
　（m.）

011592787　LB1051.W354　1946
教育心理
王鳳喈、廖人祥編著　上海　正中書局
　1946 年　滬 55 版　（m.）

011919662　LB1051.J536　1924
教育心理學
廖世承編　上海　中華書局　1924 年
　（m.）

011906449　LB1051.C4　1937
教育心理學
陳禮江、陳友端著　上海　商務印書館
　1937 年　（m.）

011910575　LB1051.C333　1931
教育心理學 ABC
朱兆萃著　上海　世界書局　1929 年
　ABC 叢書　（m.）

011901756　LB1060.H7　1933
學習定律分析
蕭孝嶸著　南京　鍾山書局　1933 年
　初版　（m.）

011881029　LB1051.E485　1924
學習之基本原理
錢希乃譯　廣州　商務印書館　1924 年
　師範叢書　（m.）

011879440　LB1051.S4175　1930
心理原理實用教育學
舒新城編　上海　商務印書館　1930 年
　9 版　尚志學會叢書

007650029　4937　0241
道爾頓制實驗報告東大附中
廖世承撰　香港　1925 年

007597357　4937　1117
各科學習研究法
王子堅編　上海　經緯書局　1939 年

007597421　4937　1344
三民主義教育下各科教學法綱要
張九如編　上海　商務印書館　1929 年
　3 版　（m.）

007597957　4937　4140
我們怎樣讀書
范壽康編　上海　開明書店　1934 年

007597963　4937　4214
教學的七個法則

格利哥萊［J. M. Gregory］著　嚴既澄譯　上海　商務印書館　1935年　師範叢書　（m.）

008581739　FC3918
高小社會臨時教材
晉冀魯豫邊區政府教育廳編　香港　韜奮書店　1946年

007597996　4937　7291
小學歷史教師手冊
馬精武、范御龍編　上海　中華書局　1948年　（m.）

011913038　LB1027.M2512　1930
設計教學法
馬克馬利著　楊廉譯　上海　商務印書館　1930年　初版　師範小叢書　（m.）

007597997　4937　7472
設計教學法
馬克馬利著　楊廉譯　上海　商務印書館　1923年　（m.）

011929552　LB1027.C43　1934
設計教學演講集
沈百英編　上海　商務印書館　1934年　國難後1版　師範小叢書　（m.）

007598009　4938　2132
上海特別市立小學團體智力測驗報告書
上海特別市政府教育局　香港　1929年

007598013　4938　2318
［第二次訂正］中國比納西蒙智力測驗之經過
吳天敏撰　上海　商務印書館　1936年

007650030　4938　2910
教育統計學
朱君毅著　香港　1926年　（m.）

011895494　HA29.T5512　1927
教育統計學綱要
朱君毅譯　上海　商務印書館　1927年　（m.）

011938334　LB3051.C55　1932
教育測量法精義
周調陽編　上海　中華書局　1932年　（m.）

007597729　4938　3134
年齡量尺發展的略史
沈家蕚著　上海　商務印書館　1934年　初版　師範小叢書　（m.）

007597844　4940　3192A
訓育原理與實施
汪少倫著　重慶　商務印書館　1943年　（m.）

011892054　LB3011.S43　1947
訓導原理
邵鶴亭編著　上海　正中書局　1947年　訓導叢書　（m.）

007598028　4940　3192B
訓育原理與實施
汪少倫著　上海　商務印書館　1946年　（m.）

007593870　4947　4000
國立學校教職員戰時生活補助辦法暨施行細則
教育部訂　廣州　1944年

007593872　4947　4005
國立中等學校教職員支薪及獎勵法規
教育部中等教育司訂　廣州　1943年

011904583　LB2831.926.C6　H8　1935
校長的新生活
胡樸安著　葉楚傖主編　南京　正中書局　1934年　再版　新生活叢書
（m.）

007591648　4950　2103
程氏家塾讀書分年日程三卷　綱領
（元）程端禮述　上海　商務印書館　1934年　四部叢刊

007591675　4950　4000
大學科目表
教育部編　上海　正中書局　1947年
（m.）

007593885　4950　4059
中學課程標準
上海　中華書局　1933年

007593887　4950　4400
高級中學師範科課程暫行標準
上海　世界　1931年

007593894　4951　1473
投考指南
天梯學社　北平　中華印書局　1929年

007593897　4951　2263
江蘇中學以上投考須知
上海　商務印書館　1924年

007593900　4951　2311
［民國36年度］各大學入學試題詳解第一、二集
佟瑚玉撰　北平　鼓樓出版社　1948年

007808528　4951　3630b
中國歷史問答
潘之廣編輯　上海　東方文學社　1931年

007595181　4951　5601
二十二年高等考試會計人員試題解答
中國計政學會　長沙　商務印書館　1939年　（m.）

007595182　4951　7280
交通大學歷年入學試題解答
周鑒文主編　上海　1938年　（m.）

007595183　4951　8538
全國大學入學試題精解最新本
錢洪翔撰　上海　現代教育研究社　1946年　新1版

011881236　LC268.W457　1931
訓育論
J. Welton and F. Y. Blanford 原著　余家菊譯述　上海　中華書局　1931年　教育叢書　（m.）

011986392　HQ799.C55　L63　1943
各國青年訓練述要
羅廷光著　重慶　商務印書館　1943年　（m.）

007593710　4954　4172x　FC5178　FC－M1038
華北學生運動小史
華北學生運動小史編輯委員會　廣州　華北學生運動小史編輯委員會　1948年　（m.）

011931596　HN19.F39　1947
論當前青年運動
方敏著　香港　中國出版社　1947年　初版　（m.）

011825707　BJ1668.C6　J56　1933
青年與生活
金仲華著　上海　開明書店　1933年　開明青年叢書　（m.）

011917240　DS778.C55　A225　1947
青年之責任
蔣介石講　程鷗選輯　上海　芷江出版社　1947年　再版　（m.）

011930291　DS777.53.P56　1938
戰時的青年運動與青年工作
平心著　漢口　光明書局　1938年（m.）

011930239　BJ1668.C5　L86　1938
戰時青年訓練
羅伽著　漢口　漢口大時代書店　1938年　初版　（m.）

011879289　HQ799.C5　P29　1948
中國近代青年運動史
包遵彭著　南京　時代出版社　1948年　第1版　（m.）

007595197　4955　0397
我們的旅行記
新安小學兒童旅行團　上海　兒童書局　1935年　（m.）

007595198　4955　2022
小學兼辦社會教育指導
白動生撰　重慶　正中書局　1941年（m.）

007595203　4955　4400
教育部戰區中小學教師服務團工作概況
重慶　教育部　1941年　（m.）

007595205　4955　4400.2
各省市實施義務教育辦法選輯初輯
上海　商務印書館　1937年　（m.）

007594992　4955　4400.4
教育部視察各省市義務教育報告彙編
教育部編　上海　商務印書館　1937年（m.）

007596314　4955　5486
童子軍規律
中華全國童子軍協會　上海　商務印書館　1919年　（m.）

007596315　4955　5833
小學國防教育的實施
費潔心撰　重慶　正中書局　1940年

007594987　4955　7923
近代中國小學課程演變史
陳俠著　重慶　商務印書館　1944年（m.）

011913447　LA633.W36　1948
戰後英國的小學教育
王承緒編　上海　商務印書館　1948年　再版　國民教育文庫　（m.）

007595004　4955.5　4187
小學各科教材及教學法參考資料
華北人民政府教育部教科書編審委員會編　上海　新華書店　1949年

011913287　LB1555.C58　1934
小學各科新教學法之研究
鍾魯齋撰　上海　商務印書館　1934年（m.）

011913510　LA1130.C51　no.47
小學教學法概要
吳研因等編　上海　商務印書館　1925年　教育叢著　（m.）

009834882　MLC-C
最新南洋華僑小學國語讀本初級用
朱文叔等編　孫世慶、鞠承穎、陸費逵等校　新加坡　中華書局　1949年

009833224　MLC-C
最新南洋華僑小學歷史課本高級用
姚紹華編　陸費逵校　新加坡　中華書

局 1949 年

007594854　4955.5　4834
小學的教材與教法研究
黄祖英等著　香港　新民主出版社
1949 年

007595047　4955.5　7923
建國的兒童訓練法
陳俠編著　上海　正中書局　1946 年
　師範叢書　（m.）

007711061　4955.5　8535
高小新公民第二冊
錢選青編　上海　世界書局　1938 年
新 12 版

007596332　4955.6　7228
育才學校手冊
陶行知編著　重慶　私立育才學校
1944 年　（m.）

007594991　4955.7　3240
北京入學指南
香港　通信教育研究會　1917 年

007596336　4955.9　1142
黨化教育概論
王克仁著　上海　民智書局　1929 年
（m.）

011906277　LB1555.K4912　1923
兒童的教育
愛倫凱原著　沈澤民譯　上海　商務印
書館　1923 年　初版　新時代叢書
（m.）

011913326　LB1131.B5512　1927
兒童學的新觀念
貝納著　曾展謨譯　上海　商務印書館
　　1927 年　師範叢書　（m.）

011920238　LB1555.C45　1934
小學教育
程其保編　上海　商務印書館　1934 年
　師範叢書　（m.）

011906344　BF365.C57　1932
中國兒童的無限制聯想
陸志韋等著　北京　燕京大學　1932 年
　燕京大學心理學研究專刊　（m.）

007596337　4955.9　4657
辦學寶鑒
世界書局編輯所編輯　上海　世界書局
　1926 年

007594999　4957　7922
個性教育論
陳德徵著　上海　商務印書館　1930 年
　上海市教育局叢書　（m.）

007596344　4957　7931
活教育的教學原則
陳鶴琴著　桂林　華華書店　1943 年
（m.）

007596346　4957　7931.1
活教育理論與實施
陳鶴琴編著　上海　立達圖書服務社
1947 年　（m.）

007597925　4959　3116
洛杉磯托兒所
沈元暉著　全國民主婦女聯合會籌備委
員會編　香港　新民主出版社　1949 年

007596173　4959　7228
幼稚教育論文集
陶行知、陳鶴琴、張宗麟著　上海　兒童
書局　1932 年　曉莊叢書

007597929　4959　7931
一年中幼稚園教學單元

陳鶴琴等編　長沙　商務印書館
1939 年

008454753　MLC－C
北京平民教育之現狀
鄺震鳴編纂　1923 年　（m.）

007597947　4960　3232
山東教育選輯第一集關於小學民辦問題
渤海行署教育處　山東　渤海新華書店
　　1947 年　（m.）

007597949　4960　4394.4
臺灣省國民學校及中心國民學校管理規則
臺北　臺灣書店　1947 年　（m.）

011911940　LB1169.C45　1948
新幼稚教育
張雪門編著　上海　兒童書局　1948 年

011911730　LB1169.C4　1947
新幼稚園教育概論
張雪門編　上海　商務印書館　1947 年
　　第 4 版　師範小叢書

007597960　4960　6159
幼兒之教育
（英）羅素著　北平　商務印書館　1932
年　（m.）

007597971　4962　2343
興學與求學—名我的學校
吳志騫撰　上海　中學生書局　1947 年
　　（m.）

007597973　4962　400
中學教育法令彙編
上海　中華書局　1935 年　再版
　　（m.）

007597369　4962　4324
中等教育
袁伯樵著　上海　商務印書館　1948 年
　　（m.）

007597975　4962　4400
全國中等教育概況
上海　中華書局　1928 年　（m.）

007597329　4962　4400.2
全國公私立中等學校名稱及分佈概況
教育部普通教育司編　南京　教育部普
通教育司　1933 年　（m.）

007597978　4962　4400.3
全國中等學校校名地址一覽表民國 23 年度
上海　商務印書館　1935 年

007597966　4962.02　4402
二十五年度全國中等學校招考新生統計
長沙　商務印書館　1939 年　（m.）

007597207　4962.02　4402.2
全國中等學校一覽表
教育部統計室編　上海　上海商務印書
館　1936 年　初版　（m.）

007597319　4962.02　4402.2
中華民國三十五年度全國中等學校一覽表
教育部統計室編　上海　商務印書館
1948 年　初版

007597983　4962.5　5072
中學生讀書指導
中學生讀書會　香港　中學生讀書會
1930 年

007599954　4962.6　4543
中學教師專冊
韋愨、汪家正編著　長沙　商務印書館

1940年　（m.）

007599960　4962.6　8538
全國高中會考試題總覽
錢洪翔主編　上海　現代教育研究社
1936年　增訂本　（m.）

011911642　LB1607.153　1947
中學教育
廖世承著　上海　商務印書館　1947年
第2版　師範叢書　（m.）

007599961　4963　0278
北京市各級中小學校調查
新民會中央指導部總務部調查科　香港
　該部　1938年

009429905　TA　4964　1104
**北平育英中學校一九三四年度周年概況
一卷**
北平育英中學校編　北京　北平育英中
學校　1934年　油印

007597846　4964　8132
中學生教育與職業指導
鍾道贊、喻兆明編著　上海　正中書局
1946年　訓導叢刊　（m.）

007597924　4966　4444　4966　4444A
中國師範教育論
李超英著　長沙　商務印書館　1941年
（m.）

007599971　4966.8　4005
各省師範教育設施之演進
香港　教育部　1942年　（m.）

007884048　4966.8　7931
考察江浙鄉村師範教育報告書
陳良烈編述　廣州　天成印書館
1939年

007599972　4966.9　1338
師範教育的理論與實際
張達善著　上海　商務印書館　1947年
（m.）

007601203　4975　1173
戰時全國各大學鳥瞰
王覺源編　重慶　獨立出版社　1941年
（m.）

007649153　4975.2　4400.93
全國專門以上學校校長會議錄
教育部專門教育司編　北京　教育部
1918年

007599920　4975.5　4000
大學科目表
教育部編　重慶　正中書局　1940年
（m.）

011882830　LB2841.E42　1928
大學之行政
伊利亞著　謝冰譯　上海　商務印書館
　1928年　國難後第1版　現代教育名
著　（m.）

007599685　4975.6　0175
全國專門以上學校指南附外國遊學指南
商務印書館編譯所編纂　上海　商務印
書館　1923年　（m.）

007599711　4975.6　0643
北平各大學的狀況
新晨報叢書室編輯　北平　新晨報營業
部　1930年　增訂再版　（m.）

007601208　4975.6　1357
國立各院校投考手冊
張春風撰　香港　學燈出版社　1941年

007601212　4975.6　2290
各科常識答問

上海　文華美術圖書公司　1931 年

007601216　4975.6　3277
留學指南
海外留學諮詢委員會　南京　該會
1934 年　（m.）

007599908　4975.6　4000
全國專科以上學校要覽
上海教育部編　重慶　正中書局　1942
年　（m.）

007601038　4975.6　7243
赴美留學指導
劉志宏著　上海　商務印書館　1946 年

007665598　4975.64　4507
蘇聯國民教育
卡拉施尼柯夫著　何歌譯　上海　時代
出版社　1949 年

007601037　4975.9　4127
大學教育論叢
董任堅著　上海　新月書店　1932 年
（m.）

007602316　4975.9　4772
大學院系選習指導
杜佐周等著　上海　中國文化服務社
1947 年　（m.）

007602326　4976　3131
德國大學指導入門
香港　1932 年　（m.）

007602236　4976　4877
全國專科以上學校最近實況
黃覺民編　長沙　商務印書館　1941 年
教育雜志社叢刊　（m.）

007602241　4976　5067
全國大學圖鑒
中國學生社編輯　上海　良友圖書印刷
公司　1933 年　（m.）

007593784　4980　1180
德國職業教育發達史
孟普慶撰　香港　國立中央大學新聲社
推廣部　1931 年

007593789　4980　3232
現代職業
何清儒撰　上海　新月書店　1932 年
（m.）

011919438　HF5381.P36　1934
職業指導
潘文安著　上海　中華書局　1934 年
（m.）

007593791　4980　3603
日本之職業教育
潘文安編　上海　商務印書館　1934 年
（m.）

007593795　4980　4400
職業教育參考書－名德國實業補習教育之組織及教程
北京　教育部　1919 年　（m.）

007593639　4980　4400b
視察各省市職業教育報告彙編
教育部編　上海　商務印書館　1936 年

007593797　4980　5413
全國職業學校概況
中華職業教育社編　上海　商務印書館
1934 年　（m.）

007593647　4980　5640
中國生產教育問題
中國教育學會生產教育委員會著　上海
　商務印書館　1935 年　（m.）

007796438　LC1047.C6　J53　1936
教育部視察各省市職業教育報告彙編
上海　商務印書館　1936 年　初版
（m.）

011912871　LC1047.C6　C5　1929
職業教育
莊澤宣著　上海　商務印書館　1929 年　百科小叢書　（m.）

011913675　LA1130.C51　no.65
職業教育之理論及職業之調查
黃炎培等著　上海　商務印書館　1925 年　教育叢著　（m.）

007593804　4980　7421
民衆職業指導
江蘇省立教育學院研究實驗部編　香港　江蘇省立教育學院研究實驗部　1930 年　（m.）

007650031　4982　4425
考察日本實業補習教育紀要
李步青、路孝植合著　香港　1918 年　（m.）

007649403　4985　2220　FC8064　Film Mas 32000
中國農業教育問題
鄒秉文編　上海　商務印書館　1923 年　（m.）

007593847　4985　2441　FC5701　FC－M1456
鄉村生活與鄉村教育
傅葆琛著　香港　江蘇省立教育學院研究實驗部　1930 年　（m.）

007593859　4985　2644　FC5702　FC－M1457
鄉村教育
魯世英著　北平　文化學社　1931 年　（m.）

007593686　4985　3933　FC5703　FC－M1458
鄉村建設論文集第一集
梁漱溟著　山東鄉村建設研究院　1934 年　再版　（m.）

007650033　4985　4152
中華職業教育社之農村事業
姚惠泉等編　上海　中華職業教育社　1933 年　（m.）

011984427　LC5148.C6　K8　1935
鄉村教育
古楳編　上海　商務印書館　1935 年　鄉村師範學校教科書　（m.）

007593552　4985　7930　FC5704　FC－M1459
中國農村教育概論
陳兆慶著　上海　商務印書館　1937 年　初版　（m.）

011881471　LC5148.C6　Y8　1937
一個鄉村小學教員的日記
俞子夷撰　上海　商務印書館　1937 年　第 3 版　東南大學教育科叢書　（m.）

007593890　4985　8239　FC5705　FC－M1460
農民教育研究集
江蘇省立勞農學院同學會　香港　江蘇省立勞農學院　1930 年

007593914　4987　3302
法官訓練所同學錄
法官訓練所同學總會重編　上海　永祥印書館　1947 年　（m.）

007593919　4987　7122
蘇聯學生的思想政治教育
G.R. 阿爾納烏托夫編　金詩伯等譯　天津　聯合出版社　1949 年　（m.）

011830997　LA1132.G86　1941
國民教育
郭有守、劉百川合撰　長沙　商務印書館　1941 年　四川省教育廳指定小學教師必讀參考書　（m.）

011882045　LC191.S85　1926
社會教育設施法
孫逸園編　上海　商務印書館　1926 年　　師範叢書　（m.）

007593923　4991　4003
社會教育法令彙編第一、二輯
長沙　商務印書館　1940 年　（m.）

007595088　4991　7424　FC8065　Film Mas 32001
民眾教育新論
江蘇省立教育學院研究實驗所編　香港　江蘇省立教育學院研究實驗所印　1930 年　（m.）

007595092　4991　7424b
民眾教育名著提要第一輯
江蘇省立民眾教育院、勞農學院研究部編　香港　江蘇省立民眾教育院，勞農學院研究部印　1930 年

007595094　4991.1　0481
新性道德討論集
章錫琛編　上海　婦女問題研究會　1929 年　增補版

008625898　FC5876　（3）
父母與子女
陳汝惠著　香港　商務印書館　1947 年　（m.）

007650036　4991.3　7931
家庭教育
陳鶴琴著　香港　1926 年　再版　（m.）

007595179　4991.4　4484
讀書與寫作
李公樸編　上海　讀書生活出版社　1939 年　4 版

007595186　4991.4　4644
青年的自我教育
苗［Le］著　上海　光明書局　1940 年　生活與修養叢書

007594950　4991.4　5823
怎樣自我學習
郭沫若等著　青年生活社編　北平　青年生活社　1946 年　北平版　（m.）

007596065　4991.4　8204
致青年書
舒新城著　上海　中華書局　1931 年　初版　（m.）

007596190　4991.5　2988
日本電影教育考察記
徐公美著　上海　商務印書館　1936 年　（m.）

007652052　4991.5　3490
各國成人教育概況
江蘇省立教育學院研究實驗部　香港　江蘇省立教育學院　1931 年　（m.）

007596156　4991.5　4412
中國社會教育行政
蔣建白、呂海瀾編著　上海　商務印書館　1937 年　社會教育小叢書　（m.）

007596149　4991.5　4933
民眾教育館實施法
林宗禮編　上海　商務印書館　1936 年　　師範叢書　（m.）

007596280　4991.5　6740
軍中白話宣講書第一編

國民教育實進會隨營宣講團本部編　上海　國民教育實進會　1912 年

011918568　LC432.C5　S48　1927
收回教育權運動
舒新城著　上海　中華書局　1927 年（m.）

007596294　4991.7　0216
公民訓練綱要
酈震鳴著　北京　公民教育講演團　1925 年　（m.）

007596296　4991.7　0216.1
公民訓練圖表
酈震鳴著　北京　公民教育講演團　1925 年

007595986　4991.7　0243
國民教育
郭有守、劉百川合著　上海　商務印書館　1946 年　（m.）

007596311　4991.7　2231
國民教育新論
何心石著　重慶　獨立出版社　1943 年（m.）

007596110　4991.7　2671
思想改造範例
白雁編　北京　文光書店　1949 年（m.）

007596154　4991.7　3118
國民教育
沈子善、水心合編　重慶　獨立出版社　1942 年　（m.）

007596318　4991.7　4140
日本公民教育
范壽康撰　上海　商務印書館　1937 年

007595921　4991.7　6483
思想領導與工作方法
史達林等著　香港　北方出版社　1949 年　（m.）

007596330　4991.8　0407
解放區群衆教育建設的道路
新教育學會編　哈爾濱　東北書店　1948 年　（m.）

007595839　4991.8　1174
教育中心中國新農村之建設
王駿聲編　上海　商務印書館　1928 年　師範叢書

007596148　4991.8　1249
鄉村教育
千藻編著　長沙　商務印書館　1938 年（m.）

007596349　4991.8　2349
二百兆平民大問題
吳敬恆撰　上海　商務印書館　1924 年（m.）

007596351　4991.8　2372
比較社會教育
吳學信編　重慶　正中書局　1942 年　教育叢書　（m.）

007596151　4991.8　2941
圖書館與民衆教育
徐旭著　長沙　商務印書館　1941 年（m.）

011917320　LC157.C5　S55　1935
識字運動民衆學校經營的理論與實際
馬宗榮編　上海　商務印書館　1935 年　現代社會教育事業叢書　（m.）

007595879　4991.8　2982　FC806　Film Mas 32002
中國文盲問題

徐錫齡著　上海　南國書社　1932 年初版　（m.）

011906899　LC157.C5　D46　1948
中國文盲問題
董渭川編　上海　中華書局　1948 年中華文庫　（m.）

007596357　4991.8　3193
徐公橋
江恒源著　上海　中華職業教育社　1929 年　（m.）

007596359　4991.8　3194
福建省五年來社會教育
福建省教育廳編　1939 年　閩政叢刊（m.）

007596176　4991.8　3196
定縣農村教育建設
河北省縣政建設研究院編　保定　中華平民教育促進會　1935 年　（m.）

007596363　4991.8　3236
社會教育概要
新京　滿洲新聞印刷所　1939 年

007597415　4991.8　339　FC5814　FC－M1033
識字運動參考材料集
浙江省識字運動宣傳委員會編　香港　浙江省識字運動委員會　1933 年（m.）

007596139　4991.8　3802
人民團體組訓手冊
社會部組織訓練司編　濟南　社會部組織訓練司　1942 年　（m.）

001572239　4991.8　3933
村學鄉學須知
梁漱溟編　山東鄒平　鄉村建設研究院

出版股　1935 年　（m.）

007597428　4991.8　4003
戰時社會教育
重慶　正中書局　1939 年　（m.）

007597432　4991.8　4038
民國十六年來之民衆教育刊物
香港　教育部排印　1931 年　（m.）

007597349　4991.8　4205
鄉村教育綱要
楊效春編　廣州　中華書局　1938 年中華百科叢書　（m.）

007597437　4991.8　4233
中國公學校史
胡適著　廣州　1929 年

007597438　4991.8　4248
民衆教育館
彭大詮撰　重慶　正中書局　1941 年（m.）

007597449　4991.8　4649
民衆教育新動向
古楳撰　上海　中華書局　1946 年（m.）

007597450　4991.8　4713
新中華民衆教育
甘豫源編　上海　中華書局　1931 年（m.）

007791118　MLC－C
初級平民學校幻燈教學法
殷祖赫撰　北平　中華平民教育促進會總會　1929 年

007597451　4991.8　5417　FC5706　FC－M1461
平民學校教育實施法
中華平民教育促進會　上海　商務印書

館　1928年　（m.）

007597453　4991.8　5417.1　FC8689　Film　Mas　32729
六年計劃
中華平民教育促進會　香港　中華平民教育促進會　1934年

007597455　4991.8　5417.2　FC5623　FC－M1113
定縣的實驗
中華平民教育促進會編輯　北平　1935年　（m.）

007597457　4991.8　5640
他們是怎樣學習文化的
中共西北中央局宣傳部編　1944年

007597386　4991.8　5640b
他們是怎樣學習文化的
中[國]共[產黨]西北中央局宣傳部編　張家口　新華書店晉察冀分店　1946年　（m.）

007597461　4991.8　5667　FC9459　Film　Mas　35905
識字運動宣傳綱要
中國國民黨中央執行委員會宣傳部　南京　中國國民黨中央執行委員會宣傳部　1929年　（m.）

007597348　4991.8　6201
鄉村教育
喻謨烈編　上海　商務印書館　1925年　（m.）

007597464　4991.8　7126　FC7789　Film　Mas　31695
三周歲之徐公橋
陸叔昂編著　上海　中華職業教育社　1931年　（m.）

007597478　4991.8　7228.5
中國大衆教育問題
陶行知著　香港　大衆文化社　1936年　（m.）

007597486　4991.8　7239
民衆學校論文索引
劉澡編　香港　浙江省立圖書館　1932年　（m.）

011894177　S419.G812　1935
歐美農業史
N. S. B. Gras著　萬國鼎譯　上海　商務印書館　1935年　經濟叢書　（m.）

007597492　4991.8　7239.1
大時代社會教育新論
馬宗榮著　貴陽　文通書局　1941年　大學叢書　（m.）

007597331　4991.8　7745
開展大規模的群衆文教運動
毛澤東等著　香港　中國出版社　1947年　初版

007597505　4991.8　7924　FC5708　FC－M1555
農村工學教育實施
滕仰支等編　上海　黎明書局　1934年　再版　（m.）

007597351　4991.8　7933　FC8067　Film　Mas　32003
民衆教育
陳禮江編著　上海　商務印書館　1936年　江蘇省立教育學院叢書　（m.）

007597354　4991.9　1936
社會教育設施法
孫逸園編　上海　商務印書館　1925年　師範叢書　（m.）

007597509　4991.9　4003
社會教育概況
香港　1942年　（m.）

007597510　4991.9　7239
社會教育綱要
馬宗榮著　上海　商務印書館　1947 年
（m.）

007597928　4992.1　2107　FC5876　(4)
中國現代女子教育史
程謫凡編　上海　中華書局　1936 年
（m.）

011911906　LC1701.N829　1925
女子教育之問題及現狀
姜琦等編　教育雜志社編　上海　商務印書館　1925 年　初版　（m.）

008625903　FC5876　(4)
女子教育之問題及現狀
教育雜志編輯部編纂　香港　商務印書館　1925 年　教育叢書　（m.）

008454648　MLC-C
最先留美同學錄
溫秉忠　北京　溫秉忠　1924 年

011913940　DS730.T88　1947
邊疆教育新論
曹樹勳編著　上海　正中書局　1947 年
（m.）

011881617　LB3993.Z56　1934
天才心理與教育
趙演著　上海　商務印書館　1934 年　再版　師範小叢書　（m.）

007597987　4992.4　1631
中國新鄉村教育
雷通群著　上海　新亞書店　1921 年
（m.）

007597835　4992.4　4414
貧民教育譚
李廷翰撰　上海　教育雜志社　1913 年
（m.）

007598010　4992.4　4858
童子軍中級課本
趙邦鑅主編　上海　大東書局　1936 年

007598012　4992.4　5601
中國童子軍總章
中國童子軍總會編　重慶　1945 年
（m.）

007653164　4992.4　7956
勞工教育
陳振鷺編著　上海　商務印書館　1937 年　社會教育小叢書　（m.）

007598014　4992.5　2282
香山慈幼院教育一覽表
香山慈幼院編　香港　1927 年

007598019　4992.5　2282.2
歷年經費收支報告書
香山慈幼院編　香港　1927 年

007598017　4992.5　2282.2
香山慈幼院發展史
熊希齡著　濟南　1927 年　（m.）

007598015　4992.5　2282.2
香山慈幼院收錄正額學生章程
香山慈幼院編　香港　1929 年　（m.）

007598021　4992.5　2282.4
北平香山慈幼院歷史彙編
香山慈幼院編　北平　1936 年

007598023　4992.5　2912
抗屬子女之教養
朱孟樂撰　重慶　中華慈幼協會　1944 年　（m.）

007864927　4993　0272
國子監訪問記
北平　燕京大學教育學會　1940年

009127501　4996　4257
萃升書院講義
遼寧　萃升書院　1912—49年　鉛印

007864938　4997　0433
交通大學概況及課程一覽
上海　1932年　（m.）

007864946　4997　1436.1
國立政治大學簡明概況
南京　國立政治大學　1948年　（m.）

009433654　TA　4997　2088
私立銘義中學校概覽民國二十六年
1937年　鉛印　（m.）

007864954　4997　3245.2　FC1024
清華同學錄
北平　1937年　（m.）

008598274　FC1024
清華同學錄
香港　國立清華大學校長辦公處印行
1937年　（m.）

007864955　4997　3245.3
最近一年之清華
羅家倫撰　北平　清華大學　1929年

007864951　4997　3245B
清華一覽
北平　清華大學　1927年　（m.）

008378177　4997　3245b　（1935）
國立清華大學一覽
清華大學　北平　國立清華大學出版事務所　1935年　（m.）

007864959　4997　7472
廈門大學招生簡章
廈門　1932年

007864960　4997　7472.2
廈門大學暑期學校一覽第三屆
廈門　1932年

007864975　4997.14　0347
北京交通大學同學紀念冊
交通大學　北京　交通大學　1925年

007865780　4997.14　1047
國立北京大學五十周年紀念會展覽概要
北京大學　北平　國立北京大學
1948年

007865781　4997.14　1047　（1）
特刊
北平　國立北京大學　1948年　國立北京大學五十周年紀念會展覽概要

007865782　4997.14　1047　（2）
敦煌考古工作
北平　國立北京大學　1948年　國立北京大學五十周年紀念會展覽概要

007865783　4997.14　1047　（3）
古銅器展覽
北平　國立北京大學　1948年　國立北京大學五十周年紀念會展覽概要

007865784　4997.14　1047　（4）
博物館中國漆器
北平　國立北京大學　1948年　國立北京大學五十周年紀念會展覽概要

007865785　4997.14　1047　（5）
文物研究所
北平　國立北京大學　1948年　國立北京大學五十周年紀念會展覽概要

007865786　4997.14　1047　(6)
圖書館善本書録
北平　國立北京大學　1948年　國立北京大學五十周年紀念會展覽概要

011803323　AM5.Z464　1947
博物館
曾昭燏、李濟著　臺北　正中書局　1947年　社會教育輔導叢書　（m.）

007865669　4997.14　1047.1
海天集
楊廉輯　上海　北新書局　1926年　初版　（m.）

007865789　4997.14　1047.7　FC8068　Film Mas 32004
國立北京大學學則
國立北京大學課業處　北平　國立北京大學出版組　1934年　（m.）

009293660　T 4997.14　1047.9
北京大學聘包爾格先生聘書
北京大學校長胡適　北京　北京大學　1947年　原件

007865790　4997.14　1128
國立北平師範大學一覽
國立北平師範大學一覽委員會　北平　國立北平師範大學　1934年　（m.）

007865792　4997.14　3190
河北省立農學院一覽
河北省立農學院　保定　河北省立農學院　1936年　（m.）

007865795　4997.14　3245
介紹清華給未來的夥伴們
清華大學學生自治會編　北京　1948年　清華文叢　（m.）

007865796　4997.14　3245.4
國立清華大學工學院機械工程系概況
莊前鼎編　北平　1936年　（m.）

007864949　4997.14　3245.6
國立清華大學校務進行計劃大綱
羅家倫撰　濟南　1929年　（m.）

007865801　4997.14　4047
燕京大學宗教學院簡章
燕京大學宗教學院　北京　燕京大學　1929年　（m.）

007865802　4997.14　4047.1
私立燕京大學一覽
北平　1930年

007865683　4997.14　4047.4
燕大三年
燕京大學學生自治會編　北平　燕京大學學生自治會　1948年　（m.）

007865803　4997.14　4274
十年來之南開大學經濟研究所
南開大學經濟研究所　天津　南開大學經濟研究所　1937年　（m.）

007865805　4997.14　5647
中國大學學術講演集
中國大學出版部　北京　中國大學出版部　1923年　（m.）

009423963　T 4997.14　6247
燕京大學畢業資料
1922年

007865806　4997.14　6345
貝滿女中墾親特刊
管葉羽撰　北京　貝滿女中　1934年

007865807　4997.14　7257
河北省私立同仁中學新計劃概要
同仁中學出版股　保定　益世印刷局　1934年

007917303　4997.15　0247
私立齊魯大學文理學院一覽
濟南　齊魯大學印刷所　1932年　（m.）

007865808　4997.17　8774
銘賢學校農科工作概況報告
太原　銘賢學校　1935年

007698957　MLC－C
延安大學概況
延安大學教務處編　延安　延安大學
1944年

007865810　4997.23　5447
成華大學丁亥級畢業紀念冊
成華大學丁亥級　成都　成華大學
1948年

007865811　4997.24　1347
國立武漢大學一覽民國二十二年度
武漢大學　漢口　武漢大學　1933年
（m.）

007865813　4997.28　0447
三十周紀念刊
無錫私立競志女學編　無錫　該校
1935年

007865814　4997.28　1360
私立震旦大學一覽
上海　私立震旦大學　1935年　（m.）

007865815　4997.28　2461
復旦大學農學院茶葉研究室創辦緣起組織規程研究工作進行辦法研究計劃
香港　茶葉研究室　1941年

007865816　4997.28　3147
國立江蘇醫學院十周年紀念特刊
國立江蘇醫學院　鎮江　該院　1948年
（m.）

007865817　4997.28　3347
私立滬江大學一覽
上海　該校　1929年

007865818　4997.28　3347　（1934）
私立滬江大學一覽1934—1935
上海　該校　1934年　（m.）

007865819　4997.28　3840
國立社會教育學院概況
國立社會教育學院院長室　南京　該院
1948年　（m.）

007591575　FC5699　FC－M1454
全國社會教育統計
南京　教育部　1936年　初版　（m.）

007745921　MLC－C
社會教育史
吳學信編著　長沙　商務印書館　1939
年　師範小叢書　（m.）

007865821　4997.28　4147
大夏大學學生手冊
大夏大學教務處　上海　大夏大學
1947年　（m.）

007865822　4997.28　4147.1
大夏大學一覽
大夏大學　上海　大夏大學　192?年
（m.）

008427446　MLC－C
南開同學錄
1923年　（m.）

007593831　FC5178　FC－M1038
全國高等教育概況簡表民國二十年度
香港　1933年　（m.）

008202926　LG51.P95　Y43　1929x
燕京大學畢業同學錄
1931 年　（m.）

007865823　4997.28　4147.2　FC8377　Film　Mas　32289
大夏大學五周紀念特刊
大夏大學周報社編　上海　該社　1929 年　（m.）

007865988　4997.28　5513
中央政治學校畢業同學錄
畢業生指導部編　南京　1947 年（m.）

007865989　4997.28　5547
一個小學十年努力記
中央大學實驗小學校編輯　上海　中華書局　1936 年　再版

007865990　4997.28　5677
中國醫學院第一屆畢業紀念刊
中國醫學院第一屆畢業同學會　上海　國光印書局　1929 年　（m.）

007865991　4997.28　7347
國立同濟大學概覽
同濟大學出版課　吳淞　國立同濟大學　1934 年　（m.）

007865992　4997.28　8747
金陵大學第二十四屆畢業紀念刊
金陵大學　南京　該校　1934 年

007865993　4997.29　2397
中華兒童機特刊
浙江吳興　綢業小學兒童救國會　1935 年

007865994　4997.31　3183
福建財政廳呈請開辦福建礦務講習所全案
福建礦業講習所　福州　福建礦業講習所　1917 年

007865995　4997.31　4229
抗戰期中之福建協和大學
福建協和大學　福建　該校　1946 年（m.）

009415147　MLC－C
福建協和大學二拾五周年校慶紀念特刊
紀念冊
福建　協和大學　1941 年

007832103　MLC－C　TA　4997.31　4424
私立福建協和大學一覽民國十七年至十八年
1929 年　鉛印　（m.）

007866008　4997.318　4108
臺高同學會會員名簿
廣州　1947 年

007865855　4997.318　4347
國立臺灣大學概況
國立臺灣大學編印　臺北　國立臺灣大學　1947 年　（m.）

007866015　4997.318　4357　（1947）
臺灣省立農學院概況
臺中　該院　1947 年　（m.）

007866022　4997.318　4481
四年來校務概覽
蘇寶藏主編　臺南　臺灣省立臺南第一中學　1949 年

007866036　4997.318　5747
臺灣省立中興大學教職員錄
臺灣省立中興大學編　臺中　1949 年

007866039　4997.32　0547
國立廣東大學法科畢業學生同學錄
廣州　廣東大學　1926 年

007866040　4997.32　0547.3
國立廣東大學演講錄第一集
廣東大學秘書處出版部　廣州　國立廣東大學秘書處出版部　1925年

007867772　4997.32　0567
廣東國民大學第十九屆畢業同學錄
廣東國民大學編印　廣州　1937年

007867773　4997.32　1265
香港聖保羅書院卅一周年紀念特刊
香港　香港聖保羅書院　1946年

007867776　4997.32　225
中小學民主教育的探索香島中學復校三周年紀念冊
復校三周年紀念冊編輯委員會編輯　九龍　香島中學　1949年

007867784　4997.32　2447
嶺南大學一九四零年級刊
龍寶鑫撰　廣州　洛陽印務館　1941年

007867619　4997.32　2447.1
私立嶺南大學一覽
廣州　嶺南大學　1932年　（m.）

007867787　4997.32　2447.2
香港嶺南大學同學錄
嶺南大學同學會香港分會編　香港　1947年

007867701　4997.32　2447.3
私立嶺南大學各院系課程表
私立嶺南大學教務處編　廣州　私立嶺南大學教務處　1939年

007867790　4997.32　2447.5
抗戰期間的嶺南
廣州　1946年

007867615　4997.32　2847
嶺南大學西南社會經濟研究所概況
嶺南大學西南社會經濟研究所　廣州　嶺南大學西南社會經濟研究所　1949年

007795321　MLC－C
剛棱培英五十八周年紀念特刊
香港　一九三八年級剛社出版　1938年

007867854　4997.32　5247
國立中山大學二十一年度概覽
中山大學教務處　廣州　該大學出版部　1933年　（m.）

007867861　4997.32　5247.2
國立中山大學學生須知
中山大學教務處　廣州　國立中山大學出版部　1933年　（m.）

008352735　4997.32　5247.3　(1937)
國立中山大學現狀
張掖總編輯　廣州　國立中山大學出版部　1937年　（m.）

007867641　4997.32　5247.6
國立中山大學一覽
國立中山大學編　廣州　國立中山大學　1930年　（m.）

007867887　4997.34　1642.2
國立西南聯合大學學生分院系名冊三十一年度第一學期
西南聯大註冊組註冊股編　昆明　1942年

007867896　4997.34　1642.3
國立西南聯合大學工學院各系科學程上課時間表民國卅一年度上　下學期
西南聯合大學　昆明　西南聯大　1942年

009424040　T　4997.83　1221
哥倫比亞大學中國學生同學錄
哥大中國學生會編印　1927年

009423694　T　4997.83　6247
哈佛大學中國學生會提案
劍橋　哈佛大學中國學生會　1924年

007867947　4999.52　7361.44
爪哇三寶壠華英中學廿周年紀念刊
爪哇三寶壠華英中學廿周年紀念刊編輯部　爪哇三寶壠華英中學　1936年

007867720　4999.74　6656
里昂中國大學海外部的經過、性質、狀況
上海　1921年

語言文學類

語言學總論

011906335　PL1027.S5　1947
段硯齋雜文沈兼士先生遺著之一
葛信益編　北平　葛信益　1947年
（m.）

004150424　5003　4909　FC7790　Film　Mas　31696
語言學論叢
林語堂譯著　上海　開明書店　1933年
初版　（m.）

004150422　5009　3413
言語學大綱
（日）安藤正次著　雷通群譯　上海　商務印書館　1931年　初版　（m.）

004172580　5010　1140
語言學概要
王壽康編　北平　國立北平師範大學　民國間

004172377　5010　3123
言語學概論
沈步洲著　上海　商務印書館　1931年　初版　（m.）

011986988　P121.W214　1930
言語學通論
王古魯著　上海　世界書局　1930年　文化科學叢書　（m.）

011800866　P105.F5　1947
語言學通論
（英）福爾［J. R. Firth］著　張世祿、藍文海譯　上海　商務印書館　1947年　再版　（m.）

011830590　P121.Z478　1931
語言學原理
張世祿編　上海　商務印書館　1931年　初版　（m.）

011892418　P221.P3　1930
比較語音學概要
（法）保爾·巴西［P. E. Passy］著　劉復譯　上海　商務印書館　1933年　國難後1版　大學叢書　（m.）

011884683　P221.W356　1933
英德法文讀音之比較
王光祈著　上海　中華書局　1933年　初版　（m.）

004172585　5014　2003
語音學概論
岑麒祥編　上海　中華書局　1941 年
（m.）

011803121　P221.Z436　1934
語音學綱要
張世禄著　上海　開明書店　1934 年
初版　（m.）

004172384　5018　0685
修辭格
唐鉞著　上海　商務印書館　1934 年
再版　百科小叢書　（m.）

004172378　5032　2361
翻譯論
吳曙天編輯　上海　光華書局　1933 年
初版　（m.）

004172254　5032　4842
翻譯論集
黃嘉德編　上海　西風社　1940 年
（m.）

004178542　5035　2471
世界語概論
後覺著　上海　商務印書館　1926 年
初版　（m.）

004178541　5035　4911
世界語入門
索非編著　上海　開明書店　1947 年
4 版　（m.）

002523272　5035　7206
萬國通語論
周辨明編譯　上海　商務印書館　1933
年　初版　（m.）

004178650　5035　7244
漢譯世界語小辭典
周莊萍編著　上海　開明書店　1949 年
6 版　（m.）

004178652　5038　8512
英美言語辨異
錢歌川編　上海　中華書局　1935 年
（m.）

011932915　Pl.51.C5　1932
初級外國語科教學法
周越然著　上海　商務印書館　1932 年
初版　師範小叢書　（m.）

011918003　P51.C54　1948
外國語文學習指南
陳原著　哈爾濱　新知書店　1948 年
哈爾濱初版　（m.）

文學總論

004178556　5040　0713
文學論
文學研究社編　上海　文光書局　1931
年　初版　（m.）

004178564　5040　3122
語體模範文學
汪倜然編　上海　廣益書局　1934 年
（m.）

011825080　HX531.G82　1930
新興文學概論
顧鳳城著　上海　光華書局　1930 年
初版　（m.）

004178557　5040　4863
文學常識
趙景深著譯　上海　永祥印書館　1946
年　初版　青年知識文庫　第 2 輯
（m.）

004178561　5040　8248
文學大綱
鄭振鐸編著　上海　商務印書館　1927年　初版　(m.)

011901763　PN45. H53　1937
文學十講
小泉八雲著　楊開渠譯　中國　張鑫山　1937年

008103380　5041　8368
創造日彙刊
創造社編　上海　光華書局　1929年　(m.)

004178670　5043　0024
夜
丁玲著　桂林　新文學出版社　1941年　(m.w.)

004361038　5043　0713
文學研究會世界文學名著叢書
文學研究會主編　上海　商務印書館　1936年

004357507　5043　0713　(1)
西窗集
卞之琳選譯　上海　商務印書館　1936年　初版　文學研究會世界文學名著叢書　(m.w.)

004357511　5043　0713　(2)
化外人
傅東華譯　上海　商務印書館　1936年　初版　文學研究會世界文學名著叢書　(m.w.)

004357508　5043　0713　(3)
番石榴集
朱湘選譯　上海　商務印書館　1936年　初版　文學研究會世界文學名著叢書　(m.w.)

004361039　5043　0713　(4)
鄉下姑娘
盧任鈞選譯　上海　商務印書館　1936年　文學研究會世界文學名著叢書　(m.w.)

004361040　5043　0713　(5)
現代日本小説譯叢
黃源選譯　上海　商務印書館　1936年　文學研究會世界文學名著叢書　(m.w.)

004361041　5043　0713　(6)
皮藍德婁戲曲集
皮藍德婁著　徐霞村譯　上海　商務印書館　1936年　文學研究會世界文學名著叢書　(m.)

004361042　5043　0713　(7)
法國短篇小説集
黎烈文選譯　上海　商務印書館　1936年　文學研究會世界文學名著叢書　(m.w.)

004361043　5043　0713　(8)
筆爾和哲安
莫泊桑著　黎烈文譯　上海　商務印書館　1936年　文學研究會世界文學名著叢書　(m.w.)

004361044　5043　0713　(9)
老屋
梭羅古勃著　陳煒謨譯　上海　商務印書館　1936年　文學研究會世界文學名著叢書　(m.w.)

004361045　5043　0713　(10)
黑色馬
路卜洵著　映波譯　上海　商務印書館　1936年　文學研究會世界文學名著叢書

（m.w.）

004361046　5043　0713　（11）
俄國短篇小説譯叢
鄭振鐸選譯　上海　商務印書館　1936
年　文學研究會世界文學名著叢書
（m.w.）

011930350　PL2760.E58　K34　1938
抗戰詩歌集
馮玉祥著　漢口　三戶圖書印刷社
1938年　初版　（m.w.）

011916209　PN1119.C5　Y83　1946
詩與詩論
V. J. Jerome 等著　袁水拍編譯　上海
森林出版社　1948年　3版

011913091　PN6109.C5　Y5　1937
一切的峰頂
梁宗岱譯　上海　商務印書館　1937年
增訂再版　（w.）

011913065　PQ1279.C5　F24　1936
法蘭西短篇小説集
李青崖選譯　上海　商務印書館　1936
年　初版　漢譯世界名著　（m.w.）

004178672　5043　1240
文學作品選讀
荃麟[邵荃麟]、葛琴編　上海　生活讀
書新知上海聯合發行所　1949年
（m.）

004178562　5043　8258
世界文庫
鄭振鐸編　上海　生活書店　1935—36
年　（m.）

004178472　5044　0700　　5044　0700　c.2
文學論文索引
陳璧如編輯　北京　國立北平圖書館發
行　1932年　中華圖書館協會叢書
（m.）

004178473　5044　0700　（2）
文學論文索引續編
劉修業編輯　北平　中華圖書館協會
1933年

004178474　5044　0700　（3）
文學論文索引三編
劉修業編輯　北平　中華圖書館協會
1936年

004201189　5044　2126
漢譯東西洋文學作品編目第一回
虛白原編　蒲梢修訂　上海　真善美書
店　1929年　（m.）

004178612　5045　0204
怎樣讀書
胡適等著　郭文彬編　上海　一心書店
1936年　（m.）

004178688　5045　0571
讀書文選
讀書月刊社編　上海　大光書局　1936
年　3版

004178696　5045　1117
讀書方法　讀書顧問
王子堅編　上海　經緯書局　1936年

004178700　5045　1122
讀書的方法與經驗
王任叔[巴人]著　漢口　生活書店
1939年　再版　青年自學叢書　（m.）

004178478　5045　1362
古今名人讀書法
張明仁編　長沙　商務印書館　1940年

（m.）

004178555　5045　2045
新文學教程
（蘇）維諾格拉多夫著　樓逸夫［適夷］譯　上海　天馬書店　1937 年　初版（m.）

004178742　5045　2171
閱讀書報雜志的經驗
紅風編著　上海　博文書店　1941 年（m.）

004178745　5045　2220
讀書法
鄒德謹、蔣正陸編譯　上海　商務印書館　1933 年　國難後第 1 版　通俗教育叢書　（m.）

004178538　5045　2311
記敘文作法講義
俍工編著　上海　民智書局　1929 年　6 版　（m.）

004178506　5045　2614
文學的調查研究
伯子作　九龍　綠榕書屋　1949 年

004332862　5045　3141
怎樣閱讀文藝作品
沈起予著　上海　生活書店　1947 年　青年自學叢書　（m.）

004178563　5045　3153
作家的條件
汪靜之編著　上海　商務印書館　1937 年　初版　（m.）

011908713　PL2258.H75　1931
古書今讀法
胡懷琛著　上海　世界書局　1931 年　再版　（m.）

004332873　5045　3603
青年讀書指導
潘文安著　上海　大東書局　1949 年（m.）

004178603　5045　4464
論讀書
艾思奇著　香港　新民主出版社　1949 年　初版　（m.）

004178539　5045　4813
日記文作法
賀玉波編著　上海　廣益書局　1933 年　初版　（m.）

004332887　5045　4814
一個國文教師寫給作文自修者
黃霜華著　廣州　大東書局　1936 年

011914719　PL1271.H6　1934
小品文作法
賀玉波編著　上海　廣益書局　1933 年　初版　廣益文化叢書　（m.）

004336870　5045　7992
小品文作法
陳光虞著　上海　啟智書局　1935 年（m.）

004336598　5045　9226
論文章作法
勞和編　北京　新華書店　1949 年（m.）

011913312　PL1271.C526　1934
修辭講話
趙景深著　上海　北新書局　1934 年　初版　（m.）

004336950　5046　0444
開明文學辭典
章克標編譯　上海　開明書店　1932 年
（m.）

004336951　5046　3622
文藝小辭典
神田豐穗著　王隱編譯　上海　中華書局　1940 年　初版　（m.）

007734412　MLC – C
良友文藝書目
良友圖書公司　上海　上海良友圖書公司　1937 年

004336952　5046　4225
文藝辭典
胡仲持編　上海　華華書店　1946 年　初版　（m.）

004336940　5046　4443
文學手冊
艾蕪著　桂林　文化供應社　1942 年　（m.）

004337059　5046　4523
文學術語辭典
戴叔清編　上海　文藝書局　1932 年　再版　青年作家 ABC 叢書　（m.）

004336948　5046　7203
新文藝辭典
顧鳳城編　上海　光華書局　1931 年　初版　（m.）

004336949　5046　7245
中外文學名著辭典
周夢蝶編　上海　樂華圖書公司　1931 年　初版

004336932　5047　2948
知之集
徐士銅編　上海　正行出版社　1939 年　（m.）

007464831　PN6409.J3　H34　1916
格言大辭典
芳賀矢一、安井小太郎、服部宇之吉共編　東京　文昌閣　1916 年

004336953　5047　3253
作家語錄
沙夫編　桂林　綜合出版社　1943 年　初版　（m.）

004336933　5047　8996
名言與俗諺
佘光顯著　上海　中流書店　1941 年　初版　（m.）

011930206　PN779.C5　L5　1928
表現主義的文學
劉大傑著　上海　北新書局　1928 年　初版　（m.）

004336946　5048　0224
文藝思潮論
廚川白村著　樊從予譯　上海　商務印書館　1935 年　文學研究會叢書　（m.）

011903470　PN56.R3　H74　1924
寫實主義與浪漫主義
愈之等譯述　東方雜志社編　上海　商務印書館　1924 年　再版　東方文庫　（m.）

011879279　HX531.K875　1930
新寫實主義論文集
（日）藏原惟人著　吳之本譯　上海　現代書局　1930 年　初版　拓荒叢書　（m.）

004336944　FC8077　Film　Mas　31983
比較文學史
洛里哀［F. Loliée］著　傅東華譯　上海　商務印書館　1948 年　3 版　漢譯世界名著　（m.）

008453985　PN595.J3　K5　1929
世界文學大綱
（日）木村毅著　朱應會譯　上海　1929 年　初版　（m.）

011918577　PN451.M312　1935
世界文學史
約翰・麥茜［J. Macy］著　由稚吾譯　上海　世界書局　1935 年　初版　（m.）

011881392　PN595.C6　L5　1933
世界文學史綱
李菊休、趙景深合編　上海　亞細亞書局　1933 年　初版　文學基本叢書　（m.）

004337201　5048　2940
文藝思潮小史
徐懋庸著　長春　光華書局　1949 年　再版　青年學習叢書　（m.）

011906993　PN595.C6　X825　1936
文藝思潮小史
徐懋庸著　上海　生活書店　1936 年　初版　（m.）

004337207　5048　3173
世界文學名著講話
茅盾著　上海　開明書店　1948 年　開明青年叢書

011901879　PN519.C5　L58　1946
西洋文學的研究
柳無忌著　上海　大東書局　1946 年　（m.）

011895421　PL2264.T34　1941
文學源流
譚正璧編著　上海　世界書局　1941 年　初版　國文研究叢刊　（m.）

004336947　5048　4221.1
近代文藝的背景
内崎作三郎著　王璧如譯　上海　北新書局　1928 年　初版　（m.）

008627338　Microfiche　C‐821　CH1425
新文學研究
蘇雪林述　武漢　國立武漢大學印　1934 年

011919410　PN59.T3　1920
新文學研究法
戴渭清、呂雲彪著　上海　上海大東書局總發行　1920 年　初版　（m.）

004341382　5048　5924
世界文學欣賞初步
秦牧著　上海　生活書店　1948 年　新知識初步叢刊

004336955　5049　0147
新形勢與文藝
史篤著　香港　大眾文藝叢刊社　1949 年　初版　大眾文藝叢刊　（m.）

004341386　5049　0234
文藝與宣傳
郭沫若著　廣州　生活書店　1938 年　自由中國叢書　（m.w.）

004336954　5049　0234.04　(1)
文藝論集
郭沫若著　上海　光革書局　1930 年　初版　（m.）

004336621　5049　0234.04　(2)
文藝論集續集
郭沫若著　上海　光華書局　1931 年
(m.)

004336960　5049　0276
創造風
方與嚴著　上海　文建出版社　1947 年
初版　育才叢書　(m.w.)

004336939　5049　040
文藝講座第一冊
馮乃超著　上海　神州國光社　1930 年
初版　(m.)

011881699　PL2302.W4　1933
文藝自由論辯集
蘇汶編　上海　現代書局　1933 年
(m.)

004336819　5049　1122
文學讀本
王任叔[巴人]著　上海　珠林書店
1941 年　3 版　(m.)

011885885　PN85.C4　1929
偉大怪惡的藝術
張競生著　上海　世界書局　1929 年
初版　(m.)

004336942　5049　1340
文學淺說
張夢麟編　上海　中華書局　1948 年
初版　中華文庫　(m.)

004336941　5049　1361
什麼是文學
張盱編　上海　經緯書局　民國間　經
緯百科叢書

004336956　5049　1398　FC8200　Film Mas 32123
民族形式討論集
胡風編　重慶　華中圖書公司　1941 年
初版

004336957　5049　1398.1
論民族形式問題
胡風著　上海　海燕書店　1947 年　新
版　七月文叢　(m.)

004341399　5049　1398.3
密雲期風習小紀第二批評論文集
胡風著　漢口　新知書店經售　1938 年
(m.)

011836350　PN45.X53　1933
文藝通論
夏炎德著　上海　開明書店　1933 年
初版　(m.)

004357646　5049　1704
文藝學習講話
司馬文森編　香港　智源書局　1949 年
文藝生活選集

004341244　5049　2124
給志在文藝者
任白濤輯譯　上海　亞東圖書館　1928
年　5 版　(m.)

004081857　5049　2135
在延安文藝座談會上的講話
毛澤東著　延安　解放社　1943 年

004081750　5049　2135　(1944)
在延安文藝座談會上的講話
毛澤東著　延安　解放社　1944 年
再版

004094407　5049　2135b
在文藝座談會上的講話引言與結論
毛澤東著　延安　解放社　1943 年

004093924　5049　2135c
在延安文藝座談會上的講話
毛澤東著　廣州　解放社　1949 年

004357514　5049　2135e　FC9327　Film　Mas　35749
論文藝問題在延安文藝座談會上的講話
毛澤東著　上海　新中國書局總經銷　1949 年　（m.）

004349679　5049　2135f
論文藝問題
毛澤東著　香港　新民主出版社　1949 年　（m.）

004349667　5049　2186
文論要詮
程會昌編　上海　開明書店　1948 年（m.）

011938020　PL2272.5.W4　1929
文品彙鈔
郭紹虞集　北平　樸社　1929 年　初版　文學批評叢書　（m.）

011934824　PL2258.H7　1929
益修文談
徐昂著　南通　翰墨林書局　1929 年　初版　（m.）

011881244　PL2258.L58　1929
中國文學 ABC
劉麟生著　上海　世界書局發行　1929 年　初版　ABC 叢書　（m.）

011895455　PL2258.c4　1932
中國文學鑒賞
張弓著　北平　文化書社　1932 年　初版　（m.）

011984819　PL2272.5　C4　1934
中國文學講座
劉麟生著　上海　世界書局　1934 年 初版　（m.）

004349743　5049　2331
近代文學
（日）伊達源一郎著　張文天、汪馥泉譯　上海　商務印書館　1930 年　初版（m.）

004349744　5049　2454
文學百題文學二周年紀念特輯
傅東華編　上海　生活書店　1935 年　再版　（m.）

004349742　5049　2815
旅程記
以羣著　桂林　集美書店　1942 年　初版　（m.w.）

004093838　5049　2923
論雅俗共賞
朱自清著　上海　觀察社　1948 年（m.）

004357652　5049　2940
街頭文談
徐懋庸著　上海　光明書局　1947 年 2 版　（m.w.）

004349741　5049　2940.8
怎樣從事文藝修養
徐懋庸著　上海　三江書店　1936 年 初版　（m.）

004353155　5049　2993
談文學
朱光潛著　上海　開明書店　1947 年（m.）

004353185　5049　2993.2　FC8078　Film　Mas　31984
我與文學及其他
朱光潛著　上海　開明書店　1947 年

004353503　5049　3114
文學概論
沈天葆編著　上海　梁溪圖書館　1926年　初版　（m.）

004353520　5049　3212
魯迅論及其他
雪峰［馮雪峰］著　桂林　充實社　1940年　初版

004353608　5049　3648
文學概論
潘梓年著　上海　北新書局　1929年　4版　（m.）

004353508　5049　3932
詩與真
梁宗岱著譯　上海　商務印書館　1935—36年　初版　（m.）

011914043　PG3020.K66　1949
蘇聯文藝問題
廣州　新華書店　1949年　（m.）

011881425　PN45.H8　1930
文學研究法
（英）韓德生［W. H. Hudson］著　宋桂煌譯　上海　光華書局　1930年　初版　（m.）

005584493　5049　4123
戰爭與文學
范泉著　上海　永祥印書館　1945年　初版　青年知識文庫　第1輯　（m.）

011934987　PL2303.H8　1949
論工人文藝
荒煤編　上海　上海雜志公司　1949年　1版　人民藝術叢刊　（m.）

004353517　5049　4233
文學論集
胡適著　藝林社編　上海　中國文化服務社　1936年　10版　（m.）

004353509　5049　4412
低眉集
蔣天佐著　上海　光明書店　1947年　初版　光明文藝叢書　（m.）

004353500　5049　4432
文學概論
薛祥綏著　上海　啟智書局　1934年　初版　（m.）

004353122　5049　4437
文藝街頭
薛汕著　上海　春草社　1947年　春草論叢　（m.）

011885742　HX531.F856　1933
文藝新論
藤森成吉著　張資平譯　上海　現代書局　1933年　4版

011907950　PL2302.H837　1949
論走私主義的哲學
黃藥眠著　香港　求實出版社　1949年　求實文藝叢刊　（m.）

004353514　5049　4863
文藝論集
趙景深譯著　上海　廣益書局　1933年　初版　（m.）

004353518　5049　4936
大衆文藝新論
林洛著　香港　力耕出版社　1948年　初版　（m.）

004353507　5049　4991.1
活的文學
林煥平著　香港　海燕出版社　1940年

初版 （m.）

004353519　5049　5221
使命
成倣吾著　上海　光華書局　1930 年　再版 （m.）

004353506　5049　561
文學概論
曹百川著　上海　商務印書館　1931 年　初版 （m.）

004353502　5049　5724
新文學概論
本間久雄著　章錫琛譯　上海　商務印書館　1927 年　初版　文學研究會叢書 （m.）

004353515　5049　6423
雜文的藝術與修養
田仲濟著　重慶　東方書社　1943 年　初版 （m.）

011910165　PN45.S8　1933
文學概論
孫俍工編著　上海　廣益書局　1933 年　初版　廣益文化叢書 （m.）

011919869　PN45.H6　1930
文學概論
（日）本間久雄著　章錫琛譯　上海　開明書店　1930 年　初版 （m.）

011914428　PN45.C4　1932
文學概論
趙景深編著　上海　世界書局　1932 年 （m.）

011890824　PN45.H7　1936
文學概論
許欽文著　上海　北新書局　1936 年

（m.）

011563094　PN45.W3533　1949
文學與社會生活
王西彥著　上海　中華書局　1949 年　初版　大衆文化叢書 （m.）

011836591　HX521.P54　1937
藝術與社會生活
（俄）普列漢諾夫［G. V Plekhanov］著　雪峰［馮雪峰］譯　上海　生活書店　1937 年　初版　世界學術名著譯叢 （m.）

004353501　5049　6537
文藝賞鑒論
田中湖月著　孫俍工譯　上海　中華書局　1930 年　初版 （m.）

011760252　PG3015.N636　1933
俄國現代思潮及文學
許亦非譯　上海　現代書局　1933 年 （m.）

004361027　5049　6707
國際文學
廣州　東方出版社　1939 年 （m.）

004353613　5049　7224　FC8080　Film　Mas　31971
近代文學十講
廚川白村著　羅迪先譯　上海　學術研究會叢書部　1924—25 年

004353510　5049　7224.2　FC8081　Film　Mas　31975
苦悶的象徵
廚川白村著　豐子愷譯　上海　商務印書館　1925 年　初版　文學研究會叢書 （m.）

004081734　5049　7231
文學概論

馬宗霍著　上海　商務印書館　1925 年　初版　（m.）

011902028　HX531.C4　1948
論文藝問題
周筧[周揚]編　香港　穀雨社　1948 年　再版　（m.）

004353267　5049　7924
文學理論
陳穆如編　上海　啟智書局　1933 年　（m.）

004353504　5049　7932b
文學原理
陳安仁著　廣州　陳安仁　1927 年　初版　（m.）

005584495　5049　8250
通俗文藝五講
老舍、何容編　重慶　上海雜志公司總經售　1939 年　初版　（m.）

008648849　T　5049　8205.1b
文學概論講義
舒舍予著　濟南　齊魯大學文學院　1933 年

004353072　5049　8258
我與文學《文學》一周紀念特輯
鄭振鐸、傅東華編　上海　生活書店　1934 年　第 1 版　（m.）

004353505　5049　8258
文藝概論
錢歌川著　上海　中華書局　1930 年　初版　（m.）

011910138　PN45.C4　1931
文學入門
章克標、方光燾著　上海　開明書店　1930 年　初版　（m.）

004361034　5049　9281
文藝譚
小泉八雲著　石民譯註　上海　北新書局　1930 年　自修英文叢刊　（m.）

006833907　5049　9457　FC7791　Film　Mas　31685
文藝創作講座
光華書局編輯部編　上海　光華　1931 年　（m.）

004157088　5050　1120
過來的時代魯迅論及其他
雪峰著　香港　新知書店　1948 年　滬 2 版　（m.）

004290418　5050　1240
論批評
荃麟[邵荃麟]著　香港　大衆文藝叢刊社　1948 年　初版　大衆文藝叢刊　（m.）

007734368　MLC－C
論主觀問題
香港　大衆文藝叢刊社　1948 年　大衆文藝叢刊

005258879　5050　1340
文學論文集
曾覺之著　上海　中華書局　1935 年　（m.）

004290412　5050　1693
石懷池文學論文集
石懷池著　上海　耕耘出版社　1945 年　（m.）

004290413　5050　2233
近代文藝批評論
何家選編　上海　中華書局　1948 年　初版　（m.）

011737100　PN56.L6　S536　1930
戀愛與文學
沈蘇約著　上海　群學社　1930 年　再版　（m.）

011722890　PN56.5.P4　X545　1929
農民文學 ABC
謝六逸　上海　ABC 叢書社　1929 年　再版　ABC 叢書　（m.）

011929551　PN81.C4　1943
文學批評的新動向
陳銓編著　重慶　正中書局　1943 年　初版　中國人文科學社叢刊　（m.）

011881408　PN81.W513　1923
文學評論之原理
（英）溫徹斯特［C. T. Winchester］著　景昌極、錢堃新譯　梅光迪校　上海　商務印書館　1923 年　初版　（m.）

011885748　PN85.C3　1930
文學之社會學的批評
（美）卡爾佛登［V. F. Calverton］著　傅東華譯　上海　華通書局　1930 年　初版　（m.）

011930185　PN73.H56　1928
文學之社會學的研究
（日）平林初之輔著　方光燾譯　上海　大江書鋪　1928 年　初版　（m.）

011901470　PN73.H5　1928
文學之社會學的研究方法及其適用
（日）平林初之輔著　林驍譯　上海　太平洋書店　1928 年　初版　社會問題叢書　（m.）

011882645　PN85.L5　1948
文學枝葉
李廣田著　上海　益智出版社　1948 年　初版　一知文藝叢書　（m.）

011882612　PN81.F825　1928
文藝批評 ABC
傅東華著　上海　ABC 叢書社　1928 年　初版　ABC 叢書　（m.）

011881472　PN81.L525　1934
文藝批評概說
黎錦明編　上海　北新書局　1934 年　（m.）

011882716　PN81.B813　1927
文藝批評淺說
周全平著　上海　商務印書館　1927 年　初版　（m.）

011879348　PN59.Z48　1935
怎樣研究文學
華北文藝社編　北平　人文書店　1935 年　初版　（m.）

011879429　PN85.L535　1933
新文藝批評談話
黎君亮著　北平　人文書店　1933 年　初版　（m.）

004290333　5050　2454
創作與模倣
傅東華著　上海　博文書店　1947 年

004293898　5050　3201
文藝批評史
（日）宮島新三郎著　高明譯　上海　1930 年　初版　（m.）

004307869　5050　3202
書人書事
馮亦代著　上海　潮鋒出版社　1949 年　文學者叢刊　（w.）

004293897　5050　3932
文藝批評論
梁實秋編　上海　中華書局　1934年　初版　中華百科叢書　(m.)

011884969　PN81.S7　1931
文藝批評論文藝之部
思明著　上海　神州國光社　1931年　初版　(m.)

004165277　5050　3932.07
文學的紀律
梁實秋著　長沙　商務印書館　1938年　3版　(m.)

004293883　5050　4201
文藝欣賞之社會學的分析
萬亦吾著　重慶　商務印書館　1945年　初版　(m.)

004307870　5050　4271
文藝筆談
胡風作　上海　生活書店　1937年　文學社叢書

004293626　5050　4863.1
文學講話
趙景深著　上海　中國文化服務社　1936年　(m.)

004293603　5050　7228
藝術與生活
周作人著　上海　中華書局　1919年　現代文學叢刊　(m.)

004293895　5050　7244
東西文學評論
劉大傑著譯　上海　中華書局　1934年　初版　現代文學叢刊　(m.)

004178676　5050　7281
文藝批評淺說
周全平著　上海　商務印書館　1930年　萬有文庫　第1集　(m.)

011981713　PL2302.C56　1933
現代中國文學論
錢杏邨[阿英]著　上海　合眾書店　1933年　初版　(m.)

004293885　5052　114
詩學原理新學制中學國語科補充讀本
王希和編輯　上海　商務印書館　1926年　再版　(m.)

004182692　5052　1142
詩學
亞里斯多德著　傅東華譯　上海　商務印書館　1933年　文學研究會叢書　(m.)

004293887　5052　1200
現代詩論
曹葆華輯譯　上海　商務印書館　1937年　初版　文學研究會叢書　(m.)

004293379　5052　1921
新詩作法講義
孫俍工著　上海　商務印書館　1929年　(m.)

004293888　5052　1980
科學與詩
(英)瑞恰慈[I. A. Richards]著　曹葆華譯　上海　商務印書館　1937年　初版　文學研究會叢書　(m.)

004293637　5052　2454
詩歌與批評
傅東華著作　上海　新中國書局　1932年　(m.)

011826104　PN1031. P477　1926
詩之研究
（美）勃利司·潘萊[B. Perry]著　傅東華、金兆梓譯述　上海　商務印書館　1926年　文學研究會叢書　（m.）

004178689　5052　3153
詩歌原理
汪靜之著　上海　商務印書館　1927年　百科小叢書　（m.）

004182695　5052　3826
作詩百日通
顧佛影著　香港　時代書店　1935年　時代創作叢刊　（m.）

004178693　5052　3826.1
填詞百法
顧佛影編　上海　崇新書局　1926年

004293889　5052　4784
詩底原理
（日）荻原朔太郎著　孫俍工譯　上海　中華書局　1933年　初版　新文化叢書　（m.）

004178699　5052　6682
詩與鬥爭
呂劍著　香港　新民主出版社　1948年

011885845　PN1031. A5　1949
人和詩
阿壟著　上海　上海書報雜志聯合發行所　1949年　初版　（m.）

011893626　PN1031. S613　1937
詩辯
（英）雪萊[P. B. Shelley]著　伍蠡甫譯　上海　商務印書館　1937年　初版　（m.）

011983335　PN1365. P4　1932
抒情詩之研究
（美）培利[B. Perry]著　穆女譯　北平　文化學社　1932年　初版　（m.）

011929874　PN1669. C5　H7　1936
劇本論
向培良著　上海　商務印書館　1936年　初版　（m.）

004293886　5054　0480
創作三步法
許欽文著　上海　開明書店　1933年　初版　（m.）

011737926　PL1271. S459　1933
小品文講話
石葦編著　上海　光明書局　1933年　再版　（m.）

004178703　5054　1704
創作經驗
司馬文森編　香港　智源書局　1949年

011787548　PN147. X863　1936
街頭文談
徐懋庸著　上海　光明書局　1936年　初版　（m. w.）

004293896　5054　3173
創作的準備
茅盾著　桂林　自學書店　1941年　初版　（m.）

004307872　5054　3173b
創作的準備
茅盾著　桂林　文學出版社　1942年

004307873　5054　3173c
創作的準備
茅盾著　北京　生活·讀書·新知三聯書店　1936年　新中國青年文庫

（m.）

004293894　5054　3233

小説的研究
（美）培里［B. Perry］著　湯澄波譯　上海　商務印書館　1925年　初版　（m.）

011888358　PN3355.C4　1933

小説原理
陳穆如著　上海　中華書局　1933年　再版　新文化叢書　（m.）

004293612　5054　4406

創作論
李廣田著　上海　開明書店　1949年　（m.）

011938155　PL2419.S5　C47　1924

短篇小説作法
張舎我編輯　上海　黄濟惠　1924年　再版　（m.）

008454641　MLC－C

小説研究十六講
木村毅著　高明譯　上海　北新書局　1930年　初版　（m.）

011979398　PN3355.C4　1943

小説作法之研究
趙恂九著　大連　啟東書社　1943年　初版　（m.）

004307854　5054　4522

小説的研究
（英）韓德生［W. H. Hudson］著　宋桂煌譯　上海　光華書局　1930年　初版　（m.）

011890615　PN3331.P413　1935

小説的研究
（美）培里［B. Perry］著　湯澄波譯　上海　商務印書館　1935年　國難後1版　漢譯世界名著　（m.）

004293884　5054　5658

文藝寫作經驗談十大作家經驗之談
中國青年寫作協會編　重慶　天地出版社　1943年　初版　（m.）

004307874　5054　6695

小説法程
華林一譯　上海　商務印書館　1933年　文學叢書　（m.）

004293436　5054　8222

創作的經驗
魯迅等執筆　上海　天馬書店　1933年　4版　（m.）

004293830　5055　1524

演講術例話
尹德華編著　桂林　文化供應社　1943年　（m.）

011561859　PN4145.H835　1936

朗誦法
黄仲蘇著　上海　開明書店　1936年　初版　（m.）

011983192　PN4121.J4　1942

演講・雄辯・談話術增訂版
任畢明著　桂林　實學書局　1942年　增訂5版　（m.）

004293827　5055　1941

演講初步
孫起孟著　上海　生活書店　1947年　再版　新知識初步叢刊　（m.）

011979433　PN4121.Y88　1934

演説學ABC

余楒秋著　上海　ABC 叢書社　1934
年　5 版　ABC 叢書　（m.）

011979331　PN4121.Y3　1933
演說學大綱
楊炳乾編　上海　商務印書館　1933 年
　國難後第 1 版　民國叢書　第 3 編
（m.）

011913380　PN4193.L4　Y8　1934
演說學概要
余楒秋編　上海　中華書局　1934 年
（m.）

004201261　5055　4211
演說學
郝理士特著　劉奇譯　上海　商務印書
館　1930 年　（m.）

004307876　5055　4523
演講術
韓蠡編著　上海　戴有齡　1937 年
（m.）

004187091　5055　5667
怎樣集體講話
中國國民黨廣東省執行委員會編　香港
中國國民黨廣東省執行委員會　1946 年

004187092　5056　1121
傳記學
王名元著　廣州　中山大學出版組
1948 年　（m.）

004311376　5056　8178
世界文學家像傳
鍾岳年、曹思彬合著　1949 年　初版
像傳叢書　（m.）

中國語言文字學

總錄

004307850　5061.5　4523
語體應用文作法
戴叔清著　上海　亞東圖書館　1929 年
初版　（m.）

004307848　5063　0222 (2)　FC3083　Film　Mas　31974
語文通論續編
郭紹虞著　上海　開明書店　1949 年
再版　（m.）

009239093　MLC – C
輔仁大學語文學會講演集
輔仁大學語文學會　北平　輔仁大學
1940—42 年　（m.）

004307847　5063　0222b　FC8082　Film　Mas　31973
語文通論
郭紹虞著　上海　開玥書店　1941 年
初版　（m.）

004307849　5063　3131
大眾語文論戰　續編
宣浩平編　上海　啟智書局　1934 年
初版

004201245　5063　7140　FC9585　Film　Mas　35977
龐氏音學遺書
龐大堃著　香港　常熟龐氏　1935 年

004337183　5063　7140　(1)
形聲輯略一卷　備考一卷
龐大堃著　香港　常熟龐氏　1935 年
龐氏音學遺書

004337184　5063　7140　(2)
唐韻輯略五卷　備考一卷
龐大堃著　香港　常熟龐氏　1935 年
龐氏音學遺書

004337185　5063　7140　（3）
古音輯略二卷　備考一卷
龐大堃著　香港　常熟龐氏　1935 年
龐氏音學遺書

004337186　5063　7140　（4-5）
等韻輯略三卷　備考一卷
龐大堃著　香港　常熟龐氏　1935 年
龐氏音學遺書

004315538　5063　7263
段王學五種
劉盼遂輯校　北平　來熏閣　1936 年
百鶴樓叢書

004337211　5063　7263　（1）
經韻樓集補編二卷
段玉裁撰　北平　來熏閣　1936 年　百鶴樓叢書

004337212　5063　7263　（2）
段玉裁先生年譜一卷
劉盼遂學　北平　來熏閣　1936 年　百鶴樓叢書

004337214　5063　7263　（3）
王伯申文集補編二卷
王引之撰　北平　來熏閣　1936 年　百鶴樓叢書

004337213　5063　7263　（3）
王石臞文集補編一卷
王念孫撰　北平　來熏閣　1936 年　百鶴樓叢書

004337215　5063　7263　（4）
高郵王氏父子年譜一卷
劉盼遂學　北平　來熏閣　1936 年　百鶴樓叢書

004201246　5063　8623
默識齋叢稿
曾彝進撰　北平　華陽曾氏　1940—42 年

004336845　5063　8623　（1）
有音四聲記號說
曾彝進著　北京　曾彝進　1941 年　初版　（m.）

004336846　5063　8623　（2）
新反切法
曾彝進著　北平　曾彝進　1941 年　初版　默識齋叢稿　（m.）

004336860　5063　8623　（3）
千字音
曾彝進著　北京　曾彝進　1941 年　初版　默識齋叢稿　（m.）

004336861　5063　8623　（4）
數目字音標
曾彝進著　北平　曾彝進　1942 年　初版　默識齋叢稿　（m.）

004336862　5063　8623　（5）
喀那註音定式中國北京語
曾彝進著　北京　曾彝進　1942 年　初版　默識齋叢稿　（m.）

004315554　5063　9713
小學研究
金陵大學文學院國學研究班編　南京　金陵大學文學院國學研究班　1936 年　初版　金陵大學文學院文史叢刊　（m.）

007493402　5064　8108
語言文字書目
錢端義　北京　國立北京大學語音組　1942 年

004315573　5065　0404
作文講話

章衣萍著　上海　北新書局　1931 年　（m.）

007596342　5065　1710
不學習文化能行嗎
廣州　聯政宣傳部　1945 年　連隊文化叢書　（m.）

004315572　5065　4423
小學教師的語文知識
蔣伯潛編　上海　中華書局　1948 年初版　小學教師用書　第 1 集　（m.）

004315381　5065　4424
國語問題閱讀心理
艾偉著　上海　中華書局　1948 年（m.）

004201276　5066　4747
中國文學重要問題及名著提要
南開大學附屬中學學生自治會編　香港　南開大學附屬中學自治會　1937 年

004315439　5068　0442
許地山語文論文集
許地山著　香港　光夏書局總經售　1941 年　（m.）

004315534　5068　2376
中國文字之起源及變遷
吳貫因著　王雲五主編　上海　商務印書館　1933 年　（m.）

004315557　5068　2387
國語四千年來變化潮流圖
黎錦熙編著　張蔚瑜寫繪　北平　文化學社　1929 年　訂正再版　（m.）

003973225　5069　0253
中國語言學研究
Bernhard Karlgren 著　賀昌群譯著　上海　商務印書館　1934 年　國學小叢書（m.）

004315555　5069　0253.1
中國語與中國文
（瑞典）高本漢[Bernhard Karlgren]著　張世祿譯　上海　商務印書館　1933 年　國難後第 1 版　（m.）

004294084　5069　0642
古文字學導論二編
唐蘭著　北平　北京大學出版組　1935 年

004315556　5069　1142　FC7792　Film　Mas　31686
中國語文概論
王力著　長沙　商務印書館　1939 年初版　（m.）

004315444　5069　1231
文字學概說
邵祖平著作　上海　商務印書館　1939 年　國學小叢書　（m.）

004315562　5069　1333
文字源流
張之純、莊慶祥編　上海　商務印書館　1924 年　23 版　（m.）

004315627　5069　1604
蒼石山房文字談
石廣權撰　上海　商務印書館　1929 年初版

004294086　5069　1906
小學初告六卷
孫文昱著　湘潭　孫氏家塾　1926 年

004294087　5069　1933
中國文字學
孫海波撰　東京　1941 年

004337058　5069　2224
新著中國文字學大綱
何仲英編　上海　商務印書館　1926年　（m.）

004337022　5069　2224
中國文字學大綱參考書
何仲英編纂　上海　商務印書館　1924年　3版

004624351　5069　2424
中國文字學綱要大學高中師範適用
傅介石編著　北平　傅毅庵　1933年　（m.）

004315563　5069　2424B
中國文字學綱要大學高中師範適用
傅介石編著　上海　中華書局　1940年　初版　（m.）

004315496　5069　2934
文字學形義篇
朱宗萊著　北京　北京大學出版部　1925年　5版

004336852　5069　3168
文字學概論
汪國鎮編著　長沙　商務印書館　1939年　再版　（m.）

004336855　5069　3193B
中國文字學大意
江恒源編著　上海　大東書局　1930年　初版　（m.）

008378182　5069　3322　Film Mas 31687
中國語文的整理與發展
迭肯等著　上海　中國拉丁化書店　1941年

004294093　5069　3838
中國文字學
顧實撰　上海　商務印書館　1926年　再版

004337026　5069　4270
文字通詮八卷
楊譽龍編　上海　中華書局　1923年

004294094　5069　4291
中國文的過去與未來
胡懷琛撰　上海　世界書局　1931年　（m.）

004294095　5069　4419
文字學淺說
李琳編輯　宣化　溥利書局　1936年

004336856　5069　4456
文字歷史觀與革命論
李中昊編　北京　文化學社　1931年　初版　（m.）

004336667　5069　4486
中國文字之原始及其構造
蔣善國著　上海　商務印書館　1933年

004336849　5069　4541
文字學初步
戴增元著　上海　中華書局　1935年　初版　（m.）

004336851　5069　5624
中國文字的演變
曹伯韓著　上海　生活書店　1948年　勝利後第2版　（m.）

004294104　5069　5624c
中國文字的演變
曹伯韓著　哈爾濱　光華書店　1948年　新青年學習叢書　（m.）

004336850　5069　5624d
中國文字的演變

童振華［曹伯韓］編著　上海　生活書店　1937 年　初版　（m.）

004336857　5069　6601
漢字之優點與缺點
Unokichi Hattori 原著　中國太平洋國際學會編譯　上海　中國太平洋國際學會　1932 年　初版　中國太平洋國際學會叢書　（m.）

004353426　5069　6662
中國文字變遷考
呂思勉著　上海　商務印書館　1926 年　初版　國學小叢書　（m.）

004336859　5069　6662.3
字例略説
呂思勉著　上海　商務印書館　1927 年　初版　國學小叢書　（m.）

004336668　5069　7213
文字形義學
周兆沅著　上海　商務印書館　1935 年　（m.）

004336671　5069　7233
文字學發凡
馬宗霍撰　上海　商務印書館　1935 年　初版

004336836　5069　7234
語言和文字
劉宇著　上海　永祥印書館　1945 年　青年知識文庫　第 1 輯　（m.）

004336853　5069　7919
中國文字的過去現在和將來
陳耐煩編著　上海　世界書局　1941 年　初版　新五四運動叢刊　（m.）

004294107　5069　7937
六書微
陳啟彤著　北京　中國大學出版部　1926 年　中國大學國學叢書

004336672　5069　7942　FC2
字義類例
陳獨秀著　上海　亞東圖書館　1925 年　（m.）

004336837　5069　9447
中國語文學研究
光華大學中國語文學會編　上海　中華書局　1935 年　初版　（m.）

訓詁

011938750　PL1491.H3　1921
白話字詁
方毅編著　上海　商務印書館　1921 年　3 版　（m.）

004150439　5070　2224
訓詁學引論
何仲英著　上海　商務印書館　1933 年　初版　國學小叢書　（m.）

004150230　5073　3
爾雅十一卷
郭璞註　金蟠訂　上海　中華書局　1927 年

004178630　5073　3B
爾雅三卷
郭璞註　上海　商務印書館　1929 年　四部叢刊

011364481　5073　4375
影宋鈔繪圖爾雅
郭璞撰　香港　藝學軒　1915 年

004178632　5075　1262
爾雅疏十卷
邢昺著　上海　商務印書館　1934 年
四部叢刊續編

004178633　5075　1262B
爾雅註疏十卷
邢昺校　上海　中華書局　1934 年　四部備要

008352625　5078　4242.6
爾雅義疏
郝懿行著　上海　商務印書館　1933 年　初版　國學基本叢書　（m.）

008345760　5078　805
爾雅義疏
郝懿行撰　上海　中華書局　1930—39 年　聚珍倣宋版　四部備要

004178399　5078　9
爾雅穀名考六卷
高潤生撰　香港　笠園　1915 年　群經農事考

004178636　5079　1144
爾雅說詩二十二卷
王樹枏撰　香港　新城王氏陶廬刊版　1935 年

009024904　5079　4211
雅學考一卷
胡元玉撰　北京　北京大學　1936 年　鉛印

004182699　5079　7234
爾雅本字考釋詁
馬宗霍撰　濟南　齊魯大學國學研究所　1939 年

004150440　5079　7916
爾雅學
陳晉著　太原　山西大學教育學院　1935 年　山西大學教育學院叢書（m.）

003973630　Z3101.Y446x　Suppl. vol. 18
爾雅引得附標校經文
引得編纂處編　洪業等　北平　哈佛燕京學社　1941 年　（m.）

003980360　Z3101.Y446x　vol. 38
爾雅註疏引書引得
哈佛燕京學社引得編纂處　洪業等編　北平　哈佛燕京學社引得編纂處　1941 年　引得　（m.）

004178639　5081　4211
小爾雅義證十三卷　附補遺
胡承珙撰　上海　中華書局　1933 年　四部備要

004150438　5082　1120
釋名疏證補附續釋名　釋名補遺　疏證補附
（清）王先謙疏證　上海　商務印書館　1937 年　初版　國學基本叢書　（m.）

004178640　5082　7273
釋名八卷
劉熙撰　上海　商務印書館　1929 年　四部叢刊

004178643　5083　1181B
廣雅疏證十卷　附博雅音十卷
王念孫撰　上海　中華書局　1934 年　四部備要

004150436　5083　1181c
廣雅疏證附博雅音
（魏）張揖著　（清）王念孫疏證　上海　商務印書館　1936 年　初版　國學基本叢書　（m.）

004150442　5084　0824
匡謬正俗
（唐）顏師古著　上海　商務印書館
1937年　初版　國學基本叢書　（m.）

004150437　5084　0824.5
匡謬正俗校註
秦選之著　上海　商務印書館　1936年
　初版　國學小叢書　（m.）

004178648　5085　1864
群經音辨七卷
賈昌朝撰　上海　商務印書館　1934年
　四部叢刊續編

004178534　5089　0184
右文說在訓詁學上之沿革及其推闡
沈兼士著　北平　國立中央研究院歷史
語言研究所　1933年　初版　（m.）

004178669　5089　0432
古今字詁疏證
許瀚著　山東省立圖書館編集　香港
里安　陳氏裒殷堂校印　1934年　山左
先哲遺書

字書

009096990　5090　4171
重輯倉頡篇二卷
姬覺彌撰　上海　廣倉學宭　1920年
　鉛印

007493411　5091　1232
說文目錄存目
丁福保編　無錫　丁氏　1924年

004201158　5092　0474
許學四種
金鉞輯　天津　金氏　1919年

004294121　5092　0476
許學四書
濟南　1931年

004353676　5092　0476　（1—2）
許學測議七卷
董詔撰　濟南　1931年　許學四書

004353677　5092　0476　（3）
說文補考一卷　又考一卷
戚學標撰　濟南　1931年　許學四書

004353678　5092　0476　（4—5）
說文引經異字十卷
吳雲蒸撰　濟南　1931年　許學四書

004353679　5092　0476　（6）
說文凝錦錄一卷
萬光泰撰　濟南　1931年　許學四書

004201220　5092　2320B
許學考二十六卷
黎經誥撰　濟南　1927年

004201253　5092　4929
郋園小學四種
葉德輝撰　香港　觀古堂　1931年

004353689　5092　4929　（1—2）
六書古微十卷
葉德輝撰　香港　觀古堂　1931年　郋
園小學四種

004353690　5092　4929　（3—4）
說文讀若字考七卷
葉德輝撰　香港　觀古堂　1931年　郋
園小學四種

004353691　5092　4929　（5）
同聲假借字考二卷
葉德輝撰　香港　觀古堂　1931年　郋
園小學四種

004353692　5092　4929　(6)
說文籀文考證二卷
葉德輝撰　香港　觀古堂　1931年　郋園小學四種

004315737　5093　0498
說文解字十五卷
許慎撰　徐鉉等校定　上海　商務印書館　1914年

004315367　5093　0498b
說文解字真本十五卷
許慎記　徐鉉等校定　上海　中華書局　1927年

004315743　5093　0498C
說文解字三十卷　標目一卷
許慎撰　徐鉉等補註　上海　商務印書館　1929年

004315745　5094　2986
說文繫傳通釋四十卷
徐鍇撰　上海　商務印書館　1929年

004315746　5094　2986b
說文繫傳四十卷
許慎撰　徐鍇傳釋　上海　中華書局　1934年　四部備要

004315755　5094　2986e
說文解字徐氏繫傳四十卷
許慎撰　徐鍇傳釋　朱翱反切　上海　掃葉山房　1918年

004315760　5095　1342B
復古編二卷
張有撰　上海　涵芬樓　1936年　四部叢刊三編

004315566　5098　1182C
說文釋例
（清）王筠著　上海　國學整理社　1936年　初版　（m.）

004791616　5098　1182d
說文釋例
（清）王筠著　上海　商務印書館　1937年　初版　國學基本叢書　（m.）

004374797　5098　1182E
說文釋例二十卷
王筠撰　上海　世界書局　1936年　（m.）

004398338　5098　2324
說文理董後編六卷
吳穎芳撰　南京　中社　1929年

004398340　5098　2938
說文解字註箋十四卷
許慎記　段玉裁註　徐灝箋　北京　1914年

004398339　5098　3134
說文古本考十四卷
沈濤著　香港　吳縣潘氏滂喜齋　1929年

004398341　5098　3244
說文解字段註考正十五卷
馮桂芬撰　濟南　1927年

004922185　5098　4106.6
說文校議議三十卷
嚴章福撰　香港　吳興劉氏　1918年　吳興叢書

004353173　5098　4141
春秋小學
莊有可撰　上海　商務印書館　1935年

004398343　5098　4929
説文讀若字考七卷　讀同字考一卷
葉德輝撰　香港　長沙葉氏　1923 年

004353602　5098　7414
説文解字段註
許慎撰　段玉裁註　上海　中華書局
1934 年　四部備要

004398346　5098　7414B
説文解字註三十二卷
許慎撰　段玉裁註　上海　世界書局
1936 年　（m.）

004398347　5098　7414C
説文解字註三十二卷
段玉裁註　上海　商務印書館　1930 年
　國學基本叢書　（m.）

004398348　5098　7414D
[段氏]説文解字註三十二卷
許慎撰　段玉裁註　上海　掃葉山房
1928 年

004398350　5098　7912
説文提要
陳建侯編　上海　掃葉山房　1931 年

004398355　5099　0604
説文聞載
謝彥華著　杭州　正名室　1914 年

004398356　5099　1222
説文闕義箋一卷
丁山撰　上海　國立中央研究院歷史語
言研究所　1930 年

007157266　5099　1232.1
説文解字詁林補遺
丁福保著　上海　醫學書局　1931 年

004398357　5099　1232.8
説文鑰
丁福保編纂　上海　醫學書局　1933 年

007157267　5099　1232b
説文解字詁林
丁福保著　上海　醫學書局　1931 年

008168207　5099　1232c
説文解字詁林
丁福保撰　上海　醫學書局　1928 年

004398359　5099　1407
中國語根字源學導言概論
夏育民著　上海　亞洲印刷公司
1934 年

004398360　5099　1604
説文匡鄹
石廣權撰　上海　商務印書館　1931 年

004420639　5099　2142
説文稽古篇上下卷
程樹德著　上海　商務印書館　1930 年
　初版　（m.）

004315565　5099　2210
段註説文解字斠誤
衛瑜章著　上海　商務印書館　1935 年
　（m.）

004420629　5099　3841
説文綜合的研究
顧藎丞編著　上海　世界書局　1931 年
　（m.）

004420436　5099　7282
説文解字研究法
馬敍倫著　上海　商務印書館　1928 年

004420630　5099　7916
說文研究法
陳晉著　上海　商務印書館　1934年
初版　國學小叢書　（m.）

004420855　5099　7922
說文舉例七卷
陳衍著　上海　1919年

004420661　5099　8454
說文轉註考四卷
姜忠奎[叔明]著　濟南　東方書社
1933年

004420928　5101　1173
六書微八卷
王湘綺[闓運]原定　陳兆奎輯存　濟南
　1916年

004420862　5101　2312
六書條例二卷
吳承仕學　北平　中國學院　1933年
中國學院國學系叢書

004420929　5101　2914
說文假借義證二十八卷
朱珔撰　香港　中國圖書刊傳會
1926年

004420626　5101　4241
字原學講義
胡韞玉[樸安]著　上海　商務印書館函
授學社國文科　民國間

004420931　5101　8454
六書述義十二卷
姜忠奎[叔明]著　濟南　1930年

004420867　5101.9　1232
六書正義
丁福保編　上海　醫學書局　1933年

004420936　5102　1241
說文解字韻隸十二卷
丁枚五著　香港　褒殷堂　1934年

004420937　5102　1350
諧聲譜五十卷
張惠言撰　張成孫改編　香港　武林葉
氏　1934年

007464425　5102　2974.1
說文通訓定聲
朱駿聲撰　朱鏡蓉參訂　上海　世界書
局發行　1936年　初版　（m.）

011989180　PL1281.L8　1946
說文解字讀若音訂
陸志韋著　北平　燕京大學哈佛燕京學
社　1946年　初版　（m.）

004440452　5102　2974.2
說文通訓定聲三十二卷
朱駿聲輯　朱鏡蓉訂　上海　商務印書
館　1937年　國學基本叢書　（m.）

004420793　5102　2974.3
朱氏說文通訓定聲序註
宋文蔚註釋　上海　商務印書館　1934
年　初版

004420945　5103　1213
說文解字群經正字二十八卷
邵瑛撰　濟南　餘姚邵氏　1917年

004420584　5103　4141
各經傳記小學十四卷
莊有可撰　上海　商務印書館　1935年

004420755　5103　7945
侯官陳恭甫輯說文經字考
陳壽祺輯　宋文蔚疏證　上海　商務印
書館　1934年

004420903　5103　8243
湖樓筆談説文經字
俞樾著　宋文蔚疏證　上海　商務印書館　1934年

004420437　5104　8236
説文古文疏證
舒連景撰　丁山校　上海　商務印書館　1937年　再版

004440456　5105　0657
古籀篇一百一十卷
高田忠周著　東京　古籀篇刊行會　1915年

004420731　5105　1337
説文古籀三補
強運開編　上海　商務印書館　1935年　初版

004420913　5105　1900
古籀餘論三卷
孫詒讓著　北京　燕京大學　1929年

004420438　5105　1933
古文聲系
孫海波著　北京　來熏閣書店　1935年

004420730　5105　2343.1
説文古籀補補
丁佛言撰　1924年

004420631　5105　2343B
説文古籀補
（清）吳大澂著　上海　商務印書館　1936年　初版　國學基本叢書　(m.)

004353269　5105　2908
古籀彙編十四卷
徐文鏡編纂　上海　商務印書館　1934年

009050079　5105　2941
古籀蒙求一卷
朱大可纂　朱其石書　上海　1935年　石印

004353696　5105　4929
説文籀文考證附補遺
葉德輝著　長沙　葉啟勳　1930年

004353711　5105　4989
文源十二卷　附錄二卷
林義光撰　北京　閩縣林氏　1920年

004353695　5105　7221
古籀文彙編
馬德璋輯　上海　秀水學會　1934年

004353268　5105　7229
新定説文古籀考三卷
周名輝撰　上海　開明書店　1948年

004353713　5107　1233
説文新附通正四卷
邵灘祥著　廣州　桐華館　1934年

004353427　5108　0615
説文部首講義
唐玉書編著　北平　唐玉書　1935年　初版　(m.)

004353165　5108　2334
説文通檢卷首　十四卷　卷末
黎永椿編　上海　中華書局　1927—36年　四部備要

009255520　5108　2334.1
説文通檢
黎永椿編　香港　商務印書館　192?年

004353706　5108　2363b
説文偏旁考二卷
青芝山人[吳照]編輯　蘇州　振新書社

1919 年

009315122　5108　2924a
説文部首述義八卷　附六書辨
徐紹楨著　上海　中原書局　1930 年
石印

004353702　5108　4414
説文部首韻語
李天根編　雙流　念劬堂　1933 年

004353428　5109　1218
説文解字敘講疏
酈承銓著　上海　商務印書館　1935 年
初版　國學小叢書　（m.）

002401054　5109　3252
説文大字典
沙青巖輯　汪仁壽、王鼎刪編　周鍾麟
編訂　上海　求古齋發行　1931 年

004353704　5109　5462
説文易檢
史恩綿　濟南　1917 年

004353442　5109　7282
六書解例
馬敘倫撰　上海　商務印書館　1931 年

004374801　5112　3861
大廣益會玉篇三十卷
顧野王撰　孫強增　陳彭年重修　上海
　商務印書館　1929 年　四部叢刊

004374302　5112　3861.2
玉篇上中下卷
顧野王撰　孫强增字　上海　中華書局
　1933 年

004353272　5112　3861B
原本玉編殘卷
顧野王撰　上虞　羅氏　1917 年

004374803　5112　3861e
玉篇零本卷第二十七
顧野王撰　日本　1941 年

009586231　5114　0254
汗簡三卷
郭忠恕撰　上海　商務印書館　1934 年
　四部叢刊

004374807　5114　2242b
龍龕手鑒四卷
釋行均集　上海　涵芬樓　1934 年　四
部叢刊續編

004374822　5114　5445
班馬字類附補遺
婁機著　李曾伯補　上海　涵芬樓
1936 年　四部叢刊三編　（m.）

004374810　5115　4402
字鑒五卷
李文仲編　方成珪校　里安　陳氏襄殷
堂　1932 年

004374823　5117　0251.7
集均考正校記十卷
陳準撰　上海　商務印書館　1937 年

004371000　5117　3819
夏小正疏義
洪震煊著　長沙　商務印書館　1940 年
　國學基本叢書　（m.）

004374814　5117　4220
金石文字辨異補編五卷
楊紹廉撰　香港　集古齋　1924 年

004371002　5117　7202
六書通卷首　十卷
閔[齊伋]編　上海　鴻文書局　1918 年

004374596　5117　7202b
訂正六書通一名篆字彙
閔寓五編　林直清重訂　上海　廣益書局　1947年　新4版　（m.）

004371004　5118　064
文字指正
謝葦豐著　上海　學生書局　1939年

011762728　PL1281.J534　1946
文字學纂要
蔣伯潛編著　上海　正中書局　1946年　初版　國學彙纂叢書　（m.）

004370848　5118　0642
中國文字學
唐蘭著　上海　開明書局　1949年　初版　（m.）

011903207　PL1281.C56　1935
中國文字學概論
張松如著　北平　新亞印書局　1935年　初版　（m.）

011910478　PL1185.C522　1949
中國新文字概論
張雁編著　哈爾濱　東北書店　1949年　再版　（m.）

011917994　PL1071.H425　1932
中國文字學概要
賀凱著　北平　北平文化學社　1932年　（m.）

011931030　PL1281.C52　1941
中國文字學概要
張世祿著　貴陽　文通書局　1941年　初版　（m.）

011560699　PL1281.T364　1936
中國文字學新編
譚正璧編　上海　北新書局　1936年　初版　（m.）

011919527　PL1185.W8　1949
新文字與新文化運動
吳玉章著　香港　華北大學　1949年　再版　（m.）

004374597　5118　1142.3　5118　1142.3　(1941)
漢字改革
王了一[王力]著　長沙　商務印書館　1940年　初版　文史叢書　（m.）

004374784　5118　1143
今字解剖
王有宗著　上海　商務印書館　1935年

004374476　5118　2343
實用文字學
吳契寧著　上海　商務印書館　1935年　（m.）

004374466　5118　3125
金石大字典
汪仁壽編纂　上海　求古齋　1926年

004374824　5118　3231
指事說
馮汝玠述　桐鄉　環璽齋　1935年　馮氏小學專著

004398078　5118　4243
字監
胡吉宣著　上海　商務印書館　1940年　初版　（m.）

004398081　5118　4418
中國字之結構及其形母創說
蔣一前著　昆明　識字教育社　1939年　初版　（m.）

004098707　5118　4425　FC7794　Film Mas　31688
漢字問題

艾偉著　上海　中華書局　1949 年　初版　中國教育心理研究所叢書　（m.）

004374829　5118　4440
李敬齋第六十次生日論文
李敬齋著　南京　1948 年

004398080　5118　4512
中國文字構造論
戴君仁著　上海　世界書局　1934 年初版　（m.）

004393550　5118　4579
文字系十五卷　附董理文字之我見
華學涑撰　天津　天津市教育文化振興委員會　1939 年

004398079　5118　4821
中國文字學概要參考書
賀凱著　北京　文化學社　1931 年　初版　（m.）

004398043　5118　5445
六書綜三十二卷
史蟄夫輯　上海　商務印書館　1929 年

004393595　5118　7218
文字辨正
周天籟編著　上海　文光書局　1937 年　7 版　（m.）

004371003　5118　7910
小學釋詞國語解　粵語解
陳子褒編輯　廣州　蒙學書局　1927 年

音韻

004191308　5120　0204
國音沿革
方毅編　上海　商務印書館　1924 年　上海國語師範學校講義　（m.）

004194818　5120　0253　FC8481　Film　Mas　32028
漢語詞類
高本漢［Bernhard Karlgren］原著　張世祿譯　上海　商務印書館　1937 年　國學小叢書　（m.）

003988674　5120　0253.56
中國音韻學研究
高本漢著　趙元任、羅常培、李方桂合譯　長沙　商務印書館　1940 年　（m.）

004374834　5120　0607
音韻學叢書初編三十二種
嚴式誨輯　成都　渭南嚴氏　1935 年

007503033　5120　0607　（01）
切韻指掌圖二卷
司馬光撰　檢例一卷　邵光祖撰　成都　渭南嚴氏　1935 年　音韻學叢書初編

007503035　5120　0607　（02—04）
韻補五卷
吳棫撰　韻補正一卷　顧炎武撰　成都　渭南嚴氏　1935 年　音韻學叢書初編

007503036　5120　0607　（05—08）
毛詩古音考四卷
陳第編輯　成都　渭南嚴氏　1935 年　音韻學叢書初編

007503037　5120　0607　（09－10）
屈宋古音義三卷
陳第編輯　成都　渭南嚴氏　1935 年　音韻學叢書初編

007503038　5120　0607　（11）
音學五書三十八卷
顧炎武纂輯　音論三卷　成都　渭南

嚴氏 1935年 音韻學叢書初編

007503039　5120　0607　（12－13）
詩本音十卷
成都　渭南嚴氏　1935年　音韻學叢書初編

007503409　5120　0607　（14）
易言三卷
成都　渭南嚴氏　1935年　音韻學叢書初編

007503411　5120　0607　（15－26）
唐韻二十卷　古音表二卷
成都　渭南嚴氏　1935年　音韻學叢書初編

007503414　5120　0607　（27）
古今韻考四卷
李因篤著　成都　渭南嚴氏　1935年　音韻學叢書初編

007503415　5120　0607　（28－30）
古韻標準四卷
江永編　成都　渭南嚴氏　1935年　音韻學叢書初編

007503416　5120　0607　（31）
音學辨微一卷
江永著　成都　渭南嚴氏　1935年　音韻學叢書初編

007503417　5120　0607　（32）
四聲切韻表一卷
江永著　成都　渭南嚴氏　1935年　音韻學叢書初編

007503418　5120　0607　（33）
聲韻考四卷
戴震撰　成都　渭南嚴氏　1935年　音韻學叢書初編

007503419　5120　0607　（34－35）
聲類表九卷
戴震撰　成都　渭南嚴氏　1935年　音韻學叢書初編

007503421　5120　0607　（36－37）
六書音韻表五卷
段玉裁記　成都　渭南嚴氏　1935年　音韻學叢書初編

007503422　5120　0607　（38－39）
詩聲類十二卷　分例一卷
孔廣森著　成都　渭南嚴氏　1935年　音韻學叢書初編

007503423　5120　0607　（40）
古韻譜二卷
王念孫撰　成都　渭南嚴氏　1935年　音韻學叢書初編

007503426　5120　0607　（41）
詩音表一卷
錢坫述　成都　渭南嚴氏　1935年　音韻學叢書初編

007503427　5120　0607　（42）
江氏音學十書
江有誥撰　成都　渭南嚴氏　1935年　音韻學叢書初編

007503429　5120　0607　（43－44）
詩經韻讀四卷
成都　渭南嚴氏　1935年　音韻學叢書初編

007503430　5120　0607　（45）
群經韻讀一卷
成都　渭南嚴氏　1935年　音韻學叢書初編

007503432　5120　0607　（46）
楚辭韻讀二卷宋賦韻讀一卷

成都　渭南嚴氏　1935 年　音韻學叢書初編

007503433　5120　0607　（47-48）
先秦韻讀二卷
成都　渭南嚴氏　1935 年　音韻學叢書初編

007503434　5120　0607　（49）
諧聲表一卷　入聲表一卷
成都　渭南嚴氏　1935 年　音韻學叢書初編

007503437　5120　0607　（50）
唐韻四聲正一卷　等韻叢說一卷
成都　渭南嚴氏　1935 年　音韻學叢書初編

007503438　5120　0607　（51）
古韻表集說二卷
夏炘撰　成都　渭南嚴氏　1935 年　音韻學叢書初編

007503439　5120　0607　（52-53）
說文聲類二卷
嚴可均述　成都　渭南嚴氏　1935 年　音韻學叢書初編

007503441　5120　0607　（54-56）
切韻考六卷　附外篇三卷
陳澧撰　成都　渭南嚴氏　1935 年　音韻學叢書初編

004398121　5120　1142
中國音韻學
王力著　上海　商務印書館　1937 年　（m.）

004398076　5120　1264
國音沿革六講
邵鳴九編著　上海　商務印書館　1937 年　初版　（m.）

004393596　5120　1343
音韻學
張世祿著　上海　商務印書館　1932 年　國學小叢書　（m.）

004397914　5120　2241
韻史八十卷　總目四卷
何萱撰著　上海　商務印書館　1936 年　（m.）

004398143　5120　2400
季氏音述
季廉方著　香港　謙吉堂　1940 年　謙吉堂叢書

011836372　PL1201.X825　1933
音韻常識
徐敬修編輯　上海　大東書局　1933 年　8 版　國學常識　（m.）

004398071　5120　2962
音學四種
徐昂著　南通　翰墨林書局　1930 年　初版　（m.）

004398075　5120　2982
續音說
徐昂著　南通　翰墨林書局　1934 年　初版　（m.）

004195133　5120　3103
說音
江謙撰　上海　中華書局　1936 年

004150426　5120　422
國語學草創
胡以魯編　上海　商務印書館　1933 年　國難後第 1 版　（m.）

004191526　5120　4344B
韻學源流
莫友芝著　羅常培校點　香港　天成印務局　1929 年

004191528　5120　4915
中國聲韻學通論
林尹著　上海　中華書局　1937 年（m.）

004398073　5120　6194
中國音韻學導論
羅常培著　北京　北京大學出版部　1949 年　初版　（m.）

004397907　5120　7224
十韻彙編
劉復輯　魏建功序　北京　國立北京大學出版組　1935 年　北京大學文史叢刊

004398229　5120　7231
音韻學通論八卷
馬宗霍著　上海　商務印書館　1933 年　國難後第 1 版

011903618　PL1023.W4　1935
文字音韻學論叢
劉盼遂編著　北平　人文書店　1935 年　初版　（m.）

011760895　PL1201.C4355　1933
中國古音學
張世祿著　上海　商務印書館　1933 年　國難後第 1 版　國學小叢書　（m.）

004397852　5121　1343　FC7735　Film　Mas　31689
中國古音學
張世祿著　上海　商務印書館　1930 年　國學小叢書　（m.）

004191532　5121　2317
隸前考聲定韻十卷
吳孤鵬撰　濟南　1938 年　吳氏音學

003998203　5121　4178
上古音韻表稿
董同龢編著　重慶　國立中央研究院歷史語言研究所　1944 年　國立中央研究院歷史語言研究所單刊　甲種　（m.）

004195137　5121　5575
諧韻瑚璉
中井履軒著　東京　崇文院　1930 年　崇文叢書　第 2 輯

004398074　5121　7144
古音說略
陸志韋著　北平　哈佛燕京學社　1947 年　初版　燕京學報專號　（m.）

011884597　PL2307.W8　1940
中國韻文演變史
吳烈著　上海　世界書局　1940 年　初版　（m.）

004201254　5124　1126
刊謬補闕切韻一卷
王仁昫撰　長孫訥言註　濟南　1925 年

004201255　5125　1204
禮部韻略五卷　附貢舉條式一卷
丁度撰　上海　商務印書館　1934 年　四部叢刊續編

004439958　5125　1204.2
集韻十卷
丁度等修定　上海　中華書局　1934 年

004440302　5125　1204.2B
集韻十卷　附考正十卷
丁度撰　方成珪考正　上海　商務印書館　1937 年　國學基本叢書　（m.）

004439317　5125　1273
切韻指掌圖
司馬光著　上海　商務印書館　1934 年
　　四部叢刊續編

004440067　5125　7948
廣韻
陳彭年等重修　上海　商務印書館
1929 年　（m.）

004439647　5125　7948.13
廣韻研究
張世祿著　上海　商務印書館　1933 年
　　國學小叢書　（m.）

004440117　5125　7948.31
廣韻聲系
沈兼士主編　北京　輔仁大學發行
1945 年　第 1 版　（m.）

004440282　5125　7948.71
廣韻校勘記
周祖謨著　長沙　商務印書館　1938 年
　　國立中央研究院歷史語言研究所專刊

004294128　5125　7948B
[大宋重修]廣韻五卷
陳彭年等重修　上海　中華書局　1934
年　四部備要

004294132　5125　7948C
廣韻五卷
陳彭年等奉勅撰　北平　來熏閣　1934 年

004440207　5125　7948E
廣韻
（宋）陳彭年著　上海　商務印書館
1935 年　國難後第 1 版　國學基本叢書
（m.）

004201259　5125　8243
六書略
鄭樵著　北平　北京大學　1935 年

004378903　5126　2182
廣中原音韻小令定格
盧冀野著　上海　中華書局　1937 年
　　初版　（m.）

004378801　5126　4849　FC7901　Film　Mas　31833
中原音韻研究
趙蔭棠著　上海　商務印書館　1936 年
　　再版　（m.）

004378998　5126　7223.5
中原音韻
周德清撰　1922 年

004386379　5127　1342
六書賦音義二十卷
張士佩撰　上海　廣倉學宭　1917 年

004386381　5127　4245
韻略易通
蘭茂撰　1914 年　雲南叢書

004393390　5128　1404b
述均
夏燮撰　北平　富晉書社　1930 年

009261877　5128　1492
古韻表集說二卷
夏炘撰　北京　北京大學出版組
1919—49 年　鉛印

004386110　5128　4243　FC7902　Film　Mas　31834
古聲韻討論集
楊樹達輯錄　北平　好望書店　1933 年
　　初版　（m.）

004386120　5128　4494b
音韻闡微
（清）李光地編著　上海　商務印書館
1936 年　初版　國學基本叢書　（m.）

004386402　5129　0164
集韻表
施則敬撰　北平　來熏閣書店　1935 年

004386121　5129　1334
北平音系小轍編
張洵如編　上海　開明書店　1949 年
　初版　（m.）

004386118　5129　1334.1
北平音系十三轍
張洵如編　魏建功參校　北平　國語推行委員會中國大辭典編纂處　1937 年
　初版　（m.）

004385967　5129　1343
中國聲韻學概要
張世祿著　上海　商務印書館　1930 年
　初版　國學小叢書　（m.）

004386420　5129　1436
漢魏六朝韻譜
于海晏［安瀾］著　北平　中華印書局
1936 年

004386113　5129　2969
聲韻沿革大綱
樂嗣炳編　上海　中華書局　1927 年
　再版　（m.）

004386112　5129　3186
音韻指南
沈鎔編著　上海　大東書局　1924 年
　再版　（m.）

004386122　5129　3196
國語發音學
汪怡編　北平　中國大學　1936 年
（m.）

004393581　5129　4006
中華新韻
教育部國語推行委員會編　臺北　國語書報流通社　1946 年

004386111　5129　4838
古韻學源流
黃永鎮著　上海　商務印書館　1934 年
　國學小叢書　（m.）

004393585　5129　7213
劉氏切韻指掌
劉廷遴編輯　濟南　1935 年

004386117　5129　7278
聲韻學表解
劉賾著　上海　商務印書館　1934 年
　初版　國立武漢大學叢書　（m.）

004386018　5129　8405　FC7903　Film　Mas　31835
中國聲韻學
姜亮夫編著　上海　世界書局　1933 年
　（m.）

004393586　5129　8507
文字學音篇
錢玄同著　北京　北京大學出版部
1924 年　第 4 版

004393587　5129　8603
戴東原轉語釋補四卷
曾廣源著　香港　海事編譯局　1929 年

004393588　5130　1331
七音譜三卷
張祥晉撰　濟南　1936 年　鄭公鄉人
類集

004405811　5130　1444
音學備考
夏敬觀著　上海　商務印書館　1931 年
　初版　（m.）

004393341　5130　2962
等韻通轉圖證
徐昂著　南通　徐昂　1935年　初版
（m.）

004393591　5130　4441
異平同入考一卷
李植撰　成都　華西協合大學　1937年
華西協合大學國學叢書

011906739　PL1201.Y45　1936
聲韻學大綱
葉光球著　南京　正中書局　1936年
國學叢刊　（m.）

004411421　5132　1409
古文四聲韻五卷　附錄
夏竦撰　香港　羅振玉　1925年

009089063　TMO　5132　4377.1
蒙漢合璧五方母音不分卷
海山編譯　北京　北京外館恒升號
1917年　石印

004405813　5132　7231
破音字舉例
馬瀛編　上海　商務印書館　1923年

009118323　5133　0164
反切上字解釋續編
施則敬撰　北平　來熏閣　1934年
鉛印

004405846　5133　3133
四聲切韻表
江永編　北平　富晉書社　1930年

004420620　5133　3133B
四聲切韻表
（清）江永編　上海　商務印書館　1941
年　初版　國學基本叢書　（m.）

004425732　5133　6194
切韻閉口九韻之古讀及其演變
羅常培著　北平　國立中央研究院
1933年

007164717　5134　3102
詩韻箋略
汪立名纂　上海　大東書局　1926年

004429989　5134　3231
詩韻全璧
湯祥瑟原輯　華錕重編　上海　掃葉山
房　1922年

004429992　5134　3231b
詩韻全璧
湯祥瑟原輯　華錕重編　上海　鴻寶齋
書局　19？年

007889808　5134　3231c
增廣詩韻全璧
上海　廣益書局　1926年

004425740　5134　4101
初學檢韻二卷　佩文詩韻一卷
姚文登輯　上海　掃葉山房　1934年

004420624　5134　4812　FC7907　Film　Mas　31831
國音新詩韻
趙元任著　上海　商務印書館　1923年
國難後第1版　（m.）

004420505　5134　7234.7b
詩韻五卷
周兆基撰　上海　中華書局　193？年
聚珍倣宋版　四部備要

004429995　5134　8963b
詩韻十二卷　詞林典腋
余照輯　得天吟社校　上海　掃葉山房
1924年

004411315　5136　0201
實用國音學
廖立勳編　上海　商務印書館　1921年
　再版　（m.）

004411442　5136　0234
國音新教本
方賓觀、章壽棟編輯　上海　商務印書館　1933年　國難後第1版　（m.）

004420638　5136　0234.3
註音符號傳習小册
方賓觀編　上海　商務印書館　1934年
（m.）

004411316　5136　2111
國音基本學習表
魏建功著　上海　開明書店　1949年
初版　（m.）

008353874　5136　2387
國音分韻常用字表
黎錦熙、白滌洲編　北平　人文書店
1934年　初版　（m.）

004420632　5136　2387.1
註音漢字
黎錦熙編　上海　商務印書館　1936年
　初版　（m.）

004411445　5136　2387.3
註音符號無師自通
黎錦熙、白滌洲編輯　北平　中華平民
教育促進會　1934年　再版

004411317　5136　3121
註音符號小史
江仲瓊編　上海　世界書局　1930年
初版　國語註音符號叢書　（m.）

011826346　PL1209.W365　1924
國語發音學
汪怡編纂　上海　商務印書館　1924年

002521820　5136　4006
國音常用字彙
教育部國語統一籌備委員會編　上海
商務印書館　1932年　（m.）

004420906　5136　4006.1
國音字母表
教育部國語推行委員會編制　香港　商
務印書館　1935年

004420909　5136　4240.1
虹標練習國音五彩字塊附說明
麥肯基［A. R. Mackenzie］編著　上海
商務印書館　1923年　再版

004411318　5136　4254
國語註音符號拼音法
楊春芳編　上海　兒童書局　1939年
（m.）

004420635　5136　4484
國語註音符號
蔣鏡芙編　上海　中華書局　1937年
小學教員檢定叢刊　（m.）

004411314　5136　4812
國語正音字典
趙元任正音　趙虎廷、孫珊馨編校　上
海　商務印書館　1926年　初版
（m.）

004420917　5136　5457
國音字母書法體式
中華書局編　上海　中華書局　1923年
　3版

004420918　5136　6030
國語註音符號叢書
陸衣言校訂　上海　世界書局　1930年

004420636　5136　6030　(1)
註音符號課本
陸問梅編　上海　世界書局　1930年
國語註音符號叢書　(m.)

004420637　5136　6030　(2)
註音符號問答
張漱六編　上海　世界書局　1930年
國語註音符號叢書　(m.)

004420634　5136　6030　(3)
註音符號發音法
彭淑珍編　陸衣言校訂　上海　世界書局　1930年　國語註音符號叢書　(m.)

004650239　5136　6030　(4)
註音符號發音原理
馬俊如編　陸衣言校訂　上海　世界書局　1930年　初版　國語註音符號叢書　(m.)

004415269　5136　6030　(5)
註音符號書法體式
陸問梅編　陸衣言校訂　上海　世界書局　1930年　初版　國語註音符號叢書　(m.)

011478188　5136　6030　(6)
註音符號小史
江仲瓊編輯　陸衣言校訂　上海　世界書局　1930年　初版　國語註音符號叢書　(m.)

004420650　5136　6030　(7)
國語會話
馬國英編　上海　世界書局　1930年　初版　國語註音符號叢書　(m.)

004420640　5136　6030　(8)
國語信號
張萬華編　上海　世界書局　1930年　初版　國語註音符號叢書　(m.)

004415265　5136　6030　(9)
國語遊戲
江仲瓊編　上海　世界書局　1930年　初版　國語註音符號叢書　(m.)

004420314　5136　6030　(10)
國語羅馬字
黎維嶽編　陸衣言校　上海　世界書局　1930年　(m.)

004420445　5136　6194
國音字母演進史
羅常培著　上海　商務印書館　1934年　(m.)

004415262　5136　6221
國音學講義
易作霖編　上海　商務印書館　1921年　4版　(m.)

004415507　5136　7100
新國音讀本
陸衣言著　上海　商務印書館　1932年　國難後第2版

007161549　5136　7100.1
國音新檢字
陸衣言編　上海　中華書局　1922年　再版

007161544　5136　7100.2
國音小檢字
陸衣言、陳逸編　上海　中華書局　1927年　5版　(m.)

004420621　5136　7100.3
新定國音發音法
陸衣言編　上海　中華書局　1922年

5 版　（m.）

004415508　5136　7100.6
國語註音符號發音法
陸衣言編　香港　中華書局　1938 年　標準國音叢書　（m.）

004415266　5136　7222
國音字母教案
劉儒著　上海　商務印書館　1920 年（m.）

004415267　5136　7264
國語註音符號發音指南
馬國英編　香港　商務印書館　1930 年（m.）

004429746　5137　0237
國語羅馬字拼音法普通教本
郭遵賢編　上海　商務印書館　1934 年　初版　（m.）

004429565　5137　0289
國語羅馬字
齊鐵恨編輯　方毅校訂　上海　商務印書館　1933 年　國難後第 1 版　（m.）

004429441　5137　0642
中國文字改革的理論和方案附切音文字草案
唐蘭著　上海　1935 年

004429747　5137　1424
從白話文到新文字
聶紺弩著　上海　大衆文化社　1936 年　再版　（m.）

004429745　5137　2136.1
中國拼音文字概論
倪海曙著　上海　時代書報出版社　1948 年　初版　（m.）

004429744　5137　2136.2
中國拼音文字運動史簡編
倪海曙著　上海　時代書報出版社　1948 年　初版　（m.）

011896222　PL1185.N54　1948
拉丁化新文字概論
倪海曙著　上海　時代出版社　1948 年（m.）

004429678　5137　2136.6
中國語文的新生拉丁化中國字運動二十年論文集
倪海曙編　上海　時代出版社　1949 年（m.）

004429696　5137　3174
中國新文字理論
渥丹、田家合著　上海　新公論出版社　1939 年

004430054　5137　3266
文盲的造成及其解決
浙四明編著　1947 年

009429523　T　5137　4012
最後五分鐘
A. A. Milne 著　趙元任編譯定譜　上海　中華書局　1930 年　初版　（m. w.）

004436120　5137　4239
國語羅馬字入門
蕭迪忱著　北京　國語羅馬字促進會　1932 年　初版　國語羅馬字促進會叢書（m.）

011890626　PL1185.H9　1949
紅旗及其他
林漢達編譯　上海　世界書局　1949 年　初版

011904707　PL1185.1562　1933
羅馬字拼音法程
李培元編著　北平　東北問題研究會　1933年　初版　（m.）

004436119　5137　4812
新國語留聲片課本乙種
趙元任編著　上海　商務印書館　1935年　初版　（m.）

004436121　5137　4812.2
國語羅馬字與威妥瑪拼法對照表
趙元任編　北平　文化學社　1930年　初版

004436122　5137　4932
中國拼音文字的出路
林迭肯著　上海　世界書局　民國間　新五四運動叢刊

004436124　5137　4984
拉丁化概論
葉籟士著　上海　天馬書店　1935年　天馬叢書　（m.）

004294090　FC7793
魯迅和拉丁化運動
倪海曙等著　香港　語文出版社　1941年

005259559　5137　5051
中國話寫法拉丁化理論　原則　方案
中文拉丁化研究會編　上海　新文字書店　1938年　改訂6版

004436106　5137　5122
中國文字拉丁化文獻
拉丁化出版社編譯部編　上海　拉丁化出版社　1940年　（m.）

004436123　5137　5600
國語拼音辭彙
林迭肯主編　齊鐵恨註音　上海　世界書局　1947年　再版　（m.）

004440215　5137　5624.5
中國文字拉丁化全程
拓牧著　上海　生活書店　1939年　初版　（m.）

004440214　5137　5650
中國拼音文字的整理
林迭肯著　上海　世界書局　1944年　初版　（m.）

004440213　5137　6031
國語羅馬字聲調拼法表
國語週刊社編制　上海　商務印書館　1936年　初版　（m.）

004440492　5137　8141
中華新字母發明書
鍾雄著　濟南　1918年

004439890　5137　8177
西儒耳目資
耶穌會教師金尼閣[N. Trigault]撰　北京　國立北平圖書館　1933年

文法

004429776　5140　0023
文章作法全集
胡懷琛編　上海　世界書局　1936年　（m.）

004429735　5140　0154
虛助詞典
施括乾編　上海　亞東圖書館　1925年　再版　（m.）

003796116　5140　0222
漢語語法論

高名凱著　上海　開明書店　1948 年初版　(m.)

004429751　5140　0417.1
文法大要中學國文乙編
譚正璧編著　上海　大東書局　1947 年初版　(m.)

004429750　5140　0417.2
國語文法與國文文法
譚正璧編　上海　中華書局　1941 年再版　(m.)

011931018　PL1103.T3　K85　1948
國文文法語文會通
譚正璧編著　上海　世界書局　1948 年再版　國文必讀　(m.)

004429756　5140　0448
中等國文典
章士釗編著　上海　商務印書館　1928 年　15 版　(m.)

004122703　5140　1142
中國語法理論
王力著　重慶　商務印書館　1944 年初版　(m.)

004122482　5140　1142.2
中國現代語法
王力著　上海　商務印書館　1947 年滬初版　(m.)

004429695　5140　1142.5
中國文法學初探
王力著　長沙　商務印書館　1940 年　(m.)

004122481　5140　1142b
中國語法理論上下冊
王力著　上海　商務印書館　1946—47 年　滬初版　(m.)

004429753　5140　1358
張氏文通上下冊
張振鏞著　上海　世界書局　1927 年初版　(m.)

004429777　5140　1921
中國語法講義
孫俍工編　上海　亞東圖書館　1926 年　5 版　(m.)

004429755　5140　1941
詞和句
孫起孟著　上海　開明書店　1949 年　7 版　開明少年叢書　(m.)

011881112　PL1103.G86　1929
文法解剖 ABC
郭步陶著　上海　ABC 叢書社　1929 年　ABC 叢書　(m.)

004429770　5140　1943
國文法表解
孫怒潮、宋文翰編　昆明　中華書局　1941 年　昆明 4 版　初中學生文庫　(m.)

007959963　FC6055　FC – M4743
比較文法詞位與句式
黎錦熙著　北平　著者書店　1933 年

004429760　5140　2236
中國文法論
何容著　上海　開明書店　1949 年　初版　開明文史叢刊　(m.)

004429769　5140　2296
國語文法嚮導
鄒熾昌編　上海　世界書局　1930 年　(m.)

004429768　5140　2296.6
國語文法概要
鄒熾昌編　上海　商務印書館　1928 年（m.）

004436334　5140　231
文章作法講話
黎翼群編著　上海　正氣文益書局聯合刊行　1947 年

004436133　5140　2354
國語文典
吳耕萃著　上海　廣益書局　1931 年　初版（m.）

004436132　5140　2362
國語文法
黎明編　上海　中華書局　1931 年　初版（m.）

004429764　5140　2387
新著國語文法
黎錦熙編　上海　商務印書館　1927 年　4 版（m.）

004429765　5140　2387.4
國語文法綱要六講
黎錦熙編著　上海　中華書局　1931 年　10 版　國語小叢書（m.）

004436339　5140　2415
傅氏白話文法
傅子東著　[四川]江油縣中壩鎮　興中印刷廠　1949 年

004436340　5140　2415.2
傅氏文典三卷
傅子東撰　江油　傅氏　1949 年

004440217　5140　2984　FC7904　Film Mas 31836
比較國文法圖解
徐錫九、牛滿川編　北京　大北書局　1935 年　初版（m.）

004440542　5140　3128
做白話文秘訣
沈維鈞編輯　上海　世界書局　1926 年　6 版　學生門徑叢書

004040919　5140　3826
虛詞典
顧佛影編　上海　大公書店　1934 年　初版（m.）

004440220　5140　3904
國語文修辭法
宋文翰著　上海　中華書局　1935 年　初版（m.）

004448869　5140　4222b
中國文法語文通解
楊伯峻撰　上海　商務印書館　1936 年（m.）

004449055　5140　4243.08
高等國文法
楊樹達著　上海　商務印書館　1930 年　初版（m.）

004449054　5140　4243.1
中國語法綱要
楊樹達編纂　上海　商務印書館　1921 年　4 版（m.）

004449056　5140　4243B
詞詮
楊樹達著　上海　商務印書館　1931 年　再版（m.）

004448919　5140　4243　5140　4243b　(1928)
詞詮
楊樹達著　上海　商務印書館　1928 年　精裝（m.）

004449306　5140　4291
中國文法淺說
胡懷琛著　上海　商務印書館　1934 年

004449307　5140　4353
語體文研究法
袁靜安著　上海　教育書店　1937 年

004449110　5140　4436
文章病院
蔣祖貽編著　香港　激流書店　1949 年
（m.）

004449061　5140　4439
文章學纂要
蔣祖怡編著　上海　正中書局　1946 年　滬 1 版　國學彙纂叢書（m.）

004449051　5140　4522
中國新文字底文法和寫法
韋倫編　上海　我們的書社　1939 年
5 版（m.）

004444632　5140　4533
國語虛字用法
戴渭清編　上海　商務印書館　1921 年
4 版（m.）

004449053　5140　4643
國語文法
曹樸著　上海　致用書店　1947 年　初版（m.）

011896635　PL1103.T3　1941
國語文法
譚正璧編著　上海　世界書局　1941 年　初版　國文研究叢刊（m.）

004452571　5140　4834
文法與作文
黃潔如著　上海　開明書店　1948 年
21 版（m.）

004452569　5140　4837
中國文法
趙宗賢編著　北平　中華印書局　1935 年　初版（m.）

004452570　5140　4939
漢文典
來裕恂編纂　濟南　1924 年　18 版

004429757　5140　5643.5
中國文法初階
曹樸著　上海　文光書店　1948 年　滬初版（m.）

008353873　5140　633
中國國文法
吳瀛編　上海　商務印書館　1930 年
（m.）

004429778　5140　6612
白話文作法
戴渭清、呂雲彪、陸友白編著　上海　太平洋學社　1920 年　3 版（m.）

004430030　5140　6612.07
語體文法表解
呂雲彪編　上海　大東書局　1924 年

004429758　5140　6623
中國文法要略
呂叔湘著　重慶　商務印書館　1942 年
（m.）

004429979　5140　6662
章句論
呂思勉著　上海　商務印書館　1926 年　初版　國學小叢書（m.）

009244455　5140　7215
馬氏文通
馬建忠編　上海　商務印書館　1927 年
19 版（m.）

004139604　5140　7215　（1932）
馬氏文通
馬建忠著　上海　商務印書館　1932 年　國難後第 1 版　（m.）

004429754　5140　7215.1
馬氏文通易覽
邵成萱編纂　浙江里安　邵氏秉軸齋　1934 年　初版　（m.）

003980361　5140　7215.4
馬氏文通刊誤
楊樹達編　上海　商務印書館　1931 年　初版　（m.）

003984952　5140　7224
中國文法通論
劉半農［劉復］著　上海　群益書社　1924 年　增補 4 版　（m.）

004429987　5140　7224B
中國文法通論
劉復著　北京　北京大學出版部　1919 年　（m.）

003984953　5140　7224c
中國文法通論
劉復著　昆明　中華書局　1939 年　（m.）

004429749　5140　7224.5
中國文法講話上冊
劉半農［劉復］著　上海　北新書局　1932 年　（m.）

004429762　5140　7238
助字辨略五卷
（清）劉淇著　章錫琛校註　上海　開明書店　1940 年　中國語文學叢書　（m.）

004430018　5140　7286
虛字使用法
周善培著　上海　中華書局　1925 年　8 版　（m.）

004430019　5140　7286B
虛字使用法
周善培撰　上海　作者書社　1938 年　12 版　（m.）

004429759　5140　7903A
中國文法革新論叢
陳望道編著　重慶　文聿出版社　1943 年　初版　（m.）

004429761　5140　791
文鍵
陳登澥著　上海　商務印書館　1933 年　再版　（m.）

004430021　5140　7913
國文法草創
陳承澤著　上海　商務印書館　1926 年　（m.）

004429752　5140　7913B
國文法草創
陳承澤著　上海　商務印書館　1930 年　再版　（m.）

004430025　5140　7938
白話文文法綱要
陳浚介編纂　上海　商務印書館　1921 年　4 版　（m.）

004444640　5140　7938B
白話文文法綱要
陳浚介編　上海　商務印書館　1934 年　國難後第 2 版　（m.）

004449052　5140　8134
國文法之研究
金兆梓著　上海　中華書局　1925年5版　(m.)

004444629　5140　8146
古今文法會通
鍾壽昌著　上海　進化書局　1922年再版　(m.)

004444486　5140　8248.72b
古書疑義舉例叢刊
俞樾等撰　長沙　鼎文書社　1924年

004444874　5140　8248.7a
古書疑義舉例七卷
俞樾著　上海　古書流通處　1925年

004444637　5140　8248.7B
古書疑義舉例七卷　補一卷
(清)俞樾著　劉師培補　上海　商務印書館　1937年　國學基本叢書　(m.)

004444875　5140　8260
新體國文典講義
俞明謙編纂　陳寶泉、莊俞校訂　上海　商務印書館　1926年　5版　(m.)

004444876　5140　8293
作文文法指導合編
俞煥斗編　長沙　商務印書館　1940年

004444630　5140　8403
國文法綱要
姜證禪編著　上海　大東書局　1925年　4版　(m.)

004444645　5140　8934
簡易國文法
余家菊編　上海　中華書局　1947年　中華文庫　(m.)

004444633　5143　3136
虛字指南
沈鎔編　上海　東方書店　1935年　初版　(m.)

004444911　5143　4313
虛字表神
莫下涓著　廣州　1929年

004444634　5143　6623　MLC－C
文言虛字
呂叔湘著　桂林　開明書店　1944年　初版　開明青年叢書　(m.)

011919434　PL1103.W362　1931
中等國文法
汪震編　北平　文化學社　1931年　3版　(m.)

004444649　5146　1331
文章構造法
張資平編　上海　商務印書館　1935年　百科小叢書　(m.)

004444934　5146　1342
聯字造句法
張宇成[均]著　上海　廣益書局　1924年　9版

004444642　5146　4423
章與句上下冊
蔣伯潛、蔣祖怡編著　上海　世界書局　1947年　滬再版　國文自學輔導叢書第1輯　(m.)

004444636　5147　4243
古書之句讀
楊樹達著　北平　文化學社　1929年　初版　(m.)

004452421　5147　4243b
古書句讀釋例
楊樹達著　上海　商務印書館　1935 年
（m.）

方言

004402876　5150　0154
談方言
童振華等著　香港　語文出版社
1941 年

005051032　5150　2121
文言白話大眾話論戰集
任重編　上海　民眾讀物出版社　1934 年　初版

004420782　5151　4513
方言疏證
戴震疏證　揚雄著　上海　中華書局
1933 年　四部備要

004420404　5151　4513.2
戴東原續方言手稿二卷
戴震手寫　羅常培序　北京　國立中央研究院歷史語言研究所　1932 年

004420647　5151　4513.5
輶軒使者絕代語釋別國方言上下冊
（漢）揚雄著　（清）戴震疏證　上海　商務印書館　1937 年　國學基本叢書（m.）

009215692　5151　5241c
輶軒使者絕代語釋別國方言十三卷　附校勘記
揚雄撰　郭璞註　湖北省　陶子麟
1913 年

004420643　5152　2311
方言註商
吳予天著　上海　商務印書館　1936 年　初版　國學小叢書（m.）

004420648　5152　4147
續方言附補正
（清）杭世駿編纂　（清）程際盛補正
上海　商務印書館　1937 年　國學基本叢書（m.）

004420625　5154　0227
國語聲調研究
郭後覺編著　上海　中華書局　1926 年
（m.）

004420652　5154　0289A
國語會話
齊鐵恨編　上海　商務印書館　1935 年　3 版（m.）

004420622　5154　1113
王璞的模範語
王璞編　上海　商務印書館　1932 年　國難後第 1 版（m.）

004420649　5154　1113.1
王璞的國語會話
王璞編　上海　中華書局　1936 年　35 版（m.）

004420623　5154　1113.2
王璞的國音示範
王璞著　上海　中華書局　1927 年　初版（m.）

004398367　5154　2334c
官話指南四卷
吳啟太、鄭永邦合著　東京　文求堂
1939 年

004420651　5154　2386
應用國語會話初級國語講義
黎錦暉編　上海　中華書局　1932 年
（m.）

004420613　5154　2387　FC7905　Film　Mas　31837
國語運動史綱
黎錦熙著　上海　商務印書館　1934 年
　初版　（m.）

004420612　5154　2387.1
建設的"大衆語"文學
黎錦熙著　上海　商務印書館　1936 年

004420582　5154　2387.6
新著國語教學法
黎錦熙編　上海　商務印書館　1925 年
　（m.）

011938386　PL1065.L525　1933
新著國語教學法
黎錦熙編　上海　商務印書館　1933 年
　國難後第 1 版　（m.）

004420315　5154　2387.6b
新著國語教學法
黎錦熙編著　長沙　商務印書館　1938
年　（m.）

004398368　5154　2932
標準國語日用會話
徐宗科編輯　香港　中華國語專門學院
　1937 年

004420615　5154　2969
國語概論
樂嗣炳編　上海　中華書局　1936 年
初中學生文庫　（m.）

008163858　Microfiche　C－0645　G17　TA　5154　34a
官話萃珍
（美）富善編　上海　美華書館　1916
年　再版　（m.）

008164192　Microfiche　C－0646　G 8　TA　5154　34b
官話萃珍
富善原著　石山福治校訂　東京　文求
堂書店　1915 年

007795348　MLC－C
訂正官話指南
廣州　科學書局　1918 年　初版

004402821　5154　3815
國語指南
顧子静編輯　上海　廣文書局　1920 年

004420628　5154　4812
國語留聲片課本
趙元任編著　上海　商務印書館　1922
年　初版　（m.）

004420614　5154　7100
黎錦熙的國語講壇
陸衣言編　上海　中華書局　1923 年
3 版　（m.）

004420656　5155　4812
現代吳語的研究
趙元任著　北京　清華學校研究院
1928 年　清華學校研究院叢書　（m.）

004415274　5155　6101
吳音辣體字典
上海　土山灣天主堂　1940 年　初版
（m.）

004420921　Microfiche　C－0654　G26　TA　5156　4721
廈門音新字典
甘爲霖編　台南　新樓書房　1923 年

004415272　5156　6194
廈門音系
羅常培著　北平　國立中央研究院歷史

語言研究所　1930年　初版　國立中央研究院歷史語言研究所單刊　甲種（m.）

004415515　5156　7206
廈語拼音字之改進廈語入門
周辨明編　廈門　廈大書同文社 1949年

004415516　5157　0410
潮音字類辨正
譚平章編著　汕頭　育新書社　1936年

004415518　5157　0421
分類通行廣州話
譚季強編　廣州　1930年

004415186　5157　0499
廣東切音捷訣
譚榮光著　香港　及幼齋　1921年

004415519　5157　0499.2
粵東拼音字譜
譚榮光著　香港　及幼齋　1934年

009013530　5157　0499.3
拼音字譜一卷
譚榮光著　香港　及幼齋　1921年

003984963　5157　1224
廣東俗語考
孔仲南著　廣州　南方扶輪社　1933年（m.）

005476947　5157　2054b
訂正粵音指南
H. R. Wells 撰　1930年

007839921　PL1737.K36 1932
廣東語辭典
臺灣總督府　臺北　臺灣總督府 1932年

004415273　5157　3523
廣州話指南
禪山著　廣州　復興書局　民國間

004415520　5157　3642
潮汕檢音字表改訂本
潘載和編著　汕頭　秋風聽雁樓　1933年　再版

004420850　5157　4424
潮語十五音四卷
蔣儒林著　上海　錦章書局　1938年

004420692　5157　481
國粵音對照速解字彙
黃元庸編　香港　公教進行社　1946年

004420382　5157　4883
粵音韻彙廣州標準音之研究
黃錫凌著　上海　中華書局　1940年

004420933　5157　6121
客方言十二卷
羅翽雲著　香港　國立中山大學國學院　1932年　國立中山大學國學院叢書

004420935　5158　2445.1
西康夷語會話
傅懋績著　西昌　軍事委員會委員長西昌行轅　1944年

009481147　FC9624　Film Mas 35944
方言調查表格
民國間

004420646　5158　4227
方言字考
蕭山、謝璿編著　上海　會文堂書局 1923年（m.）

004420654　5158　4812
鍾祥方言記
趙元任著　長沙　商務印書館　1939 年
　初版　國立中央研究院歷史語言研究
所單刊

004420377　5158　6194
唐五代西北方音
羅常培著　上海　國立中央研究院歷史
語言研究所　1933 年　國立中央研究院
歷史語言研究所單刊　（m.）

004420535　5158　6194.1
臨川音系
羅常培著　長沙　商務商印書館　1940
年　中央研究院歷史語言研究所單刊
（m.）

004420856　5158　7240
安邱土語志
周幹庭編　濟南　齊魯大學國學研究所
　1939 年

004420943　5158　7241
山東土語研究
周幹庭編　濟南　齊魯大學　1935 年

004420655　5158.24　4812
湖北方言調查報告第一、二冊
趙元任著　上海　商務印書館　1948 年
　初版　國立中央研究院歷史語言研究
所專刊　（m.）

004420951　5158.48　4451
臺灣話
李春霖編　台南　經緯書局　1949 年
台版

蒙求教本及其他

004444879　5161　1003
五言雜字
福州　永泰書局　1929 年

004444971　5161　1100.04
三字經不分卷
章炳麟[太炎]重訂　戎都　1934 年

004444979　5161　2122.01
幼學白話句解四卷
程允升原本　施錫軒編輯　上海　廣雅
書局　1921 年

004444895　5161　2122.24
**再增國語註解幼學故事瓊林四卷　卷首
一卷**
程允升原本　鄒聖脈增補　葉玉麟再增
　上海　廣益書局　1934 年

004444928　5161　4233
千家姓讀本
楊達初編輯　香港　三榮興號　1923 年

004444931　5161　4234b
龍文鞭影初集二卷　二集二卷
蕭良有纂輯　楊臣諍增訂　來集之音註
　李暉吉、徐灒續纂輯二集　上海　廣
益書局　1916 年

004444933　5161　4234c
龍文鞭影初集四卷　二集二卷
蕭良有纂輯　楊臣諍增訂　李恩綬校補
　李暉吉、徐灒纂輯二集　上海　會文
堂　1925 年　（m.）

004435980　5161　5434
急就篇

史游撰　顏師古著　上海　商務印書館
1934年　四部叢刊續編

004436139　5161　7917
新幼學句解
陳霽辰編　上海　中國圖書公司　1925年　5版　（m.）

004445011　5161　7990
婦孺釋詞
陳榮袞編　廣州　福芸樓　1912年

004445012　5161　8226
讀史及幼編
鄭德暉撰　成都　存古書局　1913年

009146659　5162　0008
言文譯範
香港　從新書局　1912—49年　鉛印

004448814　5162　0222.1
學文示例
郭紹虞編　上海　開明書店　1941年初版　大學國文教本　（m.）

004449063　5162　0417
中學國文補修讀本
譚正璧編　上海　商務印書館　1940年初版　（m.）

004452497　5162　0417.8
敘述文範國文入門必讀
譚正璧編　廣州　中華書局　1938年（m.）

004449060　5162　0481
語體文選及其作法
謝美雲編著　上海　樂華圖書公司　1934年　初版　（m.）

004461819　5162　111
國文評選
王靈皋編　上海　亞東圖書館　1932年

004452582　5162　1240
新編大一國文上冊
丁毅音選輯　上海　商務印書館　1949年　4版　（m.）

004452725　5162　1314
近代文讀本
張廷華編註　上海　大東書局　1926年　5版　（m.）

004457517　5162　1341
近人傳記文選
張越瑞選輯　王雲五等主編　香港　商務印書館　1938年　（m.）

004461823　5162　1379
開明活葉文選註釋
張同光等註釋　上海　開明書店　1931年　（m.）

004452580　5162　1418
開明國文講義
夏丏尊、葉聖陶編　上海　開明書店　1947—48年　（m.）

004461798　5162　1793
平民小叢書
上海　商務印書館　1924—26年

004488196　5162　2225
白話文範
洪北平、何仲英編輯　上海　商務印書館　1921—27年　（m.）

007875786　5162　2326
廣集華文
吳低旻摘錄　河內　1917年

004487679　5162　2332
古白話文選新學制高級中學國語讀本

吳遁生、鄭次川編　上海　商務印書館
　1926 年　(m.)

004487680　5162　2332.3
近人白話文選
吳遁生、鄭次川編　上海　商務印書館
　1926 年　5 版　新學制高級中學國語讀本　(m.)

004488242　5162　2387
復興說話教本
黎錦熙等編著　上海　商務印書館
1933 年　復興教科書　(m.)

004488205　5162　2454
國文
傅東華、陳望道編　香港　商務印書館
　1931—33 年　初級中學用基本教科書　(m.)

004470360　5162　2454.4
大學文選
傅東華編　長沙　商務印書館　1939 年　(m.)

004488244　5162　2622
抗建讀本初級第七冊
白動生編　重慶　正中書局　1942 年

004488215　5162　2634
香港漢文讀本第十冊
香港教育司審定　香港　商務印書館
1938 年　9 版

004488262　5162　2925
平民千字課
朱經農、陶行知編纂　上海　商務印書館　1924—27 年

004488231　5162　3114
識字課本

沈百英編　上海　商務印書館　1930 年
　24 版　(m.)

004488233　5162　3153
共和論說指南
沈慧著　上海　廣益書局　1914 年

008048517　5162　36
國文新課本
上海　文山灣印書館　1931—35 年

004477216　5162　3839
一千一百個基本漢字使用教學法
洪深著　上海　生活書店　1935 年　初版　(m.)

004488246　5162　4047
燕京大學近代文編
燕京大學國文學系　北京　燕京大學國文學系　1939 年

004488252　5162　413
國語
莊適編　上海　商務印書館　1930 年　(m.)

004477227　5162　4133
人人讀
莊澤宣編　上海　商務印書館　1934 年　3 版　(m.)

004488253　5162　4213
中文標準補充文選
麥君澤、羅慕陶編訂　香港　潛修學舍
　1947 年　5 版　中學國文教科書

004488255　5162　4213B
中文標準補充文選
麥君澤、羅慕陶編訂　林少農校　香港　潛修學舍　1939 年　3 版　中學國文教科書

004477155　5162　4225
新時代國語教科書
胡貞惠著作　蔡元培、王雲五校訂　上海　商務印書館　1928 年　（m.）

004488161　5162　4233
中學生文藝精選
胡濟濤編選　沈燕萍校閱　上海　春明書店　1947 年

004488163　5162　4291
新時代國語教科書
胡懷琛等編　上海　商務印書館　1928—29 年　（m.）

004488164　5162　4300
國民字課圖説
壽潛廬編輯　上海　會文堂新記書局　1936 年　68 版

004477221　5162　4484
標準國語應用會話新教本
蔣鏡芙編　上海　中華書局　1932 年　初版　（m.）

004477222　5162　4484A
標準國語應用會話
蔣鏡芙編　香港　中華書局　1940 年　11 版　初中學生文庫　（m.）

011911671　PL1121.C5　W364　1920
實用國語會話
王璞編纂　上海　商務印書館　1920 年　（m.）

009314642　5162　4487
英華合璧二卷
1919 年

004488171　5162　4863
高中國文複習指導
趙景深、譚正璧編　上海　北新書局　1936 年

004482087　5162　4944
模範小品文讀本
林蔭南編　上海　大光書局　1936 年　3 版　（m.）

004482026　5162　5072
中學生文藝
中學生雜誌社編　上海　開明書店　1931 年　初版　（m.）

004481775　5162　5417
市民千字課
中華平民教育促進會總會編　上海　商務印書館　1929 年　46 版　（m.）

004488177　5162　5417.5
農民千字課
中華平民教育促進會總會編輯　上海　商務印書館　1928 年　12 版

004488194　5162　5974
中學論説新範
秦同培編註　上海　世界書局　1923 年　3 版

004488195　5162　5974.2
高等論説新範
秦同培編註　上海　世界書局　1925 年　6 版　（m.）

005066697　5162　6473
平民千字課
晏陽初、傅若愚編　上海　青年會全國協會　1928 年　重訂 14 版

004488204　5162　6473　（1924）
平民千字課
晏陽初、傅若愚、黃滄漁編　上海　青年協會　1924 年　重訂 3 版

004488197　5162　7148
非常國語選
劉椿年編　葛承訓校訂　上海　兒童書局　1937年

004461853　5162　7182
國文自修讀本
陸翔評選　鄒志鶴註釋　上海　世界書局　1925年

005077090　5162　7217
國語
周予同等編　上海　商務印書館　1923—24年　新學制初級中學教科書（m.）

004457326　5162　722
國語教學法講義
劉儒編　上海　商務印書館　1926年　初版　（m.）

008169875　MLC－C
常識課本初級小學適用
張騰霄、高珍編者　1946年　（m.）

004457331　5162　7222
老少通千字課
陶行知編　上海　商務印書館　1934—35年　初版　（m.）

005077091　5162　7245
民衆基本叢書第一集
呂金錄主編　上海　商務印書館　1935年　初版

005077092　5162　7255
高中國文
周静、王樸編著　廣州　新華書店　1949年　再版　（m.）

011592793　PL1117.X974　1933
敘事詩初級中學教本
朱劍芒、陳霭麓編輯　上海　世界書局　1933年　初版　世界初中活葉文選（m.）

011891987　PL1065.S8　1947
學習國文的新路
孫起孟、龐翔勳著　香港　進修出版教育社　1947年　初版　進修叢書（m.）

004461860　5162　7911
平民課本教授書
陳醉雲編　上海　中華書局　1926年（m.）

004461861　5162　7926
作文指南四卷
陳仲星編　上海　中華書局　1929年

005076429　5162　7932
國文學
陳遵統著　福州　公教印書館　1937年

004461863　5162　7986
國文講義
陳曾則編纂　上海　商務印書館　1913年　4版　（m.）

004461865　5162　8211
黨國先進言論集
鄭兀選註　長沙　商務印書館　1938年　中學國文補充讀本　（m.）

004461866　5162　8544
國學必讀
錢基博編　上海　中華書局　1924年　3版　新中學教科書　（m.）

004457320　5164　4127
兒童與成人常用字彙之調查及比較
杜佐周、蔣成堃著　廈門　廈門大學

1933年　初版　廈門大學教育學院研究叢刊（m.）

004457321　5164　4133
基本字彙
莊澤宣編　廣州　中華書局　1938年初版　中山大學教育學研究所叢書（m.）

004487653　5164　7931
語體文應用字彙
陳鶴琴編　上海　商務印書館　1928年初版　中華教育改進社叢刊（m.）

007830884　MLC – C
增補考正字彙
上海　上海廣益書局　1921年

004457378　5164　7944
漢字辨正
陳妙英、張孝友編　九龍　興仁中學　1949年

004457322　5165　0253
手頭字概論
郭挹清著　上海　天馬書店　1936年初版（m.）

004440129　5165　3603
簡體字典
容庚著　北平　哈佛燕京出版社　1936年

004440210　5165　4291
簡易字說
胡懷琛編著　上海　商務印書館　1928年　初版（m.）

007889811　5165　6011
簡體字表
國立北平研究院字體研究會　北京　國立北平研究院總辦事處出版課　1937年

005018578　5165　7206
半周字彙索引
周辨明著　廈門　廈門大學語言學系　1928年　初版（m.）

004440073　5165　7224
宋元以來俗字譜
劉復、李家瑞合編　北平　國立中央研究院歷史語言研究所　1930年　國立中央研究院歷史語言研究所單刊（m.）

004440211　5165　7994
簡字論集
陳光垚著　上海　商務印書館　1931年初版（m.）

004444945　5165　8521
研究拼形簡字母之一得
錢勉醒著　濟南　1933年

004444621　5167　1111
四角號碼檢字法附檢字表
王雲五著　上海　商務印書館　1933年初版（m.）

007436944　5167　1111
四角號碼檢字法附檢字表
王雲五著　上海　商務印書館　1935年（m.）

011913471　PL1411.T8a　1931
中國檢字問題
杜定友著　上海　杜定友　1931年　初版　杜氏叢著（m.）

007702874　5167　1111　(1934)
四角號碼檢字法附檢字表
王雲五著　上海　商務印書館　1934年　國難後第1版　百科小叢書（m.）

004444622　5167　1111.4　5167　1111.4　（1933）
四角號碼檢字法教學法
趙景源編　上海　商務印書館　1933 年
（m.）

004444319　5167　4134
漢字形位元排檢法
杜友定著　上海　中華書局　1932 年
（m.）

004436118　5167　4899
字首不字排檢法
趙榮光編著　廣州　培正中學圖書館
1940 年　再版

004436069　5167　6123
瞿氏電報檢字
瞿重福編　上海　大通公司　1929 年
（m.）

004444957　5167　7206
半周鑰筆索引法
周辨明撰　廈門　廈門大學語言學系
1934 年

004436117　5167　7206.1
國音字彙及電碼書半周鑰筆索引法編排
周辨明編　廈門　廈門大學語言系
1937 年　初版　（m.）

004436019　5167　7905
五筆檢字法之原理效用
陳立夫編　上海　中華書局　1928 年

004436127　5169　1353.1
國音邦永速記術
張邦永著　長沙　商務印書館　1938 年
5 版　（m.）

004436128　5169　1353.2
邦永速記學
張邦永著　長沙　商務印書館　1938 年
（m.）

004444961　5169　1353.3
邦永速記學問答
張邦永著　上海　商務印書館　1948 年

004444962　5169　3962
新式華文打字機練習課程
宋明德編　長沙　商務印書館　1938 年

004436125　5169　4914
中國速記學
（清）蔡錫勇原著　蔡璋增訂　上海　中華書局　1934 年　（m.）

字典辭書

004444371　5173　0735.1
節本康熙字典
淩紹雯纂修　張元濟選節　上海　商務印書館　1949 年

006876893　PL1201.H88　1900x
字類標韻分韻撮要合編上下冊
范多玨、溫儀鳳編　上海　廣益書局
民國間

007482563　5173　0735.2
康熙字典
淩紹雯纂修　長沙　商務印書館　1938 年　（m.）

003298139　5173　0735b
康熙字典
張玉書、陳廷敬總閱　淩紹雯等纂　上海　古書流通處　1921 年

008048521　5174　0660
國音白話註學生詞典
唐昌言編纂　上海　商務印書館

1929 年

004461528　5174　0660　(1939)
學生詞典
唐昌言、李康復等編　1939 年　(m.)

004461829　5174　1103
新辭典
王康[史靖]等編　桂林　建設書店　1943 年

004440261　5174　1111
中山大辭典"一"字長編
王雲五總編纂　中山文化教育館贊助　長沙　商務印書館　1939 年　再版　(m.)

004461831　5174　1303
國音學生字典
張文治等編　昆明　中華書局　1941 年　11 版

004440119　5174　2300
辭源甲種
方毅編校　上海　商務印書館　1916 年　再版　(m.)

007174948　5174　2300　(5)
辭源續編四角號碼索引
商務印書館編　上海　商務印書館　1937 年　初版

007436993　5174　2300.1
辭源
方毅編校　上海　商務印書館　1923 年　改編本　(m.)

004461835　5174　2300b
辭源丙種
方毅編校　上海　商務印書館　1927 年　(m.)

004460808　5174　2300.1　(3)　5174　2300b　(3)
辭源續編
方毅、傅運森編輯　方賓觀等編　上海　商務印書館　1932 年　國難後第 4 版　(m.)

004543645　5174　2300c
辭源丁種
方毅等編　上海　商務印書館　1933 年　(m.)

007174952　5174　2300c　(3)
辭源續編
方毅、傅運森編輯　方賓觀等編　上海　商務印書館　1938 年　普及本第 7 版　(m.)

007174338　5174　2300.1　(4)　5174　2300c　(4)
辭源四角號碼索引
上海　商務印書館　1937 年

007161553　5174　2300c　(1916)
辭源
陸爾奎等編纂　上海　商務印書館　1916 年　3 版　(m.)

004461836　5174　2300d
辭源戊種
方毅編校　上海　商務印書館　1915 年　(m.)

004440204　5174　2308
中華基本教育小字典
吳廉銘編　舒新城校訂　上海　中華書局　1948 年　初版　(m.)

004440202　5174　2388
新術語辭典正續編合訂本
吳念慈、柯柏年、王慎名編　上海　南強書局　1936 年　8 版　(m.)

009460382　PL1420.C587　1947x
辭源正續編合訂本
上海　商務印書館　1947年　第15版
（m.）

010577365　PL1420.W38　1943
康熙字典考異正誤
渡部温著　東京　井田書店　1943年

011906830　PL1420.Z46　1949
增訂註解國音常用字彙
中國大辭典編纂處編　黎錦熙主編　汪怡等編校　上海　商務印書館　1949年

007455796　PL1171.T76　1921x
草隸存
鄒安編　上海　廣倉學宭　1921年

011739967　PL1171.N35　1934
書契淵源
中島竦著　東京　文求堂　1934—37年

011931577　PL1171.L824　1920z
中國文字學講義
陸和九述　192?年

011883864　PL1171.C65　1930
中國文字之原理及其構造
蔣善國著　上海　商務印書館　1930年　初版

007287211　PL1171.K8　1949x
字辨
顧雄藻編輯　香港　商務印書館　1949年　增訂版　（m.）

004440078　5174　4133
國文成語辭典
莊適編纂　上海　中國圖書公司和記　1926年

004440218　5174　4241
俗語典
胡韞玉［樸安］、胡懷琛編　上海　廣益書局　1922年　初版　（m.）

004440203　5174　4270
實用大字典
楊譽龍編　陸費逵、戴克敦參訂　上海　中華書局　1918年　（m.）

004526890　5174　5457
新式學生辭林
中華書局編　上海　中華書局　1925年　3版　（m.）

004526889　5174　5642.1
中國大辭典編纂處一覽
中國大辭典編纂處編　北平　中國大辭典編纂處　1931年　初版　（m.）

004544512　5174　5642.2
中國大辭典編纂處第五次總報告書
中國大辭典編纂處編　北平　中國大辭典編纂處　1933年　初版

004526900　5174　5642.6
國音字典
中國大辭典編纂處編　汪怡等編校　上海　商務印書館　1949年　初版　（m.）

004526893　5174　7100
中華國語大辭典
陸衣言編　上海　中華書局　1949年　4版　（m.）

004526899　5174　7100.6
國語學生字典
陸衣言編　上海　中華書局　1940年　（m.）

004827668　5174　7102
學生字典
陸爾奎、方毅著　上海　商務印書館 1915 年　（m.）

004544977　5174　7102.2
新字典
陸爾奎等編纂　上海　商務印書館 1928 年　15 版　（m.）

004526661　5174　7102.2b
新字典
陸爾奎等編纂　上海　商務印書館 1933 年　（m.）

004526892　5174　7224
國語普通詞典
馬俊如、俊覺編　上海　中華書局 1925 年　再版　（m.）

004544979　5174　7246
辭淵
周華嚴等編纂　香港　新生書局 1949 年

004526891　5174　7281
國語詞典
周槃編　上海　商務印書館　1922 年 初版　（m.）

007437908　5174　7734
中華大字典
徐元誥等編輯　上海　中華書局　1915 年　初版　（m.）

004526527　5174　7734C（1926）
縮本中華大字典
徐元誥、歐陽溥存、汪長祿　上海　中華 書局　1926 年　6 版

004150255　5174　8204
辭海
舒新城主編　丁紹桓等編　上海　中華 書局　1948 年　再版　（m.）

008725520　MLC – C
辭海
舒新城主編　香港九龍　中華書局香港 分局　1947 年　初版　合訂本

004157043　5174　8204b
辭海丙種
舒新城主編　丁紹桓等編　上海　中華 書局　1940 年　（m.）

004157042　5174　8204c
辭海丁種
舒新城主編　丁紹桓等編　上海　中華 書局　1937 年　（m.）

004157041　5174　8204d
辭海乙種
舒新城主編　丁紹桓等編　上海　中華 書局　1936—37 年　（m.）

004534341　5174　8431
聯綿字典
符定一編著　北平　京華印書局　1943 年　初版　（m.）

004534342　5174　8660
標準語大辭典
全國國語教育促進會審詞委員會編　上 海　商務印書館　1936 年　再版 （m.）

007443078　PL1205.Y8　1934
韻典
李炳衛主編　牛傅岩編校　北平　北平 民社　1934 年　（m.）

004719606　5175　1315c　AE17.P4　1937
佩文韻府

清聖祖勅撰　張玉書等奉勅撰　上海
商務印書館　1937年　初版　(m.)

004539611　5175　1333
新國音一九學生字典
張冰編　余正東校訂　上海　文華美術
圖書公司　1932年　再版　(m.)

004534328　5175　2947
辭通
朱起鳳撰　上海　開明書店出版
1933年

004539608　5175　4000　(1921)
校改國音字典
教育部讀音統一會編　上海　商務印書
館　1921年　(m.)

004539609　5175　4000　(1924)
校改國音字典
教育部讀音統一會編　上海　商務印書
館　1924年　(m.)

004539610　5175　4000　(1926)
校改國音字典
教育部讀音統一會編　上海　商務印書
館　1926年　38版　(m.)

004539455　5175　5625
國語辭典
中國大辭典編纂處編　汪怡主編　徐一
士編纂　北平　商務印書館　1943年
(m.)

003091643　5175　7111b
經籍籑詁
阮元編　上海　國學整理社　1936年
初版

004545004　5175　7252
萬韻新書
劉振統著　上海　廣益書局　1922年

004539616　5176　0204
國音學生字彙
方毅、馬瀛編　王雲五刲號碼　上海
商務印書館　1928年　12版　(m.)

009898350　MLC-C
瓊南音諳摩賴幼話義
新加坡　1925年

008995771　5176　1111
王雲五大辭典
王雲五編著　上海　商務印書館　1930
年　再版　(m.)

004539453　5176　1111.6
王雲五新詞典
王雲五著　重慶　商務印書館　1943年
初版　(m.)

007520065　FW　1812　FW-N　1812　J　5176　1111.73
漢字ノ四隅番號化檢字法附檢字一覽表
王雲五發明　間宮不二雄譯　大阪　間
宮商店　1930年　第1版　圖書館研究
叢書

004301777　5176　1111.9　(1932)
王雲五小辭典
王雲五著　上海　商務印書館　1932年
國難後第6版　(m.)

004301968　5176　1111.9　(1935)
王雲五小辭典
王雲五著　上海　商務印書館　1935年
增訂本　(m.)

004301199　5176　1111.9　(1945)
王雲五小辭典
王雲五著　上海　商務印書館　1945年
第2次增訂本　(m.)

004301974　5176　1111.91
王雲五小字彙
王雲五編著　上海　商務印書館　1937年　增訂第1版　（m.）

004539607　5176　7114
學生字典
陸爾奎、方毅編　王雲五制號碼　上海　商務印書館　1928年　初版　（m.）

004544515　5177　0227
國語成語大全
郭俊覺編著　上海　中華書局　1926年　（m.）

004544513　5177　0238
白話詞典
方賓觀編　方毅校　上海　商務印書館　1926年　3版　（m.）

004544683　5177　4262
新橋字典
萬國鼎編　上海　中華書局　1929年　（m.）

004544516　5177　4916
辭林
蔡丏因編　上海　世界書局　1937年　6版　（m.）

004544522　5177　7231
平民字典
馬瀛、方毅編　上海　商務印書館　1927年　（m.）

004544523　5177　7924
德芸字典
陳德芸編　上海　良友圖書印刷公司　1930年　（m.）

004544514　5178　0245
學生辭源上下冊
張蕚蓀主編　上海　新華書局　1931年　初版　（m.）

004545011　5178　1113b
經傳釋詞十卷
王引之撰　江杏溪編輯　蘇州　文學山房　1927年　文學山房叢書

004545012　5178　1113c
經傳釋詞十卷補一卷再補一卷
王引之撰　孫經世補　成都　成都書局　1928年

004545013　5178　2432
籟典四卷
章啟勳著　濟南　如過客齋　1915年

004544524　5178　4125
四四字典
姚仲拔編　上海　廣益書局　1947年　初版　（m.）

007438076　5178　4165
分類辭源
世界書局編輯所　上海　世界書局　1926年

004315493　5178　4246
作文類典
楊喆編　上海　中華書局　1927年　8版　（m.）

004562841　5179　0252
實用辨字辭典
新辭書編譯社編　上海　童年書店　1937年　4版　（m.）

005061392　5179　0252.1
新知識辭典
新辭書編譯社編　上海　童年書店　1935年　初版　（m.）

語言文學類

004562844　5179　0417
字體明辨
譚正璧編　香港　中華書局　1938年
（m.）

004562843　5179　0445
標準辨字彙
許有成編　上海　中央書店　1936年
初版　（m.）

004574359　5179　1948
新主義辭典
孫志曾編　上海　大光書局　1936年
再版

004568438　5179　2947
字類辨正
朱起鳳著　上海　中國文化服務社
1936年　再版　基本知識叢書　（m.）

004609886　5179　3135　FC9356　Film Mas 33399
篆隸萬象名義三十卷
空海著　濟南　1936年

004574381　5179　3222
形聲字典
馮鼎著　香港　英華書院校務處
1937年

004574384　5179　3330
道漢字音
陳瑞祺著　香港　道字總社　1939年
（m.）

004568441　5179　3844
字辨
顧雄藻編　上海　生活書店　1934年
5版　（m.）

004568442　5179　3844.4
字辨補遺
楊燮酈纂輯　上海　生活書店　1935年
（m.）

003537831　FC2749
江湖話
偉大法師著　1949年

004568709　5179　4489b
俗語考原
李鑒堂編　北京　湖南杜元清刊
1937年

004573841　5179　4833
中國新字尋音字典
黃連兆著　香港　黃連兆　1948年　3
版　（m.）

004581485　5179　7218
白話字辨
周天籟編　上海　華文書店　1934年
初版　（m.）

004581483　5179　7231
字辨
劉治平編　重慶　陪都書店　1947年
3版　國文自學輔導叢書　（m.）

007911281　TK　5179　8230b
註解語錄總覽
鄭瀁原編　白鬥鏞編纂　尹昌鉉增訂
京城　翰南書林　1919年

004609887　5186　9135
景祐天竺字源六卷
惟淨等集　上虞　羅氏　1916年

011904508　PL3639.C4　1937
藏漢集論辭彙
張煦編　成都　西陲文化院　1937年

007437938　5191　1144
藏漢小辭典
楊質夫編　北平　菩提學會　1932年

初版 （m.）

009596309
藏文讀本初稿
釋法尊編著　1940 年　（m.）

009596283　PL3613.F388　1940
藏文讀本初稿
（釋）法尊、（釋）印順編　香港　漢藏教理院　1940 年　（m.）

009650776
藏文讀本初稿　藏漢對照　全 8 冊
（釋）法尊、（釋）印順編　1940 年

008388855　MLC－C
西藏文文法
耶司克著　張煦譯　南京　新亞細亞學會　1937 年　（m.）

011901723　PL4001.N39　F8　1948
麗江麼些象形文［古事記］研究
傅懋績著　武昌　華中大學　1948 年　初版

005829125　PL1455.H73　1946x
現代漢英詞典
王雲五校訂　王學哲編輯　上海　商務印書館　1948 年　上海 3 版

011931223　PL1455.P3　1931
英漢對照百科名彙
王雲五主編　何炳松等編　上海　商務印書館　1931 年　初版

011883404
綜合英漢大辭典
黃士復、江鐵主編　香港　商務印書館　1948 年　（m.）

004574402　5196　1371
漢英大辭典
張鵬雲編輯　上海　新中國印書館　1922 年　（m.）

004574400　5196　1371　（2）
漢英大辭典續編
張鵬雲編輯　上海　新中國印書館　1923 年

004609888　5196　2935
新華文字典
徐祥編輯　西貢　華昌號　1929 年

007441999　5196　4336
百科名彙
王雲五主編　何炳松等編　上海　商務印書館　1932 年　國難後第 1 版（m.）

005828608　5196　4413　（1927）　PL1455.L44　1925x
漢英新辭典
李玉汶編　1927 年　（m.）

007487111　5196　4413　（1935）
漢英新辭典縮本
李玉汶編　上海　商務印書館　1935 年（m.）

004580914　5196　4842　PL1455.T83　1948
綜合英漢大辭典
黃士復等主編　上海　商務印書館　1937 年　3 版合訂本　（m.）

004581306　5196　5430
中華漢英大辭典
陸費執、嚴獨鶴主編　王金吾編　馬潤卿校訂　上海　中華書局　1934 年（m.）

008047045　5196　92
現代漢英詞典
王雲五校訂　王學哲編輯　上海　商務

印書館　1946 年　上海初版

008468125　PL1459.G5　W6　1940x
德華大辭典
衛德明主編　上海　璧恒圖書公司　1940 年

004581456　5197　7211
德華字典
馬君武著　上海　中華書局　1940 年 5 版　（m.）

005829285　PL1459.G5　R8　1936x
華德辭典
1936 年

007442130　5199　4470.08
粵葡辭典
高美士［L. G. Gomes］著　澳門　澳門紀念葡萄牙建國復興雙慶大會　1941 年

中國文學

004609650　5201　1243
婦女與文學
丁英著　上海　文化企業公司　1946 年初版　（m.）

004609211　5201　3447
語言與文學
清華大學中國文學會編　上海　中華書局　1937 年　（m.）

004634963　5201　4464
文藝論
艾思奇等著　香港　堡壘書局　1941 年　現階段文藝叢書

004609181　5201　4789
現階段的文學論戰
林淙選編　上海　文藝科學研究會　1936 年　（m.）

004609604　5201　5417
中國文學概說
青木正兒著　隋樹森翻譯　上海　開明書店　1938 年　（m.）

004609654　5201　7183.1
中國文學概論講話
（日）鹽谷温著　孫俍工譯　上海　開明書店　1931 年　4 版　（m.）

004609652　5201　7202
中國文學八論
劉麟生編　上海　世界書局　1936 年初版　（m.）

011916826　PN45.F8　1927
文學常識
傅東華著　上海　商務印書館　1927 年初版　（m.）

004609651　5201　7993
中國文學概論
陳懷著　上海　中華書局　1933 年　（m.）

004307856　5201　8258
中國文學論集
鄭振鐸著　上海　開明書店　1934 年初版　（m.）

008627836　FC7906　Film　Mas　31830
中國文學論集
鄭振鐸著　廣州　開明書店　1947 年再版　（m.）

008189781　5202　0708
文學講義
林紓等講述　上海　中華編譯社

1918 年

007367058　5202　0722　FC5944
文學集刊
沈啟無主編　北京　藝文社　1943—44 年　初版　（m.）

008336239
大學初級法文
上海　商務印書館　1936 年　（m.）

007719927　MLC-C
希望
田濤著　上海　萬葉書店　1946 年　初版　萬葉文藝新輯　（m.w.）

008213457　5202　4604　（2）
人民與文藝
喬木等著　香港　大衆文藝叢刊社　1948 年　大衆文藝叢刊

008213463　5202　4604　（3）
論文藝統一戰綫
蕭愷等著　香港　生活書店總經售　1948 年　第 1 版　大衆文藝叢刊　（m.）

008213350　5202　4604　（4）
大衆文藝叢刊
荃麟等著　香港　生活書店總經售　1948 年

011977247　HQ1154.F893　1946
現代婦女
傅學文著　上海　商務印書館　1946 年　上海初版　國立中央民衆教育館進修叢書　（m.）

011918045　PL2901.C8　Z43　1938
戰地
舒群著　上海　北新書局　1938 年　初版　（m.w.）

004643411　5203　0443
文藝小叢書十五種
胡韞玉［樸安］、胡懷琛同輯　上海　廣益書局　1930 年

004609655　5203　0443　（1）
本事詩
（唐）孟棨著　上海　廣益書局　1930 年　初版　（m.）

004609747　5203　0443　（2）
唐人傳奇選
胡樸安、胡寄塵［懷琛］選輯　上海　文藝小叢書社　1930 年　初版　（m.）

004609748　5203　0443　（3）
倦雲憶語
程善之著　上海　廣益書局　1930 年　初版　（m.）

004609717　5203　0443　（4）
子夜歌
胡樸安、胡寄塵［懷琛］輯録　上海　文藝小叢書社　1930 年　（m.）

004609713　5203　0443　（7）　PL2519.C47　L3　1933
蘭閨清課
胡寄塵［懷琛］選　上海　廣益書局　1930 年　初版　（m.）

004643376　5203　0443　（8）
南遊記
孫嘉淦撰　上海　廣益書局　1930 年

004609719　5203　0443　（9）
香奩集
（唐）韓偓著　上海　文藝小叢書社　1930 年　初版　（m.）

004609724　5203　0443　(10)
小詩選
秋雪選　上海　文藝小叢書社　1930 年
　初版　(m. w.)

004643378　5203　0443　(11)
描寫人生斷片之歸有光
胡寄塵撰　上海　廣益書局　1930 年
　(m.)

004609714　5203　0443　(12)
胡笳十八拍及其他
胡樸安編　上海　文藝小叢書社
1930 年

004609185　5203　2332
關於創作
茅盾等著　香港達德學院文學系系會主
編　1949 年　海燕文藝叢刊

004609653　5203　4472
新人生觀與新文藝
李辰冬著　重慶　中央文化運動委員會
　1945 年　初版　中央文化運動委員會
文化運動叢書　(m.)

004624406　5204　2304
上海文藝作家協會成立紀念冊
上海文藝作家協會研究組編　上海　上
海文藝作家協會秘書室　1947 年　初版
　(m.)

004624405　5204　4231
南社紀略
柳亞子著　上海　開華書局　1940 年
　(m.)

004643412　5208　3190
河北省立第一圖書館書目語文部別集類
河北省立第一圖書館　天津　河北省立
第一圖書館　1937 年

004643413　5209　0403
對語集腋四種
章慶輯　香港　務本堂藏版　1928 年

004629419　5209　2025
作文辭典
金式如、楊鎮華編　上海　世界書局
1937 年　(m.)

011800828　PL1272.H848　1931
標點符號使用法
胡懷琛編著　上海　世界書局　1931 年
　再版　(m.)

004634438　5209　4110
作文辭海
姚乃麟編　上海　春明書店　1946 年
　再版　(m.)

004629508　5209　4237
中國文學百科全書
楊家駱編著　南京　中國辭典館　1936
年　初版　中國學術百科全書草創本
第 1 組　(m.)

007446470　5209　4245.5c
[分類]成語手冊
柯槐青編著　臺北　犮提書局　1949 年

004315387　5209　7104b
詩學含英
劉文蔚輯　上海　錦章圖書局　1932 年

004629421　5209　7283
作文描寫辭典
劉鐵冷編著　桂林　文潮書店　1943 年
　初版　(m.)

011930138　PN41.W4　1933
文藝創作辭典
郭堅白編　上海　光華書局　1933 年
　初版　(m.)

004629422　5209　8501
新文藝描寫辭典
錢謙吾[阿英]編　上海　南強書局
1930 年　（m.）

004629423　5209　8501　(2)
新文藝描寫辭典續編
錢謙吾[阿英]編　上海　南強書局
1930 年　（m.）

004629420　5209　8516
記敘文描寫辭典
錢一鳴編　上海　群學書店　1949 年
（m.）

011895895　PL2611.H7　1934
現代日記選
趙景深選　上海　北新書局　1934 年
初版　中學國語補充讀本　（m.w.）

011984049　PL1271.K8　1947
寫作的故事
顧鳳城編著　上海　正中書局　1947 年
滬 1 版　（m.）

011895913　PL1271.T3　1948
寫作正誤
譚正璧著　上海　中華書局　1948 年
中華文庫　（m.）

011760303　PL1271.H869　1936
新著文章作法
胡雲翼、謝秋萍編著　上海　中國文化
服務社　1936 年　10 版

011910827　PL2611.C4　1941
註釋中外名人日記選
陳子展編　上海　中華書局　1941 年
4 版　初中學生文庫　（m.）

004634996　5209　8516.5
描寫文辭典
錢一鳴編著　上海　群學書店　1947 年

004634436　5209　8516.9
小品文描寫辭典
錢一鳴編著　上海　群學書店　1949 年
（m.）

詩文評

004634998　5210　011
詩歌發蒙
達文社編輯　香港九龍　中華書局
1940 年

004629412　5210　0416
實用文章義法二卷
謝無量著　上海　中華書局　1928 年
7 版　（m.）

004629424　5210　0417
由國語到國文
譚正璧編　香港　中華書局　1938 年
（m.）

004643401　5210　0603
南洋公學新國文四卷
唐文治鑒定　蘇州　振新書社　1914 年
（m.）

011760885　PL1271.C426　1931
修辭學
陳介白編著　上海　開明書店　1931 年
初版　（m.）

011929508　PL1271.T8　1931
修辭學
董魯安編著　北平　文化學社　1931 年
4 版　（m.）

004629395　5210　1172
怎樣學習國文
翟鳳巒著　上海　文化供應社　1948年
初版　(m.)

004643405　5210　1229
初學論說文範四卷
邵伯棠著　上海　會文堂書局　1923年

004629409　5210　1328
師範國文述教
張須編　上海　商務印書館　1927年
初版　(m.)

011910157　PL1271.W34　1935
國語修辭學
汪震編著　北平　文化學社　1935年
初版　(m.)

011762833　PL1271.G963　1934
實用修辭學
郭步陶編著　上海　世界書局　1934年
初版　(m.)

011896136　PL1271.K3　1933
文章及其作法
高語罕編　上海　光華書局　1933年
初版　(m.)

004139380　5210　1418
文章講話
夏丏尊、葉紹鈞合著　上海　開明書店
1949年　開明青年叢書　(m.)

011918176　PL1271.G368　1935
文章評選
高語罕編　上海　大光書局　1935年
(m.)

011984058　PL1271.K8　1926
文章學初編
龔自知編　上海　商務印書館　1926年
初版　(m.)

011800908　PL1271.H8　1931
修辭的方法
胡懷琛編著　上海　世界書局　1932年
再版　(m.)

011894975　PL1271.H8　1935
修辭學發微
胡懷琛編著　上海　大華書局　1935年
初版　(m.)

011802862　PL1271.H8　1933
修辭學要略
胡懷琛編著　上海　大東書局　1933年
7版　(m.)

011837888　PL1271.H825　1931
一般作文法
胡懷琛編著　上海　世界書局　1931年
再版　(m.)

011933800　PL1271.H5　1949
閱讀與寫作
夏丏尊、葉紹鈞[葉聖陶]著　上海　開明書店　1948年　10版　開明青年叢書　(m.)

007372789　PL1271.H8　1936x
作文門徑
胡懷琛著　上海　中央書店　1936年
6版　(m.)

011760267　PL1271.G369　1940
作文與人生
王靈皋[高語罕]著　上海　亞東圖書館
1940年　6版　(m.)

004634428　5210　2100
中學師範國文作文教學法
魏應麒編　長沙　商務印書館　1940年

語言文學類

973

初版 （m.）

004465970　5210　2454
國文講話概説輯
傅東華著　長沙　商務印書館　1940年再版　（m.）

004465998　5210　3023
遊記作法
王允文等編輯　長沙　商務印書館　1938—39年　小學生作文指導叢書　（m.）

011913399　PL1065.15　1935
改造小學國語課程第二期方案
李廉方著　開封　開封教育實驗區出版部　1935年　（m.）

004465985　5210　3114
小學國語教學討論集
沈百英編著　上海　商務印書館　1948年　初版　（m.）

004465971　5210　3163
國文自修書輯要
沈恩孚編　上海　中華書局　1916年初版　（m.）

011902140　PL1074.7.Y8　1935
國語學大綱
樂嗣炳編著　上海　大衆書局　1935年初版　（m.）

004465988　5210　3611
學生作文指導
宮廷璋著　上海　商務印書館　1936年初版　（m.）

004470162　5210　3833
傳記文選
洪爲法編　上海　北新書局　1935年初版　中學國語補充讀本　（m.）

004465986　5210　3923
讀和寫
沐紹良著　上海　開明書店　1949年12版　開明少年叢書　（m.）

004469844　5210　4134
文學研究法
姚永樸編　上海　商務印書館　1926年9版　（m.）

004466084　5210　4210
青年創作指導
楊晉豪著　長沙　商務印書館　1941年初版　（m.）

004466272　5210　4258
青年讀書方法
柳絲［楊邨人］編輯　上海　復興書局　1937年

011893763　PN45.H8　1921
新文學淺説
胡懷琛著　上海　泰東圖書局　1921年初版　（m.）

004465984　5210　4291
中學國文教學問題
胡懷琛著　上海　商務印書館　1936年初版　（m.）

004466284　5210　4490
作文七七法
李尚文著　上海　世界書局　1946年　（m.）

004469843　5210　4922
韓柳文研究法
林紓著　上海　商務印書館　1924年　（m.）

004470141　5210　4928
國文教學
葉紹鈞[葉聖陶]、朱自清著　上海　開明書店　1947年　3版　（m.）

011884628　PL1065.C5x　1934
初中國文實驗教學法
權伯華編　上海　中華書局　1934年再版　（m.）

004470159　5210　4928.1
精讀指導舉隅
葉紹鈞[葉聖陶]、朱自清著　上海　商務印書館　1947年　滬初版　四川省立教育科學館國文教學叢刊　（m.）

011592812　PL1065.J5365　1941
中學國文教學法
蔣伯潛著　昆明　中華書局　1941年初版　（m.）

011887582　PL1065.W3　1929
中學國文教學概要
王森然編　上海　商務印書館　1929年初版　（m.）

004470160　5210　4928.2
略讀指導舉隅
葉紹鈞[葉聖陶]、朱自清著　上海　商務印書館　1946年　滬初版　四川省立教育科學館國文教學叢刊　（m.）

004470406　5210　5457
前哨
中華中學輝社學藝股編委會編　香港　中華中學輝社　1949年　中學生習作叢書

004470127　5210　6194
中國人與中國文
羅常培著　上海　開明書店　1947年（m.w.）

004470232　5210　6194b
中國人與中國文
羅常培著　重慶　開明書店　1945年（m.w.）

010521930　PN145.Z436　1940
十五年寫作經驗
張若谷著　上海　穀峰出版社　1940年初版　（m.）

011895482　PN189.H8　1933
文藝創作概論
華蒂編述　上海　天馬書店　1933年初版　（m.）

011918300　PN189.W4　1939
怎樣寫作
魏金枝著　上海　珠林書店　1939年初版　（m.）

004470253　5210　7141
怎樣學文學
陸地著　上海　生活·讀書·新知上海聯合發行所　1949年　初版　新中國百科小叢書　（m.）

004470142　5210　9447
中學國文教學論叢
光華大學教育系、國文系編　上海　商務印書館　1927年　初版　（m.）

004444643　5211　0162
中國文詞學研究
施畸著　上海　出版合作社　1925年初版　（m.）

004444647　5211　0203
國文作法
高語罕編　上海　亞東圖書局　1927年

7 版 （m.）

004444648　5211　0203.1
中學作文法
高語罕著　重慶　陪都書店　1945 年初版　（m.）

004444639　5211　0404
修辭學講話
章衣萍著　上海　天馬書店　1934 年初版　（m.）

004488211　5211　0417
文章體例初中國文乙編第二冊
譚正璧編　上海　大東書局　1946 年

005061486　5211　0429
新作文指導法
許德鄰著　上海　三民圖書公司　1929 年

008350298　5211　0685
修辭格
唐鉞著　上海　商務印書館　1933 年國難後第 1 版　（m.）

004444505　5211　1162
修辭學
王易著　上海　商務印書館　1932 年國難後第 1 版　新學制高級中學參考用書　（m.）

004444644　5211　1162.2
修辭學通詮
王易著　上海　神州國光社　1931 年3 版　（m.）

004444709　5211　1164
青年寫作講話
孔另境著　上海　永祥印書館　1945 年初版　青年知識文庫　第 1 輯　（m.）

004444641　5211　1303
古書修辭例
張文治編　上海　中華書局　1937 年初版　（m.）

004444656　5211　1344
初中寫景文教學本
張九如編　上海　商務印書館　1928 年初版　（m.）

004444655　5211　1344.1
初中記事文教學本
張九如編　上海　商務印書館　1932 年國難後第 1 版　（m.）

004444392　5211　1418
文心
夏丏尊、葉紹鈞合著　上海　開明書店　1948 年　（m.）

011906488　PL1271.W3　1931
論辯文作法
汪倜然編著　上海　世界書局　1931 年再版　（m.）

004487676　5211　1921
論說文作法講義
孫俍工編　上海　商務印書館　1933 年國難後第 1 版　（m.）

004487665　5211　2387
修辭學比興篇
黎錦熙著　上海　商務印書館　1936 年初版　（m.）

004487777　5211　3841
文體論 ABC
顧藎丞著　上海　ABC 叢書社　1929 年　初版　ABC 叢書　（m.）

004505232　5211　3904
[評註]文法津梁
宋文蔚編　楊游校　上海　商務印書館
　1926年　3版

004487601　5211　4243
中國修辭學
楊樹達撰　上海　世界書局　1935年
（m.）

004505242　5211　4291
作文津梁
胡懷琛等編　上海　大東書局　1926年

004487668　5211　4291.2
作文研究
胡懷琛編著　上海　商務印書館　1927
年　3版　（m.）

004510391　5211　443
寫作經驗談
韓汶編　上海　博文書店　1941年　初
版　（m.）

004516085　5211　4811
國語文作法
黃正厂著　上海　中華書局　1930年
國語小叢書　（m.）

004516103　5211　4921
評註論說軌範
林任編纂　上海　商務印書館　1941年
　9版　（m.）

004516786　5211　4928.5
文藝寫作經驗談
葉聖陶等著　中國青年寫作協會編　重
慶　天地出版社　1943年　（m.）

004516098　5211　5072
中學生作文指導
中學生讀書會編　上海　中學生讀書會
　1931年　初版　中學生叢書　（m.）

004516775　5211　5622
中國修辭學
濟南　齊魯大學　193？年

004516776　5211　5645
初學作文秘訣
曹載春編纂　上海　普文學會　1914年

004516777　5211　5826
論說文百法四卷
費只園著　劉鐵冷評註　上海　中原書
局　1931年

004516086　5211　6012
作文題目五千個
呂雲彪、楊文苑編　上海　大達圖書供
應社　1936年　（m.）

004516783　5211　7223
初中作文精華
馬崇淦主編　上海　勤奮書局　1936年

004516084　5211　7234
初中作文教學法
劉兆吉著　上海　商務印書館　1946年
（m.）

011720739　PL2607.F374　1933
發抒文初級中學教本
朱劍芒、陳霱麓編輯　上海　世界書局
　1933年　初版　世界初中活葉文選
（m. w.）

004516079　5211　7903
修辭學發凡
陳望道著　上海　大江書鋪　1932年
（m.）

004516080　5211　7903c
修辭學發凡

陳望道著　重慶　中國文化服務社　1945年　青年文庫　（m.）

004516104　5211　7940
模範議論文讀本
陳梅編　上海　光華書局　1934年　模範文學讀本　（m.）

004516082　5211　8114　FC8506　Film Mas 32559
實用國文修辭學
金兆梓著　上海　中華書局　1932年　（m.）

004516081　5211　8231　FC8507　Film Mas 32565
修辭學提要
鄭業建著　北平　立達書局　1933年　初版　（m.）

004516720　5211　9405
學生創作選甲集
光華讀書會編　上海　光華書局　1932年

007820911　5212　0222
中國文學批評史
郭紹虞著　上海　商務印書館　1934年　（m.）

004118304　5212　0247
中國文學批評
方孝岳編著　上海　世界書局　1944年　新1版　（m.）

011912022　PN45.W455　1930
文學新論
王森然著　上海　光華書局　1930年　初版　（m.）

011914772　PL2262.C4　1946
文學新論
張長弓著　上海　世界書局　1946年　初版　世界集刊　（m.）

004457347　5212　0252
中國文學欣賞初步
廖輔叔著　香港　生活書店　1948年　新知識初步叢刊　（m.）

011901298　PL2274.2.J3　A5　1942
中國文學與日本文學
（日）青木正兒原著　梁盛志編譯　北京　（偽）國立華北編譯館　1942年　初版　現代知識叢書　（m.）

004457330　5212　0603
國文大義
唐文治著　民國間

004457348　5212　1123.8
怎樣建設三民主義文學
王集叢著　重慶　國民圖書出版社　1942年　初版　（m.）

004461602　5212　1145B
修辭鑒衡
（元）王構著　上海　商務印書館　1937年　初版　國學基本叢書　（m.）

011916630　PL2262.2.W3　1937
中國文學批評論文集
葉楚傖主編　王煥鑣編註　胡倫清校訂　南京　正中書局　1937年　2版　國文精選叢書　（m.）

004477176　5212　1198
中國文學批評論文集
葉楚傖主編　王煥鑣編註　胡倫清校訂　南京　正中書局　1946年　滬1版　國文精選叢書　（m.）

004457349　5212　122
現階段的文藝問題

孺牛出版社編　上海　孺牛出版社
1949 年　初版　（m.）

011895101　Pl.2302. H7　1937
現階段文藝論戰
楊晉豪編　上海　北新書局　1937 年
初版　新型文藝叢書　（m.）

008222074　MLC－C
新文學概要
吳文祺著　上海　亞細亞書局　1936 年
初版　基本知識叢書　（m.）

011982635　Pl.2302. W36　1938
戰時文學論
王平陵著　漢口　上海雜誌公司　1938
年　初版　（m.）

004461563　5212　1229
中國文學指南
邵伯棠編輯　上海　上海會文堂書局
1925 年

004477273　5212　2116
近代中國文學講話
盧冀野講　柳陞祺記　上海　會文堂新
記書局　1930 年　（m.）

004477268　5212　2153
文學問答集
夏征農著　上海　生活書店　1937 年
再版　（m.）

008579199　FC3597
抗戰文藝選刊第一輯
中華全國文藝協會　上海　中華全國文
藝協會　1946 年

004477275　5212　2272
抗戰文藝諸問題
何鵬著　桂林　文化供應社　1941 年

初版　青年新知識叢刊　（m.）

004477274　5212　2402
中國文學欣賞舉隅
傅庚生著　上海　開明書店　1946 年
再版　開明青年叢書　（m.）

004477272　5212　2402.1
中國文學批評通論
傅庚生著　重慶　商務印書館　1946 年
初版　（m.）

004477186　5212　2402.1A　FC7909　Film　Mas　31815
中國文學批評通論
傅庚生著　上海　商務印書館　1947 年
（m.）

004487778　5212　2953
中國文學批評論集
朱東潤著　重慶　開明書店　1940 年
初版　（m.）

004487813　5212　2953.1
中國文學批評史大綱
朱東潤著　上海　開明書店　1947 年
3 版　（m.）

004487278　5212　2953A
中國文學批評論集
朱東潤著　上海　開明書店　1947 年
再版　（m.）

004487780　5212　3173
文藝論文集
茅盾著　重慶　群益出版社　1941 年
初版　文藝譯作叢刊

004487781　5212　3932.5
中國韻文概論
梁啟勳著　長沙　商務印書館　1938 年
初版　（m.）

004493471　5212　4211
歷代文評選
胡雲翼編　上海　中華書局　1940年
初版　高中國文名著選讀　（m.）

004497688　5212　423
五十年來中國之文學
胡適著　上海　新民國書局　1929年

004493554　5212　4230
中國文學體例談
楊啟高著　南京　南京書店　1930年
初版　（m.）

004492951　5212　4231
中國文學雜論
楊鴻烈著　上海　亞東圖書館　1928年
再版　（m.）

004493557　5212　4243
中國民間文學概說
楊蔭深著　上海　華通書局　1930年
初版　（m.）

011803159　PL2332.H825　1935
小詩研究
胡懷琛著　上海　商務印書館　1935年
國難後第2版　（m.）

004497772　5212　4421　（1）
咀華集
劉西渭［李健吾］作　上海　文化生活出版社　1947年　（m.）

004497773　5212　4421　（2）
咀華二集
劉西渭［李健吾］作　上海　文化生活出版社　1947年　（m.）

002134536　5212　4424b
中國文藝論戰
李何林編　上海東亞書局　1932年　第4版

004498461　5212　4431
讀杜韓筆記一卷
李黼平撰　上海　中華書局　1934年

004498109　5212　4439
文體論纂要
蔣伯潛編著　上海　正中書局　1946年
滬1版　國學彙纂叢書　（m.）

004498473　5212　4447　FC7910　Film Mas 31816
中國歷代文學理論
李華卿撰　上海　神州國光社
1934年

004838500　5212　4481
中國文學述評
李笠著　上海　雅成學社　1928年　初版　雅成叢書　（m.）

004544890　5212　4922
文微一卷
林紓口授　朱羲冑纂述　香港　潛江朱氏悟園　1925年

004698753　5212　4922.2
春覺齋論文
林畏廬著　1916年

004516363　5212　4991
文藝的欣賞
林煥平著　香港　前進書局　1948年
（m.）

004516226　5212　5241.1
中國文學發凡
（日）青木正兒著　郭虛中譯　上海　商務印書館　1936年　初版　國學小叢書　（m.）

004122428　5212　5417.2
中國文學思想史綱
青木正兒著　汪馥泉譯　上海　商務印書館　1936 年　初版　百科小叢書（m.）

004516020　5212　5486
五四談文藝
中華全國文藝協會編　上海　中華全國文藝協會　1948 年　（m.）

004544901　5212　5600
詩詞專刊六卷
國立中山大學中國語言文學研究會撰編　廣州　國立中山大學中國語言文學研究會　1931 年

010002405　5212　5612
平民文學概論
曹聚仁編著　上海　梁溪圖書館　1926 年　初版　（m.）

004544647　5212　6122
論中國文學革命
瞿秋白著　香港　海洋書屋　1947 年　初版　（m.）

004544262　5212　6122.2
街頭集
瞿秋白著　上海　霞社　1940 年　（m. w.）

004573995　5212　6143　(1)
周秦兩漢文學批評史
羅根澤編著　重慶　商務印書館　1944 年　初版　中央大學文學叢書（m.）

004544654　5212　6143　(2)
魏晉六朝文學批評史
羅根澤編著　上海　商務印書館　1943 年　初版　中央大學文學叢書（m.）

004544661　5212　6143　(3)
隋唐文學批評史
羅根澤編著　重慶　商務印書館　1943 年　中央大學文學叢書（m.）

004544337　5212　6143　(4)
晚唐五代文學批評史
羅根澤編著　上海　商務印書館　1945 年　中央大學文學叢書（m.）

007164698　5212　6337
在激變中
默涵著　香港　新中國書局　1949 年　香港初版

004574198　5212　6618
古文緒論
呂璜撰　上海　中華書局　1934 年　聚珍倣宋版　四部備要

004573666　5212　6618
說詩晬語二卷
沈德潛撰　上海　中華書局　1934 年　聚珍倣宋版　四部備要

004544645　5212　7122
中國文學通論
（日）兒島獻吉郎著　孫俍工譯　上海　商務印書館　1935 年　初版　（m.）

004543935　5212　7172
中國新文壇秘錄
阮無名編　上海　南強書局　1933 年　初版　（m.）

011825029　PN45.W348　1934
文學論
汪祖華著　南京　拔提書局　1934 年　初版　（m.）

語言文學類

981

011829358　PN45.N38　1931
文學論
（日）夏目漱石著　張我軍譯　上海　神州國光社　1931年　初版　（m.）

004544637　5212　7233　FC7912　Film Mas　31818
文學論
劉永濟著　上海　商務印書館　1934年　初版　（m.）

011885859　HX531.M6　1936
文學論
（日）森山啟著　廖苾光譯　上海　讀者書房　1936年　初版　叢書月刊　（m.）

004574391　5212　7242
白屋文話
劉大白著　上海　世界書局　1929年

004510393　5212　7243.4
文心雕龍註
范文瀾編　北京　文化學社　1929—31年　（m.）

004510392　5212　7243.41
文心雕龍
（梁）劉勰著　莊適選註　上海　商務印書館　1934年　再版　學生國學叢書　（m.）

004509794　5212　7243.48
文心雕龍札記
黃侃著　北京　文化學社　1927年　（m.）

004510618　5212　7243.4B
文心雕龍註十卷
劉勰撰　范文瀾輯註　上海　開明書店　1947年　再版

005061488　5212　7243b
文心雕龍六卷
劉勰著　黃叔琳註　上海　會文　1923年

004544263　5212　7243C
文心雕龍十卷
劉勰撰　黃叔琳註　紀昀評　上海　中華書局　1927—36年　（m.）

004574393　5212　7243D
文心雕龍十卷
劉勰撰　上海　商務印書館　1929年　四部叢刊　（m.）

004544644　5212　7243E
廣註文心雕龍　詩品
（梁）劉勰、鍾嶸著　杜天縻註　上海　國學整理社　1935年　初版

004544120　5212　7243F
文心雕龍
劉勰撰　黃叔琳註　上海　商務印書館　1936年　初版　國學基本叢書　簡編　（m.）

004544349　5212　7243G
文心雕龍
劉勰著　諸純鑒標點　上海　大達圖書供應社　1934年　（m.）

004544643　5212　7243h
文心雕龍
（梁）劉勰著　馮葭初編　浙江湖州　五洲書局　1927年　（m.）

004515660　5212　7281
文學津梁
周鍾游編　上海　有正書局　1916年

004516225　5212　7948
中國文學論略
陳彬龢著　上海　商務印書館　1931年

初版　國學小叢書　（m.）

004515708　5212　7957
中國文學批評史
陳鐘凡著　上海　中華書局　1940 年
（m.）

004516191　5212　7994　FC7913　Film Mas 31819
中國民眾文藝論
陳光垚著　上海　商務印書館　1935 年
百科小叢書　（m.）

004515606　5212　854
海市集
阿英著　上海　北新書局　1936 年
（m. w.）

004534442　5212　8544
文心雕龍校讀記
錢基博著　無錫　國學專修學校　1935 年　無錫國學專修學校叢書

004534171　5212.09　4476　FC7911　Film Mas 31817
文體論
薛鳳昌著　上海　商務印書館　1934 年
（m.）

004534347　5212.8　2121
文章辨體式
（清）程崟編　王正己標點　北平　人文書店　1935 年　初版　（m.）

004534186　5212.9　0162　FC7915　Film Mas 31827
中國文體論
施畸著　北平　立達書局　1933 年　初版　（m.）

004534375　5212.9　4291
中國文學辨正
胡懷琛編　上海　商務印書館　1933 年　國難後第 1 版　（m.）

007609208　5213　0254
昭昧詹言正十卷　續八卷　續錄二卷　附錄
方東樹撰　上海　亞東　1918 年

007609214　5213　0416
詩學指南
謝無量編著　上海　中華書局　1930 年
（m.）

011883096　PL2275.L68　T36 1928
詩歌中的性欲描寫
譚正璧著　上海　光明書局發行　1928 年　初版　（m.）

007610894　5213　0444
學詩指南詩法菁華
章士超輯註　王大錯鑒定　上海　上海遠東圖書館　1925 年

007609227　5213　0474
詩譜詳說八卷
許印芳纂　昆明　雲南圖書館　1914 年　雲南叢書

007609230　5213　0474.2
詩法萃編十五卷
許印芳選　昆明　雲南圖書館藏版　1914 年　雲南叢書

007609235　5213　0737
詩學進階
世界書局編輯　上海　1926 年

007618612　5213　1133b
學詩筏程
清代五大家合著　王茌源輯　1949 年

007610902　5213　1134
今傳是樓詩話
王逸塘［揖唐］著　天津　大公報社出版部　1933 年　初版　（m.）

語言文學類

007610899　5213　1193
中國詩詞曲之輕重律
王光祈著　上海　中華書局　1933年
音樂叢刊（m.）

007611224　5213　1314
學詩辨體法
張廷華撰　上海　大東　1926年

007611221　5213　1314.2
學詩初步三卷
張廷華、吳玉編　上海　文明書局
1931年　20版

007777890　5213　1428
改良訂正新詩韻
百藥山人編　上海　大陸圖書公司
1926年

007610963　5213　2103（1）
詩人玉屑
魏慶之編　上海　掃葉山房　1922年

007611064　5213　2103（2）
續詩人玉屑八卷
蔣瀾編　上海　掃葉山房　1923年

007611242　5213　2103b
詩人玉屑二十卷
魏慶之撰　長沙　商務印書館　1938年
　國學基本叢書

007612454　5213　2204
歷代詩話
何文煥訂　濟南　無錫丁氏　1916年

009863126　5213　2204（1）
二十四詩品
司空圖著　何文煥訂　濟南　無錫丁氏
　1916年　歷代詩話

009863028　5213　2204（1）
詩品三卷
鍾嶸著　何文煥訂　濟南　無錫丁氏
1916年　歷代詩話

009863090　5213　2204（1）
詩式一卷
釋皎然著　何文煥訂　濟南　無錫丁氏
　1916年　歷代詩話

009863173　5213　2204（2-4）
全唐詩話六卷
尤袤著　何文煥訂　濟南　無錫丁氏
1916年　歷代詩話

009863202　5213　2204（5）
六一詩話一卷
歐陽修著　何文煥訂　濟南　無錫丁氏
　1916年　歷代詩話

009863240　5213　2204（5）
温公續詩話
司馬光著　何文煥訂　濟南　無錫丁氏
　1916年　歷代詩話

009863281　5213　2204（5）
中山詩話
劉攽著　何文煥訂　濟南　無錫丁氏
1916年　歷代詩話

009863297　5213　2204（6）
後山詩話
陳師道著　何文煥訂　濟南　無錫丁氏
　1916年　歷代詩話

009863312　5213　2204（6）
臨漢隱居詩話
魏泰著　何文煥訂　濟南　無錫丁氏
1916年　歷代詩話

009863451　5213　2204　(6)
竹坡詩話
周紫芝著　何文焕訂　濟南　無錫丁氏　1916年　歷代詩話

009863484　5213　2204　(7)
彥周詩話
許顗著　何文焕訂　濟南　無錫丁氏　1916年　歷代詩話

009863469　5213　2204　(7)
紫微詩話
呂本中著　何文焕訂　濟南　無錫丁氏　1916年　歷代詩話

009863493　5213　2204　(8)
石林詩話三卷
葉少蘊著　何文焕訂　濟南　無錫丁氏　1916年　歷代詩話

009863584　5213　2204　(9)
珊瑚鉤詩話三卷
張表臣著　何文焕訂　濟南　無錫丁氏　1916年　歷代詩話

009863563　5213　2204　(9)
唐子西文錄
唐庚撰　强幼安述　何文焕訂　濟南　無錫丁氏　1916年　歷代詩話

009863598　5213　2204　(10–13)
韻語陽秋
葛立方著　何文焕訂　濟南　無錫丁氏　1916年　歷代詩話

009863633　5213　2204　(14)
白石道人詩說
姜夔著　何文焕訂　濟南　無錫丁氏　1916年　歷代詩話

009863650　5213　2204　(14)
滄浪詩話
嚴羽著　何文焕訂　濟南　無錫丁氏　1916年　歷代詩話

009863618　5213　2204　(14)
二老堂詩話
周必大著　何文焕訂　濟南　無錫丁氏　1916年　歷代詩話

009863810　5213　2204　(15)
木天禁語
范德機著　何文焕訂　濟南　無錫丁氏　1916年　歷代詩話

009863678　5213　2204　(15)
山房隨筆
蔣正子[子正]著　何文焕訂　濟南　無錫丁氏　1916年　歷代詩話

009863775　5213　2204　(15)
詩法家數
楊載著　何文焕訂　濟南　無錫丁氏　1916年　歷代詩話

009863844　5213　2204　(15)
詩學禁臠
范德機著　何文焕訂　濟南　無錫丁氏　1916年　歷代詩話

009863880　5213　2204　(16)
存餘堂詩話
朱承爵著　何文焕訂　濟南　無錫丁氏　1916年　歷代詩話

009863906　5213　2204　(16)
歷代詩話考索
何文焕筆　濟南　無錫丁氏　1916年　歷代詩話

009863848　5213　2204　(16)
談藝錄
徐禎卿著　何文焕訂　濟南　無錫丁氏

1916年　歷代詩話

009863890　5213　2204　(16)
夷白齋詩話
顧元慶著　何文煥訂　濟南　無錫丁氏
1916年　歷代詩話

009863870　5213　2204　(16)
藝圃擷餘
王世懋著　何文煥訂　濟南　無錫丁氏
1916年　歷代詩話

007869427　5213　2204.1
歷代詩話續編
丁福保輯　上海　醫學書局　1916年

007612418　5213　2204.1　(1)
本事詩
孟棨撰　上海　醫學書局　1916年　歷代詩話續編

007612419　5213　2204.1　(1)
樂府古題要解二卷
吳兢解　上海　醫學書局　1916年　歷代詩話續編

007612420　5213　2204.1　(1)
詩人主客圖
張爲撰　上海　醫學書局　1916年　歷代詩話續編

007612423　5213　2204.1　(2)
誠齋詩話
楊萬里　上海　醫學書局　1916年　歷代詩話續編

007612421　5213　2204.1　(2)
風騷旨格
齊己撰　上海　醫學書局　1916年　歷代詩話續編

007612422　5213　2204.1　(2)
觀林詩話
吳聿撰　上海　醫學書局　1916年　歷代詩話續編

007612425　5213　2204.1　(3)
草堂詩話
蔡夢弼　上海　醫學書局　1916年　歷代詩話續編

007612424　5213　2204.1　(3)
庚溪詩話
陳巖肖撰　上海　醫學書局　1916年　歷代詩話續編

007612426　5213　2204.1　(4)
優古堂詩話
吳开撰　上海　醫學書局　1916年　歷代詩話續編

007612428　5213　2204.1　(5)
藏海詩話
吳可撰　上海　醫學書局　1916年　歷代詩話續編

007612427　5213　2204.1　(5)
艇齋詩話
曾季貍　上海　醫學書局　1916年　歷代詩話續編

007612432　5213　2204.1　(6)
碧溪詩話
黃徹撰　上海　醫學書局　1916年　歷代詩話續編

007612434　5213　2204.1　(7)
對床夜語
范晞文撰　上海　醫學書局　1916年　歷代詩話續編

007612435　5213　2204.1　(8)
歲寒堂詩話
張戒撰　上海　醫學書局　1916年　歷代詩話續編

007612439　5213　2204.1　(9)
滹南詩話
王若虛　上海　醫學書局　1916年　歷代詩話續編

007612436　5213　2204.1　(9)
江西詩派小序
劉克莊撰　上海　醫學書局　1916年　歷代詩話續編

007612438　5213　2204.1　(9)
娛書堂詩話
趙與虤撰　上海　醫學書局　1916年　歷代詩話續編

007612440　5213　2204.1　(10)
梅磵詩話
韋居安　上海　醫學書局　1916年　歷代詩話續編

007612442　5213　2204.1　(11)
吳禮部詩話
吳師道撰　上海　醫學書局　1916年　歷代詩話續編

007612443　5213　2204.1　(12－15)
升庵詩話
楊慎撰　上海　醫學書局　1916年　歷代詩話續編

007612444　5213　2204.1　(16－18)
藝苑卮言
王世貞　上海　醫學書局　1916年　歷代詩話續編

007612445　5213　2204.1　(19)
國雅品
顧起綸撰　上海　醫學書局　1916年　歷代詩話續編

007612446　5213　2204.1　(20－21)
四溟詩話
謝榛撰　上海　醫學書局　1916年　歷代詩話續編

007612447　5213　2204.1　(22)
歸田詩話
瞿佑撰　上海　醫學書局　1916年　歷代詩話續編

007612451　5213　2204.1　(23)
南濠詩話
都穆撰　上海　醫學書局　1916年　歷代詩話續編

007612449　5213　2204.1　(23)
逸老堂詩話
俞弁　上海　醫學書局　1916年　歷代詩話續編

007612452　5213　2204.1　(24)
懷麓堂詩話
李東陽　上海　醫學書局　1916年　歷代詩話續編

007612453　5213　2204.1　(24)
詩鏡總論
陸時雍撰　上海　醫學書局　1916年　歷代詩話續編

007612230　5213　2204.1　c.2
歷代詩話續編
丁福保編　上海　醫學書局　1916年

007612229　5213　2204a
歷代詩話
何文煥輯　上海　醫學書局　1927年

007612142　5213　2233
詩學概要
何達安著　長沙　商務印書館　1938年初版　國學小叢書　（m.）

007612411　5213　2364
歷代詩話八十卷
吳景旭撰　香港　吳興劉氏　1914年　吳興叢書

007612412　5213　2803
詩詞學
徐謙著　上海　商務印書館　1933年國難後第1版　（m.）

007612286　5213　2923.1
新詩雜話
朱自清著　上海　作家書屋　1947年　（m.）

007613425　5213　2939
詩式
朱寶瑩編　上海　中華書局　1924年　（m.）

011977264　PL2309.C48　H8　1934
絕句論
洪爲法著　上海　商務印書館　1934年初版　百科小叢書　（m.）

011826155　PL2307.H825x　1931
詩的作法
胡懷琛編著　上海　世界書局　1931年初版　（m.）

011931901　PL2307.K8　1926
詩法捷要
顧實編纂　上海　醫學書局　1926年　（m.）

007613249　5213　2943
詩法通微
徐英[澄宇]著　重慶　正中書局　1943年　初版　（m.）

007613248　5213　2953
讀詩四論
朱東潤著　長沙　商務印書館　1940年初版　國學小叢書　（m.）

011894126　PL2307.C4　1928
中國詩學大綱
江恒源編著　上海　大東書局　1928年初版　（m.）

007613434　5213　3303
學詩入門
達文社　上海　中華書局　1929年

007613436　5213　3443
詩法入門四卷　卷首一卷
游藝纂輯　廣州　科學書局　1917年3版

007613437　5213　3443b
詩法入門四卷　卷首一卷
游藝纂輯　上海　千頃堂　1914年

007613256　5213　3443c
詩法入門
游藝[子六]輯　王智公標點　上海　九洲書局總發行　1935年　初版　（m.）

011274237　PL1279.L665　1934
中國韻文史
龍沐勳著　上海　商務印書館　1934年初版　（m.）

007613452　5213　3643
詩論
潘大道著　上海　商務印書館　1927年　（m.）

007613208　5213　3643
詩論
潘大道著　上海　商務印書館發行
1924年　初版　（m.）

007613240　5213　3787
文二十八種病
（日）遍照金剛［空海］著　儲皖峰校
上海　中國述學社出版部　1930年　初版　（m.）

007613109　5213　3833
律詩論
洪爲法著　上海　商務印書館　1935年
初版　國學小叢書　（m.）

008012897　5213　3908　Film　Mas　34207
閩川閨秀詩話四卷　續編四卷
梁章鉅編輯　丁芸編續編　北京　侯官
丁氏吉雲軒印行　1914年

007613241　5213　3934
中國之美文及其歷史
梁啟超著　上海　中華書局　1936年
初版　飲冰室專集　（m.）

009254911　5213　4103a
聲調四譜圖說十二卷　卷首一卷　卷末
一卷
董文渙編輯　上海　上海醫學書局
1927年

007613111　5213　4131　5213　4131b
中國詩學通論
范況著　上海　商務印書館　1933年
初版　國學小叢書　（m.）

007613237　5213　4143
詩的本質
杜蘅之著　長沙　商務印書館　1940年
初版　（m.）

007613468　5213　4192
初白庵詩評三卷　詞綜偶評一卷
查慎行原撰　張載華輯　上海　六藝書
局　1949年

007613141　5213　4194
作詩門徑
范煙橋著　上海　上海中央書店　1933
年　初版

007613255　5213　420
韻語陽秋
（南宋）葛立方著　長沙　商務印書館
1941年　初版　（m.）

007613478　5213　4224
苕溪漁隱叢話六十卷
（宋）胡仔輯　上海　中華書局　1933
年　四部備要

007613254　5213　4224B
苕溪漁隱叢話前後集　一至四册
（宋）胡仔編　上海　商務印書館　1937
年　初版　（m.）

007613250　5213　4231
中國詩學大綱
楊鴻烈著　上海　商務印書館　1928年
初版　國學小叢書　（m.）

007613245　5213　4245
詩體釋例
胡才甫著　上海　中華書局　1937年
初版　（m.）

007613324　5213　4288
歷代五言詩評選
楊鍾羲選輯　香港　商務印書館
1938年

007613481　5213　4291
新詩概說
胡懷琛編　上海　商務印書館　1925 年
　　3 版　（m.）

007613236　5213　4291.07
詩學討論集
胡懷琛編　上海　新文化書社　1934 年
　　3 版　（m.）

007613238　5213　4291.2
詩人生活
胡懷琛著　上海　世界書局　1929 年
　　初版　（m.）

007613107　5213　4291.9
小詩研究
胡懷琛著　上海　商務印書館　1924 年
　　初版　（m.）

007614724　5213　434
臥雲詩話八卷
袁嘉穀著　香港　雲南崇文印書館印
1924 年

007614726　5213　4344
[批本]隨園詩話
袁枚[撰]　上海　中國圖書公司和記排
印　1927 年

007614513　5213　4406
詩的藝術
李廣田著　上海　開明書店　1946 年
（m.）

007614505　5213　4421
詩史
李維編　北平　石棱精舍　1928 年　初
　　版　石棱叢書　（m.）

007614494　5213　4423
詩

蔣伯潛、蔣祖怡編著　上海　世界書局
　　1941 年　初版　國文自學輔導叢書
第 2 輯　（m.）

007614543　5213　4432
合肥詩話
李家孚　濟南　1928 年

007614740　5213　4442
通齋詩話二卷
蔣超伯撰　南昌　宜秋館校印　1915 年
　　盤古鏡蘇

007614603　5213　4460
七言律法舉隅
李景康撰　廣洲　南海中學校
1935 年

007614748　5213　4483
詩法易簡錄十二卷
李鍈著　印鸞章校　上海　味經書屋
1917 年

007614498　5213　4484
蔽廬非詩話甲集
蔣著超著　上海　海上蔽廬　1915 年
初版

007614751　5213　4488
越縵堂詩話三卷
李慈銘撰　蔣瑞藻編　上海　商務印書
館　1925 年

007614495　5213　4632
閨秀詩話
苕溪生編　上海　新民書局　1934 年
初版　（m.）

008012901　5213　4632b　Film Mas 35050
閨秀詩話四卷
苕溪生著　上海　廣益書局　1926 年

(m.)

008012902　5213　4632b　(2)　Film Mas 35050
青樓詩話二卷
雷瑨輯　上海　掃葉山房　1916 年

008012903　5213　4632b　(3)　Film Mas 35050
閨秀詞話四卷
雷瑨、雷瑊輯　上海　掃葉山房　1916 年

007614413　5213　4821
黃白山載酒園詩話評
黃生著　神州國光社　1931 年

007614630　5213　4844
香石詩說
黃培芳著　香港　求在我軒　1915 年

007614763　T　5213　4863
復旦大學中國詩歌原理講義
趙景深編講　上海　復旦大學　1935 年

007614765　5213　4882
詩學
黃節著　香港　北京大學出版部　1925 年　5 版

005745928　5213　4882B　Rad. T　H889
詩學
黃節著　北京　國立北京大學出版部　1929 年

007614776　5213　5610
定庵詩話二卷　續編二卷
由雲龍撰　雲南　開智公司印　1935 年

007614982　5213　6412.4
滄浪詩話箋註
嚴羽撰　胡才甫箋註　上海　中華書局　1937 年　(m.)

007615023　5213　7114
詩賦詞曲概論
丘瓊蓀著　上海　中華書局　1934 年　初版　(m.)

007615194　5213　7171
[增修]詩話總龜四十八卷　後集五十卷
阮閱輯　上海　商務印書館　1929 年　四部叢刊

007615024　5213　7202
中國詩詞概論
劉麟生編著　上海　世界書局　1933 年　初版　(m.)

011723414　PL2307.L573　1944
中國詩詞概論
劉麟生撰　重慶世界書局　1944 年　新 1 版　中國文學叢書　(m.)

007612144　5213　7262
西湖詩詞叢話
(清)厲鶚輯　杭州　六藝書局　1929 年　初版　(m.)

007685778　MLC – C
西泠詞萃
丁丙編　杭州　抱經堂書局　191？年

007612291　5213　7922
石遺室詩話三十二卷
陳衍著　上海　商務印書館　1929 年

007612143　5213　7922.2
詩學概論講義
陳衍著　上海　商務印書館函授學社國文科　民國間

007612430　5213　8129
詩品
(梁)鍾嶸著　上海　開明書店　1929 年

007613252　5213　8129.1
鍾嶸詩品之研究
張陳卿著　北京　文化學社　1926 年
初版

009254519　5213　8129.4a
鍾記室詩品箋
鍾嶸著　古直箋　香港　閔孝吉　1928
年　鉛印　隅樓叢書

007612433　5213　8129B
詩品四卷
（梁）鍾嶸著　上海　中華書局　1930 年

007612441　5213　8129C
廣註詩品三卷　附詩例三卷
（梁）鍾嶸著　上海　世界書局　1943
年　新 1 版　（m.）

007612257　5213　8129D
詩品註三卷
陳延傑註　上海　開明書店　1927 年

007613253　5213　8129G
詩品
（梁）鍾嶸著　上海　商務印書館　1936
年　3 版　國學基本叢書　（m.）

007613483　5213　8240
讀書草堂明詩四卷
簡朝亮撰　香港　讀書草堂　1929 年

007613457　5213　8545
最新學詩必讀
錢鶴書撰　香港　詩學研究館　1916 年
　4 版

011762862　PL2664.T75　H564　1936
曹子建及其詩
洪爲法著　上海　大光書局　1936 年
再版　欣賞叢書　（m.）

011989892　PL2312.C8　C4　1930
楚詞中的神話和傳說
鍾敬文著　廣州　國立中山大學語言歷
史研究所　1930 年　（m.）

007174640　FC6041　FC－M4730　PL2670.C446　1934
韓詩臆說
程學恂著　上海　商務印書館　1934 年
初版　國學小叢書　（m.）

011881136　PL2307.H825　1929
詩歌學 ABC
胡懷琛著　上海　上海世界書局發行
1929 年　初版　ABC 叢書　（m.）

011879459　PL2466.Z7　J56　1929
詩經學 ABC
金公亮著　上海　世界書局發行　1929
年　初版　ABC 叢書　（m.）

011881188　PL2307.W365　1932
詩學研究
王澤浦著　香港　北平震東印書館印刷
及總代售　1932 年　初版　（m.）

011901719　PL2307.H7　1917
實用美文指南
謝無量編　上海　中華書局　1917 年
初版　（m.）

006855694　A2500　C534T　T　5213　8585b
談藝錄
錢鍾書著　上海　開明書店　1948 年
初版　開明文史叢刊　（m.）

011890482　PL2307.C4　1930
中國近代詩學之過渡時代論略
朱星元著　濟南　無錫錫成印刷公司印
刷　1930 年　初版　（m.）

011736710　L2395.Q989　1934
中國駢文概論
瞿兌之編　上海　世界書局　1934年
（m.）

011895383　PL2307.C45　1933
中國僧伽之詩生活
張長弓著　北平　著者書店　1933年
初版　（m.）

011823360　PL2307.T73x　1934
中國詩學研究
田明凡著　香港　北平大學出版社發行
1934年　初版　（m.）

007613239　5213.09　2942
中國詩的新途徑
朱右白著　上海　商務印書館　1936年
初版　（m.）

007613112　5213.49　4914　FC7917　Film Mas 31829
唐詩概論
蘇雪林著　上海　商務印書館　1934年
初版　國學小叢書　（m.）

007613461　5213.78　2928b
静志居詩話二十四卷
朱竹垞[彝尊]著　扶荔山房編輯　上海
文瑞樓　1913年

007613462　5213.8　2342
詩筏一卷
吳大受撰　香港　吳興劉氏刊　1922年
吳興叢書

007613463　5213.8　2921
春雪亭詩話一卷
徐熊飛撰　香港　吳興劉氏刊　1916年
吳興叢書

007613467　5213.9　4293
中國詩學通評
胡懷琛撰　上海　大東書局　1923年

007613258　5213.9　4448
詩範
蔣梅笙編著　上海　世界書局　1931年
初版　（m.）

007613251　5213.9　7216
詩學發凡
聖旦[劉仲莘]著　上海　天馬書店
1935年　初版　（m.）

007613242　5214　2285
詩詞散論
繆鉞著　上海　開明書店　1948年　初
版　（m.）

007613257　5214　4533
作詩法講話
（日）森泰次郎著　張銘慈譯　上海　商
務印書館　1930年　初版　（m.）

007613261　5214　7984　FC7918　Film Mas 31822
晚宋民族詩研究
陳灼如編著　南京　正中書局　1936年
初版　國學叢刊　（m.）

011825009　PL2466.Z7　Z436　1929
論詩六稿
張壽林著　北平　文化學社　1929年
初版　徒然社叢書　（m.）

007613244　5214.2　3833　FC7919　Film Mas 31823
古詩論
洪爲法著　上海　商務印書館　1937年
初版　國學小叢書　（m.）

007613110　5214.2　4641
漢詩研究
古層冰著　上海　啟智書局　1934年

3 版　（m.）

007613246　5214.2　4851
古詩十九首研究
賀揚靈著　上海　光華書局　1927 年　初版　（m.）

011916655　PL2524.K83　H6　1937
古詩十九首研究
賀揚靈著　上海　大光書局　1937 年　6 版　（m.）

007613247　5214.2　7201
蘇李詩製作時代考
馬雍著　重慶　商務印書館　1944 年　初版　（m.）

007614750　5214.4　0441
唐詩紀事八十一卷
計有功撰　上海　商務印書館　1929 年　（m.）

007446469　PL2531.C493　C458　1932x
全唐詩文作家引得合編
林斯德編　香港　國立青島大學圖書館　1932 年

007614752　5214.4　1102
唐宋詩體述略
王韶生撰　香港　廣東國民大學文風報　1949 年

007614499　5214.4　1143
五代詩話
（清）王士禎編　鄭方坤刪補　長沙　商務印書館　1939 年　初版　國學基本叢書　（m.）

007614753　5214.4　1143b
五代詩話八卷
漁洋山人［王士禎］編　王如金校　上海　朝記書莊　1949 年

007614756　5214.4　2941
秦婦吟本事
徐嘉瑞撰　武昌　華中大學哈佛燕京學社　1948 年

007614497　5214.4　4103
全唐詩話
（南宋）尤袤著　上海　商務印書館　1937 年　初版　（m.）

007614496　5214.4　4211
唐詩研究
胡雲翼著　上海　商務印書館　1930 年　初版　國學小叢書　（m.）

007614503　5214.5　0222
宋詩話輯佚
郭紹虞校輯　北平　哈佛燕京學社　1937 年　初版　燕京學報專號　（m.）

011931397　PL2332.P8　1938
抗戰詩歌講話
蒲風著　廣州　詩歌出版社　1938 年　初版　（m.）

007614506　5214.5　1111
永遠結不成的果實
王亞平著　重慶　文通書局　1946 年　初版　（m.w.）

007614504　5214.5　3921
宋詩派別論
梁昆著　長沙　商務印書館　1938 年　初版　國學小叢書　（m.）

007614502　5214.5　4211B
宋詩研究
胡雲翼著　上海　商務印書館　1930 年　初版　國學小叢書　（m.）

004004957　5214.5　7262d
宋詩紀事
厲鶚、馬曰琯輯　上海　商務印書館
1937年　初版　(m.)

007614638　5214.5　7922
金詩記事十六卷
陳衍撰輯　上海　商務印書館　1936年

007614546　5214.5　7922.3
遼詩紀事
陳衍纂輯　上海　商務印書館　1936年

007614768　5214.6　7922
元詩紀事四十五卷
陳衍輯　上海　商務印書館　1925年
(m.)

007614492　Z3101.Y446x　vol.19
宋詩紀事著者引得
哈佛燕京大學圖書館引得編纂處　洪業等編　北平　哈佛燕京大學圖書館引得編纂處　1934年　引得　(m.)

008488411　Z3101.Y446x　vol.18
唐詩紀事著者引得
哈佛燕京大學圖書館引得編纂處　洪業等編　北平　哈佛燕京大學圖書館引得編纂處　1934年　引得　(m.)

007615009　Z3101.Y446x　vol.20
元詩紀事著者引得
哈佛燕京大學圖書館引得編纂處　洪業等編　北平　哈佛燕京大學圖書館引得編纂處　1934年　引得　(m.)

007615028　5214.6　7922b
元詩紀事
陳衍輯　上海　商務印書館　1935年
初版　(m.)

007639705　MLC–C
冷邨小言
鄧虛舟[雲霄]遺著　鄧寄芳編　香港
奇雅印務　1916年　明月樓叢書

007615029　5214.7　7964
明詩紀事
陳田輯　上海　商務印書館　1936年
初版　國學基本叢書　(m.)

009262184　5214.8　0273
十朝詩乘二十四卷
龍顧山人纂　香港　栩樓　1935年

007615126　5214.8　1232　5214.8　1232　c.2
清詩話四十三種　附一種
王夫之等撰　丁福保輯　上海　文明書局　1916年

007714728　5214.8　1232　(1)
答萬季野詩問一卷
吳喬撰　上海　文明書局　1916年　清詩話

007714730　5214.8　1232　(1)
鈍吟雜錄一卷
馮班撰　上海　文明書局　1916年　清詩話

007714734　5214.8　1232　(1)
江西詩社宗派圖錄一卷
張泰來撰　上海　文明書局　1916年
清詩話

007714724　5214.8　1232　(1)
薑齋詩話二卷
王夫之撰　上海　文明書局　1916年
清詩話

007714739　5214.8　1232　(2)
寒廳詩話一卷
顧嗣立撰　上海　文明書局　1916年

清詩話

007714736　5214.8　1232　(2)
梅村詩話一卷
吳偉業撰　上海　文明書局　1916 年
清詩話

007714744　5214.8　1232　(2)
茗香詩論一卷
宋大樽撰　上海　文明書局　1916 年
清詩話

007714746　5214.8　1232　(3)
律詩定體一卷
王士禛撰　上海　文明書局　1916 年
清詩話

007714750　5214.8　1232　(3)
然燈記聞一卷
王士禛口授　何世璂筆述　上海　文明書局　1916 年　清詩話

007714757　5214.8　1232　(3)
師友詩傳錄一卷
王士禛、張篤慶、張實居答　郎廷槐問　上海　文明書局　1916 年　清詩話

007714762　5214.8　1232　(3)
師友詩傳續錄一卷
王士禛答　劉大勤問　上海　文明書局　1916 年　清詩話

007714767　5214.8　1232　(4)
漁洋詩話三卷
王士禛撰　上海　文明書局　1916 年
清詩話

008083710　5214.8　1232　(5)
七言詩平仄舉隅一卷
翁永綱撰　上海　文明書局　1916 年
清詩話

008083700　5214.8　1232　(5)
七言詩三昧舉隅一卷
翁永綱撰　上海　文明書局　1916 年
清詩話

007714772　5214.8　1232　(5)
王文簡公古詩平仄論一卷
王士禛撰　上海　文明書局　1916 年
清詩話

007714786　5214.8　1232　(5)
五言詩平仄舉隅一卷
翁永綱撰　上海　文明書局　1916 年
清詩話

007714777　5214.8　1232　(5)
趙秋谷所傳聲調譜二卷
趙執信撰　上海　文明書局　1916 年
清詩話

007714801　5214.8　1232　(6-7)
聲調譜一卷
趙執信撰　附拾遺一卷　翟翬撰　上海　文明書局　1916 年　清詩話

007714794　5214.8　1232　(6)
談龍錄一卷
趙執信撰　上海　文明書局　1916 年
清詩話

007714804　5214.8　1232　(7)
蠖齋詩話一卷
施閏章撰　上海　文明書局　1916 年
清詩話

007714812　5214.8　1232　(8)
而庵詩話一卷
徐增撰　上海　文明書局　1916 年　清詩話

007714808　5214.8　1232　(8)
漫堂説詩一卷
宋犖撰　上海　文明書局　1916年　清詩話

007714819　5214.8　1232　(8)
詩學纂聞一卷
汪師韓撰　上海　文明書局　1916年　清詩話

007714825　5214.8　1232　(9)
蓮坡詩話一卷
查爲仁撰　上海　文明書局　1916年　清詩話

007714828　5214.8　1232　(10)
説詩晬語二卷
沈德潛撰　上海　文明書局　1916年　清詩話

007714830　5214.8　1232　(11)
原詩一卷
葉燮撰　上海　文明書局　1916年　清詩話

007714836　5214.8　1232　(12)
全唐詩話續編二卷
孫濤輯　上海　文明書局　1916年　清詩話

007714837　5214.8　1232　(13)
一瓢詩話一卷
薛雪撰　上海　文明書局　1916年　清詩話

007714840　5214.8　1232　(14)
拜經樓詩話四卷
吳騫輯　上海　文明書局　1916年　清詩話

007714842　5214.8　1232　(15)
遼詩話一卷
周春輯　上海　文明書局　1916年　清詩話

007714841　5214.8　1232　(15)
唐音審體一卷
錢良擇撰　上海　文明書局　1916年　清詩話

007714844　5214.8　1232　(16)
秋窗隨筆一卷
馬位撰　上海　文明書局　1916年　清詩話

007714846　5214.8　1232　(16)
野鴻詩的一卷
黃子雲撰　上海　文明書局　1916年　清詩話

007714845　5214.8　1232　(17)
履園譚詩一卷
錢泳撰　上海　文明書局　1916年　清詩話

007714848　5214.8　1232　(17)
説詩菅蒯一卷
吳雷發撰　上海　文明書局　1916年　清詩話

007714855　5214.8　1232　(18)
漢詩總説一卷
費錫璜撰　上海　文明書局　1916年　清詩話

007714850　5214.8　1232　(18)
秋星閣詩話一卷
李沂撰　上海　文明書局　1916年　清詩話

007714853　5214.8　1232　(18)
貞一齋詩説一卷
李重華撰　上海　文明書局　1916年

清詩話

007714860　5214.8　1232　(19)
山靜居詩話一卷
方熏撰　上海　文明書局　1916年　清詩話

007714866　5214.8　1232　(19)
峴傭說詩一卷
施補華口授　錢刊筆錄　上海　文明書局　1916年　清詩話

007714872　5214.8　1232　(20)
揮塵詩話
王兆雲撰　上海　文明書局　1916年　清詩話

007714868　5214.8　1232　(20)
消寒詩話一卷
秦朝釪撰　上海　文明書局　1916年　清詩話

007714869　5214.8　1232　(20)
續詩品一卷
袁枚撰　上海　文明書局　1916年　清詩話

007615025　5214.8　3834
隨園詩說的研究
顧遠薌著　上海　商務印書館　1936年　初版　(m.)

007615110　5214.8　4288　(1)
雪橋詩話
楊鍾羲撰集　劉承幹參校　香港　吳興　南林劉氏求恕齋　1913年　求恕齋叢書

007615220　5214.8　4288　(2)
雪橋詩話續集八卷
楊鍾羲撰集　香港　南林劉氏求恕齋　1917年　求恕齋叢書

007615223　5214.8　4288　(3)
雪橋詩話三集十二卷
楊鍾羲撰集　香港　南林劉氏求恕齋　1919年　求恕齋叢書

007615225　5214.8　4288　(4)
雪橋詩話餘集八卷
楊鍾羲撰集　香港　南林劉氏求恕齋　1926年　求恕齋叢書

007615230　5214.8　4434
南亭四話詩話、聯話、詞話、叢話
李寶嘉撰　上海　大東書局　1925年

007615237　5214.8　6572
海虞詩話十六卷　附釣渚詩選一卷
單學傅著　廣州　銅華館　1915年

007614933　5214.9　3136　FC-M1947
新詩的理論基礎
祝實明著　上海　商務印書館　1947年　(m.)

007615031　5214.9　3209　FCM2063
談新詩
馮文炳著　北京　新民印書館　1944年　初版　(m.)

011903134　PL2332.R46　1936
新詩話
任鈞著　1936年

007615019　5214.9　3813
現代詩歌論文選
洪球編　上海　倣古書店　1935年　初版　(m.)

007617115　5214.9　7264
白話詩研究
聞野鶴編譯　上海　梁溪圖書館　1925年　3版　(m.)

007617114　5214.95　4271
論詩短札
胡風等著　上海　耕耘出版社　1947年
　滬1版　（m.）

003807826　5215　7224
漢賦之史的研究
陶秋英著　昆明　中華書局　1939年
中國文藝社叢書　（m.）

007612249　5215　8122
漢代詞賦之發達
金秬香著　上海　商務印書館　1935年
　再版　國學小叢書　（m.）

007612189　5215　8424
賦史大要
鈴木虎雄著　殷石臞譯　上海　正中書
局　1947年　滬1版　（m.）

011916803　PL2307.M3　1933
中國文學體系
馬仲殊著　上海　樂華圖書公司　1933
年　初版　（m.）

011830690　PL2398.E8　L825　1937
八股文小史
盧前[盧冀野]著　上海　商務印書館
1937年　初版　國學小叢書　（m.）

009127563　5216　2332
**韓文公集點勘一卷　柳集點勘一卷　李文
公集評點一卷　附皇甫持正孫可之集校刊**
吳汝綸著　北京　國群鑄一社　1915年
　鉛印　桐城吳先生群書點勘

007612121　5216　3122
文章概論
汪馥泉著　長沙　商務印書館　1939年
　初版　（m.）

010120759　5216　4348
遊藝塾續文規
袁黃輯　濟南　1912—45年　鈔本

007612038　5216　4991
抗戰文藝評論集
林煥平著　香港　民革出版社　1939年
（m.）

007613447　5216　6194
漢魏六朝專家文研究
羅常培著　南京　獨立出版社　1946年
　再版　（m.）

011720451　PL2285.S546　1932
建安文學概論
沈達材著　北平　樸社　1932年　初版
棲霞叢著　（m.）

011919417　PL2284.5.K8　1946
魏晉風流及其文潮
郭麟閣著　北平　重慶紅藍出版社北平
分社　1946年　初版　中華全國文藝作
家協會北平分會主編叢書　（m.）

007613185　5216　7903
小品文和漫畫
陳望道編　上海　生活書店　1935年
（m.）

007614732　5217　0476　FC7921　Film　Mas　31825
駢文指南
謝無量著　上海　中華書局　1927年
8版　（m.）

007613224　5217　1013　FC7922　Film　Mas　31820
駢體文作法
王承治編　上海　大東書局　1924年
　再版　（m.）

007613340　5217　1923　FC8362　Film　Mas　32269
六朝麗指
孫德謙撰　廣州　四益宦　1923年

007613262　5217　1942B
四六叢話附選詩叢話
（清）孫梅著　上海　商務印書館　1937年　初版　國學基本叢書　（m.）

007614734　5217　4439
駢文與散文
蔣祖怡著　上海　廣益書局　1937年

011919827　PL2402.C4　1941
駢文與散文
蔣伯潛、蔣祖怡編　上海　世界書局　1941年　初版　國文自學輔導叢書　第2集　（m.）

007613264　5217　7202
駢文學
劉麟生編纂　上海　商務印書館　1934年　初版　（m.）

007613263　5217　8122
駢文概論
金秬香著　上海　商務印書館　1934年　初版　國學小叢書　（m.）

007613265　5217　8544
駢文通義
錢基博著　上海　大華書局　1934年　初版　國學基礎叢書　（m.）

史傳

007692049　5218　0132
清代閨閣詩人徵略十卷　附補遺
施淑儀編　上海　崇明女子師範講習所　1922年　第1版

007458929　5218　0175
涵芬樓古今文鈔小傳四卷
商務印書館編譯所編　上海　商務印書館　1916年　再版

007613125　5218　0224
歌詠自然之兩大詩豪
郭伯恭著　王雲五主編　上海　商務印書館　1936年　初版　國學小叢書　（m.）

007613259　FC5876　（16）
中國女性的文學生活
譚正璧編　上海　光明書局　1930年　初版　（m.）

007443049　5218　0417
中國文學家大辭典
譚正璧編　上海　光明書局　1934年　初版　（m.）

008630613　FC5876　（17）
中國女性文學史
譚正璧著　上海　光明書局　1935年　增訂本　（m.）

007613260　5218　0417B　FC7923　Film　Mas　31821
中國女性的文學生活
譚正璧編　上海　光明書局　1931年　補正再版　（m.）

007614735　5218　0476
中國六大文豪
謝無量編　上海　中華書局　1927年　4版　（m.）

007614737　5218　0476.2
平民文學之兩大文豪
謝無量著　香港　1924年　再版

007614736　5218　0476B
中國六大文豪
謝無量編　上海　中華書局　1924年
3版　(m.)

008630374　FC5876　(16)
中國婦女文學史
謝無量編　上海　中華書局　1916年
(m.)

007614611　5218　3116
中國詩人
沈聖時編著　上海　光明書店　1933年
(m.)

011759204　PL2262.2.H684　1947
談文人
洪爲法著　上海　永祥印書館　1947年
初版　青年知識文庫　第3輯　(m.w.)

007458888　5218　4242
中國文學家列傳
楊蔭深編著　昆明　中華書局　1939年
(m.)

007614623　5218　4243
王維與孟浩然
楊蔭深著　王雲五主編　上海　商務印
書館　1936年　國學小叢書　(m.)

007614545　5218　4293
中國八大詩人
胡懷琛著　王雲五主編　上海　商務印
書館　1925年　再版　(m.)

007614493　5218　4813　FC7924　Film　Mas　31843
中國現代女作家
賀玉波著　上海　現代書局　1932年
初版　(m.)

007614365　5218　7163
唐代女詩人
陸晶清著　上海　神州國光社　1931年
務觀文學史叢稿　(m.)

011918322　PN466.W4　1932
文壇印象記
黃人影編　上海　樂華圖書公司　1932
年　初版　(m.)

007615124　5219.7　2451　FC8487　Film　Mas　32023
明末民族藝人傳
山本悌二郎、紀成虎一撰　傅抱石編譯
長沙　商務印書館　1939年　(m.)

007615032　5219.8　4421
清代古文述傳
李崇元著　長沙　商務印書館　1940年
初版　國學小叢書　(m.)

007458884　5218　8204　5219.8　8204
清名家詩人小傳四卷
鄭方坤撰　馬俊良删訂　上海　掃葉山
房　1919年

007614927　5219.9　2401
當代作家自傳集
卓立編　重慶　出版界月刊社　1945年
(m.)

007614908　5219.9　3173
作家論
茅盾作　上海　文學出版社　1936年
第1版　文學社叢書　(m.)

007614931　5219.9　4110
中國文學家傳記
姚乃麟編　上海　萬象書局印行　1937
年　(m.)

011736737　PL2302.Y374　1944
文壇史料
楊之華主編　上海　中華日報社　1944

年　初版　中華副刊叢書　（m.）

007617049　5219.9　4843
現代中國女作家
黃英編　上海　北新書局　1931 年
（m.）

007618563　5219.9　4863
文人剪影
趙景深著　上海　北新書局　1946 年
再版　（m. w.）

007617035　5219.9　4863.1
文壇憶舊
趙景深著　上海　北新書局　1948 年
初版　創作新刊　（m. w.）

008617059　FC3071　PL2277.H6　1934
新文學家傳記
賀炳銓著　上海　旭光社　1934 年
（m.）

007617225　5219.9　4909
文人畫像
林語堂等作　上海　金星出版社　1947
年　（m. w.）

006583462　5220　0193
中國文學史講話
施慎之編著　上海　世界書局　1941 年
初版　（m.）

006583626　5220　0248
中國文學史略
齊燕銘編述　北平　中國大學　1937 年

011800843　PL2264.B369　1948
中國文學史略
鮑文傑編著　杭州　中流出版社　1948
年　初版　中流文史叢書　（m.）

011919656　PL2264.H753　1935
中國文學史略
胡懷琛編著　上海　新文化書社　1935
年　再版　（m.）

009244425　5220　0417
中國文學史
譚正璧著　上海　光明書局　1936 年
再版

006583412　5220　0417.2
中國文學進化史
譚正璧編著　上海　光明書局　1929 年
初版　（m.）

006583458　5220　0417.5b
中國文學史大綱改訂本
譚正璧編著　上海　光明書局　1931 年
改訂 8 版　（m.）

006583460　5220　0461
中國文學史解題
許嘯天著　上海　群學社　1932 年　初
版　（m.）

006583511　5220　0476
中國大文學史
謝無量著　上海　中華書局　1927 年
11 版　（m.）

006583520　5220　0476.2　FC5876　(16)
中國婦女文學史
謝無量編　上海　中華書局　1927 年
6 版　（m.）

011895747　PL2278.T3　1933　FC5876　(18)
中國婦女與文學
陶秋英著　上海　北新書局　1933 年
初版　（m.）

006583461　5220　0836
中國文學史讀本
龔啟昌編　上海　樂華圖書公司　1936年　初版　（m.）

006587100　5220　1102
新編中國文學史通論
霍衣仙著　香港　培正書局　1940年　改訂再版

006587330　5220　1102.5
中國文學史
霍衣仙編著　廣州　1936年

006587023　5220　1148
中國文學史
王夢曾編　蔣維喬校　上海　商務印書館　1914年　初版　（m.）

006587024　5220　1148
中國文學史參考書
王夢曾編　上海　商務印書館　1914年　初版　（m.）

006587336　5220　1314
中國文學史表解
張雪蕾撰　長沙　商務印書館　1938年　狌室文稿　（m.）

006587344　5220　133
中國文學史下卷
張之純編　上海　商務印書館　1923年　4版　（m.）

006587025　5220　133
中國文學史上卷
張之純編著　上海　商務印書館　1915年　初版　（m.）

011907346　Pl.2264.Z4345　1935
中國文學流變史論
張希之著　北平　文化學社　1935年　初版　（m.）

006591665　5220　1343
中國文藝變遷論
張世祿著　上海　商務印書館　1933年　初版　國學小叢書　（m.）

006591208　5220　1358
中國文學史分論
張振鏞著　上海　商務印書館　1934年　初版　（m.）

006591998　5220　1371
中國文學史新編
張長弓著　上海　開明書店　1948年　5版　開明文史叢刊　（m.）

006591675　5220　1371B
中國文學史新編
張長弓著　上海　開明書店　1947年　4版　（m.）

006591660　5220　2224
中國文學
兒島獻吉郎著　隋樹森譯　上海　世界書局　1931年　初版　（m.）

006591659　5220　2224.4　FC7712　Film　Mas　31742
中國文學概論
兒島獻吉郎著　胡行之譯　上海　北新書局　1931年　（m.）

006591666　5220　2233
中國文學史上冊
穆濟波編著　上海　樂群書店　1930年　初版　（m.）

006591667　5220　2903
中國音樂文學史
朱謙之著　上海　商務印書館　1935年　初版　（m.）

006592005　5220　2909
文學要覽
朱慶堂、冼得霖編纂　廣州　南中圖書供應社　1936 年

006591700　5220　2923
中國文藝思潮史略
朱維之著　上海　長風書店　1939 年再版　（m.）

011984382　PL2264.C4　1946
中國文藝思潮史略
朱維之著　上海　開明書店　1946 年初版　開明青年叢書　（m.）

006591610　5220　2923B
中國文藝思潮史略
朱維之著　上海　合作出版社　1939 年再版　（m.）

006591661　5220　2941　(1)　FC7925　Film Mas 31842
中古文學概論上册
徐嘉瑞著　上海　亞東圖書館　1925 年（m.）

006591662　5220　2941　(2)　FC7925
近古文學概論
徐嘉瑞編著　上海　北新書局　1936 年初版　（m.）

006592008　5220　2943
中國文學史要略
朱希祖編　北京　北京大學　1920 年

006591668　5220　3188
本國文學史
汪劍餘編　上海　歷史研究社　1934 年（m.）

006592013　5220　3446
國語文學史
凌獨見著　上海　商務印書館　1923 年

006591673　5220　3633
中國文學史大綱
容肇祖著　北京　樸社　1935 年　初版（m.）

006598327　5220　3814
中國的文藝復興
顧毓琇著　上海　中華書局　1948 年初版　新中華叢書學術研究彙刊　（m.）

006597856　5220　3838
中國文學史大綱
顧實編纂　上海　商務印書館　1928 年　東南大學叢書　（m.）

006598236　5220　3914.1
中國文學史話
梁乙真著　上海　元新書局　1934 年（m.）

006598234　5220　3914.2
中國民族文學史
梁乙真著　重慶　三友書店　1943 年初版　（m.）

006597739　5220　4211.1
新著中國文學史
胡雲翼著　上海　北新書局　1937 年（m.）

006598225　5220　4211.2
中國文學概論
胡雲翼著　上海　啟智書局　1934 年再版　（m.）

006597855　5220　4223
中國文學史講話
胡行之著　上海　光華書局　1932 年初版　（m.）

006598227　5220　4229
中國新文學運動一瞥

楚絲著　上海　愛光書店　1930 年　(m.)

006598232　5220　423
中國文學史
葛遵禮著　上海　會文堂新記書局　1928 年　(m.)

003989935　5220　4233
白話文學史上卷
胡適著　上海　新月書店　1928 年　初版　(m.)

006598777　5220　4233.2
國語文學史
胡適著　上海　新月書店　1928 年　再版

003989343　5220　4233c
白話文學史上卷
胡適著　上海　商務印書館　1934 年　再版　(m.)

003989933　5220　4233c（1938）
白話文學史上卷
胡適著　長沙　商務印書館　1938 年　4 版　(m.)

006602240　5220　4243
中國文學史大綱
楊蔭深著　長沙　商務印書館　1938 年　再版　(m.)

006602207　5220　4283
中國文學源流
胡毓寰編　上海　商務印書館　1924 年　初版　(m.)

006602061　5220　4291
中國文學史概要
胡懷琛編　長沙　商務印書館　1941 年　國難後 7 版　(m.)

006602236　5220　4291.5
中國文學史略
胡懷琛編著　上海　慧記書齋　1931 年　初版　(m.)

006602237　5220　4458
中國文學沿革概論
李振鏞編　上海　大東書局　1924 年　初版　(m.)

006602238　5220　4481
中國文學史綱
蔣鑒璋編著　上海　亞細亞書局　1929 年　初版　(m.)

006602481　5220　4821
中國文學史綱要
賀凱編著　北平　北平文化學社　1933 年　(m.)

006602235　5220　4835
中國文學沿革一瞥
趙祖抃著　上海　光華書局　1928 年　(m.)

011738202　PL2264.Z4355　1937
中國文學小史
趙景深著　上海　大光書局　1937 年　20 版　(m.)

006608477　5220　4863.5
中國文學史綱要
趙景深編　上海　中萋書局　1941 年　初中學生文庫　(m.)

006608816　5220　4863.56
中國文學史新編
趙景深著　上海　北新書局　1936 年　2 版　(m.)

006608478　5220　4863.7
民族文學小史
趙景深著　上海　世界書局　1940 年
（m.）

011913408　Pl.2264.15　1924
中國文學史
劉毓盤著　上海　古今圖書店　1924 年
　初版　（m.）

011914551　Pl.2264.15　1934
中國文學史
劉大白著　上海　開明書店　1934 年
　再版　（m.）

011909453　Pl.2264.l.82　1937
最新中國文學流變史
陸敏車編著　漢口　漢光印書館
1937 年

006608476　5220　5444
中國文學年表四卷第一編
敖士英纂輯　金福佑校訂　北平　立達
書局　1935 年　初版

006641894　5220　7124.3
中國文學史簡編
陸侃如、馮沅君著　上海　開明書店
1947 年　開明文史叢刊　（m.）

006641893　5220　7124.3d
中國文學史簡編
陸侃如、馮沅君著　上海　大江書鋪
1932 年　初版　（m.）

006641895　5220　7124.5
中國詩史
陸侃如、馮沅君合著　上海　大江書鋪
　1931 年　初版　（m.）

006646672　5220　7202
中國文學史
劉麟生編著　上海　世界書局　1932 年
　初版　（m.）

006646401　5220　7226
中國文學變遷史
劉貞晦、沈雁冰著　聞野鶴編　上海
新文化書社　1934 年　（m.）

006646668　5220　7228
中國新文學的源流
周作人講校　鄧恭三[廣銘]記錄　北京
人文書店　1934 年　訂正 3 版　（m.）

003807901　5220　7233
十四朝文學要略
劉永濟著　重慶　中國文化服務社
1945 年　初版　（m.）

006646937　5220　7239
中國文學史表解
劉宇光著　上海　大光書局　1936 年
5 版　中國文史叢書　（m.）

006646097　5220　7242
中國文學史
劉大白著　上海　大江書鋪　1933 年
初版　（m.）

006650722　5220　7244e　FC　M1803
中國文學發展史上卷
劉大傑著　上海　中華書局　1941 年
（m.）

006650704　5220　7358
中國學術文藝史講話
長澤規矩也著　胡錫年譯　上海　世界
書局　1943 年　（m.）

006650475　5220　7734
中國文學史綱中等以上學校用
歐陽溥存編　上海　商務印書館　1930

年　初版　（m.）

006650729　5220　7734B
中國文學史綱
歐陽溥存編　上海　商務印書館　1931年　再版　（m.）

006650477　5220　7917
中國文學史講話
陳子展著　上海　北新書局　1933年　（m.）

011883127　PL2264.C4　1928
白話文學史大綱
周群玉編　上海　群學社　1928年　初版　（m.）

011989173　PL2264.W3　1933
古文詞學史
王念中著　武昌　益善書局　1933年　初版　耆古齋叢書　（m.）

011920027　PL2264.H7　1933
文學小史
許嘯天著　上海　新華書局　1933年　（m.）

011882620　PL2264.Z58　1925
音樂的文學小史
朱謙之著　上海　泰東圖書局　1925年　初版　（m.）

011883080　PL2264.C4　1935
中國歷朝文學史綱要
朱子陵著　香港　朱子陵　1935年　初版　（m.）

011829368　PL2264.K365　1933
中國文學史大綱
康璧城著　上海　廣益書局　1933年　初版　（m.）

011736209　PL2264.R664　1949
中國文學史大綱
容肇祖著　上海　開明書店　1949年　（m.）

011882667　PL2264.L58　1935
中國文學史發凡
柳樹任著　蘇州　文怡書局　1935年　初版　（m.）

011737065　PL2264.Z555　1935
中國文學史外論
朱星元編著　上海　東方學術社　1935年　初版　（m.）

006650476　5220　7977
中國文學史大綱
陳冠同編著　上海　民智書局　1931年　初版　（m.）

006650360　5220　7981　FC7926　F̄m　Mas　31841
中國韻文通論
陳鐘凡著　上海　中華書局　1927年　（m.）

006650724　5220　7982
中國文學史研究問題二四
陳尊統著　福州　協合大學　1912—41年

006650478　5220　8227
中國文學史綱要
鄭作民著　上海　合衆書店　1934年　初版　（m.）

006650473　5220　8231
中國文學流變史三卷
鄭賓于著　上海　北新書局　1930—36年　文學史叢書　（m.）

006650365　5220　8258
插圖本中國文學史
鄭振鐸著　北京　樸社出版部　1932 年　（m.）

006650726　5220　8424
中國古代文藝論史
鈴木虎雄著　孫俍工譯　上海　北新書局　1929 年　再版　（m.）

011907046　PL2307.S812　1928
中國古代文藝論史
（日）鈴木虎雄著　孫俍工譯　上海　北新書局　1928 年　文藝論述　（m.）

006650730　5220　8533
中國文學史提要
羊達之編著　上海　正中書局　1947 年　1 版　國學叢刊　（m.）

006650474　5220　8555
中國文學史
錢振東著　香港　濮縣錢氏　1929 年　初版　（m.）

006650703　5220　8604
中國文學史
曾毅撰　上海　泰東圖書局　1915 年　初版　（m.）

006650698　5220　8604B
中國文學史
曾毅撰　上海　泰東圖書局　1931 年　3 版　（m.）

006650472　5220　8984
中國文學源流纂要
余錫森編　香港　培正中學國文科　1947—67 年　（m.）

006656166　5221　3466
先秦文學
游國恩著　上海　商務印書館　1934 年　百科小叢書　（m.）

006656282　5221　3466.1
先秦文學
游國恩著　上海　商務印書館　1935 年　初版　百科小叢書　（m.）

006656471　5221　4242
上古秦漢文學史
柳存仁著　上海　商務印書館　1948 年　初版　國學小叢書　（m.）

006656051　5221　4243　FC7927　Film　Mas　31840
先秦文學大綱
楊蔭深編著　上海　華通書局　1933 年　初版　（m.）

006661778　5223　0224　FC8710　Film　Mas　32743
魏晉詩歌概論
郭伯恭著　上海　商務印書館　1936 年　初版　國學小叢書　（m.）

006661777　5223　4231
漢魏六朝樂府文學史
蕭滌非著　重慶　中國文化服務社　1944 年　初版　青年文庫　（m.）

007712791　5223　7224
中古文學史
劉師培編　香港　北京大學出版部　1926 年　3 版

006661772　5223　7987
漢魏六朝文學
陳鐘凡著　上海　商務印書館　1931 年　初版　（m.）

006661745　5224　0859
韓愈及其古文運動
龔書熾著　重慶　商務印書館　1945 年

（m.）

006661776　5224　1921
唐代底勞動文藝
孫俍工編　上海　亞東圖書館　1932 年
　初版　（m.）

006661774　5224　2996
唐代文學概論上卷
朱炳煦著　上海　光華書局　1933 年
初版　（m.）

006661773　5224　4211
唐代的戰爭文學
胡雲翼著　上海　商務印書館　1927 年
　國學小叢書　（m.）

006907747　5224　4230
唐代詩學
楊啟高編著　重慶　正中書局　1943 年
　出版　（m.）

006661775　5224　424
唐代文學
胡樸安、胡懷琛著　上海　商務印書館
　1931 年　初版　（m.）

006661563　5224　4243
五代文學
楊蔭深著　上海　商務印書館　1935 年
　（m.）

006661770　5224　7917
唐代文學史
陳子展著　重慶　作家書屋　1944 年
初版　中國文學史叢編　（m.）

011918159　PL2291.C463　1947
唐宋文學史
陳子展著　上海　作家書屋　1947 年
初版　（m.）

006661771　5225　4202
宋文學史
柯敦伯著　上海　商務印書館　1934 年
　初版　國學小叢書　（m.）

006666223　5225　6662　FC7928　Film　Mas　31839
宋代文學
呂思勉著　上海　商務印書館　1931 年
　國難後第 1 版　百科小叢書　（m.）

006666410　5225　7917
宋代文學史
陳子展著　重慶　作家書屋　1945 年
中國文學史叢編　（m.）

006666302　5226　2345B
遼金元文學史
吳梅著　上海　商務印書館　1935 年
國學小叢書　（m.）

006666301　5226　4914
遼金元文學
蘇雪林著　上海　商務印書館　1934 年
　（m.）

006666418　5226　4914　5226　4914　(1939)
遼金元文學
蘇雪林著　長沙　商務印書館　1939 年
　（m.）

006666604　5227　3924
明文學史
宋佩韋著　上海　商務印書館　1934 年
　國學小叢書　（m.）

006666104　5227　3924A
明文學史
宋佩韋著　上海　商務印書館　1935 年
　3 版　國學小叢書　（m.）

006666871　5227　8544
明代文學
錢基博著　上海　商務印書館　1934 年
　百科小叢書　（m.）

006666221　5227　8544a
明代文學
錢基博著　上海　商務印書館　1933 年
　初版　（m.）

006666422　5228　3901
桐城文派論
梁堃著　長沙　商務印書館　1940 年
　初版　國學小叢書　（m.）

006665873　5228　3914
清代婦女文學史
梁乙真編　上海　中華書局　1927 年
（m.）

006666421　5228　8457B
桐城文派評述
姜書閣著　上海　商務印書館　1928 年
　初版　國學小叢書　（m.）

011441162　5228　8457C
桐城文派評述
姜書閣著　上海　商務印書館　1934 年
　國難後第 3 版　國學小叢書　（m.）

007959910　FC6044　FC-M4733
現代中國文學史
錢基博著　上海　世界書局　1933 年
　初版　（m.）

008583205　FC4366
大眾語文論戰正　續　續二
宣浩平編　上海　啟智書局印行　1934
　年　（m.）

004294091　FC7793　Film Mas 31687
論中國語文理論的建立
于健等著　上海　語文出版社　1941 年

006674440　5229　0433
語文論戰的現階段
文逸編著　上海　天馬書店　1934 年
（m.）

006674579　5229　1102
最近二十年中國文學史綱
霍衣仙著　廣州　北新書局　1936 年
（m.）

006674734　5229　1126
中國新文學運動述評
王豐園編著　北京　新新學社　1935 年
　（m.）

006675015　5229　1143
魯迅訪問記
登太編　上海　大夏書店　1939 年
（m.）

006674336　5229　1344
中國新文學運動史資料
張若英編　上海　光明書局　1934 年
　初版

006674489　5229　2131
中國新文化運動概觀
伍啟元編　上海　現代書局　1934 年
（m.）

004624073　5204　3874　5229　2350　(3;9)
創造社論
黃人影編　上海　光華書局　1932 年
（m.）

006674430　5229　4135
中國抗戰文藝史
藍海撰　上海　現代出版社　1947 年
（m.）

011760848　PL2302.L476　1943
中國新文學史講話
李一鳴編　上海　世界書局　1943年
初版　（m.）

006871170　5229　4424
近二十年中國文藝思潮論
李何林編著　重慶　生活書店發行
1939年　初版　（m.）

006871448　5229　4424C
近二十年中國文藝思潮論
李何林編著　重慶　生活書店　1945年
勝利後1版　新中國學術叢書　（m.）

006871444　5229　4886
當代中國女作家論
黃人影編　上海　大光書局　1936年
再版　（m.）

006871345　5229　5486
文藝三十年
中華全國文藝協會香港分會主編　香港
　香港印刷業合作社　1949年　（m.）

006871622　5229　5600b
中國新文學大系導論集
蔡元培等著　上海　良友復興圖書公司
　1940年　第1版　（m.）

006871446　5229　7132
現代中國文藝界
巴寧著　上海　文藝批判社　1930年
批判叢書　（m.）

006871447　5229　7139
中國新文學概論
陸永恒編　廣州　克文印務局　1932年
（m.）

006876930　5229　7990　FC7929　Film　Mas　31838
最近三十年中國文學史
陳炳堃著　上海　太平洋書店　1930年
初版　（m.）

006876931　5229　8272A
由文學革命到革文學的命
鄭學稼著　廣東曲江　勝利出版社廣東
分社　1942年　初版　（m.）

006876932　5229　8272B
由文學革命到革文學的命
鄭學稼著　重慶　勝利出版社　1943年
初版　（m.）

006876993　FC9445　Film　Mas　35877　T　5229　8544
現代中國文學作家
錢杏邨著　上海　泰東圖書局　1928年
（m.）

專集彙刊

006898505　5235　5607.1
元人雜劇全集九十八種
盧冀野編　上海　上海雜志公司
1935—36年　（m.）

006898762　5235　5607.1
中國文學珍本叢書第一輯
施蟄存主編　上海　上海雜志公司
1935—48年

006898689　5235　5607.1　（01）
袁小修日記遊居柿錄第一至十三卷
袁中道撰　阿英校點　上海　上海雜志
公司　1935年　初版　中國文學珍本叢
書　第1輯　（m.）

006898625　5235　5607.1　（02）
柳亭詩話
（清）宋長白著　辛味白校點　上海　上
海雜志公司　1935—36年　初版　中

國文學珍本叢書　第1輯　(m.)

006898669　5235　5607.1　(03)
宋六十名家詞
(明)毛子晉編　施蟄存校點　上海　上海雜志公司　1936年　初版　(m.)

007642506　5235　5607.1　(4)　5750.7　3443
拍案驚奇三十六卷
淩濛初撰　上海　上海雜志公司　1948年　中國文學珍本叢書　第1輯　(m.)

007351336　5235　5607.1　(06)
尺牘新鈔
(清)周亮工編纂　張靜廬校點　上海　上海雜志公司　1935年　初版　中國文學珍本叢書　第1輯　(m.)

006898680　5235　5607.1　(07)
金瓶梅詞話一百回
(明)笑笑生著　施蟄存校點　上海　上海雜志公司　1935年　初版　中國文學珍本叢書　第1輯　(m.)

006898627　5235　5607.1　(08)
譚友夏合集
(明)譚元春著　阿英校點　上海　上海雜志公司　1935年　初版　中國文學珍本叢書　第1輯　(m.)

006898714　5235　5607.1　(09)
華陽散稿上下卷
(清)史震林著　張靜廬校點　上海　上海雜志公司　1935年　初版　中國文學珍本叢書　第1輯　(m.)

006898675　5235　5607.1　(09)
西青散記
(清)史震林著　張靜廬校點　上海　上海雜志公司　1935年　初版　中國文學珍本叢書　第1輯　(m.)

006898629　5235　5607.1　(10)
瑯嬛文集
(明)張岱著　劉大傑點校　上海　上海雜志公司　1935年　初版　中國文學珍本叢書　第1輯

006898711　5235　5607.1　(12)
白石樵真稿二十四卷
(明)陳繼儒著　阿英校點　上海　上海雜志公司　1935年　初版　中國文學珍本叢書　第1輯　(m.)

006898681　5235　5607.1　(13)
豆棚閒話
(清)艾衲居士編　紫髯狂客評　戴望舒校點　上海　上海雜志公司　1935年　初版　中國文學珍本叢書　第1輯　(m.)

006898628　5235　5607.1　(14)
白蘇齋類集
(明)袁宗道著　阿英校點　上海　上海雜志公司　1935年　初版　中國文學珍本叢書　第1輯　(m.)

006898526　5235　5607.1　(15)
梅花草堂筆談
張大復撰　阿英校點　上海　上海雜志公司　1935年　初版　中國文學珍本叢書　第1輯　(m.)

006898630　5235　5607.1　(16)
唱經堂才子書彙稿
(清)金人瑞[金聖歎]著　阿英校點　上海　上海雜志公司　1935年　初版　中國文學珍本叢書　第1輯

006902262　5235　5607.1　(17)
石點頭
天然癡叟撰　墨憨主人[馮夢龍]評　戴望舒校點　施蟄存輯　上海　上海雜志

公司　1935—48 年　中國文學珍本叢書　第 1 輯　（m.）

006902264　5235　5607.1　（20）
買愁集四卷
錢尚濠輯　錢杏邨校點　施蟄存輯　上海　上海雜志公司　1935—48 年　中國文學珍本叢書　第 1 輯

006901821　5235　5607.1　（23）
陶庵夢憶
張岱撰　上海　上海雜志公司　1936 年　初版　中國文學珍本叢書　第 1 輯　（m.）

006902033　5235　5607.1　（23）
西湖夢尋
（明）張岱著　阿英校點　上海　上海雜志公司　1936 年　初版　中國文學珍本叢書　第 1 輯　（m.）

006902083　5235　5607.1　（25）
媚幽閣文娛
（明）鄭元勳選輯　阿英點校　上海　上海雜志公司　1936 年　初版　中國文學珍本叢書　第 1 輯　（m.）

006902037　5235　5607.1　（26）
晚香堂小品
（明）陳繼儒著　施蟄存校點　上海　上海雜志公司　1936 年　初版　中國文學珍本叢書　第 1 輯　（m.）

006902016　5235　5607.1　（27）
李氏焚書
（明）李卓吾［李贄］著　阿英校點　上海　上海雜志公司　1936 年　初版　中國文學珍本叢書　第 1 輯　（m.）

006902265　5235　5607.1　（29）
禪真逸史四十回
清溪道人編　張静廬校點　施蟄存輯　上海　上海雜志公司　1935—48 年　中國文學珍本叢書　第 2 輯

006902035　5235　5607.1　（30）
王季重十種
（明）王思任［季重］著　阿英校點　上海　上海雜志公司　1935 年　初版　中國文學珍本叢書　第 1 輯　（m.）

006902034　5235　5607.1　（32）
鍾伯敬合集
（明）鍾伯敬［惺］著　阿英校點　上海　上海雜志公司　1936 年　初版　中國文學珍本叢書　第 1 輯

006902268　5235　5607.1　（34）
西湖二集三十四卷
周清源撰　錢杏邨校點　施蟄存輯　上海　上海雜志公司　1935—48 年　中國文學珍本叢書　第 1 輯

006902270　5235　5607.1　（35）
葉天寥四種
葉紹袁著　錢杏邨校點　施蟄存輯　上海　上海雜志公司　1935—48 年　中國文學珍本叢書　第 1 輯　（m.）

006902031　5235　5607.1　（36）
詞林紀事
（清）張思巖［張宗橚］輯　張静廬校點　上海　上海雜志公司　1936 年　初版　中國文學珍本叢書　第 1 集　（m.）

006902275　5235　5607.1　（37）
藏棄集尺牘新鈔十六卷二集
周亮工編　張静廬校點　施蟄存輯　上海　上海雜志公司　1935—48 年　中國文學珍本叢書　第 1 輯

006902199　5235　5607.1　(41)
珂雪齋集詩集七卷　文集十四卷
袁中道著　阿英校點　上海　上海雜志公司　1936年　中國文學珍本叢書　第1輯　(m.)

006902277　5235　5607.1　(42)
尺牘新鈔十五卷三集
周亮工編　張靜廬校點　施蟄存輯　上海　上海雜志公司　1935—48年　中國文學珍本叢書　第1輯　(m.)

006902036　5235　5607.1　(46)
徐文長逸稿
(明)徐文長[徐渭]著　施蟄存校點　上海　上海雜志公司　1936年　初版　中國文學珍本叢書　第1輯　(m.)

006902198　5235　5607.1　(47)
古文品外錄十二卷
陳繼儒輯　上海　上海雜志公司　1936年　中國文學珍本叢書　第1輯　(m.)

006902279　5235　5607.1　(49)
午夢堂全集
葉紹袁纂輯　洪葭卿校點　施蟄存輯　上海　上海雜志公司　1935—48年　中國文學珍本叢書　第1輯

009586105　5235　5607.1b　(1)
袁小修日記
(明)袁中道著　何有林校閱　上海　國學研究社　1935年　初版　國學珍本叢書　(m.)

009586218　5235　5607.1b　(2)
梅花草堂筆談
張大復著　上海　國學研究社　1936年　國學珍本叢書

006907821　5235.04　3135
沈氏三先生文集
沈遘、沈括、沈遼撰　上海　上海涵芬樓　1936年　四部叢刊三編

006907625　5235.07　2116
詩詞雜俎
毛晉撰　上海　醫學書局　1920年

006997040　5235.08　6602
永嘉詩人祠堂叢刻
冒廣生編刻　香港　冒廣生署　1915年

006997045　5235.08　6602　(1)
儒志編
王開祖撰　冒廣生編刻　香港　冒廣生署　1915年　永嘉詩人祠堂叢刻

006997042　5235.08　6602　(1)
永嘉集
元覺撰　冒廣生編刻　香港　冒廣生署　1915年　永嘉詩人祠堂叢刻

006997041　5235.08　6602　(1)
證道歌
元覺撰　冒廣生編刻　香港　冒廣生署　1915年　永嘉詩人祠堂叢刻

006997048　5235.08　6602　(2)
二薇亭集
徐璣撰　冒廣生編刻　香港　冒廣生署　1915年　永嘉詩人祠堂叢刻

006997047　5235.08　6602　(2)
芳蘭軒集
徐照撰　冒廣生編刻　香港　冒廣生署　1915年　永嘉詩人祠堂叢刻

006997049　5235.08　6602　(2)
葦碧軒集
翁卷撰　冒廣生編刻　香港　冒廣生署　1915年　永嘉詩人祠堂叢刻

006997053　5235.08　6602　(3)
瓜廬詩
薛師石撰　冒廣生編刻　香港　冒廣生署　1915年　永嘉詩人祠堂叢刻

006997055　5235.08　6602　(3)
蒲江詞
盧祖皋撰　冒廣生補　香港　冒廣生署　1915年　永嘉詩人祠堂叢刻

006997051　5235.08　6602　(3)
清苑齋集
趙師秀撰　冒廣生編刻　香港　冒廣生署　1915年　永嘉詩人祠堂叢刻

006997059　5235.08　6602　(4-5)
霽山先生集
林景熙撰　冒廣生編刻　香港　冒廣生署　1915年　永嘉詩人祠堂叢刻

006997062　5235.08　6602　(6-7)
李五峰集
李孝光撰　冒廣生補　香港　冒廣生署　1915年　永嘉詩人祠堂叢刻

006997063　5235.08　6602　(8)
李五峰集補遺
冒廣生編刻　香港　冒廣生署　1915年　永嘉詩人祠堂叢刻

006997068　5235.08　6602　(8)
縵庵遺稿
黃紹第撰　冒廣生輯　香港　冒廣生署　1915年　永嘉詩人祠堂叢刻

006997065　5235.08　6602　(8)
柔克齋詩輯
高明撰　冒廣生輯　香港　冒廣生署　1915年　永嘉詩人祠堂叢刻

006997067　5235.08　6602　(8)
鮮庵遺稿
黃紹箕撰　冒廣生輯　香港　冒廣生署　1915年　永嘉詩人祠堂叢刻

007712684　5235.2　1232
漢魏六朝名家集
丁福保編　上海　掃葉山房　1915年

009648641　5235.2　1232　(1)
枚叔集
枚乘著　上海　掃葉山房　1915年　漢魏六朝名家集

009648724　5235.2　1232　(1)
司馬長卿集二卷
司馬相如著　上海　掃葉山房　1915年　漢魏六朝名家集

009648747　5235.2　1232　(1)
司馬子長集
司馬遷著　上海　掃葉山房　1915年　漢魏六朝名家集

009648758　5235.2　1232　(2)
揚子雲集四卷
揚雄著　上海　掃葉山房　1915年　漢魏六朝名家集

009648776　5235.2　1232　(3)
班孟堅集三卷
班固著　上海　掃葉山房　1915年　漢魏六朝名家集

009648840　5235.2　1232　(3)
王叔師集
王逸著　上海　掃葉山房　1915年　漢魏六朝名家集

009649036　5235.2　1232　(3)
鄭康成集
鄭玄著　上海　掃葉山房　1915年　漢魏六朝名家集

009649102　5235.2　1232　(4-5)
蔡中郎集十二卷
蔡邕著　上海　掃葉山房　1915年　漢魏六朝名家集

009649118　5235.2　1232　(5)
劉公幹集
劉楨著　上海　掃葉山房　1915年　漢魏六朝名家集

009649145　5235.2　1232　(5)
應德璉集
應瑒著　上海　掃葉山房　1915年　漢魏六朝名家集

009649201　5235.2　1232　(6)
陳孔璋集
陳琳著　上海　掃葉山房　1915年　漢魏六朝名家集

009649162　5235.2　1232　(6)
孔文舉集
孔融著　上海　掃葉山房　1915年　漢魏六朝名家集

009649210　5235.2　1232　(6)
阮元瑜集
阮瑀著　上海　掃葉山房　1915年　漢魏六朝名家集

009649176　5235.2　1232　(6)
王仲宣集三卷
王粲著　上海　掃葉山房　1915年　漢魏六朝名家集

009649251　5235.2　1232　(6)
徐偉長集
徐幹著　上海　掃葉山房　1915年　漢魏六朝名家集

009649262　5235.2　1232　(7)
魏武帝集四卷
曹操撰　上海　掃葉山房　1915年　漢魏六朝名家集

009649288　5235.2　1232　(8)
魏文帝集六卷
曹丕撰　上海　掃葉山房　1915年　漢魏六朝名家集

009649329　5235.2　1232　(9-10)
曹子建集十卷
(魏)曹植著　上海　掃葉山房　1915年　漢魏六朝名家集

009649600　5235.2　1232　(11)
阮嗣宗集四卷
阮籍著　上海　掃葉山房　1915年　漢魏六朝名家集

009649613　5235.2　1232　(12)
嵇叔夜集七卷
嵇康著　上海　掃葉山房　1915年　漢魏六朝名家集

009649630　5235.2　1232　(13)
潘安仁集五卷
潘岳著　上海　掃葉山房　1915年　漢魏六朝名家集

009649621　5235.2　1232　(13)
左太沖集
左思著　上海　掃葉山房　1915年　漢魏六朝名家集

009649643　5235.2　1232　(14)
陸士衡集十卷
陸機著　上海　掃葉山房　1915年　漢魏六朝名家集

009649651　5235.2　1232　(15)
陸士龍集十卷
陸雲著　上海　掃葉山房　1915年　漢

漢魏六朝名家集

009649767　5235.2　1232　(16)
陶淵明集十卷
陶潛撰　上海　掃葉山房　1915年　漢魏六朝名家集

009649808　5235.2　1232　(17)
謝法曹集二卷
謝惠連著　上海　掃葉山房　1915年　漢魏六朝名家集

009649794　5235.2　1232　(17)
謝康樂集五卷
謝靈運著　上海　掃葉山房　1915年　漢魏六朝名家集

009649826　5235.2　1232　(17)
謝希逸集三卷
謝莊著　上海　掃葉山房　1915年　漢魏六朝名家集

009649840　5235.2　1232　(18)
顏延年集四卷
顏延之著　上海　掃葉山房　1915年　漢魏六朝名家集

009649888　5235.2　1232　(19)
鮑明遠集三卷
鮑照著　上海　掃葉山房　1915年　漢魏六朝名家集

009649898　5235.2　1232　(20)
謝宣城集五卷
謝朓撰　上海　掃葉山房　1915年　漢魏六朝名家集

009650074　5235.2　1232　(21-22)
梁武帝集八卷
蕭衍撰　上海　掃葉山房　1915年　漢魏六朝名家集

009650105　5235.2　1232　(23-24)
梁簡文帝集八卷
上海　掃葉山房　1915年　漢魏六朝名家集

009650121　5235.2　1232　(25)
梁元帝集五卷
蕭繹撰　上海　掃葉山房　1915年　漢魏六朝名家集

009650163　5235.2　1232　(26)
梁昭明太子集四卷
蕭統著　上海　掃葉山房　1915年　漢魏六朝名家集

009650171　5235.2　1232　(27-28)
沈休文集九卷
沈約著　上海　掃葉山房　1915年　漢魏六朝名家集

009650203　5235.2　1232　(29-30)
江文通集八卷
江淹著　上海　掃葉山房　1915年　漢魏六朝名家集

009650258　5235.2　1232　(31)
陳後主集二卷
上海　掃葉山房　1915年　漢魏六朝名家集

009650223　5235.2　1232　(31)
任彥昇集五卷
任昉著　上海　掃葉山房　1915年　漢魏六朝名家集

009650274　5235.2　1232　(32)
隋煬帝集五卷
張溥閱　上海　掃葉山房　1915年　漢魏六朝名家集

007960094　FC6046　FC-M4735
陶靖節集
（晉）陶淵明[陶潛]著　（清）陶澍註釋
　上海　商務印書館　1934年　國學基本叢書　（m.）

006918426　5235.4　114
初唐四傑集二十一卷
上海　中華書局　1927—36年

006918889　5235.4　2116
五唐人詩集
毛晉輯　上海　涵芬樓　1926年

006922012　5235.4　2116　（1）
孟襄陽集三卷
孟浩然撰　毛晉輯　上海　涵芬樓　1926年　五唐人詩集

006922011　5235.4　2116　（2-3）
孟東野集十卷　附
孟郊撰　毛晉輯　上海　涵芬樓　1926年　五唐人詩集

006922016　5235.4　2116　（4-5）
金荃集七卷
溫庭筠撰　毛晉訂　上海　涵芬樓　1926年　五唐人詩集

006922015　5235.4　2116　（4）
追昔遊集三卷
李紳撰　毛晉訂　上海　涵芬樓　1926年　五唐人詩集

006922017　5235.4　2116　（5）
香奩集一卷
韓偓撰　毛晉訂　上海　涵芬樓　1926年　五唐人詩集　（m.）

006921935　5235.4　2116B
五唐人集
毛晉輯　上海　醫學書局　1923—49年

006922018　5235.4　2116B　（1）
孟襄陽集三卷
孟浩然撰　毛晉輯　上海　醫學書局　1923—49年　五唐人集

006922019　5235.4　2116B　（2-3）
孟東野集十卷　附
孟郊撰　毛晉輯　上海　醫學書局　1923—49年　五唐人集

006922023　5235.4　2116B　（4-5）
金荃集七卷
溫庭筠撰　毛晉訂　上海　醫學書局　1923—49年　五唐人集

006922020　5235.4　2116B　（4）
追昔遊集三卷
李紳撰　毛晉訂　上海　醫學書局　1923—49年　五唐人集

006922025　5235.4　2116B　（5）
香奩集一卷
韓偓撰　毛晉訂　上海　醫學書局　1923—49年　五唐人集

006921915　5235.5　0603
宋嘉泰重修三謝詩
唐庚輯　香港　橋川氏　1934年

006921955　5235.5　4436
宋二十家集
江西　江西南城李氏宜秋館　1915年

006921954　5235.5　4436　（01）
寇忠愍詩集三卷
寇準撰　江西　江西南城李氏宜秋館　1915年　宋二十家集

006921953　5235.5　4436　（02-05）
都官集十四卷

陳舜俞撰　江西　江西南城李氏宜秋館
　1915年　宋二十家集

006921957　5235.5　4436　（06）
金氏文集二卷
金君卿撰　江西　江西南城李氏宜秋館
　1915年　宋二十家集

006921962　5235.5　4436　（07）
藏海居士集二卷
吳可撰　江西　江西南城李氏宜秋館
1915年　宋二十家集

006921960　5235.5　4436　（07）
陶邕州小集一卷
陶弼撰　江西　江西南城李氏宜秋館
1915年　宋二十家集

006921964　5235.5　4436　（08）
大隱居士集二卷
鄧紳撰　江西　江西南城李氏宜秋館
1915年　宋二十家集

006921967　5235.5　4436　（08）
蘭皋集二卷
吳錫疇撰　江西　江西南城李氏宜秋館
　1915年　宋二十家集

006921970　5235.5　4436　（09）
柳塘外集二卷
道璨撰　江西　江西南城李氏宜秋館
1915年　宋二十家集

006921968　5235.5　4436　（09）
秋堂集三卷
柴望撰　江西　江西南城李氏宜秋館
1915年　宋二十家集

006921973　5235.5　4436　（10）
古梅吟稿六卷
吳龍翰撰　江西　江西南城李氏宜秋館

　1915年　宋二十家集

006921974　5235.5　4436　（10）
鐵牛翁遺稿一卷
何景福撰　江西　江西南城李氏宜秋館
　1915年　宋二十家集

006921975　5235.5　4436　（11）
崧庵集六卷
李處權撰　江西　江西南城李氏宜秋館
　1915年　宋二十家集

006921976　5235.5　4436　（12）
裘竹齋詩集三卷
裘萬頃撰　江西　江西南城李氏宜秋館
　1915年　宋二十家集

006921977　5235.5　4436　（13－14）
徐文惠存稿五卷
徐經孫撰　江西　江西南城李氏宜秋館
　1915年　宋二十家集

006921981　5235.5　4436　（15）
待清軒遺稿一卷
潘音撰　江西　江西南城李氏宜秋館
1915年　宋二十家集

006921980　5235.5　4436　（15）
嘉禾百詠一卷
張堯同撰　江西　江西南城李氏宜秋館
　1915年　宋二十家集

006921989　5235.5　4436　（16）
棣華館小集一卷
楊甲撰　江西　江西南城李氏宜秋館
1915年　宋二十家集

006921986　5235.5　4436　（16）
說劍吟一卷
呂定撰　江西　江西南城李氏宜秋館
1915年　宋二十家集

006921987　5235.5　4436　(16)
西塍稿三卷
宋伯仁撰　江西　江西南城李氏宜秋館
　　1915年　宋二十家集

006921984　5235.5　4436　(16)
雁山吟一卷
呂大亨撰　江西　江西南城李氏宜秋館
　　1915年　宋二十家集

006921990　5235.5　4436　(17)
晏元獻遺文四十卷
晏殊撰　江西　江西南城李氏宜秋館
1915年　宋二十家集

006921991　5235.5　4436　(18-20)
慶湖遺老集十一卷
賀鑄撰　江西　江西南城李氏宜秋館
1915年　宋二十家集

006921995　5235.5　4436　(21-22)
北湖集五卷
吳則禮撰　江西　江西南城李氏宜秋館
　　1915年　宋二十家集

006921998　5235.5　4436　(23)
馮安岳集十二卷
馮山撰　江西　江西南城李氏宜秋館
1915年　宋二十家集

006922000　5235.5　4436　(24)
寧極齋稿二卷
吳深撰　江西　江西南城李氏宜秋館
1915年　宋二十家集

006922004　5235.5　4436　(25)
默齋遺稿三卷
游九言撰　江西　江西南城李氏宜秋館
　　1915年　宋二十家集

006922005　5235.5　4436　(26)
三餘集四十卷

黃彥平撰　江西　江西南城李氏宜秋館
　　1915年　宋二十家集

006931510　5235.5　4932
經進三蘇文集事略八四卷
郎曄註　羅振常輯校　上海　上海蟬隱
盧　1916年

007351373　5235.6　2345
元四大家集
上海　上海古書流通處　1922年

006931525　5235.6　2345　(01-08)
馬石田文集十五卷
馬祖常撰　上海　上海古書流通處
1922年　元四大家集

006931527　5235.6　2345　(09-12)
周此山集十卷
周權撰　上海　上海古書流通處　1922
年　元四大家集

006931528　5235.6　2345　(13-14)
虞伯生詩續編三卷
虞集撰　上海　上海古書流通處　1922
年　元四大家集

006931530　5235.6　2345　(15-16)
滄螺系六卷
孫作撰　上海　上海古書流通處　1922
年　元四大家集

006931537　5235.7　1140
三孝廉集
羅振玉輯　香港　上虞羅氏　1919年

006931540　5235.7　1140　(01-02)　5433　4253
**隰西草堂詩集五卷　文集三卷　逯渚唱和
集一卷　拾遺一卷**
萬壽祺撰　羅振玉輯　香港　上虞羅氏
　　1919年　三孝廉集

006931541　5235.7　1140　(03-06)　5449　2942B
居易堂集二十卷
徐枋撰　羅振玉輯　香港　上虞羅氏
1919年　三孝廉集

006931542　5235.7　1140　(07-10)
厬園文集四卷　補遺一卷　詩集二卷　續一卷　雜詠一卷　梅花百詠一卷　九山遊草一卷
李確撰　羅振玉輯　香港　上虞羅氏
1919年　三孝廉集

006933841　5235.7　4191
何翰林集二十八卷
何良俊撰　何禮部集十卷　何良傅撰　香港　金山姚氏復廬　1932年

006935961　5235.7　8449
午夢堂全集十二卷
香港　長沙葉氏觀古堂　1922年

006935963　5235.7　8449　(1-2)
鸝吹集二卷　附集一卷　梅花詩一百絕一卷
沈宜修撰　香港　長沙葉氏觀古堂
1922年　午夢堂全集

006935964　5235.7　8449　(3)
愁言[芳雪軒遺集]一卷　附集一卷
葉紈紈撰　香港　長沙葉氏觀古堂
1922年　午夢堂全集

006935966　5235.7　8449　(4)
返生香[疎香閣遺集]一卷　附集一卷
葉小鸞撰　香港　長沙葉氏觀古堂
1922年　午夢堂全集

006935970　5235.7　8449　(5)
竊聞一卷　續竊聞一卷
葉紹袁撰　香港　長沙葉氏觀古堂
1922年　午夢堂全集

006935971　5235.7　8449　(5)
伊人思一卷
沈宜修輯　香港　長沙葉氏觀古堂
1922年　午夢堂全集

006935968　5235.7　8449　(5)
鴛鴦夢一卷
葉小紈撰　香港　長沙葉氏觀古堂
1922年　午夢堂全集

006935973　5235.7　8449　(6)
百旻遺草一卷　附集一卷
葉世偁撰　香港　長沙葉氏觀古堂
1922年　午夢堂全集

006935985　5235.7　8449　(6)
秦齋怨一卷
葉紹袁撰　香港　長沙葉氏觀古堂
1922年　午夢堂全集

006935986　5235.7　8449　(7)
岯雁哀一卷
葉世佺撰　香港　長沙葉氏觀古堂
1922年　午夢堂全集

006935987　5235.7　8449　(7)
肜奩續些二卷
香港　長沙葉氏觀古堂　1922年　午夢堂全集

006935990　5235.7　8449　(8)
靈護集一卷　附集一卷
葉世俗撰　香港　長沙葉氏觀古堂
1922年　午夢堂全集

006935991　5235.7　8449　(8)
瓊花鏡一卷
葉紹袁撰　香港　長沙葉氏觀古堂
1922年　午夢堂全集

006936032　5235.8　0242
廣德壽重光集第1輯
王揖唐輯　香港　合肥王氏今傳是樓 1920年

006936030　5235.8　0242　(01-04)
容齋千首詩八卷
李天馥撰　王揖唐輯　香港　合肥王氏今傳是樓　1920年　廣德壽重光集　第1輯

006936027　5235.8　0242　(05-08)
野香亭集十三卷
李孚青撰　王揖唐輯　香港　合肥王氏今傳是樓　1920年　廣德壽重光集　第1輯

006936028　5235.8　0242　(09-10)
盤隱山樵詩集八卷
李孚青撰　王揖唐輯　香港　合肥王氏今傳是樓　1920年　廣德壽重光集　第1輯

006936029　5235.8　0242　(11)
道旁散人集五卷　附錄一卷
李孚青撰　王揖唐輯　香港　合肥王氏今傳是樓　1920年　廣德壽重光集　第1輯

006936031　5235.8　0242　(12)
玉禾山人集十卷
田實發撰　王揖唐輯　香港　合肥王氏今傳是樓　1920年　廣德壽重光集　第1輯

006935702　5235.8　1313
戊戌六君子遺集
張元濟編　上海　商務印書館　1917年

006940523　5235.8　4264B
二馮詩集
胡思敬輯　上海　上海集益書局　1914年

006944098　5235.8　4314
袁家三妹合稿
上海　校經山房成記書局　1912—49年

006947659　5235.8　7214
遼東三家詩鈔
劉承幹輯　香港　吳興劉氏　1920年

006947665　5235.8　7214　(1-4)
睫巢集六卷　後集一卷
李鍇撰　劉承幹輯　香港　吳興劉氏 1920年　遼東三家詩鈔

006947667　5235.8　7214　(5)
雷谿草堂詩一卷
那蘭長海撰　劉承幹輯　香港　吳興劉氏　1920年　遼東三家詩鈔

006947668　5235.8　7214　(6-7)　5634　4431
大谷山堂集六卷
夢麟撰　劉承幹輯　香港　吳興劉氏 1920年　遼東三家詩鈔

006947137　5235.8　7288
晚香集
周瑞玉輯　濟南　1928年

006947745　5235.88　0224
龍泉師友遺稿合編
李江、王晉之撰　濟南　1923年

006951289　5235.9　0713
文學研究會創作叢書第1集
上海　商務印書館　1936年

006950621　5235.9　0713　(1)
你我
朱自清著　上海　商務印書館　1936年

初版　文學研究會創作叢書　第1集
（m.w.）

006950786　5235.9　0713　（2）
生之懺悔
巴金［李芾甘］著　上海　商務印書館
1936年　文學研究會創作叢書　第1集
（m.w.）

006951056　5235.9　0713　（3）
萬仞約
張天翼著　上海　商務印書館　1936年
文學研究會創作叢書　第1集　（m.w.）

006950771　5235.9　0713　（4）
湘行散記
沈從文作　上海　商務印書館　1936年
初版　文學研究會創作叢書　第1集
（m.w.）

006950803　5235.9　0713　（5）
西施及其他
顧一樵［顧毓琇］、顧青海著　上海　商務印書館　1936年　文學研究會創作叢書　第1集

006950801　5235.9　0713　（6）
籬下集
蕭乾撰　上海　商務印書館　1936年
再版　文學研究會創作叢書　第1集
（m.w.）

006950802　5235.9　0713　（7）
畫廊集
李廣田撰　上海　商務印書館　1936年
再版　文學研究會創作叢書　第1集
（w.）

006951116　5235.9　0713　（10）
漢園集
卞之琳編　上海　商務印書館發行

1936年　初版　文學研究會創作叢書
第1集　（m.w.）

006951050　5235.9　0713　（10）
鄉間的悲劇
蹇先艾著　上海　商務印書館　1937年
初版　文學研究會創作叢書　第2集
（m.w.）

006951040　5235.9　0713　（11）
佳訊
王任叔［巴人］著　長沙　商務印書館
1940年　初版　文學研究會創作叢書
第1集　（m.w.）

006953450　5235.9　0713.2
文學研究會創作叢書第二集
上海　商務印書館　1937年

006953082　5235.9　0713.2　（1）
西行書簡
鄭振鐸著　上海　商務印書館發行
1937年　初版　文學研究會創作叢書
第2集　（m.）

006953302　5235.9　0713.2　（2）
桂公塘
郭源新［鄭振鐸］著　上海　商務印書館
1937年　初版　文學研究會創作叢書
第2集　（m.w.）

006953291　5235.9　0713.2　（3）
流沙
王任叔［巴人］著　上海　商務印書館
1937年　初版　文學研究會創作叢書
第2集　（m.w.）

006953310　5235.9　0713.2　（4）
渡家
靳以著　上海　商務印書館　1937年
初版　文學研究會創作叢書　第2集

（m. w.）

006953247　5235.9　0713.2　(5)
小樹葉
蕭乾著　上海　商務印書館　1937 年初版　文學研究會創作叢書　第 2 集（m. w.）

006953401　5235.9　0713.2　(6)
記憶之都
楊騷著　上海　商務印書館　1937 年　文學研究會創作叢書　第 2 集（m. w.）

006953289　5235.9　0713.2　(7)
芭蕉谷
艾蕪著　上海　商務印書館　1937 年初版　文學研究會創作叢書　第 2 集（m. w.）

006953303　5235.9　0713.2　(8)
黑屋
漣清作　上海　商務印書館　1937 年　文學研究會創作叢書　第 2 集（w.）

006953276　5235.9　0713.2　(9)
這不過是春天
李健吾著　上海　商務印書館　1937 年　初版　文學研究會創作叢書　第 2 集（m. w.）

006953456　5235.9　1223
現代作家文叢
梅林主輯　上海　春明書店　1948—49 年

006953097　5235.9　1223　(02)
郭沫若文集
郭沫若著　上海　春明書店　1949 年　現代作家文叢　(w.)

006953189　5235.9　1223　(03)
茅盾文集
茅盾著　上海　春明書店　1948 年　現代作家文叢　(m. w.)

006953039　5235.9　1223　(05)
葉聖陶文集
葉聖陶著　上海　春明書店　1948 年初版　現代作家文叢　(m. w.)

006953032　5235.9　1223　(06)
巴金文集
李芾甘著　上海　春明書店　1949 年　現代作家文叢　(m. w.)

006953295　5235.9　1223　(08)
丁玲文集
丁玲著　上海　春明書店　1949 年　初版　現代作家文叢　(m. w.)

006953180　5235.9　1223　(09)
張天翼文集
張天翼著　上海　春明書店　1948 年　現代作家文叢　(m. w.)

006953119　5235.9　1223　(10)
雪峰文集
馮雪峰著作　上海　春明書店　1948 年　現代作家文叢　(m. w.)

006953305　5235.9　1223　(11)
胡風文集
胡風著　上海　春明書店　1948 年　初版　現代作家文叢　(m.)

006953245　5235.9　1223　(12)
梅林文集
梅林著　上海　春明書店　1948 年　初版　現代作家文叢

006953470　5235.9　1282
現代創作文庫
徐沉泗、葉忘憂編選　上海　中央書店　1935—49年

006953186　5235.9　1282　(02)
郭沫若選集
徐沉泗、葉忘憂編選　上海　萬象書屋　1936年　現代創作文庫　(m.w.)

006953208　5235.9　1282　(04)
周作人選集
徐沉泗、葉忘憂編選　上海　萬象書屋　1936年　現代創作文庫　(m.w.)

006953036　5235.9　1282　(05)
葉紹鈞選集
徐沉泗、葉忘憂編選　上海　萬象書屋　1936年　現代創作文庫　(m.w.)

006953235　5235.9　1282　(06)　5557.2　2933
徐志摩選集
徐沉泗、葉忘憂編選　上海　萬象書屋　1936年　現代創作文庫　(m.w.)

006953091　5235.9　1282　(07)
王獨清選集
王獨清著　徐沉泗、葉忘憂編選　上海　萬象書屋　1936年　現代創作文庫　(m.w.)

006953267　5235.9　1282　(08)
張資平選集
徐沉泗、葉忘憂編選　上海　萬象書屋　1936年　現代創作文庫　(m.w.)

006953233　5235.9　1282　(09)
冰心選集
徐沉泗、葉忘憂編選　上海　萬象書屋　1936年　現代創作文庫　(m.w.)

006953246　5235.9　1282　(12)
王統照選集
王統照著　徐沉泗、葉忘憂編選　上海　萬象書屋　1936年　初版　現代創作文庫　(m.w.)

006953234　5235.9　1282　(13)
田漢選集
徐沉泗、葉忘憂編選　上海　萬象書屋　1936年　現代創作文庫　(m.w.)

006953092　5235.9　1282　(14)
老舍選集
舒慶春著　徐沉泗、葉忘憂編選　上海　萬象書屋　1936年　現代創作文庫　(m.w.)

006953232　5235.9　1282　(15)
沈從文選集
沈從文著　徐沉泗、葉忘憂編選　上海　上海萬象書屋　1935年　現代創作文庫　(w.)

006953190　5235.9　1282　(16)　T　5235.9　1282
茅盾選集
徐沉泗、葉忘憂編　上海　萬象書屋　1935年　(m.w.)

006953244　5235.9　1282　(17)
魯彥選集
王魯彥[魯彥]著　徐沉泗、葉忘憂編選　上海　萬象書屋　1936年　初版　現代創作文庫　(m.)

006953187　5235.9　1282　(18)
巴金選集
徐沉泗、葉忘憂編選　上海　萬象書屋　1936年　現代創作文庫　(m.w.)

006953231　5235.9　1282　(19)
丁玲選集
徐沉泗、葉忘憂編選　上海　萬象書屋
　1935 年　現代創作文庫　(m.)

006953273　5235.9　1282　(20)
張天翼選集
徐沉泗、葉忘憂編選　上海　萬象書屋
　1936 年　現代創作文庫　(m.w.)

006953312　5235.9　1282　(21)
林語堂選集
林語堂著　何須忍編選　上海　中央書
店　1947 年　新 1 版　現代創作文庫
(m.)

006952960　5235.9　4117
未刻珍品叢傳
姚靈犀校　天津　1936 年　初版　(m.)

005340710　5235.9　5600b
中國新文學大系
趙家璧主編　上海　良友圖書公司
1935 年　初版　(m.w.)

006958905　5235.9　6464
雲間兩徵君集
嚴昌堉輯　上海　1949 年

總集

006958935　5236　0243
古書今譯
高去疾、周殿垣編譯　北平　知行書店
代售　1936 年　(m.)

006958672　5236　0639
分類小品文選
唐宗輝編　上海　倣古書店　1936 年
(m.w.)

006958940　5236　1424
春日
聶紺弩等著　香港　野草出版社　1948
年　野草文叢

006958945　5236　3423　(1-4)
漢魏六朝文繡四卷　漢魏六朝文繡續鈔
凌德編　上海　掃葉山房　1919 年

006958679　5236　4343
秋雁集
藝林社編　上海　亞細亞書局　1928 年
初版　(m.w.)

009412125　MLC-C
中國戀愛的故事
季尊編輯　上海　中西書局　1930 年

006958968　5236　7038
民族浩氣詩文選
復興出版社編輯部編輯　濟南　1948 年

006962713　5236.03　4.02
文選李註義疏一卷
高步瀛撰　濟南　1929 年

007578125　5236.03　4.12
文選類詁
丁福保編　上海　醫學書局　1925 年

006962737　5236.03　4.72
選詩八卷
劉履補註　上海　上海掃葉山房
1923—49 年

006962304　5236.03　4.76
文選學
駱鴻凱著　上海　中華書局　1941 年
3 版　(m.)

006958345　5236.03　4e
文選李善註六十卷

梁昭明太子撰　上海　中華書局
1927—36 年

006962696　5236.03　4g
文選六臣註
李延濟、劉良、張銑、呂向、李周翰、李善
合註　蕭統輯　上海　商務印書館
1929 年　四部叢刊

009586285　5236.03　4j
文選附考異
蕭統選　李善註　上海　商務印書館
1931 年　初版　國學基本叢書　（m.）

006962700　5236.03　4k
文選集註殘本
香港　上虞羅氏　1918 年

006962712　5236.03　4t
文選六卷
蕭統撰　李善註　上海　上海掃葉山房
1923—49 年

007257157　5236.03　4u
胡刻宋本文選六十卷
蕭統撰　李善註　文選考異十卷　胡
克家等撰　上海　鴻文書局　1911—
35 年

002537373　Z3101.Y446x　vol.26
文選註引書引得
引得編纂處編　洪業等　北京　哈佛燕
京學社　1935 年　（m.）

006962750　5236.05　0443
古文苑二十一卷
章樵註　上海　商務印書館　1929 年
四部叢刊　（m.）

006962479　5236.05　0443B
古文苑

（宋）章樵註　（清）錢熙祚校　上海
商務印書館　1937 年　初版　國學基本
叢書　（m.）

006965377　5236.08　8664
古文四象
曾國藩選　張翔鸞輯註　濟南　1918 年

009078855　5236.08　8822
美人千態詩一卷　美人千態詞一卷
雷瑨輯　上海　掃葉山房　1917 年
石印

006965389　5236.09　1103
歷代詩文評註讀本
王文濡評選　郭希汾等註釋　上海　文
明書局　1919—26 年

006965137　5236.09　2466
國難文學
吳貫因編　香港　東北問題研究會
1932 年　初版　（m.）

006965403　5236.09　3257
銅琵金縷八卷
進步書局編輯　上海　文明書局　1936
年　9 版

006965410　5236.09　4153
收穫
克夫著　香港　曹連山　1937 年
（m. w.）

006965139　5236.09　4484
民權素粹編
蔣著超編　上海　民權出版部　1926 年
初版　（m.）

006965138　5236.09　4486
中國文藝叢選
蔣善國編　上海　商務印書館　1925 年

初版 （m.）

006965145　5236.09　4844
歷代女子文集十二卷
趙世傑選輯　江之淮參訂　上海　掃葉山房　1922 年

010103933　5236.09　5447
東林九賢象贊
濟南　1912—45 年　鈔本

009088804　5236.09　5736
書髓室題畫詩詞選第一集二卷　卷首附書髓室題畫詩詞選第二集三卷
沈議編　上海　中華書局　1933—34 年　再版

011933040　PL2490.C4　1937
先秦文學選
蔣伯潛編註　胡倫清校訂　南京　正中書局　1937 年　初版　國文精選叢書　（m.）

006968957　5236.4　4183B
唐文粹一百卷
姚鉉撰　上海　商務印書館　1929 年　四部叢刊

006968625　5236.4　4211
唐文選
胡雲翼編　上海　中華書局　1940 年　初版　高中國文名著選讀　（m.）

006968974　5236.5　6631
宋文鑒一百五十卷　目錄三卷
（宋）呂祖謙撰　上海　商務印書館　1929 年　四部叢刊　（m.）

006968672　5236.5　6631B
宋文鑒
（宋）呂祖謙詮次　上海　商務印書館　1937 年　初版　國學基本叢書　（m.）

006968665　5236.5　793
宋代的抗戰文學
陳安仁著　長沙　商務印書館　1939 年　初版　國學小叢書　（m.）

009249254　5236.5　7932x
宋明愛國文學
陳遵統編　福州　陳遵統　1939 年　初版　（m.）

006968978　5236.6　4912.1
元文類簡編二卷
蘇天爵原編　張相選錄　上海　中華書局　1922 年

006968979　5236.6　4912B
國朝文類七十卷　目錄三卷
蘇天爵撰　上海　商務印書館　1929 年　四部叢刊

006968438　5236.6　4912C
元文類
蘇天爵編　王守誠校訂　上海　商務印書館　1936 年　國學基本叢書　（m.）

006968669　5236.6　4912d
元文類
（元）蘇天爵編　（元）王守誠校訂　上海　商務印書館　1936 年　初版　國學基本叢書　（m.）

006968983　5236.7　2181
皇明文衡一百卷　目錄二卷
程敏政撰　上海　商務印書館　1929 年　四部叢刊

006968671　5236.78　4473
明文在
（清）薛熙纂　上海　商務印書館　1936

年　初版　國學基本叢書　（m.）

006968996　5236.8　2324
江湖夜雨集九卷
吳貞懿輯　濟南　1919年

009031598　5236.88　4344
隨園雅集圖題詠一卷
袁枚輯　上海　蟬隱廬　1936年　石印

006971434　5236.89　2372
吳門弟子集十四卷
吳闓生編輯　香港　蓮池書社　1921年

006971435　5236.89　3122
清代文粹
汪倜然編　上海　世界書局　1935年
再版　（m.）

006971454　5236.89　484
嶺西五家詩文集
黃薊輯　桂林　典雅公司　1935年

006971441　5236.89　484　（01-02）
月滄文集六卷　詩集二卷
呂璜撰　黃薊輯　桂林　典雅公司
1935年　嶺西五家詩文集

006971442　5236.89　484　（02）
初月樓文談
呂璜撰　黃薊輯　桂林　典雅公司
1935年　嶺西五家詩文集

006971443　5236.89　484　（03-04）
怡志堂文集六卷　詩集八卷
朱琦撰　黃薊輯　桂林　典雅公司
1935年　嶺西五家詩文集

006971445　5236.89　484　（05-06）
經德堂文集六卷
龍啟瑞撰　黃薊輯　桂林　典雅公司
1935年　嶺西五家詩文集

006971447　5236.89　484　（07-08）
浣月山房詩集五卷
龍啟瑞撰　黃薊輯　桂林　典雅公司
1935年　嶺西五家詩文集

006971448　5236.89　484　（08）
漢南春柳詞鈔一卷
龍啟瑞撰　黃薊輯　桂林　典雅公司
1935年　嶺西五家詩文集

006971450　5236.89　484　（09-13）
龍壁山房文集五卷　詩集一七卷
王拯撰　黃薊輯　桂林　典雅公司
1935年　嶺西五家詩文集

006971451　5236.89　484　（14）
茂陵秋雨詞四十卷
王拯撰　黃薊輯　桂林　典雅公司
1935年　嶺西五家詩文集

006971452　5236.89　484　（14）
瘦春詞鈔一卷
王拯撰　黃薊輯　桂林　典雅公司
1935年　嶺西五家詩文集

006971453　5236.89　484　（15-16）
致翼堂文集二卷　詩集四卷
彭昱堯撰　黃薊輯　桂林　典雅公司
1935年　嶺西五家詩文集

006971202　5236.9　0300
第二年
葉帆選輯　誼社主編　香港　未明書店
　1940年　初版　（m.w.）

006971201　5236.9　0560
鐘
新中國文藝社編　上海　好華圖書公司
　1939年　初版　新中國文藝叢刊
（m.）

006975944　5236.9　1616
新文選四十卷
雷瑨輯　上海　掃葉山房　1914 年

009244212　5236.9　1741
現代中國女作家創作選
雪菲女士編　上海　中華書局　1937 年
　　再版

006975952　5236.9　2113
愚廬文緣前集二卷
伍于瀚編輯　臺山　1926 年

006975955　5236.9　2322
射虹
衡社出版部編　廣州　執信學校衡社
1932 年

006975957　5236.9　2332
名家近作集
魯迅［周樹人］著　上海　金城書店
1937 年　（m.w.）

006975970　5236.9　3950
荑江吟社詩文第一輯
宗威編輯　香港　鎮梅書社　1939 年

006975765　5236.9　4130
華胥社文藝論集
華胥社編　上海　中華書局　1931 年
　　初版　（m.w.）

006975975　5236.9　4241
南社叢選
胡韞玉選　上海　國學社　1924 年
　　（m.）

006979458　5236.9　494
友聲集十卷
林樸山輯　茂名　茂名居思草堂
1919 年

006979334　5236.9　4942
革命詩文選
葉楚傖主編　唐盧鋒編　上海　正中書
局　1946 年　滬 1 版　國文精選叢書
（m.）

006979461　5236.9　5287
青年與文藝
茅盾著　上海　耕耘出版社　1946 年
耕耘文叢　（m.）

006979473　5236.9　7160
辟疆園詩文彙鈔
顧康伯輯　無錫　1933 年

006979482　5236.9　7942
文苑導遊錄
天虛我生［陳栩］著　上海　時還書局
1936 年　（m.）

006979227　5236.9　7942b
文苑導遊錄
栩園同社生著　栩園編譯社編輯　上海
　　交通圖書館　1918—21 年　（m.）

006979415　5236.9　8582
中國新文學叢刊
錢公俠、施瑛編　上海　啟明書局
1936 年

006979230　5236.9　9074
海嘯
小說月報社編輯　上海　商務印書館
1925 年　初版　小說月報叢刊　（m.）

009314260　5236.92　3630
瀟鳴社詩鐘選甲集二卷
顧準曾編　香港　瀟鳴社　1917 年
鉛印

009013325　5236.99　7428
鳳臺山館題詠錄一卷

潘宗鼎編　鄭洪年刊　香港　鄭洪年
1930年　鉛印

006983713　5237　0442
新撰白話註解千家詩四卷　附笠翁韻對詩品詳註
謝枋得選　黃郎軒譯註　上海　中原書局　1930年

006983719　5237　0442.1
繪圖千家詩註釋四卷　附笠翁對韻　詩品詳註
謝枋得選　王相註釋　上海　錦章圖書局　1923—49年

009370033　5237　1016
美人千態詩殘存上卷
雷璔輯　香港　掃葉山房　1914年　石印

009315486　5237　1175
五朝七律詩選五卷
王長春選　濟南　民國間　鉛印

006986764　5237　1215
古戀歌
愛絲女士[趙景深]編　上海　亞細亞書局　1928年　初版　(m.)

006986977　5237　1350
歷代平民詩集四卷
張惠衣[任政]編輯　上海　商務印書館　1936年

006986767　5237　2182
樂章習誦
盧前[盧冀野]選錄　重慶　文風書局　1945年　初版　(m.)

006986768　5237　2213
軍國民詩選
邵元沖選輯　南京　建國月刊社　1933年　初版　(m.)

006987035　5237　2332
古詩鈔二十卷　附原目四卷
吳汝綸選　香港　武疆賀氏　1928年

009343095　5237　2910
青樓韻語四卷
朱元亮輯註　張夢徵彙選　上海　掃葉山房　1925年

006986771　T　5237　2910
青樓韻語附圖
朱元亮輯　張夢徵彙選並摹像　上海　上海隱虹軒　1914年

006986765　5237　2917
漢魏晉宋五言詩選集註
徐天閔集註　重慶　商務印書館　1946年　初版　(m.)

006987046　5237　3153
愛國詩選
汪靜之選　吳雪帆註　長沙　商務印書館　1938年　(m.)

006987050　5237　4186
怒
老舍等著　香港　堡壘書店　1941年　初版　(w.)

006986690　5237　4211
古詩選
胡雲翼編　昆明　中華書局　1940年　初版　高中國文名著選讀　(m.)

006986691　5237　4211.1
明清詩選
胡雲翼編　昆明　中華書局　1940年　初版　高中國文名著選讀　(m.)

006987055　5237　4844
歷代女子詩集八卷
趙世傑選輯　上海　掃葉山房　1928年

006986766　5237　6183
古今名詩選
劉麟生、瞿兌之[蛻園]、蔡正華選註　上海　商務印書館　1936年　再版（m.）

006986769　5237　8215
民隱詩編十卷
鄭蘇編　上海　交通大學　（寄售）1929年　初版（m.）

006987078　5237　8593b
買愁集
錢尚濠輯　上海　國學研究社　1936年　國學珍本叢書（m.）

006987079　5237　9636
小羅浮社唱和詩存
上海楊芃　1918年

006987049　5237.0　3233
詩選
祁述祖編　南京　南京書店　1931年（m.）

006986485　5237.03　2974b
玉臺新詠十卷
徐陵編　吳兆宜註　程琰刪補　上海　中華書局　1927—36年　四部備要

006986984　5237.03　2974c
玉臺新詠十卷　附續集
徐陵輯　吳兆宜註　上海　世界書局　1936年（m.）

007351377　5237.03　2974d
玉臺新詠十卷
徐陵撰　上海　商務印書館　1937年　國學基本叢書（m.）

006987091　5237.04　3844
竇氏聯珠集
褚藏言編　上海　涵芬樓　1935年

006987092　5237.05　0242
樂府詩集一百卷
郭茂倩編　上海　中華書局　1933年　聚珍仿宋版　四部備要

006989873　5237.05　0242c
樂府詩集一百卷
郭茂倩編次　上海　商務印書館　1937年　國學基本叢書

006989878　5237.05　0242d
樂府詩集一百卷
郭茂倩編　上海　涵芬樓　1912—29年　四部叢刊集部

006989687　5237.06　1366
元詩別裁八卷
（清）張景星選　上海　商務印書館　1934年　初版　國學基本叢書（m.）

006989902　5237.08　1130
童蒙養正詩選附作者姓氏小傳三集
王澤齋選　王揖唐補輯　香港　合肥王氏　1931年

006989422　5237.08　1144B
古詩選五言十七卷　七言十五卷
王士禛[禎]選　上海　中華書局　1927—36年（m.）

006989926　5237.08　2944
宋元明詩三百首六卷
朱梓、冷昌言編　張廷華、黃興洛評註　上海　上海大東書局　1926年

006989424　5237.08　3123
古詩源十四卷
沈德潛選　上海　中華書局　1927—36
年　（m.）

006989932　5237.08　3123c
古詩源二卷
沈德潛撰　上海　商務印書館　1936年
3版　國學基本叢書　（m.）

006989936　5237.08　3123D
古詩源
沈德潛編　傅東華選註　上海　商務印
書館　1934年　學生國學叢書　（m.）

006989423　5237.08　4112
今體詩鈔五言九卷　七言九卷
姚鼐編選　上海　中華書局　1927—
36年

008012702　5237.08　8664a
十八家詩鈔二十八卷
上海　商務印書館　1920年　（m.）

006996459　5237.08　8664B
十八家詩鈔二十八卷
曾國藩纂　李鴻章審訂　王定安校　上
海　中華書局　1927—36年

007359825　5237.08　8664c
十八家詩鈔二八卷
曾國藩纂　上海　世界書局　1935年
（m.）

008012716　5237.08　8664f
詳註十八家詩鈔二十八卷
曾國藩纂　李鴻章審訂　陳存悔等註
上海　中原書局　1926年

008012719　5237.08　8664g
十八家詩鈔二十八卷
（清）曾國藩輯　上海　1915年

006996777　5237.09　0048
非常時期之詩歌
章楨選註　上海　中華書局　1937年
初版　非常时期叢書　（m.）

011274519　PL2518.S534　1934
詩詞精選
蘇淵雷編　上海　世界書局　1934年
（m.）

007002089　5237.09　1030
碧心先生集
至誠社輯　新都　至誠社　1933年

007002099　5237.09　1140
然脂餘韻二卷
王蘊章纂輯　上海　中國圖書公司發行
1918年

008012913　5237.09　1232.1
八代詩精華錄箋註
丁福保編纂　上海　醫學書局　1930年

007001796　5237.09　1232b　5237.09　1232b　c.2
全漢三國晉南北朝詩
丁福保編纂　上海　無錫丁氏校刊
1916年

007496964　Z3101.Y446x　vol.39
全漢三國晉南北朝詩作者引得
哈佛燕京學社引得編纂處　洪業等編
北平　哈佛燕京學社引得編纂處　1941
年　引得叢刊　（m.）

007002112　5237.09　1310
西湖百詠
董嗣杲著　陳贊和　杭州　六藝書局
1934年　（m.）

007002113　5237.09　1314
古今體詩自修讀本
張廷華編輯　上海　廣文書局　1921年

007001841　5237.09　1354
田間詩選
張援編輯　上海　商務印書館　1929年（m.）

007001835　5237.09　1921
中華詩選
孫俍工、孫怒潮編　上海　中華書局　1933年　初版　（m.）

007001837　5237.09　2912
歷代白話詩選
徐珂選輯　葉紹鈞[聖陶]校訂　上海　商務印書館　1925年　初版　（m.）

007001836　5237.09　2912.2
歷代女子白話詩選
徐珂編輯　上海　商務印書館　1924年　初版　（m.）

007001838　5237.09　2912.26
歲時景物日詠大全
徐珂編纂　上海　商務印書館　1929年　初版　（m.）

007001807　5237.09　3146
軍國民詩話
祝嘉編　重慶　商務印書館　1943年　初版　（m.）

007002117　5237.09　3177
西泠三閨秀詩
西泠印社主人編　香港　西泠印社　1914年

010147708　5237.09　3823
宋金名家詩鈔一卷
濟南　1911—45年　黑格鈔本

007001720　5237.09　4245
民族詩選註
胡才甫選註　上海　商務印書館　1937年　初版　學生國學叢書　（m.）

007002119　5237.09　4463b
醒世千家詩
李圓淨編　上海　國光印書局　1929年（m.）

007002120　5237.09　4486　5237.09　4486　(1930)
中國詩選
蔣善國編　上海　商務印書館　1926年

007002123　5237.09　5625
滄社古今詩選
曹穎甫纂　上海　滄社　1925年　上海滄社叢書

007002126　5237.09　6372
古今詩範十六卷
吳闓山評選　香港　文學社　1930年

009013450　5237.09　8401
養壽詩歌六卷
步翼鵬輯　北京　財政部印刷局　1926年　鉛印

007002129　5237.09　9074
高僧山居詩
懺庵居士編輯　上海　商務印書館　1934年

011916213　PL2519.Y8　K8　1926
國風樂選
劉永濟編　上海　泰東圖書局　1926年　初版　（m.）

007002134　5237.29　1982
漢魏六朝詩選
孫人和編註　北平　中國大學　193?年

007002139　5237.29　4882b
漢魏樂府風箋十五卷

黃節箋釋　北京　北京大學出版組
1923年

007001839　5237.29　7941
評註魏三祖詩選
陳柱選註　上海　商務印書館　1934年
初版　（m.）

007005687　5237.4　1103
晚唐詩選
王文濡輯　上海　中華書局　1918年

007005715　5237.4　1211
唐絕句選十二卷
邵長光選輯　上海　商務印書館
1936年

007005723　5237.4　3030
註釋唐詩易讀六卷
達文社編輯　上海　中華書局　1934年

007005730　5237.4　3622
唐詩評選
潘德衡選輯　大阪　柳原書店　1937年

007005366　5237.4　4211
唐詩選
胡雲翼編　昆明　中華書局　1940年
初版　高中國文名著選讀　（m.）

007005737　5237.4　4254
國秀集三卷
芮挺章撰　上海　商務印書館　1929年
四部叢刊

007005743　5237.4　4444B
才調集十卷
韋縠撰　上海　商務印書館　1929年
四部叢刊

007005453　5237.4　7911
唐人故事詩
陳登元編註　南京　南京書店　1931年
初版　（m.）

007010344　5237.4　8100.43
唐詩初箋簡編七卷
楊家駱編註　南京　中國圖書大辭典編
輯館　1935年　初版　仰風樓叢書
（m.）

007010569　5237.4　8212
唐明二翁詩集
翁承贊、翁萬達著　翁暉東編輯　濟南
1926年

007010576　5237.44　0221
中興閒氣集二卷　校補一卷
高仲武撰　上海　商務印書館　1929年
四部叢刊

007010343　5237.45　1131B
唐百家詩選二十卷
（宋）王安石選輯　上海　商務印書館
1935年　初版　（m.）

007010589　5237.47　2116
唐四名家集
毛晉輯　上海　涵芬樓　1930年

007010547　5237.47　2116.1
唐六名家集
常建、韋應物、王建著　毛晉輯　上海
涵芬樓　1926年

007010591　5237.47　2116.2
唐人八家詩
毛晉輯　上海　涵芬樓　1926年

007010598　5237.47　4440.2
評註唐詩選七卷
李滄溟[攀龍]原本　吳吳山註　上海
掃葉山房　1924年

008014449　5237.48　1131
[王荆公]唐百家詩選
王安石編　無錫　丁福保　191？年

007020208　5237.48　1939.02
白話註釋唐詩三百首讀本六卷
蘅塘退士編　許舜[德厚]註　夢花館主[江陰香]校訂　上海　服務公司　1945年

011901496　PL2671.H8　1932
李白詩選
胡雲翼選輯　九龍　香港文淵書店　1932年　（m.）

008056842　MLC-C
唐人萬首絕句選
洪邁元本　王士禎選本　上海　商務印書館　1929年

007020343　5237.48　1939.02b
白話註釋唐詩三百首六卷
蘅塘退士[孫洙]手編　許舜白話註　上海　廣益書局　1933年　重訂

008012584　5237.48　1939.04b
唐詩三百首註疏六卷
蘅塘退士編　章燮註　上海　掃葉山房　1931年

007020353　5237.48　1939.1
唐詩三百首
孫洙編　琴石山人增評補註　上海　會文堂書局　1925年　3版

007020356　5237.48　1939.20
唐詩三百首
孫洙編　何應銘句解　上海　新文化書社　1939年　（m.）

007025174　5237.48　1939.21
唐詩三百首　註釋作法六卷
蘅塘退士[孫洙]選　朱麟註　白香詞譜考釋作法　舒夢蘭選輯　韓楚原重編　上海　世界書局　1936年

007025179　5237.48　1939.48
傭廬唐詩三百首新評二卷
孫洙編　袁金鎧輯　濟南　1934年

007024992　5237.48　3123b
唐詩別裁二十卷
（清）沈德潛選註　上海　商務印書館　1935年　初版　國學基本叢書　（m.）

007025196　5237.48　7104
唐詩合選詳解八卷
劉文蔚註釋　上海　錦章書局　1941年

007025201　5237.49　0223b
唐宋詩舉要八卷
高步瀛編輯　北京　直隸書局　1931年

006027725　5237.49　2944
唐詩宋詞選
徐聲越編註　重慶　正中書局　1943年　國文精選叢書　（m.）

007025219　5237.5　1147
翰苑英華中州集十卷　中州樂府一卷
元好問撰　上海　涵芬樓　1912—29？年　四部叢刊集部

008088095　5237.5　1232.4
聖宋九僧詩
丁福保編纂　上海　醫學書局　1923年

009249493　5237.5　1354
宋朝詩的小説上下卷
張末士編　上海　文明書局　1922年　初版　（m.）

007025230　5237.5　4223
西崑酬唱集二卷

楊億編　上海　商務印書館　1929年
四部叢刊　（m.）

007024780　5237.5　5457
宋四靈詩
中華書局輯註　蔣劍人選本　上海　中華書局　1940年　初版　（m.）

007052907　5237.57　4230
汲古閣景宋鈔南宋群賢六十家小集
毛晉輯　香港　古書流通處　1922年

007052819　5237.57　4230　(01)
龍洲道人詩集一卷
劉過撰　上海　古書流通處　1921—22年　汲古閣景宋鈔南宋群賢六十家小集

007052821　5237.57　4230　(01)
石屏長短句一卷
戴復古撰　上海　古書流通處　1921—22年　汲古閣景宋鈔南宋群賢六十家小集

007052820　5237.57　4230　(01)
石屏續集四十卷
戴復古撰　上海　古書流通處　1921—22年　汲古閣景宋鈔南宋群賢六十家小集

007052822　5237.57　4230　(02)
方泉先生詩集三卷
周文璞撰　上海　古書流通處　1921—22年　汲古閣景宋鈔南宋群賢六十家小集

007052823　5237.57　4230　(03)
白石道人詩集一卷
姜夔撰　上海　古書流通處　1921—22年　汲古閣景宋鈔南宋群賢六十家小集

007052825　5237.57　4230　(04)
野谷詩稿六卷
趙汝鐩撰　上海　古書流通處　1921—22年　汲古閣景宋鈔南宋群賢六十家小集

007052826　5237.57　4230　(05)
安晚堂詩集七卷
鄭清之撰　上海　古書流通處　1921—22年　汲古閣景宋鈔南宋群賢六十家小集

007052829　5237.57　4230　(06)
菊潭詩集一卷
吳仲孚撰　上海　古書流通處　1921—22年　汲古閣景宋鈔南宋群賢六十家小集

007052828　5237.57　4230　(06)
橘潭詩稿一卷
何應龍撰　上海　古書流通處　1921—22年　汲古閣景宋鈔南宋群賢六十家小集

007052827　5237.57　4230　(06)
棠湖詩稿一卷
岳珂　上海　古書流通處　1921—22年　汲古閣景宋鈔南宋群賢六十家小集

007052824　5237.57　4230　(06)
雲泉詩集一卷
永頤[山老]　上海　古書流通處　1921—22年　汲古閣景宋鈔南宋群賢六十家小集

007052836　5237.57　4230　(07)
雪巖吟草一卷
宋伯仁編　上海　古書流通處　1921—22年　汲古閣景宋鈔南宋群賢六十家小集

007052831   5237.57   4230   (07)
芸隱橫舟稿一卷
施樞　上海　古書流通處　1921—22年　汲古閣景宋鈔南宋群賢六十家小集

007052830   5237.57   4230   (07)
芸隱倦遊稿一卷
施樞　上海　古書流通處　1921—22年　汲古閣景宋鈔南宋群賢六十家小集

007052834   5237.57   4230   (08)
梅屋第三稿一卷　第四稿一卷
許棐　上海　古書流通處　1921—22年　汲古閣景宋鈔南宋群賢六十家小集

007052832   5237.57   4230   (08)
梅屋詩稿一卷
許棐　上海　古書流通處　1921—22年　汲古閣景宋鈔南宋群賢六十家小集

007052835   5237.57   4230   (08)
梅屋詩餘一卷
許棐　上海　古書流通處　1921—22年　汲古閣景宋鈔南宋群賢六十家小集

007052833   5237.57   4230   (08)
融春小綴一卷
許棐　上海　古書流通處　1921—22年　汲古閣景宋鈔南宋群賢六十家小集

007052837   5237.57   4230   (09)
文陽端平詩雋四十卷
周弼撰　上海　古書流通處　1921—22年　汲古閣景宋鈔南宋群賢六十家小集

007052838   5237.57   4230   (09)
竹溪十一稿詩選
林希逸　上海　古書流通處　1921—22年　汲古閣景宋鈔南宋群賢六十家小集

007052841   5237.57   4230   (10)
菊澗小稿一卷
高九萬撰　上海　古書流通處　1921—22年　汲古閣景宋鈔南宋群賢六十家小集

007052842   5237.57   4230   (10)
疎寮小集一卷
高似孫撰　上海　古書流通處　1921—22年　汲古閣景宋鈔南宋群賢六十家小集

007052844   5237.57   4230   (10)
學吟一卷
朱南傑撰　上海　古書流通處　1921—22年　汲古閣景宋鈔南宋群賢六十家小集

007052840   5237.57   4230   (10)
雪坡小稿二卷
羅與之撰　上海　古書流通處　1921—22年　汲古閣景宋鈔南宋群賢六十家小集

007052843   5237.57   4230   (10)
雅林小稿一卷
王琮撰　上海　古書流通處　1921—22年　汲古閣景宋鈔南宋群賢六十家小集

007052839   5237.57   4230   (10)
雲泉詩一卷
薛嵎　上海　古書流通處　1921—22年　汲古閣景宋鈔南宋群賢六十家小集

007052845   5237.57   4230   (11)
學詩初稿一卷
王同祖著　上海　古書流通處　1921—22年　汲古閣景宋鈔南宋群賢六十家小集

007052847   5237.57   4230   (12)
皇荂曲一卷
鄧林撰　上海　古書流通處　1921年

汲古閣景宋鈔南宋群賢六十家小集

007052849　5237.57　4230　（12）
靖逸小集一卷
葉紹翁　上海　古書流通處　1921 年
汲古閣景宋鈔南宋群賢六十家小集

007052846　5237.57　4230　（12）
梅屋吟一卷
鄒登龍撰　上海　古書流通處　1921—22 年　汲古閣景宋鈔南宋群賢六十家小集

007052851　5237.57　4230　（12）
癖齋小集一卷
杜旃撰　上海　古書流通處　1921 年
汲古閣景宋鈔南宋群賢六十家小集

007052850　5237.57　4230　（12）
秋江煙草一卷
張弋撰　上海　古書流通處　1921 年
汲古閣景宋鈔南宋群賢六十家小集

007052848　5237.57　4230　（12）
庸齋小集一卷
沈說　上海　古書流通處　1921 年　汲古閣景宋鈔南宋群賢六十家小集

007052854　5237.57　4230　（13）
北窗詩稿一卷
余觀復　上海　古書流通處　1921 年
汲古閣景宋鈔南宋群賢六十家小集

007052855　5237.57　4230　（13）
吾竹小稿一卷
毛翊撰　上海　古書流通處　1921 年
汲古閣景宋鈔南宋群賢六十家小集

007057496　5237.57　4230　（13）
西麓詩稿一卷
陳允平撰　上海　古書流通處　1921 年

汲古閣景宋鈔南宋群賢六十家小集

007052852　5237.57　4230　（13）
巽齋小集一卷
危積撰　上海　古書流通處　1921 年
汲古閣景宋鈔南宋群賢六十家小集

007052853　5237.57　4230　（13）
竹所吟稿一卷
徐集孫　上海　古書流通處　1921 年
汲古閣景宋鈔南宋群賢六十家小集

007057499　5237.57　4230　（14）
抱拙小稿一卷
趙希㯭撰　上海　古書流通處　1921 年
汲古閣景宋鈔南宋群賢六十家小集

007057503　5237.57　4230　（14）
東齋小集一卷
陳鑒之撰　上海　古書流通處　1921 年
汲古閣景宋鈔南宋群賢六十家小集

007057500　5237.57　4230　（14）
蒙泉詩稿一卷
李濤撰　上海　古書流通處　1921 年
汲古閣景宋鈔南宋群賢六十家小集

007057498　5237.57　4230　（14）
甌渚微吟一卷
趙崇鉘撰　上海　古書流通處　1921 年
汲古閣景宋鈔南宋群賢六十家小集

007057501　5237.57　4230　（14）
心遊摘稿一卷
劉翼撰　上海　古書流通處　1921 年
汲古閣景宋鈔南宋群賢六十家小集

007057497　5237.57　4230　（14）
雪林刪餘一卷
張至龍撰　上海　古書流通處　1921 年
汲古閣景宋鈔南宋群賢六十家小集

007057502　5237.57　4230　(14)
竹莊小稿一卷
胡仲參撰　上海　古書流通處　1921年
　汲古閣景宋鈔南宋群賢六十家小集

007057507　5237.57　4230　(15)
骰稿一卷
利登撰　上海　古書流通處　1921年
　汲古閣景宋鈔南宋群賢六十家小集

007057506　5237.57　4230　(15)
檜庭吟稿一卷
葛起耕撰　上海　古書流通處　1921年
　汲古閣景宋鈔南宋群賢六十家小集

007057504　5237.57　4230　(15)
適安藏拙餘稿一卷　乙稿一卷
武衍撰　上海　古書流通處　1921年
　汲古閣景宋鈔南宋群賢六十家小集

007057505　5237.57　4230　(15)
漁溪詩稿二卷　乙稿一卷
俞桂　上海　古書流通處　1921年　汲
古閣景宋鈔南宋群賢六十家小集

007057510　5237.57　4230　(16)
葛無懷小集一卷
葛天民撰　上海　古書流通處　1921年
　汲古閣景宋鈔南宋群賢六十家小集

007057508　5237.57　4230　(16)
露香拾稿一卷
黃大受撰　上海　古書流通處　1921年
　汲古閣景宋鈔南宋群賢六十家小集

007057511　5237.57　4230　(16)
朧翁詩集二卷
敖陶孫撰　上海　古書流通處　1921年
　汲古閣景宋鈔南宋群賢六十家小集

007057509　5237.57　4230　(16)
雲臥詩集一卷

吳汝弌　上海　古書流通處　1921年
　汲古閣景宋鈔南宋群賢六十家小集

007057512　5237.57　4230　(16)
招山小集一卷
劉仙倫撰　上海　古書流通處　1921年
　汲古閣景宋鈔南宋群賢六十家小集

007057515　5237.57　4230　(17)
斗野稿支卷一卷
張蘊撰　上海　古書流通處　1921年
　汲古閣景宋鈔南宋群賢六十家小集

007057514　5237.57　4230　(17)
端隱吟稿一卷
林尚仁撰　上海　古書流通處　1921年
　汲古閣景宋鈔南宋群賢六十家小集

007057516　5237.57　4230　(17)
静佳龍尋稿一卷　乙稿一卷
朱繼芳撰　上海　古書流通處　1921年
　汲古閣景宋鈔南宋群賢六十家小集

007057513　5237.57　4230　(17)
山居存稿一卷
陳必復撰　上海　古書流通處　1921年
　汲古閣景宋鈔南宋群賢六十家小集

007057517　5237.57　4230　(18)
采芝集一卷　續稿一卷
斯植　上海　古書流通處　1921年　汲
古閣景宋鈔南宋群賢六十家小集

007057518　5237.57　4230　(18)
看雲小集一卷
黃文雷撰　上海　古書流通處　1921年
　汲古閣景宋鈔南宋群賢六十家小集

007057520　5237.57　4230　(18)
小山集一卷
劉翰撰　上海　古書流通處　1921年

汲古閣景宋鈔南宋群賢六十家小集

007057519　5237.57　4230　(18)
雪窗小集一卷
張良臣撰　上海　古書流通處　1921年
汲古閣景宋鈔南宋群賢六十家小集

007057522　5237.57　4230　(18)
雪蓬稿
姚鏞撰　上海　古書流通處　1921年
汲古閣景宋鈔南宋群賢六十家小集

007057521　5237.57　4230　(19)
順適堂吟稿各一卷甲集至戊集
葉茵　上海　古書流通處　1921年　汲古閣景宋鈔南宋群賢六十家小集

007057523　5237.57　4230　(20)
芸居乙稿一卷
陳起撰　上海　古書流通處　1921年
汲古閣景宋鈔南宋群賢六十家小集

007057524　5237.57　4230　(21)
瓜廬詩一卷　附錄一卷
薛師石　上海　古書流通處　1921年
汲古閣景宋鈔南宋群賢六十家小集

007057536　5237.57　4230　(21-24)
南宋八家集
毛晉輯　香港　古書流通處　1922年

007057525　5237.57　4230　(21)
葦碧軒集一卷　補遺一卷
翁卷　上海　古書流通處　1921年　汲古閣景宋鈔南宋群賢六十家小集

007057527　5237.57　4230　(22)
芳蘭軒集一卷　補遺一卷
徐照　上海　古書流通處　1921年　汲古閣景宋鈔南宋群賢六十家小集

007057526　5237.57　4230　(22)
清苑齋集一卷　補遺一卷
趙師秀撰　上海　古書流通處　1921年
汲古閣景宋鈔南宋群賢六十家小集

007057528　5237.57　4230　(23)
二薇亭集一卷　補遺一卷
徐璣撰　上海　古書流通處　1921年
汲古閣景宋鈔南宋群賢六十家小集

007057529　5237.57　4230　(23)
梅花衲一卷
李壏撰　上海　古書流通處　1921年
汲古閣景宋鈔南宋群賢六十家小集

007057530　5237.57　4230　(24)
翦綃集二卷
李壏和父集唐人句　上海　古書流通處　1921年　汲古閣景宋鈔南宋群賢六十家小集

007057531　5237.57　4230　(24)
退庵遺集二卷
吳淵撰　上海　古書流通處　1921年
汲古閣景宋鈔南宋群賢六十家小集

007057532　5237.57　4230　(24)
芸居遺詩一卷
陳起撰　上海　古書流通處　1921年
汲古閣景宋鈔南宋群賢六十家小集

003732437　5237.58　1366
宋詩別裁八卷
張景星等選　上海　商務印書館　1934年　再版　(m.)

007057579　5237.58　2335
宋詩鈔初集
吳孟舉[之振]、呂晚村[留良]、吳自牧同選　上海　涵芬樓　1914年

007057537　5237.58　2335　(01)
小畜集鈔一卷
王禹偁撰　上海　涵芬樓　1914年　宋詩鈔初集

007057542　5237.58　2335　(02)
安陽集鈔一卷
韓琦撰　上海　涵芬樓　1914年　宋詩鈔初集

007057540　5237.58　2335　(02)
騎省集鈔一卷
徐鉉撰　上海　涵芬樓　1914年　宋詩鈔初集

007057544　5237.58　2335　(03)
滄浪集鈔一卷
蘇舜欽撰　上海　涵芬樓　1914年　宋詩鈔初集

007057545　5237.58　2335　(03)
乖崖詩鈔一卷
張詠撰　上海　涵芬樓　1914年　宋詩鈔初集

007057547　5237.58　2335　(03)
清獻詩鈔一卷
趙抃撰　上海　涵芬樓　1914年　宋詩鈔初集

007057549　5237.58　2335　(04)
宛陵詩鈔一卷
梅堯臣撰　上海　涵芬樓　1914年　宋詩鈔初集

007057550　5237.58　2335　(04)
武溪詩鈔一卷
余靖撰　上海　涵芬樓　1914年　宋詩鈔初集

007057552　5237.58　2335　(05)
歐陽文忠詩鈔一卷
歐陽修撰　上海　涵芬樓　1914年　宋詩鈔初集

007057554　5237.58　2335　(06)
徂徠詩鈔一卷
石介撰　上海　涵芬樓　1914年　宋詩鈔初集

007057553　5237.58　2335　(06)
和靖詩鈔一卷
林逋撰　上海　涵芬樓　1914年　宋詩鈔初集

007057558　5237.58　2335　(07)
平仲清江集鈔一卷
孔平仲撰　上海　涵芬樓　1914年　宋詩鈔初集

007057557　5237.58　2335　(07)
文仲清江集鈔一卷
孔文仲撰　上海　涵芬樓　1914年　宋詩鈔初集

007057556　5237.58　2335　(07)
武仲清江集鈔一卷
孔武仲撰　上海　涵芬樓　1914年　宋詩鈔初集

007057561　5237.58　2335　(08)
南陽集鈔一卷
韓維撰　上海　涵芬樓　1914年　宋詩鈔初集

007057566　5237.58　2335　(09)
臨川詩鈔一卷
王安石撰　上海　涵芬樓　1914年　宋詩鈔初集

007057569　5237.58　2335　(10-11)
東坡詩鈔一卷
蘇軾撰　上海　涵芬樓　1914年　宋詩

鈔初集

007057572　5237.58　2335　（12）
廣陵詩鈔一卷
王令撰　上海　涵芬樓　1914 年　宋詩鈔初集

007057570　5237.58　2335　（12）
西塘詩鈔一卷
鄭俠撰　上海　涵芬樓　1914 年　宋詩鈔初集

007057574　5237.58　2335　（13）
丹淵集鈔一卷
文同撰　上海　涵芬樓　1914 年　宋詩鈔初集

007057573　5237.58　2335　（13）
後山詩鈔一卷
陳師道撰　上海　涵芬樓　1914 年　宋詩鈔初集

007057575　5237.58　2335　（13）
襄陽詩鈔一卷
米芾撰　上海　涵芬樓　1914 年　宋詩鈔初集

007057576　5237.58　2335　（14）
山谷詩鈔一卷
黃庭堅撰　上海　涵芬樓　1914 年　宋詩鈔初集

007057577　5237.58　2335　（15）
宛丘詩鈔一卷
張耒撰　上海　涵芬樓　1914 年　宋詩鈔初集

007057581　5237.58　2335　（16）
雞肋集鈔一卷
晁補之撰　上海　涵芬樓　1914 年　宋詩鈔初集

007057578　5237.58　2335　（16）
具茨集鈔一卷
晁沖之撰　上海　涵芬樓　1914 年　宋詩鈔初集

007057580　5237.58　2335　（16）
陵陽詩鈔一卷
韓駒撰　上海　涵芬樓　1914 年　宋詩鈔初集

007057582　5237.58　2335　（17）
道鄉詩鈔一卷
鄒浩撰　上海　涵芬樓　1914 年　宋詩鈔初集

007057583　5237.58　2335　（17）
淮海集鈔一卷
秦觀撰　上海　涵芬樓　1914 年　宋詩鈔初集

007057584　5237.58　2335　（17）
江湖長翁詩鈔一卷
陳造撰　上海　涵芬樓　1914 年　宋詩鈔初集

007060993　5237.58　2335　（18）
龜溪集鈔一卷
沈與求撰　上海　涵芬樓　1914 年　宋詩鈔初集

007060994　5237.58　2335　（18）
節孝詩鈔一卷
徐積撰　上海　涵芬樓　1914 年　宋詩鈔初集

007060990　5237.58　2335　（18）
西溪集鈔一卷
沈遘撰　上海　涵芬樓　1914 年　宋詩鈔初集

007057585　5237.58　2335　(18)
雲巢詩鈔一卷
沈遼撰　上海　涵芬樓　1914年　宋詩鈔初集

007060997　5237.58　2335　(19)
簡齋詩鈔一卷
陳與義撰　上海　涵芬樓　1914年　宋詩鈔初集

007061007　5237.58　2335　(20)
眉山詩鈔一卷
唐庚撰　上海　涵芬樓　1914年　宋詩鈔初集

007061004　5237.58　2335　(20)
雙溪詩鈔一卷
王炎撰　上海　涵芬樓　1914年　宋詩鈔初集

007061001　5237.58　2335　(20)
盱江集鈔一卷
李覯撰　上海　涵芬樓　1914年　宋詩鈔初集

007061015　5237.58　2335　(21)
浮溪集鈔一卷
汪藻撰　上海　涵芬樓　1914年　宋詩鈔初集

007061014　5237.58　2335　(21)
橫浦詩鈔一卷
張九成撰　上海　涵芬樓　1914年　宋詩鈔初集

007061009　5237.58　2335　(21)
鴻慶集鈔一卷
孫覿撰　上海　涵芬樓　1914年　宋詩鈔初集

007061012　5237.58　2335　(21)
建康集鈔一卷
葉夢得撰　上海　涵芬樓　1914年　宋詩鈔初集

007061011　5237.58　2335　(21)
蘆川歸來集鈔一卷
張元幹撰　上海　涵芬樓　1914年　宋詩鈔初集

007061017　5237.58　2335　(21)
香溪集鈔一卷
范浚撰　上海　涵芬樓　1914年　宋詩鈔初集

007061018　5237.58　2335　(22)
屏山集鈔一卷
劉子翬撰　上海　涵芬樓　1914年　宋詩鈔初集

007061019　5237.58　2335　(22)
韋齋詩鈔一卷
朱松撰　上海　涵芬樓　1914年　宋詩鈔初集

007061020　5237.58　2335　(22)
玉瀾集鈔一卷
朱槔撰　上海　涵芬樓　1914年　宋詩鈔初集

007061021　5237.58　2335　(23)
北山小集鈔一卷
程俱撰　上海　涵芬樓　1914年　宋詩鈔初集

007061023　5237.58　2335　(23)
益公省齋稿鈔一卷　益公平園續稿鈔一卷
周必大撰　上海　涵芬樓　1914年　宋詩鈔初集

007061022　5237.58　2335　(23)
竹洲詩鈔一卷
吳儆撰　上海　涵芬樓　1914年　宋詩

鈔初集

007061024　5237.58　2335　(24)
文公集鈔一卷
朱熹撰　上海　涵芬樓　1914年　宋詩鈔初集

007061025　5237.58　2335　(25)
石湖詩鈔一卷
范成大撰　上海　涵芬樓　1914年　宋詩鈔初集

007061026　5237.58　2335　(26-28)
劍南詩鈔一卷
陸游撰　上海　涵芬樓　1914年　宋詩鈔初集

007061028　5237.58　2335　(28)
止齋詩鈔一卷
陳傅良撰　上海　涵芬樓　1914年　宋詩鈔初集

007061029　5237.58　2335　(29-31)
誠齋江湖集鈔一卷
楊萬里撰　上海　涵芬樓　1914年　宋詩鈔初集

007061034　5237.58　2335　(32)
艾軒詩鈔一卷
林光朝撰　上海　涵芬樓　1914年　宋詩鈔初集

007061030　5237.58　2335　(32)
浪語集鈔一卷
薛季宣撰　上海　涵芬樓　1914年　宋詩鈔初集

007061032　5237.58　2335　(32)
水心詩鈔一卷
葉適撰　上海　涵芬樓　1914年　宋詩鈔初集

007067115　5237.58　2335　(33)
二薇亭詩鈔一卷
徐璣撰　上海　涵芬樓　1914年　宋詩鈔初集

007067114　5237.58　2335　(33)
芳蘭軒詩鈔一卷
徐照撰　上海　涵芬樓　1914年　宋詩鈔初集

007061035　5237.58　2335　(33)
攻媿集鈔一卷
樓鑰撰　上海　涵芬樓　1914年　宋詩鈔初集

007061036　5237.58　2335　(33)
清苑齋詩鈔一卷
趙師秀撰　上海　涵芬樓　1914年　宋詩鈔初集

007061037　5237.58　2335　(33)
葦碧軒詩鈔一卷
翁卷撰　上海　涵芬樓　1914年　宋詩鈔初集

007067117　5237.58　2335　(34)
後村詩鈔一卷
劉克莊撰　上海　涵芬樓　1914年　宋詩鈔初集

007067116　5237.58　2335　(34)
知稼翁集鈔一卷
黃公度撰　上海　涵芬樓　1914年　宋詩鈔初集

007067121　5237.58　2335　(35)
東皋詩鈔一卷
戴敏撰　上海　涵芬樓　1914年　宋詩鈔初集

007067118　5237.58　2335　(35)
盧溪集鈔一卷

王庭珪撰 上海 涵芬樓 1914年 宋詩鈔初集

007067119　5237.58　2335　(35)
漫塘詩鈔一卷
劉宰撰 上海 涵芬樓 1914年 宋詩鈔初集

007067120　5237.58　2335　(35)
義豐集鈔一卷
王阮撰 上海 涵芬樓 1914年 宋詩鈔初集

007067122　5237.58　2335　(36)
石屏詩鈔一卷
戴復古撰 上海 涵芬樓 1914年 宋詩鈔初集

007067123　5237.58　2335　(37)
農歌集鈔一卷
戴昺撰 上海 涵芬樓 1914年 宋詩鈔初集

007067126　5237.58　2335　(37)
清雋集鈔一卷
鄭起撰 上海 涵芬樓 1914年 宋詩鈔初集

007067124　5237.58　2335　(37)
秋崖小稿鈔一卷
方岳撰 上海 涵芬樓 1914年 宋詩鈔初集

007067129　5237.58　2335　(38)
文山詩鈔一卷
文天祥撰 上海 涵芬樓 1914年 宋詩鈔初集

007067128　5237.58　2335　(38)
晞髮集鈔一卷　晞髮近稿鈔一卷　附天地間集一卷
謝翱撰並輯天地間集 上海 涵芬樓 1914年 宋詩鈔初集

007067130　5237.58　2335　(38)
先天集鈔一卷
許月卿撰 上海 涵芬樓 1914年 宋詩鈔初集

007067131　5237.58　2335　(39)
白石樵唱鈔一卷
林景熙撰 上海 涵芬樓 1914年 宋詩鈔初集

007067134　5237.58　2335　(39)
隆吉詩鈔一卷
梁棟撰 上海 涵芬樓 1914年 宋詩鈔初集

007067135　5237.58　2335　(39)
潛齋詩鈔一卷
何夢桂撰 上海 涵芬樓 1914年 宋詩鈔初集

007067132　5237.58　2335　(39)
山民詩鈔一卷
真山民撰 上海 涵芬樓 1914年 宋詩鈔初集

007067133　5237.58　2335　(39)
水雲詩鈔一卷
汪元量撰 上海 涵芬樓 1914年 宋詩鈔初集

007067136　5237.58　2335　(40)
參寥詩鈔一卷
釋道潛撰 上海 涵芬樓 1914年 宋詩鈔初集

007067138　5237.58　2335　(40)
花蕊詩鈔一卷
費氏撰 上海 涵芬樓 1914年 宋詩

鈔初集·

007067137　5237.58　2335　(40)
石門詩鈔一卷
釋惠洪撰　上海　涵芬樓　1914 年　宋詩鈔初集

007025234　5237.58　2335b
宋詩鈔
呂留良、吳之振選　李宣龔校補　上海　商務印書館　1935 年　國學基本叢書（m.）

007029377　5237.58　6476
千首宋人絕句十卷
嚴長明錄　上海　商務印書館　1934 年

007029771　5237.58　8604　　5237.58　8604　c.2
宋詩鈔補不分卷
管庭芬補　蔣光煦編輯　上海　涵芬樓　1915 年

008012922　5237.58　8604　(1)
安陽集補鈔一卷
韓琦撰　上海　涵芬樓　1915 年　宋詩鈔補

008012923　5237.58　8604　(1)
滄浪集補鈔一卷
蘇舜欽撰　上海　涵芬樓　1915 年　宋詩鈔補

008012925　5237.58　8604　(1)
和靖集補鈔一卷
林逋撰　上海　涵芬樓　1915 年　宋詩鈔補

008012929　5237.58　8604　(1)
臨川集補鈔一卷
王安石撰　上海　涵芬樓　1915 年　宋詩鈔補

008012928　5237.58　8604　(1)
南陽集補鈔一卷
韓維撰　上海　涵芬樓　1915 年　宋詩鈔補

008012926　5237.58　8604　(1)
歐陽文忠詩補鈔一卷
歐陽修撰　上海　涵芬樓　1915 年　宋詩鈔補

008012927　5237.58　8604　(1)
平仲清江集補鈔一卷
孔文仲撰　上海　涵芬樓　1915 年　宋詩鈔補

008012921　5237.58　8604　(1)
騎省集補鈔一卷
徐鉉撰　上海　涵芬樓　1915 年　宋詩鈔補

008083714　5237.58　8604　(1)
文仲清江集補鈔一卷
孔文仲撰　上海　涵芬樓　1915 年　宋詩鈔補

008012924　5237.58　8604　(1)
武溪集補鈔一卷
余靖撰　上海　涵芬樓　1915 年　宋詩鈔補

008012920　5237.58　8604　(1)
小畜集補鈔一卷
王禹偁撰　上海　涵芬樓　1915 年　宋詩鈔補

008012934　5237.58　8604　(2)
丹淵集補鈔一卷
文同撰　上海　涵芬樓　1915 年　宋詩鈔補

008012930　5237.58　8604　(2)
東坡集補鈔一卷

蘇軾撰　上海　涵芬樓　1915 年　宋詩鈔補

008012932　5237.58　8604　（2）
廣陵集補鈔一卷
王令撰　上海　涵芬樓　1915 年　宋詩鈔補

008012933　5237.58　8604　（2）
後山集補鈔一卷
陳師道撰　上海　涵芬樓　1915 年　宋詩鈔補

008012936　5237.58　8604　（2）
山谷集補鈔一卷
黃庭堅撰　上海　涵芬樓　1915 年　宋詩鈔補

008012931　5237.58　8604　（2）
西塘集補鈔一卷
鄭俠撰　上海　涵芬樓　1915 年　宋詩鈔補

008012935　5237.58　8604　（2）
襄陽集補鈔一卷
米芾撰　上海　涵芬樓　1915 年　宋詩鈔補

008012941　5237.58　8604　（3）
道鄉集補鈔一卷
鄒浩撰　上海　涵芬樓　1915 年　宋詩鈔補

008012942　5237.58　8604　（3）
淮海集補鈔一卷
秦觀撰　上海　涵芬樓　1915 年　宋詩鈔補

008012940　5237.58　8604　（3）
雞肋集補鈔一卷
晁補之撰　上海　涵芬樓　1915 年　宋詩鈔補

008012943　5237.58　8604　（3）
江湖長翁集一卷
陳造撰　上海　涵芬樓　1915 年　宋詩鈔補

008012938　5237.58　8604　（3）
具茨集補鈔一卷
晁沖之撰　上海　涵芬樓　1915 年　宋詩鈔補

008012939　5237.58　8604　（3）
陵陽集補鈔一卷
韓駒撰　上海　涵芬樓　1915 年　宋詩鈔補

008012944　5237.58　8604　（3）
龍雲集鈔一卷
劉弇撰　上海　涵芬樓　1915 年　宋詩鈔補

008012937　5237.58　8604　（3）
宛丘集補鈔一卷
張耒撰　上海　涵芬樓　1915 年　宋詩鈔補

008012959　5237.58　8604　（4）
栟櫚集鈔一卷
鄧肅撰　上海　涵芬樓　1915 年　宋詩鈔補

008012955　5237.58　8604　（4）
龜溪集補鈔一卷
沈與求撰　上海　涵芬樓　1915 年　宋詩鈔補

008012965　5237.58　8604　（4）
橫浦集補鈔一卷
張九成撰　上海　涵芬樓　1915 年　宋詩鈔補

008012962　5237.58　8604　(4)
鴻慶集補鈔一卷
孫覿撰　上海　涵芬樓　1915 年　宋詩鈔補

008012957　5237.58　8604　(4)
簡齋集補鈔一卷
陳與義撰　上海　涵芬樓　1915 年　宋詩鈔補

008012964　5237.58　8604　(4)
建康集補鈔一卷
葉夢得撰　上海　涵芬樓　1915 年　宋詩鈔補

008012956　5237.58　8604　(4)
節孝集補鈔一卷
徐積撰　上海　涵芬樓　1915 年　宋詩鈔補

008012963　5237.58　8604　(4)
蘆川歸來集補鈔一卷
張元幹撰　上海　涵芬樓　1915 年　宋詩鈔補

008012961　5237.58　8604　(4)
眉山集補鈔一卷
唐庚撰　上海　涵芬樓　1915 年　宋詩鈔補

008012960　5237.58　8604　(4)
雙溪集補鈔一卷
王炎撰　上海　涵芬樓　1915 年　宋詩鈔補

008012946　5237.58　8604　(4)
西溪集補鈔一卷
沈遘撰　上海　涵芬樓　1915 年　宋詩鈔補

008012958　5237.58　8604　(4)
盱江集補鈔一卷
李覯撰　上海　涵芬樓　1915 年　宋詩鈔補

008012945　5237.58　8604　(4)
雲巢集補鈔一卷
沈遼撰　上海　涵芬樓　1915 年　宋詩鈔補

008012966　5237.58　8604　(5)
浮溪集補鈔一卷
汪藻撰　上海　涵芬樓　1915 年　宋詩鈔補

008012968　5237.58　8604　(5)
屏山集補鈔一卷
劉子翬撰　上海　涵芬樓　1915 年　宋詩鈔補

008012972　5237.58　8604　(5)
省齋集補鈔一卷　平園集補鈔一卷
周必大撰　上海　涵芬樓　1915 年　宋詩鈔補

008012974　5237.58　8604　(5)
石湖集補鈔一卷
范成大撰　上海　涵芬樓　1915 年　宋詩鈔補

008012969　5237.58　8604　(5)
韋齋集補鈔一卷
朱松撰　上海　涵芬樓　1915 年　宋詩鈔補

008012973　5237.58　8604　(5)
文公集補鈔一卷
朱熹撰　上海　涵芬樓　1915 年　宋詩鈔補

008012967　5237.58　8604　(5)
香溪集補鈔一卷
范浚撰　上海　涵芬樓　1915 年　宋詩

鈔補

008012970　5237.58　8604　(5)
玉瀾集補鈔一卷
朱槔撰　上海　涵芬樓　1915年　宋詩鈔補

008012971　5237.58　8604　(5)
竹洲集補鈔一卷
吳儆撰　上海　涵芬樓　1915年　宋詩鈔補

008012976　5237.58　8604　(6)
誠齋集補鈔一卷
楊萬里撰　上海　涵芬樓　1915年　宋詩鈔補

008012988　5237.58　8604　(6)
東皋集補鈔一卷
戴敏撰　上海　涵芬樓　1915年　宋詩鈔補

008012982　5237.58　8604　(6)
二薇亭集補鈔一卷
徐璣撰　上海　涵芬樓　1915年　宋詩鈔補

008012981　5237.58　8604　(6)
芳蘭軒集補鈔一卷
徐照撰　上海　涵芬樓　1915年　宋詩鈔補

008012978　5237.58　8604　(6)
攻媿集補鈔一卷
樓鑰撰　上海　涵芬樓　1915年　宋詩鈔補

008012987　5237.58　8604　(6)
鶴山集鈔一卷
魏了翁撰　上海　涵芬樓　1915年　宋詩鈔補

008012984　5237.58　8604　(6)
後村集補鈔一卷
劉克莊撰　上海　涵芬樓　1915年　宋詩鈔補

008012991　5237.58　8604　(6)
蛟峰集鈔一卷
方逢辰撰　上海　涵芬樓　1915年　宋詩鈔補

008012994　5237.58　8604　(6)
縉雲集鈔一卷
馮時行撰　上海　涵芬樓　1915年　宋詩鈔補

008012985　5237.58　8604　(6)
盧溪集補鈔一卷
王庭珪撰　上海　涵芬樓　1915年　宋詩鈔補

008012986　5237.58　8604　(6)
勉齋集鈔一卷
黃榦撰　上海　涵芬樓　1915年　宋詩鈔補

008012990　5237.58　8604　(6)
農歌集補鈔一卷
戴昺撰　上海　涵芬樓　1915年　宋詩鈔補

008012979　5237.58　8604　(6)
清苑齋集補鈔一卷
趙師秀撰　上海　涵芬樓　1915年　宋詩鈔補

008012993　5237.58　8604　(6)
秋崖集補鈔一卷
方岳撰　上海　涵芬樓　1915年　宋詩鈔補

008012989　5237.58　8604　(6)
石屏集補鈔一卷
戴復古撰　上海　涵芬樓　1915年　宋詩鈔補

008012977　5237.58　8604　(6)
水心集補鈔一卷
葉適撰　上海　涵芬樓　1915年　宋詩鈔補

008012980　5237.58　8604　(6)
葦碧軒集補鈔一卷
翁卷撰　上海　涵芬樓　1915年　宋詩鈔補

008012992　5237.58　8604　(6)
雪巖集鈔一卷
宋伯仁撰　上海　涵芬樓　1915年　宋詩鈔補

008012983　5237.58　8604　(6)
知稼翁集補鈔一卷
黃公度撰　上海　涵芬樓　1915年　宋詩鈔補

008012975　5237.58　8604　(6)
止齋集補鈔一卷
陳傅良撰　上海　涵芬樓　1915年　宋詩鈔補

008012996　5237.58　8604　(7)
滄浪吟集鈔一卷
嚴羽撰　上海　涵芬樓　1915年　宋詩鈔補

008012999　5237.58　8604　(7)
文山詩補鈔一卷
文天祥撰　上海　涵芬樓　1915年　宋詩鈔補

008012998　5237.58　8604　(7)
晞髮集補鈔一卷
謝翱撰　上海　涵芬樓　1915年　宋詩鈔補

008012995　5237.58　8604　(7)
玉楮集鈔一卷
岳珂撰　上海　涵芬樓　1915年　宋詩鈔補

008012997　5237.58　8604　(7)
竹齋集鈔一卷
裘萬頃撰　上海　涵芬樓　1915年　宋詩鈔補

008013001　5237.58　8604　(8)
白石樵唱集補鈔一卷
林景熙撰　上海　涵芬樓　1915年　宋詩鈔補

008013009　5237.58　8604　(8)
參寥集補鈔一卷
釋道潛撰　上海　涵芬樓　1915年　宋詩鈔補

008013000　5237.58　8604　(8)
疊山集鈔一卷
謝枋得撰　上海　涵芬樓　1915年　宋詩鈔補

008014402　5237.58　8604　(8)
斷腸集一卷
朱淑真撰　上海　涵芬樓　1915年　宋詩鈔補

008013003　5237.58　8604　(8)
隆吉集補鈔一卷
梁棟撰　上海　涵芬樓　1915年　宋詩鈔補

008013007　5237.58　8604　(8)
魯齋集鈔一卷
王柏撰　上海　涵芬樓　1915年　宋詩

鈔補

008013006　5237.58　8604　(8)
潛齋集補鈔一卷
何夢桂撰　上海　涵芬樓　1915年　宋詩鈔補

008014401　5237.58　8604　(8)
石門文字禪集補鈔一卷
釋惠洪撰　上海　涵芬樓　1915年　宋詩鈔補

008013002　5237.58　8604　(8)
水雲集補鈔一卷
汪元量撰　上海　涵芬樓　1915年　宋詩鈔補

008013005　5237.58　8604　(8)
所南集鈔一卷
鄭思肖撰　上海　涵芬樓　1915年　宋詩鈔補

008013008　5237.58　8604　(8)
玉蟾集鈔一卷
葛長庚［白玉蟾］撰　上海　涵芬樓　1915年　宋詩鈔補

008013004　5237.58　8604　(8)
仲安集鈔一卷
呂定撰　上海　涵芬樓　1915年　宋詩鈔補

007029773　5237.59　1103
宋元明詩評註讀本六卷
王文濡編　上海　文明書局　1916年

007029776　5237.59　7922
宋詩精華錄
陳衍評選　上海　商務印書館　1937年

007029779　5237.6　2416
皇元風雅集前集六卷　後集六卷
傅習、孫存吾編輯　上海　商務印書館　1929年　四部叢刊

007029783　5237.6　3813
草堂雅集一八卷
顧瑛編　香港　武進陶氏　1935年

007029790　5237.6　4153.2
谷音二卷
杜本撰　上海　商務印書館　1929年　四部叢刊

007029795　5237.6　4573
宋元四家詩
戴熙手書　南京　中社　1928年

007029554　5237.78　3123
明詩別裁十二卷
(清)沈德潛、周準選　上海　商務印書館　1933年　初版　國學基本叢書 (m.)

011834957　5237.79　1343
明代千遺民詩詠初編　二編　三編各十卷
張其淦輯　濟南　1929年

007029814　5237.79　4221
明人絕句選三卷
楊睿聰選輯　汕頭　澹如書室　1936年

007029816　5237.8　1131
笙盤集
王兆雷、王石渠著　濟南　慕雲山房王氏　1921年

007029553　5237.8　1133B
湖海詩傳四十六卷
(清)王昶輯　上海　商務印書館　1936年　初版　國學基本叢書 (m.)

007029821　5237.8　1616
近人詩錄初編

雷瑨輯　上海　掃葉山房　1922年

007029290　5237.8　2946
晚晴簃詩匯二百卷　目錄二卷
徐世昌編　得耕堂　1929年

007034453　5237.8　7922
近代詩鈔
陳衍輯　上海　商務印書館　1923年
（m.）

007034457　5237.8　8230
問松里鄭氏詩存
鄭之章輯　濟南　1923年

007034471　5237.88　0282b
齊太史移居倡酬集四卷　卷首尾各一卷
齊召南等著　齊毓川編輯　國學扶輪社校　上海　中國圖書公司　1914年
2版

007034476　5237.88　1042
碧城仙館女弟子詩
王蘭修等撰　香港　西泠印社　1915年

007034481　5237.88　1112
名家詩永十六卷
王爾綱評選　香港　至德周氏　1936年

007034356　5237.88　1144
感舊集十六卷
王士禎撰　盧見曾補傳　上海　有正書局　1919年

007037064　5237.88　2470
清代閨秀詩鈔八卷
紅梅閣主人輯　清暉樓主人續輯　上海　中華新教育社　1925年　再版

007037329　5237.88　3123b
清詩別裁三十二卷
沈德潛選　上海　商務印書館　1933年

國學基本叢書　（m.）

007043005　5237.89　1616
五百家香豔詩十卷
雷瑨選　上海　掃葉山房　1928年

007043313　5237.89　3199
桃潭合鈔詩正集八卷　續集二卷
王燊編　武昌　官印刷局　1919年

007043315　5237.89　4232
椒遠堂詩鈔三卷
蕭濟川輯　廣州　蔚興印刷塲　1934年

007043318　5237.9　0232
松聲琴韻集
方濟川、周時鐜同輯　濟南　1948年

007043319　5237.9　0244
盤龍兩遊詩錄二卷
方樹梅編　濟南　1926年

007043322　5237.9　0262
六秩唱和集
陳尚志等著　香港　東雅印務有限公司　1949年

007043327　5237.9　0436
龍藏宋墨題詠
黃偉馨等撰　濟南　粵東編譯公司1925年

007043263　5237.9　0471
中華民國詩三百首
詩學研究社編　香港　大公報　1941年
（m.）

007043331　5237.9　0822
訒盦先生重遊泮水唱和詩錄
林葆恒等撰　1948年

007043333　5237.9　0951
己丑重九詩録
糜耕雲編　香港　霜晴樓　1949年　霜晴樓叢刻

007043339　5237.9　1103
現代十大家詩鈔
王文濡輯　進步書局編輯所編輯　上海　文明書局　1915年

007043076　5237.9　1131
新詩年選
北社著　上海　亞東圖書館　1930年　3版　（m.w.）

007043285　5237.9　1336
梅歐閣詩録
張謇等撰　南通　更俗劇塲伶工學社　1920年

007043264　5237.9　1341
語體詩歌選
張越瑞選輯　上海　商務印書館　1937年　中學國文補充讀本　（w.）

007043355　5237.9　1343
邵村重遊泮水詩集二卷
張其淦等著　上海　1937年

007043361　5237.9　1464
采公詩社存稿
于國翰輯　濟南　1929年

007043362　5237.9　1662
西園唱和集
林蔽楨等著　濟南　1940年

007043363　5237.9　1666
至味唱和詩
呋庵[夏敬觀]等作　1935—53年

007043068　5237.9　1742b
雪朝新詩集
朱自清著　上海　商務印書館　1922年　（m.w.）

007043364　5237.9　1742c
雪朝
朱自清等著　上海　商務印書館　1933年　國難後第1版　文學研究會叢書　（m.w.）

007043070　5237.9　1901
戰前中國新詩選
孫望選輯　成都　綠洲出版社　1944年　（m.w.）

007043366　5237.9　1941
蠅塵酬唱集八卷　補遺一卷
孫雄編　濟南　1924年

007043367　5237.9　1941.2
名賢生日詩一卷
孫雄編　濟南　1920年

007043368　5237.9　1941.4
落葉集四十卷
孫雄校録　濟南　1926年

007048166　5237.9　2062
生産四季花
周鋼鳴等著譯　香港　中國詩壇社　1949年

007048126　5237.9　2332
白蓮社棃雲集
懺餘等著　上海　聚珍書局　1921年

007047994　5237.9　2342
近代名人詩選
吳芹編輯　上海　大達圖書供應社　1935年　再版　（m.）

007047714　5237.9　2937
稀齡酬唱集
朱家駒輯　1926 年

007048124　5237.9　2978
采風錄
鄭孝胥等著　國風社編纂　天津　國聞周報社　1932 年　（m.）

007048190　5237.9　2981
暮春唱和集
朱鈺輯　香港　莫釐朱氏春潤廬1933 年

007048191　5237.9　3203
寒山社詩鐘選甲集五卷　乙集十卷
寒山詩社編輯　濟南　1914—15 年

007048198　5237.9　3620
周甲和詩附詩餘
金湯等校　濟南　1931 年

007048206　5237.9　4211
樂國吟
柳亞子等撰　香港　吳江柳氏磨劍室1922 年

007048210　5237.9　423
苔岑叢書
苔岑社編　武進　通志堂　1922 年

007048213　5237.9　4302
南社詩集
柳亞子主編　上海　中學生書局　1936 年　（m.）

007052862　5237.9　4305
支社詩拾
福州　支社　1936 年　墨巢叢刻

007052903　5237.9　4430
碩果亭重九酬唱集二卷　碩果亭重九詩彙錄一卷
李宣龔等著　上海　商務印書館　1949 年　墨巢叢刻

007052875　5237.9　4914
虞美人詩錄一卷
林爾嘉輯　濟南　1916 年

007052877　5237.9　4914.4
黃牡丹菊詩錄
林爾嘉輯　廈門　菽莊吟社　1917 年

007052879　5237.9　5016
東齋酬唱集
吳梅等著　濟南　1936 年

007052655　5237.9　5614
戀歌中國近代戀歌選
丁丁、曹雪松合編　上海　泰東圖書局　1926 年　初版　（m. w.）

007052890　5237.9　562
癸酉九日掃葉樓登高詩集
曹經沅輯　香港　曹氏　1934 年

007052900　5237.9　6233
幽叢小憩圖題詠集
喻永浩輯　濟南　鑒水　1936 年

007052659　5237.9　6486
最前哨中國詩壇一
香港　中國詩壇社　1948 年　（m.）

007052898　5237.9　6630
嚶鳴社詩鈔
尹介甫等著　大連　嚶鳴詩社　1926 年

007052901　5237.9　7201
晨風廬唱和續集十二卷
周慶雲編輯　上海　夢坡室　1918 年

007052902　5237.9　7202
陶然詩集不分卷
李慶芳等撰　濟南　1918 年

007067139　5237.9　7336
冷社詩集四十卷
熙洽輯　濟南　1935 年

007066978　5237.9　7921
陶社叢編丙集
陳名珂輯　上海　陶社　1947 年

007066996　5237.9　7945
太平洋鼓吹集
陳孝威編著　臺北　國防研究院　1943 年　初版

007067142　5237.9　8240
課餘吟
鄭毅貽選輯　澳門　道南德成學舍 1922 年

005531546　5237.9　8325
現代新詩選
笑我編　上海　倣古書店　1936 年 (m.w.)

007066792　5237.9　8922　T 5237.9 8922
留美閒吟集
余仁山、劉覽之合著　上海　中華新教育社　1932 年

007071566　5237.95　1803
工人詩選
聞秋編　上海　群育出版社　1949 年　初版　通俗文藝叢書

007081357　5237.95　6420
黑奴船
香港　中國詩壇社　1948 年　中國詩壇

007081130　5237.95　8808
今年新年大不同
馬凡陀[袁水拍]著　九龍　新詩歌社 1949 年　初版　新詩歌叢刊　(m.)

007081150　5237.99　2420
現代女作家詩歌選
俊生編　上海　倣古書店　1936 年 (m.w.)

009013857　5237.99　6586
呂村鋤園圖題詠一卷
袁金鎧輯　濟南　袁氏　1936 年　鉛印

007734367　MLC－C
嬰屍
廣州文學會編　廣州　粵港受匡出版部　1928 年　廣州文學會叢書　(w.)

007081388　5238　0433
夜深沉
王統照等著　上海　新光出版社　1939 年　大時代文庫

007081390　5238　0943
論怕老婆
香港　野草出版社　1948 年　野艸文叢

007081124　5238　1112
孟夏集
郭沫若著　桂林　華華書店　1942 年　初版　(m.w.)

007081125　5238　1121
歷代名媛文苑簡編
王秀琴編集　胡文楷選訂　上海　商務印書館　1947 年　初版

007080879　5238　1422
論肚子
夏衍等著　香港　智源書局　1948 年　野草新集　(m.)

007081129　5238　1962B
續古文苑
（清）孫星衍輯　上海　商務印書館
1937年　初版　國學基本叢書　（m.）

007081393　5238　3153　(1)
愛國文選第一冊
汪靜之、符竹因選註　長沙　商務印書館　1940年　（m.）

007081394　5238　3153　(2)
愛國文選第二冊
汪靜之、符竹因選註　長沙　商務印書館　1941年　（m.）

011988626　PL2409.Z43　1946
唐宋散文選
查猛濟編註　上海　正中書局　1946年　滬初版　國文精選叢書　（m.）

007081159　5238　4425
各體文選
支偉成編　上海　商務印書館　1935年　初版　（m.）

007080910　5238　4565
中國宣傳文選
戴景素選輯　長沙　商務印書館　1939年　初版

008630462　FC5876　(8)
古今閨媛逸事
進步書局編輯所編　上海　文明書局　1915年　初版　稗史叢書

006806602　5238　4804
古今說林
一翁編　上海　1948年　（m.）

011144892　MLC－C
舌華錄
曹臣著　朱鑒標點　胡協寅校　上海　大達圖書供應社　1935年　文學筆記叢書　（m.）

011929654　PL2705.O775　H7　1914
新庵筆記四卷
周桂笙撰譯　上海　古今圖書局　1914年　初版　（m.）

011145816　MLC－C
昨非庵日纂二十卷
鄭瑄撰　上海　進步書局　1920年

007081158　5238　4840
文編
賀培新編註　天津　民國日報社　1946—48年　初版　（m.）

010102511　5238　6005
國文讀本一卷　附心書一卷
濟南　1912—45年　鈔本

011988622　PL2735.5.X447　1914
香豔叢話
周瘦鵑編　中國　1914年

007085362　5238　7232
遊志續編
陶宗儀輯　香港　錢馨室　1925年

007085336　5238.08　2324.04
古文觀止十二卷
吳乘權、吳大職輯　文明書局編　上海　文明書局　1935年　14版　（m.）

007085382　5238.08　2324.2
增批古文觀止十卷
吳乘權、吳大職評註　紹興　墨潤堂　1912年

007085115　5238.08　2324.25
古文觀止
（清）吳楚材[吳乘權]、吳調侯[吳大職]

編選　胡樸安鑒定　上海　三民圖書公司　1945 年　（m.）

007085384　5238.08　2324.3
古文觀止十二卷
吳乘權、吳大職手錄　上海　鴻寶齋　1914 年

007085392　5238.08　2324.36
古文觀止十二卷
吳乘權、吳大職選　宋晶如註譯　上海　世界書局　1946 年　（m.）

007085386　5238.08　2324.3b
增批古文觀止十二卷
吳乘權、吳大職輯錄　吳留村鑒定　上海　章福記書局　1919 年

007085390　5238.08　2324.4
廣註古文觀止十二卷
吳乘權、吳大職選　黃築巖、劉再蘇註釋　上海　世界書局　1936 年

007085207　5238.08　2383b
涵芬樓古今文鈔簡編四十卷
吳曾祺編　上海　商務印書館　1933 年　國難後 1 版　國學基本叢書　（m.）

007085410　5238.08　3318
詳訂古文評註全集四卷
過珙、黃越選評　上海　會文堂書局　1920 年

006806722　5238.08　3318.4
蔡氏古文評註補正
蔡鑄編纂　上海　商務印書館　1934 年　國難後第 1 版

007085116　5238.08　3318b
古文評註全集
過珙原編　世界書局編輯所編輯　上海　世界書局　1938 年　（m.）

007091124　5238.08　4112.1
古文辭類纂評註七十四卷
姚鼐纂集　沈伯經等評註　上海　文明書局　1915 年

007091130　5238.08　4112.1（1920）　5238.08　4112.1 c.2
古文辭類纂評註七十四卷
姚鼐纂集　沈伯經等評註　上海　文明書局　1920 年

001957977　5238.08　4112.13（1948）
古文辭類纂
姚鼐選註　宋晶如、章榮註釋　上海　世界書局　1948 年　新 3 版

007091161　5238.08　4112.21
評校音註續古文辭類纂三十四卷
王文濡評校音註　上海　中華書局　1923 年　再版

007090956　5238.08　4112.23
廣註王氏續古文辭類纂
王先謙纂　宋晶如註　上海　世界書局　1936 年

007090951　5238.08　4112.3
續古文辭類纂二十八卷
黎庶昌輯　上海　中華書局　1930 年　聚珍倣宋版　四部備要

007091018　5238.08　4112.3C
黎氏續古文辭類纂
（清）黎庶昌輯　上海　國學整理社　1936 年　初版　（m.）

007090906　5238.08　4112b
古文辭類纂七十五卷校勘記附錄
姚鼐輯　上海　中華書局　1927—36 年

007091171　5238.08　4188
文編六十卷
左欽敏編輯　湘陰　尚志齋　1914年

007091183　5238.08　4454c
重刊李扶九原選古文筆法百篇二十卷
李扶九撰　上海　廣益書局　1914年

007091184　5238.08　4918
精校古文析義初編六卷　二編八卷
林雲銘評註　翁必邃等校　濟南　1912年

007091192　5238.08　6414.2
全上古三代秦漢三國六朝文作者韻編五卷
孫奭編　濟南　1931年

007091048　Z3101.Y446x　vol.8
全上古三代秦漢三國六朝文作者引得
燕京大學圖書館引得編纂處　洪業　北平　燕京大學圖書館引得編纂處　1932年　引得（m.）

007152899　5238.08　8664.3
經史百家雜鈔
曾國藩纂　宋晶如、章榮註釋　上海　世界書局　1948年　（m.）

007152934　5238.08　8664.5
經史百家簡編
曾國藩纂　曾國荃審訂　抱恨生標點批註　上海　新文化書社　1934年　5版（m.）

007152881　5238.08　8664b
經史百家雜鈔二十六卷
曾國藩纂　李鴻章校刊　上海　中華書局　1927—36年

007153409　5238.08　8905b
校正古文釋義八卷
余誠評註　上海　廣益書局　1912—64年

007153429　5238.09　0175.8
共和國教科書國文讀本評註
商務印書館編　許國英評註　蔣維喬校訂　上海　商務印書館　1924年（m.）

007153439　5238.09　0216
續古文觀止六卷
謝璿增輯　上海　進化書局　1920年

007095643　5238.09　1112
詳註四部精粹
王無咎編　上海　經緯書局　1937年

007095649　5238.09　1114
漢文萃珍
翟理斯輯　上海　商務印書館　1931年

007095487　5238.09　1213
民族正氣文鈔
邵元沖選輯　南京　建國月刊社　1936年　初版（m.）

007095651　5238.09　1303
古文治要四十卷
張文治編　上海　中華書局　1930年　國學治要（m.）

007095384　5238.09　1346
古今文綜
張相編　上海　中華書局　1936年

007095653　5238.09　2132
模範文選
程演生編　上海　亞東圖書館　1931年　5版（m.）

007095661　5238.09　2672
古文範四十卷
吳闓生纂　香港　文學社　1927 年

007095664　5238.09　3193
國文讀本
江恒源編　上海　商務印書館　1928 年

007095464　5238.09　4931
小品妙選
蘇淵雷編　上海　世界書局　1934 年　再版　（m.w.）

007095695　5238.09　7212
古文精言詳註合編十六卷
周聘侯評選　馬寬裕編輯　廈門　會文堂　1920 年

007095700　5238.09　8231
議論文選講義甲乙編
鄭業建選　上海　復旦大學　1934 年

007095706　5238.1　1314
評註周秦文讀本
張廷華評選　沈鎔等註釋　上海　大東書局　1926 年　5 版　歷代文讀本

007095712　5238.2　1314
評註漢魏文讀本
張廷華評選　沈鎔等註釋　上海　大東書局　1926 年　5 版　歷代文讀本

011985345　PL2618.W8　1946
兩漢散文選
吳契寧編註　胡倫清校訂　上海　正中書局　1946 年　國文精選叢書　（m.）

007095489　5238.29　1321
漢魏六朝女子文選二卷
張維編輯　上海　啟智書局　1933 年　再版　（m.）

007095488　5238.29　2578
漢魏六朝文
臧勵龢選註　上海　商務印書館　1933 年　初版　學生國學叢書　（m.）

007095483　5238.3　7128
三國晉南北朝文選
陸維釗編註　胡倫清校訂　重慶　正中書局　1944 年　國文精選叢書　（m.）

007095736　5238.4　0050
唐文絜四卷
上海　掃葉山房　1917 年

007095494　5238.4　0223.1
唐宋文舉要甲編
高步瀛撰　北平　直隸書局　1935 年

007095741　5238.4　0223.2
唐宋文舉要乙編
高步瀛編　北平　直隸書局　1934 年

007100007　5238.4　1314
唐文讀本
張廷華評選　鄒有梅註釋　上海　大東書局　1924 年　3 版　歷代文讀本　（m.）

007100055　5238.4　3123
唐宋八大家古文
（清）沈德潛選輯　宋晶如註釋　上海　世界書局　1937 年　初版　（m.）

007100285　5238.4　7932
唐宋文選
陳遵統選　濟南　1937—38 年

007100195　5238.5　2168
二程文集十二卷
程顥、程頤撰　長沙　商務印書館　1941 年　國學基本叢書

011144368　MLC－C
冰雪攜
衛泳編評　上海　中央書局　1935年
（m.）

007100240　5238.7　2983　（1－4）
晚明小品文選
朱劍心選註　上海　商務印書館　1937年　中學國文補充讀本　第1集　（m.）

007099860　5238.7　4325
晚明小品第二集
笑我編　上海　倣古書店　1936年　初版　（m.）

007100054　5238.7　7236
丘海合集
丘文莊、海忠介著　瓊州　海南書局　1927年　海南叢書

007100058　5238.7　7244
明人小品集
劉大傑編　上海　北新書局　1934年　初版　（m.）

007100196　5238.8　2332
清文筆法百篇
上海進化書局選輯　上海　上海進化書局　1924年

007100197　5238.8　2912C
清代二十四家文鈔二十四卷
徐斐然輯評　上海　群學社　1937年

007104363　5238.8　4212
當代八大家文鈔
胡君復輯　濟南　1924年　3版

007104155　5238.8　4813
方姚文
方苞著　趙震、莊適選註　上海　商務印書館　1928年　初版　學生國學叢書（m.）

007104160　5238.8　6755
汪羅彭薛四家合鈔
國學扶輪社校刊　上海　中國圖書公司和記發行　1915年　再版

007104111　5238.88　2342
八家四六文註八卷　卷首
吳山尊選　許貞幹補註　上海　掃葉山房　1934年

007104193　5238.89　4414
新古文辭類纂稿本
蔣瑞藻輯　上海　中華書局　1922年

007104383　5238.89　5974
清代文評註讀本言文對照
秦同培評選　上海　世界書局　1928年（m.）

007104386　5238.89　7985
新古文筆法百篇即續古文筆法百篇二十卷
陳善甫、費有容編輯　上海　群學書社　1917年

007104401　5238.9　0603
無錫國學專修館文集初編
唐文治鑒定　香港　無錫國學專修館　1923年

007104221　5238.9　1134
當代女作家散文
王定九編　上海　中央書店　1935年　初版　（m.w.）

007104195　5238.9　1282
可紀念的朋友們
冰心等著　上海　金星出版社　1947年　初版　（m.）

007104230　5238.9　1304
女作家隨筆選
張立英編　上海　開華書局　1933年初版　(m.w.)

007104406　5238.9　1610
女學國文成績六卷
雷君彥編　上海　掃葉山房　1916年

007104414　5238.9　2030
崇文社文集八卷
黃臥松編輯　彰化　崇文社　1928年

007104415　5238.9　2132
抗戰文選
包清岑編　香港　拔提書店　1938年(m.)

007104419　5238.9　2148
全國學生國文成績文庫十六卷甲編一集
盧壽籛輯　上海　中原書局　1940年　17版

007104423　5238.9　2233
學術思想論文集
穆濟波編註　胡倫清校訂　上海　正中書局　1946年　國文精選叢書　(m.)

007107421　5238.9　2342
中華名人文選八卷
吳芹編　上海　廣益書局　1914年

007107264　5238.9　2350
幽默的叫賣聲
生活書店編譯所編輯　上海　生活書店　1935年　(m.w.)

005061464　5238.9　2421
現代小品文選
俊生編　上海　倣古書店　1936年初版　(m.w.)

007107257　5238.9　2421.1
現代女作家散文選
俊生編　上海　倣古書店　1936年(m.w.)

007107327　5238.9　2421.2
現代散文選
俊生編　上海　倣古書店　1936年初版　(m.w.)

007107465　5238.9　2982
國語文類選
朱毓魁輯　上海　中華書局　1926年　11版　(m.)

007107470　5238.9　3140
現代中國散文選
江南文藝社編　上海　江南文藝社　1930年　(m.w.)

007107300　5238.9　3140.2
現代中國散文乙選
江南文藝社編　上海　中國文化服務社　1936年　10版　(m.)

011914420　PL2622.H7　1935
現代中國散文選
孫席珍編選　北平　人文書店　1935年初版　(m.w.)

007107312　5238.9　3186
國語文選
沈鎔選編　上海　大東書局　1923年初版　(m.)

007107299　5238.9　3186.3
近世文選
沈鎔選　上海　大東書局　1924年再版　(m.)

007107419　5238.9　3570
報告文學選
海兵等著　司馬文森編　香港　智源書局　1949年　文藝生活選集

007107331　5238.9　4110
現代創作散文選
姚乃麟編　儲菊人校訂　上海　中央書店　1935年　再版　新編文學讀本（m.w.）

007107332　5238.9　4110.1
現代創作小品選
姚乃麟編　黃水平校訂　上海　中央書店　1936年　初版　新編文學讀本（m.w.）

007107293　5238.9　4173
西綫風雲
范長江著　上海　大公報館　1937年（m.w.）

007107495　5238.9　4213
散文選
葛琴選註　香港　文化供應社　1947年（m.w.）

007107308　5238.9　4221
魯迅的道路
胡繩著　香港　生活書店總經售　1948年　初版（m.）

007107329　5238.9　4232
現代文選
蕭迻山編　上海　合衆書店　1935年　初版（m.w.）

007112570　5238.9　4257
生命的飛躍
協和中學葵社編　澳門　協和中學葵社　1941年

007778951　5238.9　4347
大學國文選
國立臺灣大學中[國]文[學]系編選改訂版　臺北　國立臺灣大學教務處出版組　1948年

007770048　MLC–C
評註宋元明文讀本
張廷華評選　上海　大東書局　1922年　歷代文讀本

007112601　5238.9　4813
評論選集
黃子逸編著　香港　南海通訊社　1947年　南海叢書

006806541　5238.9　4909.1
論語文選第一集
林語堂選　上海　時代書局　1949年　重排初版　論語叢書（m.）

007112354　5238.9　4928
文章例話
葉聖陶著　上海　開明書店　1945年　開明少年叢書（m.）

007112612　5238.9　5075
中國現代小品散文集
東方印書館編譯所編纂　香港　奉天東方文化會　1938年

007112409　5238.9　5404
二十九人自選集
中華文藝界抗敵協會桂林分會編　桂林　遠方書店　1943年　初版（m.w.）

007112361　5238.9　5612
散文甲選
曹聚仁編　上海　群衆圖書公司　1931年（m.w.）

語言文學類

1063

007112289　5238.9　5681
中國近十年散文集
曹養吾編　上海　全民書局　1929年（m.w.）

007120120　5238.9　6143
現代中國小品散文選
羅芳洲選註　上海　中國文化服務社　1937年　文學基本叢書　（m.w.）

007120141　5238.9　7121
言文對照高等新文範四十卷
陸律西編著　上海　文明書局　1938年　11版

007119769　5238.9　7211
新文庫一名白話詩文合選
劉正平纂輯　廣州　崇文書局　1926年　5版　（m.）

007119664　5238.9　7215
解救通訊報告選
周元青著　中國人民文藝叢書社編輯　廣州　新華書店　1949年　中國人民文藝叢書　（m.w.）

007119768　5238.9　7296
全國青年代表作
劉粹恩編　上海　經緯書局　1936年（m.）

007119767　5238.9　7972
現代青年傑作文庫
陳陟編　上海　經緯書局　1935年　初版　（m.w.）

007119848　5238.9　8239
現代小品文選
鄭之光編選　上海　希望出版社　1936年　（m.w.）

007119850　5238.9　8723
人同此心
老舍著　李建萍編　上海　建業書店　1948年　初版　建業文藝叢書(m.w.)

010145232　5238.93　4878
茶餘隨筆一卷
濟南　1917—45年　綠格鈔本

007119859　5238.94　0443
邊鼓集
文載道等著　上海　英商文匯有限公司　1938年　初版　文匯報文藝叢刊（m.w.）

008340269　5238.95　1246
沒有絃的炸彈通訊報告選
丁奮等著　廣州　新華書店　1949年　中國人民文藝叢書　（m.）

007122741　5238.95　1430
冀村之夜
丁玲著　香港　新文藝出版社　1939年　初版　報告文學叢書　（m.）

007123022　5238.95　3422
沒有絃的炸彈
丁奮等著　中國人民文藝叢書社編輯　廣州　新民主出版社　1949年　（m.）

007127908　5238.95　5687
英雄溝通訊報告選
鄭篤著　中國人民文藝叢書社編輯　香港　新華書店　1949年　初版　中國人民文藝叢書　（m.）

007128177　5238.99　1144
故舊文存四十卷
王樹枏輯　香港　北平陶廬　1927年

007132008　5239　0443b
六朝文絜四卷
許梿評選　朱鈞參校　上海　中華書局
　1927—36 年

007136223　5239　4433B
駢體文鈔三十一卷
李兆洛輯　譚獻評　上海　中華書局
1927—36 年

007136490　5239　4433C
駢體文鈔
（清）李兆洛選輯　上海　商務印書館
1937 年　初版　國學基本叢書　（m.）

007136784　5239　4433D
駢體文鈔三一卷
李兆洛輯　上海　世界書局　1936 年
（m.）

007136378　5239.89　1103
清代駢文評註讀本
王文濡編　蔣殿襄、陳乃乾註釋　上海
　文明書局　1929 年　12 版

007777810　5240　0476
楚詞新論
謝無量著　上海　商務印書館　1924 年
　再版　國學小叢書　（m.）

007136200　5240　1133B
楚辭十七卷
劉向集　王逸章句　洪興祖補註　上海
　中華書局　1927—36 年

007136810　5240　1133C
楚詞補註十七卷
洪興祖補註　上海　商務印書館　1929
年　四部叢刊

007136221　5240　2212
楚辭作於漢代考
何天行著　上海　中華書局　1948 年
（m.）

007136825　5240　2943
楚辭集註八卷
朱熹撰　香港　鄂官書局　1912 年

007136461　5240　3173
楚辭
沈雁冰［茅盾］選註　上海　商務印書館
　1926 年　學生國學叢書　（m.）

007136469　5240　3466　FC7930　Flm　Mas　31860
楚辭概論
游國恩著　上海　商務印書館　1933 年
國學小叢書　（m.）

007136441　5240　3467
讀騷論微初集
游國恩著　上海　商務印書館　1937 年
　初版　（m.）

009067271　5240　4232
楚辭研究不分卷
楊溥泉著　施兆亨校訂　上海　掃葉山
房　1928 年　石印

007777796　5240　4425　FC7931　Film　Mas　31861
楚辭之研究
支偉成編　上海　泰東圖書局　1924 年
　初版　（m.）

007141037　5240　4473
楚辭
蔣驥註　北平　來熏閣　1933 年　（m.）

007141039　5240　4913A
楚辭易讀四十卷
林雲銘論述　林沅校　上海　中華圖書
館　1917 年

009247451　5240　5941
楚辭拾遺一卷
陳直撰　濟南　1934—49年　石印　摹廬三十以前叢著

007141040　5240　6751
楚辭四種
國學整理社輯　上海　世界書局　1936年　（m.）

007140831　5240　7212
楚辭校補
聞一多著　重慶　國民圖書出版社　1942年　（m.）

009963228　5240　7932
陳蕭二家繪離騷圖
陳洪綬、蕭雲從　上海　蟫隱廬　1924年

007140820　5240　8137　FC7932　Film　Mas　31856
楚辭地理考
饒宗頤著　上海　商務印書館　1946年　初版　（m.）

009025524　5241.12　9262
懷德邑侯觀風集一卷
孫雲章輯　長春　新京福文盛印書局　1934年　鉛印

007141130　5241.14　7127
明清鹽山詩鈔十二卷
賈恩紱選輯　北京　賈氏家塾　1935年

007141167　5241.15　4411
鄒平民間文藝集
薛建吾輯註　臺北　茂育出版社　1948年

007141186　5241.15　564
曹南文獻錄八二卷　附六卷
徐繼孺編　香港　曹縣徐氏　1917年

009370027　5241.15　6335
明湖顧曲集
挹爽軒主輯　濟南　後思適齋　1936年　鉛排藍印本

007141215　5241.16　5032
中州藝文錄四二卷
香港　經川圖書館　1935年

007141220　5241.16　5032.2
中州文徵續編二八卷　卷首一卷
香港　經川圖書館　1935年

007141224　5241.16　5032.3
中州詩徵三卷
香港　經川圖書館　1936年

007144151　5241.18　3238
河汾諸老集八卷　校補一卷
房祺撰　上海　商務印書館　1929年　四部叢刊

007144108　5241.23　2443
宋代蜀文輯存一百卷
傅增湘編輯　孫鴻猷校訂　香港　江安傅氏刊行　1943年

007144169　5241.24　0415
東坡赤壁藝文志五卷　卷首一卷
謝功肅纂輯　香港　黃岡李氏　1922年

007144177　5241.24　2993
孝感文徵十二卷
徐煥斗輯　濟南　1920年　聽竹廬叢書

007144190　5241.27　2914
桐舊集四二卷
徐璈輯　濟南　1927年

007144192　5241.27　4433
新疆詩文集粹文鈔一卷　詩鈔一卷
李寰輯　濟南　1947年

007144194　5241.27　7904
皖雅初集四十卷
陳詩輯　香港　盧江陳氏　1932年

007144111　5241.27　7904.2
盧州詩苑八卷
(清)陳詩輯　香港　盧江陳氏
1926年

007144091　5241.27　7904.3
皖雅初集四十卷
陳詩輯　上海　上海美藝圖書公司
1929年

007144107　5241.28　1433
南華九老會唱和詩譜
莊宇逵編輯　莊勁庵等著　武進　莊錄
　1923年

007144075　5241.28　2135.6
海藻
嚴昌堉輯　上海　嚴氏淵雷室　1943年

007144213　5241.28　2162
唐墅詩存五卷　補遺
倪賜編　譚天成增輯　趙元溥續編　嵇
懋基、張錫圻再續編　濟南　1930年

007149356　5241.28　233
分湖詩苑
柳樹芳輯　濟南　1924年

007149369　5241.28　2932.2
徐州續詩徵二十二卷
張伯英選　徐東僑編次　北平　文嵐簃
　1934年

007149335　5241.28　3282
海曲詩鈔
馮金伯編　黃協塤續編　上海　國光書局　1918年

009314640　5241.28　3312
漫社二集二卷　補遺
孫雄編　常熟　1922—23年　鉛印

007149381　5241.28　3824
江上詩鈔一百七十五卷　卷首一卷　詩鈔補十一卷
顧季慈輯　謝鼎鎔補輯　香港　陶社
1931—32年

007149392　5241.28　4332
笠澤詞徵三十卷
陳去病輯　詞旨二卷　陸行直述　胡元儀釋　樂府指迷　沈義父著　詞品　郭麐著　問花樓詞話　陸瑩著
上海　國光書局　1915年　百尺樓叢書

007149279　5241.28　4813
毗陵詩錄八卷
金浕生鑒定　趙震輯　濟南　1922年

007149394　5241.28　4813.2
毗陵文錄八卷
趙震輯　香港　華新書社　1931年

007149397　5241.28　4838
黃渡詩存八卷　補遺一卷
金文翰、章圭琢同輯　嘉定縣黃渡鎮
章欽亮　1926年

007149407　5241.28　7224
潤州唐人集十四卷
陶紹萊輯　香港　丹徒陶氏遊經樓
1927年　遊經樓叢書

007149409　5241.28　7900
月浦文徵
陳應康、徐綱編　香港　南京國華印書館　1935年

007149422　5241.28　7940.2
吳江詩錄初編四卷　二編二十二卷
陳去病輯　濟南　1929 年

007149425　5241.28　8382.2
續梁溪詩鈔二十四卷
侯學愈纂　濟南　金匱梁氏還讀齋
1920 年

007153193　5241.29　0271
新溪文述八卷
鄭之章輯　嘉興縣新塍鎮　新塍通俗圖
書館　1930 年

007153202　5241.29　0435
姚江詩錄八卷
謝寶書編　香港　謝氏永思居　1931 年

007153205　5241.29　1121
台詩四錄二九卷
王舟瑤輯　香港　後凋草堂　1920 年

007153211　5241.29　1221.1
續甬上耆舊詩一百二十卷
全祖望輯選　香港　四明文獻社
1918 年

007153214　5241.29　1432
當湖詩文逸二十二卷
張憲和編　平湖縣　武岡張侯　1929 年

007153254　5241.29　4132
四明清詩略三十二卷　續稿八卷
董沛輯　香港　中華書局　1930 年

007153260　5241.29　4194
蛟川詩繫三一卷　附續編六卷
姚燮輯述　范壽金輯　香港　鎮海
1913—14 年

007153300　5241.29　4416
同岑集十二卷
李夏器等輯　香港　吳興劉氏　1922 年
　吳興叢書

007153053　5241.29　7204
柳溪詩徵
周斌編　柳亞子校　上海　中華書局
1936 年　初版　（m.）

007157477　5241.31　2252
榕南夢影錄二卷
何振岱輯　濟南　1942 年

007157481　5241.31　7024
杭川新風雅集三卷
丘復輯錄　濟南　1936 年

007157467　5241.31　8295
歷代潮州文概
翁輝東[子光]編著　香港　廣智書局
1935 年

007157497　5241.318　3822
擊缽吟詩集九集
洪仁和編輯　新竹　德興書局　1932 年

009127965　5241.32　1343
東莞詩錄六十五卷　卷首
張其淦錄　香港　東莞張氏寓園
1924 年

006815529　5241.32　1630
碩果社集
碩果詩社　九龍　1947 年

009314735　5241.32　1630.1
碩果社第二集詩選
碩果詩社　九龍　伍憲子　1949 年

007157506　5241.32　2248
嶺南詩存
鄒崖逋者[何藻翔]輯　上海　商務印書
館　1925 年

007373806　5241.32　2921
海雲禪藻集四十卷
徐作霖等編　濟南　1935年　逸社叢書

007157517　5241.32　3609
滎陽紀事
潘應榮編　濟南　1940年

007157519　5241.32　3947
中山欖鎮菊花大會彙編
梁蔚卿編　香港　廣州蔚興印刷塲
1934年

007157524　5241.32　4243
鳳臺新社吟草初集
楊鶴賓編輯　東官[廣東寶安縣]　鳳臺
新社　1936年

007157527　5241.32　4342
茶陽三家文鈔六卷
溫廷敬輯錄　香港　補讀書盧　1925年

007157530　5241.32　4641
客人三先生詩選三卷
古直選　上海　中華書局　1930年　客
人叢書

007373807　5241.32　4826
香山詩略十二卷
黃紹昌、劉熽芬纂輯　濟南　1943年

007157535　5241.32　4872
敬賢集
湯燦華等撰　濟南　1948年

007157544　5241.32　7925
唾餘集
陳璘著　瓊州　海南書局　1931年　海
南叢書

007161518　5241.32　7962
滇南詩選二卷

陳是集編選　王國憲校　香港　瓊山王
氏　1931年

007161525　5241.33　5348
寧明耆舊詩輯九卷
農樾、蘇康甲等編輯　廣州　1934年

007161527　5241.34　1112
麗郡詩徵十二卷　文徵八卷
趙聯元輯　雲南　雲南圖書館　1914年

007161528　5241.34　1465.3
滇詞叢錄三卷
雲南圖書館輯　雲南　雲南圖書館
1914年

007161529　5241.34　3360
永昌府文徵一百三十六卷
李根源輯　昆明　騰沖李氏　1941年
曲石叢書

007161530　5241.34　4249
楊林兩隱君集三卷
李文漢、李文林輯　昆明　雲南圖書館
　1919年

別集（詩文）

006935800　5242　0234.2　T　5242　0234.2
屈原研究
郭沫若著　重慶　群益出版社　1943年
　初版　(m.)

007161273　T　5242　0234.3
屈原
郭沫若著　北平　群益出版社　1946年
　初版　群益歷史劇叢　(m.w.)

007161272　5242　0234.3
屈原五幕史劇及其他

郭沫若著　張家口　新華書店晉察冀分店　1946 年　初版　（m.w.）

007161327　5242　0299
讀騷大例
郭焯瑩著　北京　文字同盟社　1930—31 年

007161267　5242　2210
離騷集釋
衛瑜章集釋　上海　商務印書館　1936 年　國學小叢書　（m.）

007164658　5242　2321
離騷草木疏四十卷
吳仁傑撰　上海　商務印書館　1937 年　國學基本叢書

007164666　5242　2962
楚辭音
徐昂著　南通　翰墨林書局　1947 年　徐氏全書

007164669　5242　313
江氏離騷傳二卷
屈原著　江衍學　濟南　海上經學院　1924 年

007164703　5242　4441
屈宋方言考一卷
李翹撰　香港　芬熏館　1925 年

007164372　5242　4513
屈原賦註
（清）戴震註　上海　商務印書館　1933 年　初版　國學基本叢書　（m.）

007164716　5242　7124
屈原
陸侃如編　上海　亞東圖書館　1927 年　3 版

007164349　5242　7930
離騷研究
陳適著　長沙　商務印書館　1940 年　初版　國學小叢書　（m.）

007164121　5242.5　7124
屈原與宋玉
陸侃如著　上海　商務印書館　1935 年（m.）

007164193　5242.6　0286
屈原之思想及其藝術
郭銀田著　重慶　獨立出版社　1944 年（m.）

007999352　MLC – C
楚辭十七卷
王逸註　上海　上海文瑞樓　1919 年

007164742　5243　3911
宋玉
陸侃如編　上海　亞東圖書館　1929 年（m.）

007169668　5252　0242
蔡中郎集十卷　外集四卷卷末
蔡邕撰　上海　中華書局　1927—36 年

007170121　5252　7131
蔡中郎文集文集十卷　附外傳一卷
（漢）蔡邕著　（清）陸心源校　上海　商務印書館　1938 年　國學基本叢書（m.）

011913290　PL2663.L5　L5　1924
劉子政集
（漢）劉向著　林紓選評　上海　商務印書館　1924 年　初版　（m.）

007170122　5253　1113
孔北海集評註
（漢）孔融著　孫至誠評註　上海　商務印書館　1935年　初版　（m.）

007720192　5254　1264b
曹集詮評
丁晏編　上海　商務印書館　1935年　初版　國學基本叢書　（m.）

007170066　5254　1264c
曹集詮評
丁晏編　上海　商務印書館　1931年　初版　國學基本叢書　（m.）

007170062　5254　3134
曹植與洛神賦傳說
沈達材著　上海　華通書局　1933年　初版　（m.）

007170046　5254　4882
曹子建詩註
曹植著　黃節註　上海　商務印書館　1930年　兼葭樓叢書

007169661　5254　602
曹子建集十卷
曹植撰　上海　中華書局　1927—36年

007169615　5254　7911
曹子建詩研究
陳一百著　上海　商務印書館　1933年　國難後第1版　國學小叢書　（m.）

007169654　5255　4898B
嵇中散集十卷
嵇康撰　上海　中華書局　1927—36年

007170067　5255　4898C
嵇中散集
（魏）嵇康著　長沙　商務印書館　1940年　初版　國學基本叢書　（m.）

007170065　5256　0645.1
諸葛孔明全集
（漢）諸葛亮著　（明）諸葛羲基、諸葛倬士編輯　上海　世界書局　1936年　初版　（m.）

007169669　5258　3147
陸士衡集十卷
陸機著　汪士賢校　上海　中華書局　1927—36年

007170413　5258　4204
陸士衡詩註四十卷
陸機著　郝立權註　濟南　齊魯大學　1932年

007169670　5259　3147
陸士龍集十卷
陸雲撰　汪明賢校　上海　中華書局　1927—36年

007174898　5263　1232
陶淵明詩箋註四卷
陶潛撰　丁福保編纂　上海　醫學書局　1927年

007174423　5263　2102
陶靖節詩話
（清）東巖輯　許印芳編訂　鮑賡生標點　上海　新文化書社　1933年　（m.）

007174641　5263　2365
陶淵明詩話
（清）吳東巖撰輯　許印芳增　朱太忙標點　上海　大達圖書供應社　1934年　出版　（m.）

1071

語言文學類

007174667 5263 2454
陶淵明詩
(晉)陶潛著　傅東華選註　上海　商務印書館　1931年　初版　學生國學叢書（m.）

007174981 5263 3822
陶集發微十卷
顧皜編　上海　沅記書莊　1918年

007777802 5263 3934
陶淵明
梁啟超著　上海　商務印書館　1924年（m.）

007174890 5263 4207
陶淵明批評
蕭望卿著　上海　開明書店　1947年　開明文史叢刊（m.）

007302837 5263 4264
陶集版本源流考
橋川時雄　北京　文字同盟社　1931年　雕龍叢鈔

007174351 5263 7234B
靖節先生集一名陶淵明集卷首十卷卷末
陶潛撰　陶澍集註　上海　中華書局　1927—36年

007179651 5266 4882
謝康樂詩註四十卷
謝靈運撰　黃節註　北京　北京大學出版部　1912—55年

007179565 5266 926
謝康樂集四卷
謝靈運撰　上海　商務印書館　1937年　國學基本叢書

007179009 5268 919
鮑氏集十卷
鮑照撰　上海　中華書局　1927—36年

007179663 5270 4204
謝宣城詩註
謝朓撰　郝立權註　山東　齊魯大學　1936年

007179004 5270 5496B
謝宣城集本傳五卷
謝朓撰　上海　中華書局　1927—36年

007179368 5270 5496C
謝宣城詩集五卷
(南齊)謝朓著　上海　商務印書館　1937年　初版　國學基本叢書（m.）

007179018 5272 3938
江文通集四卷
江淹撰　梁賓輯　金允高參　上海　中華書局　1927—36年

007179327 5272 929
江文通集
(南朝梁)江淹著　長沙　商務印書館　1940年　初版　國學基本叢書（m.）

007777924 5273 4204
沈休文詩註四卷
郝立權註　1935年

007179684 5274 1139
昭明太子集五卷　附考異一卷　劄記一卷
蕭統撰　香港　貴池劉氏玉海堂　1919年　玉海堂景宋元本叢書

007179005 5274 7232B
昭明太子集五卷
蕭統撰　楊慎等校　上海　中華書局　1927—36年

007179019　5275　2233
何水部集
何遜著　上海 · 中華書局　1927—36年

007179020　5276　233B
徐孝穆集箋註六卷
徐陵撰　吳兆宜箋註　上海　中華書局　1927—36年

007179026　5276　233c
徐孝穆集
徐陵撰　吳兆宜箋註　長沙　商務印書館　1939年　初版　國學基本叢書（m.）

007179006　5279　2116b
庾開府全集十六卷
庾信撰　倪璠註釋　上海　中華書局　1927—36年

007179328　5279　2116c
庾子山集
（北周）庾信著　（清）倪璠註　上海　商務印書館　1935年　初版　國學基本叢書（m.）

007179318　5279　2116d
庾開府全集十六卷
庾信撰　倪璠註釋　上海　掃葉山房　1933年

007179331　5286　1394
王子安集
（唐）王勃著　張燮纂　上海　商務印書館　1937年　國學基本叢書（m.）

007179717　5286　4430b
王子安集註二十卷　首末各一卷
王勃撰　蔣清翊註　上海　鑄記書局　1943年

007179719　5288　1399B
盧昇之集七卷
盧照鄰撰　長沙　商務印書館　1941年　國學基本叢書

007183268　5289　4277
駱丞集四卷　附辨偽考異
駱賓王著　上海　商務印書館　1937年　萬有文庫（m.）

007184113　5291.9　3372
宋之問集二卷
宋之問撰　上海　商務印書館　1934年　四部叢刊續編

007184220　5292　1128
東皋子集三卷
王績著　上海　涵芬樓　1934年　四部叢刊續編

007184226　5292　3327
寒山子詩集
寒山撰　上海　涵芬樓　1929年

007184255　5293　926
張燕公集二五卷
張說撰　上海　商務印書館　1937年　國學基本叢書（m.）

007183990　5295　7136B
曲江集九卷
張九齡撰　上海　中華書局　1930—39年　聚珍倣宋版　四部備要

007183932　5296　2454
孟浩然詩
（唐）孟浩然著　傅東華選註　上海　商務印書館　1931年　初版　學生國學叢書（m.）

語言文學類

007183608　5296　919
孟浩然集四卷
孟浩然撰　上海　中華書局　1927—36年

007184272　5297　2454B
王維詩
王維撰　傅東華選註　上海　商務印書館　1933年　國難後第2版　學生國學叢書　（m.）

007184277　5297　4875　　5297　4875　c.2
王右丞集箋註
王維著　趙殿成註　上海　文瑞樓　1912—??年

007183611　5297　4875B
王右丞集箋註卷首二八卷卷末
王維撰　趙殿成箋註　上海　中華書局　1927—36年

007183902　5297　4875C
王右丞集
（唐）王維著　（清）趙殿成箋註　上海　商務印書館　1937年　初版　國學基本叢書　（m.）

007184176　5297　4875D
王摩詰全集箋註二十八卷　首末各一卷
王維著　趙殿成註　上海　世界書局　1936年　（m.）

007188060　5297　9423
王摩詰集六卷
王維撰　香港　尚友山房　1912—53年

007187470　5298　1112
李太白全集三十六卷
李白撰　王琦輯註　上海　中華書局　1927—36年

007187974　5298　1112b
李太白全集三十六卷
李白著　王琦輯註　上海　世界書局　1936年　（m.）

007187569　5298　1112c
李太白集
（唐）李白著　（清）王載庵輯註　上海　商務印書館　1933年　國學基本叢書　（m.）

007188070　5298　2264b
李太白集三十卷
李白撰　香港　鄂官書局　1912年

007188098　5298　4207
李太白詩集三十卷
李白著　楊齊賢集註　蕭士贇補註　上海　商務印書館　1929年　四部叢刊

007187514　5298.1　2454
李白詩
傅東華選註　上海　商務印書館　1932年　（m.）

007187669　5298.69　5294
李白研究
戚維翰編著　上海　中華書局　1948年　（m.）

007187749　5298.7　3153
李杜研究
汪靜之著　上海　商務印書館　1928年　初版　國學小叢書　（m.）

007161521　5299　1147
王狀元集百家註編年杜陵詩史三十二卷
杜甫撰　魯訔編年並註　王十朋集註　貴池　1913年

011935424　PL2675.Z5　F8　1934
杜甫詩
傅東華選註　上海　商務印書館　1930年　初版　學生國學叢書　（m.）

004319808　5299　3839
杜詩引得序
洪煨蓮撰　北京　哈佛燕京學社引得編纂處　1940年

008014296　5299　4941b
杜工部草堂詩箋四十卷外集　詩話二卷　年譜二卷
魯訔編次　蔡夢弼會箋　上海　文瑞樓　1919年

004319709　5299　6240　Z3101.Y446x　Suppl. vol. 14　pt. 1–3
杜詩引得
引得編纂處編　洪業等　北京　哈佛燕京學社　1940年　引得　（m.）

007164054　5299　9
杜工部集卷首二十卷
杜甫撰　上海　中華書局　1927—36年

007170061　5299.6　3848　FC7933　Film　Mas　31857
杜甫詩裏的非戰思想
顧彭年著　上海　商務印書館　1928年　初版　國學小叢書　（m.）

007170360　5299.6　7270
杜工部詩話
劉鳳誥著　上海　錦章圖書局　1925年

007170333　5218　4243B　5300　4243
高適與岑參
楊蔭深著　王雲五主編　上海　商務印書館　1936年　國學小叢書　（m.）

007170090　5300　930
高常侍集二卷
高適著　上海　商務印書館　1941年　初版　國學基本叢書　（m.）

007170047　5302　927
岑嘉州詩集七卷
岑參撰　長沙　商務印書館　1938年　國學基本叢書　（m.）

007170325　5303　1126.4
元次山集
研旅重訂　上海　石竹山房　1913年　兩間書屋藏本

007169663　5303　1126.9
元次山集十卷拾遺
元結撰　上海　中華書局　1927—36年

007170270　5303　2155
唐皇甫冉詩集七卷　補遺　附皇甫曾詩集
皇甫冉撰　上海　商務印書館　1936年　四部叢刊三編

007169655　5304　1187B
韋蘇州集十卷
韋應物撰　上海　中華書局　1927—36年

007170091　5304　926
韋蘇州集十卷　附拾遺
韋應物撰　上海　商務印書館　1937年　初版　國學基本叢書　（m.）

007169671　5305　9
劉隨州集十卷　外集一卷
劉長卿撰　上海　中華書局　1927—36年

007169760　5305　930
劉隨州詩集十一卷
劉長卿著　長沙　商務印書館　1941年

初版　國學基本叢書

007169656　5306　9
顏魯公集卷首三十卷補遺
顏真卿撰　上海　中華書局　1927—36年

007170125　5307　922
陸宣公集二十四卷
陸贄撰　上海　中華書局　1930年　聚珍倣宋版　四部備要

007169562　5307.2　7283
陸贄文
周養初選註　上海　商務印書館　1934年　學生國學叢書　（m.）

007170412　5308　2127b
新刊五百家註音辯昌黎先生文集四十卷外集十卷　序傳碑記一卷　韓文類譜十卷　韓文考異十卷
韓愈撰　魏仲舉輯註　朱熹考異　濟南　1918年

007174934　5308　2943c
韓昌黎全集正集四十卷　外集十卷　遺文一卷
韓愈著　上海　世界書局　1935年（m.）

007174891　5308　3101
音註韓文公文集
韓愈著　李漢編　祝充音註　北平　文祿堂　1934年

007986507　B128.C51　S53　1925x
朱文公書牘四卷
朱熹撰　上海　商務印書館　1925年再版

007174987　HD　0251
韓集箋正五卷　附年譜一卷
方成珪撰　里安　陳氏湫漻齋　1926年

007174692　5308　4133
韓愈文
韓愈著　莊適、臧勵龢選註　上海　商務印書館　1930年　初版　學生國學叢書　（m.）

007174936　5308　4433
昌黎先生集
韓愈撰　李漢輯　濟南　1920年

007174697　5308　4433b
昌黎先生集四十卷
韓愈撰　上海　中華書局　1927年　聚珍倣宋版　四部備要

007174856　5308　4433c　5308　4433c　c.2
韓昌黎集四十卷　外集十卷
（唐）韓愈著　上海　商務印書館　1933年　國學基本叢書　（m.）

011914505　PL2718.I5　H36　1933
韓柳文研究法
林紓著　上海　商務印書館　1933年　國難後第1版　（m.）

007174693　5308　8544
韓愈文讀
韓愈著　錢基博選註　上海　商務印書館　1934年　初版　（m.）

007174965　5308.3　3248
韓昌黎詩全集四卷
韓愈著　湯壽銘正訂　蔣抱玄評註　上海　會文堂書局　1925年

007174304　5308.6　8544
韓愈志
錢基博著　上海　商務印書館　1935年　初版　（m.）

007174998　5308.9　4332
樊紹述集註二卷
孫之騄輯註　香港　樊氏　1916 年

007175019　5309　0295
河東先生集四十五卷　外集二卷　外集補遺一卷　龍城錄二卷　附錄二卷　河東先生集傳二卷
廖瑩中輯註　上海　蟬隱廬　1923 年　蟬隱廬影印宋刊本

006826872　5309　3522
柳河東文集
柳宗元著　1926 年

007183612　5309　4434
柳河東集四十五卷外集遺文附錄
柳宗元撰　蔣之翹輯註　上海　中華書局　1927—36 年

007184215　5309　4657
柳河東全集四十五卷　外集二卷　補遺一卷　附錄二卷
柳宗元著　上海　世界書局　1935 年　（m.）

007183676　5309　922
柳河東集
柳宗元著　上海　商務印書館　1933 年　國學基本叢書　（m.）

007184186　5309　923
柳河東集四十五卷　外集二卷　補遺一卷　附錄二卷　集傳一卷
柳宗元著　北京　新華書店總經售　1929 年　國學基本叢書　（m.）

007184224　5309.2　4291
柳宗元文
柳宗元著　胡懷琛選註　上海　商務印書館　1932 年　國難後第 1 版　學生國學叢書　（m.）

007183980　5309.2　4291B
柳宗元文
柳宗元著　胡懷琛選註　上海　商務印書館　1928 年　學生國學叢書　（m.）

007183930　5310　6745
張司業詩集八卷
張籍撰　上海　商務印書館　1938 年　初版　國學基本叢書　（m.）

007183931　5310　7912
張籍詩註八卷
張籍著　陳延傑註　長沙　商務印書館　1938 年　初版　國學小叢書　（m.）

007183717　5311　1102b　（1938）
孟東野詩集十卷
孟郊撰　上海　商務印書館　1938 年　初版

007184259　5311　1102b　（1939）
孟東野詩註十卷
孟郊著　長沙　商務印書館　1939 年

007183607　5311　1102c
孟東野集十卷
孟郊撰　上海　中華書局　1927—36 年

007183933　5311　1444
孟郊詩
孟郊著　夏敬觀選註　長沙　商務印書館　1940 年　初版　學生國學叢書

007183606　5312　1112b
李長吉歌詩四卷　外集一卷
李賀撰　王琦編輯　上海　中華書局　1927—36 年

007188058　5312　2332
李長吉詩集四集　外集一卷
李賀撰　吳汝綸註　香港　藝文書局

1922 年

007188062　5312　4839
李長吉集四卷　集外一卷
李賀著　黄陶庵[淳耀]評　黎二樵[簡]批點　上海　掃葉山房　1917 年

007188092　5312.5　1138
李長吉評傳
王禮錫撰　上海　神州國光社　1930 年　物觀文學史叢稿　（m.）

007187451　5312.6　7277
詩人李賀
周閬風著　上海　商務印書館　1936 年　初版　國學小叢書　（m.）

007188097　5312.9　1822
長江集
賈島撰　長沙　商務印書館　1940 年　國學基本叢書　（m.）

007187777　5312.9　7912　　5312.9　7912b　FC2213　FC-M642
賈島詩註十卷
陳延傑註　上海　商務印書館　1937 年　初版　國學小叢書　（m.）

007187483　5312.9　922
賈長江集十卷
賈島撰　上海　中華書局　1927—36 年

007188108　5313　5.4
劉夢得文集三十卷　外集十卷
劉禹錫撰　香港　毗陵董氏　1913 年

007187481　5313　9
劉賓客文集三十卷　外集十卷
劉禹錫撰　上海　中華書局　1927—36 年

007187752　5314　1128c
白香山集七十一卷
白居易著　上海　商務印書館　1935 年　國學基本叢書　（m.）

007187484　5314　3102B
白香山詩集年譜本傳長慶集二十卷後集十七卷別集補遺　上下卷
白居易撰　汪立名編訂　上海　中華書局　1927—36 年

007188162　5314　3102E
白香山詩集附年表一卷　年譜一卷
白居易撰　汪立名編　上海　世界書局　1935 年　（m.）

007187530　5314　4404
長恨歌畫意
白居易詩　李毅士繪　香港　至善出版社　1932 年

007187389　5314.2　2454
白居易詩
傅東華選註　上海　商務印書館　1932 年　國難後第 1 版　（m.）

007187804　5315　9
元氏長慶集六十卷
元稹撰　上海　中華書局　1927 年　聚珍倣宋版　四部備要

007193622　5316　2908B
詩集
朱慶餘著　上海　商務印書館　1934 年　四部叢刊續編

009229462　5316　4323
樊子不分卷
樊紹述撰　胡世安輯　紹興　樊鎮　1920 年

007193081　5316　4423
李衛公會昌一品集二十卷　別集十集　外集四卷　補遺一卷
李德裕撰　上海　商務印書館　1937年初版　國學基本叢書　（m.）

007193631　5316　4427b
評註李習之集二卷
李翱撰　儲欣錄　上海　大通書局　1925年

007193422　5317　3224
樊川文集註四卷　別集一卷　外集一卷　補遺一卷
杜牧著　馮集梧註　上海　中華書局　1930年　聚珍倣宋版　四部備要

007193639　5317　3224B
樊川詩集四卷　外集一卷　別集一卷
杜牧撰　馮集梧註　上海　掃葉山房　1912—？年

007193352　5318　3236B
李義山詩文全集
李商隱著　馮浩箋註　長沙　商務印書館　1940年　初版　國學基本叢書（m.）

007193421　5318.3　3236
玉谿生詩箋註六卷
馮浩箋註　胡重參校　上海　中華書局　1930年　聚珍倣宋版　四部備要

008014460　5318.3　3236c
玉谿生詩詳註六卷　卷首一卷
李商隱撰　馮浩編　上海　崇古山房　1930年

007193562　5318.3　7724b
李義山詩箋註八卷
李商隱撰　朱鶴齡註　屈復意　上海　會文堂　1917年

007193157　5318.4　3236
樊南文集詳註八卷
李商隱撰　馮浩註　朱天鎬參校　上海　中華書局　1927—36年

007193158　5318.4　8552
樊南文集補編十二卷
李商隱撰　錢振倫箋　錢振常註　上海　中華書局　1927—36年

007197825　5318.6　4945
玉溪詩謎
蘇雪林著　上海　商務印書館　1947年初版　現代文藝叢書　（m.）

007197951　5318.6　4945C
李義山戀愛事跡考
蘇雪林著　上海　北新書局　1928年再版　（m.）

007197492　5319　8681B
温飛卿集箋註九卷
温庭筠撰　曾益原註　顧予咸補註　顧嗣立重校　上海　中華書局　1927—36年

009222558　5319.9　0435d
增廣音註唐郢州刺史丁卯集二卷
許渾撰　鎮江　吳氏寒氅簃　1936年影印

007202413　5319.9　4428
梨嶽詩集
李頻撰　上海　涵芬樓　1936年　四部叢刊三編

007197876　5319.9　4428
梨嶽詩集附錄　補遺
李頻撰　上海　商務印書館　1936年

四部叢刊三編

007218914　5319.9　7248.2
李丞相詩集二卷
李建勳撰　上海　商務印書館　1934年

007218915　5319.9　7248.2
周賀詩集附校勘記
周賀撰　上海　商務印書館　1934年

007197966　5322　0664
香奩集發微一卷
唐晏撰　上海　掃葉山房　1914年

007197493　5323　2304
唐女郎魚玄機詩一卷
魚玄機撰　上海　中華書局　1927—36年

007197973　5323　2928
釣磯文集一卷
徐寅撰　上海　涵芬樓　1935年　四部叢刊三編

007197975　5323　4286
詠史詩三卷
胡曾著　陳蓋註　上海　涵芬樓　1936年　四部叢刊三編

007197986　5323　7249
周中丞集一卷　附錄一卷
周繇撰　濟南　1930年

007218913　5323　8286
鄭守愚文集三卷　附校勘記
鄭谷著　上海　商務印書館　1934年

011836909　5325　93（1）
司空表聖詩集三卷　附錄一卷
司空圖　吳興　劉氏嘉業堂　1918年

007197553　5328　7215
秦婦吟箋註
韋莊著　周雲青箋註　上海　商務印書館　1934年　初版　國學小叢書（m.）

007712797　5330　4412
李丞相詩集二卷
李建勳撰　香港　海虞鐵琴銅劍樓　1918年

007197725　5331　6447B
徐騎省集三十卷　補遺　校勘記一卷
徐鉉撰　李英元纂　長沙　商務印書館　1939年　國學基本叢書（m.）

007197494　5331　919
徐公集三十卷補遺校記
徐鉉撰　上海　中華書局　1927—36年

007197915　5331　98
徐公文集三十卷
徐鉉著　南陵　徐乃昌　1919年

007198008　5332.9　6082
咸平集三卷
田錫撰　香港　南城李氏宜秋館　1923年　宋人集　丁編

007202073　5334　3122B
小畜集三十卷　外集八卷　拾遺
王禹偁著　長沙　商務印書館　1938年　初版　國學基本叢書（m.）

007202152　5334.9　4933.9
和靖詩集四卷
林逋撰　上海　中華書局　1930年　聚珍倣宋版　四部備要

007202106　5334.9　4933.92
林和靖先生詩集四卷
林逋撰　長沙　商務印書館　1938 年
初版　國學基本叢書

007218916　5335.9　2168
雪竇頌古集一卷　拈古一卷　瀑泉集一卷　祖英集二卷
上海　商務印書館　1934 年

007202372　5336　7
忠愍公詩集三卷
寇準撰　上海　涵芬樓　1936 年　四部叢刊三編

007202107　5337　1444
梅堯臣詩
梅堯臣著　夏敬觀選註　長沙　商務印書館　1940 年　初版　學生國學叢書（m.）

007202383　5337　1481
宛陵先生文集三卷
梅堯臣撰　夏劍丞校訂　長沙　商務印書館　1940 年

007202387　5337　923
宛陵集六十卷
梅堯臣撰　上海　中華書局　1934 年　四部備要

007202410　5337.9　5322
鐔津文集二百二十卷
契嵩撰　上海　涵芬樓　1936 年　四部叢刊三編

007202138　5338　4883
歐陽永叔文
歐陽修著　黃公渚選註　上海　商務印書館　1933 年　初版　學生國學叢書（m.）

008376821　5338　6751
歐陽修全集
（宋）歐陽永叔［修］著　上海　國學整理社　1936 年　初版（m.）

007202139　5338　7984
歐陽修文選
歐陽修著　陳筱梅編　上海　倣古書店　1937 年（m.）

007201822　5338　916
歐陽文忠全集一百五十三卷　附錄五卷
（宋）歐陽修著　上海　中華書局　1927—36 年

007201866　5338　922　5338　922　c.2
歐陽永叔集
歐陽修著　上海　商務印書館　1933 年　國學基本叢書（m.）

007201820　5338.9　923
蘇學士集十六卷
蘇舜欽撰　上海　中華書局　1927—36 年

007202430　5339　4298b
嘉樂齋三蘇文範十八卷
楊慎選　濟南　1916 年

007202137　5339　4910
三蘇文
葉玉麟選註　上海　商務印書館　1933 年　初版　學生國學叢書（m.）

007201805　5339　9
嘉祐集十五卷
蘇洵撰　上海　中華書局　1927—36 年

007202076　5339　928
嘉祐集
蘇洵著　長沙　商務印書館　1939 年

初版　國學基本叢書

007202116　5341　1322
司馬溫公文集十四卷
司馬光著　張伯行訂　上海　商務印書館　1937 年　初版　國學基本叢書（m.）

007202151　5341.3　922
司馬溫公集十四卷
司馬光　上海　中華書局　1930 年　聚珍倣宋版　四部備要

007201821　5342　919
南豐先生元豐類稿五十一卷
曾鞏撰　上海　中華書局　1927—36 年

007202077　5342　926
元豐類稿
曾鞏著　上海　商務印書館　1937 年　初版　國學基本叢書（m.）

007202141　5342.4　2974
曾鞏文
曾鞏著　朱鳳起註　上海　商務印書館　1930 年　初版　學生國學叢書（m.）

007202108　5343　1444
王安石詩附年譜
王安石著　夏敬觀選註　長沙　商務印書館　1940 年　學生國學叢書（m.）

007202072　5343　4243
王安石全集
王安石著　胡協寅校閱　上海　廣益書局　1936 年　再版（m.）

007206227　5343　919
王臨川全集一百卷敘
王安石撰　上海　中華書局　1927—36 年

007206503　5343　922
王臨川集
王安石著　上海　商務印書館　1933 年　初版　國學基本叢書（m.）

007206484　5343.2　3650　5343.2　3650b
王安石文
褚東郊選註　上海　商務印書館　1928 年　初版（m.）

007206791　5343.3　4471
王荊文公詩註五十卷
王安石撰　李壁註　上海　商務印書館　1922 年

007206794　5343.3　4471b
王荊文公詩箋註五十卷　附年譜一卷
王安石撰　李壁箋註　香港　海鹽張氏　1922 年

007206807　5343.4　3188
王荊公文註八卷
沈欽韓註　吳興　劉氏嘉業堂　1927 年

007712821　5343.6　6151
臨川集拾遺一卷
王安石撰　上海　聚珍倣宋印書局排印　1918 年

007206809　5343.9　1183
廣陵先生文集二十卷　附錄一卷　拾遺一卷　補遺一卷
王令撰　香港　吳興劉氏　1922 年　嘉業堂叢書

007206500　5344　3905
元憲集
宋庠著　上海　商務印書館　1937 年　初版　國學基本叢書（m.）

007206499　5344　3932
景文集六十二卷
宋祁著　上海　商務印書館　1937 年初版　國學基本叢書　（m.）

007206586　5344　4512.9
韓魏公集二十卷
韓琦著　張伯行重訂　上海　商務印書館　1937 年　初版　國學基本叢書（m.）

007206504　5344　7284
彭城集四十卷
劉攽著　上海　商務印書館　1937 年初版　國學基本叢書　（m.）

007206505　5344　7294
公是集五四卷
劉敞著　上海　商務印書館　1937 年再版　國學基本叢書　（m.）

007206921　5345　1163
蘇文忠公海外集二卷
蘇軾撰　王時宇校　瓊州海口[海南島]　海南書局　1934 年

007210168　5345　6423
蘇軾詩
嚴既澄選註　上海　商務印書館　1931 年　初版　學生國學叢書　（m.）

007210167　5345　6423b
蘇軾詩
嚴既澄選註　上海　商務印書館　1930 年　初版　學生國學叢書　（m.）

007210169　5345　8202
蘇詩補註八卷
翁方綱補註　上海　商務印書館　1937 年　初版　國學基本叢書　（m.）

007209996　5345　916
東坡七集四十卷　後集二十卷　奏議一四卷　外制集三卷　内制集十卷　應詔集十卷　續集十二卷
蘇軾撰　上海　中華書局　1927 年　聚珍倣宋版　四部備要

007209969　5345　922　5345　922　c.2
蘇東坡集
蘇軾著　上海　商務印書館　1933 年　國學基本叢書　（m.）

007210396　5345.3　1147
蘇東坡詩集三十二卷
王十朋輯註　上海　掃葉山房　1915 年

007210410　5345.3　3132
和陶合箋四卷
蘇軾撰　温汝能纂訂　上海　掃葉山房　1925 年

007210423　5345.3　3132b
陶詩彙評四卷
陶潛原撰　東坡和陶合箋四卷　蘇軾撰　温謙山[汝能]纂訂評　上海　掃葉山房　1928 年

007210147　5346　0272B
欒城集
蘇轍著　上海　商務印書館　1936 年初版　國學基本叢書　（m.）

007210146　5346　6624
蘇子由全集
蘇轍著　呂何均重編　上海　大東書局　1936 年　初版　（m.）

007209933　5346　919
欒城集五十卷後集二四卷第三集十卷
蘇轍撰　上海　中華書局　1927—36 年

007215242　5347　213
山谷詩集註內集二十卷　外集十七卷　別集二卷
黃庭堅撰　史容註　上海　中華書局　1930年　聚珍倣宋版　四部備要

007215396　5347　2132
黃太史精華錄六卷
黃庭堅撰　任淵撰　上海　商務印書館　1930年

007215393　5347　213D
山谷內集詩註二卷
任淵註　山谷外集詩註十七卷　史容註　外集補四卷　山谷別集詩註二卷　史季溫註　別集補一卷　上海　商務印書館　1937年　國學基本叢書

007218919　5347　5036
山谷外集詩註十四卷
黃庭堅撰　史容註　上海　商務印書館　1934年

007215192　5347.3　4883
黃山谷詩
黃庭堅著　黃公渚選註　上海　商務印書館　1934年　學生國學叢書　(m.)

007215243　5348　922
淮海集十七卷　後集二卷　附詞補遺考證
秦觀撰　上海　中華書局　1930年　聚珍倣宋版　四部備要

007215414　5348　926
淮海集四十卷　後集六卷　長短句三卷
秦觀撰　上海　商務印書館　1937年　國學基本叢書　(m.)

007215191　5349　2132B
後山集十二卷
陳師道撰　任淵註　上海　商務印書館　1937年　初版　國學基本叢書　(m.)

007215193　5349　5457
陳後山　戴石屏詩
王漁洋[士禎]選　中華書局輯註　上海　中華書局　1940年　初版

007215422　5349　6602
後山詩註補箋一二卷　卷首一卷　後山逸詩箋二卷
陳師道撰　冒廣生補箋　上海　商務印書館　1936年

007214957　5349　919
後山集二十四卷
陳師道撰　上海　中華書局　1927—36年

007215432　5350　0603
眉山唐先生文集三卷
唐庚著　上海　涵芬樓　1936年　四部叢刊三編

007215439　5350　1322
華陽集四十卷
張綱著　于文熙校　上海　涵芬樓　1936年　四部叢刊三編

009243186　5350　1327
畫墁集一卷
張舜民撰　陝西　陝西文獻徵輯處　1922年　關隴叢書

009222972　5350　1345
無垢先生橫浦心傳錄三卷
張九成撰　于恕編　吳惟明校刊　濟南　民國間　石印

007214732　5350　2128
北山小集四十卷
程俱撰　上海　商務印書館　1934年

四部叢刊續編

007214733　5350　3174
沈忠敏公龜溪集十二卷
沈與求撰　上海　商務印書館　1934年　四部叢刊續編

007215358　5350　3174B
沈忠敏公龜溪集十二卷
沈與求撰　吳興　劉氏嘉業堂　1913年　吳興叢書

007215453　5350　3336
參寥子詩集十二卷
道潛撰　上海　涵芬樓　1936年　四部叢刊三編

007215172　5350　4264
楊龜山集
楊時撰　張伯行重訂　上海　商務印書館　1937年　國學基本叢書　（m.）

007219190　5350　4933B
斜川集六卷
蘇過撰　上海　中華書局　1930年　聚珍倣宋版　四部備要

007219290　5350　4933C
斜川集六卷
蘇過著　長沙　商務印書館　1941年　初版　國學基本叢書　（m.）

007219528　5350　5662
松隱集四十卷
曹勛撰　香港　吳興劉氏嘉業堂　1920年　嘉業堂叢書

007219382　5350　6103
嵩山文集二十卷
晁說之撰　上海　商務印書館　1934年　初版　四部叢刊續編

007219547　5350　7932
默堂先生文集二百二十卷
陳淵著　沈度編　上海　涵芬樓　1936年　四部叢刊三編

007219486　5350.9　4911B
石林居士建康集八卷
葉夢得著　香港　石竹山房　1920年

007193132　5351　1444
陳與義詩
陳與義撰　夏敬觀選註　長沙　商務印書館　1940年　初版　學生國學叢書　（m.）

007193615　5351　4225
增廣箋註簡齋詩集三十卷　無住詞一卷
陳與義撰　胡穉箋註　上海　涵芬樓　1929年　四部叢刊集部

007193624　5351　4225b
增廣箋註簡齋詩集三十卷　無住詞一卷外集一卷
陳與義撰　胡穉箋註　上海　中華書局　1930年　四部備要

007193159　5351　4225c
簡齋詩集三十卷　無住詞一卷外集一卷附錄
陳與義撰　胡穉箋　上海　中華書局　1927—36年

007256554　5351.9　2943
韋齋集十二卷
朱松撰　附玉瀾集　朱槔撰　上海　商務印書館　1934年

007193391　5353　4223b
楊誠齋詩
楊萬里著　夏敬觀選註　長沙　商務印書館發行　1940年　初版　學生國學叢

書　(m.)

007193243　5353　4234
誠齋集四十二卷
楊萬里撰　上海　中華書局　1934 年　聚珍倣宋版　四部備要

007193646　5354　6142.7
音註陸放翁詩
陸游著　劉辰翁選本　昆明　中華書局　1939 年　中國文學精華

008627342　Microfiche　C-912　CH1519
陸放翁全集
（宋）陸游著　上海　國學整理社　1936 年　（m.）

007193390　5354　7912
陸放翁詩鈔註四卷
（宋）陸游著　陳延傑註　長沙　商務印書館　1938 年　初版　國學小叢書　(m.)

007193351　5354　922
陸放翁集
（宋）陸游著　上海　商務印書館　1933 年　初版　國學基本叢書　(m.)

007193659　5354　924
陸放翁集
陸游撰　上海　商務印書館　1935 年　國學基本叢書　(m.)

007193389　5354.3　0404
放翁國難詩選
（宋）陸游著　許文奇選註　上海　民智書局　1933 年　初版　(m.)

007193388　5354.3　4833　（1）
陸游詩上下卷
（宋）陸游著　黃逸之選註　上海　商務印書館　1931 年　學生國學叢書　(m.)

007193653　5354.3　6142
放翁詩集十九卷
陸游撰　羅椅等選　上海　商務印書館　1929 年　四部叢刊

007193656　5354.3　8402
劍南詩稿三十六卷
陸游著　上海　中華書局　1927 年

007193661　5354.3　8408.41
箋註劍南詩鈔六卷
陸游著　楊大鶴選　雷瑨註釋　上海　掃葉山房　1925 年

008014164　5354.3　8408.4c
劍南詩鈔
（宋）陸放翁著　上海　掃葉山房　1930 年

007193662　5354.4　2116
渭南文集五十卷
陸游撰　上海　中華書局　1927 年　四部備要

007193227　5355　3860C
石湖居士詩集
范成大撰　顧嗣立等訂　長沙　商務印書館　1940 年　國學基本叢書　(m.)

007193664　5355　3862b　5355　3862b　c.2
石湖居士詩集三十四卷
顧嗣皋等重訂　廣州　中國書畫會社　1912—59 年

007193178　5356　1322
朱子文集
朱熹著　張伯行編訂　上海　商務印書館　1937 年　國學基本叢書　(m.)

007197783　5356　4277B
朱子大全一百卷　續集十一卷　別集十卷
朱熹撰　上海　中華書局　1930—39年　聚珍倣宋版　四部備要

007197796　5357　4024B
陸象山先生全集三十六卷
李紱點次　周毓齡重校　香港　中原書局　1926年

007197789　5357　7153B
象山全集三十六卷
陸九淵撰　周毓齡重校　上海　中華書局　1930—39年　四部備要

007197469　5357　7153C
象山先生全集三十六卷
陸九淵撰　上海　商務印書館　1935年　初版　國學基本叢書　（m.）

007197732　5358　0400
稼軒詩文鈔存
（宋）辛棄疾著　辛啟泰原輯　鄧廣銘校補　上海　商務印書館　1947年　初版　（m.）

007197962　5358　1192
頤堂先生文集五卷
王灼撰　上海　涵芬樓　1936年　四部叢刊三編

007197967　5358　134
橫浦文集
張九成撰　香港　海鹽張氏　1925年

007999442　5358　1345b
于湖居士文集四卷　附錄一卷
張孝祥撰　上海　涵芬樓　1929年

007197759　5358　2934
箋註斷腸詩詞十七卷
（宋）朱淑真著　（清）鄭元佐註　上海　新文化書社　1933年　4版　（m.）

007197979　5358　2934b
朱淑真斷腸詩詞
鄭元佐註　廣州　科學書局　1920年

007197983　5358　2934c
斷腸詩詞集
朱淑真著　上海　中國文學書局　1935年

007197248　5358　4134
范香溪先生文集二十二卷
1934年

009245862　5358　4342
竹齋先生詩集四卷
裘萬頃撰　北京　1921年

007198007　5358　4472
梅亭四六標準四十卷
李劉撰　上海　商務印書館　1934年　四部叢刊續編

007198011　5358　4524
石屏詩集一卷
戴復古撰　上海　商務印書館　1934年　四部叢刊續編

007198013　5358　4986
雙溪集十二卷
蘇籀撰　成都　昌福公司　1912—56年

007201551　5358　6655
東萊詩集二十卷
呂本中撰　1934年　匹部叢刊續編

007202363　5358　7211b
屏山先生文集二十卷
劉子翬著　香港　三餘書室　1933年

語言文學類

007202367　5358　7234
漫塘文集三十六卷
劉宰著　香港　吳興劉氏　1926 年

007202371　5358　8215
舒文靖公集二卷
舒璘撰　上海　掃葉山房　1931 年

007201831　5358　8243
夾漈遺稿三卷
鄭樵纂　長沙　商務印書館　1941 年　初版　國學基本叢書　（m.）

008627329　Microfiche　C-800　CH1405
姜白石全集
姜堯章[姜夔]著　上海　掃葉山房　1918 年

007202154　5358.3　8484B
白石道人詩集歌曲
姜夔撰　上海　中華書局　1930—39 年　聚珍倣宋版　四部備要

011835138　5358.3　8484c
白石道人詩集集外詩　附錄　附錄補遺
姜夔撰　上海　商務印書館　1937 年　國學基本叢書　（m.）

007201824　5358.9　4277
龍川文集卷首三十卷補遺附錄
陳亮撰　胡鳳丹校　上海　中華書局　1927—36 年

007202386　5358.9　4277B
龍川文集
陳亮撰　香港　鄂官書處　1912 年

007202078　5358.9　4277C
龍川文集
（宋）陳亮著　上海　商務印書館　1937 年　初版　國學基本叢書　（m.）

007202153　5359　2309b
水心集二十九卷
葉適撰　上海　中華書局　1930—39 年　聚珍倣宋版　四部備要

007201552　5362　0472
先天集十卷　附錄二卷
1934 年

007202414　5362　3834
平齋文集三二卷
洪咨夔撰　上海　商務印書館　1934 年　四部叢刊續編

007202422　5362　4572
翠微南征錄十一卷
華岳撰　上海　涵芬樓　1936 年　四部叢刊三編

007202433　5364　7244
平塘陶先生詩三卷
陶夢桂撰　香港　南昌李氏世葉堂　1922 年

007201556　5364　8213
三山鄭菊山先生清雋集
1934 年　四部叢刊續編

007202074　5365　0413
文文山全集
（宋）文天祥著　上海　國學整理社　1936 年　初版　（m.）

007202109　5365　7912
文文山詩註五卷
（宋）文天祥著　陳延傑註　長沙　商務印書館　1939 年　初版　國學小叢書　（m.）

007202075　5365　924
文山先生全集
（宋）文天祥著　上海　商務印書館

1935年　初版　國學基本叢書　（m.）

007202274　5367　1198
吾汶稿十卷
王炎午撰　上海　商務印書館　1936年　四部叢刊三編

007201553　5367　4208
蕭冰厓詩集拾遺
蕭立等撰　1934年

007202458　5367　4821
黃四如文稿五卷
黃仲元撰　上海　涵芬樓　1936年　四部叢刊三編

007712837　5367　8273
閬風集十二卷　附錄一卷
舒岳祥撰　香港　吳興劉氏嘉業堂　1915年　嘉業堂叢書

007205933　5368　4834
疊山集十六卷
1934年

007206502　5370　4820B
閑閑老人滏水文集二十卷　附補遺　一卷
（金）趙秉文著　上海　商務印書館　1937年　國學基本叢書　（m.）

007206793　5372　0163
元遺山詩集十六卷
元好問著　張德輝類次　施國祁補　上海　中華書局　1930年　四部備要

007206799　5372　0163C
元遺山詩集箋註十四卷　卷首末各一卷
元好問撰　張德輝類次　施國祁箋　上海　掃葉山房　1918年

007206201　5372　1444
元好問詩
夏敬觀選註　長沙商務印書館　1940年　初版　學生國學叢書　（m.）

007206501　5372　926
遺山先生文集
元好問撰　上海　商務印書館　1937年　初版　國學基本叢書　（m.）

008576852　FC594
紫山大全集二十六卷
胡元遹撰　香港　河南官書局　1923年　三怡堂叢书

007206875　5381　1195.1
王秋澗先生題跋
王惲撰　廣州　丹徒鎮江劉氏　1912年

007206231　5381　1244B
湛然居士文集
耶律楚材撰　長沙　商務印書館　1939年　初版　國學基本叢書　之一　（m.）

007206886　5381　2523
陵陽集二四卷
牟巘著　香港　吳興劉氏　1921年　吳興叢書

007206888　5381　4817
彝齋文編四十卷
趙孟堅撰　香港　吳興劉氏嘉業堂　1914年　嘉業堂叢書

007206480　5385　8173
仁山集
金履祥撰　胡鳳丹校　上海　商務印書館　1937年　國學基本叢書　（m.）

009262557　5385　8604
廬山復教集二卷
普度撰　果滿編錄　香港　周叔弢　1918年

007209998 5387 923
清容居士集五十卷　謚議　墓志銘　劄記
袁桷撰　上海　中華書局　1930—39年　聚珍倣宋版　四部備要

007210351 5387.9 0403
許白雲先生文集四十卷
許謙著　上海　商務印書館　1934年　四部叢刊續編

007210308 5388 919
柳貫上京紀行詩一卷
(元)薛漢書　北京　故宮博物院圖書館　1930年

007219191 5390 919
道園學古錄五十卷
虞集撰　上海　中華書局　1930—39年　聚珍倣宋版　四部備要

007219291 5390 926
道園學古錄
(元)虞集著　上海　商務印書館　1937年　初版　國學基本叢書　(m.)

007218918 5395 1342
張蛻庵詩集四卷
張翥撰　上海　商務印書館　1934年　四部叢刊續編

007219607 5395 2923
存復齋集一卷
朱德潤撰　上海　商務印書館　1934年　四部叢刊續編

007223856 5395 4812
弁山小隱吟二卷
黃玠撰　香港　吳興劉氏　1923年　吳興叢書

007223712 5397.3 4423
鐵崖古樂府註十卷　詠史註八卷　逸編註八卷
楊維楨撰　樓卜瀍註　上海　中華書局　1930—39年　聚珍倣宋版　四部備要

007223826 5397.3 4423B
鐵崖三種
楊廉夫[維禎]著　樓卜瀍註　上海　掃葉山房　1921年

007223865 5399 0404
龜巢集二十卷　校勘記
謝應芳著　上海　涵芬樓　1936年　四部叢刊三編

007223866 5399 1142
友石山人遺稿一卷
王翰著　香港　吳興劉氏　1919年　嘉業堂叢書

007223868 5399 1202
蟻術詩選八卷　詞選四卷
邵亨貞撰　上海　涵芬樓　1936年　四部叢刊三編

007223272 5399 1361
張光弼詩集二卷
1934年　四部叢刊續編

007223871 5399 1943
西庵集八卷　卷首一卷
孫蕡撰　香港　順德龍氏中和園　1934年　自明誠廎叢書

007223872 5399 2355
聞過齋集八卷
吳海著　香港　南林劉氏嘉業堂　1913年　嘉業堂叢書

007223828 5399 2448
傅與礪詩文集二十卷

傅若金撰　宋應祥點校　傅若川編刊
香港　吳興劉氏　1914年　嘉業堂叢書

007223876　5399　4521
黄楊集三卷
華堂編　廣州　梁溪華氏存裕堂
1912—65年

007223878　5399　7941
夷白齋稿三五卷　外集一卷　附補遺一卷
陳基編　上海　涵芬樓　1936年　四部叢刊三編

007223274　5399　8978
青陽先生文集九卷
1934年　四部叢刊續編　集部

007223884　5400　3322
擬寒山詩類編
張守約追擬　見月山人類編　上海　國光印書局　1939年

007223906　5402　1984
宋文憲公全集八卷
宋濂撰　香港　四明孫氏　1911—16年

007223713　5402　919
宋文憲公全集五十三卷　卷首四卷
宋濂撰　上海　中華書局　1930—39年　聚珍倣宋版　四部備要

007223698　5402　926
宋學士文集七十五卷
（明）宋濂著　上海　商務印書館　1937年　初版　國學基本叢書　（m.）

007223908　5402　926b
宋學士文集八編　七十五卷
宋濂著　上海　涵芬樓　1935年

007223626　5403　2281B
誠意伯文集
（明）劉基著　何鐘編校　上海　商務印書館　1936年　初版　國學基本叢書（m.）

007223911　5403.9　0452
密庵稿一卷
謝肅著　任守禮校　劉翼南編　上海　涵芬樓　1935年　四部叢刊三編

007223913　5403.9　1312
静居集六卷
張羽著　上海　涵芬樓　1936年　四部叢刊三編

007223714　5404.3　8141
高青邱詩集註十八卷　補遺詩餘附錄　附鳧藻集五卷
高啟撰　金檀輯註　上海　中華書局　1930—39年　聚珍倣宋版　四部備要

007226494　5404.3　8141B
青邱高季迪先生詩集十八卷　遺詩一卷　扣舷集一卷　附鳧藻集五卷
高啟撰　金檀輯註　香港　東吳浦氏　1914年

007226497　5405　2948
北郭集一卷
徐賁著　上海　涵芬樓　1936年　四部叢刊三編

007226502　5405　4241
眉庵集十二卷
楊基著　上海　涵芬樓　1936年　四部叢刊三編

007226510　5405　8765
蚓竅集一卷
管時敏撰　上海　涵芬樓　1936年　四

部叢刊三編

007226247　5406　1320
遜志齋集二十四卷
方孝孺撰　上海　中華書局　1930—39年　聚珍倣宋版　四部備要

007226322　5406　4191C
遜志齋集一至八册
（明）方孝孺著　上海　商務印書館　1935年　初版　國學基本叢書　（m.）

007226319　5406　4191D
遜志齋集二十四卷　附錄一卷
方孝孺撰　范惟一編　上海　商務印書館　1936年　初版　國學基本叢書　（m.）

007226520　5409　1124
靜學文集三卷
王叔英著　香港　吳興劉氏　1920年　嘉業堂叢書

007226524　5409　3172
沈石田集
沈周撰　上海　掃葉山房　1913年

007226533　5409　3172C
石田先生詩文集九卷
沈周撰　上海　同文圖書館　1915年

007226536　5409　7920
白沙子八卷
陳獻章撰　上海　涵芬樓　1936年　四部叢刊三編

007226323　5410.9　0426.2
文徵明全集
（明）文徵明著　上海　大道書局　1935年　初版

007226317　5411　0412
王文成公全書
（明）王守仁［陽明］著　上海　商務印書館　1936年　初版　國學基本叢書簡編　（m.）

007226316　5411　2162
陽明全書
（明）王守仁［陽明］著　倪貽德標點　上海　泰東圖書局　1925年　初版　（m.）

007712860　5411　2924b
王文成公全書三十八卷
王守仁撰　徐愛等編　杭州　浙江書局　1928年

007226381　5411　2924c
陽明全集三十八卷
王陽明撰　上海　中華書局　1930—39年　聚珍倣宋版　四部備要

007228062　5413　0233
方簡肅公文集十卷　覆勘記一卷
方良永撰　莆田　涵江圖書館　1927年

007228064　5413　0638
六如居士全集七卷　補遺
唐寅撰　唐仲冕編　常州　樂善堂　1924年

007228033　5413　2316
射陽先生存稿四卷
吳承恩撰　（明）丘度校　北平　故宮博物院圖書館　1930年

007228098　5413　3126
祝枝山詩文集附詞　補遺
祝允明撰　王心湛校勘　上海　廣益書局　1936年

007228107　5413　3926
鬱洲遺稿十卷　附補遺
梁儲撰　香港　順德梁絲綸堂　1913年

007228114　5413　4213
石淙詩鈔十五卷
楊一清撰　李夢陽、康海同輯　雲南　雲南圖書館　1914年

007228032　5413　7914
水南集十七卷
陳霆著　上海　吳興劉氏嘉業堂　1919年　吳興叢書

007228139　5415　2186
詳註震川先生集三十卷　別集十卷
歸有光著　錢謙益選　歸莊校勘　歸玠編輯　倪錫恩註疏　上海　掃葉山房　1935年

007228142　5415　2214
歸震川全集
歸有光著　上海　世界書局　1936年（m.）

007227879　5415　2214b
震川先生全集
（明）歸有光著　上海　商務印書館　1935年　初版　國學基本叢書（m.）

007228147　5415　4291
歸有光文
歸有光撰　胡懷琛選註　上海　商務印書館　1933年　國難後第1版　學生國學叢書（m.）

007227950　5415　922
震川文集三十卷　別集十卷
歸有光著　上海　中華書局　1930—39年　聚珍倣宋版　四部備要

007228151　5417　0210
循夫先生集四卷　附錄一卷
郭廷序撰　香港　潮陽郭氏　1924年

007228034　5417　1133
順渠先生文錄十二卷
王道撰　東京　育德財團　1932年　尊經閣叢刊

007230633　5417　1173
王心齋先生遺集五卷
王艮撰　袁承業編纂　上海　國粹學報館　1912年

007230631　5417　1195
王遵巖集十卷
王慎中著　張汝瑚選　上海　振寰書局　1915年

007230636　5417　1386
張愈光詩文選八卷　附錄
張含撰　雲南　雲南圖書館　1914年

007230566　5417　4298B
升庵全集
（明）楊慎著　上海　商務印書館　1935年　初版　國學基本叢書（m.）

007230643　5417　4417
中溪全集十卷
李元陽撰　雲南　雲南圖書館　1914年

007230644　5417　4503
薛子庸語十二卷
薛應旂撰　向程釋　濟南　1939年

007230646　5417　4948
東莆先生文集五卷
林大欽撰　濟南　1942年

007230647　5417　6602
江峰漫稿十二卷
呂高撰　李開先選編　鎮江　1934 年

007230651　5417　7872
歐陽南野先生文集五卷
歐陽德撰　李春芳選編　濟南　1917 年

007233125　5419　1125.3b
龍谿王先生會語六卷
王畿撰　貢安國輯　查鐸等校　京城府
　朝鮮印刷株式會社景印　1932 年

007230564　5419　1371C
張文忠公全集
（明）張居正著　上海　商務印書館
1935 年　初版　國學基本叢書　（m.）

007230425　5419　1371E
張文忠公詩文集
張居正著　上海　掃葉山房　1922 年

007230585　5419　2113
山海漫談五卷
任環著　南京　國學圖書館　1932 年

007230665　5419　4122
泌園詩文集三十七卷
董份撰　香港　吳興劉氏　1927 年　吳興叢書

007230672　5419　4227C
楊忠愍公全集四卷　卷首一卷
楊繼盛撰　香港　古越章氏積善堂
1921 年

007230680　5419　4945
井丹林先生文集二卷
林大春撰　郭泰棣重編　香港　潮陽郭氏雙百鹿齋　1935 年

007233097　5422　1137
復宿山房集四十卷
王家屏撰　山西　山西民治學社
1928 年

007233099　5422　2320
玄蓋副草一名元蓋副草二卷
吳稼竳撰　香港　吳氏雍睦堂　1916 年

007233104　5422　3121
沈青門詩集不分卷　附詩餘、文、附錄
沈仕撰　香港　西泠印社　1918 年

007233123　5422　4165
董禮部集六卷
董嗣成著　香港　吳興劉氏　1928 年
吳興叢書

008099435　5422　4448.1
李氏焚書六卷　附校勘記
李贄撰　陝西　教育圖書社　1912—49 年

007233156　5424　1103
疑雲集四十卷
王彥泓撰　上海　國學維持社　1918 年

007232791　5424　1103c
疑雨集
（明）王次回［彥泓］著　上海　啟智書局　1934 年　初版　（m.）

009837379　MLC－C
黃間山集
黃間山撰　黃間山　1940 年

007233208　5424　4107
崇相集
董應舉撰　濟南　1928 年

007233230　5424　8243
東涯集十七卷

翁萬達撰　香港　潮陽郭氏　1939年

007932315　5425　8135
袁中郎全集
（明）袁宏道著　金汝盛校　上海　大方書局　1935年　初版　（m.）

007233238　5425　924
袁中郎全集
袁宏道著　上海　世界書局　1935年（m.）

007235409　5427　2993
徐文定公集
（明）徐光啟著　（清）李杕編輯　徐宗澤增補　上海　徐家匯天主堂藏書樓　1933年　初版　（m.）

008247918　5427　2993.2　FC5783　FC－M1507
徐上海特刊
1933年　（m.）

007235875　5427　3118
温忠烈公遺稿一名温氏母訓二卷
温璜述　香港　吳興劉氏嘉業堂　1922年　吳興叢書

007235897　5427　7216
陶元暉中丞遺集續編一卷　附錄一卷
陶朗先撰　香港　秀水陶氏　1924年

009817886　PL2698.C384　1936
陳眉公全集
陳繼儒著　上海　中央書店　1936年（m.）

010164443　PL2698.C4587　Y534　1944
宸華堂集十卷　補遺一卷
程正誼著　濟南　程朱昌、程育全重刊　1944年

007235945　5428.9　1920
孫忠靖公全集十卷
孫傳庭撰　山西　1914年

007235970　5428.9　2923
釣璜堂存稿交摘稿一卷　遺文一卷　附錄一卷
徐孚遠撰　香港　金山姚氏懷舊樓　1926年

007235972　5428.9　4141
静嘯齋遺文四十卷
董斯張著　香港　吳興劉氏　1924年　吳興叢書

009342668　5429　1125
問山亭主人遺詩正集一卷　續集一卷　補集一卷　附錄一卷
王象春撰　　月壺題畫詩　瞿應紹撰　武進　陶氏涉園　1928年　喜咏軒叢書

007236019　5429　1327
秋燈瑣憶
蔣坦著　朱劍芒編校　上海　世界書局　1947年　再版

007236035　5429　2328
侯忠節公全集詩一卷　文十三卷　年譜三卷　卷首一卷
侯峒曾撰　濟南　1933年

007235374　5429　4216
茗齋集二十三卷　附明詩鈔九卷
彭孫貽撰　上海　商務印書館　1934年　四部叢刊續編

007238429　5429　4426
爐餘集六卷
李魯著　丘復訂　香港　潮安集文　1934年

007238381　5429　4443
三柏軒集文存
李士淳著　李大中編輯　汕頭　汕頭化制公司　1933 年

007238449　5429　4473　Film Mas 200055
天問閣文集四十卷
李長祥著　香港　南林劉氏　1922 年　求恕齋叢書

007238383　5429　4617
南來堂詩集四卷　補編四卷　附錄四卷
讀徹著　王培孫校輯　上海　1940 年

007238481　5429　4839f
陶庵集二十二卷　卷末谷簾學吟一卷
黃淳耀著　上海　掃葉山房　1923 年

007237884　5429　5013B
史忠正公集
（明）史可法著　胡達聰校對　上海　商務印書館　1936 年　初版　國學基本叢書　(m.)

007238508　5429　7148
詠懷堂詩集四卷　外集二卷　丙子詩二卷　辛巳詩二卷
阮大鋮撰　南京　盋山精舍　1928 年

007238513　5429　7148B
詠懷堂丙子詩卷下
阮大鋮撰　南京　國學圖書館　1929 年

009327341　5429　7234
个山遺集
劉淑英撰　濟南　梅花書屋　1934 年

007238550　5429　7962
中秘稿
陳是集撰　瓊州　海南書局　1935 年　海南叢書

007238558　5429　8262
埜陽草堂文集十六卷　附卷　詩集二十卷
鄭鄤著　武進　鄭國棟　1932 年

009054500　5431　2191
晚宜樓集十六卷　補遺
毛瑩著　柳遂校刊　上海　聚珍倣宋印書局　1922 年　鉛印

007714147　5431　2321b
徐烈婦詩鈔二卷
吳宗愛著　丁芝宇寫刊　濟南　1927 年

007238571　5431　3323　FC8909　Film Mas 34329
江泠閣文詩集校補附詩集目　文詩集校勘表
冷秋江著　項燕北、李竹虛編校勘　香港　陶風樓　1936 年

007238246　5432　3844
牧齋詩鈔上中下卷
（清）錢謙益撰　顧有孝、趙澐輯　上海　商務印書館　1937 年　初版　國學基本叢書　(m.)

011916851　PL2735. A5　A6　1936
隨園詩選
胡寄塵選輯　朱太忙標點　胡協寅校閱　上海　大達圖書供應社　1934 年　初版　(m.)

007238113　5432　4083
錢謙益文
錢謙益撰　黃公渚選註　上海　商務印書館　1935 年　初版　學生國學叢書　(m.)

007238586　5433　0444
米有堂詩集
許友撰　香港　連江劉氏　1931 年

語言文學類

007240269　5433　1143　FC9138　Film　Mas　34661
熊魚山文集
　熊開元撰　上海　1922年

007240334　5433　1168　FC9143　Film　Mas　34666
王煙客集詩六卷　文三卷
　王時敏撰　鄒登泰編　蘇州　振新書社
　1916年

007240344　5433　3342
擔當遺詩八卷
　通荷撰　雲南　雲南圖書館　1914年

007240347　5433　4414
廲園遺集十一卷
　李天植撰　香港　上虞羅氏　1919年

007240356　5433　7714
閻古古集六卷
　閻爾梅著　張相文校　香港　張氏
　1919年

007240097　5434　4294B
吳詩集覽二十卷　補註二十卷
　吳偉業著　上海　中華書局　1930—39
　年　聚珍倣宋版　四部備要

011145102　MLC－C
唐伯虎全集
　唐寅著　周維立校　上海　大達圖書局
　1936年　初版　（m.）

011145599　MLC－C
徐文長全集
　徐文長[徐渭]著　周郁浩校　上海　廣
　益書局　1936年　（m.）

007240387　5436　2921
朱舜水全集
　朱之瑜[舜水]撰　馬浮編　上海　世界
　書局　1936年　（m.）

007240268　5436　2942
愚庵小集
　朱鶴齡著　北平　燕京大學圖書館
　1940年

007244096　5436　4812
古照堂詩集二卷
　狄雲鼎撰　香港　狄氏　1930年

007244097　5436　7231
陶密庵遺集
　陶汝鼐撰　香港　溈嶠書館　1920年

007244105　5436　7933
浮雲集十二卷
　陳之遴撰　濟南　1933年

007243777　5437　922
南雷文定前集十一卷　後集四卷　三集三
卷　附錄
　黃宗羲撰　上海　中華書局　1927—
　36年

007243923　5437　926
南雷文定前集十一卷　後集四卷　三集三
卷　附錄一卷
　黃宗羲撰　上海　商務印書舘　1937年
　再版　國學基本叢書　（m.）

007243984　5438　923
安雅堂詩集
　宋琬撰　上海　中華書局　1930—39
　年　聚珍倣宋版　四部備要

007256924　5439　4433a
李笠翁香豔叢錄三卷
　李漁著　十八家評點　南京　江左書林
　1923年

007244140　5439　4433b
笠翁一家言全集文集四卷　詩集六卷　偶
集六卷

李漁撰　上海　會文堂　1912—55年

007244150　5439　4876
九煙詩鈔前後集
黃周星著　上海　有正書局　1918年

007243776　5440　919
亭林全集詩集五卷文集六卷餘集一卷
顧炎武撰　上海　中華書局　1927—36年

007244192　5440.4　0646B
顧炎武文
顧炎武撰　唐敬杲選註　上海　商務印書館　1933年　國難後第1版　學生國學叢書　（m.）

007243941　5440.5　0464
顧寧人學譜
謝國楨著　上海　商務印書館　1933年　初版　國學小叢書　（m.）

007244220　5441　0824
龔芝麓詩鈔
龔鼎孳著　顧有孝、趙澐輯　上海　進化書局　1921年　江左三大家詩鈔

007244234　5441　1304
蟋蟀窩詩集十卷　附增輯　遺文　附記
張度撰　香港　桐城拔茅張氏　1924年

007246654　5442　2974
侯方域文
侯方域著　朱鳳起選註　上海　商務印書館　1933年　學生國學叢書　（m.）

007246344　5442　923
壯悔堂集壯悔堂文集十卷　遺稿一卷　附四憶堂詩集六卷　遺稿一卷
侯方域著　賈開宗等評註　上海　中華書局　1934年　四部備要

007246682　5442　926
壯悔堂文集十卷　遺稿　四憶堂詩集六卷　遺稿
侯方域撰　上海　商務印書館　1937年　國學基本叢書

007246705　5446　2342
陋軒詩六卷　續二卷
吳嘉紀撰　香港　丹徒楊氏絕妙好辭齋　1920年

007246713　5446　2972
愧訥集十二卷　附錄一卷
朱用純撰　濟南　1929年

007246368　5447　0461
王船山集
（清）王夫之著　許嘯天整理　胡雲翼校　上海　群學社　1926年　（m.）

007246327　5447　4102B
薑齋文集十卷
王夫之撰　上海　中華書局　1934年　四部備要

007246728　5449　1944B
溉堂前集九卷　後集六卷　續集六卷　詩餘二卷　文集五卷
孫枝蔚撰　陝西　教育圖書社　1912—58年

007246739　5449　2253　FC9166　Film Mas　34689
晴江閣文鈔三卷　校勘記一卷
何絜撰　南京　國學圖書館　1930年

007246330　5449　2942
居易堂集二十卷
徐枋著　上海　涵芬樓　1936年　四部叢刊三編

007246602　5449　3103
東江別集五卷　集外詩一卷
　沈謙著　上海　聚珍倣宋印書局　1920 年

007246752　5449　4101
董若雨詩文集二十五卷
　董說撰　香港　吳興劉氏嘉業堂　1914 年　吳興叢書

007254711　5449　7236
春酒堂文集
　周容撰　國學扶輪社校　上海　中國圖書公司　1916 年　再版

007254717　5450　926
西河文集二五六卷　附徐都講詩一卷
　毛奇齡撰　上海　商務印書館　1937 年　國學基本叢書

007254647　5453　0249
學源堂文集十九卷　詩集十卷
　敦棨撰　香港　清苑郭氏　1939 年

007254652　5453　3640
觀復草廬剩稿
　（清）潘力田［樨章］著　上海　神州國光社　1913 年

007254648　5453　7941
獨㵋堂詩集
　陳恭尹原著　黎騷撰　廣州　黃華出版社　1936 年

007254802　5454.6　4994
汪文摘謬
　葉燮著　上海　無錫丁氏　1925 年

007254816　5457　2364
南山堂自訂詩十卷
　吳景旭著　香港　吳興劉氏嘉業堂　1923 年　吳興叢書

007254824　5458　3229
姜先生全集三十三卷　外卷首　又附錄嗣出二卷
　姜宸英著　馮保爕、王定祥重編　寧波　大酉山房　1930 年

007254484　5459　923
曝書亭全集八十卷　附錄一卷
　朱彝尊著　笛漁小稿十卷　朱昆田
　上海　中華書局　1930—39 年　聚珍倣宋版　四部備要

007254371　5459　924
曝書亭集八十卷　附錄一卷
　朱彝尊撰　上海　商務印書館　1935 年　初版　國學基本叢書　（m.）

007254837　5459　926
曝書亭集八卷　附錄一卷
　朱彝尊撰　笛漁小稿十卷　朱昆田撰　上海　世界書局　1937 年　（m.）

007257195　5459.3　4192
曝書亭詩詞全集三十卷　附錄一卷
　朱彝尊撰　上海　中華圖書館　1915 年

007257197　5460　0493
種學堂詹詹吟稿四十卷
　章性良撰　南京　國學圖書館　1930 年

007257199　5460　1111
泰山石堂老人文集
　元玉著　香港　泰山書屋　1932 年

009013431　5460　3342
江泠閣緒風吟三卷　江泠閣文詩集校補二卷
　冷士嵋著　香港　陶風樓　1936 年　影印

語言文學類

007257236　5460　4242
聊齋文集二卷
蒲松齡撰　蒲庭橘編　國學扶輪社校　上海　中國圖書公司　1915年　4版

008098071　5460　6673b
呂晚村先生文集八卷　附錄一卷
呂留良撰　香港　陽湖錢振鍠　1929年

007256972　5460　7244.2
翁山文外十六卷
屈大均撰　上海　吳興劉氏承幹嘉業堂刊　1920年　嘉業堂叢書

007257097　5460　9546
甌香館集十三卷
惲格[壽平]著　蔣光煦輯　湖北　官書局　1912年

007223596　5461　4241
王士禎詩
胡去非選註　上海　商務印書館　1932年　國難後第1版　學生國學叢書（m.）

007223857　5461　4926
漁洋山人精華錄十卷
王士禎撰　林佶編　上海　商務印書館　1929年　四部叢刊

007223595　5461　5349
漁洋山人精華錄訓纂十卷
王士禎撰　惠棟編　上海　中華書局　1934年　四部備要

007223860　5461　8199B
漁洋山人精華錄
王士禎撰　金榮箋註　香港　有正書局　1912—49年

007223863　5463　1315.1
京江相公詩稿真跡
張玉書撰　柳詒徵輯　南京　盋山精舍　1934年

007223524　5463　2314
蓮洋詩鈔二十卷
吳雯撰　上海　中華書局　1930年　聚珍倣宋版　四部備要

007223869　5463　2314.1e
蓮洋集二卷
吳雯撰　張體乾校　上海　掃葉山房　1912—49年

007223870　5463　2391
吳太史遺稿一卷
吳光著　香港　吳興劉氏　1922年　吳興叢書

007223873　5463　3821
顧梁汾先生詩詞集九卷　卷首一卷　附刊一卷
顧貞觀撰　吳錫　許國鳳　1934年

007223885　5463　4242.1
聊齋全集文集三卷　詩二卷　詞二卷　筆記二卷
蒲松齡撰　上海　中華圖書館　1920年

007223620　5463　4313
橫山詩文集文十六卷　詩六卷　卷首一卷　附年譜一卷
裘璉著　孫鏘編　上海　新學會社　1914年

007223525　5464　923
敬業堂詩集五十卷
查慎行撰　上海　中華書局　1930年　聚珍倣宋版　四部備要

007223659　5464　926
敬業堂詩集五十卷　續集六卷
查慎行撰　上海　商務印書館　1937年

初版　國學基本叢書　（m.）

007223825　5465　905
趙秋谷詩集二卷
趙執信撰　香港　掃葉山房　1916年

007223523　5465　923
飴山堂詩文集詩二十卷　文十二卷
趙執信撰　上海　中華書局　1930年
聚珍倣宋版　四部備要

007964607　MLC-C
階梅集
蘇麟善等　1945年

007223910　5466　1123
孔堂文集五卷
王豫著　香港　吳興劉氏嘉業堂　1922年　吳興叢書

007223643　5466　1322B
正誼堂文集十二卷　續集八卷
張伯行撰　上海　商務印書館　1937年　初版　國學基本叢書　（m.）

007226488　5466　2151
蛻翁草堂全集文集二卷　詩集六卷
倪蛻撰　香港　雲南圖書館　1914年
雲南叢書

007226503　5466　2912　FC8903　Film Mas 34344
紫竹山房遺稿
朱承勳著　朱文洽重錄　朱蘭校刊　上海　中華書局　1933年

007226299　5466　293
茶坪詩鈔十卷
徐永宣著　徐星鈴、徐增詳校　香港　武進徐氏　1923年

007226508　5466　3197
權齋文稿一卷
沈炳巽著　香港　吳興劉氏　1916年
吳興叢書

007226511　5466　3207
御製避暑山莊詩二卷
清聖祖撰　揆敘等註　瀋陽　日滿文化協會　1935年

009551491　5466　3207b
御製恭和避暑山莊圖詠
清聖祖撰　清高宗和鄂爾泰等註　沈喻繪　香港　陶湘　1921年　石印本影印

007490014　5466　4524　FC4300　FC-M980
戴南山先生全集後附補遺
龍眠［張仲沅］增訂　香港　大德堂萬卷樓　1918—27年

007490019　5466　4524b
戴南山先生全集後附補遺
龍眠［張仲沅］增訂　濟南　1918年

007226546　5466　4524E
南山集十四卷　補遺三卷　附年譜一卷
戴名世撰　香港　秀野軒　1914年

007226378　5466　4524F
戴南山集十四卷　附補遺三卷　年譜一卷
戴名世著　薛恨生標點　何銘校訂　上海　新文化書社　1934年　6版（m.）

007226379　5466　4524g
戴南山集
戴名世著　夏倍頤標點　朱太忙校閱　上海　大達圖書供應社　1936年　再版（m.）

008621952　5466　4524i　FC4820　FC-M1969
潛虛先生文集十四卷
戴名世撰　潛虛先生墓表一卷　佚名

撰　潛虛先生年譜一卷　佚名撰　濟南
　1912—45年　鈔本

007226567　5466　4832.2b
香屑集十八卷　卷首末各一卷
黃之雋著　古愚[陳邦直]校註　上海
掃葉山房　1918年

007226571　5466　7142
天潮閣集六卷　卷首一卷
劉坊著　杭州　丘復　1916年

007228055　5466　7723.3
閻貞憲先生遺稿五種
洪業編　北平　燕京大學歷史學會
1938年

007228058　5466　8682
復齋文集二十一卷
曾鏞著　香港　里安圖書館協會
1936年

007228065　5467　4582
望溪全集十八卷　集外文十卷　補遺二卷　年譜一卷
方苞撰　王兆符編次　上海　商務印書館　1929年　四部叢刊

007227774　5467　4582B
望溪先生全集十八卷　附集外文十卷　補遺　年譜
方苞撰　上海　中華書局　1930年　聚珍倣宋版　四部備要

007227944　5467　4582C
方望溪先生全集三十卷
方苞著　戴鈞衡重編校　上海　商務印書館　1935年　初版　國學基本叢書（m.）

007228070　5467　6751
方望溪全集十八卷　集外文十卷　補遺二卷
方苞撰　上海　世界書局　1936年
（m.）

007228081　5470　2216
向惕齋先生集八卷
向璿著　香港　吳興劉氏　1923年　留餘草堂叢書

007228084　5470　3240
不是集
浦起龍著　北平　燕京大學圖書館
1936年　燕京大學圖書館叢書

007227854　5470　4246
孟鄰堂文鈔十六卷
楊椿著　香港　潢川孫氏　1942年

007228100　5470　4486
睫巢集六卷
李鍇撰　香港　吳興劉氏嘉業堂
1920年

007228118　5470　4981
分干詩鈔四卷
葉舒璐著　香港　願學齋　1918年

007228138　5471　919
樊榭山房集二卷
厲鶚撰　上海　中華書局　1930年　四部備要

007227880　5471　925
樊榭山房集十卷　續集十卷　文集八卷　集外詩三卷　集外詞四卷　集外曲二卷
厲鶚著　上海　商務印書館　1936年　初版　（m.）

007228037　5472　4260
求志山房文稿六卷
胡具慶撰　濟南　1920年

007230627　5472　4567
新羅山人集五卷
華嵒撰　杭州　德記書莊　1912—49年

007230618　5472　4567.2
離垢集補鈔一卷
新羅山人華嵒著　上海　聚珍倣宋印書局　1917年

007230632　5472　6435b
海珊詩鈔十一卷　補遺二卷　明史雜詠四卷
嚴遂成著　愛知縣名古屋　雅聲社　1927年

007230635　5472　8486
賞雨茆屋小稿
符曾著　香港　仁和吳氏　1924年

007230545　5474　5045
鮚埼亭集
全祖望撰　史夢蛟校　上海　商務印書館　1936年　初版　國學基本叢書（m.）

007230653　5474.3　922
句餘土音補註六卷
全祖望撰　陳銘海補註　濟南　吳興劉氏嘉業堂　1922年　嘉業堂叢書

007230655　5475　021
瓊臺詩集二卷
齊召南著　上海　廣益書局　1920年

007230657　5475　0274
名山藏副本二卷　附贈言集一卷
齊周華撰　杭州　武林印書館　1920年

007230663　5475　1972
南村詩集四十卷
孫鵬撰　香港　雲南圖書館　1914年　雲南叢書

007230533　5475　2113
青溪文集
程綿莊著　北京　北京大學　1936年

007230576　5475　2344
文木山房集四卷
吳敬梓撰　上海　亞東圖書館　1931年

007230668　5475　3142
慈壽堂文鈔八卷
沈樹德撰　香港　吳興劉氏　1916年　吳興叢書

007230682　5475　4813
東潛文稿二卷
趙一清撰　上海　中國書店　1927年

007233101　5475.9　924
鄭板橋全集
鄭燮撰　上海　會文堂　1924年

007233129　5476.9　7961
陳石閭詩三十卷
陳景元撰　都門　雪石齋　1928年

007232603　5477　83
小倉山房詩文集詩集三七卷　補遺二卷　文集二卷　續文集三五卷　外集八卷
袁枚撰　上海　中華書局　1930年　聚珍倣宋版　四部備要

007986708　MLC–C
袁簡齋尺牘
袁枚撰　上海　商務印書館　1922年　再版

008014465　5477　910
隨園詩文集附外集
袁枚撰　上海　著易堂書局　1921 年

007233153　5477.6　4231
袁枚評傳
楊鴻烈撰　上海　商務印書館　1928 年
　國學小叢書　（m.）

007232852　5478　926
抱經堂文集三十四卷
盧文弨著　上海　商務印書館　1937 年
　初版　國學基本叢書　（m.）

007232732　5479　83b
戴東原集
戴震著　上海　商務印書館　1936 年
國學基本叢書　簡編　（m.）

007232604　5479　923
東原集十二卷　附年譜
戴震撰　上海　中華書局　1930 年　聚
珍倣宋版　四部備要

007235819　5481　1113
祇平居士集三卷
王元啟撰　香港　孫氏　1922 年

007235859　5481　1443
浣玉軒集
夏敬渠撰　濟南　1936 年

007235864　5481　1933
寶顏堂詩四十卷
孫永清著　香港　無錫孫氏　1917 年

007235874　5481　2140
崔桐詩卷
崔桐撰　濟南　1947 年

007235905　5481　3436
滄洲詩剩
凌浩撰　凌鴻勳輯　濟南　1937 年

007235979　5481　4488
梅樓詩存十六卷
李簣撰　濟南　1921 年

007235998　5481　4801
自然堂遺詩三卷
黃寬著　北京　1926 年

007236010　5481　4916
巢南詩鈔
葉西撰　蓮隱詩鈔　任世熙著　番禺
葉恭綽　1948 年

007238420　5481　9933
洞泉詩鈔
榮漣著　棣輝輯錄　嚴懋功輯　濟南
1922 年

007238247　5481.9　924
甌北詩鈔二卷
趙翼撰　上海　商務印書館　1935 年
初版　國學基本叢書　（m.）

007238432　5482　3243
紀曉嵐詩文集八卷　卷首一卷
紀昀著　湯壽潛選輯　蔣抱玄點校　上
海　華普書局　1928 年

007238234　5483　84B
潛研堂文集
錢大昕著　上海　商務印書館　1935 年
　初版　國學基本叢書　（m.）

007238461　5484　1103
夢樓詩集二四卷
王文治撰　上海　千頃堂書局　1912—
49 年

007238467　5484　2343
胥石詩文存五卷

吳蘭庭撰　香港　吳興劉氏　1921年
吳興叢書

007238143　5484　7203
蓬廬文鈔八卷
周廣業著　北京　燕京大學圖書館
1940年

007238144　5485　919
惜抱軒全集四六卷
姚鼐撰　上海　中華書局　1930年　聚
珍倣宋版　四部備要

007238235　5485　924
惜抱軒詩文集二六卷
姚鼐著　上海　商務印書館　1935年
初版　國學基本叢書（m.）

007978492　MLC－C
惜抱軒尺牘八卷
姚鼐著　上海　商務印書館　1925年
5版

007238218　5485　925
惜抱軒全集文集十六卷　文後集十卷　詩
集十卷　詩後集　詩外集　法帖題跋三卷
筆記八卷
姚鼐著　上海　世界書局　1936年　初
版（m.）

007238540　5485　93
惜抱軒集文集十六卷　文後集十卷　詩集
十卷　詩後集一卷　詩外集一卷　法帖題跋
三卷　筆記八卷
姚鼐著　上海　會文堂書局　1914年

007238554　5486　906
復初齋集外詩文二八卷
翁方綱著　香港　吳興劉氏　1917年
嘉業堂叢書

007240326　5487　2133
知非集一卷
崔述撰　北平　燕京大學圖書館
1940年

009027062　5487　2382.2b
五百四峰堂續集二卷　卷首
黎簡撰　廣州　微尚齋　1926年

007239960　5487　4222.2
一行居集八卷　附儒門公案拈題
彭紹升著　南京　金陵刻經處　1921年

007240391　5487　6476.1
秋山紀行詩二卷
嚴長明撰　長沙　郘園　1912年

009226136　5487　8531a
錢南園先生遺集八卷
錢灃撰　雲南　雲南叢書處　1914年
雲南叢書　初編

007246276　5488　922
述學內外篇
汪中撰　上海　中華書局　1930年　聚
珍倣宋版　四部備要

007246668　5488.3　4040b
汪容甫文箋三卷
汪中撰　古直箋　上海　中華書局
1928年　層冰草堂叢書

007246679　5489　4914B
有正味齋駢體文箋註二四卷
吳錫麒撰　王廣業箋　葉聯芬註　上海
　鴻章書局　1912—49年

009025181　5490　0409
日山文集四十卷
許新堂著　濟南　1912—49年　鉛印

007246424　5490　1423
授堂文鈔八卷
武億著　上海　商務印書館　1937年
初版　國學基本叢書　（m.）

007246725　5490　4862
秋盦遺稿
黃易著　上海　聚珍倣宋印書局　1918年　書畫名人小集

007254301　5491　923
卷施閣集二十卷
洪亮吉撰　上海　中華書局　1930年
聚珍倣宋版　四部備要

007254230　5491　923.1
更生齋集
洪亮吉著　上海　中華書局　1934年
四部備要

007254414　5491　924
洪北江詩文集
洪亮吉著　上海　商務印書館　1935年
　初版　國學基本叢書　（m.）

007254694　5491　926
洪北江詩文集詩三六卷　文二六卷　詩餘二卷　樂府二卷　附年譜
洪亮吉撰　上海　世界書局　1937年

007254217　5491.9　1952b
兩當軒全集二十二卷　附錄四卷　考異二卷
黃仲則著　上海　掃葉山房　1930年

007254436　5491.9　8171
黃仲則詩詞
黃景仁著　金民天校　上海　大光書局　1936年　3版　欣賞叢書　（m.）

007254302　5492　922
儀鄭堂駢體文三卷
孔廣森撰　上海　中華書局　1930年
聚珍倣宋版　四部備要

007254298　5493　1311
簡松草堂文集十二卷　附錄　補遺
張雲璈撰　北平　燕京大學圖書館
1941年

007254798　5493　3122　Film Mas 36255
春雨樓稿
沈彩撰　上海　蟬隱廬　1924年

007254804　5493　3131
沈氏群峰集五卷　詞曲一卷　韓詩故二卷
沈清瑞撰　香港　長洲沈氏　1933年

007254830　5493　4256
詩義堂集二卷
彭駱著　高要　廣文齋　1917年

007257219　5493　7921B
簡莊綴文六卷
陳鱣撰　杭州　抱經堂　1926年

007257227　5493　8244
翁比部詩鈔
翁樹培撰　香港　吳興劉氏嘉業堂
1924年　嘉業堂叢書

007256968　5494　1127
孫淵如外集六卷
孫星衍撰　王重民輯　北平　國立北平圖書館　1932年

007256969　5494　924
孫淵如先生全集
孫星衍著　上海　商務印書館　1935年
　國學基本叢書　（m.）

007257029　5495　4133
惲敬文
惲敬著　莊適、費師洪選註　上海　商

務印書館　1933年　國難後第1版　學生國學叢書　（m.）

007257276　5495　4157
大雲山房文稿初集四卷　二集四卷　言事二卷　補編一卷
惲敬著　上海　世界書局　1937年

007256912　5495　922
大雲山房集
惲敬撰　上海　中華書局　1930年　聚珍倣宋版　四部備要

007257052　5495　924
大雲山房文稿初集四卷　二集四卷　言事二卷　補編一卷
惲敬著　上海　商務印書館　1935年　初版　國學基本叢書　（m.）

007257010　5495.9　1377
張船山詩集六卷
張船山［問陶］撰　崔立言校閱　上海大中華書局　1936年　初版　國學基本詩選　（m.）

008014299　5496　0224　c.2　Film Mas 34232
長真閣集七卷　詩餘
席佩蘭著　上海　掃葉山房　1920年

007257159　5496　0881
容莊遺稿
顧鈺撰　濟南　1919年

007257318　5496　1249　FC8677　Film Mas 32935
个道人自書詩稿
丁有煜撰　濟南　1930年

007258714　5496　4106
邃雅堂集十卷　文集續編一卷
姚文田撰　蘇州　振新書社　1912—49年

009078753　5496　4239
居易居詩草不分卷
楊潔著　香港　楊景先　1935年　鉛印

007291193　5496　8105
桐陰詩集八卷
饒慶捷著　1937年

007291096　5496.9　4402
音註舒鐵雲、王仲瞿詩
蔣劍人選本　上海　中華書局　1940年　中國文學精華

007291203　5497　4402b
茗柯文編四編
張惠言撰　上海　商務印書館　1929年　四部叢刊

007291205　5497　4402b
茗柯文補編外編補編二卷　外編二卷
張惠言撰　上海　商務印書館　1929年　四部叢刊

007291009　5497　4402c
茗柯文編初編　二編二卷　三編　四編　詞
張惠言撰　上海　中華書局　1934年

007291217　5498.9　0723
雕菰集二十四卷　附密梅花龕文錄一卷詩錄一卷
焦廷琥撰　蘇州　文學山房　1927年　文學山房叢書

007291030　5498.9　926
雕菰集
焦循撰　上海　商務印書館　1936年　（m.）

007291231　5499　85
揅經室集六集　五十七卷
阮元撰　上海　商務印書館　1929年

007291024　5499　926
揅經室集
（清）阮元著　上海　商務印書館　1937年　初版　國學基本叢書

007290798　5499　926.1
揅經室續集十一卷
阮元著　上海　商務印書館　1937年

007291242　5499.9　7934
種榆仙館詩鈔二卷
陳鴻壽撰　香港　1915年

007291247　5500　0221
萬樹松齋詩鈔一卷
廖紀撰　香港　1936年

007292297　5500　1123
樂山集二卷
王崧撰　香港　雲南圖書館　1914年

007292293　5500　1124
許鄭學廬存稿九卷
王紹蘭撰　北平　燕京大學圖書館　1939年

007292286　5500　1132
李菊水先生詩集附松溪詩鈔
李遇齡著　廣州　香山李氏　1937年

007292299　5500　1381
冬青館集甲集六卷　乙集八卷
張鑒著　香港　吳興劉氏　1915年

007292289　5500　2502
拜經堂文集五卷
臧庸撰　濟南　宗氏　1930年

009257144　5500　2934
郭靈芬手寫徐江菴詩
徐濤撰　郭麐寫　濟南　1915年

007292288　5500　2934.2
話雨樓遺詩
徐濤撰　濟南　柳氏　1917年

009040984　5500　4146
樗寮文續稿一卷
姚椿著　羅振常校　上海　蟬隱廬　1936年　石印

007292285　5500　4431.2
繡子先生集
李黼平著　上海　上海中華書局　1934年

008972293　T　5500　4436
烏雲稿略一卷
李祖默撰　濟南　1912—49年　鈔本

007292283　5500　4841
保甓齋文錄二卷
趙坦　北京　燕京大學圖書館　1938年

007293634　5503　0253
山子詩鈔十一卷
方燾撰　香港　吳興劉氏　1921年

007293636　5503　0435
卻掃庵存稿八卷　補遺一卷
謝宗素著　香港　吳江薛氏　1927年

007293349　5503　0681
唐確慎公集十卷　卷首　卷末
唐鑒撰　上海　中華書局　1927—36年

007293663　5503　1335
魯巖所學集十五卷　交友記一卷　餘事稿二卷
張宗泰著　香港　模憲堂　1931年

007293665　5503　2147
小倦遊閣文稿

包世臣著　上海　商務排印　1917年

007294807　5503　4434
七經樓文鈔六卷　春暉閣詩選六卷
蔣湘南撰　香港　陝西教育圖書社
1920—21年

007294735　5503　4814
夢陔堂文集
黃承吉撰　北平　燕京大學圖書館
1939年

007295504　5503　7226
夫椒山館詩集二十二卷
周儀暐撰　19??—32年

007297660　5506　1241
歐餘山房文集二卷
丁桂著　香港　吳興劉氏　1922年

007297662　5506　1333
小重山房詩詞全集詩舲詩錄六卷　詩外四卷　詞錄二卷　續稿二十卷
張祥河撰　耿道沖重編　香港　1919年

007297666　5506　2304
讀書樓詩集六卷
吳應奎著　香港　孝豐吳氏雍睦堂
1916年

007297674　5506　2974
傳經室文集十卷
朱駿聲撰　香港　南林劉氏　1923年

007297696　5506　3927b
躬恥齋詩鈔十四卷　後編七卷　文鈔十四卷　後編六卷
宗稷辰著　吳下　古越九曲山房藏版
1913年

007297509　5506　4962.4
雲左山房文鈔

林則徐撰　上海　廣益書局　1916年

007302238　5506　7175
夢花亭駢體文集四卷
陸長春撰　香港　吳興劉氏刊　1916年

007302241　5506　7175.3
遼金元宮詞[三朝宮詞]三卷
陸長春撰　香港　吳興劉氏刊　1916年

007302252　5506　7634
居少枏先生遺稿三卷
居溥撰　陳步墀編　香港　1914年　繡詩樓叢書十五種

007302261　5506　9291
寡過未能齋詩集二卷
常煜撰　香港　長治公款局　1923年

007302909　5507　1464
龔定盦全集類編
(清)龔自珍著　夏田藍編　上海　世界書局　1937年　初版　(m.)

007303015　5507　85
定盦集十三卷
龔自珍撰　上海　商務印書館　1929年

007303016　5507　85
定盦文集補編四卷
龔自珍撰　上海　商務印書館　1929年

007302870　5507　909
定盦全集十卷
龔自珍著　上海　掃葉山房　1920年

007303032　5507　922
定盦全集文集三卷　續集四卷　文集補又文集補編四卷
龔自珍著　上海　中華書局　1933年

007302908　5507　924
定盦文集
（清）龔自珍著　上海　商務印書館
1936 年　初版　國學基本叢書　（m.）

007303064　5508　1228
心鄉往齋集二十卷
孔繼鑅著　香港　南林劉氏刊　1921 年

007305978　5508　2122
休復居詩集六卷　文集六卷　附一卷
毛嶽生撰　香港　寶山滕氏　1936 年

007297650　5508　2368
盍簪書屋遺詩
吳鳴鈞著　1917 年

007297658　5508　2925
楓江草堂詩集十卷　文集一卷　詞三卷
朱紫貴撰　香港　吳興嘉業堂　1915 年

007297661　5508　3107
沈四山人詩集六卷　附錄一卷
沈謹學著　廣州　民國間

007297667　5508　3141
落帆樓文集二十四卷　補遺一卷
沈垚撰　香港　吳興劉氏嘉業堂　1918
年　吳興叢書

007297670　5508　3148B
悔翁詩鈔十五卷　補遺一卷
汪士鐸著　北平　燕京大學圖書館
1935 年

007297699　5508　3922
名花十友譜
梁紹壬撰　上海　西泠印社　1914 年

007299166　5508　4431
有獲齋文集六卷　附錄一卷
李道平撰　香港　安陸陳氏念園
1934 年

009088269　5508　4521
味雪齋詩鈔八卷　文鈔甲集十卷　乙集八卷
戴絅孫撰　昆明　雲南圖書館　1914 年　雲南叢書

007299170　5508　4534
晚翠軒詩鈔八卷　續鈔八卷　三鈔八卷　四鈔八卷　五鈔八卷　漫稿五卷
戴淳撰　香港　雲南圖書館　1914 年

007299190　5508　4956
蛻石文鈔一卷
蔡壽昌著　香港　吳興劉氏刊　1923 年　吳興叢書

007299196　5508　7201
悅雲山房詩存八卷　文存四卷　詞存四卷　附存一卷
劉敦元撰　香港　天津徐氏　1919 年

007302231　5509　914
巢經巢文集六卷　詩集九卷　詩後集四卷　遺詩一卷　附錄一卷
鄭珍撰　香港　香山黃氏古愚室　1925 年　清代學術叢書

007301975　5509　923
巢經巢集二十二卷
鄭珍撰　上海　中華書局　1936 年　四部備要　集部

007302233　5509　93
遵義鄭徵君遺著
鄭珍撰　香港　花近樓　1914 年

007302249　5510　2343.1
儀宋堂集十六卷
吳嘉淦著　1921 年

007302992 5510 3138
瘦吟草三卷
沈沂曾著　沈恩孚校　濟南　吳縣沈氏
1942年

007303014 5510 4295
扶雅堂詩初集十卷
楊炳春撰　1933年

007303042 5510 5874
依舊草堂遺稿
費丹旭撰　汪鋕編　上海　西泠丁輔之
1929年

007303068 5511 87
曾文正公詩文集六卷
曾國藩撰　李瀚章編次　上海　商務印書館　1929年　（m.）

007303069 5511 919
曾文正公詩文集六卷
曾國藩撰　上海　中華書局　1930年

007303071 5511 923
新式標點曾國藩文集
曾國藩著　上海　啟智書局　1934年
3版

007303312 5511 926
曾文正公詩集三卷　文集三卷
曾國藩撰　上海　商務印書館　1937年
國學基本叢書

007302916 5511 927
曾國藩詩集
（清）曾國藩著　上海　啟智書局　1934
年　再版　（m.）

007303318 5513 0283 FC8681 Film Mas 32919
沁詩草堂遺詩
方錫庚撰　廣州　嘉平　1923年

009013194 5513 2343
竹如意館遺集十四卷
熊松之著　濟南　高安熊氏　1932年

007305767 5513 2384
吳南屏文選
（清）吳敏樹著　謝善繼選註　上海　北新書局　1937年　初版　列代名人詩文選註

007305982 5513 3142
茗香館遺草
祝茗香撰　祝幼珊、履中甲印　香港
1929年

007305974 5513 3164
玉鑒堂詩集六卷
汪曰楨著　香港　吳興劉氏刊　1921年
吳興叢書

007305766 5513 4205
胡文忠公全集四卷
（清）胡林翼著　上海　世界書局　1936
年　初版　（m.）

007305748 5513 4210.4
彭玉麟梅花文學之研究
李宗鄴著　上海　商務印書館　1935年
初版　（m.）

007305995 5513 4370
硯亭詩鈔五卷
袁履方撰　香港　1936年

007306003 5513 4581
白鶴軒集
韓錦雲著　瓊州　海南書局　1931年

007306002 5513 4581
志親堂集
林燕典著　瓊州　海南書局　1931年

007305870　5513　4944
斜月杏花屋詩鈔四卷
（清）葉英華著　廣州　番禺葉氏　1936年　番禺葉氏遐庵叢書

007306009　5513　5993.1
水竹軒詩鈔
秦焕撰　上海　中華書局　1927年

007305764　5513　6134
羅羅山詩文集八卷
羅澤南著　上海　會文堂書局　1924年

009014655　5513　7210
劉氏傳家寶詩鈔一卷
劉元慶著　天津　劉永澤　1936年鉛印

007307324　5513　8572
盥吟日草
錢履和著　香港　1922年

007307279　5514.9　2942　FC8897　Film Mas 34335
補讀室詩稿十卷
朱蘭撰　濟南　1933年

007307216　5515　903
秋蟪吟館詩鈔六卷　附來雲閣詞鈔文鈔二卷
金和　1914年序

007307220　5515　907
秋蟪吟館詩鈔七卷
金和著　廣州　金還　1916年跋

007308838　5515.9　7931
陳東塾先生遺詩一卷
陳澧撰　汪兆鏞輯　香港　1931年

007308841　5517　0203
遊雁門集一卷
郭文瀾撰　香港　容城郭氏愛廬　1918年

007574693　5517　0432
攀古小廬文一卷　補遺一卷
許瀚撰　1920—40？年

007308869　5517　0435
半農先生詩集二卷　集外詩一卷
譚澍青撰　香港　湘潭譚氏　1948年

007308881　5517　0832
清邃堂遺詩六卷
顏宗儀著　上海　涵芬樓　1943年

007308729　5517　1151
龍壁山房文集四卷
（清）王拯著　柳州　柳州縣教育會　1934年　（m.）

007308893　5517　1264
頤志齋文集十二卷
丁晏撰　香港　山陽丁氏　1949年

007308898　5517　1344　(1-2)
且庵吟草
張薇著　1915年

007380266　5517　1463
少嵒賦草箋註四卷　續集一卷
夏思沺撰　姜兆蘭箋釋　上海　鑄記書局　1912—49年

007311218　5517　1463B
少嵒賦草箋註四卷　續集一卷
夏思沺撰　姜兆蘭箋釋　上海　錦章圖書局　1936年

007308903　5517　1914
雲溪詩草四卷
孫晉墀著　劉潛、孫奐侖校刊　上海　庸齋製版　1926年

007311233　5517　2330
泛梗集八卷
吳之章撰　香港　1914年

007311248　5517　2938.3
通介堂文集
徐灝撰　上海　中華書局　1924年

007311251　5517　2942
姑存草一卷　更生草四卷
徐壽彝撰　香港　徐世章　1927年

007311253　5517　2966　FC9158　Film Mas 34681
無夢軒遺書九卷
朱景昭撰　朱本昭編輯　香港　朱氏　1933年

007311258　5517　3113
結鐵網齋詩集十卷　補鈔一卷
汪元治撰　蘇州　1919年

007311259　5517　3191　FC8910　Film Mas 34330
道腴室遺稿二卷
江懷廷撰　香港　1927年

007311271　5517　3243b
西隃山房全集八卷
馮志沂著　廣州　馮曦重印　1919年

007311272　5517　3243b（1）
適適齋文集二卷
廣州　馮曦重印　1919年　西隃山房全集

007311273　5517　3243b（2-3）
微尚齋詩初集四卷
廣州　馮曦重印　1919年　西隃山房全集

007311274　5517　3243b（4）
微尚齋詩續集二卷
廣州　馮曦重印　1919年　西隃山房全集

007311280　5517　3414
天隱堂文錄二卷
凌霞撰　香港　吳興劉氏嘉業堂　1915年　吳興叢書

007311154　5517　4221b
遲鴻軒集
楊峴編　上海　吳興劉氏嘉業堂　1913年　吳興叢書

007311302　5517　4224
帶耕堂遺詩五卷　卷首一卷
蒯德模著　程先甲編　江寧［南京］　1929年

007311304　5517　4241
留香小閣詩詞鈔二卷　附集一卷
楊懋建、楊懋修撰　心湖公遺草錄一卷　楊以敬撰　香港　梅縣楊氏還讀書堂　1922年

007311639　5517　4243
寓無竟齋詩存
楊壽寶著　上海　華東書局　1936年

007339649　5517　4582
蓉洲初集六卷
戴鈞衡撰　香港　1915年

007339508　5517　5044
廿四史宮詞
香崖先生原著　栩園居士印行　上海　著易堂書局　1921年

009025306　5517　7211
蘭薰館遺稿四十卷
陶玉珂著　上海　陶昌善　1917年鉛印

007339533　5517　7284
通義堂文集十六卷
劉毓崧著　劉承幹校　廣州　南林劉氏求恕齋刊　1920 年跋　求恕齋叢書

007339677　5517　8246
丹桂軒詩集
鄭芷朋著　閩垣　1931 年

007339678　5517　8613
養拙齋詩存八卷　外集二卷
曾元澄著　滬?　1924 年

007339682　5519.4　4142
濂亭文集八卷
張濂卿[裕釗]著　查燕緒編　上海　掃葉山房　1918 年

007339687　5521　0412
詩契齋詩鈔五卷
許玉瑑撰　香港　吳縣潘氏　1912 年

008988771　T　5521　1013
杏樓吟草一卷　杏樓詩餘一卷
王玲著　濟南　1912—49 年　鈔本

007339688　5521　1147.5　FC8745　Film Mas 32949
淞濱瑣話
王韜著　上海　新文化書社　1934 年

007340801　5521　1432.8
錦官堂詩續集一卷
巴里客延撰　香港　1918 年

007340805　5521　2342
檟慧山房詩草四卷
吳超然著　香港　資陽吳氏小隱草堂　1932 年

007340810　5521　2904　FC8905　Film Mas 34534
春暉閣遺稿
朱謙吉著　1928 年

007340815　5521　3817
抱拙齋集文集八卷　詩存二卷　詩餘一卷
顧雲臣著　射陽　顧氏　1914 年　鉛印

009014933　5521　3933
頤情館詩四十卷
宗源瀚著　香港　宗舜年　1919 年

009314268　5521　4222
經義堂詩鈔一卷
胡衛著　香港　胡毅生　1936 年　鉛印

007340667　5521　4842
陶樓文鈔十四卷
黃彭年撰　章鈺編　蘇州　振新書社　1923 年

007340824　5521　4864
青草堂集十二卷　二集十六卷　三集十六卷　補集七卷
趙國華撰　香港　從子恩涵　1923 年

007340825　5521　4886
琴鶴山房遺稿八卷
趙銘撰　金兆蕃編輯　香港　1922 年

007340831　5521　6424　FC9151　Film Mas 34674
子固齋詩存
田維翰撰　香港　漢陽田氏　1915 年

007340832　5521　7105
儉德堂文存一卷
劉庠著　香港　1935 年

007340753　5523　909
瓶廬詩稿
翁同龢撰　俞鍾穎參校　1919 年

007340685　5523　9424
瓶廬叢稿
翁同龢　翁克齋收藏　上海　商務印書館　1935 年

007341788　5523.9　4233
容川詩鈔四卷
　蔣澤澐撰　香港　1923 年

007341626　5525　1127
越縵堂文集十二卷
　李慈銘撰　北平　國立北平圖書館
　1930 年

007341705　5525　2331
杏花香雪齋詩甲至癸集　補
　李慈銘著　吳道晉輯校　上海　中華書
　局　1938 年

007341791　5525　3241
越縵堂詩初集十卷
　李慈銘撰　馮雄校　上海　商務印書館
　1935 年　國難後 1 版

007341620　5525　5610
越縵堂詩續集十卷
　李慈銘撰　由雲龍編　上海　商務印書
　館　1935 年

007342699　5526　0463
許文肅公外集五卷　附錄
　許景澄撰　濟南　1920 年

007342749　5526　1149
柔橋文鈔十六卷
　王棻撰　上海　國光書局　1914 年

007342753　5526　1333
廣雅堂駢體文箋註九卷
　張之洞著　陳崇祖箋註　香港　江夏陳
　氏問心齋　1925 年

007380271　5526　1333.2
廣雅堂詩集不分卷
　張之洞撰　香港　1912—49 年

007342649　5526　1333.3
廣雅堂詩集四卷
　張之洞著　廣州　張氏　1935 年

007342760　5526　2314
遜齋文集十二卷
　吳承志撰　香港　南林劉氏刊　1922 年
　　求恕齋叢書

007342774　5526　2324
石蓮闇詩六卷　詞一卷　石蓮闇樂府［七十
七自壽詞］
　吳重熹撰　香港　海豐吳氏　1916 年

009088025　5526　2331
鞠隱山莊遺詩一卷
　吳寶三著　香港　吳芝瑛　1918 年
　鉛印

007342761　5526　2344　FC8875　Film　Mas　34302
愙齋詩存九卷
　吳大澂撰　香港　吳縣吳氏梅景書屋
　1938 年

009096546　5526　2913
徐季和先生橋梓遺稿
　徐致祥著　上海　沈秉璜　1943 年
　鉛印

007342622　5526　3136
青學齋集
　汪之昌撰　香港　新陽汪氏青學齋
　1931 年

007342764　5526　3138
日長山静草堂詩存二卷
　汪達鈞著　香港　六合家刊　1931 年

007342765　5526　3229
蕙襟集十二卷
　馮秀瑩撰　香港　大興馮氏家　1920 年

009088149　5526　3303
見在龕集二十二卷　卷首　補遺
濮文暹著　香港　濮良至　1917 年

007342768　5526　3431
莘廬遺詩六卷　附遺著　詩補遺　附刻
淩泗撰　香港　1911—21 年

007342707　5526　3826　(1-2)
愧齋遺稿
顧我愚著　1928 年

007342640　5526　3934
曾文正公嘉言鈔
（清）曾國藩著　梁啟超編　上海　商務印書館　1935 年　國難後 3 版　（m.）

007342626　5526　4061
訓真書屋遺稿
（清）黃國瑾著　香港　紫江朱氏存素堂　1943 年　黔南叢書　（m.）

007342708　5526　4404
雙桐書屋詩剩七卷
李應莘著　揚州　思過齋鋟版　1926 年

007342784　5526　4423
狷夏堂詩集四卷
李仕良撰　1925 年

007343236　5526　4482
鷗波舫詩鈔八卷
蔣銘勳著　1933 年

007343242　5526　4897
愛吾廬詩存
黃榮熙撰　黃毅芸編　廣州　廣州大學　1948 年

008014486　5526　6434　Film Mas 34232
紉蘭室詩鈔三卷
嚴永華撰　濟南　1919 年

007343249　5526　7222
黃溪書屋吟草存三卷
劉德儀撰　武昌　湖北官紙印刷局　1914 年

007343191　5526　7236
歸來軒遺稿
邱心坦撰　天津　1926 年

007343253　5526　7934
江寧陳樹之先生遺著
陳道南著　廣州　陳氏家刊　1931 年

007343256　5526　8524
清風室文鈔十二卷
錢保塘撰　海寧　清風室校刊　1913 年

007343610　5528　0634
杏廬遺集文鈔八卷　詩鈔二卷　詞鈔一卷　集外文一卷　集外詩一卷　投贈卷
諸福坤撰　香港　1922 年

007343549　5528　1124
王蘇州遺書十二卷　補編一卷
王仁堪撰　廣州　閩縣王氏印　1936 年

007343617　5528　1149
王文敏公遺集八卷
王懿榮著　香港　南林劉氏刊　1923 年　求恕齋叢書

007343618　5528　1200　FC8668　Film Mas 32926
小槐簃吟稿八卷
丁立誠著　廣州　錢塘丁氏嘉惠堂　1919 年

007343619　5528　1322
張公集
張德彝撰　濟南　1919 年

007343576　5528　1946
校經室文集六卷

孫葆田撰　香港　南林劉氏求恕齋
1916 年　求恕齋叢書

007343620　5528　1953
萬八山房詩鈔八卷
孫春澤著　1936 年

008454896　MLC－C
賁園詩鈔補遺附
嚴遨著　成都　渭南嚴氏孝義家塾
1924 年

007343621　5528　2110
延壽客齋遺稿四卷
魏乃勷撰　香港　1933 年

007343559　5528　3263.4
蒿盦類稿三卷
馮煦撰　1913 年

007343636　5528　3263.4b
蒿盦類稿三十二卷　隨筆五卷
馮煦著　1913—27？年

007380273　5528　3282
達廬詩錄四卷
馮善徵撰　廣州　1927 年

007343648　5528　4823
含光石室詩草四卷
趙崧撰　香港　近花樓　1918 年

007343652　5528　4975
霓仙遺稿
葉同春著　錢伯留寫印　香港　1922 年

007343718　5528　6222
琴志樓編年詩錄十二卷
易順鼎撰刊　1920 年　琴志樓叢書

007343720　5528　7224
寄漚詩鈔四卷　附詞文鈔二卷

劉繼增撰　香港　無錫縣圖書館
1922 年

007343668　5528　7294　FC9690　Film　Mas　36848
煙霞草堂文集十卷卷首
劉光賁著　蘇州　1918 年

007343732　5528　7938
蘭雪齋詩鈔四卷
陳寅撰　香港　京華書局　1918 年

007343693　5528　7940
聽雨軒文存
陳其旋、陳其鎔、陳鶯鑣撰　濟南　海鹽
陳氏　1928 年

007343695　5528　811
困學齋詩錄
鈕承榮著　上海　聚珍倣宋印書局
1920 年

007343739　5528　8242
諫果書屋遺詩二卷
鄭恭和著　1918 年

007343692　5529　0378f
譚瀏陽全集附續編
譚嗣同著　上海　文明書局　1925 年

007343678　5529　0461
譚嗣同集
（清）譚嗣同著　許嘯天整理　沈繼先校
訂　上海　群學社　1927 年　初版
（m.）

007343676　5529　2170B
仁學
譚嗣同著　濟南　國民報社　民國間

007343680　5530　0222
人境廬詩草十一卷
（清）黃遵憲著　高崇信、尤炳圻校點

語言文學類

豐子愷插圖　北京　文化學社　1930 年初版　（m.）

007343694　5530　8541
人境廬詩草箋註十一卷
黃遵憲撰　錢萼孫註　上海　商務印書館　1936 年

007343681　5530　926
人境廬詩草十一卷
（清）黃遵憲撰　上海　商務印書館　1937 年　初版　國學基本叢書　（m.）

009370029　5531　0182
廣天籟集
悟癡生編錄　民國間　鉛印

007344671　5531　0414.1
文道希先生遺詩
文廷式著　葉恭綽輯　番禺葉氏　1929 年

007344684　5531　0841
四勿齋詩鈔二卷　文鈔一卷
顏士璋著　香港　曲阜顏氏印雪軒　1935 年

007344695　5531　1124　FC8672　Film Mas 32922
養真草廬詩集二卷
孔繼芬撰　香港　南海孔氏　1919 年

007344549　5531　1184
寫禮廎遺著四種
王頌蔚撰　鮃溪王氏　1915 年

007344618　5531　1233
羃盦集七卷
鄧濂著　上海　武進劉亞康等寫刊　1935 年

007344708　5531　1304
張文厚公文集四卷
張亨嘉撰　吳曾祺編　濟南　侯官於君彥刊　1918 年

007344551　5531　1315
獨學庵集
張廷壽著　上海百宋印刷局　1943 年

007344714　5531　1321
不冷堂遺集四卷
張舜琴撰　香港　雲南圖書館　1914 年

007344559　5531　1322
潤于集
張佩綸撰　豐潤　潤于草堂　1918 年序

007344737　5531　1682
晚香堂詩存五卷
雷鍾德撰　香港　安康雷氏　1925 年

007344743　5531　1900
籀膏遺文二卷
孫詒讓撰　陳準輯　里安　穎川書屋　1926 年

007344744　5531　1900.2
籀膏述林十卷
孫詒讓撰　香港　1916 年

007344746　5531　1933
樂陶居詩稿
孫祖祿撰　香港　1917 年

007344616　5531　1964
意園遺集
（清）孫思敬著　濟南　梁溪無錫孫卓如　1933 年

007344756　5531　2118
悔廬遺集二卷
經元智著　上海　中華書局　1929 年

007344769　5531　2251　FC8907　Film　Mas　34331
飲虹閣詩鈔二卷
何惠群著　1918年

007344774　5531　2304
含嘉室詩集八卷
吳士鑒撰　香港　1926年

007344773　5531　2304
悔餘生詩集五卷
吳慶坻撰　香港　1926年

007344775　5531　2341
涉獵筆記四卷　附錄行狀　年譜等
熊起磻撰　香港　光山熊氏　1917年

007344779　5531　2357
蝸牛廬詩草
焦振鵬撰　香港　江都焦氏　1925年

007344781　5531　2424
缺齋遺稿三卷
傅維森撰　香港　1922年

009243482　5531　2811
秋瑾女俠遺集
（清）秋瑾著　王燦芝編　上海　中華書局　1929年　初版　（m.）

008014182　5531　2811c
秋瑾女俠遺集
（清）秋瑾著　王燦芝編　上海　中華書局　1934年　（m.）

007345003　5531　2910
半隱廬叢稿六卷
朱孔彰撰　成都　華西協合大學　1936年　華西協合大學國學叢書

007344972　5531　2962　FC8906　Film　Mas　34333
曲垣遺稿
朱國鑾撰　1921年

007345009　5531　2964
朱衍廬先生遺稿八卷　補編一卷
朱昌燕著　香港　海寧張宗祥寫刊　1929年

007345011　5531　2982　(1-2)
桂之華軒遺集十三卷
朱銘槃著　1933年

007344974　5531　2990
風月廬剩稿
徐煥謨撰　桐鄉　徐氏愛日館　1915年

007344898　5531　3108
汪穰卿遺著八卷
汪康年撰　汪詒年編　香港　錢塘汪氏　1920年跋

007345013　5531　3110
濤園集
沈瑜慶撰　香港　1920年

007344907　5531　3274
抱經閣集
（清）馮驥聲著　瓊州海口　海南書局　1931年　（m.）

009262030　5531　3637
竹山堂文剩　竹山堂詩補
潘祖同撰　香港　歲可堂　1936年

007345027　5531　3652
補拙草堂詩文稿
褚成允撰　上海　聚珍倣宋印書局　1921年

007345029　5531　3922
宋平子文鈔
宋衡著　蘇淵雷編　上海　正中書局　1947年　（m.）

007345031　5531　3946
小翠微館文集一卷
宋士冕撰　香港　1925 年

007345033　5531　4122
一簣草堂詩鈔四卷
莊鼎彝著　1934 年

007344879　5531　4194
范伯子先生全集
范當世著　浙西　徐氏校刻　1932—33 年

007345034　5531　4209
幸草亭詩鈔二卷
楊文瑩著　香港　錢塘楊氏勖采堂　1919 年

009314563　5531　4212
三鱸堂詩鈔不分卷
楊天受撰　楊裕芬等輯　香港　楊裕芬　1938 年　鉛印

007380277　5531　4214
二州山房遺集二卷
柯劭憼撰　香港　膠州柯氏　1912—30 年

007344975　5531　4226
貽清白齋詩鈔二卷
（清）楊鼎昌著　西安　三原王氏思過齋　1935 年

009066341　5531　4234
愧廬文鈔一卷　愧廬詩鈔一卷　愧廬聯稿一卷
胡道南著　蔡元培選　上海　人權印刷所　1914 年　鉛印

007350335　5531　4265
湛此心齋詩集二卷
胡曦撰　香港　1935 年

007351408　5531　4331
寄蛄廬遺集四卷
袁寶璜著　胡玉縉輯　香港　元和袁氏　1936 年

007351409　5531　4332
明秋館集文一卷　詩一卷　詞一卷
裘淩仙撰　香港　1914 年

009024703　5531　4434
八指頭陀詩集十卷　八指頭陀續集八卷　八指頭陀雜文一卷
釋敬安撰　北京　法源寺　1919 年

007351414　5531　4462
訒盦類稿四卷
李恩綬撰　香港　丹徒李氏冬心草堂　1924 年

009025284　5531　4485.1
蔣觀雲先生遺詩一卷
蔣智由著　呂美蓀輯　香港　呂美蓀　1933 年　鉛印

007351416　5531　4492
鴻軒詩稿四卷
李慎儒撰　濟南　鎮江李氏家　1933 年

007351417　5531　4499
龍川先生詩鈔一卷　詩文補鈔一卷　李氏遺書一卷　附錄二卷
李光炘著　香港　劉大紳　1933 年

007351418　5531　4506
笑山詩鈔
梅文明著　1919 年　滄粟齋叢刊

007351419　5531　4544
補隅軒詩稿二卷
戴起芬著　陳含光選訂　廣州　1925 年

007351338　5531　4816
趙魯庵先生集九卷　卷首一卷
趙天錫著　岑錫祥編輯　廣州浮石澹志書屋　1916年

007816377　5531　4834
賀先生文集
賀濤著　北京　1914年

007351421　5531　4844
鶴窠村人初稿賓紅閣豔體詩
黃協塤著　廣州　國光書局　1918年

007351447　5531　4924
海雲閣詩鈔
葉衍蘭著　香港　番禺葉恭綽　1928年

007351456　5531　4938
餐霞仙館集
蔡和霽撰　香港　浙江四明蔡氏墨海樓　1944年

007351455　5531　4938
二百八十峰草堂集
蔡鴻鑒撰　香港　浙江四明蔡氏墨海樓　1944年

007351460　5531　4941
晚翠軒集附崦樓遺稿
林旭撰　濟南　1936年

007352561　5531　4948
福雅堂詩鈔
林鶴年撰　廈門　怡園　1916年　再版

007352664　5531　4969
奇觚廎文集
葉昌熾撰　常州潘祖年　1921年

007352562　5531　5611
復禮堂文集
曹元弼撰　濟南　1917年

009314676　5531　5623
味蘇齋集四卷　附補遺味蘇齋日記
曹秉濬撰　廣州　曹受瑆　1921年

007352712　5531　5631
花萼交輝閣集八卷
曹福元撰　香港　1918年

007352714　5531　5639
木石庵詩選二卷　復選二卷
曹潤堂著　香港　並門曹氏家　1921年

007352722　5531　7136
嶺雲海日樓詩鈔十三卷
丘逢甲撰　香港　1920年

007352577　5531　7136.8
倉海先生丘公逢甲詩選前臺灣民主國義軍大將軍
（清）丘逢甲著　丘琮選輯　上海　商務印書館　1935年　初版　（m.）

007352527　5531　7147
愛薇堂遺集
劉奮熙著　1916年

007352725　5531　7220
南豐劉先生文集四卷　補遺一卷
劉孚京撰　香港　1919年

007352727　5531　7233
葭洲書屋制藝一卷
劉安瀾著　香港　吳興劉氏嘉業堂刊　1924年　吳興叢書

007352729　5531　7235
壽愷堂集
周家祿撰　香港　海門周季誠　1922年

007352737　5531　7281
北嶽遺書
閻鎮珩撰　香港　1936年

007352739　5531　7287
鷗洞詩鈔十二卷
劉人駿撰　香港　1923 年

009067434　5531　7931
藝蘭室文存一卷
陳寶璐撰　北京　陳懋豫　1940 年

007352753　5531　7948
陳慶笙茂才文集四卷　卷首末各一卷　補遺一卷
陳樹鏞著　香港　順德簡朝亮等　1943 年

007352761　5531　8501
得天爵齋遺稿
錢方琦著　廣州　錢振鍠書端　1922 年

007311310　5532.9　1134　FC9147　Film　Mas　34670
冬花遺集五卷
王家桂著　陳銳輯刊　1920 年

007311306　5532.9　1951
次皙次齋遺文
孫振烈著　香港　無錫孫氏　1919 年

007311305　5532.9　2136　FC8680　Film　Mas　32920
至剛詩鈔
毛浩著　上海　聚珍倣宋印書局　1919 年

007311303　5532.9　2182
泊居剩稿
紀鉅維著　汪鶯翔、劉宗彝編　1925 年

007311301　5532.9　2224　FC8917　Film　Mas　34303
何詩孫手書詩稿四卷
何維樸撰　長沙　1925 年

009096973　5532.9　2241.1
藝風堂詩存四卷　碧香詞一卷
繆荃孫著　北京　燕京大學圖書館　1939 年

007311298　5532.9　2323
北山樓集三卷
吳保初著　1938 年

007311295　5532.9　2324　(1)
津布聯吟集詞附
吳重熹、李葆恂著　李放輯錄　北京　1916 年

007718619　5532.9　2324　(2)　5550　4449
紅螺山館詩鈔　紅螺山館遺詩
李葆恂著　京師[北京]　1916 年

007311293　5532.9　2903
山外樓詩稿一卷　塵天閣詩草一卷
徐商濟著　香港　1919 年

007311287　5532.9　3834
勸堂文集八卷　詩集一卷　聯語錄存一卷
顧家相撰　香港　會稽顧氏　1924 年

008014191　5532.9　4122　Film　Mas　34207
南湘室詩草
姚倩、姚茝著　1915 年　(m.)

007311285　5532.9　4234.9
鄰蘇老人手書題跋
楊守敬著　香港　武昌楊氏觀海堂　1916 年

007311283　5532.9　4241
授經室文定
胡薇元著　成都　百梅亭　1915 年

007311282　5532.9　4933
橋梓詩林初集八卷　續集三卷
林家浚、林廷玉撰　汕頭　文明商務書局寄售　1925 年

007311261　5532.9　9591
澹如軒詩鈔
惲炳孫撰　1922 年

007305988　5533　0857
賞心集　閒樂集合刊
樊樊山[增祥]手書[並撰]　上海　廣益書局　1913年

007305749　5533　4232
滑稽詩文集
樊增祥著　上海　大達圖書供應社　1936年　再版　(m.)

007714043　5533.9　0237
網舊聞齋調刁集二十卷
(清)方守彝撰　192?年

007305717　5533.9　0411
復庵先生集
許珏撰　陶世鳳纂　無錫　許氏　1926年　聚珍版

007305990　5533.9　0411.1
復庵遺集二十四卷
許珏撰　許同範等編　無錫　1922年

007305994　5533.9　1161
學蔭軒集六卷
王國瑞撰　香港　1917年

007305734　5533.9　2327
缶廬集五卷
吳俊卿撰　1920年

007305999　5533.9　2431
山青雲白軒詩草二卷
傅宛撰　香港　餘杭俞氏倣宋排印　1922年

007305869　5533.9　7931
滄趣樓詩集十卷　附聽水齋詞
陳寶琛撰　北京閩縣陳氏　1938年

007306001　5533.9　7934
畸園老人詩集十七集
陳遹聲撰　香港　諸暨陳氏　1922年

007714182　5534.3　6004
畏廬詩存
林紓著　香港　1926年　3版

007305888　5534.3　6004A
畏廬文集
林紓著　上海　商務印書館　1927—34年

009208487　5534.3　6004B
畏廬詩存
林紓著　上海　商務印書館　1934年　第1版

007306004　5534.4　6000
畏廬論文
林紓著　上海　商務印書館　1921年

007714190　5534.4　6002
畏廬文集續集、三集
林紓著　上海　商務印書館　1924—27年

007305758　5534.4　6010
畏廬瑣記
林紓著　上海　商務印書館　1922年　(m.)

007305759　5534.4　6038
畏廬漫錄
林紓著　上海　商務印書館　1922年　初版　(m.)

007307186　5535　4428
嚴幾道詩文鈔
嚴復著　貢少芹編　蔣貞金輯　上海　國華書局　1922年

007307226　5535　7255
嚴復思想述評

周振甫著　上海　中華書局　1940 年　（m.）

007307312　5535　7255.3
瘉壄堂詩集二卷
嚴復著　1926 年

007307316　5535.9　8630
梅月龕詩八卷　詞一卷
曾福謙撰　附用逭遺詩　曾爾鴻撰　香港　1936 年

007307318　5536　3512
寐叟乙卯稿
沈曾植著　廣州　四益宧　1917 年

007307283　5536.9　8240
讀書堂集十三卷
簡朝亮撰　濟南　讀書堂　1930 年

007307203　5537.9　1336
張季子九錄八十卷　附編十卷
張謇著　張孝若編　上海　中華書局　1931 年

007307278　5537.9　1336.1
張嗇庵先生實業文鈔三卷　卷首
曹文麟編　南通　翰墨林印書局　1948 年

007307232　5537.9　1336.2
張南通詩文鈔
張謇著　王文濡選輯　上海　文明書店　1926 年　（m.）

007307222　5537.9　1336.3
張季子詩錄十卷
張謇撰　1914 年序

007307248　5537.9　1336.5
張嗇庵先生文概註
張謇著　曹君覺編註　江蘇南通　翰墨林印書局　1947 年　初版　（m.）

007307329　5537.9　1341
弢樓遺集三卷
張士珩撰　北京　1922 年

007307342　5538　1573
不忍雜志彙編八卷
康有爲撰編　上海　群學社　1915 年

009277482　MLC－C
不忍雜志彙編
康南海撰　上海　上海書局　1914 年

007307346　5538　2374
康南海先生墨跡
康有爲撰　俠安居士編　上海　環球書局　1931 年

007308685　5538　2950
康南海文集
康有爲著　朱振新編　上海　共和編譯局　1914 年

007497129　5538　3114
南海先生遺稿
康有爲撰　香港　1921 年

007308859　5538.3　393
南海詩墨跡
康有爲、梁啟超合寫　上海　廣智書局　1913 年

007308690　5538.3　3934.4
康南海先生詩集十五卷
康有爲著　崔斯哲手寫　長沙　商務印書館　1941 年　初版　（m.）

009818079　PL2716　A6　1937
亭林詩文集
顧炎武著　上海　商務印書館　1937 年　國學基本叢書　（m.）

007308871　5538.3　96
開歲忽六十篇詩
康有爲著　香港　1917 年　萬木草堂叢書

007308872　5538.3　96B
康南海書開歲六十篇詩
康有爲撰書　上海　萩苑書社　1917 年

007308873　5538.4　914　　5538.4　914b
康南海文集彙編
康有爲著　香港　時還書局　1925 年

007308691　5538.4　914b　(1-16)
康南海梁任公文集彙編
康有爲、梁啟超著　上海　交通圖書館石印　1917 年

007308770　5538.4　915
康南海書牘
康有爲著　濟南　文瑞樓書局　1940 年

007308875　5538.9　1173
自怡室詩稿
王開寅著　鎮江　1919 年

007308876　5538.9　1363
睫闇詩鈔十卷
裴景福著　上海　商務印刷　1918 年

007308878　5538.9　1382
海上嘉月樓詩稿
唐晏［震鈞］撰　1921 年

007308885　5538.9　3876
成都顧先生詩集十卷　補遺一卷
顧印愚著　成康編　上海　1932 年

007497058　5538.9　4189
誠齋詩鈔
左念恒撰　1925 年

007308887　5538.9　4210
蓼園詩鈔五卷
柯劭忞撰　廉泉編　1923 年

007308889　5538.9　4801
秋孫吟草六卷
黃文琛撰　廣州　1929 年

007308890　5538.9　4933
後湖漁人詩集文集
林福源著　上海　鴻寶齋　1926 年

007308896　5538.9　7230
槃盦詩鈔二卷
周家謙撰　廣州　紫蓮山房　1928 年

007308899　5538.9　7920
疆本堂彙編
陳維彥撰　徐建生編次　濟南　石埭陳汝閔校印　1934 年

007311226　5538.9　8123
萍鷗小舫詩鈔四卷
鍾熊祥撰　香港　海寧鍾氏　1927 年

007311160　5538.9　8264
問梅山館詩詞鈔
舒昌森著　上海姑蘇文新印刷公司　1927 年

007351367　5539　3924　(2)
節庵先生遺詩續編
梁鼎芬撰　葉恭綽輯　192? 年

007351366　5539　3924　(1)　5539　912
節庵先生遺詩六卷
梁鼎芬著　武昌　瀉陽盧氏慎始基齋　1923 年

007351376　5539.9　3131
鳴堅白齋詩集十二卷
沈汝瑾撰　濟南　1921 年

007351369　5539.9　3150
陸湖遺集
沈成章著　無錫　錫成印刷公司
1920 年

007351364　5539.9　3932
桂林梁先生遺書
梁濟著　上海　商務印書館　1927 年

007351343　5539.9　3932.1
梁巨川先生遺筆
梁濟著　北京　1919 年

007351334　5539.9　7278
刪亭文集
周同愈撰　無錫　無錫周氏印　1935 年

007351303　5541.3　911
散原精舍詩
陳三立著　上海　商務印書館　1922 年

007351427　5541.3　94
匡廬山居詩
陳三立撰　濟南　義寧陳氏自刊
1930 年

007351428　5541.9　2338
澹盦詩存一卷
吳道鎔撰　香港　1937 年

007351430　5541.9　2338.4
澹盦文存二卷
吳道鎔撰　香港　1937 年

007497132　5542.9　1144
陶廬百篇四卷
王樹枬撰　香港　吉林成氏十三古槐館
　　1925 年

009256594　5542.9　4432
讀易草堂文集
辜鴻銘著　濟南　1922 年序

007351313　5543　3440
海藏樓詩十三卷
鄭孝胥撰　武昌　1914 年

007351436　5543　4232
鄭總理大臣王道講演集
鄭孝胥講演　彭述先編輯　新京　福文
盛印書局　1934 年

009238082　5543.9　313
微尚齋詩續稿
汪兆鏞著　濟南　1940 年

007351370　5543.9　3138
微尚齋詩續稿
汪兆鏞著　濟南　1940 年

007351439　5543.9　8261
觚庵詩存四卷
俞明震著　上海　聚珍倣宋印書局
1920 年

007351441　5544　4134
慎宜軒詩集八卷
姚永概著　1919 年

007352709　5544.9　4834
芥滄館詩集六卷　文存三卷
黃兆枚撰　長沙　羅博文堂　1923 年

007352710　5544.9　4929
郋園北遊文存
葉德輝著　北京　財政部印刷局
1921 年

007352711　5544.9　4929.4
觀古堂詩集六卷
葉德輝撰　香港　郋園　1913 年

007961793　FC6048　FC－M4737
章太炎白話文
吳齋仁編　上海　泰東書局　1927 年

007352549　5545.2　0490
章太炎文選
陳筱梅編　上海　倣古書店　1937年初版　（m.）

007352599　5545.9　1941.2
舊京詩存八卷
孫雄著　北平　常熟孫氏　1931年　舊京集

007352720　5545.9　4922
自山草堂文稿十卷
林朱贊著　香港　1933年

007352721　5546.9　4244
陋盦小草附畫梅百詠二卷
楊芃械著　香港　寶山楊氏　1936年

011837424　5548　3461
湖南時務學堂遺編
1923年

007352630　5548　3934
梁任公演說集
梁啟超著　上海　國民書局　1926年

007609525　5548.4　2950
梁任公文集
梁啟超撰　朱振新編輯　上海　共和編譯局　1914年

007352601　5548.4　3282
梁任公白話文鈔
梁啟超著　王文濡編　上海　文明書局　1925年　初版　（m.）

007352560　5548.4　3283　FC8384　Film Mas 32295
梁任公近著第1輯
梁啟超著　上海　商務印書館　1926—27年

007497137　5548.4　6143
梁任公文存
梁啟超著　羅芳洲選註　香港　文力出版社　1936年　（m.）

007352551　5548.4　8333
飲冰室文集八十卷　五集
梁啟超著　梁廷燦編　上海　中華書局　1926年

007352728　5548.4　8333.1
縮本飲冰室全集
梁啟超撰　上海　中華書局　1916年

007352738　5548.7　8333
飲冰室叢著
梁啟超著　上海　商務印書館　1917年　3版　（m.）

007352566　5548.7　8333（1）
飲冰室叢著(1)
梁啟超著　上海　商務印書館　1916年　初版　飲冰室叢著

007352743　5548.7　8333（2）
國學蠡酌
梁啟超著　上海　商務印書館　1917年　3版　飲冰室叢著　（m）

007352556　5548.7　8333（2）
明儒學案
（清）黃宗羲著　梁啟超節本　上海　商務印書館　1916年　初版　飲冰室叢著　（m.）

007352746　5548.7　8333（2）
中國之武士道
梁啟超著　上海　商務印書館　1917年　3版　飲冰室叢著　（m.）

語言文學類

1127

007352754　5548.7　8333　(3)
外史鱗爪
梁啟超著　上海　商務印書館　1917 年 3 版　飲冰室叢著　(m.)

007352559　5548.7　8333　(3)
西哲學說一臠
梁啟超著　上海　商務印書館　1916 年 初版　飲冰室叢著　(m.)

007352755　5548.7　8333　(3)
政聞時言
梁啟超著　上海　商務印書館　1917 年 3 版　飲冰室叢著　(m.)

007352567　5548.7　8333　(4)
小說零簡
梁啟超著　上海　商務印書館　1916 年 初版　飲冰室叢著　(m.)

007352757　5548.7　8333　(4)
新大陸遊記
梁啟超著　上海　商務印書館　1917 年　飲冰室叢著　(m.)

007352756　5548.7　8333　(4)
飲冰室自由書
梁啟超著　上海　商務印書館　1917 年　飲冰室叢著　(m.)

007352568　5548.7　8333.9
常識文範
梁啟超著　上海　中華書局　1916 年 初版　(m.)

011883381　PL2258.K87　1934
國學問答
黃筱蘭、張景博編　上海　漢文正楷印書局　1934 年　3 版　(m.)

011883845　PL2272.8.H783
國學問答

薛思明編著　上海　世界書局　1947 年 (m.)

007352734　5548.9　1154
王古愚先生遺集四卷
王振垚撰　香港　王氏家刊本　1926 年

007352735　5548.9　4924
漫廬遺集四卷
蔡傳奎撰　香港　1927 年

007352663　5549　1132
度帆樓詩稿
孔祥百著　孔令甲跋　上海　鶴和堂　1940 年

007352654　5549　1520
丁戊稿
羅振玉撰　1927 年

007352762　5549　914
松翁近稿一卷
羅振玉著　香港　上虞羅氏　1925 年

007497141　5549　916
丙寅稿一卷　丁戊稿一卷
羅振玉撰　1927 年

007352764　5549　918
遼居稿
羅振玉撰　香港　上虞羅氏　1929 年

007352665　5549　935
遼海吟
羅振玉著　濟南　1935 年

007352765　5550　0120
龐晴嵐先生遺集
龐維新著　南海　龐資訓堂珍藏　1931 年

007352767　5550　0210
井眉居詩鈔續鈔
高爾庚著　廣州　1923 年

007352769　5550　0214
忍冬書屋詩集八卷
郭家聲撰　香港　武清郭氏　1930 年
再版

007352770　5550　0238
奎府樓詩草三卷
謝汝銓著　臺北　謝師熊　1931 年

007352783　5550　0240
寬廬遺集三卷
高超撰　香港　大埔鄒氏　1936 年

007352790　5550　0251
簾花堂殘稿
高拱元著　1939 年

007352811　5550　0273
龍顧山房駢體文鈔七卷　龍顧山房詩集十二卷　詩續集七卷　龍顧山房詩餘六卷　潛思盦詩草
郭則澐撰　郭可誠撰　香港　1928—36 年

007353861　5550　0417
譚延闓詩札
譚延闓撰　上海　中華書局　1937 年
再版

007353891　5550　0444
一山文存十二卷
章梫撰　香港　吳興劉氏　1918 年

007353898　5550　0489
俿山遺集四卷
章錫光著　章建侯、倪文瀾校訂　會稽
[紹興]　章氏琴鶴軒　1922 年

007353904　5550　0603
茹經堂文集
唐文治撰　1926 年

007353915　5550　0631
大至閣詩
諸宗元著　香港　長樂梁氏爰居閣
1934 年　爰居閣叢書

007353916　5550　1121
螾廬未定稿三卷　續編一卷
王季烈撰　香港　1937 年

007353922　5550　1122
默盦集十卷
王舟瑶撰　上海　國光書局　1913 年

007353932　5550　1138
焉用齋遺集
王定鎬著　汕頭　華僑公司　1929 年

007353935　5550　1140
養真室詩存三卷　文存一卷　詩後集一卷　文後集一卷　劫餘詞一卷　附秋綺軒遺
王敬儀著　香港　彭城王氏　1924 年

007353855　5550　1143
志盦遺稿
王式通撰　王蔭泰校　濟南　1938 年

007353863　5550　1182
面圃廬詩草
王鍾俊撰　上海　常熟王氏　1923 年

007353753　5550　1183
梅墅集
王次清著　上海　中華書局　1946 年
初版

009826088　MLC－C
康南海書一天園記
康有爲書　上海　有正書局　192? 年

009826083　MLC–C
康南海書一天園詩稿
康有爲書　上海　有正書局　192?年

008454880　MLC–C
黎山詩稿
李良著　香港　北京和記印字館代印
1922年

007353947　5550　1204
俾盦詩稿
邵章撰　北京　前進打字謄寫社
1915年

007353948　5550　1205
禾盧詩鈔四卷　附西泠懷古詩二卷　西溪懷古詩二卷　禾盧新年雜詠一卷　和永嘉百詠
丁立中撰　香港　八千卷樓　1925年

007353843　5550　1227
丁潛客先生遺詩
（清）丁仁長　香港　瀚元樓　1929年

007353953　5550　1301
瓠盧詩鈔二卷
張龍雲著　廣州　登雲閣　1935年

007353956　5550　1310
八一三後記事詩
張一麐著　香港　商務香港分館
1938年

007353756　5550　1310.3
心太平室集十卷　補遺一卷　附錄一卷
張一麐著　1947年

007353967　5550　1333
白石山房詩鈔三卷
張宗江撰　徐士瀛等校刊　香港
1919年

007353841　5550　1343
松柏山房駢體文鈔四卷
張其淦撰　濟南　1930年

007353751　5550　1343.2
元代八百遺民詩詠
張其淦著　濟南　1932年

007353972　5550　1343.4
邵村詠史詩鈔十八卷
張其淦著　廣州　善記刊印　1927年

007353973　5550　1349
艮廬自述詩
張茂炯著　廣州　1934年

007353842　5550　1374
闓齋稿
張學華撰　廣州　1948年

007353844　5550　1380
檠園稿鈔
張錫麟撰　廣州　1932年

011837891　5550　1423
自娛齋詩稿
夏受祺著　1935年

007354440　5550　1442
嘯盦詩存四卷
夏仁虎撰　香港　海王村館　1920年

007354442　5550　1607
味隱遺詩
雷補同著　廣州　1932年

007354444　5550　2141
無終始齋詩文集三卷
程大璋撰　香港　廣州鄔慶時　1928年

007354446　5550　2184
林屋山人集十三卷　附南遊詩草一卷
步翔芬撰　陳蝶衣編　香港　1935 年

007354447　5550　2236
聽泉山館詩鈔初集
鄒浚明著　廣州　1927 年

007354448　5550　2262
無赫齋詩草
何曉柳撰　香港　何氏　1937 年

007354451　5550　2271
雲阡續詠
雲瀛橋著　廣州　1928 年

007354453　5550　2322.1　FC9595　Film Mas　35907
蓬萊吳公講話錄
吳佩孚撰　北京　天華館　1934 年

007354397　5550　2334
夢蘭先生遺稿
吳夢蘭[之藻]撰　吳其敏纂校　香港　韻娛閣　1937 年

009088839　5550　2339
抑抑堂集十五卷
吳涑著　濟南　吳氏　1923 年

007354292　5550　2349
吳稚暉白話文鈔
吳敬恒著　上海　文明書局　1928 年　初版　(m.)

008145072　MLC – C
稚暉文存一集
吳敬恒撰　1927 年

011987677　DS778.W9　A21　1927
吳稚暉近著續編
吳敬恒著　李仲丹編　上海　北新書局　1927 年　(m.)

007382594　5550　2349.2
吳稚暉全集
吳敬恒撰　上海　群衆圖書公司　1927 年　初版　(m.)

007354339　5550　2349.22
吳稚暉尺牘
吳敬恒著　三民公司選輯　上海　三民公司　1927 年　再版　(m.)

007354234　5550　2349.3
吳稚暉近著
吳稚暉著　李曉峰編　上海　北新書局　1926 年　再版　(m.)

007354400　5550　2349.39
吳稚暉學術論著
吳敬恒著　上海　上海出版合作社　1926 年

007354399　5550　2349.4
吳稚暉文集
吳敬恒著　少侯編　上海　倣古書店　1936 年　(m.)

007354346　5550　2349.41
吳稚暉文集
吳稚暉著　文學研究社編　北京　文學研究社　1925 年

007354457　5550　2349.5
吳稚暉最近言論集
吳敬恒著　廣州　國立中山大學政治訓育部宣傳部　1927 年

007354340　5550　2349.6
吳稚暉言行錄
吳稚暉[敬恒]著　時希聖編　上海　廣益書局　1929 年　初版　(m.)

007354343　5550　2349.7
朏盦客座談話

吳稚暉著　上海　泰東圖書局
191？年

007354341　5550　2349a
吳稚暉先生文存
周雲青編纂　上海　醫學書局　1925年
初版　（m.）

007354338　5550　2443
衡廬日錄　南嶽遊記附
傅增湘著　天津　大公報社　1935年

007354459　5550　2474
雞山漫興
伏蒼居士著　1917年

007356286　5550　2924
學壽堂詩集六卷
徐紹楨著　香港　徐紹楨　1928年　初版　（m.）

007356370　5550　2933
石雪齋詩稿四卷
徐宗浩撰　香港　武進徐氏　1926年

007356232　5550　2941
枕亞浪墨
徐枕亞著　上海　小說叢報社　1915年（m.）

007356371　5550　2941b
枕亞浪墨六卷
徐枕亞著　1920年

007356277　5550　2946
徐大總統詩集
徐世昌著　濟南　1920年

007382658　5550　2946.1
退耕堂集六卷
徐世昌撰　香港　天津徐氏　1912—49年

005265482　5550　2946.4
藤墅儷言三十卷
水竹邨人　香港　退畊堂　1936年

009096415　5550　2946.5
海西草堂集二十七卷
徐世昌撰　天津　徐氏　1932年

007356340　5550　2946B
水竹邨人集十二卷
徐世昌著　天津　1918年

007356336　5550　2947
味靜齋集十六卷
（清）徐嘉著　上海　中華書局　1931—36年

007356306　5550　3113
盛湖竹枝詞盛湖雜錄
沈雲撰　濟南　嘉興沈氏　1918年

007356343　5550　3122
未園集略八卷
（清）沈修著　吳梅選　蘇州　上藝齋　1935年

007356375　5550　3130
懺盦遺稿
沈澤棠著　陳鴻慈校刊　1929年

007356376　5550　3132
慎所立齋存稿四卷
江瀚撰　1915年

007356353　5550　3132.2
石翁山房札記九卷
江瀚撰　太原　長汀江氏　1924年　長汀先生著書

009013035　5550　3136
南雅樓詩斑二卷　繁霜詞一卷
沈宗畸著　香港　國民印書館　1916年

鉛印

007356342　5550　3138
微尚齋雜文六卷
汪兆鏞著　濟南　1942年

007356379　5550　3139
頤瑣室詩四卷
湯寶榮撰　香港　湯氏家刻本　1926年

007356344　5550　3142
隱怡山房小詠
沈蘭徵撰　上海　1935年

009014865　5550　3182
且寄廬吟草二卷
沈鈞著　廣州　德清沈氏　1917年

007356388　5550　3193
思玄堂詩集
汪榮寶著　1937年

007356390　5550　3219
志頤堂詩文集文三卷　詩十二卷
沙元炳著　上海　中華書局　1933年

007356348　5550　3219
志頤堂詩文集
沙元炳著　如皋　沙志頤堂　1933年

007356392　5550　3632
鳳臺山館駢體文二卷
潘宗鼎撰　香港　1930年

007356345　5550　3645
樵叟集八卷　外集二卷
(清)潘蔭東撰　南通　通新印刷公司　1929年

007356393　5550　3839
寄簃詩存四卷
洪悌丞[汝怡]著　邗江　1933年

007356347　5550　4108
鈞石文集
李慶銓著　上海　1938年

007356400　5550　4210
榴花館詩存十卷
蕭瑞麟著　香港　天倉公司　1936年

007356401　5550　4222
網溪詩集後編
楊仲佐著　1949年

007356339　5550　4231
胡翼南先生全集六十卷
胡禮垣撰　香江　胡氏書齋　1920年

007356404　5550　4234
履冰子吟草初編　二編　三編　續編
胡遠芬撰　香港　1935年

007356406　5550　4237
不匱室詩鈔八卷
胡漢民撰　香港　國葬典禮委員會　1936年

009211714　5550　4240
補過齋文牘十集三十二卷　補過齋文牘續編十四卷
楊增新撰　北京　新疆駐京公寓　1921年

007356409　5550　4241.1
湘潭楊叔姬詩文詞錄
楊莊撰　香港　湘潭王氏　1940年

007356412　5550　4244
楊楚孫先生詩集三卷
楊壽枏著　孫伯亮編　廣州　1947年

007356417　5550　4264
驢背集四卷
胡思敬撰　香港　南昌胡氏　1913年

009146361　5550　4281
鴻泥詩草一卷
狷盦撰　濟南　1916—49 年

007356167　5550　4288
聖遺詩集五卷
楊鍾羲撰　濟南　1935 年　墨巢叢刻

007356351　5550　4314
可桴文存
裘可桴撰　無錫　裘翼經堂　1943 年

007382683　5550　4333
野棠軒全集二十四卷
奭良撰　香港　吉林裕瑚璐氏
1929 年

009315164　5550　4333.1
野棠軒文集四卷　野棠軒詩集四卷
奭良著　香港　吉林奭氏　1929 年　鉛印　野棠軒全集

007357408　5550　4344
臥雪堂詩集十二卷
袁嘉穀撰　雲南　開智公司　1927 年

007357411　5550　4373
恐高寒齋詩二卷
袁勵準著　北平　1930 年

007357412　5550　4388
扈從東渡百九詩
袁金鎧撰　滿洲　1935 年

007357414　5550　4388.2
傭廬文存四卷　詩存四卷
袁金鎧撰　香港　1934 年

007357415　5550　4388.3
傭廬日記語存八卷　附傭廬經過自述二卷
袁金鎧著　1935 年

007357418　5550　4413
清道人遺集二卷　附佚稿一卷　攟遺一卷　附錄一卷
李瑞清撰　李健編　香港　臨川李氏
1939 年

007357419　5550　4418
北橋詩鈔四卷
李豫曾著　鎮江　鎮江江南印書館
1934 年

007357420　5550　4428
友古堂詩集二卷
李經鈺撰　香港　合肥李氏　1923 年

007357421　5550　4435
澹齋詩存
蔣汝中撰　廣州　南洋官紙印刷局
1914 年

007357423　5550　4442
帽檐詩鈔
李朝鎏著　1949 年

007357422　5550　4442
韻珊先生遺稿
李蔚然著　李朝鎏輯　1949 年

007357392　5550　4443
曲石文錄六卷
李根源撰　蘇州　曲石精廬　1932 年

007357374　5550　4507
韓樹園先生遺詩
韓文舉著　濟南　順德伍學韜　1948 年

007357317　5550　4572
念石齋詩五卷　附錄一卷　詩餘一卷
梅際郇撰　1935 年序

007382693　5550　4726
繡餘草

[楊]陶先畹著　上海　商務印書館
1928年

009088003　5550　4813
藏齋集四卷
趙元禮著　濟南　趙氏　1920—49年
　鉛印

009013062　5550　4822
敘異齋文集八卷
趙衡著　香港　徐世昌　1932年

007357428　5550　4824
稼溪詩草二卷
黃維翰撰　香港　1920年

007357430　5550　4838
涉趣園集十五卷　別集五卷　來南雜俎四卷　詩集十卷
趙祖銘纂　北京　慈祥工廠　1926年

007357431　5550　4842
韻丞詩存三卷
趙世修著　香港　蘇州張氏懷舊廬
1929年

009148603　5550　4844
負暄山館詩草不分卷
黃棣華撰　香港　永發印務有限公司
1927—49年　鉛印

007357435　5550　4880
心聲稿草四卷　附錄一卷
趙曾望著　廣州　趙宗抃鈔刊　1934年

007357436　5550　4882
兼葭樓詩二卷
黃節著　1913年

007357438　5550　4890
希古堂集
黃炳堃撰　黃實編　香港　新會黃氏
1931年

007357449　5550　4933
寒碧詩
林昶著　1921年

007357452　5550　4947
林棠風先生遺集
林樹熙著　霍潔塵輯　李士勤校　香港
　1934年

007357391　5550　5604
南園詩集
（清）曹廣權撰　濟南　鄞縣高振霄
1937年

007357311　5550　5615
箋經室遺集二十卷
曹元忠撰　王大隆編　廣州　學禮齋
1941年

007357384　5550　5986
享帚錄八卷
秦錫田撰　上海秦氏　1931年

007357383　5550　6196
瘦庵詩集
羅惇㬅撰　濟南　1928年

007357456　5550　6414
延秋室詩稿
嚴廷楨著　杭州　西泠印社　1919年

007357457　5550　7142
竹平安館詩鈔二卷　附詞一卷
阮堉著　杭州　1930年

007357289　5550　7194
邱菽園居士詩集
邱煒萲撰　1949年

007357459　5550　7204
敝帚集
周慶森著　廣州　1914年

007357461　5550　7206
霞棲詩鈔二卷　詞鈔二卷　詩詞續鈔　詩詞三鈔
周應昌撰　香港　上海國光書局　1928—36年

007357462　5550　7210
榕園餘瀋
周元詠撰　廣州　石經堂　1915年

007358213　5550　7223.1
厚莊文鈔三卷　詩鈔二卷
劉紹寬撰　楊紹廉　1919年

007358194　5550　7223.2
厚莊詩文續集文六卷　外文二卷　詩四卷
劉紹寬撰　濟南　1937年

007358432　5550　7231
重得喬褚堂繪西浦圖詩並序
劉啟瑞撰　1929年

007358205　5550　7233
馬相伯先生文集
馬良著　方豪編　北平　上智編譯館　1947年　（m.）

007358433　5550　7235
哺廬文存二卷　詩存五卷
劉泥清撰　香港　1933年

007358434　5550　7238
桂海集一卷
劉淇撰　武昌　湖北官紙印刷局　1914年

007358435　5550　7240
沈觀齋詩
周樹模著　樊增祥等審定圈識眉批　廣州　1933年

007358437　5550　7241
夕紅樓詩集八卷
周大烈撰　香港　1930年

007358440　5550　7244
花雨樓詩草　詞草
劉翰棻著　東莞　鎦氏菜香簃　1927—29年

007358385　5550　7277
止庵詩存附止庵詩外集
周學熙著　濟南　1948年

007358441　5550　7290
龍慧堂詩二卷
劉慎詒撰　香港　1928年

007358443　5550　7775
亦檆軒詩集前編五卷　後編五卷
岳障東著　長沙　1936年

007358319　5550　7902
摭庵遺稿詩　聯
陳應科撰　廣州　1939年跋

007358273　5550　7904
東陵道
陳毅著　民國間

011837841　5550　7917
静虛室詩詞合集
陳天民撰　1916年

009096553　5550　7920
獧盦詩草十卷
陳繼訓著　濟南　陳氏　1938年　鉛印

007358447　5550　7922
黝曜室詩存

陳鼎著　1928 年

009013217　5550　7927
瓜廬詩剩二卷
陳伯陶著　香港　東莞陳氏　1931 年　鉛印

007382688　5550　7940
浩歌堂詩鈔十卷　巢南先生五十壽言
柳棄疾[亞子]、余其鏘選錄　廣州　徐蘊華　1925 年　百尺樓叢書

007358452　5550　7952
轉蓬集一卷
陳中獄撰　香港　1932 年

007358383　5550　7984
蒼虬閣詩存　舊月簃詞
陳曾壽撰　南京　真賞樓　1921 年

007358381　5550　8124
南溪集
饒鼎華著　濟南　1944 年

007358230　5550　8134
安樂鄉人詩集
金兆蕃著　濟南　重光協洽　1931 年

009013790　5550　8145
藕廬詩草一卷
金城著　香港　李汝謙　1926 年　鉛印

007358453　5550　8271
小竹里館吟草七卷　附樂靜詞
俞陸雲撰　香港　德清俞氏　1929 年

007358269　5550　8503
誦芬堂文稿
錢文選著　1924—43 年

007358258　5550　8503.4
士青全集
錢文選著　上海　商務印書館　1939 年初版　(m.)

009024852　5550　8548
錢隱叟遺集八卷　錢隱叟遺詩一卷　錢隱叟家乘文一卷
錢桂笙著　濟南　江夏錢氏　1921 年　鉛印

008038940　5550　8558
名山文約十五卷　名山四集九卷
錢振鍠撰　四川　1912—49 年

008097939　5550　8558.2
名山詩集詩十三卷　名山詞二編　海上詞四編
錢振鍠撰　1947 年

009012988　5550　8646
肅忠親王遺稿一卷
善耆著　北京　平總治　1928 年

009314725　5550　8929
函雅廬文稿三卷　函雅廬詩稿一卷
余重耀撰　濟南　1923—49 年　鉛印

007358250　5550　9213
桐鄉勞先生遺稿八卷
勞乃宣撰　盧學溥校刊　廣州　桐鄉盧氏校刊　1927 年

007358455　5550　9242
辛臼簃詩讔三卷
爛柯著　蘇州　振新書社　1926 年

007358384　5550.9　8139
瓜圃叢刊敘錄　瓜圃叢刊敘錄續編
金梁撰輯　濟南　1935 年

007358456　5550.9　8139.2
瓜圃述異二卷
金梁輯　香港　1936 年

009897776　5552　3474
王静安先生紀念號
清華學校研究院編　上海　商務印書館
　1928年　國學論叢　第1卷

007358463　5552　6504
王觀堂文選
王國維撰　田中慶太郎編輯　東京　文求堂書店　1941年　再版

007358386　5552.4　7914
王忠愨公遺墨二卷
王國維著　陳乃乾輯　濟南　1930年

007358464　5552.5　1106
王忠愨公哀輓錄
王高明等編　香港　1927年

008067651　MLC-C
魯迅散文集
魯迅[周樹人]著　上海　全球書店　1937年　(m.w.)

007352578　5553　0401
夜記
魯迅作　上海　文化生活出版社　1949年　(m.w.)

009192058　5553　1450
兩地書魯迅與景宋的通信
魯迅、景宋著　上海　魯迅全集出版社　1941年　初版　魯迅三十年集　(m.)

007352602　5553　1720
三閒集
魯迅著　上海　北新書局　1932年　初版　(m.w.)

007353887　5553　230
魯迅雜感集
魯迅著　上海　時代文化社　1936年　(m.)

007353798　5553　4710
南腔北調集
魯迅著　上海　同文書店　1934年　初版　(m.w.)

007354330　5553.2　2325
魯迅代表作
魯迅著　上海　上海全球書店　1946年　初版　(m.)

011931175　PL2754.S5　A6　1946
魯迅語錄
魯迅著　宋雲彬選輯　上海　聯益出版社　1946年　初版　(m.)

007354380　5553.4　6165
魯迅論俄羅斯文學
魯迅著　羅果夫編　上海　時代出版社　1949年

000603668　T　5553.5　2633
魯迅茅盾致伊羅生信函及其他
魯迅、茅盾撰

007354449　T　5553.6　1323
魯迅研究叢刊第一輯
延安魯迅研究會編輯　延安　新華書店　1941年

007354329　5553.6　2243
魯迅作品研究中國和中國人的鏡子
何干之著　上海　新新出版社　1946年　滬版　(m.)

007354328　5553.6　2243b
中國和中國人的鏡子魯迅作品研究
何干之著　桂林　民範出版社　1942年　初版　(m.)

007354327　5553.6　2328
魯迅的創作方法及其他
景宋[許廣平]、巴人等著　重慶　讀書

出版社　1941 年　再版

007356337　5553.6　4901
給魯迅
蘇廣平編　香港　新流書店　1936 年
少年文學名著

003075018　5553　4283　5553.6　7180
論魯迅的雜文
巴人著　上海　遠東書店　1940 年　初版　(m.)

007356381　5553.6　8536
魯迅文學講話
魯迅著　錢浩編　上海　當代書店
1936 年

007356397　5553.9　1192
澹廬吟稿
王恒德著　香港　1930 年

007356209　5553.9　3942
宋漁父戴天仇文集合刻
宋漁父、戴天仇著　上海　國光圖書館
　1921 年

007356408　5554　1375
正道居感世集正續編　正道居詩
章士釗著　1926 年

007356233　5554.9　4934
寒瓊遺稿
蔡守著　濟南　順德蔡氏　1943 年

007356341　5555　229
左盦集八卷
劉師培撰　北京　隆福寺修綆堂
1928 年

007357402　5556.3　9.4
嘗試集批評與討論
胡懷琛編　上海　泰東　1927 年　4 版

(m.)

007357272　5556.4　1103
胡適之白話文鈔
王文濡編　上海　文明書局　1925 年
初版　(m.)

009255086　5556.4　1121
胡適文存
胡適著　上海　亞東圖書館　1929 年
12 版　(m. w.)

007357287　5556.4　4
胡適論學近著第一集
胡適著　上海　商務印書館　1936 年
3 版　(m.)

007357333　5556.4　4233.4
胡適文選
胡適著　上海　亞東圖書館　1930 年
(m.)

007357334　5556.4　4233.8
胡適論説文選
胡適著　鄭之光選編　上海　希望出版社　1936 年　2 版　(m. w.)

007357262　5556.5　02
胡適日記
胡適著　上海　文化研究社　1934 年
再版　(m.)

007357335　5556.5　15A　5556.5　15C
藏暉室劄記
胡適著　上海　亞東圖書館　1939 年

007357336　5556.5　15D
胡適留學日記
胡適著　上海　商務印書館　1947 年
初版　(m.)

007357319　5556.7　1
短篇小說第一集
（法）都德著　胡適譯　上海　亞東圖書館　1920年　再版　（m.w.）

007357318　5556.7　2
短篇小說第二集
胡適譯　上海　亞東圖書館　1933年　初版　（m.w.）

007357320　5557　0692
徐志摩創作選
徐志摩著　少侯[唐少侯]選編　上海　倣古書店　1936年　初版　現代名人創作叢書　（m.）

003965187　5557　4020
志摩的詩
徐志摩著　上海　新月書店　1933年　6版　（m.w.）

007357448　5557　4649
落葉
徐志摩著　上海　北新書局　1932年　（m.w.）

007358301　5557　7222
巴黎的鱗爪
徐志摩著　上海　新月書店　1927年　初版　（m.w.）

007358275　5557　920
猛虎集
徐志摩著　上海　新月書店　1931年　初版　（m.w.）

007358276　5557　921
雲遊
徐志摩著　上海　新月書店　1932年　初版　（m.w.）

007358206　5557.2　7110
徐志摩傑作選
巴雷編選　上海　新象書店　1947年　初版　（m.）

007358307　5557.4　2795
愛眉小札
徐志摩著　陸小曼編　桂林　良友復興圖書印刷公司　1943年　重排本初版　良友文學叢書　（m.）

007843450　5558　0147
束柴病叟詩續稿二卷　拾遺一卷
龐樹階撰　濟南　1941年

007843303　5558　016
狼
童晴嵐著　香港　新詩歌社　1948年　初版　新詩歌叢書　（m.w.）

007843272　5558　0203
方豪文錄
方豪著　北平　北平上智編譯館　1948年　（m.）

007843470　5558　0214
疑盦詩六卷
許承堯撰　濟南　1926年

007843473　5558　0221
白石詩草八卷二集
樊增祥等校訂　張江裁編　濟南　1933年

007843484　5558　0232
白夜
麗尼[郭安仁]作　上海　文化生活出版社　1948年　（m.w.）

007713963　5558　0232.1
鷹之歌
麗尼著　上海　文化生活出版社　1936

年　初版　（m.w.）

007843298　5558　0232.4
黃昏之獻
麗尼作　上海　文化生活出版社　1947年　文學叢刊　（m.w.）

007843493　5558　0232.4b
黃昏之獻
麗尼［郭安仁］著　上海　文化生活出版社　1939年　（m.w.）

007843299　5558　0234.03
郭沫若傑作選
郭沫若著　巴雷、朱紹之編選　上海　新象書店　1945年　再版　當代創作文庫　（m.w.）

007843300　5558　0234.12
水平綫下
郭沫若著　上海　新興書店　1929年　初版　（m.）

007843295　5558　0234.16
武昌城下
郭沫若著　上海　曉明書局　1936年　初版　文藝叢刊　（w.）

007843504　5558　0234.25
山中雜記
郭沫若著　上海　光華書局　1933年　沫若小說戲曲集　（m.w.）

007843311　5558　0234.48
蒲劍集
郭沫若著　重慶　文學書店　1942年　初版　（m.w.）

003969843　5558　0234.4b
女神
郭沫若著　上海　泰東圖書局　1929年

創造社叢書　（m.w.）

007843289　5558　0234.5
蜩螗集
郭沫若著　上海　群益出版社　1948年　初版　（m.w.）

007843288　5558　0234.8
沫若詩全集
郭沫若著　上海　現代書局　1930年　（m.）

007845346　5558　0234.84
今昔集
郭沫若著　重慶　東方書社　1943年　初版　（m.w.）

007845322　5558　0234.91
郭沫若文集普及本
郭沫若著　錢士禮編　上海　龍虎書店　1937年　（m.）

007845321　5558　0234.92
郭沫若文選
余研因選編　上海　民聲書后　1934年　初版　（m.）

007845323　5558　0234.95
郭沫若代表作
三通書局編輯部編　上海　三通書局　1941年　初版　現代作家選集　（m.w.）

007845335　5558　0240
朗誦詩集
高蘭著　長沙　商務印書館　1940年　初版　（m.）

007845334　5558　0244
行吟的歌
方敬著　上海　文化生活出版社　1948

年　初版　（m.w.）

007845266　5558　0244.1
雨景
方敬撰　上海　文化生活出版社　1942年　初版　（m.w.）

007845345　5558　0244.2
生之勝利
方敬作　上海　文化生活出版社　1948年　初版　（m.w.）

007845344　5558　0244.7
風塵集
方敬著　上海　良友圖書印刷公司　1937年　初版　（m.w.）

007845474　5558　0280
泥爪集一卷　續集一卷
郭毓麟撰　香港　福安郭氏　1934年

007845303　5558　0285
唐鉞文存
唐鉞著　上海　商務印書館　1925年　初版　（m.w.）

007845480　5558　0291
東野文編
齊燮元撰　濟南　1941年

007845408　5558　0294
吹萬樓詩十八卷
高燮撰　上海　1947年

007845412　5558　0294.6
吹萬樓文集
高燮著　1941年

007845496　5558　0294.64
吹萬樓望江南詞
吹萬居士[高燮]著　廣州　1945年

007845391　5558　0315
蓉湖詩鈔二集
廉建中著　上海　大中華印務公司　1945年

007845279　5558　0315.1
蓉湖雙棲圖題詠集蓉湖水晶婚唱和集合刊
廉建中、惠泉合編　上海　1945年

007845406　5558　0329
南湖集四卷
廉泉著　孫道毅編　上海　中華書局　1924年

007845392　5558　0329.2
小萬柳堂王翬畫目
吳芝瑛編錄　1917年

007845505　5558　0329.3
潭柘紀遊詩
廉泉撰　吳芝瑛編錄　1918年

008014492　5558　0329.4
夢還集續集
廉泉撰　孫寒厓編　廣州　古皖李蘧廬寫刊　1931年

007845337　5558　0330
草兒
康白情著　上海　亞東圖書館　1922年　初版　（m.w.）

007845332　5558　0331　FC9267　Film　Mas　35738
十年詩草1930—1939
卞之琳著　桂林　明日社　1942年　初版　（m.w.）

007845333　5558　0331.2
魚目集
卞之琳著　上海　文化生活出版社　1935年　初版　（m.w.）

007845513　5558　0372
無絃琴
亦門著　胡風編　上海　希望社　1947年　(m.w.)

008169658　MLC-C
種樹集
章衣萍著　上海　北新書局　1929年再版　(m.w.)

007845343　5558　0408.8
人世百圖
靳以著　上海　文化生活出版社　1948年　初版　(m.w.)

007845329　5558　0411
石承的詩
章石承著　上海　上海孤帆社　1934年　(w.)

007845553　5558　0417
譚祖安先生手寫詩冊
譚延闓著　1931年

007845557　5558　0418
觀山文稿十卷　卷首一卷
章乃羹撰　香港　富陽章氏　1935年

007845336　5558　0423
荒山野唱長詩　短歌　小詩
謝采江著　北京　海音書局　1926年　初版　海音社文藝叢書　(m.w.)

007845564　5558　0440
玉岑遺稿四卷
謝覲虞撰　上海　1949年

007845264　5558　0442
國粹與國學
許地山著　上海　商務印書館　1947年　上海初版　(m.)

011888478　Z3101.A1　T3　1925
治國學門徑
湯濟滄編輯　上海　上海文科專修學校　1925年　(m.)

007845342　5558　0442.05
雜感集
許地山著　上海　商務印書館　1946年　初版　(m.w.)

007845571　5558　0442.3
空山靈雨
許地山著　上海　商務印書館　1932年　文學研究會叢書

007845324　5558　0442.4
落華生創作選
落華生[許地山]著　筱梅編　上海　倣古書店　1936年　初版　現代名人創作叢書　(m.)

007845575　5558　0444
梅軒詩鈔
許友梅著　香港　民福印務公司　1935年

007851006　5558　0449
冰心散文集
冰心著　上海　北新書局　1931年　(m.w.)

007845444　5558　0449.1
寄小讀者
冰心撰　上海　北新書局　1927年　第4版　(w.)

007846694　5558　0449.332
冰心代表作選
上海　全球書店　1937年　(w.)

007846521　5558　0449.34
冰心詩集
冰心著　上海　開明書店　1949年　5

版　冰心著作集　（m.）

007846745　5558　0449.4　FC5876(11)
冰心論
李希同撰　上海　北新書局　1932 年

008625957　FC5876　(11)
冰心論
李希同編　上海　北新書局發行　1943 年　初版

007846699　5558　0449.7
春水
周作人編　上海　北新書局　1930 年 7 版　（m.）

007846562　5558　0449.8
繁星
冰心著　上海　商務印書館　1933 年 國難後第 1 版　文學研究會叢書 （m.w.）

007846529　5558　0449.8b
繁星
冰心著　上海　商務印書館　1923 年 初版　文學研究會叢書　（m.w.）

007845278　5558　0449B
冰心散文集
謝婉瑩［冰心］著　上海　開明書店 1949 年　冰心著作集　（m.w.）

007911720　5558　0449c
冰心散文集
謝婉瑩著　上海　開明書店　1948 年 （m.w.）

007846704　5558　0473
市隱憶稿
市隱著　1928 年

007846407　5558　0480
風箏
許欽文著　上海　懷正文化社　1948 年 初版　懷正文藝叢書　（m.w.）

011882784　PL2765.U3 H8　1929
蝴蝶
許欽文著　上海　北新書局　1928 年 初版　（w.）

007846705　5558　0481
大隱廬詩草一卷
許公武撰　濟南　1936 年

007846707　5558　0491
西湖百絶二卷
許炳璈撰　廣州　1928 年

011910111　PN6120.9.C6 C4　1946
鐘
（蘇）高爾基著　梅益譯　上海　光明書局　1946 年　勝利後 1 版　光明文藝叢書　（m.w.）

011912050　PL2902.N5 T8　1948
短長書
唐弢著　上海　建文書店　1948 年　再版　（m.w.）

007846547　5558　0614
短長書
唐弢著　上海　南國出版社　1947 年 初版　（m.w.）

007846549　5558　0614.1
落帆集
唐弢著　上海　文化生活出版社　1948 年　初版　（m.w.）

007846546　5558　0614.3
投影集
唐弢著　上海　文化生活出版社　1948

年　再版　(m.w.)

007846548　5558　0614.4
識小錄
唐弢著　上海　上海出版公司　1947年
初版　(m.w.)

007846718　5558　0621
入蜀稿五卷　附錄文一卷　國聲集一卷
唐鼎元著　南京　樹文印刷工業社印
1947年

007846721　5558　0646
大圓文存
唐大圓著　上海　泰東　1927年

007846735　5558　11
無違集
姜貴[王林渡]著　臺北　幼獅文藝社
1947年

007846618　5558　1104
橫雲山館詩存
王毅存著　松江　成章印刷所印
1941年

007846607　5558　1108
揖堂詩存
王揖唐撰　天津　今傳是樓　1941年

011912859　PL2919.Y17　C5　1938
中國兵的畫像
王亞平著　重慶　藝文研究會　1938年
初版　(m.w.)

007846751　5558　1117.1
副產品
王平陵著　上海　商務印書館　1946年
(m.w.)

007846782　5558　1121
王章詩存合刻

王舟瑤[撰]　濟南　1926年

007846783　5558　1121　(1-3)
默盦詩存六卷
王舟瑤撰　濟南　1926年　王章詩存
合刻

007846784　5558　1121　(4-6)
一山詩存十一卷
章梫撰　濟南　1926年　王章詩存合刻

011906520　PL2822.H4　A5　1927
愛之衝突
王衡著　上海　北新書局　1927年　初
版　(m.w.)

011902022　PL2783.O65　H8　1917
紅葉緣
落魄京華一少年　上海　擷華小說社
1917年

011911957　PL2783.U26　C8　1940
雀鼠集
魯彥著　上海　文化生活出版社　1935
年　初版　文學叢刊　(m.w.)

007846542　5558　1126.2
片雲集
王統照著　上海　生活書店　1934年
初版　創作文庫　(m.w.)

007846596　5558　1126.3
江南曲
王統照著　上海　文化生活出版社
1948年　文學叢刊　(m.w.)

007846605　5558　1126.5
青紗帳
王統照作　上海　生活書店　1936年
小型文庫　(m.w.)

007682696　PL2822.C48　A17　1923x
葰楚軒詩集
汪兆銓著　廣州　1923 年

011912060　PL2822.T8　C5　1936
青紗帳
王統照著　上海　文學出版社　1936 年　初版　小型文庫　（m.w.）

011906210　PL2822.J4　S525　1928
死綫上
王任叔著　上海　金屋書店　1928 年　（m.w.）

007453794　PL2822.C48　A1　1919x
惺默齋集
汪兆銓著　濟南　超華齋　1919 年

007846530　5558　1126.6
夜行集
王統照著　上海　生活書店　1936 年　初版　（m.w.）

007846538　5558　1127
庶務日記
老向著　上海　時代圖書公司　1934 年　初版　論語叢書　（m.w.）

007846545　5558　1127.4
黃土泥
老向著　上海　人間書屋　1936 年　初版　普及叢書　（m.w.）

007846539　5558　1127b
庶務日記
老向著　上海　時代書局　1948 年　重排初版　論語叢書　（m.）

007911711　5558　1132
農隱廬文鈔四卷
王清穆撰　崔龍等校　濟南　1939 年

007847717　5558　1136
思齋遺集
王浩撰　1925 年

007847655　5558　1138
市聲草
王禮錫著　上海　神州國光社　1933 年

005381529　5558　1138.4
去國草
王禮錫著　重慶　中國詩歌社　1939 年　初版　（m.）

007847671　5558　1140
攝堂詩選
王遠著　1944 年

007847582　5558　1141
猛悔樓詩五卷
王世鼐撰　濟南　1944 年

007847724　5558　1142
龍山夢痕
王世穎、徐蔚南著　上海　開明書店　1947 年　（m.w.）

007847611　5558　1143.06
王獨清創作選
王獨清著　唐少侯編　上海　倣古書店　1936 年　初版　（m.w.）

008648681　T　5558　1143.1
聖母像前
王獨清著　上海　滬濱書局　1930 年

007847610　5558　1143.4
獨清自選集
王獨清著　上海　樂華圖書公司　1933 年　初版　自選集叢書　（m.w.）

011883120　PL2302.W365　1932
獨清文藝論集

王獨清著　上海　光華書局　1932 年　初版　（m.）

007847743　5558　1154
海濱文集四卷
王［春林］著　崇明　1935 年

007847749　5558　1162
省吾廬詩存
王則孌著　濟南　1948 年

007847577　5558　1164
庸園集散文集
孔另境撰　上海　永祥印書館　1946 年　初版　（m. w.）

011931021　PL2778. N4　F8　1936
斧聲集
孔另境著　上海　泰山出版社　1936 年　初版　（m. w.）

007847624　5558　1178
江湖集
蘆焚［師陀］著　上海　開明書店　1938 年　初版　開明文學新刊　（m. w.）

007847625　5558　1178.2
看人集
蘆焚［師陀］著　上海　開明書店　1939 年　初版　開明文學新刊　（m. w.）

007847592　5558　1178.3
上海手札
蘆焚［師陀］著　上海　文化生活出版社　1941 年　初版　文季叢書　（m. w.）

007847759　5558　1182
渝江集八卷
王鏞著　廣州　1931 年

007847763　5558　1192
除夕集

王惺岸［定緯］著　崇實中學校課外叢刊委員會編　澳門　1940 年

007847772　5558　1193　FC9552　Film　Mas　35986
王光祈旅德存稿
王光祈著　上海　中華書局　1936 年　（m.）

007847785　5558　1212
儀孝堂詩集二卷
張何承徽撰　1917 年

007847806　5558　1219
丙丁吟
鄧爾慎著　廣州　1920 年

007847609　5558　1227
東望集
丁伯騮著　重慶　獨立出版社　1943 年　初版　（w.）

007847818　5558　1231
培風樓詩存
邵祖平著　1929 年

007847617　5558　1231B
培風樓詩
邵祖平著　上海　商務印書館　1946 年　上海增訂 1 版　（m.）

007847589　5558　1233.1
鄧演達先生遺著
鄧演達著　陳卓凡、楊逸棠編　香港　楊逸棠　1949 年　（m.）

007847836　5558　1253
觀水遊山集集商卜文
丁輔之著　上海　墨緣堂　1937 年

011931027　PL2622. K63　1947
可紀念的朋友們
冰心［謝婉瑩］等作　上海　晨光出版公

司　1947 年　（w.）

007847838　5558　1284
蝸牛居士集
丁翔華著　丁翔熊編輯　上海　丁壽世草堂　1940 年

007847846　5558　1286
荃察余齋詩文存詩四卷　文一卷
鄧鎔撰　香港　聚珍倣宋印書局印　1923 年

008098072　5558　13.2　b　T　5558　13.2
亂都之戀
張我軍著　香港　作者發行　1926 年

007847853　5558　1311.2
鬼土日記
張天翼著　上海　正午書局　1931 年（w.）

007847555　5558　1319
蕭紅散文
蕭紅著　重慶　大時代書局　1940 年　初版　文藝叢書　（m.w.）

007847858　5558　1321
筌蹏詩草
張黎雲撰　香港　永新承印　1929 年

009148182　5558　1324.2
東南紀行雜詠一卷
張維翰著　香港　京華印書館　1944—49 年　鉛印

007801318　MLC–C
湖山雜詠
羅鳴白撰　香港　虎山公學　1944 年

007847608　5558　1331.5
張資平評傳
史秉慧編　上海　現代書局　1932 年　初版　（m.）

007847867　5558　1332
蠻巢詩詞稿
張鴻著　上海　1939 年

007847868　5558　1334
大孤詩集六卷　附詠史一卷　試帖八首　詞草十二首　聯語二十五首
張鴻藻著　1914 年

007848605　5558　1337
崑崙關抗戰史詩
張澤厚著　岳池　新三書店　1943 年　初版　（w.）

007848604　5558　1337.4
花與果實第一部　鮮血染赤了白山黑水
張澤厚著　重慶　新藝書店　1942 年　初版　（m.w.）

007848701　5558　1338
綠天簃詩集
張汝釗著　1925 年

007848702　5558　1338.3
海漚集上下二集
張汝釗著　四明印局　1934 年

007848637　5558　1361.2
默君詩草
張默君撰　南京　1934 年

007848642　5558　1390
季鸞文存
張熾章著　天津　大公報館　1947 年　4 版　（m.）

007848498　5558　1391
山窗小品
張恨水著　上海　上海雜誌公司　1948 年　3 版　（m.w.）

011911735　PL2831.K4　M6　1928
魔鬼的舞蹈
于賡虞著　上海　北新書局　1928 年
初版　(m.w.)

007854727　5558　1418
平屋雜文
夏丏尊著　上海　三通書局　1940 年
初版　三通小叢書　(m.w.)

007854772　5558　1425
文壇回顧與國防
夏征農著　香港　讀者書房　1940 年

007848722　5558　1442
右任詩存
于右任著　上海　世界書局　1931 年
3 版　(m.)

007848590　5558　1442.5
于右任先生詩文選粹
于右任著　1948 年　(m.)

007848646　5558　1444
忍古樓詩十五卷
夏敬觀撰　上海　中華書局　1937 年

007848607　5558　1614
八年詩選集
雷石榆著　臺灣高雄　粵光印務公司
1946 年　初版　(m.w.)

007848742　5558　1617
都龐山館詩文鈔南平集
雷飛鵬[撰]　濟南　1931 年

007848743　5558　1619
漁磯漫鈔十卷
雷琳等輯　上海　掃葉山房　影印
1924 年

007848580　5558　1832.6
躍動的夜
冀汸撰　上海　生活書店　1947 年　滬
再版　七月詩叢　(m.w.)

007848750　5558　1862
韜園詩集八卷　附詩餘
賈景德著　上海　中華書局　1941 年

006577199　PL2746.C5　T34　1943x
韜園詩集
賈景德著　重慶　1943 年

007848746　5558　1862.5
秦中雜詩
賈景德撰　濟南　1938 年

007848753　5558　1922
流浪少女的日記
孫季叔著　上海　文化書局　1917 年

007848757　5558　1934
簫心劍氣樓詩存
孫肇圻著　1930 年

007854874　5558　1934　(3)
簫心劍氣樓詩存辛未集
孫肇圻著　1932 年

007848762　5558　1944
歲寒集率性吟草
孫婉如著　1936 年

007848602　5558　1989
寶馬二卷
孫毓棠著　上海　文化生活出版社
1939 年　(m.w.)

007848603　5558　198b
旗
孫鈿著　桂林　南天出版社　1942 年
初版　(m.w.)

007848611　5558　2
西柳集
吳組緗著　上海　生活書店　1934年
初版　創作文庫　（m.w.）

007848763　5558　2107
頤淵詩集
經亨頤撰　上海　中華書局　1936年

007848890　5558　2119
隨筆二十篇
豐子愷著　上海　天馬書店　1934年
初版　（m.）

007849051　5558　2119.1
緣緣堂隨筆
豐子愷著　香港　開明書店　1948年
3版　開明文學新刊　（m.w.）

007849053　5558　2119.12
緣緣堂再筆
豐子愷著　廣州　開明書店　1948年
（m.w.）

007848895　5558　2119.2
豐子愷傑作選
巴雷編選　上海　新象書店　1947年
（w.）

007848838　5558　2119.3
豐子愷創作選
陳筱梅編　上海　倣古書店　1936年
現代名人創作叢書　（m.w.）

007849055　5558　2119.5
車廂社會
豐子愷著　上海　良友圖書印刷公司
1939年　（m.w.）

007849062　5558　212
丹霞遊草
崔師貫著　附遊丹霞日記　崔載瓦著
1934年

007854783　5558　212.1
北邨類稿
崔師貫撰　大良中和園製版
1933年

007849066　5558　2126
千一齋小品八卷
程先甲撰　濟南　1926年

009314615　5558　2130
甲子北遊紀事詩不分卷附西樵紀遊詩　鼎
湖紀遊詩　星巖紀遊詩
盧子俊撰　香港　盧子俊　1925年
油印

007848994　5558　2136
養復園詩集
程潛撰　渝州　1942年　（m.）

007848879　5558　2136b
養復園詩集
程潛著　上海　中國詩學會　1948年
再版　（m.）

007849111　5558　2144
端夷六十後詩詞
魏友枋著　香港　菜緣社　1946年

007848937　5558　2151
皇親國戚及其他
魏中天著　香港　海外書局　1949年

007848875　5558　2169
柏廬講稿論文集
程時煃著　盧祝平編　香港　柏廬講稿
論文出版委員會　1946年　初版
（m.）

007848880　5558　218
任鈞詩選

任鈞著　上海　永祥印書館　1946 年
初版　（m. w.）

007848896　5558　2180
有刺的薔薇
盧劍波著　上海　光華書局　1929 年
初版　（m. w.）

011929704　PL2783.U35　Y8　1936
有刺的薔薇
盧劍波著　上海　大光書局　1936 年
再版　（m.）

007848881　5558　2182
中興鼓吹增訂本
盧前［冀野］著　重慶　獨立出版社
1939 年　初版　民族詩壇叢刊　（m.）

007848903　5558　2182.1
炮火中流亡記
盧冀野著　重慶　藝文研究會　1938 年
初版　（m. w.）

007848885　5558　2182.3
酒邊集
盧前著　上海　新記書局　1934 年
（m.）

007849128　5558　2182A
中興鼓吹
盧冀野撰　重慶　獨立出版社　1942 年
（m.）

007848883　5558　2183
駢枝餘話
程善之著　上海　程善之　1922 年
（m.）

011903417　PL2783.U3　H7　1946
心字
盧劍波著　上海　文化生活出版社

1946 年　初版　文學叢刊　第 8 集
（m. w.）

007849139　5558　2204
興業何諏詩鈔
何諏著　黃天石編訂　香港　1940 年

007848888　5558　2221
碑下隨筆
繆崇群著　巴金編　上海　文化生活出
版社　1948 年　初版　（m. w.）

007848887　5558　2221.1
廢墟集
繆崇群著　上海　文化生活出版社
1939 年　初版　（m. w.）

007848852　5558　2224
我們的七月 1924 年
O. M. 編　上海　亞東圖書館　1924 年
（m.）

007848861　5558　2226
澄廬詩集十二卷
鄒魯著　濟南　1939 年

007849152　5558　2236
求幸福齋隨筆初集
何海鳴著　上海　民權出版部　1917 年
（m.）

007603784　5558　2241
雪與村莊
鄒荻帆著　成都　文化生活出版社
1943 年　蓉 1 版　吶喊小叢書
（m. w.）

007848908　5558　2241.4
木廠
鄒荻帆著　上海　文化生活出版社
1948 年　初版　（m. w.）

007848965　5558　2241.6
跨過
鄒荻帆撰　上海　三聯書店　1949 年

007848892　5558　2244.1
坦白集
韜奮著　上海　韜奮　1936 年　初版（m.w.）

007848889　5558　2244.3
韜奮漫筆
韜奮著　上海　生活書店　1933 年　初版（m.w.）

007848891　5558　2244.48
大衆集
韜奮著　上海　韜奮　1936 年　初版（m.w.）

007848894　5558　2244.5b
患難餘生記
鄒韜奮著　香港　韜奮書店　1946 年（m.）

007848893　5558　2244.5c
患難餘生記
鄒韜奮著　上海　韜奮出版社　1946 年　初版（m.）

007850788　5558　2244.9
小言論
韜奮著　上海　生活書店　1931—33 年　初版（m.w.）

007850789　5558　2244.91
小言論選集
韜奮著　上海　韜奮　1936 年　初版（m.w.）

007850775　5558　2261
旗
穆旦著　上海　文化生活出版社　1948 年　初版（m.w.）

007850759　5558　2261.2
穆旦詩集 1939—1945
穆旦著　香港　穆旦　1947 年（m.w.）

007850927　5558　2276
岑學呂詩略
岑學呂著　1942 年

007850936　5558　2291
餕鴻詩草三卷
何耀撰　上海　1933 年

007850949　5558　2322.5
吳佩孚政書
吳佩孚著　上海　中國第一書局　1922 年（m.）

007850787　5558　2324
羽書
吳伯簫著　上海　文化生活出版社　1941 年　初版（m.）

007850854　5558　233
止廬詩存
吳昌祺撰　1933 年

007854716　5558　2333
吳宓詩集十三卷
吳宓著　上海　中華書局　1935 年　初版（m.）

007850798　5558　2343
十力語要
熊十力著　武昌 1947 年（m.）

007850810　5558　2343.2
尊聞錄
熊十力述　高贊非記　香港　張立民校印　1930 年

007850776　5558　2344
九一八的葅露歌
吳博著　北平　朝旭讀書社　1932年
初版　(m.w.)

011935326　PL2764.1.J82　H7　1936
小巫集
奚如著　上海　文化生活出版社　1936
年　(m.w.)

007850726　5558　2346
中國文化與現代化問題
吳世昌著　上海　觀察社　1948年　3
版　觀察叢書　(m.)

007850974　5558　2347
養和精舍詩鈔番藷雜詠一卷
吳增撰　濟南　1937年

007850979　5558　2348
夜哭增訂4版
焦菊隱著　上海　北新書局　1933年
6版　(m.w.)

007850784　5558　2350
詩琴響了
黎青主著　上海　商務印書館　1931年
初版　國立音樂專科學校叢書　(m.w.)

007850739　5558　2366.7
歷史的鏡子
吳晗著　上海　生活書店　1946年　再
版　(m.)

007850990　5558　2374
醉白樓詩草六卷　附一卷
牛渚著　香港　謙受堂　1927年

007850995　5558　2377
兼葭里館詩一卷
吳用威撰　濟南　1919年

007850996　5558　2382
咲吟集
吳笑生撰　穗風社　1943年

007850841　5558　2383
漪香山館文集
吳曾祺著　上海　商務印書館　1913年

007850773　5558　2383B
漪香山館文集
吳曾祺著　上海　商務印書館　1935—
36年

007850999　5558　2384
蛛網集
吳劍芬著　上海　文筆出版社　1939年

007851000　5558　2385
念中文存
吳念中著　杭州　浙江正楷印書局印刷
　1940年　(m.)

007851001　5558　2386
復仇
黎錦明著　上海　大光書局　1935年
再版　(m.w.)

007851002　5558　2399
吳君婉女士遺詩
吳肖縈著　1929年

007852012　5558　244
參差集
侍桁[韓侍桁]著　上海　良友圖書印刷
公司　1935年　初版　良友文學叢書
(m.)

007852132　5558　2474
靜庵詩稿
傅斅著　1941年

語言文學類

1153

007852133　5558　2541
桂馨室詩鈔
朱壽延著　1928 年

007852134　5558　2611A
九天一草廬詩稿
魯元撰　吉安　和平印刷廠　1948 年
9 版

007852135　5558　2611B
九天一草廬詩稿
魯元撰　吉安　和平印刷廠　1947 年
6 版

007852013　5558　2629
絕俗樓我輩語
白采著　上海　開明書店　1927 年　初
版　（m.w.）

007852023　5558　2632
西行散記
白朗著　長沙　商務印書館　1941 年
初版　（m.w.）

007858062　5558　2633
雕蟲集
白寒著　新加坡　1949 年

007852147　5558　2838
病驥五十無量劫反省詩
侯鴻鑒著　1921 年

007852155　5558　290
徐季龍先生遺詩
徐謙著　紐約　1943 年　（m.）

007852160　5558　2903
謙之文存
朱謙之著　上海　泰東　1926 年　（m.）

007852026　T　5558　2904.2
從上海歸來
徐訏著　重慶　新生圖書文具公司
1944 年　初版　（m.w.）

007852027　5558　2904.50
蛇衣集
徐訏著　上海　夜窗書屋　1948 年　初
版　（m.）

007852021　5558　2904.64
四十詩綜
徐訏著　上海　夜窗書屋　1948 年　初
版　（m.）

007852028　5558　2907
海濤集
朱文長著　上海　商務印書館　1946 年
初版　（m.w.）

011910513　PL2765.U33　C47　1933
將來之花園
徐玉諾著　上海　商務印書館　1933 年
文學研究會叢書　（m.w.）

007852200　5558　2911
紅蠶繭集
朱璽著　上海　大東書局　1926 年　3
版　紫羅蘭盒小叢書　（m.）

007852202　5558　2916
天嘯殘墨四卷
徐天嘯著　上海　廣益書局　1931 年
（m.）

007851968　5558　2923.43
標準與尺度
朱自清著　上海　文光書店　1948 年
（m.w.）

007852102　5558　2923.6B
背影
朱自清著　上海　開明書店　1933 年

（m.w.）

007852015　5558　2923.78
朱自清創作選
朱自清著　筱梅[陳筱梅]編　上海　倣古書店　1936 年　初版　現代名人創作叢書　（m.）

007852227　5558　2926
白踪詩存
縱白踪著　上海　經緯書局　1937 年（w.）

007852079　5558　293
隨思隨筆
徐宗澤著　廣州　聖教雜誌社　1940 年（m.）

002537656　5558　2930
天鵝集
朱溪著　上海　人間書店　1928 年　初版　（m.w.）

009252976　5558　2938
蠖園文存三卷
朱啟鈐著　香港　紫江朱氏　1936 年

007860750　5558　2942
右白叢書
朱右白編著　南京　中文倣宋印書館　1944 年　初版　（m.）

007918037　5558　2942　（1:1）
諸家人性論評述
朱右白著　南京　中文倣宋印書館　1944 年　右白叢書

007860958　5558　2942　（1:2）
帝王年祚與其生活
朱右白著　南京　中文倣宋印書館　1944 年　右白叢書

007860959　5558　2942　（1:3）
中國詩的新途徑
朱右白著　南京　中文倣宋印書館　1944 年　右白叢書

007860963　5558　2942　（2:6）
詩國夢遊記
朱右白著　南京　中文倣宋印書館　1944 年　右白叢書

007860964　5558　2942　（2:7）
文學異名之研究
朱右白著　南京　中文倣宋印書館　1944 年　右白叢書

007860965　5558　2942　（2:8）
右白詩集
朱右白著　南京　中文倣宋印書館　1944 年　右白叢書

007860961　5558　2942　（2:4）
現代詩壇
朱右白著　南京　中文倣宋印書館　1944 年　右白叢書

007860962　5558　2942　（2:5）
韻文拾得
朱右白著　南京　中文倣宋印書館　1944 年　右白叢書

007852229　5558　2951
愛晚軒詩存補編
朱惠元著　1930 年

008334929　5558　2979
童話
綠原著　桂林　南天出版社　1942 年　初版　（m.w.）

007852231　5558　2985
悟園詩存初稿
朱羲冑著　1923 年

008580263　FC2938
江亢虎講演錄第一至四集
上海　南方大學出版　1923年　南方大學叢書

007851977　5558　310
江亢虎最近言論集
江亢虎撰　北平　萬國道德總會　1937年

007852063　5558　310.1
江亢虎先生言論集
江亢虎撰　上海　民聲社　1938年

007851976　5558　310.3
江亢虎思想一斑
江亢虎著　北平　北京出版社代理發行　1935年　（m.）

008098062　T　5558　3101
江亢虎博士言論集
江亢虎著　1938年

004803994　FC8659　Film Mas 32908
鳴鶴記
江亢虎撰　濟南　江亢虎　1927年

007852232　5558　3102
黃晦聞批積跬步齋詩稿
江庸撰　香港　長江　江氏　1935年

007853332　5558　3102.2
山遊雜詩
江庸[翼雲]撰　1929年

007853336　5558　3113
流離百詠
冼玉清著　1946年　琅玕館叢書

007853121　5558　3116
秋明集
沈尹默撰　北京　北京書局　1929年

007853344　5558　3120
昆明冬景
沈從文著　昆明　文化生活出版社　1941年　（m.w.）

007853144　5558　3120.1
廢郵存底
沈從文、蕭乾著　上海　文化生活出版社　1937年　初版　（m.w.）

005999261　5558　3120.9
鴨子
沈從文著　北京　北新書局　1926年　初版　無須社叢書　（m.w.）

007854729　5558　3120.9
燭虛
沈從文著　上海　文化生活出版社　1941年　初版　（m.w.）

007853366　5558　3121
仁山詩鈔二卷　鱗爪錄一卷
汪紹元撰　富陽　汪氏校刊　1927年

007853259　5558　3138
雙照樓詩詞稿
汪兆銘著　黑根祥作編輯校勘　北京　大北京社　1941年

007853215　5558　3138.09
汪精衛文選
汪兆銘著　少侯編　上海　倣古書店　1937年　（m.）

007497142　5558　3138.21
汪精衛文選
汪兆銘著　何可人編　上海　更新出版社　1927—45年

007853172　5558　3138.3
汪精衛詩存
汪兆銘作　雪澄編　上海　光明書局

1930 年　3 版　（m.）

008131227　T　5558　3138.4
二汪詩卷
汪兆銘、汪兆銓撰寫　濟南　1919 年

007067158　5558　3138b
雙照樓詩詞稿
汪兆銘撰　中華日報社　1941 年　初版

010070748　MLC－C
雙照樓詩詞稿
汪精衛著　香港　1940 年

007853164　5558　3141
死亡綫外沈旭詩集
沈旭著　上海　詩歌出版社　1936 年　初版　（m.w.）

007853385　5558　3149
瘦東詩鈔十卷　附書簡
沈其光撰　香港　青浦沈氏瓶粟齋刊　1927 年

007853387　5558　3149.8
瓶粟齋詩存四卷
沈其光撰　上海　大東書局　1948 年

007853073　5558　3152
温文節公集
温肅撰　1947 年

007853392　5558　3161
子雲文筆
汪吟龍撰　香港　中華儒學研究會　1934 年

007853396　5558　3167
長公吟草四卷　長公詞鈔一卷
沈昌眉著　廣州　1931 年

007853136　5558　3173.24
白楊禮贊
茅盾著　上海　新新出版社　1946 年　初版

007853097　5558　3173.2　5558　3173.2B
話匣子
茅盾［沈雁冰］創作　上海良友圖書公司　1945 年

007853220　5558　3173.3
速寫與隨筆
茅盾著　上海　開明書店　1949 年　9 版　（m.w.）

007853196　5558　3173.6
見聞雜記
茅盾著　桂林　文光書店　1943 年　初版　文光文叢　（m.w.）

007853083　5558　3173.7
印象・感想・回憶
茅盾著　上海　文化生活出版社　1949 年　10 版

007853262　5558　3173.8
茅盾散文集
茅盾著　上海　天馬書店　1933 年　再版　（m.w.）

007853178　5558　3173.9
炮火的洗禮
茅盾著　重慶　烽火社　1939 年　初版　烽火小叢書　（m.w.）

002177568　5558　3173.90
茅盾文選
耀如編　廣州　青春出版社　1937 年　3 版

007853179　5558　3182
中魚集
沈鈞儒著　叔羊編　重慶　峨嵋出版社
　1943年　初版　（m.w.）

007853126　5558　3182.3
寥寥集
沈鈞儒著　漢口　生活書店　1938年

007853173　5558　3187
前奔
汪錫鵬著　上海　良友圖書印刷公司
　1931年　初版　（m.w.）

007853416　5558　3204
不忮求室主五十自述詩
馮應楷著　1925年

007853417　5558　321
秋音乙稿
馮平著　香港　1941年

007853165　T　5558　3213
馮玉祥先生抗戰詩歌集第三集
馮玉祥著　華愛國編　桂林　三戶圖書
　印刷社　1941年　初版　（m.）

011919437　PL2760.E53　K33　1938
馮玉祥抗戰詩歌選
馮玉祥著　上海　怒吼出版社　1938年
　初版　（m.w.）

007853166　5558　3214.1
十四行集
馮至著　桂林　明日社　1942年　初版
　（m.w.）

011560184　PL2922.T8　T835　1936
土餅
沙汀著　上海　文化生活出版社　1936
　年　初版　文學叢刊　（m.w.）

007853102　5558　3234
沅君卅前選集
馮沅君著　上海　女子書店　1933年
　初版　（m.w.）

007853148　5558　3246
幸福
湯增揚著　上海　廣益書局　1933年
　初版　（m.w.）

007854269　5558　3380
聽雷集
遜人著　香港　南方書屋　1947年
　初版

007854572　5558　3381
逯盦蕆言
青島　1933年

007854574　5558　3431
雲巢詩草一卷
淩啟鴻撰　濟南　1924年

011938720　PL2764.A5　C45　1949
秋葉集
海岑著　上海　文化生活出版社　1949年
　初版　文學叢刊　第10集　（m.w.）

007854333　5558　3533
激變
海蒙著　香港　新詩歌社　1948年　初
　版　新詩歌叢書　（m.w.）

007854576　5558　3602
小三松堂詩集四卷　附雜著一卷
潘敦先著　上海　中華書局　1935年

007854578　5558　3631
鐵傭叢錄
潘肇元撰　如皋　文美齋承印　1947年

007854581　5558　3631　(1)
鐵老詩錄三卷
潘肇元撰　如皋　文美齋承印　1947年　鐵傭叢錄

007854582　5558　3631　(2)
鐵老文錄三卷
潘肇元撰　如皋　文美齋承印　1947年　鐵傭叢錄

007854588　5558　3824
鄉談集
蹇先艾著　上海　文通書局　1947年　再版　(m.w.)

007854408　5558　3826
大漠詩人集
顧佛影著　上海　大公書店　1934年

007854590　5558　3831
梅花書屋詩稿二卷　詩餘一卷
顧汝雲著　廣州　日新印刷局代印　1921年

007854591　5558　3834
飄零集散文
洪波、瘋子著　上海　新地書店　1941年　(w.)

007854592　5558　3836
兩藏樓詩
洪浩著　1949年

007854272　5558　3839
洪深戲劇論文集
洪深著　上海　天馬書店　1934年　第1版　(m.)

007854332　5558　3881
蕉舍吟草二卷
顧一樵著　上海　世界書局　1946年　初版　(m.)

007854337　5558　3904
式洪室詩文遺稿
梁慶桂著　1931年

007854322　5558　3923
給下一代
沐紹良著　上海　商務印書館　1947年　初版　(m.)

007854598　5558　393
夜風
沐鴻著　上海　大新書局　1935年　3版

007854602　5558　3932
雅舍小品
梁實秋著　臺北　正中書局　1949年

007854611　5558　3933.06
梁漱溟先生教育文錄
梁漱溟撰　鄒平　山東鄉村建設研究院　1935年　(m.)

007854318　FC5165　FC－M1200
漱溟卅前文錄
梁漱溟編著　上海　商務印書館　1923年　(m.)

007854341　5558　3933.2
漱溟卅後文錄
梁漱溟著　上海　商務印書館　1930年　初版

007854285　5558　3933.4
朝話
梁漱溟講　長沙　商務印書館　1940年　1版

007854612　5558　3934
爰居閣詩九卷
梁鴻志撰　上海　中華書局　1937年

007854613　5558　3934b
爰居閣詩十卷
梁鴻志著　香港　長樂梁氏　1938 年

011912324　PL2781.A52　X525　1943
西行亂唱
梁寒操著　迪化　新疆日報　1943 年
（m.）

007854331　5558　3935
西行亂唱
梁寒操著　重慶　五十年代出版社
1944 年　再版　（m.）

007858013　5558　394
觀魚廬稿上下卷
宗孝忱著　如皋精誠印　1931 年

007854780　5558　3944
山雲館文集
梁朝傑著　三藩市　世界日報　1926 年

007854848　5558　3944.8
美遊詩詞存稿
梁朝傑撰　美國大埠　世界日報館
1931 年

007854708　5558　3949
樹棠文集
梁樹棠著　上海　中華聖教總會　1924
年　初版　（m.）

007854715　5558　4
超廬題畫詩鈔
林遜之撰　1949 年

007854728　5558　40
苦酒集
芳草[彭家煌]著　上海　北新書局
1928 年　初版　（m.w.）

007854726　5558　4011
中秋月圍城雜記
胡雲翼著　上海　光華書局　1928 年
初版　（m.）

007854853　5558　4039
匏園詩集三十六卷
來裕恂撰　香港　1924 年

007497145　5558　4113
漱芳齋詩存二卷
姚元滋著　194? 年

007854782　5558　4119
味筍齋詩鈔
姚琮撰　重慶　1945 年

007854730　5558　4120
綠的北國散文集
范泉著　上海　永祥印書館　1946 年
初版　（m.w.）

007854902　5558　4134
蛻私軒集五卷　讀經記三卷
姚永樸撰　濟南　1917 年

007854904　5558　4137
潛園詩草三卷
姚宇陶撰　濟南　1930 年

007854697　5558　4145
弗堂類稿
姚華撰　上海　中華書局　1930 年

007854913　5558　4183
里門吟草
薩鎮冰著　1949 年

007854917　5558　4192
啟秀堂文集二卷
藍光策[撰]　濟南　1919 年

007854923　5558　4203
肺山詩存
茅謙撰　濟南　1925 年

007854700　5558　421
懷舊集
柳亞子著　上海　耕耘出版社　1946 年
（m.w.）

011895143　PL2861.O2　H8　1935
懷舊集
何家槐著　上海　天馬書店　1935 年
初版　天馬叢書　（m.）

007856733　5558　4211.3
望春草
柯靈著　上海　珠林書店　1939 年　初
版　（m.w.）

007856859　5558　4212
耐盦言志
胡元倓著　長沙　1914 年

007856697　5558　4213
龍蛇
蕭下著　上海　潮鋒出版社　1949 年

007856860　5558　4215
自怡悅草堂詩鈔六卷
楊廷傑著　鎮江　錦章書局印刷
1932 年

007856861　5558　4217
龜川吟草
靳雲鵬著　1926 年

007856862　5558　422
宜廬詩稿八卷
胡行之著　1948 年

007856863　5558　4222
經義堂詩鈔
胡銜著　1912—49 年

007856807　5558　4226
青瑞先生遺稿二卷
胡衍鶚撰　石光瑛撰　192? 年

007856866　5558　4232
堅庵文牘初編一卷　次編一卷　附詩鈔一卷
胡爲和撰　濟南　1912—49 年

007373797　5558　4235.04
文學漫談
郁達夫著　香港　人間書屋　1932 年

007856740　5558　4235.14
達夫代表作選
郁達夫著　張均編輯　上海　全球書店
1938 年　初版　當代名人創作叢書
（m.）

007373663　5558　4235.2
達夫傑作集
郁達夫著　上海　全球書店　1946 年
（m.）

006953250　5558　4235.23
郁達夫選集
郁達夫著　徐沉泗、葉忘憂編選　上海
萬象書屋　1936 年　初版　現代創作
文庫　（m.w.）

007856868　5558　4235.24
郁達夫選集
陳磊編選　上海　綠楊書屋　1946 年
（m.）

007856879　5558　4235.41
達夫自選集
郁達夫著　上海　天馬書店　1933 年
（m.w.）

007856761　5558　4235.42
達夫代表作
郁達夫著　上海　復興書局　1936 年
復興第 1 次再版　（m.）

007856888　5558　4235.46
日記九種
郁達夫著　上海　北新書局　1933 年
（m.w.）

007856724　5558　4235.5
郁達夫評傳
素雅［李贊華］編　上海　上海現代書局
　1931 年　初版　（m.）

007856767　5558　4235.75
閒書
郁達夫作　上海　上海良友圖書印刷公
司　1940 年　普及本初版　（w.）

007856931　5558　4235.8b
達夫詩詞集
郁達夫著　鄭子瑜編　廣州　宇宙風社
1948 年

007856736　5558　4235.9
敝帚集
郁達夫著　上海　現代書局　1928 年
再版［10 月］　初版［4 月］　達夫全集
　（m.w.）

007856739　5558　4235.98
懺餘集
郁達夫著　上海　天馬書店　1933 年
初版　（m.w.）

007856738　5558　424
西星集
柳存仁著　上海　宇宙風社　1940 年
初版　宇宙風社月書　（m.w.）

007856750　5558　4240
戰鬥的江南季節
彭燕郊著　桂林　水準書店　1943 年
初版　現代詩文學叢書　（m.w.）

007856719　5558　4241.1
珍珠米
蕭乾著　上海　晨光出版公司　1949 年
　晨光文學叢書　（w.）

007856759　5558　4241.4
灰燼
蕭乾著　上海　文化生活出版社　1939
年　初版　（m.w.）

007856772　5558　4241.8
人生採訪
蕭乾著　上海　文化生活出版社　1947
年　初版　水星叢書　（m.w.）

007856954　5558　4242
江山萬里樓詩鈔十三卷　詞鈔四卷附飲露
詞一卷
李道清撰　上海　中華書局　1926 年

007856959　5558　4243
積微居文錄三卷
楊樹達［撰］　上海　商務印書館
1931 年

007856961　T　5558　4244
詩稿
胡也頻著　濟南　1937 年

007856700　T　5558　4244.1
也頻詩選
胡也頻著　丁玲編　上海　紅黑出版處
　1929 年　初版　紅黑叢書　（m.w.）

007856764　T　5558　4244.3
記胡也頻
沈從文著　上海　光華書局　1932 年

（m.w.）

007856774　5558　4245
郁曼陀先生遺作
郁華撰　香港　杭縣葉氏　1940 年　尊樓叢書

007856973　5558　4247
柿軒遺稿一卷
楊葆寅著　　附錄一卷　1933 年

007856737　5558　4264
淡霞和落葉
萬曼著　上海　新文化書社　1935 年 5 版　（m.w.）

007856979　5558　4276
楊岐山詩集六卷
楊鳳鳴著　大連　1945 年

007858119　5558　428
草堂之靈十六卷
楊鈞撰　長沙　成化書局　1928 年

009041900　5558　4280
楊了公先生手寫詩詞稿一卷
楊錫章著　濟南　1923 年　石印

007858031　5558　4282
楊杏佛文存
楊銓[杏佛]著　上海　平凡書局　1929 年　初版　（m.）

007858027　5558　4291
胡懷琛詩歌叢稿
胡懷琛著　上海　商務印書館　1926 年　初版　（m.w.）

007858127　5558　4313
南蔭近草
莫雨潤著　香港　商務印書館　1929 年　（m.）

007860535　5558　4328
嵩園詩草
黃嵩年撰　濟南　1929 年

007858026　5558　4336
渡運河
莫洛著　上海　星群出版社　1948 年　初版　（m.w.）

011914441　PL2886.O16　S44　1948
生命樹
莫洛著　上海　海天出版社　1948 年　初版　（m.w.）

007858033　5558　4364
行年四十
袁昌英著　重慶　商務印書館　1945 年　初版　（m.w.）

007858032　5558　4364.2
山居散墨
袁昌英著　上海　商務印書館　1937 年　再版　（m.w.）

007859500　5558　4401
蔣百里文選
蔣方震著　黃萍蓀編　金華　新陣地圖書社　1939 年　（m.）

007858130　5558　4401B
蔣百里先生文選
蔣方震著　黃萍蓀編選　永安　新陣地圖書社　1944 年　（m.）

007858142　5558　4411
養廬詩文稿
李聯珪著　1931 年　（m.）

007858150　5558　4412
李子瑾文錄二卷
李瑜著　廣州　現代印刷所印刷　1934 年

007858165　5558　4420
孤舟集
李徵慶撰　南京　中國文化服務社印刷廠　1946年

007858019　5558　4421
切夢刀
李健吾著　上海　文化生活出版社　1948年　初版　文學叢刊　（m.w.）

007858018　5558　4425
獻曝
李純青著　臺北　臺灣新生報社　1946年　初版　（w.）

007858175　5558　4426
紅葉詩稿
李紅葉［鯤］著　廣州　文光印務館印刷　1936年

007858072　5558　4429
歌,唱在田野
艾黎選編　梅縣　科學書店　1945年

007858183　5558　443
漢堂文鈔一卷　補遺一卷　漢堂詩鈔十四卷　濯纓室詩鈔三卷　問月詞一卷
李寶洤撰　武進　李祖年　1922年

007858188　5558　4430
碩果亭詩墨巢詞　碩果亭詩續
李宣龔著　1939年　墨巢叢刻

007858030　5558　4433.11
丁玲選集
丁玲著　姚蓬子編　上海　天馬書店　1933年　初版　（m.w.）

007858020　5558　4433.112
丁玲代表作選
丁玲著　張均編輯　上海　全球書局　1937年　初版　當代名人創作叢書（m.w.）

003943112　5558　4433.12
一年
丁玲著　重慶　生活書店　1939年　初版　西北戰地服務團叢書　（m.w.）

003943475　5558　4433.12b
一年
丁玲著　香港　華僑書報流通社　1939年　初版　（m.w.）

003943337　5558　4433.13
丁玲評傳
張白雲編　上海　春光書店　1934年　初版　（m.）

003943068　5558　4433.9
丁玲文選
少侯編　上海　倣古書店　1936年　初版　（m.w.）

007859276　5558　4444.03
旅途通訊
巴金著　上海　文化生活出版社　1939年　初版　少年讀物小叢刊　第1集　（m.w.）

007859269　5558　4444.1
懷念
巴金著　上海　開明書店發行　1949年　再版　開明文學新刊

007859439　5558　4444.13
巴金代表作選
李芾甘著　上海　全球書局　1941年　當代名人創作叢書

007076504　5558　4444.13b
巴金代表作選
張均編　上海　全球書局　1941年　再

版　當代名人創作叢書　（m.）

007859247　5558　4444.2
短簡
巴金著　上海　上海良友圖書公司　1945年　再版　現代散文新集　（m.）

007859441　5558　4444.3
點滴
巴金著　上海　開明書店　1946年　8版　（m.w.）

007859300　5558　4444.47
夢與醉
巴金[李芾甘]著　上海　開明書店　1948年　10版　（m.w.）

007859268　5558　4444.5
靜夜的悲劇
巴金作　上海　文化生活出版社　1948年　初版　文學叢刊　（m.w.）

007859270　5558　4444.50
控訴
巴金著　重慶　烽火社　1937年　初版　烽火小叢書　（m.w.）

007859271　5558　4444.50b
控訴
巴金著　桂林　文化生活出版社　1941年　初版　吶喊小叢書　（m.）

007859272　5558　4444.53
感想
巴金著　重慶　烽火社　1939年　初版　烽火小叢書　（m.w.）

007859244　5558　4444.780
巴金談創作
巴金著　九龍　南華書店　1937年序

007859462　5558　4444.80
龍虎狗
巴金[李芾甘]著　桂林　文化生活出版社　1943年　（m.）

007859475　5558　445
辛夷廬吟稿五卷
李啟沅著　上海　商務印書館　1928年

007859521　5558　4460.2
壬丙間旅途詩錄
李景康著　1946年

007859365　5558　4460.5
披雲樓詩草
李景康撰　香港　商務印書館代印　1925年

007859340　5558　4464
蠖樓吟草
李國傑撰　濟南　合肥李氏　1936年

007859523　5558　4465
上海李右之著詩文稿百篇
李味青著　上海1949年

007859235　5558　4473
苦霧集
李長之著　重慶　商務印書館　1942年　初版　大時代文藝叢書　第2集　（m.w.）

007859525　5558　4483
秀萍室詩稿
李錫禎撰　濟南　1947年

007859378　5558　4487.8　FC8333　Film Mas　32211
食客與凶年
李金髮著　上海　北新書局　1927年　初版　新潮社文藝叢書　（m.w.）

007859251　T　5558　4498.1
光慈遺集
蔣光慈著　上海　現代書局　1932年　初版　（m.）

007164350　PL2512.T5　1941x
第一流續編
洪深著　梅衣編輯　上海　地球出版社　1941年　初版　文青叢刊　（m.w.）

007859257　5558　4508.01　FC8360　Film Mas　32270
望舒詩稿
戴望舒著　上海　上海雜誌公司　1937年　（m.w.）

007859228　5558　4508.08
望舒草
戴望舒著　上海　復興書局　1936年　初版　（m.）

007860463　5558　4533
戴安瀾遺集
戴安瀾著　安瀾遺集編委會編　桂林　安瀾遺集編委會　1943年　初版　（m.）

011913283　PL2920.E52　P5　1929
冰塊
韋叢蕪著　北平　未名社出版部　1929年　初版　未名新集　（m.w.）

007860453　5558　4542.1
劍璧樓詩纂
杜衡著　廣州　廣州詩學社　1949年　初版　（m.）

007860475　5558　4549
巴山閒話
華林著　上海　華林書屋　1945年　初版　（m.w.）

007860521　T　5558　4581
戴先生遺訓第一、二輯
戴笠著　濟南　1948年　（m.）

007860474　5558　4591
梅光迪文錄
梅光迪著　國立浙江大學出版部輯　杭州　國立浙江大學出版部　1948年　初版　（m.）

007860667　5558　4598
韓旅長斗瞻遺跡附事略
長春　東北大學工廠印刷系印　1930年

007860485　5558　4621
南國紅豆樓戲墨
南國紅豆樓主著　綠豔紅香室主校評　上海　廣益書局　1930年　初版　（m.）

007860478　5558　4811
仁齋文選
趙正平著　上海　仁齋文選籌備會刊印　1945年　初版　（m.）

007860677　5558　4814
夢幻草堂詩集
黃端儒［天培］撰　澳門　中華印務局　1916年

007860678　5558　4815
敬鄉樓詩三卷
黃群撰　永嘉鄭樓黃氏　1947年

007860460　5558　482
湖邊文存
黃仲琴著　濟南　1934年　嵩園叢刻

011987175　PL2765.U34　C4　1933
陳跡
徐仲年著　上海　北新書局　1933年　初版　（m.w.）

007860680　5558　4833
慎江草堂詩四卷
黄迁撰　濟南　1924 年

007860534　5558　484
清明小簡散文集
黄茅著　香港　人間書屋　1948 年　人間文叢　（w.）

007860445　5558　4841
兢生遺稿
黄乾瑋著　1922 年

007860486　5558　4842
舠庵文稿六卷
黄孝紓撰　香港　江寧蔣氏湖上草堂　1935 年　江寧蔣氏湖上草堂叢刻

007860683　5558　4848
松客詩一卷
黄式敘撰　濟南　1927 年

007860685　5558　4861
一柳齋詩草試帖
趙星五著　廣州　1936 年

011904632　PL2741.C5　H6　1928
荷花
趙景深著　上海　開明書店　1928 年　初版　（m.w.）

007860877　5558　4874
佛崖集四卷
趙鵬超著　濟南　1936 年自序

007860980　5558　4878
賓虹詩草
黄質撰　1933 年

007860741　5558　4890
趙柏巖集
趙炳麟著　1922 年自序

007860737　5558　4894
苞桑集三卷
黄炎培著　上海　開明書店　1946 年　初版　（m.）

007860748　5558　4894.1
五六境
黄炎培著　上海　生活書店　1935 年　初版　（m.w.）

007362061　5558　4894.3
空江集
黄炎培著　上海　生活書店　1937 年　初版　（m.w.）

007861000　5558　49
眇公遺詩
蘇郁文著　星洲　隱鏡湖　1947 年

007860743　5558　4901　5558　4901（1944）
曼殊大師紀念集
蘇曼殊著　柳無忌編　重慶　正風出版社　1943 年　初版　（m.）

007860747　5558　4901.01
曼殊逸著兩種
蘇曼殊著　柳無忌編　上海　北新書局　1927 年　初版　（m.）

007861016　5558　4901.08
曼殊大師詩文集
蘇玄瑛著　文公直編　上海　上海新文化書社　1936 年

007860745　5558　4901.081
曼殊大師詩歌書信集
蘇玄瑛[曼殊]著　文公直編　上海　教育書店　1946 年　勝利後 1 版　（m.）

007412373　5558　4901.084
曼殊大師全集
文公直編　上海　教育書店　1947 年

勝利後第 2 版　（m.）

007412332　5558　4901.084b
曼殊大師全集
蘇玄瑛[曼殊]著　文公直編輯　九龍 文淵書店　1934 年

007860856　5558　4901.4　T　5558　4901.4
蘇曼殊全集
蘇曼殊著　柳亞子編　上海　北新書局　1929 年　（m.）

007861018　5558　4901.41
曼殊作品選集
蘇玄瑛著　柳亞子編選　上海　大光書局　1935 年

007860731　5558　4901.6
蘇曼殊遺著
蘇玄瑛著　羅芳洲編輯　上海　中國文化服務社　1936 年　（m.）

007861026　T　5558　4901.7
曼殊遺集
蘇玄瑛著　周瘦鵑編纂　上海　東方學會　1930 年　（m.）

007860746　T　5558　4901.74
燕子山僧集
蘇曼殊著　段庵旋編　上海　湘益出版社　1926 年　初版　（m.）

007174900　T　5558　4901.8
曼殊遺跡
蘇玄瑛[曼殊]撰　柳亞子編　蕭紉秋藏　上海　北新書局　1929 年

007861027　5558　4901.9
曼殊詩集
蘇曼殊[玄瑛]遺著　上海　光華書局　1934 年　欣賞叢書　（m.）

007860744　5558　4901b　T　5558　4901b
曼殊大師紀念集
蘇曼殊著　柳無忌編　香港九龍　正風書店　1949 年　初版　（m.）

007827148　MLC－C
太虛大師寰遊記
上海　大東書局　1930 年

007860730　5558　4909　（v.1－2）
大荒集
林語堂著　上海　生活書店發行　1934 年　初版　（m.w.）

007860749　5558　4909.09
語堂文存第一冊有不爲齋文集
林語堂著　上海　林氏出版社　1941 年　初版　（m.w.）

011913365　PN6222.C5　T5　1923
調笑錄
徐卓呆編　上海　大東書局　1923 年　初版　（m.）

008406902　MLC－C
古代幽默經典
張天若撰　1936 年

011929522　PN6222.C5　K8　1917
廣笑林
國華書局編輯　上海　國華書局　1917 年　初版　（m.）

007861035　5558　4909.260
幽默文選
林語堂著　廣州　正氣書局　194? 年

007861036　5558　4909.27
愛與諷刺
林語堂著　194? 年

011938737　PL2779. A6　P3　1947
巴山夜語
老向著　南京　新中國出版社　1947 年
初版　（m. w.）

011918077　PL2782. T27　Z48　1932
白屋書信
劉大白著　徐蔚南編　上海　大夏書局
1932 年　初版　（m.）

011560179　PL2827. L5　B355　1929
白葉雜記
葉靈鳳著　上海　光華書局　1927 年
初版　幻洲叢書　（m. w.）

011916599　PL2848. M5　C36　1928
殘燼集
金溟若著　上海　北新書局　1928 年
初版　（m. w.）

011906691　PL2769. N49　C43　1927
長跪
洪爲法著　上海　光華書局　1927 年
初版　幻洲叢書　（m. w.）

011884748　PL2751. I2　C45　1947
沉默的果實
靳以著　重慶　中華書局　1947 年　再
版　中華文藝叢刊　（m. w.）

011930661　PL2740. H85　C4　1929
春天的人們
長虹著　上海　光華書局　1929 年　狂
飆叢書　（m. w.）

011931008　PL2802. H3　T3　1946
大時代之夢
石兆棠著　香港　蘊山出版社　1946 年
（m. w.）

011919472　PL2812. I43　F3　1949
發微集
田仲濟著　上海　現代出版社　1949 年
初版　（m.）

011561059　BJ1688. F364　1933
給青年朋友們的信
方與嚴著　上海　兒童書局　1933 年
（m.）

011936290　PL2765. U25　H3　1941
海外的鱗爪
徐訏著　上海　夜窗書屋　1940 年　初
版　三思樓月書　（m. w.）

011937533　PL2743. P3　H3　1938
漢奸
陳白塵著　漢口　華中圖書公司　1938
年　初版　抗戰戲劇叢書　（m. w.）

011911911　PL2755. C5　Z481　1924
荷心愛情書信集
朱謙之、楊没累著　上海　新中國叢書
社　1924 年　初版　新中國叢書
（m.）

011893664　PL2791. I2　H83　1934
畫人行腳
倪貽德著　上海　良友印刷圖書公司
1934 年　初版　（m. w.）

011890936　PL2755. H7　H8　1936
灰餘集
祝秀俠著　上海　讀者書房　1936 年
初版　叢書月刊　（m. w.）

011910372　PL2872. L5　H85　1946
晦明
柯靈著　上海　文化生活出版社　1941
年　初版　（m. w.）

011910458　PL2760. A45　J525　1949
記憶與忘卻

方敬著　上海　文化工作社　1949年　初版　工作文叢　第1輯　(m.w.)

011938739　PL2877.Z4　C5　1935
江之歌
麗尼著　上海　天馬書店　1935年　初版　天馬叢書　(m.w.)

011916486　PL2765.I48　C55　1936
九樓隨筆
謝頌羔著　豐子愷插圖　上海　廣學會　1936年　初版　(m.)

011911713　AC150.H8197　1929
枯葉集
華林著　上海　泰東圖書局　1924年　初版　(m.w.)

011930517　CB113.C5　H8　1949
理性與自由文化思想批評論文集
胡繩著　上海　華夏書店　1949年　3版　(m.w.)

011562675　PL2757.C48　L555　1927
荔枝小品
鍾敬文著　上海　北新書局　1927年　藕社叢書　(m.w.)

007268627　PL2610.N8　1936x
女作家書信選
徐逸如選輯　上海　文林書局　1936年　初版　(m.)

006503544　PL2622.C8　1936x
全國青年小品文精華
劉粹恩編　上海　經緯書局　1936年　再版　(m.)

007490903　PL2611.J5　1936x
日記與遊記
鄒恩潤[韜奮]著　錢公俠、施瑛編　上海　啟明書局　1936年　3版　中國新文學叢刊　(m.w.)

011912290　PL2822.T8　J8　1936
如此
王獨清著　上海　新鍾書局　1936年　初版　新鍾創作叢刊　第1輯　(m.w.)

006150613　PL2740.N3　S45　1936x
商市街
悄吟[蕭紅]著　上海　文化生活出版社　1936年　初版　(m.w.)

011930082　LB775.T172　A4　1934
生活的書
汪達之著　陶知行[行知]校訂　上海　兒童書局　1934年　初版　(m.)

011918991　PL2804.H5　Z481　1946
十年書
舒新城、劉濟群著　上海　中華書局　1946年　(m.w.)

011919423　PL2879.S467　S45　1936
實踐論
柳湜著　上海　讀書生活出版社　1936年　初版　角半小叢書　(m.)

008627084　FC2036
蘇北歸鴻
晴村編　重慶　勝利出版社　1941年　初版　(m.)

011911623　PL2740.I6　S85　1934
隨筆三種
章衣萍著　上海　現代書局　1934年　初版　(m.)

011916502　PL2769.N49　A6　1936
爲法小品集

洪爲法著　上海　北新書局　1936年初版　創作新刊　（m.w.）

011988635　PL2757.C45　Z48　1929
未寄的情書
鍾敬文著　上海　尚志書屋　1929年初版　（m.）

011910159　PL2622.X536　1941
現代小品文精選
陸晶清編　上海　言行社　1941年（m.）

011919883　PL2768.T54　H7　1928
獻心
黄天石著　香港　受匡出版部　1928年初版　（m.w.）

011910529　PL2743.P45　H7　1933
心曲
陳北鷗著　北平　著者書店　1933年初版　（m.w.）

011917984　PL2743.C5　H7　1946
星雨集
陳敬容著　上海　文化生活出版社　1946年　初版　文學叢刊　第8集（m.w.）

011914622　PL2765.U23　H7　1948
旋磨蟻
徐仲年著　上海　正中書局　1948年初版　（m.w.）

011918119　PL2740.I6　Z48　1933
衣萍書信
章衣萍著　上海　北新書局　1933年再版　（m.w.）

011917282　LB1547.Y8　1935
又話一年

俞子夷著　上海　兒童書局　1935年初版　（m.）

011906879　PL2877.H78　T7　1936
再生集
李輝英著　上海　新鐘書局　1936年初版　新鐘創作叢刊　第1輯（m.w.）

011912857　DS777.5314.H7　1938
戰地日記火綫上的寫實
蕭向榮著　無瑕編　香港　之初書店　1938年　（m.w.）

011916553　PL2769.N87　Z86　1928
做父親去
洪爲法著　上海　金屋書店　1928年初版　（m.w.）

007860777　5558　4909.41
有不爲齋文集
林語堂著　上海　人文書店　1941年初版　（m.w.）

007860776　5558　4909.42
語堂隨筆
林語堂著　林俊千譯　上海　人間出版社　1941年　初版　（m.w.）

007862945　5558　4909.7
啼笑皆非
林語堂原著並自譯　上海　商務印書館　1945年　滬初版　（m.）

008334000　5558　4910
靈覼軒文鈔
葉玉麟　1934年

007862970　5558　4911
龍套集雜文集
索非著　上海　萬葉書店　1946年　初

語言文學類

1171

版　萬葉文藝新輯　（m.w.）

007862934　5558　4917
葉靈鳳創作選
葉靈鳳著　筱梅[陳筱梅]選編　上海　倣古書店　1936年　初版　現代名人創作叢書　（m.）

007863076　5558　4917.01
忘憂草
葉靈鳳著　香港　西南圖書印刷公司　1940年

011912308　PL2827.15　C5　1931
鳩綠媚
葉靈鳳著　上海　光華書局　1928年　初版　（m.w.）

007862969　5558　4917.1
靈鳳小品集
葉靈鳳著　上海　現代書局　1933年　初版　（m.w.）

007862906　5558　4917.2
葉靈鳳創作選
何須忍編選　上海　中央書店　1947年　新1版　（m.）

007863080　5558　492
東寧草
林健人著　1923年

007863081　5558　492.1
天池草
林健人著　星洲　星洲普益公司代印　1919年

007863083　5558　4922
小瀛壺詩鈔
蔡卓勳著　廣州　1923年

007862925　5558　4928.1
葉紹鈞代表作選
張均編　上海　全球書店　1937年　（m.w.）

007863085　5558　4928.3
葉紹鈞文選
研因編　上海　名聲書店　1936年　（m.）

011910837　PL2652.Y425　1948
皮包
葉聖陶著　上海　中華書局　1948年　初版　新中華叢書　（m.w.）

007862905　5558　4928.5
未厭居習作
葉紹鈞[聖陶]著　上海　開明書店　1947年　6版　開明文學新刊　（m.w.）

007862935　5558　4928.7
腳步集
葉紹鈞[聖陶]著　上海　新中國書局　1931年　初版　（m.w.）

007862936　5558　4928.9
葉紹鈞文選
葉紹鈞[聖陶]著　少侯[唐少侯]選編　上海　倣古書店　1936年　初版　現代名人創作叢書　（m.）

007862968　5558　4931
鉢水文約
蘇淵雷著　南京　鉢水齋　1947年　初版　（m.）

007863090　5558　4942
世徽樓詩稿四卷
葉楚傖[撰]　香港　正中書局　1946年

007863091　5558　4942.1
楚傖文存
葉楚傖著　重慶　正中書局　1944年
(m.)

007862932　5558　4945.1
青鳥集
蘇雪林著　長沙　商務印書館　1938年
初版　(m. w.)

007862931　5558　4945.5
蠹魚集
蘇雪林著　長沙　商務印書館　1938年
初版　現代文藝叢書

007863092　5558　4945.7
屠龍集
蘇雪林[蘇梅]著　上海　商務印書館
1947年　現代文藝叢書　(m. w.)

007862933　5558　494B
遐庵彙稿
葉恭綽撰　廣州　遐庵彙稿年譜再版印
行　1946年　(m.)

007863035　5558　495
浣錦集
蘇青著　香港　勵力出版社　1946年
9版　(m.)

007863036　5558　4952
臥雲樓筆記七卷
臥雲居士[蘇逸雲]撰　吳劍秋編輯　上
海　華僑銀行　1940年　(m.)

007862915　5558　4952.1
臥雲樓筆記續刊
蘇逸雲著　林霨民編　香港　臥雲樓出
版社　1949年

007863100　5558　4963
清寂堂詩續錄存卷三至六
林思進撰　香港　華陽林氏霜柑閣
1940年

007863102　5558　4972
小石林居詩稿
葉心安[與仁]著　上海　葉氏
1931年

007863104　5558　4982
松坡軍中遺墨
蔡鍔著　上海　中華書局　1917年

007863057　5558　4982.7　FC9545　Film　Mas　35995
蔡松坡先生遺集
劉達武編　邵陽　亞東印書館　1943年

007863105　5558　4982b
蔡松坡軍中遺墨
蔡鍔著　梁啟超眉註　北京　松坡學會
重印　1926年

011983423　PL2807.C5　C8　1949
窗外
蘇金傘著　上海　文化生活出版社
1949年　初版　(m. w.)

007863110　5558　4990
黃祝渠先生兵中懷人詩
黃榮康撰　趙少昂、熊伯徵、陳居霖編
香港　1939年

007863111　5558　5012
雙穗樓吟草上下集
申丙著　1945—70年

011913006　PL2744.F3　L5　1927
流浪
成倣吾著　上海　創造社出版部　1927
年　初版　(m. w.)

007863115　5558　5023
澹堪詩草二卷

成多禄撰　濟南　1914 年

007116306　PL2815.06　W8　1937x
無題草
曹葆華著　上海　文化生活出版社
1937 年　初版　文學叢刊　（m.w.）

007864041　5558　5213
爐邊
臧雲遠著　上海　雲海出版社　1946 年

011913406　PL2602.T3　1935
她的生命
生活書店編譯所編　上海　生活書店
1934 年　初版　文學詩選　（m.w.）

007864042　5558　5274
嚶鳴集
撫順民報社　撫順　民報社　1935 年

007864011　5558　5610
定庵詩存四卷
由雲龍撰　香港　天倉印務公司印
1937 年

007863967　5558　5612.1
文筆散策
曹聚仁著　上海　商務印書館　1936 年
　　初版　（m.w.）

007864001　5558　5620
呼吸
曹白作　香港　海燕書店　1941 年　七
月文叢　（m.w.）

007863966　5558　5620B
呼吸
曹白著　桂林　星原書屋　1943 年　初
版　七月文叢　（m.w.）

007864045　5558　5622　(1-2)
石倉詩集

曹緣皋著　石倉山館　1917 年

007864053　5558　5813
懷汀山館詩錄五卷
賴承裕著　1930 年

007864056　5558　5933
謙齋詩詞集七卷
秦之濟著　上海　中醫書局　1941 年
上海秦氏叢書

007864057　5558　5999
養真堂詩鈔上下卷　外編
秦榮光著　1919 年

007864058　5558　612
希山叢著山廬詩存
羅師楊著　羅香林校輯印　北平
1932 年

007864059　5558　6122.44
赤都心史
瞿秋白著　上海　商務印書館　1924 年
　　文學研究會叢書　（m.w.）

007863951　5558　6122b
亂彈及其他
瞿秋白遺著　上海　霞社　1938 年

007959994　FC6058　FC-M4746
亂彈及其他
瞿秋白著　瀋陽　東北書店　1946 年

007864061　5558　6129
唾葊詩集九卷
羅傑撰　濟南　1915 年

007864063　5558　6132
疾風
羅家倫著　上海　商務印書館　1946 年
（m.w.）

007863958　5558　6132.2
西北行吟四卷
羅家倫著　重慶　商務印書館　1946 年
　　初版　（m. w.）

007864070　5558　6132.4
耕罷集附滇黔寄興
羅家倫著　上海　商務印書館　1946 年
　（m.）

007864078　5558　6133
勺庵文集
羅濂撰　廣州　順德羅氏　1934 年

007863964　5558　6149.9
小雨點
羅蓀著　桂林　集美書店　1943 年　初
版　（m. w.）

007863923　5558　6337
獅和龍
默涵著　香港　人間書屋　1949 年　初
版　（m. w.）

007864010　5558　6464
寫憂剩稿
嚴昌堉撰　1929 年

007864004　5558　6473
初日樓詩　駐夢詞合刊
嚴既澄著　北平　人文書店　1932 年

007863965　5558　6549
畫夢集
畢樹棠著　上海　宇宙風社　1940 年
初版　宇宙風社月書　（m. w.）

007067092　5558　6614
呂碧城集五卷
呂碧城撰　上海　中華書局　1929 年

007864003　5558　6684
茘麗園詩續
呂美蓀撰　上海　1933 年

007864104　5558　6813
一吼堂詩鈔
上海　佛學書局　1940 年

011919992　PL2710.U272　Z975　1937
黃仲則詩六卷
黃景仁著　朱建新選註　上海　商務印
書館　1937 年　初版　學生國學叢書
（m.）

011895094　PL2710.U275　C45　1936
金壺七墨
（清）黃鈞宰著　周雲標點　上海　大達
圖書供應社　1935 年　初版　（m.）

007863945　5558　7036
丘倉海先生念臺詩集
丘逢甲撰　南京　獨立出版社　1947 年
　（m.）

011913370　PL2537.T35　1934
太平天國文藝三種
盧前 [冀野] 編輯　上海　會文堂新記書
局　1934 年　初版　（m.）

007735960　PL2710.U2794　H8　1929x
繡像太平天國演義
世次郎 [黃世仲] 撰　上海　大成書局
1929 年

008067770　PL2710.O17　H7　1927x
雪壓軒集
張壽林校輯　北京　文化學社　1927 年

007864108　5558　7121
阮退之詩
阮紹元著　上海　1935 年

011913758   PL2783.U37   T8   1927
渡河
陸志韋著　上海　亞東圖書館　1923 年
　初版　（m.w.）

007864110   5558   7144
吳風集
陸樹枏編　上海　江蘇研究所　1937 年
　（m.）

008630575   FC5378
信義志稿二十一卷
趙仲宣撰　1912 年

007863971   5558   7163.3
流浪集
陸晶清著　上海　神州國光社　1933 年
　初版　（m.w.）

007864925   5558   7164
蘇齋遺稿
陸明桓著　1930 年

007864926   5558   7180
邊風錄
巴人著　重慶　讀書出版社　1943 年
　（m.w.）

007864864   5558   7180.1
窄門集
巴人著　香港　海燕書店　1941 年　初
　版　（m.）

007864863   5558   7180.5
捫蝨談
巴人著　上海　世界書局　1939 年　初
　版　（m.w.）

011914435   PL2515.T3   1936
她們的生活
陶亢德編　華君武插圖　上海　宇宙風
　社　1936 年　初版　宇宙風別冊增刊
　（m.w.）

009817757   PL2515.M54   1936
名媛詩選翠樓集
劉雲份撰　上海　上海雜志公司　1936
　年　第 1 版　中國文學珍本叢書　第
　1 輯

011914786   PL2754.W4   D86   1936
多產集
周文撰　上海　文化生活出版社　1936
　年　初版　（m.w.）

006618805   PL2823.E5   S7   1928x
死水
聞一多著　上海　新月書店　1928 年
　初版　（m.w.）

007596229   5558   7211
北望集
馬君玠著　上海　開明書店　1947 年
　3 版　開明文學新刊　（m.w.）

007595966   5558   7212
春荒
周而復著　上海　華夏書店　1946 年
　（m.w.）

007596096   5558   7214
廢墟上的花朵
鳳子著　長沙　商務印書館　1941 年

007801911   PL2811.N46   M4
玫瑰花箋
湯增揚撰　上海　大達圖書供應社
　1935 年

007631657   PL2811.O3   A6   1948
行知詩歌選
陶行知著　朱澤甫選輯　大連　光華書
　店　1948 年　初版　（m.w.）

007597328 5558 7220
蓟門集
周黎庵著　上海　庸林書屋　1941 年
初版　（m.w.）

007666395 5558 7220.3
清明集
周黎庵著　上海　宇宙風社　1939 年
初版　（m.w.）

007597989 5558 7220.4
華髮集
周黎庵著　廣州　蓟溪書屋　1936 年
（m.w.）

007597990 5558 7222
民鐘詩鈔
周秉彝著　林家柟編　臺北　1946 年

003985137 T 5558 7224
半農雜文第一冊
劉復著　北平　星雲堂書店　1934 年
初版　（m.w.）

003985072 5558 7224 (2)
半農雜文二集
劉半農遺著　上海　良友圖書公司
1935 年　初版　良友文庫　（m.w.）

003985178 5558 7227.02
談虎集
周作人著　上海　北新書局　1929 年
（m.w.）

007597738 5558 7227.2
自己的園地
周作人著　上海　北新書局　1927 年
（m.w.）

003984637 5558 7227.3
澤瀉集
周作人著　香港　北新書局　1928 年

苦雨齋小書　（m.w.）

003985140 5558 7227.4
藥味集
周作人著　北京　新民印書館　1942 年
初版　（m.w.）

003985138 5558 7227.41
苦雨齋序跋文
周作人著　上海　天馬書店　1934 年
初版　（m.w.）

003985144 5558 7227.43
苦竹雜記
周作人作　上海　上海良友圖書　1936
年　初版　良友文學叢書　（m.w.）

003985182 5558 7227.49
藥堂雜文
周作人著　上海　北新書局　1943 年序

003985183 5558 7227.5
夜讀鈔
周作人著　上海　北新書局　1935 年
再版　（m.w.）

003807833 5558 7227.7
周作人論
陶明志[趙景深]編　上海　北新書局
1934 年　初版　（m.）

003985139 5558 7227.71
瓜豆集
周作人著　上海　宇宙風社　1937 年
初版　（m.w.）

003985185 5558 7227.8
周作人散文鈔
周作人著　章錫深編註　上海　開明書
店　1933 年　（m.w.）

003984915   5558   7227.81
周作人文選
唐少侯編　上海　倣古書店　1936 年
現代名人創作叢書　（m.w.）

007597193   5558   7227.9
知堂文集
周作人著　上海　天馬書店　1933 年
初版　（m.w.）

007597292   5558   7228.22
行知詩歌集
陶行知著　上海　大孚出版公司　1947
年　（m.w.）

007597998   5558   7228.23
知行書信
陶行知撰　上海　亞東圖書館　1933 年
4 版　（m.w.）

007598001   5558   7228.8
知行詩歌集
陶行知著　1936 年　初版

007597364   5558   7233
今覺盦詩四卷
周達著　濟南　1940 年

007598006   5558   7234
**蠲戲齋詩編年集八卷　前集二卷　避寇集
二卷　芳杜詞剩一卷**
馬浮［撰］　廣州　1947 年

007599975   5558   7242.5
秋之淚
劉大白著　上海　開明書店　1931 年
3 版　（m.w.）

003985176   5558   7242.6
白屋遺詩
劉大白著　上海　開明書店　1935 年

007599976   5558   7243
草衣詩鈔
劉草衣著　香港　1940 年

007597773   5558   7245
寒茄
關萍著　上海　廣益書局　1930 年
（m.w.）

007654295   5558   7248
抱殘經舍詩錄不分卷
劉嘉猷撰　香港　1912—49 年

007599981   5558   7251
閒居十八年剩草
橫蒼老人［劉耕雲］自編　1929 年

007600919   5558   7256
世載堂詩
劉成禺撰　重慶　京華印書館　1945 年

007597789   5558   7260
偷閒小品
馬國亮著　上海　良友圖書印刷公司
1935 年　初版　（m.w.）

007599982   5558   7260.6
昨夜之歌
馬國亮著　廣州　1932 年　（w.）

007599983   5558   7263
國定文存
劉國定編述　上海　三民書局　1927 年

007597791   5558   7274
推窗集
厲厂樵著　廣州　泰山書店　1930 年
初版　泰山文藝叢書　（m.）

007599985   5558   728
惺盦詩稿十卷
周鍾嶽著　上海　中華書局

1934 年

007597586　5558　7282
石屋餘瀋
馬敘倫著　上海　建文書店　1948 年
初版　（m.）

007597782　5558　7282.1
石屋續瀋
馬敘倫著　上海　建文書店　1949 年
初版　（m.）

007654296　5558　7283
傷心詩稿一卷
馬念祖著　香港　1912—49 年

007599987　5558　7288
藏天室詩香草詞　臥廬詞話
周曾錦著　南通　大鏞詩社　1921 年

007599990　5558　729
石門題詠錄四卷
劉耀東著　南田　啟後亭　1934 年

007599991　5558　7297
善木山房存稿四卷
陶炳熙撰　廣州　宏發號　1921 年

007597536　5558　7412
聞一多全集
朱自清等編　上海　開明書店　1948 年
　3 版　（m.w.）

007599778　T　5558　7412.2
紅燭
聞一多著　上海　泰東圖書局　1923 年
　初版　（m.w.）

007601196　5558　7632
準伯遺稿
屠準伯著　廣州　1933 年

007599894　5558　764
羅淑散文集
馬羅世彌［羅淑］著　上海　文化生活出
版社　1948 年　現代文學叢書

007601197　5558　7641
初日樓正續稿二卷
周羅莊撰　廣州　上虞羅氏鑄板印行
1921—27 年

011920289　PL2622.W6　1948
我
《開明少年》社編　上海　開明書店
1948 年　初版　（m.）

007778954　5558　7700
稊園詩集
關賡麟撰　南京　中華全國鐵路協會
1933—35 年

007601198　5558　7712.1
雪峰覆瓿集
歐陽雪峰著　吉隆波　1949 年

007601199　5558　7713
臥雲東遊詩鈔十二卷
釋臥雲著　甌郡　1923 年

008197418　MLC – C
太平洋上的歌聲
關露著　上海　生活書店　1936 年　初
版　（m.w.）

007599629　5558　7903
望道文輯
陳望道著　上海　讀者書房　1936 年
初版　叢書月刊　（m.w.）

007599889　5558　7908
惜惜盦詩稿
陳庚仝著　香港　1933 年

007602351　5558　7909
貸粟軒稿
陳競堂著　香港　香遠印務承印
1924年

007602353　5558　7910
止園集
陳延謙著　新嘉坡　南洋印務公司印
1937年

007600921　5558　7913.4
黃梅花屋詩稿
陳融顒撰　1948年

007602356　5558　7920
曼陀羅集
陳白塵作　上海　文化生活出版社
1948年　(m.w.)

007602357　5558　7921
文無館詩鈔二卷　附詞鈔
陳名珂著　上海　陶社　1942年　陶社叢編乙集

007600920　5558　7925
衡哲散文集
陳衡哲著　上海　開明書局　1938年
初版　(m.)

007600968　5558　7933
人間雜記
陳適著　上海　商務印書館　1936年
初版　(m.w.)

007602362　5558　7938
鈎心集詩草
陳之鏏撰　香港　浙東陳氏　1935年

007602364　5558　7939
西瀅閒話
陳源撰　上海　新月書店　1929年
再版　(m.w.)

004113301　5558　794.4
栩園叢稿
天虛我生著　上海家庭工業社　1930年

007602167　5558　7943
盈盈集
陳敬容著　上海　文化生活出版社
1948年　初版　(m.w.)

007602165　5558　7943.2
交響集
陳敬容著　上海　星群出版社　1948年
初版　(m.w.)

007614721　5558　7944
醉靈軒詩存十卷
陳邃撰　香港　1928年

007603441　5558　7946
槐樓詩鈔
陳懋鼎撰　香港　閩縣陳儲　1949年

007602060　5558　7948
戰塵集
陳樹人著　上海　商務印書館　1946年
初版　(m.)

011560195　PL2743.S45　Z473　1948
自然美謳歌集
陳樹人著　上海　世界書局　1948年
(m.)

007602248　5558　7948.3
寒綠吟草
陳樹人著　上海　和平社　1929年

007603442　5558　7948.51
申報評論選第一集
陳彬龢編　上海　申報館　1932年　1版　(m.)

007603444　5558　7962
景園彙編附刊
陳景山著　1948年

007602054　5558　7965.9
小意思集
陳果夫編著　上海　正中書局　1947年初版

007602159　5558　7974
愛竹齋全稿
陳鵬超著　香港　東雅印務公司 1948年

007603217　5558　7976
寸草心
陳學昭著　上海　新月書店　1927年初版　（m.w.）

007603446　5558　7980
花近樓詩存續編二卷
陳夔龍撰　香港　1916年

007603447　5558　7981
裒碧齋集八卷
陳銳著　夏敬觀等輯　1930年

007685910　MLC-C
悲盦銘志集存
吳熊撰　1924年

007602194　5558　7985
白首青春集
陳公哲著　香港　陳公哲　1946年初版　（m.）

007603456　5558　8104
應梅文錄一卷
鍾應梅撰　廣州　194?年

007603457　5558　811
東廬詩鈔六卷
金震著　蘇州　滄浪亭省立圖書館等處代售　1936年

007603458　5558　8112
鍾一峰文學之一斑
鍾一峰撰　北平　建設圖書館　1931年

007603459　5558　8113
天放樓文言十二卷
金天羽撰　蘇州　文新印刷公司 1928年

011983145　PL2757.T5　C8　1930
追尋
鍾天心著　上海　北新書局　1930年初版　（m.）

007603461　5558　8113.1
天放樓詩集九卷
金天羽撰　上海　有正書局　1922年

007604025　5558　8113.2
天放樓詩季集七卷
金天羽撰　香港　1947年

007599919　5558　8137
瑤山詩草
饒宗頤撰　1945年

007599780　5558　8141
野火集
金帆著　香港　人間書屋　1948年初版　人間詩叢　（m.w.）

007599943　5558　8182
天嘯樓集五卷
饒鍔撰　香港　潮安饒氏　1934年

007599690　5558　8183
澄宇齋詩存
金曾澄著　1948年

語言文學類

1181

007599759 5558 8205.2
幽默詩文集
老舍著　上海　時代書局　1948 年　重排初版　論語叢書　（m.）

007653163 5558 8205.44
老牛破車
老舍作　上海　晨光出版社　1948 年　晨光文學叢書　（m.）

011985797 PL2442.H7 1945
現代小説過眼錄
許傑著　福建永安　立達書店　1945 年　初版　立達文藝叢書　1 輯　（m.）

007599909 5558 8205.44b
老牛破車創作的經驗
老舍著　上海　人間書屋　1939 年　再版　（m.）

007599594 5558 8205.488
老舍創作選
老舍著　上海　上海倣古書店　1936 年　現代名人創作叢書　（m.w.）

007599783 5558 8205.8
劍北篇
老舍著　重慶　文藝獎助金管理委員會出版部　1942 年　初版　（m.w.）

007599973 5558 8241
漢當研室詩鈔八卷
俞壽璋撰　香港　1930—38 年

007697688 5558 8244
西南行散記
翁大草著　重慶　光亭出版社　1943 年　初版　（m.）

007599977 5558 8246
後雲居館詩鈔四卷
鄭萬瞻著　北京　1941 年

007599984 5558 8248
寄傲山房詩鈔
翁吉人著　1949 年

007599757 5558 8258
佝僂集
鄭振鐸著　上海　生活書店　1934 年　初版　創作文庫

006953183 5558 8258.1
鄭振鐸選集
徐沉泗、葉忘憂編選　上海　上海萬象書屋　1936 年　現代創作文庫　（m.w.）

007599590 5558 8258.8
短劍集
鄭振鐸著　上海　文化生活出版社　1936 年　再版　（m.w.）

007599802 5558 8277
泗水集
俞印民著　上海　大華文化社　1924 年

011912853 PL2878.N14 P4 1936
北平情歌
林庚著　北平　風雨詩社　1936 年　風雨詩社叢書　（m.w.）

011906698 PL2751.K6 B5 1936
蝙蝠集
金克木著　上海　時代圖書公司　1936 年　初版　新詩庫　第 1 集　（m.w.）

011910216 PL2781.N4 C4 1941
澄懷閣詞
林修竹著　天津　林修竹　1941 年　（m.）

011929493 PL2736.I27 C45 1937
春天
艾蕪創作　上海　良友圖書公司　1937

年 初版

008197419　MLC－C
地層下
蘇金傘著　上海　星群出版公司　1947
年　初版　（m.w.）

011560717　PL2862.U143　E734　1936
二十歲人
徐遲著　上海　時代圖書公司　1936年
初版　新詩庫　第1集　（m.w.）

011920377　PL2822.C4　F3　1933
伐木集
汪震著　北平　著者書店　1933年
（m.w.）

011913329　PL2831.K4　K8　1930
孤靈
于賡虞著　上海　北新書局　1930年
初版　（m.w.）

011811484　PL2755.C54　Z487　1913
海上光復竹枝詞
朱謙甫著　上海　民國第一圖書局
1913年　初版

011929856　PL2919.Y17　H3　1936
海燕的歌
王亞平著　上海　上海聯合出版社
1936年　初版　（m.w.）

011919397　PL2775.C8　H3　1927
海夜歌聲
柯仲平著　上海　光華書局　1927年
（m.w.）

011933615　PL2921.H57　H3　1942
寒傖的歌
伍禾著　桂林　文獻出版社　1942年
初版　（m.w.）

007954174　PL2752.P6　H3　1947x
號角在哭泣
青勃著　上海　星群出版公司　1947年
初版　（m.w.）

011916855　PL2912.A52　H6　1947
河冰解凍的時候雲遠詩草下卷
臧雲遠著　上海　春草詩舍　1947年
初版　（m.w.）

011905238　PL2740.F4　H86　1935
活體詩
張鳳著　上海　群眾圖書公司　1935年
初版　（m.）

011937807　PL2752.P6　C8　1949
巨人的腳下
青勃著　上海　中興出版社　1949年
初版　中興詩叢　第5集　（m.w.）

011913937　PL2771.E6　L4　1936
冷熱集諷刺詩二十五首
任鈞著　上海　詩人俱樂部　1936年
初版　（m.w.）

011143674　PL2771.I364　L528　1930
理齋類稿
蔣梅笙撰　濟南　1930年自序

011737974　PL2781.N5　L564　1946
麗白樓自選詩
林庚白著　上海　開明書店　1946年
初版　（m.）

011910357　PL2760.E48　M3　1928
夢後
馮憲章著　上海　紫藤出版部　1928年
初版　火焰叢書　（m.w.）

011909182　PL2743.M4　A6　1936
夢家存詩
陳夢家著　上海　時代圖書公司　1936

年　初版　新詩庫　第1集　（m.w.）

011911670　PL2822.T8　M4　1931
蒙地歷史歌
王佐才著　北平　中央宣傳部蒙藏旬刊社　1931年　初版　（m.）

011904669　PL2817.N3　N3　1937
南中國的歌
童晴嵐著　香港　詩歌出版社　1937年　初版　（m.w.）

011910125　PL2740.I5S4　1925
深誓
章衣萍著　北京　北新書局　1925年　初版　（m.w.）

011916488　PL2760.E53　K36　1938
詩歌近作集
馮玉祥著　漢口　三戶圖書印刷社　1938年　初版　（m.）

007599779　5558　8284
詩集 1942—1947
鄭敏著　上海　文化生活出版社　1949年　初版　（m.w.）

011913768　PL2602.S4　1928
時代新聲
盧冀野編選　上海　泰東圖書局　1928年　初版　（m.w.）

011984124　PL2831.K4　S5　1934
世紀的臉
于賡虞著　上海　北新書局　1934年　初版　（m.w.）

011913421　PL2825.S3　S6　1928
受難者的短曲
楊騷著　上海　開明書店　1928年　初版　（m.w.）

011912047　PL2749.C8　S8　1929
水晶座
錢君匋著　上海　亞東圖書館　1929年　初版　（m.w.）

011917072　PL2799.O28　T5　1927
天堂與五月
邵洵美著　上海　光華書局　1927年　初版　（m.w.）

011903475　PL2782.F8　W3　1926
瓦釜集
劉復著　北京　北新書局　1926年　初版　（m.w.）

011914598　PL2822.T8　A6　1935
王獨清詩歌代表作
王獨清著　上海　亞東圖書館　1935年　初版　（m.w.）

011904693　PL2822.T8　W4　1928
威尼市
王獨清著　王一榴作畫　上海　創造社出版部　1928年　初版　（m.w.）

011931072　PL2772.O118　X53　1928
獻給自然的女兒
高長虹著　上海　泰東圖書局　1928年　初版　（m.w.）

011936040　PL2795.E4　Y5　1929
銀鈴
姚蓬子著　上海　水沫書店　1929年　初版　水沫叢書　（m.w.）

007805456　MLC-C
嬰兒的誕生
李搏程著　上海　群星出版公司　1947年　（m.w.）

011917988　PL2782.T27　Y8　1927
郵吻

劉大白著　上海　開明書店　1926年初版　黎明社叢書　（m.w.）

011913565　PL2755.T7　Z446　1922
真結
朱采真著　杭州　浙江書局　1922年初版　（m.w.）

007599998　5558　8321
無絃琴
S.M.著　桂林　南天出版社　1942年　七月詩叢　（m.w.）

007600000　5558　8502
荔圓樓集八卷
錢育仁撰　香港　虞社　1929年

007599795　5558　8512
遊絲集
味橄[錢歌川]著　上海　中華書局　1948年　初版　（m.w.）

007599883　5558　8545.3
夜航集
阿英[錢杏邨]著　上海　上海良友圖書公司　1935年　良友文庫　（m.w.）

007601188　5558　8585
寫在人生邊上
錢鍾書著　上海　開明書店　1948年　開明文學新刊　（m.w.）

007600994　5558　8717
綠天廬吟草
管震民著　管震民先生七秩榮壽紀念壽管委員會編　新加坡　管震民先生七秩榮壽紀念壽管委員會　1949年

009314621　5558　8923a
寒柯堂詩四卷
余紹宋著　香港　浙江文化印刷公司　1947年　鉛印

009314690　5558　8924
雪泥廬詩集八卷
余維垣撰　香港　登雲閣現代倣宋印刷所　1930年　鉛印

007601195　5558　8972
珍廬詩集一卷　附詞集
佘賢勳撰　成都　金陵大學　1942年

007600962　5558.1　1136
休息
王實味著　上海　中華書局　1930年初版　（m.w.）

007601221　5558.1　2347
胸潮
吳韜著　香港　宏藝公司印刷　1928年

007600925　5558.1　3232
伏流
湯湯著　上海　商務印書館　1931年初版　（m.w.）

007601224　5558.1　3935
淚與笑
梁遇春著　上海　開明書店　1934年　（m.w.）

007600799　5558.1　4221
在重慶霧中
胡繩著　重慶　生生出版社　1946年初版　（m.w.）

007601229　5558.1　4411
行素軒詩集
薛建吾著　臺北　中華書局代售　1948年

007602296　5558.1　7233
春覺齋詩草四卷
劉澤沛著　1943 年

007602305　5558.1　7994
弘毅齋詩草
陳尚志撰　香港　東雅印務有限公司承印　1939 年

007602279　5558.1　7994
弘毅齋吟草
陳尚志撰　香港　東雅印務有限公司　1939 年序　弘毅齋詩草

007602314　5558.1　7994
弘毅齋遊草
香港　東雅印務有限公司承印　1939 年　弘毅齋詩草

007602321　5558.3　2193
錦繡河山百景詩集
鮑少游著　1946 年

007602171　5558.3　2333
轉運翻身
黎之著　上海　上海雜志公司　1949 年初版　人民藝術叢刊　(m.w.)

007602047　5558.3　2936
石門集
朱湘著　上海　商務印書館　1934 年　文學研究會叢書　(m.w.)

008869655　5558.3　427　T　5558.3　427
丁寧
劉大白著　上海　開明書店　1929 年初版　(m.w.)

008858743　PL2825.S3　X56　1929x　T　5558.3　4273
心曲
楊騷著　上海　北新書局　1929 年初版　(m.w.)

008648646　T　5558.3　4995
影兒集
林憾著　上海　北新書局　1929 年　(m.w.)

007602277　5558.3　7941
待焚詩稿十卷
陳柱著　無錫　中國學術討論社　1929 年

007603958　5558.3　7941　(2:1-3)
待焚詩稿二集五卷　卷首
陳柱著　上海　變風變雅樓　1933 年　變風變雅樓叢書

007602147　5558.3　7941.3
守玄閣文稿選
陳柱著　崔龍、沈訒編選　上海　中國學述討論社　1938 年　初版　(m.)

007602338　5558.4　4909
錦秀集
林語堂著譯　梁乃治編註　上海　朔風書店　1941 年

007602211　5558.7　1142
芸生文存
王芸生著　上海　大公報館　1937 年　(m.)

007602193　5559　0144
待旦錄
施蟄存著　上海　懷正文化社　1947 年初版　(m.w.)

007602373　5559　023
文壇逸話
宏徒編　上海　商務印書館　1928 年　(m.w.)

007602192　5559　023.3
茶話集

謝六逸著　上海　新中國書局　1931年　初版　(m.w.)

007603227　5559　0233
刁斗集
高寒著　貴陽　文通書局　1947年　初版　(m.w.)

005308858　5559　0333
掘火者
康定著　上海　星群出版公司　1947年　初版　(m.w.)

007603417　5559　0334
悔復堂詩
應啟墀著　1942年

007603351　5559　0334
廖陽館詩草
姚壽祁撰　1942年

007603169　5559　0404
青年集
章衣萍著　上海　光華書局　1931年　初版　(m.w.)

007603443　5559　0404.04
衣萍文存
章衣萍編　上海　激流書店　1947年　(m.w.)

007603170　5559　0404.2
秋風集
章衣萍著　上海　合成書局　1933年　初版　(m.w.)

007603448　5559　0404.2b
秋風集
章衣萍著　上海　復興書局　1936年

007653111　5559　0404.3
章衣萍創作選
章衣萍撰　上海　上海倣古書店　1936年　初版　現代名人創作叢書

007603220　5559　0404.4
古廟集
章衣萍著　上海　北新書局　1929年　初版　(m.w.)

007603221　5559　0404.42
枕上隨筆
章衣萍著　上海　北新書局　1929年　初版　(m.w.)

007603454　5559　0410
敝帚自拾集
譚玉麟撰　香港　新生文化社　1947年

007603819　5559　0439　FC5876　(10)
從軍日記
謝冰瑩著　上海　春潮書局　1929年　再版　(m.w.)

007603750　5559　0439.1
謝冰瑩創作選
謝冰瑩著　唐少侯編　上海　倣古書店　1936年　初版　(m.w.)

007603801　5559　0443
風土小記
文載道著　上海　太平書局　1944年　初版　(m.w.)

007603918　5559　0492
古屋
辛勞著　上海　文國書局　1941年

007599589　5559　1000
跫音
一文　上海　文化生活出版社　1948年　初版　(m.w.)

007599796　5559　1073
妄想狂
一騷編　上海　商務印書館　1929 年初版　（m.w.）

007599994　5559　1111.12
百鳥朝鳳
王亞平撰　北京　新華書店　1949 年

007652962　5559　1111.35
紅薔薇
王亞平著　長沙　商務印書館　1941 年（m.w.）

007600861　5559　1120.8
人民的軍隊
王向立著　哈爾濱　光華書店　1948 年（m.w.）

007600967　5559　1131
山居小品
王進珊著　上海　正中書局　1947 年初版　現代文藝叢書　（m.w.）

007600886　5559　1142
龍蟲並雕齋瑣語
王了一著　上海　觀察社　1949 年初版　（m.w.）

007600875　5559　1181
花與果
王介平著　上海　中華書局　1947 年初版　（m.）

007602251　5559　1262
丁易雜文
丁易著　上海　華夏書店　1948 年（w.）

007602337　5559　1308
祝福
裴慶餘著　廣州文化出版社　1935 年

007603216　5559　1424
二鴉雜文
聶紺弩著　香港　求實出版社　1949 年初版　求實文藝叢刊　（m.w.）

007603215　5559　1424.1
沈吟
聶紺弩著　上海　文化供應社　1948 年初版　文學創作叢刊　（m.）

007603168　5559　1424.10
天亮了
紺弩著　香港　人間書屋　1949 年初版　（m.w.）

007603214　5559　1424.2
兩條路
聶紺弩著　上海　群益出版社　1949 年初版　群益文藝叢書　（m.w.）

007603229　5559　1503
嚇，美國嗎
尹庚著　上海　文化生活出版社　1937 年　初版　文學叢刊

007603923　5559　1655
天涯海角篇
石揮著　上海　春秋雜誌社　1946 年春秋文庫　第 1 輯　（m.）

007603807　5559　1700
重慶旁觀者
司馬訐著　重慶　亞洲圖書社　1945 年初版　（m.w.）

007603808　5559　1937
歸航
孫福熙著　上海　開明書店　1926 年初版　（m.w.）

007604039　5559　1971
小瘦紅闇詩存二卷

孫臞著　江蘇高郵　高郵縣立貧民工廠代印　1929 年

007603167　5559　2162
東海之濱
倪貽德著　上海　光華書局　1926 年　初版　（m. w.）

007603782　5559　2182
爲勝利而歌
任鈞著　重慶　國民圖書出版社　1943 年　初版　（m. w.）

007603666　5559　2226
何魯文鈔
何魯著　昆明　中華書局　1940 年　（m.）

007603783　5559　2243.4
志浩詩集
何志浩著　上海　南華書店　1934 年　初版　（m. w.）

007603776　5559　2244
星火集
何其芳著　上海　群益出版社　1949 年　（w.）

007603761　5559　2244.1
刻意集
何其芳著　上海　文化生活出版社　1938 年　文學叢刊　（m. w.）

007603847　5559　2244.32
還鄉日記
何其芳撰　上海　良友復興圖書印刷公司　1939 年　現代散文新集　（m. w.）

007603563　5559　2244.5
畫夢錄
何其芳作　上海　文化生活出版社　1936 年　初版　（m. w.）

007603809　5559　2310
崇高的母性
黎烈文著　上海　文化生活出版社　1937 年　初版　（m. w.）

007603802　5559　2313
懷祖國
吳天著　上海　文藝新潮社　1940 年　初版　文藝新潮社小叢書　第 1 輯　（m. w.）

007604875　5559　2346
子馨文在
吳其昌著　重慶　獨立出版社　1945 年　（m.）

007604964　5559　2395.8
無梯樓雜筆
卜少夫著　上海　新聞天地社　1947 年　初版　（m. w.）

007604903　5559　2543.1
亂莠集
臧克家著　上海　良友復興圖書印刷公司　1939 年　（m. w.）

007605111　5559　2543.21
自己的寫照
臧克家作　上海　生活書店　1936 年　（m. w.）

007604879　5559　2543.220
我的詩生活
臧克家著　重慶　讀書出版社　1945 年　（m.）

007604951　5559　2543.23
從軍行抗戰詩集
臧克家著　漢口　生活書店　1938 年

初版 （m.w.）

007604954　5559　2543.3
冬天
臧克家著　上海　耕耘出版社　1947年
　（m.w.）

007604839　5559　2543.34
泥土的歌
臧克家著　上海　星群出版公司　1946年　滬初版　（m.）

007604953　5559　2543.37
寶貝兒
臧克家著　上海　萬葉書店　1946年　初版　萬葉文藝新輯　（m.w.）

007605040　5559　2543.4
烙印
臧克家著　上海　開明書店　1949年　開明文學新刊　（m.）

007604870　5559　2543.44
古樹的花朵—名范築先
臧克家著　重慶　東方書社　1942年　初版　東方文藝叢書　（m.w.）

007605115　5559　2543.5
運河
臧克家著　上海　文化生活出版社　1948年　6版　（m.w.）

007604940　5559　2543.5b
運河
臧克家　上海　文化生活出版社　1936年　初版　文學叢刊　第3集　（m.w.）

007604952　5559　2543.7
向祖國
臧克家著　桂林　三戶圖書社　1942年　（m.w.）

007606105　5559　2912
燈光
朱君允著　重慶　國民圖書出版社　1942年　初版　（m.w.）

007606345　5559　2912A
燈光
朱君允著　上海　商務印書館　1947年　（w.）

007606169　5559　2913
浮沉散文集
秋雲著　香港　人間書屋　1948年　增訂再版　（m.w.）

007606166　5559　2944
姊妹們的消息
徐鶴林著　上海　北新書局　1929年　初版　（m.w.）

007606106　5559　298
秋心集
朱企霞著　上海　北新書局　1937年　初版　文藝新刊　（m.w.）

007606098　5559　2993
孟實文鈔
朱光潛著　上海　良友圖書印刷公司　1936年　初版　良友文學叢書　（m.w.）

008633518　Microfiche　C-944　CH1542
[中和琴室稿本]高山流水
1947年

007603053　5559　3102
蝸樓隨筆
夏衍[沈端先]著　香港　人間書屋　1949年　（w.）

007603086　5559　3102.1
劫餘隨筆
夏衍著　香港　海洋書屋　1948 年　初版　萬人叢書　（m.w.）

007603028　5559　3102.3
邊鼓集有關戲劇的短論散文雜感
夏衍［沈端先］著　重慶　美學出版社　1944 年　（m.w.）

005606550　5559　3162
沙漠
沈明著　1947 年　（m.w.）

007603544　5559　3181
一年集
流金著　上海　文化生活出版社　1949 年　初版　文季叢書　（m.w.）

007606318　5559　3212.1
有進無退
馮雪峰著　重慶　國際文化服務社　1945 年　（m.w.）

007603781　5559　3212.2
靈山歌
雪峰［馮雪峰］著　上海　作家書屋　1946 年　1 版　（m.w.）

007603815　5559　3212.4
跨的日子
馮雪峰著　上海　國際文化服務社　1946 年　初版　（m.w.）

007603779　5559　3272
化雪夜
沙鷗著　上海　春草社　1947 年　再版　春草詩叢　2 輯　（m.w.）

007603780　5559　3272.1
百醜圖
沙鷗著　香港　新詩歌社　1948 年　初版　新詩歌叢書　（m.w.）

007603978　5559　3272.5
農村的歌
沙鷗著　上海　春草社　1947 年　再版　春草詩叢　2 輯　（m.w.）

007603961　5559　3272.9
燒村
沙鷗著　香港　新詩歌社　1948 年　初版　新詩歌叢書　（w.）

007603806　5559　3601
繁辭集
容廬著　上海　世界書局　1939 年　初版　大時代文藝叢書　（m w.）

007605059　5559　3927
逼上梁山
凍山著　特偉插圖　香港　詩歌出版社　1948 年　（w.）

007604946　5559　3932
晚禱
梁宗岱著　上海　商務印書館　1924 年　初版　文學研究會叢書　（m.w.）

007604941　5559　3944
癡人日記
梁萃英著　上海　民生書社　1929 年　初版　（m.）

007606294　5559　4087.2　FC8334　Film　Mas　32213
爲幸福而歌
李金髮著　上海　商務印書館　1926 年　文學研究會叢書　（m.w.）

007606176　5559　4113
貝殼
莊瑞源著　上海　文化生活出版社　1940 年　初版　（m.w.）

007606158　5559　4128
京話
姚穎著　上海　人間書屋　1936年　初版　普及叢書　（m.w.）

007605970　5559　4143
旗下高歌
蘆荻著　香港　1949年　初版　人間詩叢　（m.w.）

007778956　5559　4144.2
秋園文鈔三卷　附古文辭階
姚梓芳著　廣州　林鬱等校刊　1939年

007607597　5559　4212
芬陀利室詩存二編　附錄蔡儀庭先生墓志銘
胡君復撰　香港　1932年

007607311　5559　4222.1
平漢路工人破壞大隊的產生
柯仲平著　重慶　讀書生活出版社　1940年　初版　大眾藝術叢書　（m.w.）

007604963　5559　4255
懷舊集
彭成慧著　上海　北新書局　1936年　初版　創作新刊　（m.w.）

007604948　5559　4262
戰鬥的韓江
蕭野著　香港　人間書屋　1947年　初版　人間詩叢　（m.w.）

011903217　PN86.C4　1931
從囂俄到魯迅
張若谷著　上海　新時代書局　1931年　初版　新時代文藝叢書　（m.）

011837164　PN85.L36　1928
花束
（法）拉姆貝爾（Ch. Lambert）著　魯彥譯　上海　光華書局　1928年　初版　（m.）

011879217　PN85.J55　1929
近代文藝批評斷片
李霽野譯　北平　未名社出版部　1929年　初版　（m.）

008458178　MLC－C
歐美文學評論
廚川白村著　夏綠蕉譯　上海　大東書局　1931年　（m.）

011905539　PN85.L8　1948
人的花朵
呂熒著　上海　新新出版社　1948年　初版　七月文藝　（m.）

011902785　PN85.W46　1947
文學名著研究
（日）秋田雨雀著　楊烈譯　成都　協進出版社　1947年　初版

011929692　PN94.C4　1928
文學生活
張若谷著　上海　金屋書店　1928年　初版　（m.）

011914798　PN85.Y3　1944
文藝論叢
楊之華著　上海　太平書局　1944年　初版　（m.）

007604937　5559　4268
文藝與社會
楊晦著　上海　中興出版社　1949年　初版　（m.）

011930528　PN94.Z4365　1930
現代世界文壇鳥瞰

趙景深著　上海　現代書局　1930年
初版　（m.）

011895444　PN85.C4　1935
現代文學評論
錢歌川著　上海　中華書局　1935年
現代文學叢刊　（m.）

011912012　PN85.P3　1930
現代文藝雜論
保爾著　上海　光華書局　1930年　初版　（m.）

011881561　PN94.Z437　1931
一九三〇年的世界文學
趙景深編　上海　神州國光社　1931年　初版　（m.）

011888351　PN94.C4　1932
一九三一年的世界文學
趙景深著　上海　神州國光社　1932年　初版　（m.）

011722267　PN85.Y555　1936
一九三五年的世界文學
李青崖輯譯　上海　商務印書館　1936年　初版　一九三五年世界概況叢書（m.）

011891893　PN94.C4　1928
最近的世界文學
趙景深編　上海　遠東圖書公司　1928年　初版　（m.）

009275196　T　5559　4271.33
爲祖國而歌
胡風著　桂林　海燕書店　1942年　3版　（m.w.）

007604900　5559　4271.4
在混亂里面胡風第四批評論文集
張光人著　上海　作家書室　1946年（m.）

007604961　5559　4271.53
棘源草雜文集
胡風著　上海　希望社　1947年　再版（m.）

007604925　5559　4315
沸騰的歲月
袁水拍著　上海　新群出版社　1947年　初版　新群詩叢　（m.w.）

007605137　5559　4315.2
解放山歌
袁水拍著　九龍　新群出版社　1949年（m.w.）

007604950　5559　4315.26
向日葵
袁水拍著　重慶　美學出版社　1943年　初版　海濱小集　（m.w.）

007606142　5559　4315.7　(1)　T　5559　4315.7
馬凡陀的山歌
馬凡陀[袁水拍]著　上海　生活書店　1946年　初版　（m.w.）

007606143　5559　4315.7　(2)
馬凡陀的山歌續集
馬凡陀[袁水拍]著　上海　生活書店　1948年　初版　（m.w.）

007604949　5559　4315.8
人民
袁水拍著　中國　新詩社　1940年　新詩社版　（m.w.）

007606163　5559　4334
聖處女的被污
樊心華著　上海　大光書局　1935年

3版 （m.）

007606175　5559　4406
日邊隨筆
李廣田著　上海　文化生活出版社
1948年　初版　（m.w.）

008454802　AC146.K8x　1931
出了象牙之塔
（日）廚川白村著　魯迅譯　上海　北新書局　1931年　初版　（m.）

011910207　PN85.C425　1929
風格與表現
趙蔭棠輯譯　北平　華嚴書店　1929年　初版　（m.）

011929492　PN45.L8　1930
何謂文學
盧冀野編著　上海　大東書局　1930年　初版　（m.）

011919552　HX531.O9　1939
科學的文學論
歐陽凡海編譯　桂林　讀書出版社　1939年　初版　（m.）

011913777　PL2865.Y35　A16　1948
論約瑟夫的外套
黃藥眠著　香港　人間書屋　1948年　初版　（m.）

011892335　PN51.Z53　1928
明日的文學
張子三著　上海　現代書局　1928年　初版　（m.）

011901770　AC150.H7　1930
人類的藝術培良論文集
向培良著　南京　拔提書店　1930年　初版　（m.）

011892805　PN49.Z537　1924
聖書與中國文學
周作人著　聖經之文學的研究
W. H. Hudson著　湯澄波、葉啟芳合譯　上海　商務印書館　1924年　小說月報叢刊

011883029　AC150.S3　1933
文學的藝術
（德）叔本華［A. Schopenhauer］著　陳介白、劉共之譯　北平　人文書店　1933年　初版　（m.）

011837563　PN45.Z48　1934
文學閒談
朱湘著　上海　北新書局　1934年　初版　（m.）

011881391　PN45.S85　1934
文學通論
隋育枬編著　上海　元新書局　1934年　初版　（m.）

011983536　PN45.L5　1940
文學與青年
李辰冬著　重慶　中國文化服務社　1940年　初版　（m.）

011910567　PL2302.W45　1948
文藝的新方向
荃麟、乃超等著　香港　生活書店　1948年　（m.）

007605963　5559　4406.1
文藝書簡
李廣田著　上海　開明書店　1949年　（m.）

011931318　PN189.H7　1948
文藝學習論怎樣學習文學
徐中玉著　香港　文化供應社　1948年

初版　（m.）

011986199　PN56.P92　M3　1927
文藝與性愛
（日）松村武雄著　謝六逸譯　上海　開明書店　1927年　初版　文學週報社叢書　（m.）

011879447　PN85.X825　1929
新興文藝短論
許傑著　上海　明日書店　1929年　初版　（m.）

011918972　AC149.H7　1930
新興藝術概論
（日）青野季吉著　馮憲章譯　上海　現代書局　1930年　初版　（m.）

011909388　PN59.H7　1932
學生與藝術
馬彥祥譯　上海　光華書局　1932年　初版　（m.）

007606174　5559　4406.9
雀蓑記
李廣田著　上海　文化生活出版社　1939年　初版　（m.）

007606250　5559　4408
冬天的花朵
李文釗著　香港　廣西人民文摘社　1949年

007606102　5559　442
李南桌文藝論文集
李南桌著　重慶　生活書店　1939年　初版　（m.）

008169860　MLC－C
王貴與李香香
李季著　1946年　（m.w.）

007606293　5559　4424.4d
王貴與李香香
李季著　上海　生活·讀書·新知三聯書店　1949年　（m.）

007607321　5559　4426
我的生活
蔣經國著　香港　前鋒出版社　1947年　（m.）

007607571　5559　4439.4
始奏集
李家煌著　常熟　楊氏　1928年

007607278　5559　4440
俠廬論著
李雄著　福州　中國國民黨福建省黨部資料室　1946年

007607224　5559　4444
鴛鴦子
樓棲著　香港　人間書屋　1949年　（w.）

007607341　5559　4444.7
反芻集
樓棲著　香港　文生出版社　1946年　初版　（m.w.）

007607338　5559　4446
破曉
李楚材著　上海　兒童書局　1932年　（m.w.）

007607445　5559　4452.10
北方
艾青著　上海　文化生活出版社　1946年　再版　（m.w.）

008090645　T　5559　4452.2
他死在第二次
艾青著　重慶　上海雜誌公司　1939年

初版 （m.w.）

008097883　T　5559　4452.22
獻給鄉村的詩
艾青著　昆明　北門出版社　1945年　初版　（m.w.）

007607618　5559　4452.24
向太陽
艾青著　桂林　海燕書店　1942年　（m.w.）

008090647　T　5559　4452.26
黎明的通知
艾青著　桂林　文化供應社　1943年　文學創作叢刊　（m.w.）

008097960　T　5559　4452.44
大堰河
艾青著　桂林　文化生活出版社　1942年　文學小叢刊　（m.）

008090688　T　5559　4452.66
曠野
艾青著　成都　生活書店　1940年　初版　（m.w.）

008090646　T　5559　4452.9
火把
艾青著　重慶　烽火社　1942年　初版　（m.w.）

007608529　5559　4482
抗戰詩集
李竹候著　廣州　廣州培正中學校　1947年

007608537　5559　4546
論方言文藝論文創作合集
華嘉著　香港　人間書屋　1949年　初版　（m.）

007604198　5559　4824
惆悵
黃仲蘇著　上海　中華書局　1934年　（m.w.）

007604148　5559　4831
賣藝人家
黃宗江著　上海　森林印刷廠　1948年　（m.w.）

007604195　5559　4845
抒情小品
黃藥眠著　廣州　文生出版社　1947年　（w.）

007604183　5559　4863
潰退
黃寧嬰著　香港　人間書屋　1948年　初版　（m.w.）

007604962　5559　4893
錦帆集
黃裳著　上海　中華書局　1946年　初版　中華文藝叢刊　（m.w.）

007604965　5559　4893.8
錦帆集外
黃棠撰　上海　文化生活出版社　1948年　初版　（m.w.）

007605099　5559　4905
江湖剩稿
蔡語邨著　廣州　1946年　退園叢刻

007604966　5559　4946
遠人集
林榕著　北京　新民印書館　1943年　初版　新進作家集　（m.w.）

007604947　5559　4949
同志，攻進城來了
林林著　香港　文生出版社　1947年

初版

007604979　5559　4973
時代之波
林同濟編　上海　大東書局　1946年　初版　在創叢書　（m.）

007606254　5559　5641
征途書簡
拓荒編著　上海　博文書店　1941年

007606253　5559　6124
乙堂文存
羅香林著　廣州　興寧羅氏希山書藏　1946年

007136952　5559　6214
中興集
易君左著　重慶　中央印刷所　1944年　（m.）

007607233　5559　6433
田漢散文集
田漢著　上海　今代書店　1936年　初版　（m.w.）

007607622　5559　6473.2
生命的春天
嚴辰撰　北京　天下圖書公司　1949年　華北版第1版　大衆文藝叢書

007607308　5559　6476
她也要殺人
田間著　上海　群海聯合發行所　1947年　（m.w.）

007607307　5559　6476.11　T　5559　6476.11
盂平英雄歌
田間著　香港　晉察冀邊區教育陣地社　1946年　群衆讀物　（m.）

007607305　5559　6476.8
趕車傳
田間著　香港　新華書店　1949年　中國人民文藝叢書　（m.w.）

007608996　5559　6502
今夜的祝福
畢彥著　上海　静流出版社　1948年　初版　（m.w.）

007609006　5559　6524
金色的翅膀
單復著　上海　文化生活出版社　1949年　初版　（m.w.）

007608979　5559　6528
掘金記
畢奐午著　上海　文化生活出版社　1936年　初版　（m.w.）

007609215　5559　6664
不朽的肖像
路易士著　上海　詩人社　1939年　（w.）

007609012　5559　7113
曙前
劉北汜著　上海　文化生活出版社　1948年　初版　（m.w.）

007609226　5559　7123
囚綠記
陸蠡著　上海　文化生活出版社　1948年　3版　（m.w.）

007609014　5559　7123.3
海星
陸蠡著　上海　文化生活出版社　1936年　初版　（m.w.）

007609015　5559　7123.8
竹刀上下集
陸蠡著　上海　文化生活出版社　1938年　初版　(m.)

007608877　5559　7144
寒鴉集
劉大傑著　上海　啟智書局　1934年　(m.)

007608937　5559　7221.1
延安生活
劉白羽著　上海　現實出版社　1946年　初版　現實文叢　(m.w.)

007609017　5559　7221.9
光明照耀著瀋陽
劉白羽著　北平　新華書店　1949年　初版　中國人民文藝叢書

007609246　5559　7222
顧雁樓詩草
周傑智[周希霖]著　廣州　1936年

007610932　5559　7260
回憶
馬國亮著　上海　良友圖書公司　1932年　初版　(m.w.)

007611095　5559　7264
一個戰士的遺詩
馬嬰作　香港　風社　1948年　(w.)

007611219　5559　7281
殘兵
周全平著　上海　現代書局　1932年　3版　(m.w.)

007612089　5559　7948
專愛集
陳樹人著　上海　中華書局　1947年　初版　(m.)

007612146　5559　7958
蛻翁詩詞文續存
陳蛻庵著　上海　柳亞子　1915年　初版　(m.)

007612173　5559　7981
歸鴻
陳銓著　上海　大東書局　1946年　初版　(m.w.)

007612176　5559　7998
地獄
陳熒著　上海　南極出版社　1948年　初版　南極文叢　(m.w.)

007606183　5559　8140
西湖漫拾
鍾敬文著　上海　北新書局　1929年　初版　(m.w.)

007606178　5559　8212
燕郊集
俞平伯著　上海　良友圖書印刷公司　1936年　初版　良友文學叢書　(m.w.)

007605958　5559　8212.04
雜拌兒一名梅什兒
俞平伯著　上海　開明書店　1930年　3版　(m.w.)

007607458　5559　8252
笳聲集
鄭春霆著　1939年

007607627　5559　8353
新詩集
鐵戈著　上海　晨光出版公司　1947年　後記　晨光文學叢書

007607166　5559　8353b
在旗下

鐵戈著　香港　新民主出版社　1947 年
　（w.）

007607478　5559　8642.8
頌橘廬詩存
曾克端撰　成都　頌橘廬　1947 年　履齋叢刻

007607309　5559　8681
落花
曾今可著　上海　新時代書局　1932 年　初版　（m.）

007607306　5559　8681.1
兩顆星
曾今可著　上海　新時代書局　1933 年　初版　新時代文藝叢書　（m.w.）

007607637　5559　8681.2
愛的三部曲
曾今可著　上海　新時代書局　1933 年　3 版　（m.w.）

007607339　5559　8681.3
小鳥集
曾今可著　上海　新時代書局　1933 年　初版　新時代文藝叢書　（m.w.）

007607340　5559　8681.8
今可隨筆
曾今可著　上海　北新書局　1933 年　初版　（m.w.）

007607175　5559　8704
狂顧錄
舒新城著　上海　中華書局　1936 年　初版　（m.w.）

003796265　5559.2　2339.22
後台朋友
吳祖光著　上海　上海出版公司　1946 年　初版　文藝復興叢書　（m.w.）

005308856　5559.2　412
復活的土地
杭約赫［曹辛之］著　上海　森林出版社　1949 年　初版　（m.w.）

007608878　5559.3　1424
元旦
聶紺弩著　香港　求實出版社　1949 年　初版　（m.w.）

007612355　5560　1114
北林遺稿六卷
武元恒［北林］著　岡山　長田一郎　1934 年

007611163　5560　1175
和詩選七卷
王長春選　上海　華中印書局　1942 年

007612357　5560　2217
澎湖遊草閩中遊草
久保得二［天隨］撰　1931—32 年

007612360　5560　4021
秦山遺稿二卷
土方久元著　東京　土方久敬　1919 年

007612369　5560　4643
木州詩存
植野木州著　植野武雄編　奉天　木州詩存刊行會　1939 年

007612372　5560　6319
淩滄集
田邊碧堂著　上海　中華書局　1924 年

007612376　5560　7684
篁村遺稿三卷
島田重禮［篁村］著　東京　島田鈞一　1918 年

007612378　5560　9644
銀臺遺稿二卷　附錄
小田切萬壽之助撰　東京　小田切武林　1935 年

007951679　Film Mas 36028　Film Mas 36573　FK2356　FK2519　TK 5568.2　8120
慎獨齋先生全書二十卷
金集撰　遯巖書院　1924 年

007953837　Film Mas 36696　Film Mas 36796　FK2666　FK2726　TK 5568.2　8124.3
雲養集十六卷
金允植著　日本　絳雪山館藏　1913 年

詞

007613435　5573　1202
鶯音集
孫德謙撰　香港　元和孫氏四益宧　1918 年

007612258　5573　1334B
詞林紀事二十二卷　附錄
張思巖［宗橚］輯　上海　掃葉山房　1920 年

007613438　5573　5962
詞林韻釋一名詞林要韻五卷
上海　中華書局　1934 年　四部備要

007608672　5575　0416
詞學指南
謝無量著　上海　中華書局　1929 年（m.）

007608665　5575　1398
詞源二卷
張炎撰　吳梅校勘　北京　北京大學出版部　1925 年

007608526　5575　1398.4　FC8571　Film Mas 32720
詞源疏證
蔡楨編纂　南京　金陵大學中國文化研究所　1932 年　初版　金陵大學中國文化研究所叢刊　甲種

007608536　5575　1444　5575　1444A
詞調溯源
夏敬觀著　上海　商務印書館　1931 年　初版　國學小叢書（m.）

007608535　5575　2122
詞學研究法
任二北［任訥］著　上海　商務印書館　1935 年　初版（m.）

007136947　5575　2122B
詞學研究法
任二北著　重慶　商務印書館　1944 年（m.）

007608478　5575　2345
詞學通論
吳梅著　上海　商務印書館　1933 年（m.）

007608645　5575　2422
學詞初步
傅紹先編　上海　文明書局　1936 年　6 版

007608765　5575　2434
最淺學詞法
傅汝楫編　上海　大東書局　1925 年（m.）

007609217　5575　4244B
詞律二十卷　拾遺八卷　補遺一卷
萬樹撰　上海　中華書局　1934 年　據榆園叢書倣宋

007609219　5575　4244C
詞律二十卷　拾遺八卷　補遺一卷
萬樹撰　香港　1912—49年　清康熙二十六年［1687］自序

007608980　5575　4244D
詞律
（清）萬樹編著　恩錫、杜文瀾校　上海　商務印書館　1937年　初版　（m.）

007778866　5575　8244
白香詞譜
舒夢蘭選輯　濟南　1912年

007609096　5575　8244.2
白香詞譜箋四卷
舒夢蘭原輯　謝朝徵箋　張蔭桓校　上海　文明　1919年

007609233　5575　8244.21
白香詞譜考釋作法
舒夢蘭選輯　韓楚原重編　胡山源校訂　上海　掃葉山房　194？年

008014309　5575　8244.3
增廣考正白香詞譜四卷
顧佛影考正　上海　中原書局　1926年

007609236　5575　8244.5
考正白香詞譜
舒夢蘭輯　抱恨生註釋　上海　新文化書社　1936年

007609112　5576　5345
詞林正韻上中下卷
戈載輯　上海　掃葉山房　1934年

009200596　5576　5345　（1924）
詞林正韻三卷
戈載輯　上海　掃葉山房　1924年

007609242　5576　7223
作辭須知
上海　掃葉山房　1928年

007609090　5576　7925
詞韻諧聲表四卷
陳任中編訂　香港　雲在山房　1934年

007609117　5577　0032
詞話叢編
唐圭璋校編　南京　詞話叢編社　1934年

007609251　5577　0032　(1)
碧雞漫志五卷
王灼撰　南京　詞話叢編社　1935年　詞話叢編

007609264　5577　0032　(1)
浩然齋雅談一卷
周密撰　南京　詞話叢編社　1935年　詞話叢編

007609253　5577　0032　(1)
能改齋漫錄二卷
吳曾撰　南京　詞話叢編社　1935年　詞話叢編

007609258　5577　0032　(1)
苕溪漁隱叢話二卷
胡仔撰　南京　詞話叢編社　1935年　詞話叢編

007609261　5577　0032　(1)
魏慶之詞話一卷
魏慶之撰　南京　詞話叢編社　1935年　詞話叢編

007611149　5577　0032　(2)
詞品六卷　附拾遺一卷
楊慎撰　南京　詞話叢編社　1935年　詞話叢編

007609266　5577　0032　（2）
詞源二卷
張炎撰　南京　詞話叢編社　1935年　詞話叢編

007609269　5577　0032　（2）
詞旨二卷
陸行直撰　南京　詞話叢編社　1935年　詞話叢編

007609267　5577　0032　（2）
樂府指迷一卷
沈義父撰　南京　詞話叢編社　1935年　詞話叢編

007609268　5577　0032　（2）
吳禮部詞話一卷
吳師道撰　南京　詞話叢編社　1935年　詞話叢編

007611139　5577　0032　（2）
藝苑卮言一名弇州山人詞評一卷
王世貞撰　南京　詞話叢編社　1935年　詞話叢編

007611145　5577　0032　（2）
爰園詞話一卷
俞彥撰　南京　詞話叢編社　1935年　詞話叢編

007609270　5577　0032　（2）
渚山堂詞話三卷
陳霆撰　南京　詞話叢編社　1935年　詞話叢編

007611169　5577　0032　（4）
古今詞論一卷
王又華校鈔　南京　詞話叢編社　1935年　詞話叢編

007611184　5577　0032　（4）
花草蒙拾
王士正著　南京　詞話叢編社　1935年　詞話叢編

007611188　5577　0032　（4）
金粟詞話一卷
彭孫遹著　南京　詞話叢編社　1935年　詞話叢編

007611155　5577　0032　（4）
窺詞管見一卷
李漁撰　南京　詞話叢編社　1935年　詞話叢編

007611175　5577　0032　（4）
七頌堂詞繹一卷
劉體仁著　南京　詞話叢編社　1935年　詞話叢編

007611181　5577　0032　（4）
填詞雜說一卷
沈謙著　南京　詞話叢編社　1935年　詞話叢編

007611160　5577　0032　（4）
西河詞話二卷
毛奇齡撰　南京　詞話叢編社　1935年　詞話叢編

007611183　5577　0032　（4）
遠志齋詞衷
鄒祗謨著　南京　詞話叢編社　1935年　詞話叢編

007611187　5577　0032　（4）
皺水軒詞筌
賀裳撰　南京　詞話叢編社　1935年　詞話叢編

007611191　5577　0032　（5－6）
古今詞話八卷
沈雄編纂　南京　詞話叢編社　1935年

詞話叢編

007611192　5577　0032　(7-8)
歷代詩餘話十卷
王奕清等校　南京　詞話叢編社　1935
年　詞話叢編

007611193　5577　0032　(8)
雨村詞話四卷
李調元撰　南京　詞話叢編社　1935 年
　詞話叢編

007611205　5577　0032　(9)
詞綜偶評一卷
許昂霄撰　南京　詞話叢編社　1935 年
　詞話叢編

007611200　5577　0032　(9)
雕菰樓詞話一卷
焦循撰　南京　詞話叢編社　1935 年
詞話叢編

007611206　5577　0032　(9)
介存齋論詞雜著一卷
周濟撰　南京　詞話叢編社　1935 年
詞話叢編

007611203　5577　0032　(9)
靈芬館詞話一卷
郭麐撰　南京　詞話叢編社　1935 年
詞話叢編

007611195　5577　0032　(9)
銅鼓書堂詞話一卷
查禮撰　南京　詞話叢編社　1935 年
詞話叢編

007611194　5577　0032　(9)
西圃詞說一卷
田同之撰　南京　詞話叢編社　1935 年
　詞話叢編

007611207　5577　0032　(10-13)
詞苑萃編二十四卷
馮金伯輯錄　南京　詞話叢編社　1935
年　詞話叢編

007611210　5577　0032　(13)
本事詞二卷
葉申薌編輯　南京　詞話叢編社　1935
年　詞話叢編

007611227　5577　0032　(14)
詞徑一卷
孫麟趾著　南京　詞話叢編社　1935 年
　詞話叢編

007611215　5577　0032　(14)
樂府餘論一卷
宋翔鳳撰　南京　詞話叢編社　1935 年
　詞話叢編

007611213　5577　0032　(14)
蓮子居詞話四卷
吳衡照輯　南京　詞話叢編社　1935 年
　詞話叢編

007611222　5577　0032　(14)
雙硯齋詞話一卷
鄧廷楨撰　南京　詞話叢編社　1935 年
　詞話叢編

007611220　5577　0032　(14)
填詞淺說一卷
謝元淮撰　南京　詞話叢編社　1935 年
　詞話叢編

007611225　5577　0032　(14)
問花樓詞話一卷
陸鎣著　南京　詞話叢編社　1935 年
　詞話叢編

007611228　5577　0032　(15-16)
聽秋聲館詞話二十卷
丁紹儀撰　南京　詞話叢編社　1935年
　詞話叢編

007611232　5577　0032　(17-18)
憩園詞話六卷
杜文瀾述　南京　詞話叢編社　1935年
　詞話叢編

007611233　5577　0032　(18)
詞學集成八卷
江順詒輯　南京　詞話叢編社　1935年
　詞話叢編

007611241　5577　0032　(19-20)
賭棋山莊詞話十二卷　續詞話五卷
謝章鋌撰　南京　詞話叢編社　1935年
　詞話叢編

007611258　5577　0032　(21)
詞概一卷
劉熙載撰　南京　詞話叢編社　1935年
　詞話叢編

007611254　5577　0032　(21)
芬陀利室詞話三卷
蔣敦復著　南京　詞話叢編社　1935年
　詞話叢編

007611244　5577　0032　(21)
蒿庵論詞一卷
馮煦撰　南京　詞話叢編社　1935年
詞話叢編

007611247　5577　0032　(21)
菌閣瑣談一卷
沈曾植撰　南京　詞話叢編社　1935年
　詞話叢編

007611261　5577　0032　(22)
白雨齋詞話八卷
陳廷焯著　南京　詞話叢編社　1935年
　詞話叢編

007611263　5577　0032　(22)
復堂詞話
譚獻撰　南京　詞話叢編社　1935年
詞話叢編

007611271　5577　0032　(23)
袌碧齋詞話二卷
陳銳撰　南京　詞話叢編社　1935年
詞話叢編

007611273　5577　0032　(23)
詞論一卷
張祥齡撰　南京　詞話叢編社　1935年
　詞話叢編

007611269　5577　0032　(23)
詞徵六卷
張德瀛撰　南京　詞話叢編社　1935年
　詞話叢編

007611275　5577　0032　(23)
近詞叢話一卷
徐珂撰　南京　詞話叢編社　1935年
詞話叢編

007611268　5577　0032　(23)
論詞隨筆一卷
沈祥龍撰　南京　詞話叢編社　1935年
　詞話叢編

007611264　5577　0032　(23)
歲寒居詞話一卷
胡薇元撰　南京　詞話叢編社　1935年
　詞話叢編

007869367　5577　0032　(24)
詞說一卷
蔣兆蘭撰　南京　詞話叢編社　1935年

詞話叢編

007611279　5577　0032　(24)
海綃說詞一卷
陳洵撰　南京　詞話叢編社　1935年
　詞話叢編

007611277　5577　0032　(24)
人間詞話二卷
王國維撰　南京　詞話叢編社　1935年
　詞話叢編

007611278　5577　0032　(24)
小三吾亭詞話五卷
冒廣生撰　南京　詞話叢編社　1935年
　詞話叢編

007612329　5577　0032　(24)
粵詞雅一卷
潘飛聲撰　南京　詞話叢編社　1935年
　詞話叢編

009112383　5577　0263
清詞玉屑十二卷
龍顧山人纂　香港　蟄園　1936年

007613439　5577　0627
花間夢詞記
謝重開著　上海　喜怒用功社　1934年

007613450　5577　1162
校註人間詞話
王國維著　上海　開明書店　1939年
（m.）

007613266　5577　1162.1
人間詞話講疏
許文雨編著　南京　正中書局　1937年
　初版　國學叢刊　（m.）

007614500　5577　2711
花間詞人研究
伊砧著　上海　元新書局　1936年　初版　（m.）

007614507　5577　2981
詞苑叢談
（清）徐釚編　上海　商務印書館　1937年　初版　（m.）

007614703　5577　3177.1
詞話叢鈔
王文濡校閱　上海　大東書局　1921年

007614766　5577　3177.1　(1-2)
柳塘詞話
沈雄著　上海　大東書局　1921年　詞話叢鈔

007614764　5577　3177.1　(1-1)
爰園詞話
俞彥著　上海　大東書局　1921年　詞話叢鈔

007614769　5577　3177.1　(2)
金粟詞話
彭孫遹著　上海　大東書局　1921年　詞話叢鈔

007614767　5577　3177.1　(2)
遠志齋詞衷
鄒祗謨著　上海　大東書局　1921年　詞話叢鈔

007614774　5577　3177.1　(3)
詞徑
孫麟趾著　上海　大東書局　1921年　詞話叢鈔

007614770　5577　3177.1　(3)
花草蒙拾
王士正著　上海　大東書局　1921年　詞話叢鈔

007614773　5577　3177.1　(3)
樂府餘論
宋翔鳳著　上海　大東書局　1921 年　詞話叢鈔

007614772　5577　3177.1　(3)
七頌堂詞繹
劉體仁著　上海　大東書局　1921 年　詞話叢鈔

007614771　5577　3177.1　(3)
皺水軒詞筌
賀裳著　上海　大東書局　1921 年　詞話叢鈔

007614775　5577　3177.1　(4)
芬陀利室詞話
蔣敦復著　上海　大東書局　1921 年　詞話叢鈔

007614468　5577　3188
樂府指迷箋釋
沈義父撰　蔡嵩雲輯　上海　中華書局　1948 年

007614620　5577　4211
宋詞研究
胡雲翼編著　上海　中華書局　1929 年　訂正 4 版　少年中國學會叢書　(m.)

007615035　5577　8212
讀詞偶得修訂版
俞平伯著　上海　開明書店　1947 年　修訂初版　(m.)

007615017　5577　8909
詞筌
余毅恆編著　重慶　正中書局　1944 年　(m.)

007615030　5578　2158
詞曲通義
任中敏[任訥]編　上海　商務印書館　1931 年　初版　(m.)

007615033　5578　2912
詞曲概論講義
徐珂著　上海　商務印書館函授學社國文科　民國間

007615193　5578　3932
詞學
梁啟勳著　香港　1932 年

007615067　5578　4211.2
中國詞史略
胡雲翼著　上海　大陸書局　1933 年　初版

007615034　5578　4211.3
詞學 ABC
胡雲翼著　上海　世界書局　1930 年　初版　ABC 叢書　(m.)

007615215　5578　7124
樂府古辭考
陸侃如著　上海　商務印書館　1927 年　再版　(m.)

007615027　5578　7282
詞史
劉毓盤著　上海　群眾圖書公司　1931 年　初版　(m.)

011913395　PL2336.C645　1947
詞學研究
羅芳洲編　上海　文力出版社　1947 年　第 2 版　詞學小叢書　(m.)

011880970　PL2347.X825　1926
清代詞學概論
徐珂著　上海　大東書局　1926 年　初版　(m.)

007614947　5578.5　4414
宋詞通論
薛礪若著　上海　開明書店　1948 年
再版　開明文史叢刊　(m.)

008606985　FC8760　Film Mas 32776　Pl.2336.H8　1933
中國詞史大綱
胡雲翼編著　上海　北新書局　1933 年
初版　(m.)

007615108　5579　2438
兩宋詞人小傳
季灝編著　上海　民治出版社　1947 年
(m.)

007615253　5579　4491
李後主
楊蔭深撰　上海　商務印書館　1935 年
(m.)

003274720　5580　293　5580　293 c.2
彊邨叢書
朱孝臧輯　濟南　1922 年

007779432　5580　293　(1)
樂府補題一卷
濟南　1922 年　彊邨叢書

007779430　5580　293　(1)
雲謠集雜曲子一卷
濟南　1922 年　彊邨叢書

007779431　5580　293　(1)
尊前集一卷
濟南　1922 年　彊邨叢書

007779435　5580　293　(2)
天下同文一卷　補遺一卷
濟南　1922 年　彊邨叢書

007779434　5580　293　(2)
中州樂府一卷
濟南　1922 年　彊邨叢書

007779442　5580　293　(3)
范文正公詩餘一卷
范仲淹撰　濟南　1922 年　彊邨叢書

007779437　5580　293　(3)
金奩集一卷
温庭筠撰　濟南　1922 年　彊邨叢書

007779439　5580　293　(3)
宋徽宗詞一卷
濟南　1922 年　彊邨叢書

007779443　5580　293　(3)
張子野詞四卷
張先撰　濟南　1922 年　彊邨叢書

007779449　5580　293　(4)
樂章集四卷
柳永撰　濟南　1922 年　彊邨叢書

007779458　5580　293　(5)
臨川先生歌曲二卷
王安石撰　濟南　1922 年　彊邨叢書

007779455　5580　293　(5)
南陽詞一卷
韓維撰　濟南　1922 年　彊邨叢書

007779459　5580　293　(5)
韋先生詞一卷
韋驤撰　濟南　1922 年　彊邨叢書

007779453　5580　293　(5)
小山詞一卷
晏幾道撰　濟南　1922 年　彊邨叢書

007779464　5580　293　(5)
紫陽真人詞一卷
張伯端撰　濟南　1922 年　彊邨叢書

007779468　5580　293　(6)
東坡樂府三卷
蘇軾撰　濟南　1922 年　彊邨叢書

007779483　5580　293　(7)
東堂詞一卷
毛滂撰　濟南　1922 年　彊邨叢書

007779480　5580　293　(7)
淮海居士長短句三卷
秦觀撰　濟南　1922 年　彊邨叢書

007779476　5580　293　(7)
龍雲先生樂府一卷
劉弇撰　濟南　1922 年　彊邨叢書

007779472　5580　293　(7)
山谷琴趣外篇三卷
黃庭堅撰　濟南　1922 年　彊邨叢書

007779495　5580　293　(8)
寶晉長短句一卷
米芾撰　濟南　1922 年　彊邨叢書

007779509　5580　293　(8)
北湖詩餘一卷
吳則禮撰　濟南　1922 年　彊邨叢書

007779508　5580　293　(8)
畫墁詞一卷
張舜民撰　濟南　1922 年　彊邨叢書

007779513　5580　293　(8)
片玉集十卷
周邦彥撰　濟南　1922 年　彊邨叢書

007779506　5580　293　(8)
竹友詞一卷
謝邁撰　濟南　1922 年　彊邨叢書

007779523　5580　293　(9)
東山詞補一卷
賀鑄撰　濟南　1922 年　彊邨叢書

007779517　5580　293　(9)
東山詞上一卷
賀鑄撰　濟南　1922 年　彊邨叢書

007779521　5580　293　(9)
賀方回詞二卷
賀鑄撰　濟南　1922 年　彊邨叢書

007779527　5580　293　(9)
虛靖真君詞一卷
張繼先撰　濟南　1922 年　彊邨叢書

007779526　5580　293　(9)
頤堂詞一卷
王灼撰　濟南　1922 年　彊邨叢書

007779531　5580　293　(10)
赤城詞一卷
陳克撰　濟南　1922 年　彊邨叢書

007779529　5580　293　(10)
浮溪詞一卷
汪藻撰　濟南　1922 年　彊邨叢書

007779537　5580　293　(10)
龜溪長短句一卷
沈與求撰　濟南　1922 年　彊邨叢書

007779536　5580　293　(10)
華陽長短句一卷
張綱撰　濟南　1922 年　彊邨叢書

007779539　5580　293　(10)
鄱陽詞一卷
洪皓撰　濟南　1922 年　彊邨叢書

007779534　5580　293　(10)
阮戶部詞一卷
阮閱撰　濟南　1922 年　彊邨叢書

007779530　5580　293　(10)
苕溪樂章一卷
劉一止撰　濟南　1922年　彊邨叢書

007779541　5580　293　(10)
無住詞一卷
陳與義撰　濟南　1922年　彊邨叢書

007779542　5580　293　(10)
相山居士詞一卷
王之道撰　濟南　1922年　彊邨叢書

007779528　5580　293　(10)
陽春集一卷
米友仁撰　濟南　1922年　彊邨叢書

007779549　5580　293　(11)
飄然先生詞一卷
歐陽澈撰　濟南　1922年　彊邨叢書

007779551　5580　293　(11)
灊山詩餘一卷
朱翌撰　濟南　1922年　彊邨叢書

007779547　5580　293　(11)
樵歌三卷
朱敦儒撰　濟南　1922年　彊邨叢書

007779552　5580　293　(11)
松隱樂府四卷
曹勳撰　濟南　1922年　彊邨叢書

007779567　5580　293　(12)
鄮峰真隱大曲詞曲四卷
史浩撰　濟南　1922年　彊邨叢書

007779555　5580　293　(12)
屏山詞一卷
劉子翬撰　濟南　1922年　彊邨叢書

007779562　5580　293　(12)
澹齋集一卷
李流謙撰　濟南　1922年　彊邨叢書

007779557　5580　293　(12)
浮山詩餘一卷
仲並撰　濟南　1922年　彊邨叢書

007779561　5580　293　(12)
王周士詞一卷
王以寧撰　濟南　1922年　彊邨叢書

007779569　5580　293　(13)
蓮社詞一卷
張掄撰　濟南　1922年　彊邨叢書

007779570　5580　293　(13)
南澗詩餘一卷
韓元吉撰　濟南　1922年　彊邨叢書

007779573　5580　293　(13)
盤洲樂章三卷
洪适撰　濟南　1922年　彊邨叢書

007779594　5580　293　(14)
誠齋樂府一卷
楊萬里撰　濟南　1922年　彊邨叢書

007779590　5580　293　(14)
澹軒詩餘一卷
李呂撰　濟南　1922年　彊邨叢書

007779574　5580　293　(14)
漢濱詩餘一卷
王之望撰　濟南　1922年　彊邨叢書

007779595　5580　293　(14)
平園近體樂府一卷
周必大撰　濟南　1922年　彊邨叢書

007779592　5580　293　(14)
文簡公詞一卷
程大昌撰　濟南　1922年　彊邨叢書

007779593　5580　293　（14）
雪山詞一卷
王質撰　濟南　1922年　彊邨叢書

007779586　5580　293　（14）
芸庵詩餘一卷
李洪撰　濟南　1922年　彊邨叢書

007779588　5580　293　（14）
雲莊詞一卷
曾協撰　濟南　1922年　彊邨叢書

007779708　5580　293　（15）
和石湖詞一卷
陳三聘撰　濟南　1922年　彊邨叢書

007779705　5580　293　（15）
石湖詞二卷
范成大撰　濟南　1922年　彊邨叢書

007779710　5580　293　（15）
松坡詞一卷
京鏜撰　濟南　1922年　彊邨叢書

007779712　5580　293　（15）
渭川居士詞一卷
呂勝己撰　濟南　1922年　彊邨叢書

007779715　5580　293　（16）
介庵琴趣外篇七卷
趙彥端撰　濟南　1922年　彊邨叢書

007779713　5580　293　（16）
簫臺公餘詞一卷
姚述堯撰　濟南　1922年　彊邨叢書

007779716　5580　293　（16）
竹屋癡語一卷
高觀國撰　濟南　1922年　彊邨叢書

007779719　5580　293　（17）
方舟詞一卷
李石撰　濟南　1922年　彊邨叢書

007779717　5580　293　（17）
龍洲詞三卷
劉過撰　濟南　1922年　彊邨叢書

007779718　5580　293　（17）
玉蟾先生詩餘二卷
葛長庚撰　濟南　1922年　彊邨叢書

007779707　5580　293　（17）
竹齋詞一卷
沈瀛撰　濟南　1922年　彊邨叢書

007779720　5580　293　（18）
白石道人歌曲七卷
姜夔撰　濟南　1922年　彊邨叢書

007779723　5580　293　（19）
稼軒詞補遺一卷
辛棄疾撰　濟南　1922年　彊邨叢書

007779721　5580　293　（19）
澗泉詩餘一卷
韓淲撰　濟南　1922年　彊邨叢書

007779724　5580　293　（19）
康範詩餘一卷
汪晫撰　濟南　1922年　彊邨叢書

007779722　5580　293　（19）
客亭樂府一卷
楊冠卿撰　濟南　1922年　彊邨叢書

007779725　5580　293　（19）
應齋詞一卷
趙善括撰　濟南　1922年　彊邨叢書

007779727　5580　293　（20）
定齋詩餘一卷
蔡戡撰　濟南　1922年　彊邨叢書

007781821　5580　293　（20）
鶴林詞一卷
　　吳泳撰　濟南　1922年　彊邨叢書

007781820　5580　293　（20）
南湖詩餘一卷
　　張鎡撰　濟南　1922年　彊邨叢書

007779726　5580　293　（20）
蒲江詞稿一卷
　　盧祖皋撰　濟南　1922年　彊邨叢書

007779728　5580　293　（20）
丘文定公詞一卷
　　丘密撰　濟南　1922年　彊邨叢書

007779729　5580　293　（20）
省齋詩餘一卷
　　廖行之撰　濟南　1922年　彊邨叢書

007781824　5580　293　（21）
東澤綺語債一卷
　　張輯撰　濟南　1922年　彊邨叢書

007781829　5580　293　（21）
方壺詩餘二卷
　　汪莘撰　濟南　1922年　彊邨叢書

007781826　5580　293　（21）
默齋詞一卷
　　游九言撰　濟南　1922年　彊邨叢書

007781825　5580　293　（21）
清江漁譜一卷
　　張輯撰　濟南　1922年　彊邨叢書

007781822　5580　293　（21）
笑笑詞一卷
　　郭應祥撰　濟南　1922年　彊邨叢書

007781823　5580　293　（21）
徐清正公詞一卷
　　徐鹿卿撰　濟南　1922年　彊邨叢書

007781830　5580　293　（22）
後村長短句五卷
　　劉克莊撰　濟南　1922年　彊邨叢書

007781842　5580　293　（23）
白雲小稿一卷
　　趙崇嶓撰　濟南　1922年　彊邨叢書

007781832　5580　293　（23）
矩山詞一卷
　　徐經孫撰　濟南　1922年　彊邨叢書

007781839　5580　293　（23）
履齋先生詩餘一卷
　　吳潛撰　濟南　1922年　彊邨叢書

007781845　5580　293　（23）
蓬萊鼓吹一卷
　　夏元鼎撰　濟南　1922年　彊邨叢書

007781836　5580　293　（23）
退庵詞一卷
　　吳淵撰　濟南　1922年　彊邨叢書

007781840　5580　293　（23）
彝齋詩餘一卷
　　趙孟堅撰　濟南　1922年　彊邨叢書

007781835　5580　293　（23）
篔窗詞一卷
　　陳耆卿撰　濟南　1922年　彊邨叢書

007781848　5580　293　（24-25）
夢窗詞集二卷
　　吳文英撰　濟南　1922年　彊邨叢書

007781855　5580　293　（25）
本堂詞一卷
　　陳著撰　濟南　1922年　彊邨叢書

007781852　5580　293　（25）
方是閒居士詞一卷
劉學箕撰　濟南　1922 年　彊邨叢書

007781854　5580　293　（25）
秋堂詩餘一卷
柴望撰　濟南　1922 年　彊邨叢書

007781858　5580　293　（26）
陵陽詞一卷
牟巘撰　濟南　1922 年　彊邨叢書

007781857　5580　293　（26）
秋聲詩餘一卷
衛宗武撰　濟南　1922 年　彊邨叢書

007781859　5580　293　（26）
須溪詞二卷
劉辰翁撰　濟南　1922 年　彊邨叢書

007781860　5580　293　（27）
蘋洲漁笛譜三卷
周密撰　濟南　1922 年　彊邨叢書

007781865　5580　293　（28）
日湖漁唱一卷
陳允平撰　濟南　1922 年　彊邨叢書

007781864　5580　293　（28）
雙溪詞一卷
馮取洽撰　濟南　1922 年　彊邨叢書

007781862　5580　293　（28）
水雲詞一卷
汪元量撰　濟南　1922 年　彊邨叢書

007781868　5580　293　（28）
西麓繼周集一卷
陳允平撰　濟南　1922 年　彊邨叢書

007781874　5580　293　（29－30）
山中白雲八卷
張炎撰　濟南　1922 年　彊邨叢書

007781871　5580　293　（29）
勿軒長短句一卷
熊禾撰　濟南　1922 年　彊邨叢書

007781869　5580　293　（29）
竹山詞一卷
蔣捷撰　濟南　1922 年　彊邨叢書

007781882　5580　293　（31）
白雪遺音一卷
陳德武撰　濟南　1922 年　彊邨叢書

007783044　5580　293　（31）
北遊詞一卷
汪夢斗撰　濟南　1922 年　彊邨叢書

007781877　5580　293　（31）
龜溪二隱詞一卷
李彭老、李萊老撰　濟南　1922 年　彊邨叢書

007783046　5580　293　（31）
蘭雪詞一卷
張玉撰　濟南　1922 年　彊邨叢書

007781883　5580　293　（31）
寧極齋樂府一卷
陳深撰　濟南　1922 年　彊邨叢書

007783045　5580　293　（31）
心泉詩餘一卷
蒲壽宬撰　濟南　1922 年　彊邨叢書

007781879　5580　293　（31）
在軒詞一卷
黃公紹撰　濟南　1922 年　彊邨叢書

007783043　5580　293　（31）
則堂詩餘一卷
家鉉翁撰　濟南　1922 年　彊邨叢書

007783051　5580　293　(31)
莊靖先生樂府一卷
李俊民撰　濟南　1922年　彊邨叢書

007783049　5580　293　(31)
拙軒詞一卷
王寂撰　濟南　1922年　彊邨叢書

007783054　5580　293　(32)
遺山樂府三卷
元好問撰　濟南　1922年　彊邨叢書

007783061　5580　293　(33)
磻溪詞一卷
丘處機撰　濟南　1922年　彊邨叢書

007783056　5580　293　(33)
遯庵樂府一卷
段克己撰　濟南　1922年　彊邨叢書

007783066　5580　293　(33)
稼村樂府一卷
王義山撰　濟南　1922年　彊邨叢書

007783058　5580　293　(33)
菊軒樂府一卷
段成己撰　濟南　1922年　彊邨叢書

007783063　5580　293　(33)
魯齋詞一卷
許衡撰　濟南　1922年　彊邨叢書

007783067　5580　293　(34)
瓢泉詞一卷
朱晞顏撰　濟南　1922年　彊邨叢書

007783071　5580　293　(34)
秋澗樂府四卷
王惲撰　濟南　1922年　彊邨叢書

007783105　5580　293　(35)
定宇詩餘一卷
陳櫟撰　濟南　1922年　彊邨叢書

007783081　5580　293　(35)
牧庵詞二卷
姚燧撰　濟南　1922年　彊邨叢書

007783096　5580　293　(35)
樵庵詞二卷
劉因撰　濟南　1922年　彊邨叢書

007783080　5580　293　(35)
勤齋詞一卷
蕭𣂏撰　濟南　1922年　彊邨叢書

007783086　5580　293　(35)
青山詩餘二卷
趙文撰　濟南　1922年　彊邨叢書

007783089　5580　293　(35)
水雲邨詩餘一卷
劉壎撰　濟南　1922年　彊邨叢書

007783092　5580　293　(35)
養蒙先生詞一卷
張伯淳撰　濟南　1922年　彊邨叢書

007783100　5580　293　(35)
雲峰詩餘一卷
胡炳文撰　濟南　1922年　彊邨叢書

007783093　5580　293　(35)
中庵詩餘一卷
劉敏中撰　濟南　1922年　彊邨叢書

007783119　5580　293　(36)
芳洲詩餘一卷
黎廷瑞撰　濟南　1922年　彊邨叢書

007783110　5580　293　(36)
漢泉樂府一卷
曹伯啟撰　濟南　1922年　彊邨叢書

007783117　5580　293　（36）
樂庵詩餘一卷
吳存撰　濟南　1922年　彊邨叢書

007783121　5580　293　（36）
順齋樂府一卷
蒲道源撰　濟南　1922年　彊邨叢書

007783123　5580　293　（36）
無絃琴譜一卷
仇遠撰　濟南　1922年　彊邨叢書

007783115　5580　293　（36）
養吾齋詩餘一卷
劉將孫撰　濟南　1922年　彊邨叢書

007783125　5580　293　（36）
玉斗山人詞一卷
王奕撰　濟南　1922年　彊邨叢書

007784241　5580　293　（37）
此山先生樂府一卷
周權撰　濟南　1922年　彊邨叢書

007784233　5580　293　（37）
道園樂府一卷
虞集撰　濟南　1922年　彊邨叢書

007784230　5580　293　（37）
桂隱詩餘一卷
劉詵撰　濟南　1922年　彊邨叢書

007784237　5580　293　（37）
蘭軒詞一卷
王旭撰　濟南　1922年　彊邨叢書

007784232　5580　293　（37）
默庵樂府一卷
安熙撰　濟南　1922年　彊邨叢書

007784239　5580　293　（37）
清庵先生詞一卷
李道純撰　濟南　1922年　彊邨叢書

007784235　5580　293　（37）
貞居詞一卷
張雨撰　濟南　1922年　彊邨叢書

007784234　5580　293　（37）
貞一齋詞一卷
朱思本撰　濟南　1922年　彊邨叢書

007784243　5580　293　（38）
古山樂府二卷
張埜撰　濟南　1922年　彊邨叢書

007784253　5580　293　（38）
圭塘樂府四卷
許有壬撰　濟南　1922年　彊邨叢書

007784251　5580　293　（38）
圭齋詞一卷
歐陽玄撰　濟南　1922年　彊邨叢書

007784244　5580　293　（38）
梅花道人詞一卷
吳鎮撰　濟南　1922年　彊邨叢書

007784249　5580　293　（38）
去華山人詞一卷
洪希文撰　濟南　1922年　彊邨叢書

007784247　5580　293　（38）
王文忠詞一卷
王結撰　濟南　1922年　彊邨叢書

007784255　5580　293　（39）
蛻巖詞一卷
張翥撰　濟南　1922年　彊邨叢書

007784262　5580　293　（39）
燕石近體樂府一卷
宋褧撰　濟南　1922年　彊邨叢書

007784260 5580 293 （39）
藥房詞一卷
吳景奎撰　濟南　1922 年　彊邨叢書

007784258 5580 293 （39）
趙待制詞一卷
趙雍撰　濟南　1922 年　彊邨叢書

007784264 5580 293 （40）
龜巢詞二卷
謝應芳撰　濟南　1922 年　彊邨叢書

007784282 5580 293 （40）
韓山人詞一卷
韓奕撰　濟南　1922 年　彊邨叢書

007784275 5580 293 （40）
可庵詩餘一卷
舒遜撰　濟南　1922 年　彊邨叢書

007784269 5580 293 （40）
石門詞一卷
梁寅撰　濟南　1922 年　彊邨叢書

007784270 5580 293 （40）
書林詞一卷
袁士元撰　濟南　1922 年　彊邨叢書

007784266 5580 293 （40）
雙溪醉隱詞一卷
耶律鑄撰　濟南　1922 年　彊邨叢書

007784285 5580 293 （40）
益齋長短句一卷
李齊賢撰　濟南　1922 年　彊邨叢書

007784267 5580 293 （40）
寓庵詞一卷
李庭撰　濟南　1922 年　彊邨叢書

007784280 5580 293 （40）
柘軒詞一卷

凌雲翰撰　濟南　1922 年　彊邨叢書

007784274 5580 293 （40）
貞素齋詩餘一卷
舒頔撰　濟南　1922 年　彊邨叢書

007784277 5580 293 （40）
竹窗詞一卷
沈禧撰　濟南　1922 年　彊邨叢書

007617396 5580 4103
廣川詞錄十種
董康輯　香港　武進董氏誦芬室　1941 年

007617397 5580 4103 （01－04）
蒼梧詞十二卷
董元愷撰　香港　武進董氏誦芬室　1941 年　廣川詞錄十種

007617400 5580 4103 （05）
蓉渡詞三卷
董以寧撰　香港　武進董氏誦芬室　1941 年　廣川詞錄十種

007617404 5580 4103 （06）
蘭石詞一卷
董佑誠撰　香港　武進董氏誦芬室　1941 年　廣川詞錄十種

007617405 5580 4103 （06）
齊物論齋詞一卷
董士錫撰　香港　武進董氏誦芬室　1941 年　廣川詞錄十種

007617401 5580 4103 （06）
漱花詞一卷
董潮撰　香港　武進董氏誦芬室　1941 年　廣川詞錄十種

007617403 5580 4103 （06）
玉椒詞一卷

董基誠撰　香港　武進董氏誦芬室
1941 年　廣川詞錄十種

007617408　5580　4103　（07）
碧雲詞一卷
董受祺撰　香港　武進董氏誦芬室
1941 年　廣川詞錄十種

007617407　5580　4103　（07）
蛻學齋詞二卷
董毅撰　香港　武進董氏誦芬室　1941
年　廣川詞錄十種

007617409　5580　4103　（08）
課花盦詞一卷
董康撰　香港　武進董氏誦芬室　1941
年　廣川詞錄十種

007618468　5580　4103　（08）
玉梟詞二卷
董俞撰　香港　武進董氏誦芬室　1941
年　廣川詞錄十種

007618404　5580　4346
校輯宋金元人詞七十三卷
趙萬里編　北平　國立中央研究院歷史
語言研究所　1931 年

007618461　5580　4491B
草堂詩餘四卷
上海　中華書局　1934 年　據樹樓詞苑
英華重刻毛氏汲古閣本倣宋

007618502　5580　7914
海寧三家詞三卷
陳乃乾校輯　海寧　1936 年

007618346　5580.5　0641
全宋詞三百卷
唐圭璋撰　長沙商務印書館　1940 年

007619683　5580.5　2116
宋六十名家詞
毛晉編　上海　中華書局　1934 年　四
部備要

007619696　5580.5　2116（1）
樂章集
柳永撰　上海　中華書局　1934 年　宋
六十名家詞

007619694　5580.5　2116（1）
六一詞
歐陽修撰　上海　中華書局　1934 年
宋六十名家詞

007619689　5580.5　2116（1）
珠玉詞
晏殊撰　上海　中華書局　1934 年　宋
六十名家詞

007619697　5580.5　2116（2）
東坡詞
蘇軾撰　上海　中華書局　1934 年　宋
六十名家詞

007619702　5580.5　2116（2）
淮海詞
秦觀撰　上海　中華書局　1934 年　宋
六十名家詞

007619699　5580.5　2116（2）
山谷詞
黃庭堅撰　上海　中華書局　1934 年
宋六十名家詞

007619707　5580.5　2116（3）
東堂詞
毛滂撰　上海　中華書局　1934 年　宋
六十名家詞

007619713　5580.5　2116　(3)
放翁詞
陸游撰　上海　中華書局　1934 年　宋六十名家詞

007619705　5580.5　2116　(3)
小山詞
晏幾道撰　上海　中華書局　1934 年　宋六十名家詞

007619720　5580.5　2116　(4)
稼軒詞四卷
辛棄疾撰　上海　中華書局　1934 年　宋六十名家詞

007619731　5580.5　2116　(5)
白石詞
姜夔撰　上海　中華書局　1934 年　宋六十名家詞

007619727　5580.5　2116　(5)
梅溪詞
史達祖撰　上海　中華書局　1934 年　宋六十名家詞

007619725　5580.5　2116　(5)
片玉詞二卷　附補遺
周邦彥撰　上海　中華書局　1934 年　宋六十名家詞

007619735　5580.5　2116　(5)
石林詞
葉夢得撰　上海　中華書局　1934 年　宋六十名家詞

007619747　5580.5　2116　(6)
酒邊詞二卷
向子諲撰　上海　中華書局　1934 年　宋六十名家詞

007619754　5580.5　2116　(6)
樵隱詞
毛开撰　上海　中華書局　1934 年　宋六十名家詞

007619769　5580.5　2116　(6)
書舟詞
程垓撰　上海　中華書局　1934 年　宋六十名家詞

007619749　5580.5　2116　(6)
溪堂詞
謝逸撰　上海　中華書局　1934 年　宋六十名家詞

007619756　5580.5　2116　(6)
竹山詞
蔣捷撰　上海　中華書局　1934 年　宋六十名家詞

007619771　5580.5　2116　(7)
坦庵詞
趙師俠撰　上海　中華書局　1934 年　宋六十名家詞

007619777　5580.5　2116　(7)
西樵語業
楊炎正撰　上海　中華書局　1934 年　宋六十名家詞

007619773　5580.5　2116　(7)
惜香樂府十卷
趙長卿撰　上海　中華書局　1934 年　宋六十名家詞

007619783　5580.5　2116　(8)
近體樂府
周必大撰　上海　中華書局　1934 年　宋六十名家詞

007619781　5580.5　2116　(8)
夢窗甲乙丙丁稿附絕筆　補遺
吳文英撰　上海　中華書局　1934 年

宋六十名家詞

007619780　5580.5　2116　（8）
竹屋癡語
高觀國撰　上海　中華書局　1934 年
宋六十名家詞

007620869　5580.5　2116　（9）
和清真詞
方千里撰　上海　中華書局　1934 年
宋六十名家詞

007620870　5580.5　2116　（9）
後村別詞
劉克莊撰　上海　中華書局　1934 年
宋六十名家詞

007619785　5580.5　2116　（9）
金谷遺音
石孝友撰　上海　中華書局　1934 年
宋六十名家詞

007620868　5580.5　2116　（9）
散花庵詞
黃昇撰　上海　中華書局　1934 年　宋六十名家詞

007619784　5580.5　2116　（9）
竹齋詩餘
黃機撰　上海　中華書局　1934 年　宋六十名家詞

007620878　5580.5　2116　（10）
歸愚詞
葛立方撰　上海　中華書局　1934 年
宋六十名家詞

007620879　5580.5　2116　（10）
龍洲詞
劉過撰　上海　中華書局　1934 年　宋六十名家詞

007620872　5580.5　2116　（10）
蘆川詞
張元幹撰　上海　中華書局　1934 年
宋六十名家詞

007620876　5580.5　2116　（10）
洺水詞
程珌撰　上海　中華書局　1934 年　宋六十名家詞

007620874　5580.5　2116　（10）
于湖詞三卷
張孝祥撰　上海　中華書局　1934 年
宋六十名家詞

007620880　5580.5　2116　（11）
初寮詞
王安中撰　上海　中華書局　1934 年
宋六十名家詞

007620884　5580.5　2116　（11）
姑溪詞
李之儀撰　上海　中華書局　1934 年
宋六十名家詞

007620891　5580.5　2116　（11）
海野詞
曾覿撰　上海　中華書局　1934 年　宋六十名家詞

007620883　5580.5　2116　（11）
龍川詞附補遺
陳亮撰　上海　中華書局　1934 年　宋六十名家詞

007620888　5580.5　2116　（11）
石屏詞
戴復古撰　上海　中華書局　1934 年
宋六十名家詞

007620886　5580.5　2116　(11)
友古詞
蔡伸撰　上海　中華書局　1934年　宋六十名家詞

007620913　5580.5　2116　(12)
孏窟詞
侯寘撰　上海　中華書局　1934年　宋六十名家詞

007620911　5580.5　2116　(12)
丹陽詞
葛勝仲撰　上海　中華書局　1934年　宋六十名家詞

007620906　5580.5　2116　(12)
介庵詞
趙彥端撰　上海　中華書局　1934年　宋六十名家詞

007620902　5580.5　2116　(12)
空同詞
洪瑹撰　上海　中華書局　1934年　宋六十名家詞

007620908　5580.5　2116　(12)
平齋詞
洪咨夔撰　上海　中華書局　1934年　宋六十名家詞

007620893　5580.5　2116　(12)
逃禪詞
揚无咎撰　上海　中華書局　1934年　宋六十名家詞

007620910　5580.5　2116　(12)
文溪詞
李昂英撰　上海　中華書局　1934年　宋六十名家詞

007620914　5580.5　2116　(13)
克齋詞
沈端節撰　上海　中華書局　1934年　宋六十名家詞

007620934　5580.5　2116　(13)
聖求詞
呂濱老撰　上海　中華書局　1934年　宋六十名家詞

007620935　5580.5　2116　(13)
壽域詞
杜安世撰　上海　中華書局　1934年　宋六十名家詞

007620924　5580.5　2116　(13)
芸窗詞
張鎡撰　上海　中華書局　1934年　宋六十名家詞

007620929　5580.5　2116　(13)
竹坡詞三卷
周紫芝撰　上海　中華書局　1934年　宋六十名家詞

007620940　5580.5　2116　(14)
東浦詞
韓玉撰　上海　中華書局　1934年　宋六十名家詞

007620957　5580.5　2116　(14)
烘堂詞
盧炳撰　上海　中華書局　1934年　宋六十名家詞

007620946　5580.5　2116　(14)
後山詞
陳師道撰　上海　中華書局　1934年　宋六十名家詞

007620949　5580.5　2116　(14)
蒲江詞
盧祖皋撰　上海　中華書局　1934年

宋六十名家詞

007620952　5580.5　2116　(14)
琴趣外篇六卷
晁補之撰　上海　中華書局　1934 年
宋六十名家詞

007620936　5580.5　2116　(14)
審齋詞
王千秋撰　上海　中華書局　1934 年
宋六十名家詞

007620944　5580.5　2116　(14)
無住詞
陳與義撰　上海　中華書局　1934 年
宋六十名家詞

007620943　5580.5　2116　(14)
知稼翁詞
黃公度撰　上海　中華書局　1934 年
宋六十名家詞

007620823　5580.5　2116.2
毛刻宋六十家詞勘誤
朱居易校輯　上海　中華書局　1936 年

007620738　5580.5　2116B
宋六十名家詞
(明)毛晉編　上海　商務印書館　1933 年　初版　國學基本叢書　(m.)

008627878　FC2158　FC－M2023
近思錄集註十四卷
朱熹編　江永註　上海　商務印書館　1933 年　國學基本叢書　(m.)

007620831　5580.8　1963
十五家詞
孫默編　上海　中華書局　193? 年　四部備要

007621286　5580.8　7914
清名家詞
陳乃乾編輯　上海　開明書店　1937 年　(m.)

007784223　5580.8　7914　(1)
百末詞
尤侗撰　上海　開明書店　1937 年　清名家詞

007783175　5580.8　7914　(1)
定山堂詩餘
龔鼎孳撰　上海　開明書店　1937 年　清名家詞

007783170　5580.8　7914　(1)
二鄉亭詞
宋琬撰　上海　開明書店　1937 年　清名家詞

007783163　5580.8　7914　(1)
靜惕堂詞
曹溶撰　上海　開明書店　1937 年　清名家詞

007783159　5580.8　7914　(1)
蓼齋詞
李雯撰　上海　開明書店　1937 年　清名家詞

007783168　5580.8　7914　(1)
梅村詩餘
吳偉業撰　上海　開明書店　1937 年　清名家詞

007783178　5580.8　7914　(1)
南溪詞
曹爾堪撰　上海　開明書店　1937 年　清名家詞

007784227　5580.8　7914　(1)
秋水詞
嚴繩孫撰　上海　開明書店　1937 年
清名家詞

007784225　5580.8　7914　(1)
坦庵詞甕吟　且謠　美人詞
徐石麒撰　上海　開明書店　1937 年
清名家詞

007784226　5580.8　7914　(1)
棠村詞
梁清標撰　上海　開明書店　1937 年
清名家詞

007784224　5580.8　7914　(1)
藝香詞
吳綺撰　上海　開明書店　1937 年　清名家詞

007621296　5580.8　7914　(2)
炊聞詞
王士祿撰　上海　開明書店　1937 年
清名家詞

007621295　5580.8　7914　(2)
湖海樓詞
陳維崧撰　上海　開明書店　1937 年
清名家詞

007621292　5580.8　7914　(2)
毛翰林詞
毛奇齡撰　上海　開明書店　1937 年
清名家詞

007621318　5580.8　7914　(3)
蒼梧詞
董元愷撰　上海　開明書店　1937 年
清名家詞

007621312　5580.8　7914　(3)
楓香詞
宋犖撰　上海　開明書店　1937 年　清名家詞

007621315　5580.8　7914　(3)
麗農詞
鄒祗謨撰　上海　開明書店　1937 年
清名家詞

007621301　5580.8　7914　(3)
曝書亭詞
朱彝尊撰　上海　開明書店　1937 年
清名家詞

007621316　5580.8　7914　(3)
蓉渡詞
董以寧撰　上海　開明書店　1937 年
清名家詞

007621306　5580.8　7914　(3)
延露詞
彭孫遹撰　上海　開明書店　1937 年
清名家詞　(m.)

007621308　5580.8　7914　(3)
衍波詞
王士禎撰　上海　開明書店　1937 年
清名家詞

007621317　5580.8　7914　(3)
玉鳧詞
董俞撰　上海　開明書店　1937 年　清名家詞

007621327　5580.8　7914　(4)
彈指詞
顧貞觀撰　上海　開明書店　1937 年
清名家詞　(m.)

007621344　5580.8　7914　(4)
黑蝶齋詞
沈岸登撰　上海　開明書店　1937 年

清名家詞

007784228　5580.8　7914　（4）
紅藕莊詞
龔翔麟撰　上海　開明書店　1937年
清名家詞

007621332　5580.8　7914　（4）
錦瑟詞
汪懋麟撰　上海　開明書店　1937年
清名家詞

007621323　5580.8　7914　（4）
菊莊詞
徐釚撰　上海　開明書店　1937年　清名家詞

007621320　5580.8　7914　（4）
珂雪詞
曹貞吉撰　上海　開明書店　1937年
清名家詞　（m.）

007621328　5580.8　7914　（4）
耒邊詞
李符撰　上海　開明書店　1937年　清名家詞

007621335　5580.8　7914　（4）
清吟堂詞
高士奇撰　上海　開明書店　1937年
清名家詞

007621321　5580.8　7914　（4）
秋錦山房詞
李良年撰　上海　開明書店　1937年
清名家詞

007621347　5580.8　7914　（4）
通志堂詞
納蘭性德撰　上海　開明書店　1937年
　清名家詞

007621345　5580.8　7914　（4）
餘波詞
查慎行撰　上海　開明書店　1937年
清名家詞

007621341　5580.8　7914　（4）
柘西精舍詞
沈皞日撰　上海　開明書店　1937年
清名家詞

007621355　5580.8　7914　（5）
琮想詞
王芑孫撰　上海　開明書店　1937年
清名家詞

007621352　5580.8　7914　（5）
樊榭山房詞
厲鶚撰　上海　開明書店　1937年　清名家詞

007621357　5580.8　7914　（5）
更生齋詩餘
洪亮吉撰　上海　開明書店　1937年
清名家詞

007621363　5580.8　7914　（5）
曼香詞
吳翌鳳撰　上海　開明書店　1937年
清名家詞

007621354　5580.8　7914　（5）
琴畫樓詞
王昶撰　上海　開明書店　1937年　清名家詞

007621370　5580.8　7914　（5）
秋籟吟
趙懷玉撰　上海　開明書店　1937年
清名家詞

007621353　5580.8　7914　(5)
銅絃詞
蔣士銓撰　上海　開明書店　1937年
清名家詞

007621350　5580.8　7914　(5)
飴山詩餘
趙執信撰　上海　開明書店　1937年
清名家詞

007621366　5580.8　7914　(5)
有正味齋詞五種
吳錫麒撰　上海　開明書店　1937年
清名家詞

007623278　5580.8　7914　(6)
斷水詞
樂鈞撰　上海　開明書店　1937年　清名家詞

007623277　5580.8　7914　(6)
芙蓉山館詞
楊芳燦撰　上海　開明書店　1937年
清名家詞

007623289　5580.8　7914　(6)
柯家山館詞
嚴元照撰　上海　開明書店　1937年
清名家詞

007623282　5580.8　7914　(6)
立山詞
張琦撰　上海　開明書店　1937年　清名家詞

007623283　5580.8　7914　(6)
靈芬館詞
郭麐撰　上海　開明書店　1937年　清名家詞

007623279　5580.8　7914　(6)
梅邊吹笛譜
凌廷堪撰　上海　開明書店　1937年
清名家詞　(m.)

009156333　5580.8　7914　(6)
茗柯詞
張惠言　上海　開明書店　1937年　清名家詞

007623280　5580.8　7914　(6)
微波詞
錢枚撰　上海　開明書店　1937年　清名家詞

007623285　5580.8　7914　(6)
小謨觴館詩餘
彭兆蓀撰　上海　開明書店　1937年
清名家詞

007623281　5580.8　7914　(6)
箏船詞
劉嗣綰撰　上海　開明書店　1937年
清名家詞

007623276　5580.8　7914　(6)
竹眠詞
黃景仁撰　上海　開明書店　1937年
清名家詞

007623299　5580.8　7914　(7)
浮谿精舍詞
宋翔鳳撰　上海　開明書店　1937年
清名家詞

007623306　5580.8　7914　(7)
畫梅樓倚聲
湯貽汾撰　上海　開明書店　1937年
清名家詞

007623311　5580.8　7914　(7)
齊物論齋詞
董士錫撰　上海　開明書店　1937年

清名家詞

007623302　5580.8　7914　（7）
三十六陂漁唱
王敬之撰　上海　開明書店　1937 年
清名家詞

007623309　5580.8　7914　（7）
味雋齋詞
周濟撰　上海　開明書店　1937 年　清名家詞

007623329　5580.8　7914　（7）
香消酒醒詞
趙慶熺撰　上海　開明書店　1937 年
清名家詞

007623308　5580.8　7914　（7）
小庚詞
葉中薌撰　上海　開明書店　1937 年
清名家詞

007623315　5580.8　7914　（7）
心日齋詞
周之琦撰　上海　開明書店　1937 年
清名家詞

007623291　5580.8　7914　（7）
玉壺山房詞
改琦撰　上海　開明書店　1937 年　清名家詞

007623320　5580.8　7914　（7）
種芸仙館詞
馮登府撰　上海　開明書店　1937 年
清名家詞

007623338　5580.8　7914　（8）
拜石山房詞
顧翰撰　上海　開明書店　1937 年　清名家詞

007623342　5580.8　7914　（8）
定盦詞
龔自珍撰　上海　開明書店　1937 年
清名家詞

007623348　5580.8　7914　（8）
芬陀利室詞
蔣敦復撰　上海　開明書店　1937 年
清名家詞

007623341　5580.8　7914　（8）
蘭石詞
董佑誠撰　上海　開明書店　1937 年
清名家詞

007623344　5580.8　7914　（8）
疏影樓詞四種
姚燮撰　上海　開明書店　1937 年　清名家詞

007623340　5580.8　7914　（8）
萬善花室詞
方履籛撰　上海　開明書店　1937 年
清名家詞

007623346　5580.8　7914　（8）
倚晴樓詩餘
黃燮清撰　上海　開明書店　1937 年
清名家詞

007623343　5580.8　7914　（8）
憶雲詞
項廷紀撰　上海　開明書店　1937 年
清名家詞　（m.）

007623325　5580.8　7914　（8）
真松閣詞
楊夔生撰　上海　開明書店　1937 年
清名家詞

007624455　5580.8　7914　(9)
碧瀣詞
端木埰撰　上海　開明書店　1937年
清名家詞

007624444　5580.8　7914　(9)
采香詞
杜文瀾撰　上海　開明書店　1937年
清名家詞

007623361　5580.8　7914　(9)
冰蠶詞
承齡撰　上海　開明書店　1937年　清
名家詞

007624457　5580.8　7914　(9)
東鷗草堂詞
周星譽撰　上海　開明書店　1937年
清名家詞

007623353　5580.8　7914　(9)
漢南春柳詞
龍啟瑞撰　上海　開明書店　1937年
清名家詞

007624446　5580.8　7914　(9)
空青館詞
邊浴禮撰　上海　開明書店　1937年
清名家詞

007624442　5580.8　7914　(9)
龍壁山房詞
王錫振撰　上海　開明書店　1937年
清名家詞

007624458　5580.8　7914　(9)
鷗夢詞
劉履芬撰　上海　開明書店　1937年
清名家詞

007624450　5580.8　7914　(9)
水雲樓詞
蔣春霖撰　上海　開明書店　1937年
清名家詞

007624441　5580.8　7914　(9)
思益堂詞
周壽昌撰　上海　開明書店　1937年
清名家詞

007624448　5580.8　7914　(9)
太素齋詞鈔
勒方錡撰　上海　開明書店　1937年
清名家詞

007624451　5580.8　7914　(9)
藤香館詞
薛時雨撰　上海　開明書店　1937年
清名家詞

007624460　5580.8　7914　(9)
霞川花隱詞
李慈銘撰　上海　開明書店　1937年
清名家詞

007623349　5580.8　7914　(9)
憶江南館詞
陳澧撰　上海　開明書店　1937年　清
名家詞

007624470　5580.8　7914　(10)
半塘定稿
王鵬運撰　上海　開明書店　1937年
清名家詞

007624472　5580.8　7914　(10)
裛碧齋詞
陳銳撰　上海　開明書店　1937年　清
名家詞

007624465　5580.8　7914　(10)
復堂詞
譚獻撰　上海　開明書店　1937年　清

名家詞

007624479　5580.8　7914　(10)
觀堂長短句
王國維撰　上海　開明書店　1937年
清名家詞

007624461　5580.8　7914　(10)
寒松閣詞
張鳴珂撰　上海　開明書店　1937年
清名家詞

007624469　5580.8　7914　(10)
蒿盦詞
馮煦撰　上海　開明書店　1937年　清名家詞

007624476　5580.8　7914　(10)
蕙風詞
況周頤撰　上海　開明書店　1937年
清名家詞

007624475　5580.8　7914　(10)
彊邨語業
朱祖謀撰　上海　開明書店　1937年
清名家詞

007624474　5580.8　7914　(10)
樵風樂府
鄭文焯撰　上海　開明書店　1937年
清名家詞

007624467　5580.8　7914　(10)
湘綺樓詞
王闓運撰　上海　開明書店　1937年
清名家詞

007624468　5580.8　7914　(10)
小玲瓏閣詞
葉大莊撰　上海　開明書店　1937年
清名家詞

007624482　5580.8　7914　(10)
飲虹籍論清詞百家
上海　開明書店　1937年　清名家詞

007624473　5580.8　7914　(10)
雲起軒詞
文廷式撰　上海　開明書店　1937年
清名家詞

007624464　5580.8　7914　(10)
中白詞
莊棫撰　上海　開明書店　1937年　清名家詞

007614974　5582　0136
唐宋名家詞選
龍沐勳[榆生]輯錄　上海　開明書店
1947年　(m.)

007615258　5582　1122
蕩氣迴腸曲上中下卷　附外集
王悠然撰　上海　大江書鋪　1931年
再版

007615261　5582　1422A
歷朝名人詞選十三卷
夏秉衡選　上海　掃葉山房　1934年

007615264　5582　2338
閨秀百家詞選十卷
徐乃昌選　上海　掃葉山房　1915年

007615266　5582　2403
中興以來絕妙詞選十卷
上海　商務印書館　1929年　四部叢刊

007618615　5582　2912
歷代閨秀詞選集評
徐珂選輯　上海　商務印書館　1933年
　國難後第1版　(m.)

007614954　5582　2928B
詞綜三十八卷
朱彝尊、汪森輯　上海　中華書局
1927—36 年

007614965　5582　3164
古今詞選十二卷
沈時棟選　尤侗、朱彝尊定　上海　掃葉山房　1930 年

007615044　5582　3483
歷代白話詞選
凌善清選　上海　大東書局　1933 年
5 版　(m.)

011560141　PL2564.4.Q888　1927
曲選
吳梅編輯　廣州　國立第一中山大學出版部　1927 年　初版　(m.)

007618616　5582　3984
藝蘅館詞選四卷　補遺一卷　附錄一卷
梁令嫻編　上海　中華書局　1935 年
(m.)

007615045　5582　4104
續詞選箋註
(清)董毅選錄　姜亮夫箋註　上海　北新書局　1934 年　初版　(m.)

007615272　5582　4211
詞學小叢書
胡雲翼編　上海　中國文化服務社
1933 年

011932864　PL2548.K8　1939
故事詞選
胡雲翼編　上海　中華書局　1939 年
再版　初中國文分類選讀　(m.)

007617299　5582　4211(1)
唐五代詞選　女性詞選　宋名家詞選　清代詞選
胡雲翼撰　上海　中國文化服務社
1933 年　詞學小叢書

007617304　5582　4349
妙選群英草堂詩餘增修箋記　前後集二卷
上海　商務印書館　1929 年　四部叢刊

007617365　5582　4433
滿江紅愛國詞百首
李宗鄴編　長沙　商務印書館　1938 年
再版　(m.)

007617322　5582　4823
花間集十卷
趙崇祚撰　上海　中華書局　1927 年
四部備要

007617340　5582　4823.1
花間集版本考
王敦化撰　濟南　齊魯大學　1937 年

007617130　5582　4823.45　FC8705　Film Mas 2760
花間集註
華連圃註　上海　商務印書館　1935 年
(m.)

007617327　5582　4823B
花間集十二卷　補二卷
趙崇祚編　上海　商務印書館　1929 年
四部叢刊

007617334　5582　4823E
花間集
趙崇祚編　上海　世界書局　1935 年
再版　(m.)

007778968　5582　4823E
絕妙好詞箋七卷　附絕妙好詞續鈔　詞選　張惠言選　續詞選二卷
董毅錄　上海　世界書局　1936 年　再

版　（m.）

007617128　5582　4863
民族詞選註
趙景深選註　長沙　商務印書館　1940年　初版　學生國學叢書　（m.）

007617215　5582　4864
唐宋諸賢絕妙詞選
花庵詞客編集　上海　商務印書館　1929年

007617120　5582　4944
詞式
林大椿編　上海　商務印書館　1934年　初版　（m.）

007617217　5582　4949
閩詞徵六卷
林葆恒撰　廣州　仞庵　1931年

007617126　5582　7021
分類寫實戀愛詞選
劉季子編　上海　南京書店　1933年　初版　（m.）

007617127　5582　7202
詞絜
劉麟生編註　上海　世界書局　1930年　初版　（m.）

007617219　5582　723　5582　723　c.2
唐宋金元詞鉤沈
周泳先撰　上海　商務印書館　1937年

007618584　5582　7236
空同詞
洪璟撰　香港　1924年　宋金元明本詞

007618462　5582　7236
宋金元明本詞四十種　附宋金詞七種

陶湘輯　香港　1924年

007618583　5582　7236
知稼翁詞
黃公度撰　香港　1924年　宋金元明本詞

007618464　5582　7236　(2)
歐陽文忠公集近體樂府三卷
歐陽修撰　香港　1924年　宋金元明本詞

007618465　5582　7236　(3)
醉翁琴趣外篇六卷
歐陽修撰　香港　1924年　宋金元明本詞

007618469　5582　7236　(4)　FC445
閒齋琴趣外篇六卷
晁次膺撰　香港　1924年　宋金元明本詞

007618470　5582　7236　(5)
晁氏琴趣外篇六卷
晁補之撰　香港　1924年　宋金元明本詞

007618600　5582　7236　(6)
酒邊集一卷
向子諲撰　香港　1924年　宋金元明本詞

007618601　5582　7236　(7)
蘆川詞二卷
張元幹撰　香港　1924年　宋金元明本詞

007618603　5582　7236　(8)
渭南詞二卷
陸游撰　香港　1924年　宋金元明本詞

007618602　5582　7236　（8）
于湖居士樂府四卷
張孝祥撰　香港　1924 年　宋金元明本詞

007618604　5582　7236　（9）
鶴山先生長短句三卷
魏了翁撰　香港　1924 年　宋金元明本詞

007618605　5582　7236　（10）
可齋詞七卷
李曾伯撰　香港　1924 年　宋金元明本詞

007618607　5582　7236　（11）
梅屋詩餘一卷
許棐撰　香港　1924 年　宋金元明本詞

007618606　5582　7236　（11）
石屏長短句一卷
戴復古撰　香港　1924 年　宋金元明本詞

007618608　5582　7236　（11）
知常先生雲山集一卷
姬翼撰　香港　1924 年　宋金元明本詞

007618609　5582　7236　（12）
花間集十卷
趙崇祚撰　香港　1924 年　宋金元明本詞

007618475　5582　7236　（13）
草堂詩餘四卷
趙崇祚撰　香港　1924 年　宋金元明本詞

007618484　5582　7236　（14）
名儒草堂詩餘三卷
香港　1924 年　宋金元明本詞

007618483　5582　7236　（14）
中州樂府一卷
香港　1924 年　宋金元明本詞

007618485　5582　7236　（15）
東山詩一卷
賀鑄撰　香港　1924 年　宋金元明本詞

007618486　5582　7236　（15）
山谷琴趣外篇三卷
黃庭堅撰　香港　1924 年　宋金元明本詞

007618488　5582　7236　（16）
[詳註]周美成詞片玉集十卷
周美成撰　香港　1924 年　宋金元明本詞

007618489　5582　7236　（17－18）
稼軒詞三卷
辛棄疾撰　香港　1924 年　宋金元明本詞

007618490　5582　7236　（19－20）
稼軒長短句十二卷
辛棄疾撰　香港　1924 年　宋金元明本詞

007618492　5582　7236　（21）
虛齋樂府二卷
趙以夫撰　香港　1924 年　宋金元明本詞

007618493　5582　7236　（21）
于湖先生長短句六卷
張孝祥撰　香港　1924 年　宋金元明本詞

007618496　5582　7236　（22）
後村居士集詩餘二卷
劉克莊撰　香港　1924 年　宋金元明本詞

007618495　5582　7236　(22)
竹山詞一卷
蔣捷撰　香港　1924 年　宋金元明本詞

007618500　5582　7236　(23)
磻溪詞一卷
丘長春撰　香港　1924 年　宋金元明本詞

007618497　5582　7236　(23)
秋崖先生小稿四卷
方岳撰　香港　1924 年　宋金元明本詞

007618504　5582　7236　(24)
遯庵樂府一卷
段克己撰　香港　1924 年　宋金元明本詞

007618508　5582　7236　(25)
遺山樂府三卷
元好問撰　香港　1924 年　宋金元明本詞

007618517　5582　7236　(26)
此山先生樂府一卷
周權撰　香港　1924 年　宋金元明本詞

007618513　5582　7236　(26)
道園樂府一卷
虞集撰　香港　1924 年　宋金元明本詞

007618525　5582　7236　(26)
漢泉樂府一卷
曹伯啟撰　香港　1924 年　宋金元明本詞

007618511　5582　7236　(26)
静修先生樂府一卷
劉因撰　香港　1924 年　宋金元明本詞

007618510　5582　7236　(26)
松雪樂府一卷
趙孟頫撰　香港　1924 年　宋金元明本詞

007618553　5582　7236　(26)
雪樓樂府一卷
程鉅夫撰　香港　1924 年　宋金元明本詞

007618554　5582　7236　(27)
秋澗先生樂府四卷
王惲撰　香港　1924 年　宋金元明本詞

007618557　5582　7236　(28－30)
中興以來絕妙詞選十卷
黄叔賜撰　香港　1924 年　宋金元明本詞

007618559　5582　7236　(30)
天下同文一卷
盧摯撰　香港　1924 年　宋金元明本詞

007618564　5582　7236　(31)
東浦詞
韓玉撰　香港　1924 年　宋金元明本詞

007618562　5582　7236　(31)
和石湖詞
范成大撰　香港　1924 年　宋金元明本詞

007618507　5582　7236　(24)　5582　7236　(31)
菊軒樂府一卷
段成己撰　香港　1924 年　宋金元明本詞

007618573　5582　7236　(32)
初寮詞
王安中撰　香港　1924 年　宋金元明本詞

007618568　5582　7236　(32)
渭川居士詞
吕勝己撰　香港　1924年　宋金元明本詞

007618157　5582　7237
絶妙好詞箋七卷
周密原輯　查爲仁、厲鶚同箋　上海　中華書局　1927—36年

003565805　5582　7320
御選歷代詩餘
沈辰垣等奉敕撰　上海　蟫隱廬　1911—32年

007618585　5582　7732
詞品甲
歐陽漸輯　南京　支那内學院　1933年

007618587　5582　8693
樂府雅詞三卷　拾遺二卷
(宋)曾慥編　上海　商務印書館　1929年　四部叢刊

007618119　5582.07　1342
吴騷合編四卷
張楚叔　張旭初輯　上海　商務印書館　1934年

007618595　5582.08　8244
白香詞譜箋四卷
(清)舒夢蘭輯　上海　中華書局　1933年

007618158　5582.08　8244
南唐二主詞
李璟、李煜撰　上海　中華書局　1927—36年

011929750　PL2548.T3　1934
唐宋名家詞選
龍沐勛[榆生]輯錄　上海　開明書店　1934年　初版　(m.)

011932880　PL2548.S5　1928
抒情詞選
胡雲翼編輯　上海　亞細亞書局　1928年　初版　(m.)

007618216　5582.4　1246
唐五代四大名家詞
丁壽田、丁亦飛選註　長沙　商務印書館　1940年　初版　學生國學叢書　(m.)

007619471　5582.4　4211
唐宋詞選
胡雲翼編　昆明　中華書局　1940年　初版　高中國文名著選讀　(m)

007619654　5582.4　5030
唐五代詞選
成肇麟輯　上海　商務印書館　1933年　國學基本叢書　(m.)

007619490　5582.4　5030B
唐五代詞選上中下卷
(清)成肇麟選輯　上海　商務印書館　1936年　初版　國學基本叢書　簡編　(m.)

007619700　5582.4　8003
全唐詞選二卷
上海　掃葉山房　1926年

007619709　5582.49　1921
中華詞選
孫俍工、孫怒潮合編　上海　中華書局　1933年　(m.)

007619521　5582.49　2343
詞學初桄
吴莽漢編　上海　朝記書莊　1920年

008445431　MLC－C
姢花媚竹館宋詞集聯八卷
俞鎮[撰]　蘇州　海印樓　1936年

007619594　5582.5　1134
宋詞鈔十二卷
王官壽[撰]　濟南　山陽王氏　1922年

007619605　5582.5　2930c
宋詞三百首
朱孝臧[朱祖謀]輯　成都　薛崇禮堂　1944年

007619491　5582.5　3243
宋詞面目
馮都良選註　況又韓繪圖　上海　珠林書店　1939年　初版　（m.）

007619757　5582.5　4928
蘇辛詞
葉紹鈞[聖陶]選註　上海　商務印書館　1932年　國難後第1版　（m.）

007619762　5582.5　4928.2
周姜詞
葉紹鈞[聖陶]選註　上海　商務印書館　1933年　國難後第1版　（m.）

007619477　5582.69　7265
元明樂府套數舉略
周明泰選輯　1932年

007619776　5582.7　1133
明詞綜十二卷
（清）王昶纂　上海　中華書局　1933年

007619492　5582.7　1133A
明詞綜十二卷
（清）王昶纂　上海　商務印書館　1937年　初版　國學基本叢書　（m.）

007619567　5582.8　2930
詞莂一卷
朱孝臧原編　張爾田補錄　濟南　1932年

007619595　5582.8　2948
衆香詞六卷
徐樹敏、錢岳輯　上海　大東書局　1933年

007619788　5582.8　3824
絶妙近詞
顧貞觀、成德選　上海　大東書局　1923年

007619789　5582.8　4893b
國朝詞綜續編二十四卷
黃燮清輯　上海　中華書局　1933年　四部備要

007619792　5582.8　8530　FC10008　Film　Mas　37935
午社詞
廖恩燾等著　廣州　1940年

007619423　5582.88　1133
國朝詞綜三十八卷
王昶纂　上海　中華書局　1927—36年

007619656　5582.88　1133.2
國朝詞綜二集八卷
王昶纂　上海　中華書局　1927—36年

007619793　5582.89　2930
國朝湖州詞錄六卷
朱祖謀輯　香港　吳興劉氏　1920年　吳興叢書

007619795　5582.89　4464
合肥詞鈔四卷
李國模輯　香港　慎餘堂排印　1930年

007620812　5582.9　3308
漚社詞鈔二十卷
朱彊邨[祖謀]等著　濟南　1933年

007620871　5582.9　4280
雍園詞鈔
楊公庶輯　巴縣　1946年

007620873　5582.9　4942
廣篋中詞四卷
葉恭綽[撰]　香港　番禺葉氏　1935年

007620875　5582.9　4991
訒盦填詞圖
葆恒輯　1937年

007620736　5583.9　4941
木蘭歌註
劉萬章輯註　長沙　商務印書館　1940年　初版　(m.)

007620887　5584　7990
花草粹編十二卷
陳耀文輯　香港　國學圖書館　1933年

007620739　5586　4565　(1927)
李後主詞
(南唐)李煜著　戴景素編註　上海　商務印書館　1927年　初版　學生國學叢書　(m.)

007620737　5587　4851
南唐二主詩詞
(南唐)李璟、李煜著　賀揚靈校　上海　光華書局　1930年　初版　欣賞叢書　(m.)

007620814　5587.1　8702
南唐二主全集
李璟、李煜撰　管效先編　上海　商務印書館　1930年　(m.)

007621255　5592　7153
張子野詞四卷
(宋)張先著　上海　中華書局　1930年　四部備要

007620941　5593　2132
屯田詞鈔
柳永著　曼陀羅庵[倪鴻]輯刊　廣州　充記印　1930年

007620804　5594　1198.9
小山詞箋
王煥猷箋　上海　商務印書館　1947年　初版

007621230　5595　4954
東坡樂府二卷
蘇軾撰　上海　商務印書館　1928年

007621172　5596　3374
淮海居士長短句三卷
秦觀撰　北平　故宮博物院圖書館　1930年

007621145　5597　4807
山谷琴趣外篇三卷
黃庭堅撰　上海　商務印書館　1936年　四部叢刊

007621171　5598　6714
晁氏琴趣外篇
晁補之著　林大椿採輯　上海　商務印書館　1930年

007620953　5599　4261b
周詞訂律十卷　補遺二卷
楊易霖纂　周邦彥等撰　上海　開明書店　1937年

007620740　5599　4285
清真詞選箋釋
(宋)周邦彥著　楊鐵夫箋釋　香港　楊

鐵夫　1932 年　初版　（m.）

007620655　5599　7250
片玉集十卷
周邦彥撰　陳元龍集註　上海　中華書局　1927—36 年

011906305　PL2682.Z5.C4　1933
清照詞上下卷
張壽林編校　上海　新月書店　1931 年　初版　舊詩詞研究　（m.）

007620741　5599　8212
清真詞釋
俞平伯著　上海　開明書店　1949 年　再版　（m.）

007620671　5601　926
斷腸詞
朱淑真著　上海　商務印書館　1937 年　初版　國學基本叢書　（m.）

007620966　5602　2454
李清照
傅東華著　上海　商務印書館　1931 年　（m.）

007621170　5608　3744
稼軒詞四卷
辛棄疾撰　長沙　商務印書館　1940 年

007621300　5608　3934　5608　3934　c.2
稼軒詞疏證六卷
梁啟超撰　香港　1931 年

007621048　5608　60
稼軒詞十二卷　補遺
辛棄疾　上海　中華書局　1927—36 年

007621047　5609　1131
花外集一卷　附錄
王沂孫　上海　中華書局　1927—36 年

007621063　5609　4150
石湖詞
范成大撰　上海　中華書局　1930 年　聚珍倣宋版　四部備要

007617131　5611　7941
白石道人詞箋平八卷
（宋）姜夔撰　陳柱編　上海　商務印書館　1930 年　初版　（m.）

007617118　5611.5　8444
白石道人行實考
夏承燾著　北平　燕京大學哈佛燕京學社　1938 年　初版　（m.）

007617369　5613　1173
夢窗稿甲乙丙丁四卷　補遺一卷　校勘劄記一卷
王鵬運、朱祖謀校　北平　來薰閣　1934 年

007617370　5613　2327
夢窗詞集一卷　附補遺
吳文英撰　香港　歸安朱氏　1913 年

007617373　5613　2942
夢窗詞集不分卷
吳文英撰　香港　1933 年

007617375　5613　4285
改正夢窗詞選箋釋二卷
楊鐵夫箋釋　上海　人文印書館　1933 年

007617068　5613　60
夢窗詞集
吳文英撰　上海　中華書局　1934 年　聚珍倣宋版　四部備要

007617239　5617　316
山中白雲八卷
張炎撰　上海　中華書局　1934 年　四
部備要

007617172　5619　4825
虛齋樂府二卷
趙以夫撰　上海　商務印書館　1936 年
　四部叢刊

007618463　5619　7232
蘋洲漁笛譜二卷　附集外詞一卷
周密撰　上海　中華書局　1934 年

007618472　5619　7924
西麓繼周集
陳允平撰　林大椿編校　上海　商務印
書館　1929 年

007620684　5622　60
蛻巖詞二卷
張翥撰　上海　中華書局　1934 年　聚
珍倣宋版　四部備要

007618435　5622　60
貞居詞
張雨撰　上海　中華書局　1934 年

007618482　5626　4843
升庵夫婦樂府八卷
楊慎撰　上海　中華書局　1940 年

007618214　5630　4216
茗齋詩餘二卷
（清）彭孫貽著　上海　商務印書館
1937 年　初版　國學基本叢書　（m.）

007618168　5631　0828
定山堂詩餘四卷
龔鼎孳撰　上海　中華書局　1934 年
聚珍倣宋版　四部備要

007618520　5632　3912
湖海樓詞集三十卷
陳維崧撰　上海　中華書局　1930 年

007618207　5632　4136
浣花詞
查容撰　上虞羅氏　1918 年

007618523　5632　5018
耐俗軒新樂府一卷
申頲撰　香港　吳興劉氏刊　1922 年

007618526　5632　7153
珂雪詞二卷
（清）曹貞吉著　上海　中華書局
1930 年

007618218　5632　7922
烏絲詞四卷
（清）陳維崧撰　長沙　商務印書館
1938 年　簡編版　國學基本叢書
（m.）

007618528　5632　8993　5632　8993　c.2
玉琴齋詞
余懷撰　南京　盋山圖書館　1928 年

007618529　5632　926
烏絲詞四卷
陳維崧撰　上海　商務印書館　1937 年
　國學基本叢書　（m.）

007618220　5633　0443
納蘭詞五卷
（清）納蘭性德著　上海　商務印書館
1937 年　初版　國學基本叢書　（m.）

007618534　5633　2452B
納蘭詞五卷
（清）納蘭性德著　上海　中華書局
1934 年

007620962　5635　0206
靈芬館詞四種
郭麐撰　上海　中華書局　1934 年

007618543　5635　1160
紅豆曲二卷
王景文撰　北流　十萬卷樓
1934 年

007618547　5635.1　1500
彈指詞二卷
（清）顧貞觀著　上海　中華書局
1933 年

007618219　5635.1　4106
彈指詞上下卷　補遺
（清）顧貞觀著　上海　商務印書館
1937 年　初版　國學基本叢書　（m.）

007618221　5635.5　926
延露詞
（清）彭孫遹著　長沙　商務印書館
1937 年　初版　國學基本叢書　（m.）

007618370　5636.9　5624
珂雪詞
曹貞吉著　長沙　商務印書館　1939 年
　萬有文庫簡編　（m.）

007619600　5639　1173
庚子秋詞二卷
王鵬運等撰　上海　有正書局　191？年

007619714　5639.9　1412
玉壺山房詞選二卷
改琦撰　沈文偉校　天虛我生[陳栩]勘
正　上海　千頃堂書局　1928 年

007619715　5639.9　2192　(1-2)
香雪小山詞合刻
上海　掃葉山房　1918 年

007619726　5639.9　8532
雙花閣詞鈔
錢之鼎撰　鎮江　陶風樓景印　1935 年

007619728　5640　1328
吳漚煙語一卷
張上龢撰　香港　1915 年

007619729　5640　3873
無病詞二卷　味辛詞二卷　荒原詞一卷
顧隨撰　香港　1927—30 年

007692309　5640　8232
永陰集
鄭騫撰　1929 年

007619779　5640.9　3856　Film Mas 36254
東海漁歌四卷　補遺一卷
顧春著　杭州　西泠印社　1913 年

007619493　5640.9　7231
金梁夢月詞上下卷
（清）周之琦著　長沙　商務印書館
1938 年　國學基本叢書　（m.）

007619764　5641.9　3148
悔翁詞鈔五卷
汪士鐸撰　北平　燕京大學圖書館
1935 年

007619765　5641.9　4445
粲花館詞鈔
樓杏春著　1933 年

007620965　5641.9　4488
霞川花隱詞二卷
李慈銘著　上海中華書局　1940 年

007620964　5641.9　4488
霞川花隱詞補
李慈銘著　吳汝霖鈔補　上海中華書局
　1940 年

007619472　5641.9　7931
憶江南館詞
陳澧著　番禺　微尚齋　1912 年序

007619603　5642.9　0467
靈鵲蒲桃鏡館詞
譚恩闓撰　茶陵譚氏　1930 年

009314626　5642.9　1106
昔夢詞不分卷
王慶昌撰　上海　王氏　1928 年　鉛印

007620925　5642.9　3118
雨屋深燈詞三編
汪兆鏞著　1940 年

007620923　5642.9　3118
雨屋深燈詞續稿
汪兆鏞著　1928 年

007620932　5642.9　4433
雙辛夷樓詞附花影吹笙室詞
李宗褘撰　上海　觀槿齋　1920 年

007620937　5642.9　4433b
雙辛夷樓詞
李宗褘著　廣州　李宣龔　1933 年　墨巢叢刻

009277680　5642.9　4488
越縵堂詞錄二卷
李慈銘著　由雲龍校訂　上海　商務印書館　1935 年　國難後鉛印第 1 版

007620942　5645　0136
彊邨遺書八種
龍沐勳編　1933 年

007620830　5645　0136　(1)
雲謠集雜曲子
彊邨老人[朱祖謀]手校　詞莂　朱孝藏[祖謀]原編　張爾田補錄　上海　1933 年　彊邨遺書

007620813　5645　0136　(2)
夢窗詞集
(宋)吳文英撰　彊邨老人[朱祖謀]定本　濟南　1932 年　彊邨遺書

007620808　5645　0136　(3-7)
滄海遺音集
彊邨老人[朱祖謀]輯　濟南　1933 年　彊邨遺書

007620807　5645　0136　(8-11)
彊邨語業三卷　彊邨棄稿　彊邨詞剩稿二卷　彊邨集外詞
朱孝藏[祖謀]撰　濟南　1932 年　彊邨遺書

007620948　5645　0136　(12)
歸安埭溪朱氏支譜世系
1933 年　彊邨遺書

007620954　5645　0136　(12)
彊邨校詞圖題詠一卷
龍沐勳輯　1933 年　彊邨遺書

007620951　5645　0136　(12)
清故光祿大夫禮部右侍郎朱公墓志銘
陳三立撰　1933 年　彊邨遺書

007620950　5645　0136　(12)
清故光祿大夫前禮部右侍郎朱公行狀
夏孫桐撰　1933 年　彊邨遺書

007620955　5645　0164
彊邨語業三卷
朱祖謀撰　香港　1932 年

011825665　PL2338.W3413　1933
人間詞及人間詞話
王國維著　北京　人文書店　1933 年初版　(m.)

007620703　5647　0229
雙清詞草
廖仲愷著　上海　開明書店　1928 年

007621294　5647　0229b
雙清詞草
廖仲凱[愷]著　廣州　國民新聞報
1925 年

007621118　5647　1112
離別詞選
王君綱編　上海　良友圖書印刷公司
1928 年　初版　（m.）

007621298　5647　1124
娛生軒詞
王德楷著　南京　金陵盧氏飲虹簃刊
1933 年

007621299　5647　1214
揚荷集四卷
邵瑞彭撰　香港　雙玉蟬館刊　1930 年

007621307　5647　1444
映盦詞四卷
夏敬觀著　廣州　中華書局　1939 年

008454761　MLC – C
和小山詞
趙尊嶽撰　1923 年

008454755　MLC – C
和珠玉詞
張祥齡、王鵬運、況周頤連句　1923 年

007621119　5647　2233
敘圃詞
何遂著　香港　何遂　1948 年

007621314　5647　2360
玉蘂樓詞鈔五卷
黎國廉著　廣州　蔚興印刷場承印
1949 年

007621313　5647　2923
分春館詞
朱奂著　1948 年

007623287　5647　2925
黃山樵唱
朱師轍著　香港　燕京北平朱氏
1932 年

007623290　5647　2941
澹廬詩餘
徐鋆著　1931—32？年

008452919　MLC – C
澹廬楹語
徐鋆著　1931 年

007623292　5647　2942C
朱彊邨先生手書詞稿[彊邨語業卷三手稿]
朱祖謀撰　香港　1934 年

009067379　5647　3184
曼陀羅寱詞一卷
沈曾植撰　上海　商務印書館　1925 年
鉛印

007623115　5647　4249
霜紅詞
胡士瑩著　揚州　1931 年

007623139　5647　4285
雙樹居詞二卷
楊鐵夫撰　1920 年

009050070　5647　4285.1
抱香詞一卷
楊鐵夫著　濟南　1912—49 年　鉛印

007623295　5647　4402
檳榔樂府
李詞傭著　南京　聯華印書館印　1936
年　（m.）

007623296　5647　4434
青蕤盫詞四卷
蔣兆蘭撰　香港　宜興蔣氏　1939 年

007978473　　MLC－C
安樂鄉人詩　詩續　藥夢詞
金兆蕃著　1931 年

007623298　5647　4447
寒翠詞一卷
李大防著　1929 年

007623300　5647　4473
蕙蘇詞稿初編
李剛濱著　1938 年

007623043　5647　4810
梅花夢詞草
黃石著　上海　開明書店　1931 年　初
版　（m.）

007623301　5647　4821
癡夢齋詞草二卷
黃仙裴著　羊城［廣州］　關東雅
1915 年

007623307　5647　4880
摩西詞
黃人著　1920 年

007623318　5647　489
擊劍詞鈔
黃榮康著　1933 年

007623013　5647　4921
柯亭長短句三卷　附錄柯長亭詞論
蔡嵩雲著　上海　中華書局　1948 年

初版

007623326　5647　4942
遐庵詞甲稿
葉恭綽撰　1942 年

007623345　5647　5482
珏盫詞
壽鐗著　1921 年

007623347　5647　6212
大厂詞稿
易孺撰　上海　商務印書館
1935 年

007623176　5647　7101
無長物齋詞存
劉語石撰　劉承幹　1914 年

009067425　5647　7102.1
春燈詞一卷
劉麟生著　濟南　劉氏　1939—49 年
石印

007623355　5647　7244
花雨樓詞草
劉翰棻著　1929 年

007623357　5647　7244b
花雨樓詞草
劉翰棻著　廣州　1932 年

007624443　5647　7269
滄海樓詞鈔
劉景堂著　香港　1920 年

007623042　5647　7298
吳芳吉婉容詞箋證
周光午編著　重慶　獨立出版社　1940
年　初版　民族詩壇叢刊　（m.）

008454747　MLC－C
廬尊詞附然脂詞
陳夔撰　1922年

007623119　5647　7924
十萬金鈴館詞二卷
陳步墀撰　濟南　1912年　繡詩樓叢書

曲及戲劇

007623362　5651　2358
丙子七夕鴛湖記曲錄
居益鋐編　廣州　嘯社　1937年

007623045　5652　1121　FC8437　Film　Mas　32258
與衆曲譜八卷
王季烈編　上海　商務印書館　1947年
（m.）

007623020　5652　2102
新曲苑
任中敏編　上海　中華書局　1940年

007623364　5652　2102　(01)
唱論一卷
芝庵撰　上海　中華書局　1940年　新曲苑

007623366　5652　2102　(01)
輟耕曲錄一卷
陶宗儀撰　上海　中華書局　1940年　新曲苑

007623367　5652　2102　(01)
丹丘先生曲錄一卷
朱權撰　上海　中華書局　1940年　新曲苑

007623368　5652　2102　(01)
四友齋曲說一卷
何良俊撰　上海　中華書局　1940年　新曲苑

007623369　5652　2102　(01)
王氏曲藻一卷
王世貞撰　上海　中華書局　1940年　新曲苑

007623365　5652　2102　(01)
中州樂府音韻類編一卷
卓從之撰　上海　中華書局　1940年　新曲苑

007623376　5652　2102　(02)
程氏曲藻一卷
程羽文撰　上海　中華書局　1940年　新曲苑

007623377　5652　2102　(02)
九宮譜定總論一卷
東山釣史撰　上海　中華書局　1940年　新曲苑

007623375　5652　2102　(02)
客座曲語一卷
顧起元撰　上海　中華書局　1940年　新曲苑

007623374　5652　2102　(02)
梅花草堂曲談一卷
張元長撰　上海　中華書局　1940年　新曲苑

007623370　5652　2102　(02)
三家村老曲談一卷
徐復祚撰　上海　中華書局　1940年　新曲苑

007623371　5652　2102　(02)
少室山房曲考一卷
胡應麟撰　上海　中華書局　1940年

新曲苑

007623378　5652　2102　（02）
太霞曲語一卷
顧曲散人撰　上海　中華書局　1940年
　新曲苑

007623372　5652　2102　（02）
堯山堂曲紀一卷
蔣一葵撰　上海　中華書局　1940年
新曲苑

007623373　5652　2102　（02）
周氏曲品一卷
周暉撰　上海　中華書局　1940年　新
曲苑

007623380　5652　2102　（03）
笠翁劇論二卷
李漁撰　上海　中華書局　1940年　新
曲苑

007623379　5652　2102　（03）
製曲枝語一卷
黃周星撰　上海　中華書局　1940年
新曲苑

007624422　5652　2102　（04）
大成曲譜論例一卷
周祥鈺撰　上海　中華書局　1940年
新曲苑

007624424　5652　2102　（04）
樂府傳聲一卷
徐大椿撰　上海　中華書局　1940年
新曲苑

007623381　5652　2102　（04）
南曲入聲客問一卷
毛先舒撰　上海　中華書局　1940年
新曲苑

007624423　5652　2102　（04）
易餘曲錄一卷
焦循撰　上海　中華書局　1940年　新
曲苑

007623382　5652　2102　（04）
在園曲志一卷
劉廷璣撰　上海　中華書局　1940年
新曲苑

007624427　5652　2102　（05）
艾塘曲錄一卷
李斗撰　上海　中華書局　1940年　新
曲苑

007624429　5652　2102　（05）
兩般秋雨盦曲談一卷
梁紹壬撰　上海　中華書局　1940年
新曲苑

007624428　5652　2102　（05）
書隱曲說一卷
袁棟撰　上海　中華書局　1940年　新
曲苑

007624426　5652　2102　（05）
雨村劇話二卷
李調元撰　上海　中華書局　1940年
新曲苑

007624430　5652　2102　（06）
北涇草堂曲論一卷
陳棟撰　上海　中華書局　1940年　新
曲苑

007624431　5652　2102　（06）
京塵劇錄一卷
楊掌生撰　上海　中華書局　1940年
新曲苑

007624432　5652　2102　（06）
曲概一卷

劉熙載撰　上海　中華書局　1940 年
新曲苑

007624435　5652　2102　（06）
曲海一勺一卷
姚華撰　上海　中華書局　1940 年　新曲苑

007624434　5652　2102　（06）
中州切音譜贅論一卷
劉禧延撰　上海　中華書局　1940 年
新曲苑

007624437　5652　2102　（07–08）
菉猗室曲話四卷
姚華撰　上海　中華書局　1940 年　新曲苑

007624436　5652　2102　（07）
曲稗一卷
徐珂撰　上海　中華書局　1940 年　新曲苑

007624438　5652　2102　（09）
霜崖曲跋一卷
吳梅撰　上海　中華書局　1940 年　新曲苑

007624439　5652　2102　（10–12）
曲海揚波六卷
任訥撰　上海　中華書局　1940 年　新曲苑

007624447　5652　2322
戲海
上海戲劇研究社編輯　上海　1927 年（m.）

007624213　5652　2322　（1）
戲海京魯大鼓部
上海戲劇研究社編輯　上海　上海戲劇研究社　1927 年　初版　（m.）

007624209　5652　2322　（2）
戲海新式京調部
上海戲劇研究社編輯　上海　上海戲劇研究社　1927 年　初版　（m.）

007624210　5652　2322　（3）
戲海改良灘簧部
上海戲劇研究社編輯　上海　上海戲劇研究社　1927 年　初版　（m.）

007624211　5652　2322　（4）
戲海秘本越劇部
上海戲劇研究社編輯　上海　上海戲劇研究社　1927 年　初版　（m.）

007624212　5652　2322　（5）
戲海時調小曲部
上海戲劇研究社編輯　上海　上海戲劇研究社　1927 年　初版　（m.）

007624282　5652　4103
誦芬室讀曲叢刊
濟南　武進董氏　1917 年

007889285　5652　4103　（1）
錄鬼簿二卷
鍾嗣成編　香港　武進董氏　1917 年
讀曲叢刊

007624459　5652　4103　（1–2）
南詞敘錄一卷　舊編南九宮目錄一卷　十三調南呂音節譜一卷
徐渭編撰　香港　武進董氏　1917 年
讀曲叢刊

007889306　5652　4103　（2）
顧曲雜言一卷
沈德符著　香港　武進董氏　1917 年
讀曲叢刊

007889294　5652　4103　(2)
衡曲塵譚一卷
騷隱居士撰　香港　武進董氏　1917年
　讀曲叢刊

007889301　5652　4103　(2)
曲律一卷
魏良輔撰　香港　武進董氏　1917年
　讀曲叢刊

007889317　5652　4103　(3-4)
劇說六卷
焦循編輯　香港　武進董氏　1917年
　讀曲叢刊

007626803　5652　4533
增補曲苑
上海　六藝書局　1932年　第3版

007626850　5652　4533　(1)
增補曲苑金集
古書流通處原輯　聖湖正音學會增校
上海　六藝書局　1922年　初版
（m.）

007626851　5652　4533　(2)
增補曲苑石集
古書流通處原輯　聖湖正音學會增校
上海　六藝書局　1922年　初版
（m.）

007626852　5652　4533　(3)
增補曲苑絲集
古書流通處原輯　聖湖正音學會增校
上海　六藝書局　1922年　初版
（m.）

007626853　5652　4533　(4)
增補曲苑竹集
古書流通處原輯　聖湖正音學會增校
上海　六藝書局　1922年　初版
（m.）

007626854　5652　4533　(5)
增補曲苑匏集
古書流通處原輯　聖湖正音學會增校
上海　六藝書局　1922年　初版
（m.）

007626855　5652　4533　(6)
增補曲苑土集
古書流通處原輯　聖湖正音學會增校
上海　六藝書局　1922年　初版
（m.）

007626856　5652　4533　(7)
增補曲苑革集
古書流通處原輯　聖湖正音學會增校
上海　六藝書局　1922年　初版
（m.）

007626857　5652　4533　(8)
增補曲苑木集
古書流通處原輯　聖湖正音學會增校
上海　六藝書局　1922年　初版
（m.）

007624215　5652　4924
戲曲論叢
葉德均　上海　日新出版社　1947年
（m.）

007627670　5652　7914
曲苑
陳乃乾輯　香港　海寧陳氏
1921年

007627676　5652　7914　(01-02)
江東白苧二卷　續二卷
梁辰魚撰　香港　海寧陳氏　1921年
　曲苑

007627677　5652　7914　(03-04)
劇説六卷
焦循撰　香港　海寧陳氏　1921年曲苑

007627679　5652　7914　(05)
曲話五卷
梁廷柟撰　香港　海寧陳氏　1921年曲苑

007627681　5652　7914　(06)
曲品三卷
郁藍生撰　香港　海寧陳氏　1921年曲苑

007627682　5652　7914　(06)
新傳奇品一卷　續一卷
高奕續　香港　海寧陳氏　1921年曲苑

007627683　5652　7914　(07-08)
曲錄二卷
王國維撰　香港　海寧陳氏　1921年曲苑

007627689　5652　7914　(09)
顧曲雜言一卷
沈德符撰　香港　海寧陳氏　1921年曲苑

007627686　5652　7914　(09)
衡曲麈譚一卷
騷隱居士撰　香港　海寧陳氏　1921年曲苑

007627684　5652　7914　(09)
舊編南九宮目錄一卷
徐渭撰　香港　海寧陳氏　1921年曲苑

007627685　5652　7914　(09)
十三調南呂音節譜一卷
徐渭撰　香港　海寧陳氏　1921年曲苑

007627687　5652　7914　(09)
魏良輔曲律一卷
魏良輔撰　香港　海寧陳氏　1921年曲苑

007627691　5652　7914　(10)
曲目表一卷
支豐宜輯　香港　海寧陳氏　1921年曲苑

007627690　5652　7914　(10)
雨村曲話二卷
李調元撰　香港　海寧陳氏　1921年曲苑

007629197　5652　7914.2
重訂曲苑
陳乃乾輯　香港　海寧陳氏　1925年

007629198　5652　7914.2　(1)
新編錄鬼簿二卷
鍾嗣成編　香港　海寧陳氏　1925年重訂曲苑

007629199　5652　7914.2　(2)
中原音韻一卷
周德清輯　香港　海寧陳氏　1925年重訂曲苑

007629203　5652　7914.2　(3)
衡曲麈譚一卷
騷隱居士撰　香港　海寧陳氏　1925年重訂曲苑

008321496　5652　7914.2　(3)
舊編南九宮目錄一卷
徐渭撰　香港　海寧陳氏　1925年重訂曲苑

語言文學類

007629201　5652　7914.2　（3）
南詞敘錄一卷
徐渭撰　香港　海寧陳氏　1925年　重訂曲苑

007629202　5652　7914.2　（3）
十三調南呂音節譜一卷
徐渭撰　香港　海寧陳氏　1925年　重訂曲苑

007629204　5652　7914.2　（3）
魏良輔曲律一卷
魏良輔撰　香港　海寧陳氏　1925年　重訂曲苑

007629205　5652　7914.2　（4）
曲律四卷
王驥德撰　香港　海寧陳氏　1925年　重訂曲苑

007629207　5652　7914.2　（5）
顧曲雜言一卷
沈德符撰　香港　海寧陳氏　1925年　重訂曲苑

007629208　5652　7914.2　（6-7）
度曲須知二卷
沈寵綏撰　香港　海寧陳氏　1925年　重訂曲苑

007629209　5652　7914.2　（8）
曲品三卷
郁藍生撰　香港　海寧陳氏　1925年　重訂曲苑

007629210　5652　7914.2　（8）
新傳奇品一卷
闕名撰　香港　海寧陳氏　1925年　重訂曲苑

007629211　5652　7914.2　（9）
曲話五卷
梁廷枬撰　香港　海寧陳氏　1925年　重訂曲苑

007629213　5652　7914.2　（10）
雨村曲話二卷
李調元撰　香港　海寧陳氏　1925年　重訂曲苑

007629214　5652　7914.2　（11-12）
劇說六卷
焦循撰　香港　海寧陳氏　1925年　重訂曲苑

007629215　5652　7914.2　（13-14）
詞餘叢話四卷
楊恩壽著　香港　海寧陳氏　1925年　重訂曲苑

007629216　5652　7914.2　（14）
曲目表一卷
支豐宜輯　香港　海寧陳氏　1925年　重訂曲苑

007629217　5652　7914.2　（15-19）
曲錄六卷
王國維撰　香港　海寧陳氏　1925年　重訂曲苑

007629219　5652　7914.2　（19）
戲曲考原一卷
王國維撰　香港　海寧陳氏　1925年　重訂曲苑

007629220　5652　7914.2　（20）
曲目韻編二卷
董康編　香港　海寧陳氏　1925年　重訂曲苑

007494761　5653　1162
國劇學會圖書館書目三卷

傅惜華編　北平　北平國劇學會　1935
年　（m.）

007494825　5653　3952
褐木盧藏劇目
宋春舫編　香港　宋春舫　1934年　初
版　（m.）

007629233　5653　4127
記玉霜簃所藏鈔本戲曲
杜穎陶撰　1933年

007628904　5653　4194
復道人今樂考證
姚燮撰　北京　北京大學出版組
1936年

007628937　5653　4806
曲海四十六卷
黃文暘、吳梅、董康等校　上海　大東書
局　1930年

007494921　5653　4853
傳奇彙考八卷
上海　古今書室　1914年

008627357　Microfiche　C-834　CH1438
傳奇彙考
香港　古今書室　1914年

007516511　5653　8258
西諦所藏善本戲曲目錄一卷　補遺一卷
鄭振鐸輯　北京　鄭振鐸　1920—45年

007629248　5654　0242
戲劇腳色名詞考
齊如山撰　香港　1927年

007629250　5654　0273
梨園話
方問溪著　北平　中華印書局　1931年
（m.）

007900100　5654　1382
國劇韻典
張笑俠編　北平　戲曲研究社　1935年
初版　戲曲研究社叢書　（m.）

007629149　5654　3115
戲劇手冊
洗群撰　上海　文化供應社　1948年
青年自學指導手冊　（m.）

007618569　5655　0242.1
中國劇之組織
齊如山編　香港　1928年　（m.）

007617113　5655　1812
編劇知識
賈霽著　哈爾濱　東北書店　1949年
初版　（m.）

011884372　ML1700.Z53　1928
歌劇 ABC
張若谷著　上海　ABC叢書社　1928
年　初版　ABC叢書　（m.）

011930303　PN1669.C5　C4　1940
戲劇創作講話
陳白塵著　上海　上海雜誌公司　1940
年　（m.）

011890854　PN3171.C4　1936
戲劇與教育
陳明中著　上海　商務印書館　1936年
初版　（m.）

011879390　PN1669.C6　S835　1925
戲劇作法講義
孫俍工著　上海　亞東圖書館　1925年
（m.）

011904486　PN1631.X84　1931
學校戲劇概論
閻喆吾編　鎮江　中央書店[總代售]
1931年　初版　（m.）

011916520　PN1996.H6　1926
影戲劇本作法
侯曜著　上海　泰東圖書局　1926年
（m.）

007617117　5655　2182
中國戲劇概論
盧冀野著　上海　世界書局　1934年
初版　（m.）

011837357　PL2392.X56　1947
戲劇大衆化之實驗
熊佛西編著　上海　正中書局　1947年
滬1版　（m.）

007617116　5655　2345
中國戲曲概論
吳梅著　上海　大東書局　1926年　初版　（m.）

007617119　5655　2345.1
曲學通論
吳梅著　上海　商務印書館　1935年
初版　國學小叢書　（m.）

007618571　5655　2345.2
詞餘講義
吳梅編　北京　北京大學出版部　1923年　再版

007618578　5655　2921
戲劇教育行政
徐伯璞編著　重慶　商務印書館　1945年　（m.）

007722216　MLC–C
兒童戲劇論文集

香港　香港中華基督教青年會　1940年

007618197　5655　2933
戲劇論集
朱肇洛編著　北平　文化學社　1932年
初版　（m.）

007618178　5655　2941
金元戲曲方言考
徐嘉瑞著　上海　商務印書館　1948年
中國俗文學研究會叢書　（m.）

011891901　PL2695.W85　1947
湯顯祖與還魂記
吳重翰著　廣州　建成教育用品供應社
1947年　初版　（m.）

011891974　PL2355.Z84　1947
元曲研究
朱志泰著　上海　永祥印書館　1947年
初版　青年知識文庫　（m.）

007618124　5655　2988
戲劇短論
徐美公[公美]著　上海　大光書局
1936年　再版　（m.）

007628995　5655　3115b
戲劇手冊
冼群著　桂林　文化供應社　1942年
初版　（m.）

007618199　5655　4145
曲海一勺
姚華著　貴陽　文通書局　1942年　初版　（m.）

007619670　5655　4211
無師自習學戲秘訣
胡憨珠撰　上海　中央書店　1935年

007618195　5655　4235
戲劇論
郁達夫著　上海　商務印書館　1926年
　初版　(m.)

007618200　5655　4514
曲學入門
韓非木編著　上海　中華書局發行
　1948年　初版　(m.)

007618182　5655　4536
戲曲叢譚
華連圃著　上海　商務印書館　1937年
　初版　國學小叢書

007618201　5655　4861
元曲概論
賀昌群著　上海　商務印書館　1933年
　初版　國學小叢書　(m.)

007618331　5655　8680
戲劇教育之理論與實際
谷劍塵著　重慶　商務印書館　1944年
　(m.)

007618198　5655　8921
國劇運動
余上沅編　上海　新月書店　1927年
　初版　中國戲劇社叢書　(m.)

007619671　5656　1140
腔調考原
王芷章著　北平　雙肇樓圖書部
　1934年

007618329　5656　1142
五十年來北平戲劇史材前後編
周明泰著　廣州　匯文閣書店　1932年
　幾禮居戲曲叢書

007619673　5656　1162
宋元戲曲史
王國維編　上海　商務印書館　1926年
　(m.)

007621243　5656　1334
清代燕都梨園史料
張次溪編　北平　邃雅齋　1934年

007621245　5656　1334　(1)
燕蘭小譜五卷
西湖安樂山樵撰　北平　邃雅齋　1934
　年　清代燕都梨園史料

007621246　5656　1334　(2)
日下看花記四卷
小鐵篴道人著　北平　邃雅齋　1934年
　清代燕都梨園史料

007621248　5656　1334　(3)
片羽集一卷
來青閣主人著　北平　邃雅齋　1934年
　清代燕都梨園史料

007621249　5656　1334　(4)
聽春新詠三卷
留春閣小史輯　北平　邃雅齋　1934年
　清代燕都梨園史料

007621253　5656　1334　(5)
金臺殘淚記一卷
華胥大夫著　北平　邃雅齋　1934年
　清代燕都梨園史料

007623262　5656　1334　(5)
辛壬癸甲錄一卷
蘂珠舊史著　北平　邃雅齋　1934年
　清代燕都梨園史料

007621254　5656　1334　(5)
燕臺鴻爪集一卷
粟海庵居士著　北平　邃雅齋　1934年
　清代燕都梨園史料

007621251　5656　1334　(5)
鶯花小譜一卷
半標子定　北平　遼雅齋　1934 年　清代燕都梨園史料

007621256　5656　1334　(6)
長安看花記一卷
蘗珠舊史著　北平　遼雅齋　1934 年　清代燕都梨園史料

007621257　5656　1334　(6)
丁年玉筍志一卷
蘗珠舊史著　北平　遼雅齋　1934 年　清代燕都梨園史料

007621259　5656　1334　(6)
夢華瑣簿一卷
蘗珠舊史著　北平　遼雅齋　1934 年　清代燕都梨園史料

007621261　5656　1334　(7)
法嬰秘笈一卷
雙影盦生著　北平　遼雅齋　1934 年　清代燕都梨園史料

007621263　5656　1334　(7)
明僮合錄二卷
餘不釣徒、殿春生著　北平　遼雅齋　1934 年　清代燕都梨園史料

007621268　5656　1334　(7)
評花新譜一卷
藝蘭生錄　北平　遼雅齋　1934 年　清代燕都梨園史料

007621260　5656　1334　(7)
曇波
四不頭陀著　北平　遼雅齋　1934 年　清代燕都梨園史料

007621266　5656　1334　(7)
增補菊部群英一卷
糜月樓主撰　北平　遼雅齋　1934 年　清代燕都梨園史料

007621270　5656　1334　(8)
菊部群英一卷
邗江小遊仙客著　北平　遼雅齋　1934 年　清代燕都梨園史料

007621272　5656　1334　(8)
群英續集一卷
糜月樓主撰　北平　遼雅齋　1934 年　清代燕都梨園史料

007621274　5656　1334　(8)
宣南雜俎一卷
藝蘭生輯　北平　遼雅齋　1934 年　清代燕都梨園史料

007621282　5656　1334　(9)
側帽餘譚一卷
藝蘭生撰　北平　遼雅齋　1934 年　清代燕都梨園史料

007621280　5656　1334　(9)
鳳城品花記一卷
香溪漁隱撰　北平　遼雅齋　1934 年　清代燕都梨園史料

007621281　5656　1334　(9)
懷芳記一卷
蘿摩庵老人撰　北平　遼雅齋　1934 年　清代燕都梨園史料

007621277　5656　1334　(9)
擷華小錄一卷
沅浦癡漁撰　北平　遼雅齋　1934 年　清代燕都梨園史料

007621279　5656　1334　(9)
燕臺花事錄一卷
蜀西樵也撰　北平　遼雅齋　1934 年

清代燕都梨園史料

007621284　5656　1334　(10)
菊臺集秀錄一卷
佚名撰　北平　邃雅齋　1934年　清代燕都梨園史料

007623263　5656　1334　(10)
情天外史二卷
佚名撰　北平　邃雅齋　1934年　清代燕都梨園史料

007791595　5656　1334　(10)
瑤臺小錄一卷
王韜撰　北平　邃雅齋　1934年　清代燕都梨園史料

007623265　5656　1334　(10)
異伶傳一卷
陳澹然撰　北平　邃雅齋　1934年　清代燕都梨園史料

007623264　5656　1334　(10)
越縵堂菊話一卷
李慈銘撰　北平　邃雅齋　1934年　清代燕都梨園史料

007623267　5656　1334　(11)
鞠部叢譚一卷
羅瘿公撰　北平　邃雅齋　1934年　清代燕都梨園史料

007623266　5656　1334　(11)
哭庵賞菊詩一卷
易順鼎著　北平　邃雅齋　1934年　清代燕都梨園史料

007623269　5656　1334　(11)
梨園舊話一卷
倦遊逸叟撰　北平　邃雅齋　1934年　清代燕都梨園史料

007623270　5656　1334　(11)
梨園軼聞一卷
許九埜著　北平　邃雅齋　1934年　清代燕都梨園史料

007623268　5656　1334　(11)
宣南零夢錄一卷
沈太侔著　北平　邃雅齋　1934年　清代燕都梨園史料

007623273　5656　1334　(12)
北京梨園金石文字錄一卷
張江裁輯　北平　邃雅齋　1934年　清代燕都梨園史料

007623272　5656　1334　(12)
北京梨園掌故長編一卷
張江裁輯　北平　邃雅齋　1934年　清代燕都梨園史料

007623271　5656　1334　(12)
舊劇叢談一卷
陳彥衡著　北平　邃雅齋　1934年　清代燕都梨園史料

007624290　5656　1334.2
清代燕都梨園史料續編
張次溪編　北平　松筠閣書店　1937年

007624478　5656　1334.2　(1)
九青圖詠
張江裁輯　北平　松筠閣書店　1937年　清代燕都梨園史料續編

007624480　5656　1334.2　(1)
消寒新詠
石坪居士撰　北平　松筠閣書店　1937年　清代燕都梨園史料續編

007624477　5656　1334.2　(1)
雲郎小史
冒廣生輯　北平　松筠閣書店　1937年

清代燕都梨園史料續編

007624483　5656　1334.2　(1)
衆香國
衆香主人撰　北平　松筠閣書店　1937年　清代燕都梨園史料續編

007624489　5656　1334.2　(2)
鞠部明僮選勝録
李鍾豫撰　北平　松筠閣書店　1937年　清代燕都梨園史料續編

007624488　5656　1334.2　(2)
檀青引
楊圻撰　北平　松筠閣書店　1937年　清代燕都梨園史料續編

007624490　5656　1334.2　(2)
杏林擷秀
謝素聲撰　北平　松筠閣書店　1937年　清代燕都梨園史料續編

007624485　5656　1334.2　(2)
燕臺花史
蜃橋逸客、兜率宮侍者、寄齋寄生著　北平　松筠閣書店　1937年　清代燕都梨園史料續編

007624484　5656　1334.2　(2)
燕臺集豔
播花居士撰　北平　松筠閣書店　1937年　清代燕都梨園史料續編

007624493　5656　1334.2　(3)
北平梨園竹枝詞薈編
張江裁輯　北平　松筠閣書店　1937年　清代燕都梨園史料續編

007624492　5656　1334.2　(3)
聞歌述憶
鳴晦廬主人撰　北平　松筠閣書店　1937年　清代燕都梨園史料續編

007624494　5656　1334.2　(4)
燕都名伶傳
張江裁輯　北平　松筠閣書店　1937年　清代燕都梨園史料續編

007624495　5656　1334.2　(4)
燕歸來簃隨筆
張江裁輯　北平　松筠閣書店　1937年　清代燕都梨園史料續編

007619418　5656　2182
明清戲曲史
盧前撰　上海　商務印書館　1935年　國學小叢書　(m.)

007619467　5656　2345
元劇研究ABC 上册
吳梅著　上海　世界書局發行　1929年　(m.)

007620882　5656　2923
沙恭達拉與宋元南戲
朱維之撰　福州　協和大學　1935年

007619478　5656　2941
梨園影事
徐慕雲編　上海　大東書局　1933年　(m.)

007619426　5656　2941.1
中國戲劇史
徐慕雲著　上海　世界書局　1938年　精裝　(m.)

011912194　PL3031.S9　Y4　1947
川劇序論
閻金鍔著　貴陽　文通書局　1947年　初版　(m.)

0076194903　5656　3231
雲南農村戲曲史
徐夢麟[嘉瑞]著　雲南　國立雲南大學西南文化研究室　1943年　初版　西南研究叢書　（m.）

007619440　5656　3231
古劇說彙
馮沅君著　上海　商務印書館　1947年　初版　（m.）

007619428　5656　3914
元明散曲小史
梁乙真著　上海　商務印書館發行　1934年　初版　（m.）

011891975　PL2386.L8　1935
明清戲曲史
盧前[冀野]著　上海　商務印書館　1935年　初版　國學小叢書　（m.）

007619482　5656　4184
中國戲劇簡史
董每戡著　上海　商務印書館　1949年　初版　（m.）

011891965　PL2357.Z45　1936
中國戲劇史略
周貽白著　上海　商務印書館　1936年　初版　（m.）

007619484　5656　5417
中國近代戲曲史
鄭震編譯　上海　北新書局　1933年　初版　（m.）

007619522　5656　5417.4
南北戲曲源流考
青木正兒著　江俠庵譯述　長沙　商務印書館發行　1939年　再版　國學小叢書　（m.）

007619485　5656　5417b
中國近世戲曲史
（日）青木正兒著　王古魯譯　上海　商務印書館　1936年　初版　（m.）

007619480　5656　5740
蜀伶選粹
中穩樓主撰　成都　新民書局　1949年

007619481　5656　7262
中國戲劇小史
周貽白撰　上海　永祥印書館　1946年　再版　青年知識文庫　第1輯　（m.）

007621285　5656　7265
都門紀略中之戲曲史料
周明泰述　香港　光明印刷局　1932年　（m.）

007620731　5656　7265.2
道咸以來梨園系年小錄
周志輔[明泰]撰　北平　商務印書館代售　1932年　幾禮居戲曲叢書

007806673　MLC-C
同光朝名伶十三絕傳略
朱書紳撰　北京　三六九書報社　1943年　初版　（m.）

007494826　5657　0624
一百種抗戰劇本說明
唐紹華編　重慶　正中書局　1940年　初版　（m.）

007621017　5657　1121
螾廬曲談
王季烈著　上海　商務印書館　1928年

007621018　5657　1142
梨園佳話
王夢生著　上海　商務印書館　1915年　初版　（m.）

007694883　5657　1948.1
述也是園舊藏古今雜劇
孫楷第著　北平　圖書季刊社　1940年　圖書季刊專刊

007621108　5657　2182
讀曲小識
盧前[盧冀野]著　長沙　商務印書館　1940年　初版　(m.)

007621182　5657　2182.2
詞謔
盧冀野[盧前]校　上海　中華書局　1936年

007621109　5657　2321
佛西論劇
熊佛西著　上海　新月書店　1931年　初版　(m.)

007621105　5657　2321.3
寫劇原理
熊佛西著　上海　中華書局　1933年　初版　現代文學叢刊　(m.)

007621101　5657　2326
劇說
(清)焦循撰　長沙　商務印書館　1939年　初版　國學基本叢書　(m.)

007621107　5657　2931
皮黃文學研究第一集
徐凌霄著　北平　世界編譯館北平分館　1936年　初版　戲曲音樂叢書　(m.)

007621104　5657　3231
孤本元明雜劇鈔本題記
馮沅君撰　重慶　商務印書館　1944年　國立北平圖書館專刊叢書　(m.)

007623022　5657　3917
若夢廬劇談
宗天風著　上海　泰東圖書局　1915年　初版　(m.)

007624499　5657　3952
宋春舫論劇
宋春舫著　上海　中華書局　1930年　(m.)

007623027　5657　4433
李笠翁曲話
(清)李漁著　曹聚仁點讀　上海　梁溪圖書館　1925年　(m.)

007623024　5657　4863.2
讀曲隨筆
趙景深著　上海　北新書局　1936年　初版　文藝新刊　(m.)

007623023　5657　4890
舊戲新談
黃裳著　上海　開明書店　1948年　初版　(m.w.)

011892719　B128.C8　C45　1930
孔子與戲劇
陳子展著　上海　太平洋書店　1930年　初版　(m.)

011735864　PL2392.C454　1944
習劇隨筆
陳白塵著　重慶　當今出版社　1944年　初版　當今戲劇叢書　(m.w.)

011884693　PL2392.P4　1928
中國戲劇概評
培良著　上海　泰東圖書局　1928年　初版　(m.)

007623025　5657　5417
元人雜劇序說
青木正兒著　隋樹森譯　徐調孚校補

上海　開明書店發行　1941 年　初版
（m.）

007623030　5657　6615B
曲品附傳奇品
東海郁藍生撰　吳梅校　北京　北京大學出版部　1918 年　初版

007624192　5657　7124
原戲
劉師培著　北京　景山書社　193？年
（m.）

007623026　5657　7830
元曲概説
鹽谷温著　隋樹森譯　上海　商務印書館　1947 年　初版　（m.）

009252908　5658　0432
曲律易知二卷
許之衡撰述　吳梅核訂　濟南　1922 年
飲流齋著叢書

007625851　5658　1103
曲譜十四卷
（清）王奕清等編著　上海　掃葉山房
1924 年

007624206　5658　1103B
曲譜十四卷
（清）王奕清等編著　上海　商務印書館
1937 年　初版　國學基本叢書　（m.）

007624230　5658　1121
集成曲譜
王季烈、劉富梁編輯　上海　商務印書館　1931 年　再版

007629244　5658　1182
遏雲閣曲譜初集附學曲例言
陳栩撰　上海　著易堂書局　1912—

30 年

007624190　5658　1820
曲韻探驪
項遠村著　貴陽　重慶曲社　1944 年

007624193　5658　2182
曲韻舉隅
盧冀野編著　上海　中華書局　1937 年　初版　（m.）

007624370　5658　2262　FC1776　FC－M2091
昆曲粹存初集
昆山國學保存會　上海　朝記書莊
1919 年

007625855　5658　2433.1　FC8512　Film　Mas　32568
琵琶記曲譜四卷
殷溎深原稿　上海　朝記書莊
1921 年

007625857　5658　2433.2　FC8510　Film　Mas　32570
西廂記曲譜
殷溎深原稿　上海　朝記書莊
1921 年

007625744　5658　2433.3　FC8511　Film　Mas　32569
拜月亭記曲譜
關漢卿撰　殷溎深原稿　張餘蓀藏本
上海　朝記書莊　1921 年

007624271　5658　2433.4　FC8514　Film　Mas　32566
牡丹亭曲譜
湯顯祖撰　上海　朝記書莊　1921 年

007625864　5658　2433.6
六也曲譜
張芬撰　蘇州　振新書社　1920 年
再版

009193340　5658　2433.6b
六也曲譜

殷溎深原稿　張怡庵校正手録　上海
朝記書莊　1922 年

008131243　16706　FC5254　Film Mas 16706　T 5658 2941
太和正音譜三卷
涵虛子［朱權］編　日本　1917 年

007879305　5658　3119.32
復位南九宮詞譜
沈璟　北京　國立北京大學影印
1936 年

007624317　5658　3132
度曲須知二卷
沈寵綏撰　上海　商務印書館　1922 年

007627013　5658　3222
荊釵記
道和俱樂部　蘇州　振新書社　1922 年

007626966　5658　4411
一笠庵北詞廣正譜
李玄玉［李玉］撰　北平　國立北京大學
出版組　1936 年

007625643　5658　4991
元劇聯套述例
蔡瑩述　上海　商務印書館　1933 年

007627042　5658　499c
納書楹曲譜全集正集二卷　續集二卷　外集二卷　補遺二卷
葉堂訂譜　王文治參訂　廣州　文德堂
藏版　1948 年

007627433　5658　5632
新訂中州劇韻
曹心泉著　北平　世界編譯館北平分館
　　1936 年　初版　戲曲音樂叢書　（m.）

007627016　5658　7238
九宮大成南北詞宮譜
周祥鈺輯　1923 年

007627019　5659　1103
明代婦人散曲集
王端淑［撰］　上海　中華書局
1937 年

007627529　5659　1110　FC8253　Film Mas 32154
元詞斠律
王玉章輯　上海　商務印書館　1936 年

007625738　5659　1155
北曲拾遺
（明）無名氏撰　任訥、盧前［冀野］校訂
　　上海　商務印書館　1935 年

007625577　5659　1921
中華戲曲選
孫俍工、孫怒潮合編　上海　中華書局
　　1934 年　（m.）

007629046　5659　2152
散曲叢刊十五種
任訥校訂　上海　中華書局　1931 年

007629236　5659　2152（1-2）
樂府新編陽春白雪前集五卷　後集五卷　補集一卷　附校記一卷
楊朝英輯　上海　中華書局　1931 年
散曲叢刊十五種

007629237　5659　2152（3-4）
類聚名賢樂府群玉五卷　附錄一卷
胡存善輯　上海　中華書局　1931 年
散曲叢刊十五種

007629238　5659　2152（5）
東籬樂府一卷　附錄一卷
馬致遠撰　上海　中華書局　1931 年
散曲叢刊十五種

007629239　5659　2152　(6)
夢符散曲二卷　摭遺一卷
任訥輯　上海　中華書局　1931年　散曲叢刊十五種

007629241　5659　2152　(7-8)
小山樂府前集今樂府一卷　後集蘇堤漁唱一卷　續集吳鹽一卷　別集新樂府一卷　外集
張可久撰　上海　中華書局　1931年　散曲叢刊十五種

007630557　5659　2152　(9)
酸甜樂府二卷
貫雲石、徐再思撰　上海　中華書局　1931年　散曲叢刊十五種

007743806　5659　2152　(10-11)
沜東樂府二卷　補遺一卷
康海撰　上海　中華書局　1931年　散曲叢刊十五種

007630559　5659　2152　(12)
王西樓先生樂府一卷
王磐撰　上海　中華書局　1931年　散曲叢刊十五種

007630560　5659　2152　(13)
唾窗絨一卷
沈仕撰　上海　中華書局　1931年　散曲叢刊十五種

007630561　5659　2152　(14-16)
海浮山堂詞稿四卷
馮惟敏撰　上海　中華書局　1931年　散曲叢刊十五種

007630562　5659　2152　(17-19)
秋水庵花影集四卷
施紹莘撰　上海　中華書局　1931年　散曲叢刊十五種

007630563　5659　2152　(20-22)
清人散曲選刊
任訥輯　上海　中華書局　1931年　散曲叢刊十五種

007630564　5659　2152　(22)
中原音韻作詞十法疏證一卷
任訥疏證　上海　中華書局　1931年　散曲叢刊十五種

007630565　5659　2152　(23-24)
散曲概論二卷
任訥撰　上海　中華書局　1931年　散曲叢刊十五種

007630566　5659　2152　(25-28)
曲諧四卷
任訥撰　上海　中華書局　1931年　散曲叢刊十五種

007149050　PL2564.4.W8　1928x
梧葉兒
陳虞孫編　南京　海角社　1928年　初版　(m.)

007625617　5659　2158
元曲三百首
任中敏[訥]編　盧前[冀野]重訂　上海　中華書局　1947年　(m.)

007627023　5659　2182.1
飲虹簃所刻曲
盧前校　1932年

007630568　5659　2182.1　(1)
雲莊樂府
張養浩撰　1932年　飲虹簃所刻曲

007630570　5659　2182.1　(2)
秋碧樂府
陳鐸撰　1932年　飲虹簃所刻曲

語言文學類

007630571　5659　2182.1　(3)
黎雲寄傲
陳鐸撰　1932 年　飲虹簃所刻曲

007630572　5659　2182.1　(4)
步雪初聲
張瘦郎撰　1932 年　飲虹簃所刻曲

007625733　5659　2182.2
曲雅續曲雅
盧前[冀野]録　上海　開明書店
1931—33 年

007629245　5659　2345
古今名劇選
吳梅選　香港　北京大學出版部　1925
年　3 版

007627027　5659　2345.2
霜崖曲録二卷
吳梅[撰]　上海　商務印書館　1931 年

008581829　FC3998
霜崖曲話十六卷
吳梅撰　濟南　1912—49 年

007625544　5659　2650
棃園按試樂府新聲
盧前[冀野]編註　上海　涵芬樓　1936
年　初版　四部叢刊三編

006986715　5237　4942　5659　2910
樂府詩選
葉楚傖主編　朱建新編註　胡倫清校訂
　重慶　正中書局　1942 年　(m.)

008045599　MLC–C
題畫詩選
王青芳、賈仙洲選輯　北平　賈仙洲
1936 年　(m.)

011985982　PL2518.C58　1935
註釋中國民族詩選
李宗鄴編　上海　中華書局　1935—46
年　初版　初中學生文庫

007625742　5659　2913
南曲九宮正始
(明)徐子室[慶卿]輯　鈕少雅訂　北
平　戲曲文獻流通會　1936 年

007629123　5659　4105
太霞新奏十四卷
(明)香月居主人評選　北平　國立北平
圖書館　1931 年

007625659　5659　4244
朝野新聲太平樂府九卷
(元)楊朝英輯　上海　商務印書館
1939 年　初版　國學基本叢書　(m.)

007625658　5659　4244.7
陽春白雪十卷
(元)楊朝英選輯　上海　商務印書館
1936 年　初版　國學基本叢書　(m.)

007627029　5659　4244A
朝野新聲太平樂府九卷
(元)楊朝英輯　上海　商務印書館
1929 年　(m.)

007626787　5659　4824
萬花集
黃緣芳編　上海　中華書局　1940 年

007626765　5659　4863
宋元戲文本事
趙景深編　上海　北新書局　1934 年
初版　(m.)

007626846　5659　4945　　5659　4945　c.2
太平清調迦陵音一卷　附迦陵音指迷十六觀
金粟頭陀編著　北京　故宮博物院圖書館　1930年　影印

009066204　5659　5602
曲詞
北京　京華印書局　1912—49年　鉛印

007626845　5659　8545　（1943）
元明清曲選
錢南揚編註　重慶　正中書局　1943年　4版　國文精選叢書　（m.）

007627622　5659　8545　（1946）
元明清曲選
錢南揚編註　胡倫清校訂　上海　正中書局　1946年　（m.）

007627441　5659.6　0114
元曲
童伯章選註　上海　商務印書館　1931年　初版　學生國學叢書　（m.）

007627627　5659.6　0114b
元曲
童伯章選註　上海　商務印書館　1934年　再版　（m.）

007626864　5659.9　6314
曲選
吳梅選錄　上海　商務印書館　1930年　初版　國立中央大學叢書　（m.）

007627424　5660.6　1383
雲莊樂府
張養浩著　任訥輯　疏齋小令　盧摯撰　盧前輯校　長沙　商務印書館　1941年　初版　散曲集叢

007627455　5660.6　8165
醜齋樂府
鍾嗣成撰　小隱餘音　汪元亨撰　任訥、盧前輯校　長沙　商務印書館　1941年　初版　散曲集叢

007627632　5660.7　1172
方諸館樂府二卷
王驥德撰　長沙　商務印書館　1941年

007627634　5660.7　1433
獄中草
夏完淳撰　北碚　南京書店　1941年

007626876　5660.7　3240
宛轉歌
馮夢龍著　盧前輯　長沙　商務印書館　1941年　初版　散曲集叢

007627635　5660.7　4224
南峰樂府
楊循吉撰　香港　文禄堂　1937年

007626866　5660.9　2182
冀野散曲鈔
盧前［盧冀野］著　重慶　獨立出版社　1943年　初版　（m.）

007626874　5660.9　2644
劇曲琳麗三幕詩劇
白薇著　上海　商務印書館　1925年　初版

007890969　5661　0406
覆元槧古今雜劇三十種
京都　京都帝國大學　1914年　京都帝國大學文科大學叢書

007890973　5661　0406　(1)
大都新編楚昭王疎者下船一卷
鄭廷玉撰　京都　京都帝國大學文科大

學　1914年　古今雜劇三十種

007890976　5661　0406　(1)

大都新編關張雙赴西蜀夢一卷
關漢卿撰　京都　京都帝國大學文科大學　1914年　古今雜劇三十種

007890975　5661　0406　(1)

古杭新刊的本關目風月紫雲庭一卷
石君寶撰　京都　京都帝國大學文科大學　1914年　古今雜劇三十種

007890974　5661　0406　(1)

古杭新刊的本尉遲恭三奪槊一卷
尚仲賢撰　京都　京都帝國大學文科大學　1914年　古今雜劇三十種

007890970　5661　0406　(1)

古杭新刊關目的本李太白貶夜郎一卷
王伯成撰　京都　京都帝國大學文科大學　1914年　古今雜劇三十種

007890979　5661　0406　(1)

新刊的本泰華山陳摶高臥一卷
馬致遠撰　京都　京都帝國大學文科大學　1914年　古今雜劇三十種

007890972　5661　0406　(1)

新刊關目嚴子陵垂釣七里灘一卷
宮天挺撰　京都　京都帝國大學文科大學　1914年　古今雜劇三十種

007890977　5661　0406　(1)

新刊關目詐妮子調風月一卷
關漢卿撰　京都　京都帝國大學文科大學　1914年　古今雜劇三十種

007890993　5661　0406　(2)

大都新刊關目的本東窗事犯一卷
孔文卿撰　京都　京都帝國大學文科大學　1914年　古今雜劇三十種

007890986　5661　0406　(2)

古杭新刊關目輔成王周公攝政一卷
鄭光祖撰　京都　京都帝國大學文科大學　1914年　古今雜劇三十種

007890981　5661　0406　(2)

新刊的本薛仁貴衣錦還鄉一卷
張國賓撰　京都　京都帝國大學文科大學　1914年　古今雜劇三十種

007890989　5661　0406　(2)

新刊關目陳季卿悟道竹葉舟一卷
范康撰　京都　京都帝國大學文科大學　1914年　古今雜劇三十種

007890988　5661　0406　(2)

新刊關目好酒趙元遇上皇一卷
高文秀撰　京都　京都帝國大學文科大學　1914年　古今雜劇三十種

007890990　5661　0406　(2)

新刊關目諸葛亮博望燒屯一卷
京都　京都帝國大學文科大學　1914年　古今雜劇三十種

007890983　5661　0406　(2)

趙氏孤兒一卷
紀君祥撰　京都　京都帝國大學文科大學　1914年　古今雜劇三十種

007890994　5661　0406　(3)

古杭新刊的本關大王單刀會一卷
關漢卿撰　京都　京都帝國大學文科大學　1914年　古今雜劇三十種

009209486　5661　0406　(3)

古杭新刊關目霍光鬼諫一卷
楊梓撰　京都　京都帝國大學文科大學　1914年　古今雜劇三十種

007890995　5661　0406　(3)
新編關目晉文公火燒介子推一卷
狄君厚撰　京都　京都帝國大學文科大學　1914年　古今雜劇三十種

007890996　5661　0406　(3)
新刊關目閨怨佳人拜月亭一卷
關漢卿撰　京都　京都帝國大學文科大學　1914年　古今雜劇三十種

007890997　5661　0406　(3)
新刊關目馬丹陽三度任風子一卷
馬致遠撰　京都　京都帝國大學文科大學　1914年　古今雜劇三十種

007890998　5661　0406　(3)
新刊關目張鼎智勘魔合羅一卷
孟漢卿撰　京都　京都帝國大學文科大學　1914年　古今雜劇三十種

007891001　5661　0406　(4)
新編足本關目張千替殺妻一卷
京都　京都帝國大學文科大學　1914年　古今雜劇三十種

007891003　5661　0406　(4)
新刊關目漢高皇濯足氣英布一卷
尚仲賢撰　京都　京都帝國大學文科大學　1914年　古今雜劇三十種

007891002　5661　0406　(4)
新刊關目看錢奴買冤家債主一卷
鄭廷玉撰　京都　京都帝國大學文科大學　1914年　古今雜劇三十種

007891000　5661　0406　(4)
新刊關目全蕭何追韓信一卷
金仁傑撰　京都　京都帝國大學文科大學　1914年　古今雜劇三十種

007891006　5661　0406　(5)
古杭新刊小張屠焚兒救母一卷
京都　京都帝國大學文科大學　1914年　古今雜劇三十種

007891011　5661　0406　(5)
新編岳孔目借鐵拐李還魂一卷
岳伯川撰　京都　京都帝國大學文科大學　1914年　古今雜劇三十種

007891007　5661　0406　(5)
新刊的本散家財天賜老生兒一卷
武漢臣撰　京都　京都帝國大學文科大學　1914年　古今雜劇三十種

007891010　5661　0406　(5)
新刊死生交范張雞黍一卷
宮天挺撰　京都　京都帝國大學文科大學　1914年　古今雜劇三十種

007891959　5661　1544
元曲大觀
上海　錦文堂書局　1921年

007891962　5661　1544　(1-2)
桃花女破法嫁周公雜劇
闕名撰　臧懋循校　上海　錦文堂書局　1921年　元曲大觀

007891964　5661　1544　(3-4)
薩真人夜斷碧桃花雜劇
闕名撰　臧懋循校　上海　錦文堂書局　1921年　元曲大觀

007891965　5661　1544　(5-6)
呂洞賓三度城南柳雜劇
谷子敬撰　臧懋循校　上海　錦文堂書局　1921年　元曲大觀

007891966　5661　1544　(7-8)
呂洞賓三醉岳陽樓雜劇
馬致遠撰　臧懋循校　上海　錦文堂書局　1921年　元曲大觀

007891968　5661　1544　(9-10)
鐵拐李度金童玉女雜劇
賈仲名撰　臧懋循校　上海　錦文堂書局　1921年　元曲大觀

007891970　5661　1544　(11-12)
張天師斷風花雪月雜劇
吳昌齡撰　臧懋循校　上海　錦文堂書局　1921年　元曲大觀

007891972　5661　1544　(13-14)
趙盼兒風月救風塵雜劇
關漢卿撰　臧懋循校　上海　錦文堂書局　1921年　元曲大觀

007891975　5661　1544　(15-16)
逞風流王煥百花亭雜劇
闕名撰　臧懋循校　上海　錦文堂書局　1921年　元曲大觀

007891977　5661　1544　(17-18)
陶學士醉寫風光好雜劇
戴善夫撰　臧懋循校　上海　錦文堂書局　1921年　元曲大觀

007891980　5661　1544　(19-20)
李素蘭風月玉壺春雜劇
武漢臣撰　臧懋循校　上海　錦文堂書局　1921年　元曲大觀

007626946　5661　2512
元人百種曲
臧晉叔[懋循]撰　雕蟲館校定　上海　商務印書館　1918年

007883285　5661　2512b
元曲選
臧晉叔選　上海　涵芬樓　1918年

007630578　5661　2512B　(1)
漢宮秋一卷
馬致遠撰　上海　涵芬樓　1918年　元曲選

007630580　5661　2512B　(2)
金錢記一卷
喬吉甫撰　上海　涵芬樓　1918年　元曲選

007630584　5661　2512B　(3)
陳州糶米一卷
上海　涵芬樓　1918年　元曲選

007891998　5661　2512B　(3)
鴛鴦被一卷
上海　涵芬樓　1918年　元曲選

007892006　5661　1544　(3)　5661　2512B　(3)
賺蒯通一卷
上海　涵芬樓　1918年　元曲選

007892016　5661　2512B　(4)
殺狗勸夫一卷
上海　涵芬樓　1918年　元曲選

007892008　5661　2512B　(4)
玉鏡臺一卷
關漢卿撰　上海　涵芬樓　1918年　元曲選

007892017　5661　2512B　(5)
合汗衫
張國賓撰　上海　涵芬樓　1918年　元曲選

007892018　5661　2512B　(5)
謝元香一卷
關漢卿撰　上海　涵芬樓　1918年　元曲選

007892020　5661　2512B　(6)
張天師
吳昌齡撰　上海　涵芬樓　1918年　元曲選

007892019　5661　2512B　(6)
争報恩一卷
上海　涵芬樓　1918年　元曲選

007631903　5661　2512B　(7)
東堂老一卷
秦簡夫撰　上海　涵芬樓　1918年　元曲選

007631902　5661　2512B　(7)
救風塵一卷
關漢卿撰　上海　涵芬樓　1918年　元曲選

007631905　5661　2512B　(8)
瀟湘雨一卷
楊顯之撰　上海　涵芬樓　1918年　元曲選

007631904　5661　2512B　(8)
燕青博魚一卷
李文蔚撰　上海　涵芬樓　1918年　元曲選

007631907　5661　2512B　(9)
楚昭公一卷
鄭廷玉撰　上海　涵芬樓　1918年　元曲選

007631906　5661　2512B　(9)
曲江池一卷
石君寶撰　上海　涵芬樓　1918年　元曲選

007631908　5661　2512B　(10)
來生債一卷
上海　涵芬樓　1918年　元曲選

007631911　5661　2512B　(10)
薛仁貴一卷
張國賓撰　上海　涵芬樓　1918年　元曲選

007631915　5661　2512B　(11)
牆頭馬上一卷
白仁甫撰　上海　涵芬樓　1918年　元曲選

007631916　5661　2512B　(12)
梧桐雨一卷
白仁甫撰　上海　涵芬樓　1918年　元曲選

007631917　5661　2512B　(13)
老生兒一卷
武漢臣撰　上海　涵芬樓　1918年　元曲選

007631918　5661　2512B　(13)
硃砂擔一卷
上海　涵芬樓　1918年　元曲選

007631920　5661　2512B　(14)
合同文字一卷
上海　涵芬樓　1918年　元曲選

007631919　5661　2512B　(14)
虎頭牌一卷
李直夫撰　上海　涵芬樓　1918年　元曲選

007631921　5661　2512B　(15)
凍蘇秦一卷
上海　涵芬樓　1918年　元曲選

007631922　5661　2512B　(15)
兒女團圓一卷
楊文奎撰　上海　涵芬樓　1918年　元曲選

007631926　5661　2512B　(16)
鐵拐李一卷
岳伯川撰　上海　涵芬樓　1918年　元曲選

007631924　5661　2512B　(16)
玉壺春一卷
武漢臣撰　上海　涵芬樓　1918年　元曲選

007631928　5661　2512B　(17)
風光好一卷
戴善夫撰　上海　涵芬樓　1918年　元曲選

007631927　5661　2512B　(17)
小尉遲一卷
上海　涵芬樓　1918年　元曲選

007631929　5661　2512B　(18)
秋胡戲妻一卷
石君寶撰　上海　涵芬樓　1918年　元曲選

007631930　5661　2512B　(18)
神奴兒一卷
上海　涵芬樓　1918年　元曲選

007631931　5661　2512B　(19)
薦福碑一卷
馬致遠撰　上海　涵芬樓　1918年　元曲選

007631932　5661　2512B　(19)
謝金吾一卷
上海　涵芬樓　1918年　元曲選

007631934　5661　2512B　(20)
蝴蝶夢一卷
關漢卿撰　上海　涵芬樓　1918年　元曲選

007631933　5661　2512B　(20)
岳陽樓一卷
馬致遠撰　上海　涵芬樓　1918年　元曲選

007631937　5661　2512B　(21)
勘頭巾一卷
孫仲章撰　上海　涵芬樓　1918年　元曲選

007631936　5661　2512B　(21)
伍員吹簫一卷
李壽卿撰　上海　涵芬樓　1918年　元曲選

007631939　5661　2512B　(22)
黑旋風一卷
高文秀撰　上海　涵芬樓　1918年　元曲選

007631941　5661　2512B　(23)
倩女離魂一卷
鄭光祖撰　上海　涵芬樓　1918年　元曲選

007631942　5661　2512B　(24)
陳摶高臥一卷
馬致遠撰　上海　涵芬樓　1918年　元曲選

007631944　5661　2512B　(24)
馬陵道一卷
上海　涵芬樓　1918年　元曲選

007631946　5661　2512B　(25)
黃粱夢一卷
馬致遠撰　上海　涵芬樓　1918年　元曲選

007631945　5661　2512B　(25)
救孝子一卷
王仲文撰　上海　涵芬樓　1918年　元曲選

007631949　5661　2512B　(26)
王粲登樓一卷
鄭光祖撰　上海　涵芬樓　1918年　元

曲選

007631947　5661　2512B　(26)
揚州夢一卷
喬吉甫撰　上海　涵芬樓　1918年　元曲選

007631950　5661　2512B　(27)
昊天塔一卷
上海　涵芬樓　1918年　元曲選

007631951　5661　2512B　(27)
魯齋郎一卷
關漢卿撰　上海　涵芬樓　1918年　元曲選

007631953　5661　2512B　(28)
青衫淚一卷
馬致遠撰　上海　涵芬樓　1918年　元曲選

007631952　5661　2512B　(28)
漁樵記一卷
上海　涵芬樓　1918年　元曲選

007631957　5661　2512B　(29)
舉案齊眉一卷
上海　涵芬樓　1918年　元曲選

007631955　5661　2512B　(29)
麗春堂一卷
王實甫撰　上海　涵芬樓　1918年　元曲選

007631959　5661　2512B　(30)
范張雞黍一卷
宮天挺撰　上海　涵芬樓　1918年　元曲選

007631958　5661　2512B　(30)
後庭花一卷
鄭廷玉撰　上海　涵芬樓　1918年

元曲選

007631960　5661　2512B　(31)
兩世姻緣一卷
喬吉甫撰　上海　涵芬樓　1918年　元曲選

007631961　5661　2512B　(31)
趙禮讓肥一卷
秦簡夫撰　上海　涵芬樓　1918年　元曲選

007631962　5661　2512B　(32)
酷寒亭一卷
楊顯之撰　上海　涵芬樓　1918年　元曲選

007631963　5661　2512B　(32)
桃花女一卷
上海　涵芬樓　1918年　元曲選

007631964　5661　2512B　(32)
竹葉舟一卷
范康撰　上海　涵芬樓　1918年　元曲選

007631967　5661　2512B　(33)
紅梨花一卷
張壽卿撰　上海　涵芬樓　1918年　元曲選

007631966　5661　2512B　(33)
忍宇記一卷
鄭廷玉撰　上海　涵芬樓　1918年　元曲選

007631970　5661　2512B　(34)
灰闌記一卷
李行道撰　上海　涵芬樓　1918年　元曲選

007631969　5661　2512B　(34)
金安壽一卷
賈仲名撰　上海　涵芬樓　1918年
元曲選

007631971　5661　2512B　(34)
冤家債主一卷
上海　涵芬樓　1918年　元曲選

007633177　5661　2512B　(35)
㑳梅香一卷
鄭光祖撰　上海　涵芬樓　1918年
元曲選

007633179　5661　2512B　(35)
單鞭奪槊一卷
尚仲賢撰　上海　涵芬樓　1918年
元曲選

007633181　5661　2512B　(36)
誶范叔一卷
上海　涵芬樓　1918年　元曲選

007633180　5661　2512B　(36)
城南柳一卷
谷子敬撰　上海　涵芬樓　1918年
元曲選

007633182　5661　2512B　(36)
梧桐葉一卷
上海　涵芬樓　1918年　元曲選

007633185　5661　2512B　(37)
東坡夢一卷
吳昌齡撰　上海　涵芬樓　1918年
元曲選

007633187　5661　2512B　(37)
金綫池一卷
關漢卿撰　上海　涵芬樓　1918年
元曲選

007633188　5661　2512B　(38)
留鞋記一卷
曾瑞卿撰　上海　涵芬樓　1918年
元曲選

007633189　5661　2512B　(38)
氣英布一卷
上海　涵芬樓　1918年　元曲選

007633190　5661　2512B　(39)
隔江鬥智一卷
上海　涵芬樓　1918年　元曲選

007633192　5661　2512B　(39)
劉行首一卷
楊景賢撰　上海　涵芬樓　1918年
元曲選

007633193　5661　2512B　(40)
度柳翠一卷
上海　涵芬樓　1918年　元曲選

007633194　5661　2512B　(40)
悞入桃源一卷
王子一撰　上海　涵芬樓　1918年
元曲選

007633195　5661　2512B　(41)
魔合羅一卷
孟漢卿撰　上海　涵芬樓　1918年
元曲選

007633197　5661　2512B　(41)
盆兒鬼一卷
上海　涵芬樓　1918年　元曲選

007633200　5661　2512B　(42)
百花亭一卷
上海　涵芬樓　1918年　元曲選

007633198　5661　2512B　(42)
對玉梳一卷

賈仲名撰　上海　涵芬樓　1918年
元曲選

007633202　5661　2512B　(43)
抱妝盒一卷
上海　涵芬樓　1918年　元曲選

007633201　5661　2512B　(43)
竹塢聽琴一卷
石子章撰　上海　涵芬樓　1918年
元曲選

007633204　5661　2512B　(44)
竇娥冤一卷
關漢卿撰　上海　涵芬樓　1918年
元曲選

007633203　5661　2512B　(44)
趙氏孤兒一卷
紀君祥撰　上海　涵芬樓　1918年
元曲選

007633206　5661　2512B　(45)
李逵負荊一卷
康進之撰　上海　涵芬樓　1918年
元曲選

007633209　5661　2512B　(45)
連環計一卷
李致遠撰　上海　涵芬樓　1918年
元曲選

007633208　5661　2512B　(45)
蕭淑蘭一卷
賈仲名撰　上海　涵芬樓　1918年
元曲選

007633212　5661　2512B　(46)
看錢奴一卷
上海　涵芬樓　1918年　元曲選

007633210　5661　2512B　(46)
羅李郎一卷
張國賓撰　上海　涵芬樓　1918年
元曲選

007633213　5661　2512B　(47)
還牢末一卷
馬致遠撰　上海　涵芬樓　1918年
元曲選

007633214　5661　2512B　(47)
柳毅傳書一卷
尚仲賢撰　上海　涵芬樓　1918年
元曲選

007633215　5661　2512B　(48)
貨郎擔一卷
上海　涵芬樓　1918年　元曲選

007633219　5661　2512B　(48)
任風子一卷
馬致遠撰　上海　涵芬樓　1918年
元曲選

007633216　5661　2512B　(48)
望江亭一卷
關漢卿撰　上海　涵芬樓　1918年
元曲選

007633221　5661　2512B　(49)
碧桃花一卷
上海　涵芬樓　1918年　元曲選

007633223　5661　2512B　(49)
張生煮海一卷
李好古撰　上海　涵芬樓　1918年
元曲選

007633225　5661　2512B　(50)
馮玉蘭一卷
上海　涵芬樓　1918年　元曲選

007633224　5661　2512B　(50)
生金閣一卷
武漢臣撰　上海　涵芬樓　1918 年
元曲選

007629162　5661　2512C
元曲選
臧晉叔［懋循］編校　上海　中華書局
1933 年

007630586　5661　2512d
元曲選
臧晉叔［懋循］編　上海　世界書局
1936 年　（m.）

007494912　5661　4818
孤本元明雜劇
王季烈撰　上海　1941 年

007633652　5661　4818　(01)
孤本元明雜劇提要
王季烈撰　長沙　商務印書館　1941 年

007633864　5661　4818　(02)
單刀會四折
關漢卿撰　上海　涵芬樓　1941 年　孤
本元明雜劇

007637292　5661　4818　(02)
哭存孝四折
關漢卿撰　上海　涵芬樓　1941 年　孤
本元明雜劇

007633865　5661　4818　(02)
裴度還帶四折
關漢卿撰　上海　涵芬樓　1941 年　孤
本元明雜劇

007633863　5661　4818　(02)
破窰記四折
王實甫撰　上海　涵芬樓　1941 年　孤
本元明雜劇

007637295　5661　4818　(03)
陳母教子四折
關漢卿撰　上海　涵芬樓　1941 年　孤
本元明雜劇

007637296　5661　4818　(03)
東牆記五折
白仁甫撰　上海　涵芬樓　1941 年　孤
本元明雜劇

007637297　5661　4818　(03)
澠池會四折
高文秀撰　上海　涵芬樓　1941 年　孤
本元明雜劇

007637293　5661　4818　(03)
五侯宴五折
關漢卿撰　上海　涵芬樓　1941 年　孤
本元明雜劇

007637300　5661　4818　(04)
金鳳釵四折
鄭廷玉撰　上海　涵芬樓　1941 年　孤
本元明雜劇

007637298　5661　4818　(04)
襄陽會四折
高文秀撰　上海　涵芬樓　1941 年　孤
本元明雜劇

007637302　5661　4818　(04)
圯橋進履四折
李文蔚撰　上海　涵芬樓　1941 年　孤
本元明雜劇

007637299　5661　4818　(04)
趙元遇上皇四折
高文秀撰　上海　涵芬樓　1941 年　孤
本元明雜劇

007637305　5661　4818　(05)
貶黃州四折

費唐臣撰　上海　涵芬樓　1941年　孤本元明雜劇

007637303　5661　4818　（05）
蔣神靈應四折
李文蔚撰　上海　涵芬樓　1941年　孤本元明雜劇

007637308　5661　4818　（05）
降桑椹五折
劉唐卿撰　上海　涵芬樓　1941年　孤本元明雜劇

007637309　5661　4818　（05）
伊尹耕莘四折
鄭德輝撰　上海　涵芬樓　1941年　孤本元明雜劇

007637304　5661　4818　（05）
莊周夢四折
史敬先撰　上海　涵芬樓　1941年　孤本元明雜劇

007637315　5661　4818　（06）
剪髮待賓四折
秦簡夫撰　上海　涵芬樓　1941年　孤本元明雜劇

007637313　5661　4818　（06）
老君堂四折
鄭德輝撰　上海　涵芬樓　1941年　孤本元明雜劇

007637311　5661　4818　（06）
三戰呂布四折
鄭德輝撰　上海　涵芬樓　1941年　孤本元明雜劇

007637310　5661　4818　（06）
智勇定齊四折
鄭德輝撰　上海　涵芬樓　1941年　孤本元明雜劇

007637316　5661　4818　（07）
黃鶴樓四折
朱凱撰　上海　涵芬樓　1941年　孤本元明雜劇

007637319　5661　4818　（07）
九世同居四折
闕名撰　上海　涵芬樓　1941年　孤本元明雜劇

007637318　5661　4818　（07）
昇仙夢四折
賈仲名撰　上海　涵芬樓　1941年　孤本元明雜劇

007637320　5661　4818　（07）
鎖魔鏡五折
闕名撰　上海　涵芬樓　1941年　孤本元明雜劇

007637317　5661　4818　（07）
翫江亭四折
戴善甫撰　上海　涵芬樓　1941年　孤本元明雜劇

007637322　5661　4818　（08）
博望燒屯四折
闕名撰　上海　涵芬樓　1941年　孤本元明雜劇

007637324　5661　4818　（08）
飛刀對箭四折
闕名撰　上海　涵芬樓　1941年　孤本元明雜劇

007637321　5661　4818　（08）
千里獨行四折
闕名撰　上海　涵芬樓　1941年　孤本元明雜劇

007637327　5661　4818　（08）
雁門關四折
闕名撰　上海　涵芬樓　1941年　孤本元明雜劇

007637333　5661　4818　（08）
衣襖車四折
闕名撰　上海　涵芬樓　1941年　孤本元明雜劇

007637339　5661　4818　（09）
病劉千四折
闕名撰　上海　涵芬樓　1941年　孤本元明雜劇

007637337　5661　4818　（09）
劉弘嫁婢四折
闕名撰　上海　涵芬樓　1941年　孤本元明雜劇

007637335　5661　4818　（09）
射柳捶丸四折
闕名撰　上海　涵芬樓　1941年　孤本元明雜劇

007637338　5661　4818　（09）
雲窗夢四折
闕名撰　上海　涵芬樓　1941年　孤本元明雜劇

007882516　5661　4818　（10）
沖漠子四折
朱權撰　上海　涵芬樓　1941年　孤本元明雜劇

007637343　5661　4818　（10）
黃花峪四折
闕名撰　上海　涵芬樓　1941年　孤本元明雜劇

007637347　5661　4818　（10）
靈芝慶壽四折
朱有燉撰　上海　涵芬樓　1941年　孤本元明雜劇

007637340　5661　4818　（10）
十探子四折
闕名撰　上海　涵芬樓　1941年　孤本元明雜劇

007637344　5661　4818　（10）
卓文君四折
朱權撰　上海　涵芬樓　1941年　孤本元明雜劇

007637356　5661　4818　（11）
洞天玄記四折
楊慎撰　上海　涵芬樓　1941年　孤本元明雜劇

007637351　5661　4818　（11）
海棠仙四折
朱有燉撰　上海　涵芬樓　1941年　孤本元明雜劇

007637352　5661　4818　（11）
流星馬四折
黃元吉撰　上海　涵芬樓　1941年　孤本元明雜劇

007637350　5661　4818　（11）
賽嬌容四折
朱有燉撰　上海　涵芬樓　1941年　孤本元明雜劇

007637349　5661　4818　（11）
神仙會四折
朱有燉撰　上海　涵芬樓　1941年　孤本元明雜劇

007637348　5661　4818　（11）
十長生四折
朱有燉撰　上海　涵芬樓　1941年　孤

本元明雜劇

007637354　5661　4818　(11)
王蘭卿四折
康海撰　上海　涵芬樓　1941年　孤本元明雜劇

007637360　5661　4818　(12)
獨樂園四折
桑紹良撰　上海　涵芬樓　1941年　孤本元明雜劇

007882520　5661　4818　(12)
伐晉興齊四折
闕名撰　上海　涵芬樓　1941年　孤本元明雜劇

007637363　5661　4818　(12)
臨潼鬥寶四折
闕名撰　上海　涵芬樓　1941年　孤本元明雜劇

007637361　5661　4818　(12)
僧尼共犯四折
馮惟敏撰　上海　涵芬樓　1941年　孤本元明雜劇

007637358　5661　4818　(12)
太平仙記四折
陳自得撰　上海　涵芬樓　1941年　孤本元明雜劇

007637367　5661　4818　(13)
暗度陳倉四折
闕名撰　上海　涵芬樓　1941年　孤本元明雜劇

007637366　5661　4818　(13)
樂毅圖齊四折
闕名撰　上海　涵芬樓　1941年　孤本元明雜劇

007637364　5661　4818　(13)
孟母三移四折
闕名撰　上海　涵芬樓　1941年　孤本元明雜劇

007637365　5661　4818　(13)
吳起敵秦四折
闕名撰　上海　涵芬樓　1941年　孤本元明雜劇

007637373　5661　4818　(14)
大戰邳彤五折
闕名撰　上海　涵芬樓　1941年　孤本元明雜劇

007637372　5661　4818　(14)
聚獸牌四折
闕名撰　上海　涵芬樓　1941年　孤本元明雜劇

007637369　5661　4818　(14)
騙英布四折
闕名撰　上海　涵芬樓　1941年　孤本元明雜劇

007637370　5661　4818　(14)
衣錦還鄉四折
闕名撰　上海　涵芬樓　1941年　孤本元明雜劇

007637374　5661　4818　(15)
定時捉將五折
闕名撰　上海　涵芬樓　1941年　孤本元明雜劇

007637390　5661　4818　(15)
桃園結義四折
闕名撰　上海　涵芬樓　1941年　孤本元明雜劇

007637389　5661　4818　(15)
薛苞認母四折

闕名撰　上海　涵芬樓　1941年　孤本元明雜劇

007637387　5661　4818　(15)
雲臺門四折
闕名撰　上海　涵芬樓　1941年　孤本元明雜劇

007637376　5661　4818　(15)
捉彭寵四折
闕名撰　上海　涵芬樓　1941年　孤本元明雜劇

007637391　5661　4818　(16)
單刀劈四寇五折
闕名撰　上海　涵芬樓　1941年　孤本元明雜劇

007637395　5661　4818　(16)
單戰呂布四折
闕名撰　上海　涵芬樓　1941年　孤本元明雜劇

007637397　5661　4818　(16)
三出小沛四折
闕名撰　上海　涵芬樓　1941年　孤本元明雜劇

007637393　5661　4818　(16)
杏林莊四折
闕名撰　上海　涵芬樓　1941年　孤本元明雜劇

007637402　5661　4818　(17)
陳倉路五折
闕名撰　上海　涵芬樓　1941年　孤本元明雜劇

007637400　5661　4818　(17)
龐掠四郡四折
闕名撰　上海　涵芬樓　1941年　孤本元明雜劇

007637398　5661　4818　(17)
石榴園四折
闕名撰　上海　涵芬樓　1941年　孤本元明雜劇

007633921　5661　4818　(17)
五馬破曹四折
闕名撰　上海　涵芬樓　1941年　孤本元明雜劇

007637407　5661　4818　(18)
東籬賞菊四折
闕名撰　上海　涵芬樓　1941年　孤本元明雜劇

007637403　5661　4818　(18)
怒斬關平四折
闕名撰　上海　涵芬樓　1941年　孤本元明雜劇

007637404　5661　4818　(18)
娶小喬四折
闕名撰　上海　涵芬樓　1941年　孤本元明雜劇

007637409　5661　4818　(18)
魏徵改詔四折
闕名撰　上海　涵芬樓　1941年　孤本元明雜劇

007637412　5661　4818　(19)
鞭打單雄信四折
闕名撰　上海　涵芬樓　1941年　孤本元明雜劇

007637415　5661　4818　(19)
登瀛洲四折
闕名撰　上海　涵芬樓　1941年　孤本元明雜劇

007637413　5661　4818　（19）
慶賞端陽四折
闕名撰　上海　涵芬樓　1941年　孤本
元明雜劇

007637411　5661　4818　（19）
四馬投唐四折
闕名撰　上海　涵芬樓　1941年　孤本
元明雜劇

007637410　5661　4818　（19）
智降秦叔寶四折
闕名撰　上海　涵芬樓　1941年　孤本
元明雜劇

007637420　5661　4818　（20）
浣花溪四折
闕名撰　上海　涵芬樓　1941年　孤本
元明雜劇

007637417　5661　4818　（20）
龍門隱秀四折
闕名撰　上海　涵芬樓　1941年　孤本
元明雜劇

007637419　5661　4818　（20）
南極登仙四折
闕名撰　上海　涵芬樓　1941年　孤本
元明雜劇

007637422　5661　4818　（20）
破風詩四折
闕名撰　上海　涵芬樓　1941年　孤本
元明雜劇

007637416　5661　4818　（20）
陰山破虜四折
闕名撰　上海　涵芬樓　1941年　孤本
元明雜劇

007637435　5661　4818　（21）
曹彬下江南四折
闕名撰　上海　涵芬樓　1941年　孤本
元明雜劇

007637432　5661　4818　（21）
打董達五折
闕名撰　上海　涵芬樓　1941年　孤本
元明雜劇

007637433　5661　4818　（21）
打韓通四折
闕名撰　上海　涵芬樓　1941年　孤本
元明雜劇

007637431　5661　4818　（21）
午時牌四折
闕名撰　上海　涵芬樓　1941年　孤本
元明雜劇

007637423　5661　4818　（21）
紫泥宣四折
闕名撰　上海　涵芬樓　1941年　孤本
元明雜劇

007637438　5661　4818　（22）
活拏蕭天佑四折
闕名撰　上海　涵芬樓　1941年　孤本
元明雜劇

007637436　5661　4818　（22）
開詔救忠四折
闕名撰　上海　涵芬樓　1941年　孤本
元明雜劇

007637439　5661　4818　（22）
破天陣四折
闕名撰　上海　涵芬樓　1941年　孤本
元明雜劇

007637441　5661　4818　（22）
十樣錦四折
闕名撰　上海　涵芬樓　1941年　孤本

元明雜劇

007637442　5661　4818　（23）
大破蚩尤四折
闕名撰　上海　涵芬樓　1941年　孤本元明雜劇

007637448　5661　4818　（23）
女姑姑四折
闕名撰　上海　涵芬樓　1941年　孤本元明雜劇

007637446　5661　4818　（23）
女學士四折
闕名撰　上海　涵芬樓　1941年　孤本元明雜劇

007637444　5661　4818　（23）
女真觀四折
闕名撰　上海　涵芬樓　1941年　孤本元明雜劇

007637443　5661　4818　（23）
認金梳四折
闕名撰　上海　涵芬樓　1941年　孤本元明雜劇

007637450　5661　4818　（24）
大劫牢五折
闕名撰　上海　涵芬樓　1941年　孤本元明雜劇

007637452　5661　4818　（24）
東平府四折
闕名撰　上海　涵芬樓　1941年　孤本元明雜劇

007637454　5661　4818　（24）
九宮八卦陣四折
闕名撰　上海　涵芬樓　1941年　孤本元明雜劇

007637451　5661　4818　（24）
鬧銅臺五折
闕名撰　上海　涵芬樓　1941年　孤本元明雜劇

007637449　5661　4818　（24）
岳飛精忠四折
闕名撰　上海　涵芬樓　1941年　孤本元明雜劇

007637456　5661　4818　（25）
村樂堂四折
闕名撰　上海　涵芬樓　1941年　孤本元明雜劇

007637455　5661　4818　（25）
貧富興衰記四折
闕名撰　上海　涵芬樓　1941年　孤本元明雜劇

007637459　5661　4818　（25）
下西洋四折
闕名撰　上海　涵芬樓　1941年　孤本元明雜劇

007637462　5661　4818　（25）
漁樵閒話四折
闕名撰　上海　涵芬樓　1941年　孤本元明雜劇

007637465　5661　4818　（26）
勘金環四折
闕名撰　上海　涵芬樓　1941年　孤本元明雜劇

007637463　5661　4818　（26）
雷澤遇仙五折
闕名撰　上海　涵芬樓　1941年　孤本元明雜劇

007637466　5661　4818　（26）
南牢記四折
闕名撰　上海　涵芬樓　1941年　孤本
元明雜劇

007637464　5661　4818　（26）
渭塘奇遇四折
闕名撰　上海　涵芬樓　1941年　孤本
元明雜劇

008503336　5661　4818　（26）
誤失金環四折
闕名撰　上海　涵芬樓　1941年　孤本
元明雜劇

007637472　5661　4818　（27）
拔宅飛昇四折
闕名撰　上海　涵芬樓　1941年　孤本
元明雜劇

007637471　5661　4818　（27）
哪吒三變四折
闕名撰　上海　涵芬樓　1941年　孤本
元明雜劇

007637468　5661　4818　（27）
雙林坐化四折
闕名撰　上海　涵芬樓　1941年　孤本
元明雜劇

007637467　5661　4818　（27）
蘇九淫奔四折
闕名撰　上海　涵芬樓　1941年　孤本
元明雜劇

007637469　5661　4818　（27）
魚籃記四折
闕名撰　上海　涵芬樓　1941年　孤本
元明雜劇

007638534　5661　4818　（28）
洞玄昇仙四折
闕名撰　上海　涵芬樓　1941年　孤本
元明雜劇

007638532　5661　4818　（28）
度黃龍四折
闕名撰　上海　涵芬樓　1941年　孤本
元明雜劇

007638536　5661　4818　（28）
李雲卿四折
闕名撰　上海　涵芬樓　1941年　孤本
元明雜劇

007638531　5661　4818　（28）
三化邯鄲四折
闕名撰　上海　涵芬樓　1941年　孤本
元明雜劇

007638542　5661　4818　（29）
寶光殿四折
闕名撰　上海　涵芬樓　1941年　孤本
元明雜劇

007638539　5661　4818　（29）
齊天大聖四折
闕名撰　上海　涵芬樓　1941年　孤本
元明雜劇

007638538　5661　4818　（29）
鎖白猿四折
闕名撰　上海　涵芬樓　1941年　孤本
元明雜劇

007638537　5661　4818　（29）
桃符記四折
闕名撰　上海　涵芬樓　1941年　孤本
元明雜劇

007638541　5661　4818　（29）
斬健蛟四折
闕名撰　上海　涵芬樓　1941年　孤本

元明雜劇

007638548　5661　4818　(30)
八仙過海四折
闕名撰　上海　涵芬樓　1941年　孤本
元明雜劇

007638547　5661　4818　(30)
賀元宵四折
闕名撰　上海　涵芬樓　1941年　孤本
元明雜劇

007638550　5661　4818　(30)
鬧鍾馗四折
闕名撰　上海　涵芬樓　1941年　孤本
元明雜劇

007638546　5661　4818　(30)
慶長生四折
闕名撰　上海　涵芬樓　1941年　孤本
元明雜劇

007638545　5661　4818　(30)
獻蟠桃四折
闕名撰　上海　涵芬樓　1941年　孤本
元明雜劇

007638551　5661　4818　(30)
紫微宮四折
闕名撰　上海　涵芬樓　1941年　孤本
元明雜劇

007638555　5661　4818　(31)
長生會五折
闕名撰　上海　涵芬樓　1941年　孤本
元明雜劇

007638557　5661　4818　(31)
廣成子四折
闕名撰　上海　涵芬樓　1941年　孤本
元明雜劇

007638556　5661　4818　(31)
群仙祝壽四折
闕名撰　上海　涵芬樓　1941年　孤本
元明雜劇

007638553　5661　4818　(31)
五龍朝聖四折
闕名撰　上海　涵芬樓　1941年　孤本
元明雜劇

009024679　5661　6011
昇平署月令承應戲不分卷
國立北平故宮博物院文獻館編　北京
國立北平故宮博物院文獻館　1936年
鉛印

007693204　5661　7241
彙刻傳劇
劉世珩輯　香港　貴池劉氏
1919年

007693225　5661　7241　(01-02)
董解元西廂一本
董解元撰　　附考據一卷　劉世珩輯
香港　貴池劉氏　1919年　彙刻傳劇

007693229　5661　7241　(03-05)
西廂記五劇　五本
王實甫　關漢卿撰　附考據一卷　劉
世珩輯　香港　貴池劉氏　1919年　彙
刻傳劇

007693233　5661　7241　(06-07)
重編會真雜錄二卷
劉世珩撰　香港　貴池劉氏　1919年
彙刻傳劇

007693250　5661　7241　(08)
北西廂記釋義字音大全一卷
徐逢吉撰　香港　貴池劉氏　1919年
彙刻傳劇

007693235　5661　7241　（08）
商調蝶戀花詞一卷
趙令時撰　香港　貴池劉氏　1919年彙刻傳劇

007693242　5661　7241　（08）
西廂記五劇五本解證一卷
凌濛初撰　香港　貴池劉氏　1919年彙刻傳劇

007693253　5661　7241　（09）
西廂記古本校註一卷
王驥德撰　香港　貴池劉氏　1919年彙刻傳劇

007693273　5661　7241　（10）
錢塘夢一折
白樸撰　香港　貴池劉氏　1919年彙刻傳劇

007693263　5661　7241　（10）
絲竹芙蓉亭一折
王實甫撰　香港　貴池劉氏　1919年彙刻傳劇

007693270　5661　7241　（10）
圍棋闖局一折
王氏撰　香港　貴池劉氏　1919年彙刻傳劇

007693260　5661　7241　（10）
五劇箋疑一卷
閔寓五撰　香港　貴池劉氏　1919年彙刻傳劇

007693258　5661　7241　（10）
西廂記釋義字音一卷
陳繼儒撰　香港　貴池劉氏　1919年彙刻傳劇

007693275　5661　7241　（10）
園林午夢一折
李開先撰　香港　貴池劉氏　1919年彙刻傳劇

007693280　5661　7241　（11）
南西廂記二卷
李日華撰　香港　貴池劉氏　1919年彙刻傳劇

007693283　5661　7241　（12）
南西廂記二卷
陸采撰　香港　貴池劉氏　1919年彙刻傳劇

007693291　5661　7241　（13－17）
批評釋義音字琵琶記二卷　附劄記二卷並明本舊圖
高明撰　香港　貴池劉氏　1919年彙刻傳劇

007693295　5661　7241　（18－19）
殺狗記二卷
徐畛撰　香港　貴池劉氏　1919年彙刻傳劇

007882550　5661　7241　（20）
雌木蘭替父從征一卷
香港　貴池劉氏　1919年　彙刻傳劇

007693309　5661　7241　（20）
狂鼓史漁陽三弄一卷
香港　貴池劉氏　1919年　彙刻傳劇

007882554　5661　7241　（20）
女狀元辭凰得鳳一卷
香港　貴池劉氏　1919年　彙刻傳劇

007693306　5661　7241　（20）
四聲猿一本
徐渭撰　香港　貴池劉氏　1919年彙刻傳劇

007882547　5661　7241　（20）
玉禪師翠鄉一夢一卷
香港　貴池劉氏　1919 年　彙刻傳劇

007693315　5661　7241　（21－23）
紅拂記一卷
張鳳翼撰　香港　貴池劉氏　1919 年　彙刻傳劇

007693384　5661　7241　（24－27）
玉茗堂還魂記二卷
湯顯祖撰　　附格正還魂記詞調二卷　鈕少雅撰　香港　貴池劉氏　1919 年　彙刻傳劇

007693385　5661　7241　（28－29）
玉茗堂南柯記二卷
湯顯祖撰　香港　貴池劉氏　1919 年　彙刻傳劇

007693386　5661　7241　（30－31）
綠牡丹二卷
吳炳撰　香港　貴池劉氏　1919 年　彙刻傳劇

007693387　5661　7241　（32－33）
療妬羹記二卷
吳炳撰　香港　貴池劉氏　1919 年　彙刻傳劇

007693388　5661　7241　（34）
通天臺一本
吳偉業撰　香港　貴池劉氏　1919 年　彙刻傳劇

007693389　5661　7241　（35）
臨春閣一本
吳偉業撰　香港　貴池劉氏　1919 年　彙刻傳劇

007693390　5661　7241　（36－37）
秣陵春一名雙影記二卷
吳偉業撰　香港　貴池劉氏　1919 年　彙刻傳劇

007693391　5661　7241　（38－39）
荷花蕩二卷
馬佶人撰　香港　貴池劉氏　1919 年　彙刻傳劇

007693392　5661　7241　（40－42）
長生殿二卷
洪昇撰　香港　貴池劉氏　1919 年　彙刻傳劇

007693393　5661　7241　（43－44）
小忽雷二卷　大忽雷一卷
顧彩、孔尚任撰　香港　貴池劉氏　1919 年　彙刻傳劇

007693394　5661　7241　（45）
雙忽雷本事一卷
劉世珩撰　香港　貴池劉氏　1919 年　彙刻傳劇

007693395　5661　7241　（46）
新編錄鬼簿二卷
鍾嗣成撰　香港　貴池劉氏　1919 年　彙刻傳劇

007693396　5661　7241　（47）
曲品二卷
呂天成撰　香港　貴池劉氏　1919 年　彙刻傳劇

007693397　5661　7241　（48）
傳奇品二卷
高奕撰　香港　貴池劉氏　1919 年　彙刻傳劇

007693398　5661　7241　（49－50）
江東白苧二卷　續二卷
梁辰魚撰　香港　貴池劉氏　1919 年

彙刻傳劇

007627333　5661　8545
宋元南戲百一録
錢南揚著　北平　哈佛燕京學社　1934年　燕京學報專號（m.）

007638209　5662　0720
雍熙樂府二十卷
郭勛輯　上海　商務印書館　1934年

007630589　5662　1249.8
新編南九宮詞
鄭振鐸編　香港　長樂鄭氏　1930年

007629246　5662　2323
秋夜月四卷
熊稔寰撰　香港　1912—49年

008098066　5662　2431
傳真社三種
上海　傳真社據明本影印　1932年

007627377　5663　2345
奢摩他室曲叢第一、二輯
吳梅輯録　上海　商務印書館　1928年初版

007629247　5663　4893
玉生香傳奇四種曲
上海　碧梧山莊　1919年

007639629　5663　8252　FC9675
清人雜劇初集
鄭振鐸輯　1931年

007639633　5663　8252　(1)　FC9675
臨春閣通天臺
吳偉業撰　1931年　清人雜劇初集

007639635　5663　8252　(2)　FC9675
扯淡歌泥神廟　笑布袋　罵閻羅
嵇永仁撰　1931年　清人雜劇初集

007639638　5663　8252　(3)　FC9675
讀離騷吊琵琶
尤侗撰　1931年　清人雜劇初集

007639639　5663　8252　(4)　FC9675
桃花源黑白衛　清平調
尤侗撰　1931年　清人雜劇初集

007639641　5663　8252　(5)　FC9675
昆明池集翠裘　鑒湖隱　旗亭館
裘璉撰　1931年　清人雜劇初集

007639642　5663　8252　(6)　FC9675
霸亭廟薊州道　木蘭詩　清平調
張韜撰　1931年　清人雜劇初集

007639643　5663　8252　(7)　FC9675
放楊枝題園壁　謁府帥　投溷中
桂馥撰　1931年　清人雜劇初集

007639644　5663　8252　(8)　FC9675
桃花吟雀羅庭　曲水宴　滕王閣　同谷歌
曹錫黼撰　1931年　清人雜劇初集

007639646　5663　8252　(9)　FC9675
伏生授經羅敷采桑　桃葉渡江　桃源漁父　梅妃作賦　樂夫開閣　賈島祭詩　琴操參禪
石韞玉撰　1931年　清人雜劇初集

007639647　5663　8252　(10)　FC9675
判豐盍譜秋　洛城殿
嚴廷中撰　1931年　清人雜劇初集

007639454　5663　8252.2　FC9675　Film Mas 35952
清人雜劇二集三十六種
鄭振鐸輯　長樂　鄭氏　1934年影印

007639649　5663　8252.2　(1)　FC9675
買花錢
徐石麒撰　1934 年　清人雜劇二集

007639651　5663　8252.2　(2)　FC9675
大轉輪拈花笑　浮西施
徐石麒撰　1934 年　清人雜劇二集

007639653　5663　8252.2　(3)　FC9675
孔方兄賈閬仙　狗咬呂洞賓
葉承宗撰　1934 年　清人雜劇二集

007639654　5663　8252.2　(4)　FC9675
龍舟會
王夫之撰　　風流塚　鄒式金撰　　空堂話　鄒兌金撰　1934 年　清人雜劇二集

007639655　5663　8252.2　(5)　FC9675
醉畫圖訴琵琶　續訴琵琶　鏡花亭
廖燕撰　1934 年　清人雜劇二集

007639656　5663　8252.2　(6)　FC9675
詠雪簪花　鬥茗　畫竹
洪昇撰　1934 年　清人雜劇二集

007639657　5663　8252.2　(7)　FC9675
藍關雪柳州煙
車江英撰　1934 年　清人雜劇二集

007639659　5663　8252.2　(8)　FC9675
醉翁亭遊赤壁
車江英撰　1934 年　清人雜劇二集

007639660　5663　8252.2　(9)　FC9675
訊盻題肆　琴別　畫隱　碎胡琴　安市看真　遊山　壽甫
張聲玠撰　1934 年　清人雜劇二集

007639661　5663　8252.2　(10)　FC9675
璿璣錦女專諸　松年長生引
孔廣林撰　1934 年　清人雜劇二集

007639662　5663　8252.2　(11)　FC9675
芋蘿夢紫姑神　維揚夢
陳棟撰　1934 年　清人雜劇二集

007639663　5663　8252.2　(12)　FC9675
喬影
吳藻撰　　老圓　俞樾撰　1934 年　清人雜劇二集

007629249　5664　4271
戲典第四集
南腔北調人主編　上海　中央書店　1942 年　(m.)

007627456　5664　4364
孔雀東南飛及其他獨幕劇
袁昌英著　上海　商務印書館　1930 年　初版

007627442　5665　1110
雜劇選
王玉章編　上海　商務印書館　1936 年　初版　(m.)

011559972　PL2564.6.Y835　1935
元人雜劇輯逸
趙景深校輯　上海　北新書局　1935 年　初版

007629005　5665　1408.3
綴白裘四十八卷
(清)玩花主人選　錢德蒼續選　汪協如校　上海　中華書局　1940 年　初版　(m.)

007628898　5665　7124
南戲拾遺
陸侃如、馮沅君合著　北平　哈佛燕京學社　1936 年　燕京學報專號　(m.)

007628966　5665.6　2182
元曲別裁集

盧前[冀野]編　任訥校　上海　上海開明書店　1928年

007626867　5666　3263
董解元西廂四卷
(金)董解元著　(明)湯顯祖評　長沙　商務印書館　1940年　初版　國學基本叢書　(m.)

007626868　5666　4121B
西廂記曲文輯雍熙樂府本
黎錦熙、孫楷第編校　北平　立達書局　1933年　初版　(m.)

009024841　5666.9　7283
劉知遠
北京　琉璃廠來熏閣　1937年　影印

007627694　5668　5423
繪圖西廂記
王實甫著　上海　掃葉山房　1920年

007629206　5675　0426
橘浦記傳奇二卷
許自昌撰　廣州　1929年

007698972　5676　0262
淩刻朧仙本琵琶記四卷
(明)高東嘉填詞　香港　蟬隱廬影印　1920年

007629225　5676　7922B
琵琶記二卷　附劄記二卷
高明撰　陳繼儒評　上海　商務印書館　1937年　國學基本叢書

007629234　5677.9　7181
新編金童玉女嬌紅記二卷
劉東生[兌]撰　東京　九臬會　1928年

007629235　5680　2907
歌代嘯雜劇
徐渭撰　南京　國學圖書館　1931年

007629127　5684　2144
繪圖想當然傳奇二卷
盧柟撰　譚友夏[元春]批點　1930年

007629061　5685　4800
鐫重校出像點板埋劍記
(明)沈璟著　北京　國立北平圖書館影印　1930年

007629260　5686　2700
玉茗堂還魂記二卷　五十五出
湯顯祖撰　王思任評校　廣州　夢鳳樓暖紅室重刊　191?年　傳奇彙刻

007628996　5686　2700.1
湯顯祖及其牡丹亭
張友鸞著　上海　光華書局　1930年　初版　(m.)

007629007　5686　2700e
牡丹亭
(明)湯顯祖著　上海　商務印書館　1934年　初版　國學基本叢書　(m.)

007629009　5686　2700g
牡丹亭一名還魂記
(明)湯顯祖著　紀蘭香標點　上海　大達圖書局　1934年　2版　(m.)

007630499　5687　0426
萬曆刊本橘浦記二卷
許自昌撰　東京　九臬會　1929年

010160569　T　5687　3110
投桃記二卷
汪廷訥著　香港　立承　1911—53年　精鈔本

007630408　5689　4180
燕子箋記

雪韻堂批點　濟南　暖紅室　民國間

007630596　5689　4180B
[註釋評點]燕子箋傳奇
阮大鋮撰　羅寶玿註釋　湯壽銘評點
上海　會文堂書局　1925年　再版

008096701　5690　2417
蘇門嘯十二卷
（明）青眉撰　濟南　敲月齋　1930年

010161162　T　5690　3129
譚友夏鍾伯敬先生批評縮春園傳奇二卷
沈嵊編　汪淇次　香港　立承　1911—53年　精鈔

009088088　5690　4476
金盒記二卷
李既明著　濟南　1912—49年　石印

008237622　MLC – C
李笠翁十種曲十二家評點
李漁撰　上海　朝記書莊　1918年　石印

007630623　5696　7270
長生殿
洪昇撰　上海　世界書局　1943年　1版

007631881　5696　7270B
長生殿二卷
洪昇撰　長沙　商務印書館　1939年　再版　(m.)

010067824
琵琶記
1920年

007631890　5697　923
桃花扇傳奇二卷
孔尚任撰　上海　商務印書館　1934年

國學基本叢書

007631892　5697　925
桃花扇傳奇二卷
孔尚任撰　上海　商務印書館　1936年　3版

007631668　5704　3156
紅雪樓逸稿
（清）蔣士銓著　盧冀野校訂　上海　中華書局　1939年　再版　(m.)

011986989　PL2765.135　N8　1917
女才子記傳奇
嘯侶著　上海　中華書局　1917年　初版　(m.)

007633153　5710　3263
逍遥巾
湯貽汾撰　聽雲居士評點　南京　襄社　1936年　影印

008096853　5710　7949
梅花夢傳奇二卷　十八出
陳森撰　濟南　1921年

007633174　5711　0433
沖冠怒傳奇殘稿
章鴻賓撰　無錫　章氏　1920年

008319418　5712　1932
霜崖三劇歌譜
吳梅撰　1932年

007633281　5713　0400
離燕哀二卷
成都　昌福公司　1921年　4版

007633283　5713　1220
滄桑豔二卷
丁傳靖填詞　游毅之論文　石淩華正拍　上海　掃葉山房　1921年　豹隱廬

雜著

007633285　5713　1422
碧山樓傳奇十二折
夏仁虎撰　廣州　1926 年

007633289　5713　2319
慧鏡智珠錄傳奇
吳承炬撰　香港　中華聖教總會　1922 年

007632942　5713　3252
海僑春傳奇二卷
民國間

008112762　MLC－C
明雜劇選
盧冀野選註　上海　商務印書館　1937 年　初版　中學國文補充讀本　（m.）

007632949　5713　3826
四聲雷
顧佛影著　成都　中西書局　1943 年　初版　（m.）

009148012　5715　0482
京都義順和班京調十集
濟南　民國間

007636024　5715　1328
京劇大觀
張魁善編輯　新京　五星書林　1943 年

007804713　MLC－C
馬師曾特刊
1945 年

007636026　5715　1374
京戲詳解
雲游居士編輯　隴西山人詳解　上海　維益書局　1925 年　（m.）

007636027　5715　1431
逼上梁山
延安平劇研究會編寫　香港　新華書店晉察冀分店　1946 年　（m.）

007525773　FC8202　Film Mas 32120　T 4292.67　1431b
逼上梁山三幕平劇
延安平劇研究會　香港　延安平劇研究會　1945 年　（m.）

007635795　5715　1431c
逼上梁山三幕平劇
延安平劇研究會集體編寫　北平　新華書店　1949 年　中國人民文藝叢書（m.）

011904622　Ml.50. C4　1949
廉頗藺相如平劇本
陳德明著　瀋陽　東北書店　1949 年　初版　（m.）

007635796　5715　2154
鄭成功
倪搏九編著　重慶　北新書局　1945 年　初版　風雨樓平劇創作　（m.）

010067829
霸王別姬
1924 年

009148532　5715　2556
戲曲改良第一劇譜
伶界藝員編　上海　廣益書局　民國間

008627897　Microfiche　C－1004　CH1279
繡像呂純陽三戲白牡丹四卷
上海　江東茂記書局重校　1912 年

007636068　5715　2678
繪圖考註戲彙
梨園開智社編　上海　中華圖書館　1918 年

007635896　5715　2983
收復兩京
徐筱汀編寫　南京　國立編譯館　1947年　（m.）

007636078　5715　3483　FC9347　Film Mas 35802
新編戲學彙考
凌善清、許志豪編　徐慕雲、劉豁公校閱　上海　大東書局　1934年

007635952　5715　3483B
新編戲學彙考
凌善清、許志豪編　劉豁公［校］閱　上海　大東書局　1926年

007637287　5715　445
京調指南
北平　學古堂書莊　1925年

007637288　5715　4450
［京調］戲曲大觀
戲劇研究社編　上海　震華圖書局　1930—31年

007637289　5715　4480
大戲考附索引
梅花館主編輯　徐穉麟校　鄭子褒、邵子藩著　上海　啟明書局　1939年

008096711　5715　5465
戲考
中華圖書館編輯部編　王大錯述考　鈍根編次　德福正曲　燧初校訂　上海　中華圖書館發行　1920—35年　（m.）

009401326　5715　5465.2
戲考
中華圖書館　上海　中華圖書館　1913年　（m.）

007638596　5715　6020.8
修訂平劇選四十八種　12集
國立編譯館修訂　上海　正中書局　1946—48年　（m.）

007638610　5715　6020.8　（1）
刺虎
上海　正中書局　1946—48年　修訂平劇選四十八種　12集

007638607　5715　6020.8　（1）
打嚴嵩
上海　正中書局　1946—48年　修訂平劇選四十八種　12集

007638598　5715　6020.8　（1）
打漁殺家
上海　正中書局　1946—48年　修訂平劇選四十八種　12集

007638602　5715　6020.8　（1）
三娘教子
上海　正中書局　1946—48年　修訂平劇選四十八種　12集

007638615　5715　6020.8　（2）
寶蓮燈
上海　正中書局　1946—48年　修訂平劇選四十八種　12集

007638616　5715　6020.8　（2）
奇雙會
上海　正中書局　1946—48年　修訂平劇選四十八種　12集

007638614　5715　6020.8　（2）
岳家莊
上海　正中書局　1946—48年　修訂平劇選四十八種　12集

007638611　5715　6020.8　(2)
捉放曹
上海　正中書局　1946—48年　修訂
平劇選四十八種　12集　(m.)

007638628　5715　6020.8　(3)
林沖夜奔
上海　正中書局　1946—48年　修訂
平劇選四十八種　12集

007638625　5715　6020.8　(3)
南陽關
上海　正中書局　1946—48年　修訂
平劇選四十八種　12集

007638627　5715　6020.8　(3)
桑園寄子
上海　正中書局　1946—48年　修訂
平劇選四十八種　12集

007638623　5715　6020.8　(3)
一捧雪
上海　正中書局　1946—48年　修訂
平劇選四十八種　12集

007638649　5715　6020.8　(4)
打鼓罵曹
上海　正中書局　1946—48年　修訂
平劇選四十八種　12集

007638653　5715　6020.8　(4)
寧武關
上海　正中書局　1946—48年　修訂
平劇選四十八種　12集

007638647　5715　6020.8　(4)
硃痕記
上海　正中書局　1946—48年　修訂
平劇選四十八種　12集

007638652　5715　6020.8　(4)
走雪山
上海　正中書局　1946—48年　修訂
平劇選四十八種　12集

007638688　5715　6020.8　(5)
定軍山
上海　正中書局　1946—48年　修訂
平劇選四十八種　12集

010067833
四郎探母
1933年

007638655　5715　6020.8　(5)
探寒窰
上海　正中書局　1946—48年　修訂
平劇選四十八種　12集

007638689　5715　6020.8　(5)
玉堂春
上海　正中書局　1946—48年　修訂
平劇選四十八種　12集

007638658　5715　6020.8　(5)
御碑亭
上海　正中書局　1946—48年　修訂
平劇選四十八種　12集

007639621　5715　6020.8　(6)
汾河灣
上海　正中書局　1946—48年　修訂
平劇選四十八種　12集

007639623　5715　6020.8　(6)
田單救主
上海　正中書局　1946—48年　修訂
平劇選四十八種　12集

007639625　5715　6020.8　(6)
戰宛城
上海　正中書局　1946—48年　修訂
平劇選四十八種　12集

007639618　5715　6020.8　（6）
硃砂痣
上海　正中書局　1946—48 年　修訂
平劇選四十八種　12 集

007639626　5715　6020.8　（7）
賣馬
上海　正中書局　1946—48 年　修訂
平劇選四十八種　12 集

007639630　5715　6020.8　（7）
木蘭從軍
上海　正中書局　1946—48 年　修訂
平劇選四十八種　12 集

007639628　5715　6020.8　（7）
雙獅圖
上海　正中書局　1946—48 年　修訂
平劇選四十八種　12 集

007639627　5715　6020.8　（7）
戰太平
上海　正中書局　1946—48 年　修訂
平劇選四十八種　12 集

007639631　5715　6020.8　（8）
空城計
上海　正中書局　1946—48 年　修訂
平劇選四十八種　12 集

007639636　5715　6020.8　（8）
喬醋
上海　正中書局　1946—48 年　修訂
平劇選四十八種　12 集

007639634　5715　6020.8　（8）
遊武廟
上海　正中書局　1946—48 年　修訂
平劇選四十八種　12 集

007639632　5715　6020.8　（8）
宇宙鋒
上海　正中書局　1946—48 年　修訂
平劇選四十八種　12 集

007639672　5715　6020.8　（9）
桑園會
上海　正中書局　1946—48 年　修訂
平劇選四十八種　12 集

007639637　5715　6020.8　（9）
上天臺
上海　正中書局　1946—48 年　修訂
平劇選四十八種　12 集

007639675　5715　6020.8　（9）
天水關
上海　正中書局　1946—48 年　修訂
平劇選四十八種　12 集

007639645　5715　6020.8　（9）
忠孝全
上海　正中書局　1946—48 年　修訂
平劇選四十八種　12 集

007639681　5715　6020.8　（10）
定計化緣
上海　正中書局　1946—48 年　修訂
平劇選四十八種　12 集

007639682　5715　6020.8　（10）
薦諸葛
上海　正中書局　1946—48 年　修訂
平劇選四十八種　12 集

007639683　5715　6020.8　（10）
思凡
上海　正中書局　1946—48 年　修訂
平劇選四十八種　12 集

007639678　5715　6020.8　（10）
鎮澶州
上海　正中書局　1946—48 年　修訂

平劇選四十八種　12集

007639685　5715　6020.8　(11)
將相和
上海　正中書局　1946—48年　修訂
平劇選四十八種　12集

007639684　5715　6020.8　(11)
山亭
上海　正中書局　1946—48年　修訂
平劇選四十八種　12集

007639692　5715　6020.8　(11)
文昭關
上海　正中書局　1946—48年　修訂
平劇選四十八種　12集

007639694　5715　6020.8　(11)
鍘美案
上海　正中書局　1946—48年　修訂
平劇選四十八種　12集

007639703　5715　6020.8　(12)
監酒令
上海　正中書局　1946—48年　修訂
平劇選四十八種　12集

007639699　5715　6020.8　(12)
哭祖廟
上海　正中書局　1946—48年　修訂
平劇選四十八種　12集

007639695　5715　6020.8　(12)
投軍別窰
上海　正中書局　1946—48年　修訂
平劇選四十八種　12集

007639698　5715　6020.8　(12)
徐母罵曹
上海　正中書局　1946—48年　修訂
平劇選四十八種　12集

008648752　T　5715　7152
名伶曲本第一冊
陸指伶、陸信陵撰述　朱雙雲編　上海　吟鴻社　1913年　初版　(m.)

007639726　5715　7245
戲學顧問
劉慕耘編著　汪漱碧校訂　上海　中央書局　1938年　(m.)

007639728　5715　7280
小戲典
留香館主編　上海　春明書店　1941年

007639739　5715　8210
大戲考索引
鄭子褒、邵子藩著　上海　光聲出版社　1939年

011811426　PL2747.C5　J536　1915
千古恨二十八章
蔣景緘著　上海　進步書局　1915年　初版　(m.)

007640165　FC8206　Film Mas 32098　T　5716　7204
千古恨山西梆子
周文、王修合編　香港　晉綏邊區呂梁文化教育出版社　1945年

007699835　FC8204　Film Mas 32100　T　5716　7228
血淚仇
馬健翎著　張家口　新華書店晉察冀分店　1945年　(w.)

007705737　T　5716　7228.1
保衛和平又名一家人
馬健翎著　廣州　新華書店　1946年　(m. w.)

007705739　T　5716　7228.2
大家喜歡曲子戲
馬健翎作　廣州　新華書店　1945年

（m.w.）

007705732　T　5716　7228b
血淚仇
馬健翎作　廣州　東北書店　1946年
（w.）

007640166　　5716.8　2100
秧歌論文選集
艾思奇等著　延安　新華書店　1944年

007640065　5716.8　2123　T　5716.8　2123
秧歌劇選集
張庚撰　大連　大眾書店　1947年
（m.w.）

007639940　5716.8　4463　FC5678　FC－M1346
定縣秧歌選
李景漢、張世文合編　北平　中華平民教育促進會　1933年　初版　社會調查叢書　（m.）

007639941　T　5717　0113
夫妻參戰落子腔
立雲編　香港　韜奮書店　1946年　初版　（m.）

008322950　5717　0420
余君叔巖手錄譚本劇詞
余叔巖錄　1931年

007639942　T　5717　1118
提意見新型秧歌劇
王子羊、項軍著　香港　晉綏邊區呂梁文化教育出版社　1944年　初版　"七七七"文藝獎金獲獎作品　（m.w.）

007640192　T　5717　1634
睜眼瞎子秧歌劇
碧波編　延安　新華書店　1946年

007640195　T　5717　2784
治油旱
山尊編　延安　新華書店　1946年

007639944　T　5717　4308
大家辦合作道情
常功等集體創作　香港　晉綏邊區呂梁文化教育出版社　1944年　初版　"七七七"文藝獎金獲獎作品　（m.）

007639939　T　5717　4521
大家好新型秧歌劇
華純等集體創作　華純執筆　楊戈作曲　香港　晉綏邊區呂梁文化教育出版社　1944年　初版　"七七七"文藝獎金獲獎作品　（m.w.）

007640209　T　5717　4829
三妯娌
黃俊耀作　延安　新華書店　1946年

007642247　FC8212　Film　Mas　32116　T　5717　4843
瞎子算命改編秧歌劇
賀敬之著　安林木刻　1945年
（m.w.）

007544494　T　4292.68　9201
幹活好秧歌劇
蕭龍編劇　寄明配曲　東安　東北書店　1948年　魯藝創作叢書　（m.w.）

007642246　T　5717　4911
紅鞋女妖精秧歌劇
蘇一平、周戈編劇　金紫光、李慶森配曲　香港　新華書店　1946年　初版　（m.w.）

007642428　T　5717　4911.6
瞎子開荒
蘇一平編　廣州　大眾書店　1945年

007526183　T　4292.67　2161
保衛勝利果實秧歌劇
程思三撰　香港　晉察冀軍區政治部
194? 年

007524772　T　4292.67　1177
好紗織好布秧歌劇
王賢敏撰　香港　新華書店　1945 年

007530707　T　4292.67　4920
老娘婆任訓諫秧歌劇
林豐撰　香港　邊區新華書店　1945 年

007525846　T　4292.67　2110
神神怕打秧歌劇
維琴撰　香港　邊區新華書店　1945 年　（m.w.）

011929505　ML50.C4　1948
上當七塲歌劇
陳戈編劇　黃歌作曲　哈爾濱　光華書局　1948 年　初版　（m.w.）

007642248　T　5717　6433
開荒一日鄢鄂
嚴寄洲著　香港　晉綏邊區呂梁文化教育出版社　1944 年　初版　"七七七"文藝獎金獲獎作品　（m.）

007642451　FC8203　Film Mas 32101　T　5717　7212.2
秧歌劇初集
周而復等作　重慶　新華日報　1945 年　（m.w.）

007047920　PL2881.C6　T3　1949x
大家喜歡
馬健翎著　廣州　新華書店　1949 年　中國人民文藝叢書　（m.w.）

007642239　5717　7243　FC8709　Film Mas 32753
彈詞小說評考
阿英著　上海　中華書局　1937 年　初版　（m.）

007642453　T　5717　7262
兵伕團結
延安　聯政宣傳部　1945 年

007642459　T　5717　8126
一把鐝頭
鍾紀明編　廣州　邊區新華書店　1946 年　（w.）

007642462　T　5717　8126.1
三石糧
鍾紀明、李維翰著　延安　新華書店　1946 年

007643399　5717.24　7288
漢劇
閻金鍔編著　重慶　商務印書館　1945 年　社會教育輔導叢書　（m.）

007643674　5717.27　2180
湖陰曲初集
鮑筱齋編輯　北京　1925 年

007646068　5717.32　0550
廣東大戲考
廣東播音界聯誼社編　香港　廣東播音界聯誼社出版組印　1947 年　初版　（m.）

007646130　5717.32　4460
真好唱四集
192? 年

007625734　5718　0234.3
湘纍
郭沫若等著　193? 年　星光文學叢書

007728363　PL2781.N2　C8　1930x
創造
林語堂著　上海　星光出版社　193?

年　星光文學叢書

007625805　5718　0431
話劇選
文寵選註　桂林　文化供應社　1948年新1版　中學略讀文庫　(m.w.)

011929886　PN6119.C6　C4　1927
近代歐美獨幕劇集
芳信、欽榆譯　上海　光華書局　1927年　初版　水仙叢書　(m.w.)

011910527　PN6119.C6　S6　1929
現代短劇譯叢
(美)愛理司・斯密司[Alice M. Smith]編　焦菊隱譯　上海　商務印書館　1929年　初版　(m.w.)

007625928　5718　0433
七夕
許達[撰]　香港　堡壘書店　1941年

007625665　5718　0441
戲曲甲選
謝燕子編　上海　群眾圖書公司　1935年　中學文學讀本　(m.w.)

007625931　5718　1126
喜訊
王秋田作　星加坡　新民主文化服務社　1946年

007625662　5718　1162
獨幕劇選
司馬文森編　香港　智源書局　1949年　初版　文藝生活選集　(m.w.)

007625666　5718　1341
創作獨幕劇選
張越瑞選輯　上海　商務印書館　1937年　初版　中學國文補充讀本　(m.w.)

007625534　5718　2146
現代名劇精華
魏如晦[阿英]編選　上海　潮鋒出版社　1947年　初版　(m.w.)

007625667　5718　2176
處女的心獨幕喜劇集
佐臨改編　上海　聯益出版社　1946年1版　劇叢　(m.w.)

011907328　PQ2503.F712　1936
盧貢家族的家運
林如稷譯　中法文化出版委員會編　上海　商務印書館發行　1936年　初版　左拉集　(m.w.)

007625660　5718　2224
都會的一角創作劇選
何峻編　上海　激流書店　1946年　初版　(m.w.)

011905318　PN6119.C6　T8　1941
都會的一角
夏衍等著　上海　激流書店　1941年　初版　(m.w.)

007625535　5718　2224.1
都會的一角
夏衍[沈端先]著　上海　天下書店　1940年　(w.)

007625664　5718　2243
紫歌劇集
向培良、[朱之倬、邵惟]編　上海　重慶書店　1932年　初版　(m.w.)

007625695　5718　2322
劇本彙刊第一、二集
上海戲劇學社編　上海　商務印書館　1925—28年　(m.)

007625663　5718　2644
街燈下
白薇、瘋子等著　上海　新地書店
1940年　初版　新地文藝叢刊　(m.w.)

007625672　5718　2916
獨幕劇新集
朱雷著　上海　光明書局　1946年　初版　青年文藝叢刊　(m.w.)

007792973　MLC－C
小型喜劇集
謝南谷等著　1945年　(w.)

007625668　5718　2940
卞昆岡五幕劇
徐志摩、陸小曼著　上海　新月書店
1928年　初版　(m.w.)

007625661　5718　3114
街頭演劇
沈西苓著　香港　國防戲劇研究會
1938年　初版　(m.)

007626872　5718　3948
離婚
宋超著　香港　海燕出版社　1940年
初版　時代戲劇叢書　(m.w.)

007633058　5718　4221
無敵民兵
柯仲平著　上海　新華書店　1949年
中國人民文藝叢書　(m.w.)

007626875　5718　4265
楚靈王三卷
楊晦著　上海　商務印書館　1935年
初版　(m.w.)

007627032　5718　4423
獨幕劇選
上海　1939年　(w.)

007627039　5718　4428
自由的靈魂
獨幕劇創作叢刊社編輯　廣州　劇藝出版社　1940年　獨幕劇創作叢刊
(m.w.)

007626967　5718　4936
獨幕劇新輯
林洛編　香港　文藝出版社　1946年
(w.)

007626865　5718　4971
獎狀華僑戲劇集
葉尼著　上海　現代戲劇出版社　1940年　(m.w.)

007626869　5718　6143
現代中國戲劇選
羅芳洲編　上海　亞細亞書局　1933年
文學基本叢書　(m.w.)

007627077　5718　6222
最佳劇選
易喬編選　上海　潮鋒出版社　1947年
(m.w.)

007627083　5718　7203
最佳抗戰劇選
馬彥祥編著　廣州　上海雜志公司
1938年　粵再版　抗戰戲劇叢刊
(m.w.)

007626945　5718　7212
牛永貴掛彩小型歌劇選
周而復著　香港　新民主出版社　1949年　中國人民文藝叢書　(m.w.)

007627102　5718　8501
漫談戲劇運動
錢堃撰　香港　194?年

007626870　5718　8582
戲劇
錢公俠、施瑛編　上海　啟明書局
1936年　初版　（m.w.）

007627443　5719　021
花弄影五幕劇
方君逸著　上海　世界書局　1944年
初版　（m.w.）

008099436　T　5719　0234
南冠草
郭沫若著　重慶　1943年

007627669　5719　0234.1b
孔雀膽
郭沫若著　重慶　群益出版社　1943年
　（m.w.）

007627678　5719　0234.2a
虎符信陵君與如姬
郭沫若著　重慶　群益出版社　1942年
　（m.w.）

008282848　MLC－C
築
郭沫若著　上海　群益出版社　1949年
　（m.w.）

007627446　5719　0234.9b
棠棣之花
郭沫若著　重慶　作家書屋　1942年
初版　當代文學叢書　（m.w.）

007627450　5719　0431
撫養
文治平編著　上海　正中書局　1947年
　初版　（m.w.）

007627453　5719　0433
天長地久五幕大悲劇
許幸之改編　上海　光明書局　1940年
初版　（m.w.）

007629028　5719　0434a
戰鬥五幕劇
章泯著　重慶　生活書店　1939年　初版　（m.w.）

007627449　5719　0437
毀家紓難劇本集
文賽閔著　漢口　華中圖書公司　1938年　初版　（m.w.）

007627459　5719　0449
超人
冰心著　重慶　商務印書館　1944年
1版　（m.w.）

007627454　5719　0462
故國春深三幕悲劇
辛明著　重慶　自力出版社　1944年
初版　（m.w.）

007627702　5719　0622
中國萬歲四幕劇
唐納著　香港　大公報代辦部　1939年
　（m.w.）

007627448　5719　113
孤城落日又名衡陽之戰　四幕八塲
王治安著　四川巴縣　中國光明劇社
1945年　初版　中國光明劇社叢書

007627444　5719　1130
鴿子姑娘一名紅武士　三幕劇
王家齊著　漢口　上海雜志公司　1938年　大時代文庫　（m.w.）

007627718　5719　1137
見面
西北軍區政治部文工團　上海　新華書局　1949年　（w.）

1291

語言文學類

007627726　5719　1142
不要殺他
華北抗敵劇社集體創作　劉佳執筆　張非配曲　中國人民文藝叢書社編輯　廣州　新華書店　1949年　中國人民文藝叢書　（m.w.）

011931076　PL2822.T8　Y3　1927
楊貴妃之死
王獨清著　上海　創造社出版部　1927年　初版　（m.w.）

007627460　5719　1147
燕市風沙錄
王夢鷗著　上海　正中書局　1946年　（m.w.）

007627447　5719　1161
永生的人們
王嘯平著　上海　拂曉社　1946年　初版　（m.w.）

007627547　5719　1161.6
回到人民隊伍
王嘯平著　上海　新華書店華東總分店　1949年

007627452　5719　1164
蠱惑一名真情假愛　四幕悲劇
孔另境著　上海　世界書局　1945年　初版　（m.w.）

011919021　PL2778.N4　L6　1944
李太白五幕劇
孔另境著　上海　世界書局　1944年　初版　（m.w.）

007627451　5719　1164.5
春秋怨四幕史劇
孔另境著　上海　世界書局　1944年　初版　（m.w.）

007627431　5719　1178
大馬戲團四幕劇
師陀著　上海　文化生活出版社　1948年　文學叢刊　（m.w.）

007627445　5719　1181
教授之家
王銳著　上海　正中書局　1948年　初版　（m.w.）

007628551　5719　1191
台兒莊之戰
王瑩執筆　重慶　生活書店　1939年　初版　（m.w.）

007628549　5719　1214　FC5876(19)
等太太回來的時候
丁西林著　重慶　正中書局　1941年　初版　建國文藝叢書　（m.w.）

007628524　5719　1214.14
西林獨幕劇集
丁西林著　上海　文化生活出版社　1948年　4版　（m.w.）

007628550　5719　1214.4
妙峰山四幕喜劇
丁西林著　桂林　戲劇春秋月刊社　1941年　初版　戲劇春秋叢書　（m.w.）

007628553　5719　123
捉鬼三幕歌劇
那沙著　香港　新中國書局　1949年　港1版　（m.w.）

007735711　MLC－C
紅娘子
蘇雪安著　1935年

008630461　FC5876　(19)
紅娘子
鄧澤原著　東川改編　香港　東北書店
1947年　初版　(m.)

007628548　5719　1238
兩天一夜
丁洪著　哈爾濱　光華書店　1948年
初版　(m.w.)

007628552　5719　1322
衛生針
張季純著　重慶　華中圖書公司　1940
年　初版　(m.w.)

011984951　PL2740.T3　T7　1935
自救四幕劇
張道藩著　南京　正中書局　1935年
初版　(m.w.)

007628583　5719　1334
自救
張道藩編著　上海　正中書局　1947年
(m.w.)

011916210　PL2740.W4　C5　1924
青春的夢
張聞天著　上海　中華書局　1924年
初版　少年中國學會小叢書　(m.w.)

007628593　5719　1371
青春的夢
張聞天著　上海　中華書局　1936年
(m.w.)

007628596　5719　1423
大明英烈傳
于伶著　桂林　上海雜誌公司　1942年
(m.w.)

007629024　5719　1423.1　FC5876(19)
女子公寓四幕劇
于伶著　上海　國民書店　1946年　初版　(m.)

007629223　5719　1423.21
上海一律師
于伶、包可華編譯　上海　現代戲劇出版社　1939年　(m.w.)

007629025　5719　1423.3
江南三唱
于伶著　上海　珠林書店　1940年　初版　(m.w.)

007629021　5719　1423.34
漢奸的子孫獨幕劇
尤兢[于伶]著　上海　生活書店　1937年　初版　婦女生活叢書　(m.w.)

008630618　FC5876　(19)
女子公寓四幕劇
于伶著　上海　國民書店發行　1940年　4版　現代戲劇叢書

011906239　PL2928.L53　N8　1940
女兒國新型喜劇
于伶著　上海　國民書店　1940年　(m.w.)

007629171　5719　1423.44
花濺淚五幕劇
于伶作　上海　風雨書屋　1939年　風雨戲劇叢書　(w.)

011987067　PL2928.L53　H7　1946
心獄三幕劇
于伶著　上海　美學出版社　1946年　再版　(m.w.)

007629022　5719　1423.5
夜光杯五幕劇
尤兢[于伶]著　上海　一般書店　1937

年　初版　（m.w.）

007629027　5719　1423.7b
長夜行四幕劇
于伶著　上海　新知書店　1946年
（m.）

007629026　5719　1423.7c
長夜行四幕劇
于伶著　桂林　遠方書店　1942年　初版　（m.w.）

007629023　5719　1425
甲申記五幕歷史悲劇
夏征農著　上海　黃河出版社　1947年　初版　（m.w.）

007629012　5719　1648
職業婦女
石華父著　上海　萬葉書店　1947年　初版　萬葉戲劇新輯　（m.w.）

007628940　5719　1812
過關
賈霞、李夏執筆　山東文協實驗劇團集體創作　廣州　新華書店　1949年　中國人民文藝叢書　（m.w.）

007629011　5719　1911
當他們夢醒的時候
石靈著　上海　世界書局　1939年　初版　大時代文藝叢書　（m.w.）

007628992　5719　1931
復國又名吳越春秋
孫家琇著　重慶　商務印書館　1944年　初版

007629251　5719　1931.2
復國又名吳越春秋
孫家琇著　上海　商務印書館　1946年

（m.w.）

007629014　5719　2063
愛戀一名母妻之間
露絲著　上海　世界書局　1945年　初版　（m.w.）

007629013　5719　2063.4
狂歡之夜又名愛我今宵五幕喜劇
露絲著　上海　世界書局　1944年　初版

007629008　5719　2112.1
五姊妹
鮑雨著　上海　青城書店　1948年　再版　戲劇叢刊　（m.w.）

007629151　5719　2126
碧血花四幕歷史劇
魏如晦著　上海　國民書店　1940年　新藝戲劇叢書　（m.w.）

007629006　5719　2146
火燭小心三幕喜劇
包蕾著　上海　華華書店　1947年　初版　（m.w.）

007629130　5719　2149
夜漫漫
盧森作　廣州　文壇叢書　1949年　（w.）

007629256　5719　2176
樑上君子三幕鬧劇
佐臨著　廣州　世界書局　1947年　劇本叢刊　（m.w.）

007629004　5719　2213
界
何礎、何厭著　廣州　萬人社出版部　1931年　初版　萬人戲劇叢書

（m.w.）

007628941　5719　2243
大時代的插曲
向培良著　長沙　商務印書館　1941 年
　初版　（m.w.）

007628950　5719　2243.1
不忠實的愛
向培良著　上海　啟智書局　1934 年
　3 版　（m.w.）

007629131　5719　231
二伯父恩仇記
秋雲、林蘇林著　黃谷柳編　九龍　南
方書店　1949 年　南方文藝叢書

007629016　5719　2313
無獨有偶
吳天著　上海　開明書店　1948 年　初
　版　開明文學新刊　（m.w.）

007629124　5719　2316
烏鵲雙飛古裝歷史哀情新劇
吳研因編　上海　商務印書館　1926 年
　（m.）

007628883　5719　2319
寒夜曲
吳琛撰　上海　永祥印書館　1947 年
　初版　（m.w.）

007628886　5719　2321
屠户
熊佛西著　上海　中華書局　1940 年
　（m.w.）

011915893　PL2765.I52　G86　1947
過渡及其演出三幕劇
熊佛西編著　南京　正中書局　1947 年
　滬 1 版　（m.w.）

007629015　5719　2324
國殤劇本
吳重翰著　長沙　商務印書館　1941 年
　初版　（w.）

011918510　PN6109.C6　S4　1946
少年遊
（德）歌德著　劉盛亞譯　上海　雲海出
版社　1946 年　初版　雲海小叢書
　（m.w.）

007629018　5719　2339
少年遊
吳祖光著　上海　開明書店　1945 年
　再版　（w.）

007629019　5719　2339.1
捉鬼傳
吳祖光著　上海　開明書店　1947 年
　初版　（m.w.）

007629036　5719　2339.2
正氣歌五幕史劇
吳祖光著　上海　開明書店　1947 年
　（m.w.）

011904765　PL2825.S3　M5　1928
迷雛二幕詩劇
楊騷著　上海　北新書局　1928 年　初
　版　（m.w.）

007629038　5719　2339.3
牛郎織女詩劇
吳祖光著　上海　開明書店　1946 年
　吳祖光戲劇集　（m.w.）

011912057　PL2780.C8　S8　1941
蘇格拉底之死詩劇
李仲融著　香港　海燕書店　1941 年
　初版　（m.w.）

007629020　5719　2339.43
林冲夜奔
吳祖光著　上海　開明書店　1947年　初版　（m.w.）

011983642　PL2921.T75　C3　1947
嫦娥奔月
吳祖光著　上海　開明書店　1947年　初版　（m.w.）

008630540　FC5876　（19）
嫦娥奔月
吳祖光著　上海　開明書店　1949年　再版　（m.w.）

007629017　5719　2339.5
鳳凰城四幕劇
吳祖光著　重慶　生活書店　1939年　初版　（m.w.）

007629262　5719　2339.71
風雪夜歸人
吳祖光著作　上海　開明書店　1947年　（m.w.）

007629265　5719　2361
山河淚
侯曜著　上海　商務印書館　1926年　再版　（m.w.）

007630418　5719　2361.04
棄婦五幕劇
侯曜著　上海　商務印書館　1925年　初版　（m.w.）

007630409　5719　2361.1
頑石點頭
侯曜著　上海　商務印書館　1928年　初版　（m.w.）

007630355　5719　2361.2
復活的玫瑰
侯曜著　上海　商務印書館　1924年　初版　文學研究會通俗戲劇叢書　（m.w.）

011930152　ML50.H6　1933
復活的國魂歌劇本
侯曜著　天津　大公報社出版部　1933年　初版　（m.w.）

007630433　5719　2513
苗家月三幕歌劇
臧雲遠著　重慶　東方書社　1944年　初版　（m.w.）

007630366　5719　2613
窮漢嶺
白玉江等執筆　大連市寺兒溝區大糞合作集體創作　香港　生活·讀書·新知三聯書店　1949年　（m.w.）

007630507　5719　2742
小鬼鳳兒
聶紺弩著　上海　新群出版社　1949年

011560821　PL2765.U32　Y844　1941
月光曲五幕劇
徐訏著　上海　夜窗書屋　1941年　初版　三思樓月書　（m.w.）

008458194　MLC – C
月光曲
獨幕劇創作［叢刊］社編輯　上海　劇藝出版社　1940年　初版　獨幕劇創作叢刊　第2輯　（m.w.）

011913278　PL2765.U25　K8　1941
孤島的狂笑
徐訏著　上海　夜窗書屋　1941年　初版　三思樓月書　（m.w.）

007630504　5719　2904.70
母親的肖像
徐訏著　香港　夜窗書屋　1941 年　夜窗書屋藏版　(m. w.)

007704086　　MLC – C
契約
徐訏著　香港　夜窗書屋　1939 年　燈尾集

007630606　5719　2904.9　(2)
青春
徐訏著　上海　宇宙風社　1940 年　夜窗書屋藏版　(w.)

007630420　5719　2904.9b
燈尾集
徐訏著　上海　懷正文化社　1947 年　初版　(m. w.)

007630436　5719　2908
圓謊記四幕喜劇
周貽白著　上海　世界書局　1944 年　初版　(m. w.)

007630526　5719　2942
鐵血將軍三幕劇
朱桐仙著　上海　中華書局　1945 年　新中華叢書　(m. w.)

007630503　5719　2949
受戒及其他
徐葆炎作　上海　大光書局　1936 年　(w.)

007630419　5719　2961
榮譽軍人
徐昌霖著　重慶　新生圖書文具公司　1943 年　初版　(m. w.)

007630435　5719　2983
投筆從戎
徐筱汀編　重慶　獨立出版社　1945 年　初版　(m.)

007630615　5719　2988
歧途
徐公美作　上海　商務印書館　1932 年　(m. w.)

007630422　5719　3102.11
水鄉吟
夏衍著　重慶　群益出版社　1942 年　初版　(m. w.)

007630425　5719　3102.12
天上人間四幕劇
夏衍著　重慶　美學出版社　1944 年　初版　海濱小集　(m. w.)

007630427　5719　3102.1A
離離草四幕劇
夏衍著　昆明　進修出版教育社　1945 年　初版　(m. w.)

011916889　PL2817.N4　C4　1933
C 夫人肖像
董每戡著　香港　戲劇文化出版社　1933 年　(m. w.)

011906876　PL2743.M4　A6　1931
阿 Q 劇本
陳夢韶編　上海　華通書局　1931 年　初版　(m. w.)

011906860　PL2782.T3　P3　1928
白薔薇
劉大傑著　上海　東南書店　1928 年　初版　(m.)

011906936　PL2766.Y4　B54　1929
別人的幸福
胡也頻著　上海　華通書局　1929 年

初版 （m.w.）

011912295　PL2826.K6　C8　1944
楚霸王四幕劇
姚克著　上海　世界書局　1944年　初版　劇本叢刊　（m.w.）

011905152　PL2766.S3　F4　1927
風塵三俠五幕劇
胡山源著　上海　商務印書館　1927年　初版　彌灑社叢書　（m.w.）

011930150　PL2784.Y4　K8　1938
古城的怒吼五幕劇
馬彥祥著　漢口　華中圖書公司　1938年　初版　抗戰戲劇叢書　（m.w.）

011918024　PL2766.Y4　G85　1931
鬼與人心
胡也頻著　上海　開明書店　1928年　初版　（m.w.）

011909263　PL2783.O4　K8　1938
國旗飄揚
羅烽著　漢口　戰時戲劇叢書社　1938年　初版　（m.w.）

011918349　PL2780.C5　H3　1947
好事近四幕喜劇
李健吾著　上海　懷正文化社　1947年　初版　懷正文藝叢書　（m.w.）

011906911　PL2769.N43　A6　1928
洪深劇本創作集
洪深著　上海　東南書店　1928年　初版　（m.w.）

011938312　PL2764.O85　H8　1940
毀滅及冬瓜湯一部沒有男人的三幕悲劇
侯元慶著　上海　中國業餘戲劇研究社　1940年　初版　中國業餘戲劇研究社

叢書　（m.w.）

011914466　PL2765.I35　C5　1936
繼母
向培良著　上海　北新書局　1936年　初版　創作新刊　（m.w.）

007285911　PL2770.C5　C5　1940x
巾幗英雄即木蘭從軍　三幕劇
易喬著　上海　潮鋒出版社　1940年　初版

011912176　PL2602.K325　1932
抗日救國戲劇集
中國國民黨河北省黨務整理委員會編　香港　中國國民黨河北省黨務整理委員會　1932年　初版　（m.w.）

011911658　PL2602.K36　1938
抗戰戲劇選
胡春冰編　上海　怒吼出版社　1938年　（m.）

007806932　MLC-C
懇親會戲曲集
小說月報社編輯　上海　商務印書館　1925年　初版　小說月報叢刊　（m.w.）

011983667　PL2795.U6　K8　1924
闊人的孝道戲劇第二集
蒲伯英著　北京　晨報社　1924年　初版　晨報社叢書　（m.w.）

011984419　PL2901.Y5　L3　1946
浪淘沙六幕劇
舒湮著　上海　萬葉書店　1946年　初版　（m.w.）

007806689　MLC-C
浪淘沙

上海　北社　1940 年　初版

011902927　PL2832.A55　L5　1931
兩個角色演底戲
袁牧之著　上海　新月書店　1931 年　初版　（m.）

011913741　PL2777.C5　L5　1937
流亡者之歌街頭劇
谷劍塵著　谷劍塵執筆　長沙　國立戲劇學校　1937 年　初版　國立戲劇學校戰時戲劇小叢書　（m.w.）

011916829　PL2754.I2　L8　1944
綠窗紅淚四幕劇
周貽白著　上海　世界書局　1944 年　劇本叢刊　（m.w.）

011913067　PL2822.W44　M4　1944
夢里京華三幕劇
王文顯著　李健吾譯　上海　世界書局　1944 年　初版　劇本叢刊　（m.w.）

011909068　PL2765.I83　M5　1945
密支那風雲四幕劇
徐昌霖著　上海　大陸圖書雜誌出版公司　1945 年　初版　（m.w.）

011912280　PL2780.C5　M825　1936
母親的夢
李健吾著　上海　文化生活出版社　1936 年　初版　（m.w.）

011909949　PL2765.U5　N3　1932
男女問題三幕劇
徐公美著　上海　南京書店　1932 年　初版　藝術宣傳戲劇叢書　（m.w.）

011906853　PL2769.N43　N8　1936
農村三部曲戲劇集
洪深著　上海　上海雜誌公司　1936 年　初版　文學創造叢書　（m.w.）

011914368　PL2769.N31　N9　1936
女人女人
洪深著　1936 年

011982623　PL2822.C8　P3　1941
炮火昇平四幕劇
汪鞏著　上海　光明書局　1941 年　初版　（m.w.）

011919547　PL2749.H7　P5　1935
平民的救星
錢嘯秋編　上海　商務印書館　1935 年　初版　民衆基本叢書　第 1 集　（m.w.）

011910470　PL2765.I52　Q256　1930
青春底悲哀
熊佛西著　廣州　商務印書館　1930 年　5 版　文學研究會通俗戲劇叢書　（m.）

011986028　PL2822.P5　C5　1944
情盲四幕劇
王平陵著　贛縣　商務印書館　1944 年　初版　（w.）

011929706　PL2789.U5　S54　1941
生涯戲曲集
穆穆著　袁笑星編輯　北京　藝術與生活社　1941 年　初版　藝生文藝叢書　（m.w.）

011906718　PL2602.C85　1938
順民抗戰劇本
崔嵬、王震之著　漢口　生活書店　1938 年　初版　（m.w.）

011913426　PL2822.T8　S7　1924
死後之勝利
王統照著　上海　商務印書館　1924 年

初版　小説月報叢刊　(m.w.)

008223238　MLC – C
屠刀下三幕劇
那沙著　佳木斯　東北書店　1947年
初版　(m.w.)

011930196　PL2780.C5　H7　1944
喜相逢四幕劇
李健吾撰　上海　世界書局　1944年
初版　劇本叢刊　第2集　(m.w.)

011919010　PL2922.C49　N66　1947
弄假成真五幕喜劇
楊絳　上海　世界書局　1947年　再版

011908828　PL2766.Y8　H7　1928
新婚的夢三幕劇
胡雲翼著　上海　啟智書局　1928年
初版　天風社叢書　(m.w.)

011908717　PL2765.I34　H7　1940
幸福之家四幕劇
蕭軍著　重慶　上海雜志公司　1940年
初版　(m.w.)

011560864　PL2808.N146　X885　1934
續一個青年底夢六幕劇
孫俍工著　上海　中華書局　1934年
初版　現代戲劇選刊　(m.w.)

011904773　PL2822.S3　Y3　1937
亞細亞的怒潮三幕報告劇
王紹清著　上海　金湯書店　1937年
初版　(m.w.)

011986820　PL2832.A5　Y5　1947
飲馬長城窟五幕劇
袁昌英編著　上海　正中書局　1947年
初版　(m.w.)

011908708　PL2780.C5　Y8　1947
雲彩霞五幕劇
李健吾著　上海　寰星圖書雜志社
1947年　初版　(m.w.)

011919840　PL2766.C8　C8　1940
中國男兒五幕六場大悲劇
胡春冰著　上海　光明書局　1940年
初版　(m.w.)

011908799　PL2765.U17　C5　1911
重慶屋簷下
徐昌霖著　史東山改編　上海　大陸圖
書雜志出版公司　民國間　(m.)

011914692　PL2765.U17　C5　1945
重慶屋簷下
徐昌霖著　上海　大陸圖書雜志出版公
司　1945年　4版　(m.w.)

011989370　PL2741.H8　T7　1938
自由魂四幕劇
趙慧深撰　廣州　上海雜志公司　1938
年　初版　(m.w.)

007630510　5719　3102.2　(1949)
芳草天涯
夏衍著　上海　開明書店　1949年

007843160　PL2795.A68　T7　1948x
蔡金花
鮑雨著　上海　青城書店　1948年　青
城戲劇叢刊

011984794　PL2795.A588　T7　1948
殘雪
包起權編著　上海　正中書局　1948年
滬1版　(m.w.)

011931871　PL2826.Y8　F4　1926
風颭芙蓉記
姚鵷雛著　葉小鳳[楚傖]評識　上海

小説叢報社　1926 年　再版　（m.）

011917019　PL2780.C5 L5 1934
梁允達
李健吾著　上海　生活書店　1934 年　初版　創作文庫　（m.w.）

007798842　MLC – C
石達開的末路
陳白塵著　上海　文學出版社　1936 年　初版　小型文庫　（m.w.）

007630424　5719　3102.22
戲劇春秋
夏衍、宋之的、于伶著　重慶　美學出版社　1946 年　再訂版　（m.w.）

007630421　5719　3102.23
上海屋簷下三幕劇
夏衍著　上海　國民書店　1946 年　（m.w.）

007630401　5719　3102.23c
上海屋簷下
夏衍著　上海　開明書店　1949 年　初版　夏衍劇作集

011930237　PL2765.I26　C6　1941
愁城記
夏衍著　上海　劇場藝術社　1941 年　初版　（m.w.）

007630429　5719　3102.2A
芳草天涯
夏衍著　重慶　美學出版社　1945 年　再版　（m.w.）

007630301　5719　3102.3　　5719　3102.3A
愁城記
夏衍著　上海　開明書店　1947 年　（m.w.）

007630300　5719　3102.5b
一年間四幕劇
夏衍著　重慶　生活書店　1939 年　初版　（m.w.）

007630336　5719　3102.6
心防
夏衍著　上海　開明書店　1946 年　初版　（m.w.）

007630426　5719　3102.7　　T　5719　3102.7
法西斯細菌
夏衍著　上海　開明書店　1946 年　初版　（m.w.）

007630423　5719　3102.8A
水鄉吟
夏衍著　上海　群益出版社　1946 年　再版　群益現代劇叢　（m.w.）

007630412　5719　311
烽火
沈西苓著　香港　一般書店　1938 年　初版　（m.w.）

007630431　5719　3115
小三子抗戰三幕劇
冼群著　重慶　華中圖書公司　1940 年　初版　（m.w.）

007630430　5719　3115.2
代用品
冼群著　重慶　華中圖書公司　1940 年　初版　劇本選輯　（m.w.）

007630314　5719　3142
春常在五幕劇
沈蔚德著　上海　商務印書館　1946 年　（m.w.）

007631891　5719　3173
清明前後
茅盾著　上海　開明書店　1947 年　6 版　(m.w.)

007631692　5719　3173B
清明前後
茅盾著　上海　開明書店　1945 年　(m.w.)

007631925　5719　3282
反間計
房公秩著　廣州　軍事委員會後方勤務部政治部　1939 年

007631679　5719　3310.2
生死仇
逯斐、陳明著　北平　天下圖書公司　1949 年　初版　大衆文藝叢書　(m.w.)

007631833　5719　3377
流寇隊長三幕劇
魯迅藝術學院戲劇系集體創作　王震之執筆　廣州　新華日報廣州分館　1938 年　初版　延安魯迅藝術學院戲曲叢刊

007631965　5719　3442　FC5876　(19)
戰鬥的女性四幕劇
淩鶴著　上海　上海雜志公司　1946 年　復興 1 版　(m.w.)

007631684　5719　3442.6
黑地獄
淩鶴著　香港　戲劇書店　1939 年　初版　國防戲劇叢書　(m.w.)

007631980　5719　3563.1
十五的月亮
海默撰　上海　上海雜志公司　1949 年　1 版

007631680　5719　3803
闔第光臨三幕劇
洪謨著　上海　世界書局　1944 年　初版　(w.)

007631644　5719　3803.3
裙帶風三幕喜劇
潘子農、洪謨著　上海　作家書屋　1947 年　再版　作家劇叢　(m.w.)

011931950　PL2777.C8　S8　1944
水仙花
顧仲彝著　上海　光明書局　1943 年　初版　(m.w.)

007631986　5719　382
水仙花五幕劇
顧仲彝著　上海　光明書局　1947 年　(m.w.)

007724310　5719　382.02
衣冠禽獸四幕劇
顧仲彝著　上海　永祥印書館　1946 年　初版　(m.w.)

007631664　5719　382.1
三千金
顧仲彝著　上海　世界書局　1944 年　初版　(m.w.)

007631660　5719　382.2
戀愛與陰謀
顧仲彝改編　上海　光明書局　1940 年　初版　(m.w.)

007631665　5719　382.26
重見光明
顧仲彝著　上海　世界書局　1944 年　初版　(m.w.)

007631667　5719　382.4
黃金迷
顧仲彝著　上海　世界書局　1946年
初版　(m.w.)

007631989　5719　382.6
野火花三幕劇
顧仲彝著　香港　世界書局　1947年
(m.w.)

007631662　5719　3827
梁紅玉
顧仲彝著　上海　開明書店　1941年
初版　開明文學新刊　(m.w.)

007631997　5719　3839
人之初
洪深著　上海　正中書局　1947年
(m.w.)

007631629　5719　3839.2
包得行四幕劇
洪深著　上海　上海雜志公司　1939年
再版　每月文庫　第1輯　(m.w.)

007632003　5719　3839.26
雞鳴早看天
洪深編劇　馬彥祥導演　重慶　中央青
年劇社　1945年　(m.w.)

011908853　PL2769.N43　A6　1932
洪深戲曲集
洪深著　上海　現代書局　1933年　初
版　(m.w.)

007631658　5719　3839.3
洪深戲曲集
洪深著　1937年　(m.w.)

007631682　5719　3839.4
五奎橋獨幕劇
洪深著　上海　鐵流書店　1946年　再
版　(m.w.)

011986842　PL2602.K8　1925
孤鴻戲曲集
顧一樵著　上海　商務印書館　1925年
初版　小說月報叢刊　(m.w.)

007632004　5719　3881.41
古城烽火三幕劇
顧一樵編著　上海　正中書局　1945年
(m.w.)

007632006　5719　3881.42
荊軻
顧一樵著　重慶　商務印書館　1943年
第3版　(m.w.)

007631674　5719　3881.42A
荊軻四幕劇
顧一樵著　重慶　商務印書館　1940年
初版　(m.w.)

007632008　5719　3881.42B
荊軻四幕劇
顧一樵著　上海　商務印書館　1946年
(m.w.)

007631675　5719　3881.44
蘇武三幕劇
顧一樵著　重慶　商務印書館　1944年
初版　(m.w.)

007633147　5719　3881.44B
蘇武
顧一樵著　上海　商務印書館　1946年
(m.w.)

007631672　5719　3881.7
岳飛及其他
顧一樵著　上海　新月書店　1932年
初版

007631673　5719　3881.7A
岳飛四幕劇
顧一樵著　重慶　商務印書館　1940年
　初版　（m.w.）

007633146　5719　3881.7b
岳飛
顧一樵著　重慶　商務印書館　1943年
　第2版　（m.w.）

011931731　PL2765.U25　C45　1939
春韮集
徐訏著　上海　夜窗書屋　1939年
　初版

011911949　PL2765.I45　L8　1928
露絲
謝康著　上海　北新書局　1928年
　初版

011910672　PL2765.I26　S3　1936
賽金花歷史名劇
夏衍著　上海　生活書店　1936年　初
　版　（m.w.）

011983703　PL2765.I52　S3　1937
賽金花四幕劇
熊佛西著　北平　實報社　1937年　初
　版　實報叢書　（m.w.）

011910428　PL2765.U25　S4　1947
生與死四幕劇
徐訏著　上海　夜窗書屋　1939年　初
　版　三思樓月書　（m.w.）

011938283　PL2765.U234　Y4　1931
椰子與榴槤一名南洋漫記
許傑著　上海　現代書局　1930年　初
　版　（m.w.）

007632011　5719　3932
霧重慶五幕劇
宋之的撰　香港　文學出版社　1941年

007631676　5719　3932.1
群猴
宋之的著　香港　新中國書局　1949年
　初版　（m.w.）

007631678　5719　3932.2
自衛隊一名民族光榮四幕劇
宋之的著　重慶　上海雜志公司　1939
　年　初版　（m.w.）

007631727　5719　3932.4
草木皆兵三幕劇
夏衍、宋之的、于伶合著　重慶　美學出
　版社　1946年　再版　（w.）

007631677　5719　3952
宋春舫戲曲集第一集
宋春舫著　上海　商務印書館　1937年
　初版　（m.）

007632952　5719　4114
春花怒放四幕劇
姚亞影著　上海　建國書店　1946年
　初版　（m.w.）

007633068　5719　4126.7
同志，你走錯了路！
姚仲明、陳波兒等集體創作　廣州　新
　中國書局　1949年　北方文叢

007633163　5719　4133
野心家獨幕劇
杜邊作　星嘉坡　新民主文化服務社
　1946年　星洲業餘話劇社創作本
　（w.）

007632927　5719　4141.8
銀海滄桑四幕劇

姚克著　上海　世界書局　1947年　再版　劇本叢刊　(m.w.)

007632897　5719　4204
糧食
楊文、荒煤等著　香港　新中國書局　1949年　北方文叢　(m.w.)

007632841　5719　421
夜店四幕劇
柯靈、師陀撰　上海　上海出版公司　1947年　再版　文藝復興叢書　(m.w.)

007633217　5719　421.9
恨海
柯靈著　廣州　開明書店　1947年　(m.w.)

007633222　5719　4211
女人與麵包
力工著　上海　商務印書館　1931年　(m.)

007633245　5719　4225
病院槍聲
胡紹軒著　重慶　華中圖書公司　1940年　(m.w.)

008332239　5719　4233.10　(1941)
北京人
曹禺著　上海　文化生活出版社　1941年　(m.w.)

008332311　5719　4233.10　(1943)
北京人
萬家寶[曹禺]著　桂林　文化生活出版社　1943年　(m.w.)

007633269　5719　4233.10b
北京人
萬家寶[曹禺]著　桂林　文化生活出版社　1943年　(m.w.)

007632932　5719　4233.14
正在想獨幕劇
曹禺著　上海　文化生活出版社　1946年　文學小叢刊　(m.w.)

007633257　T　5719　4233.1　T　5719　4233.1b
雷雨
萬家寶[曹禺]著　上海　文化生活出版社　1938年　(m.w.)

007632957　5719　4233.2
豔陽天電影劇本
曹禺著　上海　文化生活出版社　1948年　初版　(m.)

007633279　5719　4233.3b
家
萬家寶[曹禺]著　上海　文化生活出版社　1943年　(m.w.)

007632866　5719　4233.5
蛻變
曹禺著　長沙　商務印書館　1940年　(m.w.)

007632948　T　5719　4233.5a
蛻變
曹禺著　重慶　文化生活出版社　1943年　渝2版　文季叢書　(m.w.)

007632931　T　5719　4233.5c
蛻變
曹禺著　上海　文化生活出版社　1945年　(m.w.)

008096856　T　5719　4233.6
日出
曹禺[萬家寶]著　桂林　文化生活出版

社　1942年　（m.w.）

007633541　5719　4233.63
黑字二十八
曹禺、宋之的編著　重慶　正中書局
1940年　國立戲劇學校戰時戲劇叢書
（m.w.）

007633797　5719　4233.6b
日出
曹禺著　上海　文化生活出版社　1947
年　22版　（m.w.）

007633402　5719　4233.7
原野
曹禺著　上海　文化生活出版社　1946
年　（m.w.）

007633811　5719　4233.7b
原野
萬家寶[曹禺]著　桂林　文化生活出版
社　1943年　（m.w.）

007633542　5719　424
李世傑與俞維華一名勝利第一　五幕劇
楊枝著　四川宜賓　商報社　1942年
初版　（m.w.）

007633639　5719　4241
香港暴風雨三幕五場劇
麥大非著　香港　新地出版社　1947年
（w.）

008449370　MLC-C
蜨階外史
寄泉著　周郁浩標點　上海　大達圖書
供應社　1934年

007633547　5719　4244
清宮外史四幕歷史劇第一部光緒親政記
楊村彬著　重慶　國訊書店　1943年

初版　（m.）

007633537　5719　4253
黃花岡
廣東戲劇協會集體創作　胡春冰整理及
編輯　廣州　廣東戲劇協會　[1938
年]　廣東戲劇協會創作叢刊　（m.w.）

007826017　5719　4304
窮漢嶺
大連市寺兒溝區大糞合作集體創作　白
玉江等執筆　北平　新中國書局　1949
年　（m.w.）

007633453　5719　4324
美國總統號
袁俊[張駿祥]著　上海　文化生活出版
社　1947年　再版　（m.w.）

007633550　5719　4324.1
萬世師表四幕劇
袁俊[張駿祥]著　上海　文化生活出版
社　1946年　初版　（m.w.）

007633551　5719　4324.2
山城故事三幕劇
袁俊[張駿祥]著　上海　文化生活出版
社　1945年　再版　（m.w.）

007633549　5719　4324.3
邊城故事五幕劇
袁俊[張駿祥]著　上海　文化生活出版
社　1946年　再版　（m.w.）

007633676　5719　4324.4
富貴浮雲三幕喜劇
袁俊[張駿祥]著　上海　世界書局
1946年　劇本叢刊　（m.w.）

007633677　5719　4324.9
小城故事五幕劇

袁俊[張駿祥]著　上海　文化生活出版社　1947年　(m.w.)

007633867　5719　4337
春戀
趙清閣編著　上海　正中書局　1949年　(w.)

007633540　5719　4402
陳圓圓五幕歷史劇
蔣旂著　上海　國民書店　1940年　初版　歷史劇叢刊　(m.w.)

007633870　5719　4421.1
健吾戲劇集第一集
李健吾著　重慶　文化生活出版社　1943年　(m.)

007633872　5719　4421.2
新學究
李健吾著　上海　文化生活出版社　1940年　3版　(m.w.)

007633546　5719　4421.3
秋三幕劇
李健吾著　上海　文化生活出版社　1946年　初版　(m.w.)

007633532　5719　4421.4
以身作則
李健吾著　上海　文化生活出版社　1948年　7版　(m.w.)

007633545　5719　4421.44
黃花三幕劇
李健吾著　上海　文化生活出版社　1945年　初版　(m.w.)

011932020　PR6005.O4　Y612　1931
青春
Joseph Conrad著　梁遇春譯註　上海　北新書局　1931年　(m.w.)

007633475　5719　4421.55
青春五幕喜劇
李健吾著　上海　文化生活出版社　1948年　初版　(m.w.)

007633511　5719　4421.7
風流債五幕劇
李健吾著　上海　世界書局　1947年　再版　劇本叢刊　(m.w.)

007633544　5719　4421B
這不過是春天
李健吾著　上海　文化生活出版社　1940年　初版　(m.w.)

007633543　5719　4425
春之橋
李白英著　上海　明日書店　1929年　初版　(m.w.)

007633456　5719　4433
窰工三幕七塲劇
蔣冰之[丁玲]、陳明、逯斐著　北京　大衆書店　1949年

007633890　5719　4433.1
西北戰地服務團戲劇集
丁玲、奚如編著　漢口　上海雜誌公司　1938年　(w.)

009203311　5719　4624
寄生草
洪深改編　H. H. Davies[原]著　上海　上海雜誌公司　1947年　(m.w.)

007633513　5719　4822.7
民族正氣
趙循伯著　重慶　商務印書館　1944年　(m.w.)

007633539　5719　4833
大團圓四幕劇
黃宗江著　上海　文化生活出版社
1949年　初版　（m.w.）

007633553　5719　4837
流水飛花紅樓夢劇本之三
趙清閣著　上海　名山書局　1946年
初版　（m.w.）

007804857　MLC－C
我們決不屈服
黎暉撰　上海　名山書局　1946年　滬
1版

007633908　5719　4837.1
瀟湘淑女又名忠義千秋
趙清閣著　上海　商務印書館　1947年
（m.w.）

007633698　5719　4837.2
生死戀
趙清閣著　上海　商務印書館　1947年
（m.w.）

007633554　5719　4837.3
關羽四幕劇
趙清閣編著　上海　正中書局　1946年
初版　（m.w.）

007633555　5719　4841
沖出重圍三幕劇
趙如琳著　重慶　正中書局　1943年
初版　教育部徵選抗戰創作劇本選
（m.w.）

007633552　5719　4853
如此北平五幕劇
趙慧深著　重慶　新生圖書文具公司
1941年　（m.w.）

007634034　5719　4942
沉淵
林柯撰　上海　文化生活出版社
1944年　（m.w.）

007633990　5719　4942.5
春四幕劇
林柯著　上海　文化生活出版社　1947
年　初版　（m.w.）

008157418　MLC－C
春
巴金著　上海　開明書店　1938年　初
版　（m.w.）

007633987　5719　4945
鳩那羅的眼睛
蘇雪林著　上海　商務印書館　1946年
初版　（m.w.）

007633989　5719　4972
文成公主四幕民族歷史劇
林剛白著　貴陽　文通書局　1948年
初版　（m.w.）

007633988　5719　5052
還我故鄉電影劇本
史東山著　上海　明華出版社　1946年
初版　（m.）

007864950　PL2735.5.P3　1937x
保衛蘆溝橋三幕劇
協會會員集體創作中國　上海　戲劇時
代出版社　1937年　再版　中國劇作者
協會會員集體創作之一　（m.w.）

011143654　PL2735.3.H315　A6　1918
悔庵詩存
張寶森　1918年

007630414　5719　6134
正氣劇本
羅永培著　長沙　商務印書館　1940年　初版　(m.w.)

007630415　5719　6134.4
喜馬拉雅山上雪劇本
羅永培著　長沙　商務印書館　1940年　初版　(m.w.)

007525543　FC8210　Film　Mas　32118　T　4292.67　1313
牆頭草短劇集
晉察冀邊區戲劇協會編　香港　晉察冀日報社　1945年　(m.w.)

011904536　PL2783.O7　T7　1948
在敵人後方三幕話劇
羅丹著　佳木斯　東北書店　1948年　初版　(m.w.)

007630402　5719　6433
田漢代表作
田漢著　三通書局編輯部編　上海　三通書局　1941年　初版　現代作家選集第1輯　(m.w.)

007630434　5719　6433.02
清流萬里即文化春秋　三幕劇
于伶等集體創作　上海　新群出版社　1947年　初版

007630515　T　5719　6433.28
復活
托爾斯泰原著　田漢改編　上海　上海雜志公司　1940年　戲劇叢刊　(m.w.)

008458308　MLC–C
高加索的回憶
托爾斯泰著　北芝譯　1946年

007630428　5719　6433.33
江漢漁歌新歌劇
田漢著　上海　上海雜志公司　1940年　初版　(m.w.)

007630417　T　5719　6433.6
田漢戲曲集第二集
田漢著　上海　現代書局　1933年　初版　(m.w.)

007630416　5719　6433.71
風雨歸舟四幕劇
田漢、洪深、夏衍著　桂林　集美書店　1942年　初版　(m.w.)

007630413　5719　6682
雲雀四幕悲劇
路翎著　上海　希望社　1948年　初版　(m.w.)

007630407　5719　7100
赤葉河
阮章競著　上海　新華書店　1949年　初版　中國人民文藝叢書　(m.w.)

007630627　5719　7203
江南之春
馬彥祥編著　上海　正中書局　1946年　(m.w.)

007630532　5719　7203.4
熱情的女人
馬彥祥著　上海　大方書局　1939年

007630354　5719　7212b
子弟兵
周而復著　香港　新□國書局　1949年　初版　北方文叢　(m.w.)

007630411　5719　722
生命是我們的三幕劇
劉任濤著　上海　聯合圖書公司　1945年　初版　(m.w.)

1309

語言文學類

011937823　PL2784.C5　H8　1949
血淚仇
馬健翎著　天津　新華書店　1949年
　天津3版　中國人民文藝叢書
　（m.w.）

004761143　5719　7233
紅旗歌集體創作
劉滄浪討論　魯謀執筆　上海　新華書
　店　1949年　初版　中國人民文艺叢書
　（m.w.）

007630629　5719　7234
黃家莊
劉良模著　廣州　生活書店　1938年
　大衆抗敵劇叢

007631683　5719　7248.1
天國春秋五幕歷史劇
陽翰笙著　上海　群益出版社　1946年
　初版　群益歷史劇叢　（m.w.）

007631974　5719　7248.8
前夜
陽翰笙著　漢口　華中圖書公司　1938
　年　（m.w.）

011934873　PL2822.J4　C5　1940
前夜四幕劇
巴人著　香港　海燕書店　1940年　初
　版　中國的悲劇叢書　（m.w.）

007631688　5719　7262
花木蘭四幕劇
周貽白著　上海　開明書店　1941年
　初版　開明文學新刊　（m.w.）

011987670　PL2754.164　W3　1946
亡蜀遺恨四幕劇
周貽白著　上海　潮鋒出版社　1946年
　初版　（m.w.）

007631687　5719　7262.1
亡蜀遺恨一名北地王
周貽白著　上海　潮鋒出版社　1946年
　初版　（m.w.）

007631518　5719　7262.2
綠窗紅淚四幕劇
周貽白著　上海　世界書局　1947年
　再版　（m.w.）

007631800　5719　7262.4
女性的解放三幕劇
周貽白著　上海　上海青城書店　1948
　年　再版　戲劇叢刊

007631686　5719　7262.7
北地王四幕劇
周貽白著　上海　亞星書店　1940年
　初版　劇藝叢書　（m.w.）

007631685　5719　7290
鋼盔四幕劇
周尚文著　重慶　獨立出版社　1945年
　初版　（m.w.）

007631681　5719　7634
五月丁香四幕劇
駱賓基著　上海　建文書店　1947年
　初版　奔流文藝叢書　（m.w.）

007630410　5719　7712.5
忠王李秀成
歐陽予倩著　桂林　文化供應社　1942
　年　再版　（m.w.）

007631671　5719　7712.8
欲魔五幕劇
歐陽予倩改編　上海　現代戲劇出版社
　　1939年　初版　（m.w.）

007631994　5719　7712.8b
欲魔
歐陽予倩編　上海　業餘劇人協會
1937年

007631670　5719　7804
今時唔同往日
歐文著　香港　海洋書屋　1948年　初
版　萬人叢書　(m.)

007631663　5719　7920
大地回春五幕劇
陳白塵著　桂林　文化供應社　1941年
　文學創作叢刊　(m.w.)

007632000　5719　7920.02
魔窟新官上任　四幕劇
陳白塵著　上海　生活書店　1946年
勝利後第1版　(m.w.)

007631661　5719　7920.22
亂世男女三幕喜劇
陳白塵著　上海　上海雜誌公司　1945
年　復興1版　(m.w.)

007631666　5719　7920.24
結婚進行曲
陳白塵著　上海　作家書屋　1945年
初版　作家劇叢　(m.w.)

011908876　PL2840.P3　T3　1946
大渡河
陳白塵著　上海　群益出版社　1946年
　初版　群益歷史劇叢　(m.w.)

011919848　PL2743.P3　D325　1948
大地回春五幕劇
陳白塵著　桂林　文化供應社　1948年
　新1版　文學創作叢刊　(m.w.)

007631659　5719　7920.6
懸崖之戀
陳白塵著　上海　群益出版社　1947年
　初版　(m.w.)

007631797　5719　7920.7
陞官圖
陳白塵著　上海　群益出版社　1949年
　(m.w.)

011988705　PL2815.E64　M6　1929
魔窟
曾虛白著　上海　真美善書店　1929年
　初版　(m.w.)

007632943　5719　7935
生死綫
陳啟肅著　重慶　正中書局　1942年
初版　教育部徵選抗戰創作劇本選
(m.w.)

008630458　FC5876　(19)
幽蘭女士
陳大悲著　上海　現代書局　1928年
初版　現代戲劇叢書　(m.w.)

007633086　5719　7943
金絲籠
陳楚淮著　上海　中華書局　1930年
新文藝叢書　(m.w.)

011913499　ML50.C4　1948
人民城市
陳戈編劇　任虹、李海奇、關慶順作曲
哈爾濱　東北書店　1948年　初版
(m.w.)

011908908　PL2840.C345　H8　1945
黃鶴樓
陳銓著　上海　商務印書館　1945年
上海第1版　(m.w.)

007632963　5719　7981
野玫瑰四幕劇
陳銓著　上海　商務印書館　1948 年
文史雜志社叢書　（m. w.）

007632944　5719　7981.4
黃鶴樓
陳銓著　重慶　商務印書館　1940 年
渝初版　（m. w.）

007632954　5719　8205
張自忠四幕話劇
老舍著　重慶　華中圖書公司　1941 年
初版　彈花文藝叢書　（m. w.）

007632929　5719　8205.11
面子問題
老舍編著　上海　正中書局　1947 年
滬 4 版　建國文藝叢書　（m. w.）

007632909　5719　8205.13
殘霧
老舍著　長沙　商務印書館　1941 年
（m. w.）

007632955　5719　8205.2
歸去來兮五幕劇
老舍著　重慶　作家書屋　1943 年　初版　當代文學叢書　（m. w.）

007632953　5719　8205.6
國家至上四幕劇
老舍、宋之的著　重慶　南方印書館
1943 年　初版　（m. w.）

007633183　5719　8213
精忠柏史劇四十卷
鄭烈著　南京　大東公司　1948 年
初版　抗戰戲劇叢刊　（m. w.）

007735638　MLC – C
總動員四幕劇
舒群著　漢口　上海雜志公司　1938 年
初版　抗戰戲劇叢刊　（m. w.）

007632959　5719　8225
破釜沉舟三幕劇
鄭倚虹著　上海　中外出版社　1946 年
勝利後 1 版　（m.）

011919451　PL2901. Y48　D36　1947
董小宛四幕大悲劇
舒湮著　上海　光明書局　1947 年　初版　光明戲劇叢書　（m. w.）

007633196　5719　8231
精忠報國五幕劇
舒湮著　上海　光明書局　1947 年　戰後第 1 版　光明戲劇叢書　（m. w.）

008216274　MLC – C
殉情—名戀愛與陰謀　五幕八塲大悲劇
顧仲彝改編　上海　光明書局　1946 年　4 版　光明戲劇叢書　（m. w.）

007632951　5719　8312
豐收以後
公孫佳著　重慶　華嚴出版社　1943 年
初版　（m. w.）

007632894　5719　8544
李闖王
阿英著　上海　新華書店　1949 年　再版　中國人民文藝叢書　（m. w.）

007632947　5719　8544.19
群鶯亂飛四幕劇
阿英著　上海　現代戲劇出版社　1939 年　再版　（m. w.）

007632945　5719　8544.3
不夜城三幕劇
阿英著　上海　潮鋒出版社　1947 年
再版　（m. w.）

007599694　5719　8544.4
春風秋雨
阿英作　上海　一般書店　1940 年
（m.w.）

007632946　5719　8544.4b
春風秋雨
阿英著　上海　一般書店　1937 年　初
版　（m.w.）

005977563　5719　8544.5
桃花源三幕劇
鷹隼［阿英］著　上海　風雨書屋　1938
年　初版　風雨戲劇叢書　（m.w.）

007632880　5719　8923
上沅劇本甲集
余上沅著　上海　商務印書館　1934 年
初版　（m.w.）

007632958　5719　8923.2
從軍樂
余上沅、王思曾編著　重慶　正中書局
1940 年　初版　國立戲劇學校戰時戲
劇叢書　（m.w.）

007633044　5719　9913
浮雲流水
張宛青編譯　上海　海天書店　1940 年
（m.w.）

007629029　5719.2　1650
王德鎖減租又名減租生產大家好　鄜鄠
西戎等集體創作　香港　晉綏邊區呂梁
文化教育出版社　1944 年　初版　"七
七七"文藝獎金獲獎作品

005376061　5719.2　4843
白毛女六幕歌劇
賀敬之等編劇　馬可等作曲　上海　黃
河出版社　1947 年　（m.w.）

007658503　MLC－C
悲劇的解放白毛女演出手册
郭沫若等著　19？年

009264668　5719.2　6723
劉胡蘭
西北戰鬥劇社著　香港　新民主出版社
1949 年　中國人民文藝叢書　（m.）

007633516　5720　4243
中國俗文學概論
楊蔭深著　上海　世界書局　1946 年
初版　（m.）

007633521　5720　5486
方言文學第一輯
中華全國文藝協會香港分會方言文學研
究會編　香港　新民主出版社　1949 年
初版　（m.）

007633520　5720　8140.7
民間文藝叢話
鍾敬文著　廣州　國立中山大學語言歷
史學研究所　1928 年　初版　（m.）

008131304　FC4703　FC－M1897　T　5722　1280
五峰會
北京　永順和記　1936 年

008131313　FC4704　FC－M1898　T　5722　1380
三家義
北京　永順和記　1932 年

008132347　FC4709　FC－M1903　T　5722　8330
全家福
北京　永順和記　1937 年

007633548　5723　3615
街頭巷尾
潘子農著　上海　作家書屋　1948 年
初版　電影小說叢書　（m.w.）

007633490　5723　5052.07
新閨怨
史東山著　上海　作家書屋　1948 年
（m.w.）

009383978　5726　0139
育王寶卷十種
上海　翼化堂書局　1924 年　石印

009382560　5726　0239
唐僧寶卷二卷
香港　文元書局　1912—49 年　石印

009383938　5726　0639
河南開封府花枷良願龍圖寶卷全集二卷
上海　文元書局　1912—49 年　石印

009383776　5726　1223
再生緣寶卷二卷
上海　惜陰書局　1912—49 年　石印

009383785　5726　1239
雪山寶卷全集二卷
濟南　1912—49 年　石印

009383787　5726　1400
雪梅寶卷二卷
濟南　1912—49 年　石印

009382607　5726　1420
百花臺雙恩寶卷二集
上海　文益書局　1917 年　石印

009382506　5726　1439
延壽寶卷一卷
上海　文益書局　1912—49 年　石印

009381695　5726　1714a
張氏三娘賣花寶卷全集一卷
寧波　學林堂書局　1912—49 年　石印

009383800　5726　1824
孟姜仙女寶卷一卷
濟南　1912—49 年　石印

009383816　5726　1939
五常寶卷一卷
杭州　武林印書館　1921 年　石印

009382521　5726　2023
何文秀寶卷二集
寧波　學林堂書局　1936 年　石印

009383719　5726　2153
新出繪圖雙玉燕寶卷二卷
楊菊生編輯　香港　楊菊生　1931 年　石印

009383807　5726　2174
正本雙珠鳳奇緣寶卷二卷
上海　文益書局　1921 年　石印

009383712　5726　2243
何仙姑寶卷二卷
上海　文益書局　1914 年　石印

009382602　5726　2539
浙江杭州府錢塘縣白蛇寶卷二集
上海　文益書局　1915 年　石印

009383989　5726　2639
繪圖新出雞鳴寶卷二卷
上海　文益書局　1915 年　石印

009383818　5726　2739
雙鳳寶卷二集
上海　惜陰書局　1912—49 年　石印

009383770　5726　2803
繪圖張義雙釘記寶卷二卷
上海　惜陰書局　1912—49 年　石印

009382622　5726　2813
繪圖新出雙剪髮寶卷二卷
上海　廣記書局　1912—49 年　石印

009383833　5726　3223
梁山伯寶卷二卷
上海　文益書局　1924 年　石印

009383831　5726　3239
梁皇寶卷全集一卷
寧波　學林堂書局　1933 年　石印

009383771　5726　3503
繡像蜜蜂記寶卷二卷
上海　惜陰書局　1912—49 年　石印

009383672　5726　3703
新編清風亭寶卷二卷
上海　惜陰書局　1912—49 年　石印

009381697　5726　3739
新刻洛陽寶卷一卷
杭州　瑪瑙經房　1929 年

009383720　5726　3883
新刻還金鐲寶卷一卷
上海　文益書局　1916 年　石印

009382492　5726　4015
觀音靈感寶卷一卷
證忠居士選　上海　宏大善書局
1912—49 年　石印

009382494　5726　4039
如意寶卷二卷
香港　文元書局　1912—49 年　石印

009382598　5726　4239
花名寶卷不分卷
濟南　1912—34 年　石印

009383821　5726　4400
新編南樓寶卷二集
上海　惜陰書局　1912—49 年　石印

009383941　5726　4430
杏花寶卷一卷
寧波　學林堂書局　1931 年　石印

009382563　5726　4439
五祖黃梅寶卷二卷
杭州　慧空經房　1922 年

009381701　5726　4452
化劫寶卷一卷
薛慧上纂演　上海　鹽城觀音禪寺
1937 年　石印

009383984　5726　4453
繪圖梅花戒寶卷二卷
濟南　1912—49 年　石印

009382618　5726　4483
菱花鏡寶卷二集
寧波　朱彬記書莊　1926 年　鉛印

009382568　5726　4739
三世修道黃氏寶卷二卷
杭州　瑪瑙經房　1919 年

009383994　5726　4744
湖廣荊州府永慶縣修行梅氏花殺寶卷二集
上海　惜陰書局　1912—49 年　石印

009384002　5726　4863
繪圖十美圖寶卷二集
上海　惜陰書局　1912—49 年　石印

009382527　5726　4939
新刻黃糠寶卷二卷
寧波　學林堂書局　1912—49 年　石印

009383778　5726　5141
繪圖秦雪梅三元記寶卷二卷
上海　惜陰書局　1912—49年　石印

009383708　5726　5212
新出搶生死牌寶卷二卷
濟南　1912—49年　石印

009382608　5726　5339
浙江嘉興府秀水縣刺心寶卷二卷
上海　何廣記書局　1917年　石印

009383812　5726　7043
劉文英寶卷二卷
上海　文益書局　1924年　石印

009383804　5726　7145
新出繪圖劉子英打虎雙珠球寶卷二集
寧波　林賡記書局　1912—49年　石印

009381705　5726　7223a
劉香寶卷二卷
寧波　學林堂書局　1930年　石印

009381716　5726　7223b
劉香寶卷二卷
香港　蔣春記書莊　1912—49年　石印

009382509　5726　8153
金不換寶卷二卷
上海　惜陰書局　1912—49年　石印

009383929　5726　8322
八寶雙鸞釵寶卷二集
上海　惜陰書局　1912—49年　石印

009383468　5726　8330
善宗寶卷一卷
上海　宏大善書局　1922年　石印

009383826　5726　8332
普通福緣寶卷二卷
上海　姚文海書局　1917年　石印

009382502　5726　8339
針心寶卷一卷
上海　宏大善書局　1919年　石印

009383792　5726　8339a
真修寶卷二卷
上海　惜陰書局　1912—49年　石印

009383688　5726　8439
新出繪圖金枝寶卷二卷
上海　文益書局　1916年　石印

009277443　5726　8633
異方便淨土傳燈歸元鏡三祖實錄二卷
智達頌　德日閱錄　上海　有正書局　1915年　石印再版

009381680　5726　8662
重刻觀世音菩薩本行經簡集二卷
釋普明輯　上海　文益書局　1914年　石印

009381682　5726　8662a
重刻觀世音菩薩本行經簡集二卷
釋普明輯　杭州　昭慶彗空經房　1931年

009382498　5726　8703
新編合同記寶卷二卷　附大悲咒
濟南　1912—49年　石印

009383722　5726　8703a
新編田素貞寶卷二卷
上海　廣記書局　1912—49年　石印

009383837　5726　9434
小董永賣身寶卷存上冊
上海　文元書局　1912—49年　石印

009382530　5727　1100
趙五娘上京尋夫琵琶記二卷
上海　槐蔭山房　1912—49 年　鉛印

009383691　5727　1294
新刻王和尚大鬧相國寺混禪記一卷
上海　槐蔭山房書莊　1912—49 年
石印

009369943　5727　1368
王清明合同記四卷三十六回
上海　上海協成書局　1933 年　石印

007633996　5727　1461
石女歎五更
香港　五桂堂　1930 年

009382593　5727　1744
改良王月英孝燈罵燈記二卷
上海　槐蔭山房書莊　1912—49 年
鉛印

009382541　5727　2185
繪圖薛丁山征西全本一卷
上海　燮記書局　1912—49 年　石印

007635910　5727　2244
御結荼蘼六卷
廣州　五桂堂　192? 年

007635901　5727　2351
秀容掃琴
廣州　五桂堂　1930 年

009382547　5727　2408
新出曹正榜繡鞋記全本一卷　附拷打紅梅
上海　槐蔭山房書莊　1912—49 年
石印

009382537　5727　2582
新出薛仁貴跨海征東全集一卷
上海　燮記書局　1912—49 年　石印

007635908　5727　2630
白羅衫四卷
廣州　醉經堂　191? 年

007668296　MLC – C
正氣歌本事
趙循伯著　上海　中華書局　1947 年
初版　（m.）

009383678　5727　2777
新刻白馬駝尸劉文英還魂玉帶記一卷
濟南　1912—49 年　石印

009383703　5727　2908
孫繼高賣水紅燈記全部二卷
上海　槐蔭山房　1912—49 年　鉛印

009383697　5727　3101
新出顧二麻子分屍記一卷
上海　燮記書局　1912—49 年　石印

009148551　5727　3223
梁山伯祝英臺全史不分卷
大觀書局改編　上海　大觀書局
1912—49 年　石印

009382533　5727　3223b
最新繪圖梁山伯祝英臺夫婦攻書還魂團
圓記二卷
上海　椿蔭書莊　1912—49 年　石印

009383802　5727　3941
新刻海棠花歌全本一卷　繪圖蔡明鳳辭店
全本一卷
上海　煉石書局　1912—49 年　石印

009383796　5727　4000
繪圖南唐記一卷
上海　燮記書局　1912—49 年　石印

007636087　5727　4125
鳳求凰彈詞

董秋蟬撰　天津　益世印字館　1926年

007636092　5727　4242
東郭簫鼓兒詞一卷
蒲松齡撰　上海　中華書局　1931年

007637046　5727　4434b
庚子國變彈詞四十回
（清）李伯元［寶嘉］著　阿英編校　上海　良友圖書公司　1935年　初版（m.）

007637033　5727　4863
彈詞考證
趙景深著　長沙　商務印書館　1938年　初版　國學小叢書（m.）

007636983　5727　4863.1
彈詞選
趙景深選註　上海　商務印書館　1947年　3版（m.）

007637235　5727　5114
拘碎靈芝全本四卷
香港　五桂堂　1930年

007637233　5727　5510
化身太子［禽］蛑王三卷
廣州五桂堂　1930年

009383700　5727　6351
改良羅通掃北報仇忠孝全傳一卷
上海　元昌印書館　1912—49年　石印

009382543　5727　7004
劉文龍求官昇仙傳一卷
上海　槐蔭山房書莊　1912—49年　石印

007637047　5727　7172
鳳凰山七十二回
胡協寅校閱　上海　大達圖書供應社　1936年　初版（m.）

007637028　5727　7229b
天雨花彈詞小說二十卷
陶貞懷著　上海　錦章圖書局　1922年

008096826　5727　7229D
［繪圖］天雨花二十卷　六十回
陶貞懷撰　上海　廣雅　啓新書局　1922年

009369944　5727　7283
劉公案四卷
上海　廣益書局　1912—49年　石印（m.）

007637236　5727　7544
陳探花南二卷
廣州　五桂堂　191?年

009383932　5727　7581
改良包公案陳世美不認前妻二卷
上海　椿蔭書莊　1912—49年　石印

007693029　5727　7719
再世從良三卷
廣州　五桂堂　192?年

009383931　5727　7832
新刊繪圖劉全進瓜借尸還魂一卷
濟南　1912—49年　石印

007637505　5727　7902　Film Mas 36256
［繪圖龍鳳配］再生緣八卷　七百二十回
陳端生［撰］　上海　廣益書局　1911—30年

007638634　5727　8940
警世鐘[亂新娘檄　金剛鑽　返村女論合編]
余好辯、伍憤時著　寧城　醒群學社　1924 年

009369941　5728　0211
繡像郭秀下兩廣八卷
濟南　廣益書局　1912 年　石印

007637383　5728　0220
班超定西域
席徵庸撰　長沙　中華平民教育促進會　1938 年

009369961　5728　1002.22
繡像五龍傳四卷　繡像續五龍傳四卷
上海　廣益書局　1919 年　石印

009369938　5728　1212
繡像雲外飄香百花臺四卷十一回
上海　上海廣益書局　1918 年　石印

007637048　5728　1317
晉察冀的小姑娘鼓詞選
王尊三著　香港　新華書店　1949 年初版　中國人民文藝叢書　(m.)

007637049　5728　1337　(1)
劉巧團圓
韓起祥編　高敏夫記錄　延安　新華書店　1946 年　民間藝人創作　(m.)

007637051　5728　1337　(2)
張玉蘭參加選舉會
韓起祥編　程恩榮記錄　香港　新華書店　1946 年　(m.)

007637424　5728　1337　(3)
狼牙山五神兵
楊生福口編　高敏夫改編　延安　新華書店　1946 年　民間藝人創作

008333998　5728　1337　(5)
時事傳
韓起祥、王宗元合編　延安　新華書店　1946 年　民間藝人創作　(m.)

007637034　5728　1371
鼓子曲言
張長弓編著　上海　正中書局　1948 年初版　(m.)

009370018　5728　1803b
木皮散人鼓詞
賈應寵著　濟南　1925 年　影印

007637232　5728　2800
繡像繪圖雙鐮記六十六回
上海　錦章圖書局　1930 年

007637241　5728　2900
繡像紅燈記三十二回
1930 年

009369976　5728　4113
大破孟州續集二十八回
沈世榮校閱　上海　廣益書局　1937 年　鉛印再版

009369950　5728　4134
繪圖十二寡婦征西四卷三十二回
上海　錦章書局　1912—49 年　石印

008096827　5728　4414
[繪圖改正]杏花天鼓詞四卷　十四回
上海　江東茂記　1912—30 年

009369942　5728　4826
增像十美緣圖詠四卷四一回
濟南　1916 年　石印

007638294　5728　4863
大鼓研究
趙景深著　上海　商務印書館　1937 年

語言文學類

（m.）

009369935　5728　6328
繪圖呼家將欽賜紫金鞭忠孝全傳四卷
上海　上海章福記書局　1914 年　石印巾箱本

007638650　5728　6472
精忠傳彈詞二卷
嚴周穎芳［撰］　上海　商務印書館　1931 年　（m.）

007638357　5728　7962
平妖記
陳明著　張家口　新華書店晉察冀分店　1946 年　初版　（m.）

007638358　5728　7962a
平妖記
陳明著　香港　東北書店　1946 年　初版　（m.）

007638350　5728　8205
三四一
老舍著　重慶　獨立出版社　1938 年　初版　（m.）

008096828　5728　8924
［繪圖第一奇書］鍾情傳鼓詞四卷　一百回
上海　江東茂記書局　1920 年

007638683　5729　0615　（3）
國聲集第三集
唐玉虬［撰］　桂林　青年書店　1940 年

008626023　FC5876　（19）
劉胡蘭
中國人民文藝叢書社編輯　戰鬥劇社著　香港　新民主出版社出版　1945 年

007639957　5729　2386
歌謠
吳啟瑞、黎錦暉、李實編　上海　中華書局　1923—24 年　初版　平民文學叢書　（m.）

007640155　5729　2835
御前清曲
廈門　會文堂　1921 年

007640158　5729　2917
各省童謠集第一集
朱天民［撰］　香港　商務印書館　1923 年

007639936　5729　3142
戀歌二百首
溫梓川著　上海　現代書局　1929 年　初版　（m.）

007640174　5729　3240
山歌十卷
馮夢龍編　上海　傳經堂　1935 年

007481979　PL2780.M56　1949x
春耕互助秧歌劇
力鳴編劇　顧光潛配曲　哈爾濱　東北書店　1949 年　初版　（m.）

007639860　5729　4291
中國民歌研究
胡懷琛編著　上海　商務印書館　1925 年　（m.）

008630466　FC5876　（18）
歌謠與婦女
劉經庵編　上海　商務印書館　1927 年　初版　（m.）

007643547　5729　7024　FC5876　（18）
歌謠與婦女
劉經庵編　上海　商務印書館　1934 年

國難後第 1 版　（m.）

007643337　5729　7224
中國俗曲總目稿
劉復、李家瑞合撰　北平　國立中央研究院歷史語言研究所　1932 年　（m.）

007643340　5729　7234
西南采風錄
劉兆吉編　上海　商務印書館　1946 年　初版　（m.）

008580491　FC3077
新年春節文娛材料第二集
中國人民解放軍膠東軍區政治部文藝工作團編　香港　中國人民解放軍膠東軍區政治部文藝工作團印　1948 年

007643415　5729　7704
白雪新音
民間文藝研究社編　上海　北新書局　1935 年　初版　（m.）

007643652　5729　7923
蕉風
陳香宇編　香港　鄉風社　1930 年　（m.）

007643417　5729　7946
中國民歌千首
陳增善、顧惠民編　上海　開華書局　1923 年　初版　（m.）

007631884　5730　2343
民衆歌謠第二冊
吴樹滋編　上海　世界書局　1934 年

007631536　5730　4291.1
民歌選
胡懷琛、楊蔭深選註　長沙　商務印書館　1938 年　初版　（m.）

007631695　5730　4432
憤怒的謠
薛汕編　香港　中華全國文藝協會香港分會　1948 年　初版　（m.）

009245357　5730　6194
北平俗曲百種摘韻
羅常培著　重慶　國民圖書出版社　1942 年　鉛印初版　（m.）

009369986　5730　7358
三伯奪魁新歌一卷
臺北　周協隆書店　1937 年　鉛印

007631888　5730　7923
繪圖童謠大觀
陳和祥編　上海　世界書局　1924 年　3 版

007631649　5730.14　4431　FC8255　Film　Mas　32158
北平俗曲略
李家瑞編　香港　國立中央研究院歷史語言研究所　1933 年　初版　（m.）

007631699　5730.15　2590
山東歌謠集
山東省立民衆教育館研究部輯　濟南　山東省立民衆教育館發行處　1933 年　再版　（m.）

007631897　5730.15　4441
北平歌謠續集
李薩雪如輯　北平　紫玉書店　1930 年

007631696　5730.18　2304
陝北民歌選
魯迅文藝學院編　北平　新華書店　1949 年　初版　（m.）

007632002　5730.27　3290
安徽民間歌謠第一集
安徽省立池州師範學校　安慶　安徽省立池州師範學校　1936年

007631697　5730.28　2124
常州情歌選
伍稼青編　上海　華通書局　1931年初版　春草叢書　（m.）

007632007　5730.28　4411
江淮民間文藝集
薛建吾輯註　臺北　育出版社　1949年

007631698　5730.28　4933
江蘇歌謠集
林宗禮、錢佐元編　無錫　江蘇省立教育學院研究實驗部　1933年　初版（m.）

007632964　5730.29　5417
紹興歌謠
婁子匡編　廣州　國立中山大學語言歷史研究所　1928年　初版　（m.）

007633148　5730.32　1254
海南土歌集
瓊崖書報編述社　瓊州　海南書局　1933年　3版

007633151　5730.32　1312
瓊崖民謠
天爾編　香港　溟南堂　1940年

009898494　MLC–C
特別最新過番歌
廈門　博文齋　1922年

007633022　5730.32　1348
新粵謳解心
懺綺龕主人［廖恩燾］著　濟南　1923年

011919001　PL3032.H62　T3　1927
蛋歌
鍾敬文編　上海　開明書店　1927年　初版　黎明社叢書　（m.）

007632969　5730.32　5610
粵謳
（清）招子庸著　華通書局編譯所輯　上海　華通書局　1929年　春草叢書（m.）

008096636　T　5730.32　7240
廣州兒歌甲集
劉萬章編纂　廣州　國立中山大學語言歷史研究所　1928年

007632968　5730.32　7914
台山歌謠集
陳元柱編輯　廣州　國立中山大學語言歷史學研究所　1929年　初版　（m.）

007632965　5730.33　7943
廣西特種部族歌謠集
陳志良編著　桂林　中央銀行經濟研究處　1942年　初版　（m.）

007632970　5730.34　1398
阿細的先雞雲南夷族長詩
光未然寫定　昆明　北門出版社　1945年　（m.w.）

007633566　5730.35　7968
貴州苗夷歌謠
陳國鈞編譯　貴陽　文通書局　1942年　初版　（m.）

小説

008246250　5731　9074　(17;13)b
中國文學研究
鄭振鐸編　上海　商務印書館　1930年
　3版　（m.）

007960453　5731　9074　(17;13)
中國文學研究
鄭振鐸編　上海　商務印書館　1927年
　初版　（m.）

002079850　5732　1164
中國小説史料
孔另境編　上海　中華書局　1936年
（m.）

007448314　5732　1948
中國通俗小説書目十二卷
孫楷第　北京　國立北平圖書館　1933
　年　（m.）

007633391　5732　1948.6
日本東京所見中國小説書目提要
孫楷第編　北平　中國大辭典編纂處
　1932年　（m.）

007633622　5733　0243
中國小説史略
郭希汾編輯　何銘校閲　上海　新文化
　書社　1934年　5版　（m.）

007633524　5733　0417
中國小説發達史
譚正璧編　上海　光明書局　1935年
　初版　（m.）

007633522　5733　1350
中國小説史大綱第一編總論
張静廬著　上海　泰東圖書局　1920年
　初版　上海新潮叢書　（m.）

007633523　5733　2633B
中國小説史略
魯迅著　北京　北大第一院新潮社
1923—24年　初版　（m.）

007633515　5733　3122　FC7934　Flm　Mas　31858
中國文學研究譯叢
（日）鹽谷温著　汪馥泉譯　上海　北新
　書局　1930年　初版　（m.）

007633517　5733　4291
中國小説研究
胡懷琛著　上海　商務印書館　1933年
　初版　（m.）

007633519　5733　4291.2
中國小説概論
胡懷琛編著　上海　世界書局　1934年
　初版　（m.）

007633518　5733　4291.3
中國小説的起源及其演變
胡懷琛著　南京　正中書局　1934年
　初版　（m.）

008333821　5733　4414　v.1-3
小説考證
蔣瑞藻編　上海　商務印書館　1919年
　初版　文藝叢刻　乙集　（m.）

007448345　5733　4414　v.4-5
小説考證續編
蔣瑞藻編　上海　商務印書館　1924年
　初版　文藝叢刻　乙集　（m.）

007448439　5733　4414　v.6
小説考證拾遺
蔣瑞藻編　上海　商務印書館　1922年
　初版　文藝叢刻　乙集　（m.）

008633512　Microfiche　C-880　CH1485
小説考證
蔣瑞藻編　上海　商務印書館　1927年（m.）

009119156　5733　4414c
小説考證附續編拾遺
蔣瑞藻編寫　上海　商務印書館　1935年（m.）

007633514　5733　4424
小説概論
李何林編　北平　北平文化學社　1932年　初版（m.）

007633390　5733.4　7279
唐代小説研究
劉開榮著　上海　商務印書館　1947年　初版（m.）

007960083　FC6051　FC-M4740
晚清小説史
阿英編纂　上海　商務印書館　1937年　初版（m.）

007637053　5734　0403
中國小説研究
謝六逸編　長春　開明圖書公司　1942年　初版（m.）

007638348　5734　2217
小説考證集
衛聚賢著　重慶　説文社出版部　1944年　初版（m.）

007638343　5734　3142
小説通論
沈蘇約編　上海　梁溪圖書館　1925年　初版（m.）

007638344　5734　3142B
小説通論
沈蘇約編　上海　三民印刷所　1935年　再版（m.）

011979367　PL2415.H8　1929
中國小説研究
胡懷琛著　上海　商務印書館　1929年　初版（m.）

011879201　PL2694.S58　1914
標註訓譯水滸傳
平岡龍城譯　東京　近世漢文學會　1914—16年

009861049　PL2694.S5　1930
繪圖第五才子書水滸全傳
施耐庵著　金聖歎外書　王望如評註　上海　上海錦章圖書局　1930年

011800882　PL2690.S3　Z446　1948
三國閒話
鄭逸梅著　上海　廣益書局　1948年　初版（m.）

007638347　5734　4472
三國水滸與西遊
李辰冬著　重慶　大道出版社　1945年　初版（m.）

007638345　5734　4863　FC8359　Film　Mas　32272
小説戲曲新考
趙景深著　上海　世界書局　1939年　初版（m.）

007638346　5734　4863.8
銀字集雜文集
趙景深著　上海　永祥印書館　1946年　初版（m.w.）

007639507　5734　4863.9
小説論叢
趙景深著　上海　日新出版社　1947年

初版　日新文藝叢書　（m.）

007639506　5734　4863.90
小説閒話
趙景深著　上海　北新書局　1937年　初版　文藝新刊　（m.）

007639505　5734　8544a
小説閒談
阿英著　上海　良友圖書印刷公司　1936年　初版　（m.）

007639437　5734　9575
女性與文學
輝群著　上海　啟智書局　1934年　表現小叢書　（m.）

007639924　5735　1921
小説作法講義
俍工［孫俍工］編　上海　中華書局　1923年　初版　（m.）

011911981　PN3355.X55　1936
小説作法
孫俍工編　上海　中華書局　1936年　初中學生文庫　（m.）

007640146　5735　2344
小説作法
吳增芥等編　上海　商務印書館　1935年　（m.）

007640149　5735　2344B
小説作法
吳增芥等編　長沙　商務印書館　1941年　3版　（m.）

007639923　5735　4223
小説綜論
胡山源著　上海　中央日報出版委員會　1945—49年

011837375　PL2415.Z428　1919
古今小説評林
張冥飛［冥飛］著　上海　民權出版部　1919年　初版　（m.）

011989276　P2415.T3　1945
日本所藏中國佚本小説述考
譚正璧著　上海　識行編譯社　1945年　初版　（m.）

007639927　5735　4439
小説纂要
蔣祖怡編著　上海　正中書局　1948年　初版　（m.）

007639926　5735　4863
小説原理
趙景深著　上海　商務印書館　1932年　初版　（m.）

007640169　5736　0105
説庫一百七十種
王文濡輯　上海　文明書局　1925年　3版

007640175　5736　0105　(1)
洞冥記四卷
郭憲撰　上海　文明書局　1925年　3版　説庫

007640171　5736　0105　(1)
海内十洲記一卷
東方朔撰　上海　文明書局　1925年　3版　説庫

007640173　5736　0105　(1)
漢武故事一卷
班固撰　上海　文明書局　1925年　3版　説庫

007640172　5736　0105　(1)
神異經一卷

東方朔撰　張華註　上海　文明書局
1925年　3版　説庫

007640182　5736　0105　(1)
搜神記八卷
干寶撰　上海　文明書局　1925年　3版　説庫　(m.)

007640177　5736　0105　(1)
雜事秘辛一卷
上海　文明書局　1925年　3版　説庫

007640183　5736　0105　(2)
神仙傳十卷
葛洪撰　上海　文明書局　1925年　3版　説庫

007640187　5736　0105　(3)
述異記二卷
任昉撰　上海　文明書局　1925年　3版　説庫

007640185　5736　0105　(3)
異苑十卷
劉敬叔撰　上海　文明書局　1925年　3版　説庫

007640194　5736　0105　(4)
博異志一卷
鄭還古撰　上海　文明書局　1925年　3版　説庫

007640190　5736　0105　(4)
朝野僉載一卷
張鷟撰　上海　文明書局　1925年　3版　説庫

007640202　5736　0105　(4)
嶺表錄異一卷
劉恂撰　上海　文明書局　1925年　3版　説庫

007640205　5736　0105　(4)
劉賓客嘉話錄一卷
韋絢撰　上海　文明書局　1925年　3版　説庫

007640203　5736　0105　(4)
龍城錄一卷
柳宗元撰　上海　文明書局　1925年　3版　説庫

007640193　5736　0105　(4)
隋唐嘉話一卷
劉餗撰　上海　文明書局　1925年　3版　説庫

007640199　5736　0105　(4)
諧噱錄一卷
朱揆撰　上海　文明書局　1925年　3版　説庫

007640208　5736　0105　(5)
記事珠一卷
馮贄撰　上海　文明書局　1925年　3版　説庫

007640216　5736　0105　(5)
南柯記一卷
李公佐撰　上海　文明書局　1925年　3版　説庫

007640214　5736　0105　(5)
尚書故實一卷
李綽撰　上海　文明書局　1925年　3版　説庫

007640218　5736　0105　(5)
瀟湘錄一卷
李隱撰　上海　文明書局　1925年　3版　説庫

007640207　5736　0105　(5)
雲仙雜記一卷

馮贄撰　上海　文明書局　1925 年　3
版　說庫

007640213　5736　0105　(5)
枕中記一卷
李泌[一題沈既濟]撰　上海　文明書局
　1925 年　3 版　說庫

007640221　5736　0105　(6)
次柳氏舊聞一卷
李德裕撰　上海　文明書局　1925 年
3 版　說庫

007640226　5736　0105　(6)
大唐傳載一卷
上海　文明書局　1925 年　3 版　說庫

007640219　5736　0105　(6)
集異記一卷
薛用弱撰　上海　文明書局　1925 年
3 版　說庫

007640224　5736　0105　(6)
前定錄一卷
鍾輅纂　上海　文明書局　1925 年　3
版　說庫

007640228　5736　0105　(6)
闕史二卷
參寥子[高彥休]述　上海　文明書局
1925 年　3 版　說庫

007640229　5736　0105　(7)
北户錄一卷
段公路撰　上海　文明書局　1925 年
3 版　說庫

007640242　5736　0105　(7)
劍俠傳一卷
段成式撰　上海　文明書局　1925 年
3 版　說庫

007640234　5736　0105　(7)
諾皋記一卷
段成式撰　上海　文明書局　1925 年
3 版　說庫

007640232　5736　0105　(7)
蘇氏演義二卷
蘇鶚撰　上海　文明書局　1925 年　3
版　說庫

007640241　5736　0105　(7)
酉陽雜俎二卷
段成式撰　上海　文明書局　1925 年
3 版　說庫

007640237　5736　0105　(7)
支諾皋一卷
段成式撰　上海　文明書局　1925 年
3 版　說庫

007640250　5736　0105　(8)
廣陵妖亂志一卷
羅隱撰　上海　文明書局　1925 年　3
版　說庫

007640252　5736　0105　(8)
桂苑叢談一卷
馮翊撰　上海　文明書局　1925 年　3
版　說庫

007640249　5736　0105　(8)
集異志一卷
陸勳撰　上海　文明書局　1925 年　3
版　說庫

007640248　5736　0105　(8)
開天傳信記一卷
鄭榮撰　上海　文明書局　1925 年　3
版　說庫

語言文學類

007642464　5736　0105　(8)
開元天寶遺事一卷
王仁裕撰　上海　文明書局　1925年 3版　説庫

007640243　5736　0105　(8)
幽閒鼓吹一卷
張固撰　上海　文明書局　1925年 3版　説庫

007642469　5736　0105　(8)
摭言一卷
王定保撰　上海　文明書局　1925年 3版　説庫

007642472　5736　0105　(9)
錄異記八卷
杜光庭撰　上海　文明書局　1925年 3版　説庫

007642478　5736　0105　(10)
北夢瑣言一卷
孫光憲撰　上海　文明書局　1925年 3版　説庫

007642473　5736　0105　(10)
鑒誡錄十卷
何光遠撰　上海　文明書局　1925年 3版　説庫

007642475　5736　0105　(10)
江南餘載二卷
鄭文寶撰　上海　文明書局　1925年 3版　説庫

007642474　5736　0105　(10)
五國故事二卷
上海　文明書局　1925年 3版　説庫

007642480　5736　0105　(11)
南部新書十卷
錢易撰　上海　文明書局　1925年 3版　説庫

007642486　5736　0105　(12)
湘山野錄三卷　續一卷
文瑩撰　上海　文明書局　1925年 3版　説庫

007642481　5736　0105　(12)
玉照新志四卷
王明清撰　上海　文明書局　1925年 3版　説庫

007642490　5736　0105　(13)
江南別錄一卷
陳彭年撰　上海　文明書局　1925年 3版　説庫

007642488　5736　0105　(13)
茅亭客話十卷
黃休復撰　上海　文明書局　1925年 3版　説庫

007642492　5736　0105　(13)
錢氏私志一卷
錢愐撰　上海　文明書局　1925年 3版　説庫

007642491　5736　0105　(13)
王文正筆錄一卷
王曾撰　上海　文明書局　1925年 3版　説庫

007642539　5736　0105　(14)
避戎夜話二卷
石茂良撰　上海　文明書局　1925年 3版　説庫

007642540　5736　0105　(14)
楓窗小牘二卷
袁褧撰　袁頤續　上海　文明書局　1925年 3版　説庫

007642530　5736　0105　(14)
高齋漫録一卷
曾慥撰　上海　文明書局　1925 年　3
版　説庫

007642531　5736　0105　(14)
孔氏雜説一卷
孔平仲撰　上海　文明書局　1925 年
3 版　説庫

007642495　5736　0105　(14)
孫公談圃三卷
孫升述　劉延世録　上海　文明書局
1925 年　3 版　説庫

007642524　5736　0105　(14)
談淵一卷
王陶撰　上海　文明書局　1925 年　3
版　説庫

007642529　5736　0105　(14)
鐵圍山叢談一卷
蔡絛撰　上海　文明書局　1925 年　3
版　説庫

007642532　5736　0105　(14)
昨夢録一卷
康與之撰　上海　文明書局　1925 年
3 版　説庫

007642541　5736　0105　(15－17)
唐語林八卷　**附校勘記**一卷
王讜撰　上海　文明書局　1925 年　3
版　説庫

007642545　5736　0105　(18)
雞肋一卷
趙崇絢輯　上海　文明書局　1925 年
3 版　説庫

007642568　5736　0105　(18)
澗泉日記三卷
韓淲撰　上海　文明書局　1925 年　3
版　説庫

007642548　5736　0105　(18)
默記一卷
王銍撰　上海　文明書局　1925 年　3
版　説庫

007642550　5736　0105　(18)
燕翼詒謀録一卷
王栐撰　上海　文明書局　1925 年　3
版　説庫

007642542　5736　0105　(18)
遺史紀聞一卷
詹玠撰　上海　文明書局　1925 年　3
版　説庫

007642569　5736　0105　(19)
朝野遺記一卷
上海　文明書局　1925 年　3 版　説庫

007642574　5736　0105　(19)
道山清話一卷
王氏撰　上海　文明書局　1925 年　3
版　説庫

007642578　5736　0105　(19)
萍洲可談一卷
朱彧撰　上海　文明書局　1925 年　3
版　説庫

007642572　5736　0105　(19)
文昌雜録一卷
龐元英撰　上海　文明書局　1925 年
3 版　説庫

007642580　5736　0105　(19－20)
宣和遺事二卷
上海　文明書局　1925 年　3 版　説庫

007642588　5736　0105　(21-23)
齊東野語二十卷
周密撰　上海　文明書局　1925年　3版　說庫

007642583　5736　0105　(21)
行營雜錄一卷
趙葵撰　上海　文明書局　1925年　3版　說庫

007642590　5736　0105　(24-26)
夢溪筆談二十五卷　補三卷　續一卷
沈括撰　上海　文明書局　1925年　3版　說庫

007642597　5736　0105　(26)
避暑漫鈔一卷
陸游撰　上海　文明書局　1925年　3版　說庫

007642593　5736　0105　(26)
桂海虞衡志一卷
范成大撰　上海　文明書局　1925年　3版　說庫

007642594　5736　0105　(26)
江行雜錄一卷
廖瑩中撰　上海　文明書局　1925年　3版　說庫

007642599　5736　0105　(26)
溪蠻叢笑一卷
朱輔撰　上海　文明書局　1925年　3版　說庫

007642598　5736　0105　(26)
諧史一卷
沈俶撰　上海　文明書局　1925年　3版　說庫

007642595　5736　0105　(26)
虛谷閒鈔一卷
方回撰　上海　文明書局　1925年　3版　說庫

007643622　5736　0105　(27)
碧湖雜記一卷
謝枋得撰　上海　文明書局　1925年　3版　說庫

007643621　5736　0105　(27)
碧雞漫志一卷
王灼撰　上海　文明書局　1925年　3版　說庫

007643623　5736　0105　(27)
鬼董五卷
上海　文明書局　1925年　3版　說庫

007643626　5736　0105　(28)
稗史集傳一卷
徐顯撰　上海　文明書局　1925年　3版　說庫

007643630　5736　0105　(28)
誠齋雜記二卷
林坤撰　上海　文明書局　1925年　3版　說庫

007643631　5736　0105　(28)
三朝野史一卷
吳萊撰　上海　文明書局　1925年　3版　說庫

007643632　5736　0105　(28)
山房隨筆一卷
蔣子正撰　上海　文明書局　1925年　3版　說庫

007643634　5736　0105　(28)
遂昌山樵雜錄一卷
鄭元祐撰　上海　文明書局　1925年　3版　說庫

007643636　5736　0105　(28)
異域志二卷
周致中撰　　上海　文明書局　1925 年 3 版　　說庫

007643639　5736　0105　(29)
病逸漫記一卷
陸釴撰　　上海　文明書局　1925 年 3 版　　說庫

007643653　5736　0105　(29)
甲乙剩言一卷
胡應麟撰　　上海　文明書局　1925 年 3 版　　說庫

007643646　5736　0105　(29)
菊勝野聞一卷
徐禎卿撰　　上海　文明書局　1925 年 3 版　　說庫

007643641　5736　0105　(29)
琅琊漫鈔一卷
文林撰　　上海　文明書局　1925 年 3 版　　說庫

007643642　5736　0105　(29)
聽雨紀談一卷
都穆撰　　上海　文明書局　1925 年 3 版　　說庫

007643638　5736　0105　(29)
真臘風土記一卷
周達觀撰　　上海　文明書局　1925 年 3 版　　說庫

007643658　5736　0105　(30)
謇齋瑣綴錄一卷
尹直撰　　上海　文明書局　1925 年 3 版　　說庫

007643659　5736　0105　(30)
彭文憲公筆記二卷
彭時撰　　上海　文明書局　1925 年 3 版　　說庫

007643661　5736　0105　(30)
青溪暇筆一卷
姚福撰　　上海　文明書局　1925 年 3 版　　說庫

007643662　5736　0105　(30)
簷曝偶談一卷
顧元慶撰　　上海　文明書局　1925 年 3 版　　說庫

007643669　5736　0105　(31)
長物志十二卷
文震亨撰　　上海　文明書局　1925 年 3 版　　說庫

007643668　5736　0105　(31)
君子堂日詢手鏡一卷
王濟撰　　上海　文明書局　1925 年 3 版　　說庫

007643663　5736　0105　(31)
蘇談一卷
楊循吉撰　　上海　文明書局　1925 年 3 版　　說庫

007643665　5736　0105　(31)
懸笥瑣探一卷
劉昌撰　　上海　文明書局　1925 年 3 版　　說庫

007643678　5736　0105　(32)
庚巳編四卷
陸粲撰　　上海　文明書局　1925 年 3 版　　說庫

007643677　5736　0105　(32)
天全先生遺事一卷
徐子陽撰　　上海　文明書局　1925 年

3版 説庫

007643683 5736 0105 （33）
否泰錄一卷
劉定之撰　上海　文明書局　1925年
3版　説庫

007643680 5736 0105 （33）
高坡異纂三卷
楊儀撰　上海　文明書局　1925年
3版　説庫

007643686 5736 0105 （33）
觚不觚錄一卷
王世貞撰　上海　文明書局　1925年
3版　説庫

007643684 5736 0105 （33）
説聽二卷
陸延枝撰　上海　文明書局　1925年
3版　説庫

007643687 5736 0105 （34）
備遺錄一卷
張芹撰　上海　文明書局　1925年
3版　説庫

007643690 5736 0105 （34）
風月堂雜識一卷
姜南撰　上海　文明書局　1925年
3版　説庫

007643691 5736 0105 （34）
投甕隨筆一卷
姜南撰　上海　文明書局　1925年
3版　説庫

007643689 5736 0105 （34）
原李耳載一卷
李中馥撰　上海　文明書局　1925年
3版　説庫

007643695 5736 0105 （35）
海槎餘錄一卷
顧岕撰　上海　文明書局　1925年3版　説庫

007643697 5736 0105 （35）
考槃餘事四卷
屠隆撰　上海　文明書局　1925年
3版　説庫

007643694 5736 0105 （35）
學圃餘力一卷
姜南撰　上海　文明書局　1925年
3版　説庫

007643703 5736 0105 （36）
眉公群碎錄一卷
陳繼儒撰　上海　文明書局　1925年
3版　説庫

007643699 5736 0105 （36）
太平清話二卷
陳繼儒撰　上海　文明書局　1925年
3版　説庫

007643701 5736 0105 （36）
偃曝餘談二卷
陳繼儒撰　上海　文明書局　1925年
3版　説庫

007643710 5736 0105 （37）
赤雅三卷
鄺露撰　上海　文明書局　1925年
3版　説庫

007643705 5736 0105 （37）
枕譚一卷
陳繼儒撰　上海　文明書局　1925年
3版　説庫

007643708 5736 0105 （37）
煮泉小品一卷

田藝蘅撰　上海　文明書局　1925年　3版　說庫

007643713　5736　0105　(38)
耳新八卷
鄭仲夔撰　上海　文明書局　1925年　3版　說庫

007643712　5736　0105　(38)
陶庵夢憶八卷
張岱撰　上海　文明書局　1925年　3版　說庫

007643717　5736　0105　(39)
寶積記一卷
滑惟善撰　上海　文明書局　1925年　3版　說庫

007643718　5736　0105　(39)
爐宮遺錄二卷
上海　文明書局　1925年　3版　說庫

007643715　5736　0105　(39)
快雪堂漫錄一卷
馮夢禎撰　上海　文明書局　1925年　3版　說庫

007644082　5736　0105　(40)
采蓮船一卷
上海　文明書局　1925年　3版　說庫

007643723　5736　0105　(40)
方氏五種
方絢撰　上海　文明書局　1925年　3版　說庫

007643726　5736　0105　(40)
貫月查一卷
上海　文明書局　1925年　3版　說庫

007869814　5736　0105　(40)
金園雜纂一卷
上海　文明書局　1925年　3版　說庫

007643721　5736　0105　(40)
西遊補十六回　續雜記一卷
董說撰　上海　文明書局　1925年　3版　說庫

007643725　5736　0105　(40)
香蓮品藻一卷
上海　文明書局　1925年　3版　說庫

007644088　5736　0105　(40)
響屧譜一卷
楊旡咎撰　方絢註　上海　文明書局　1925年　3版　說庫

007644094　5736　0105　(41)
浮生六記六卷[原缺卷五至六]
沈復撰　上海　文明書局　1925年　3版　說庫

007644090　5736　0105　(41)
三風十愆記一卷
瀛若撰　上海　文明書局　1925年　3版　說庫

007644092　5736　0105　(41)
豔囮二則一卷
嚴虞惇撰　上海　文明書局　1925年　3版　說庫

007644095　5736　0105　(42)
筆夢敘一卷
上海　文明書局　1925年　3版　說庫

007644097　5736　0105　(42)
李姬傳一卷
上海　文明書局　1925年　3版　說庫

007644099　5736　0105　(42)
閩小紀二卷
周亮工撰　上海　文明書局　1925年

語言文學類

3版　説庫

007644110　5736　0105　(42)
秋園雜佩一卷
陳貞慧撰　上海　文明書局　1925年
3版　説庫

007644107　5736　0105　(42)
王氏復仇記一卷
上海　文明書局　1925年　3版　説庫

007644102　5736　0105　(42)
影梅庵憶語一卷
冒襄撰　上海　文明書局　1925年
3版　説庫

007644114　5736　0105　(43)
筠廊偶筆二卷
宋犖撰　上海　文明書局　1925年
3版　説庫

007644113　5736　0105　(43)
山陽錄一卷
陳貞慧撰　上海　文明書局　1925年
3版　説庫

007644112　5736　0105　(43)
書事七則一卷
陳貞慧撰　上海　文明書局　1925年
3版　説庫

007644122　5736　0105　(44)
八紘譯史四卷
陸次雲撰　上海　文明書局　1925年
3版　説庫

007644117　5736　0105　(44)
隴蜀餘聞一卷
王士禎撰　上海　文明書局　1925年
3版　説庫

007644115　5736　0105　(44)
勝朝彤史拾遺記六卷
毛奇齡撰　上海　文明書局　1925年
3版　説庫

007644123　5736　0105　(45)
八紘荒史一卷
陸次雲撰　上海　文明書局　1925年
3版　説庫

007644126　5736　0105　(45)
虞山妖亂志二卷　附後一卷
馮舒撰　上海　文明書局　1925年　3版　説庫

007644128　5736　0105　(46)
天祿識餘二卷
高士奇輯　上海　文明書局　1925年
3版　説庫

007644130　5736　0105　(46)
天香樓偶得一卷
虞兆漋撰　上海　文明書局　1925年
3版　説庫

007644139　5736　0105　(47)
説夢二卷
曹家駒撰　上海　文明書局　1925年
3版　説庫

007644136　5736　0105　(47)
談助一卷
王崇簡撰　上海　文明書局　1925年
3版　説庫

007644132　5736　0105　(47)
簪雲樓雜説一卷
陳尚古撰　上海　文明書局　1925年
3版　説庫

007644156　5736　0105　(48－51)
嘯亭雜錄十卷　續錄三卷

昭槤撰　上海　文明書局　1925 年　3
版　説庫

007644163　5736　0105　(52-53)
陶説六卷
朱琰撰　上海　文明書局　1925 年　3
版　説庫

007644162　5736　0105　(52)
玉臺書史一卷
厲鶚輯　上海　文明書局　1925 年　3
版　説庫

007644159　5736　0105　(52)
塵餘一卷
曹宗璠撰　上海　文明書局　1925 年
3 版　説庫

007825653　5736　0105　(53-54)
閒處光陰二卷
摶沙拙老撰　上海　文明書局　1925 年
3 版　説庫

007644174　5736　0105　(54-55)
述異記三卷
東軒主人撰　上海　文明書局　1925 年
3 版　説庫

007644172　5736　0105　(54)
吴逆取亡録一卷
蒼弁山樵撰　上海　文明書局　1925 年
3 版　説庫

007644178　5736　0105　(55)
乾嘉詩壇點將録一卷
舒位撰　上海　文明書局　1925 年　3
版　説庫

007644176　5736　0105　(55)
日貫齋塗説一卷
梁同書撰　上海　文明書局　1925 年
3 版　説庫

007644179　5736　0105　(55)
香畹樓憶語一卷
陳裴之撰　上海　文明書局　1925 年
3 版　説庫

007644184　5736　0105　(56-57)
藤陰雜記十二卷
戴璐撰　上海　文明書局　1925 年　3
版　説庫

007644183　5736　0105　(56)
玉臺畫史一卷
湯漱玉輯　上海　文明書局　1925 年
3 版　説庫

007644187　5736　0105　(57)
花燭閒談一卷
于鬯撰　上海　文明書局　1925 年　3
版　説庫

007644188　5736　0105　(58)
揚州夢四卷
周生撰　上海　文明書局　1925 年　3
版　説庫

007825662　5736　0105　(59)
遯齋偶筆二卷
徐昆撰　上海　文明書局　1925 年　3
版　説庫

007825665　5736　0105　(59)
關隴輿中偶憶編一卷
張祥河撰　上海　文明書局　1925 年
3 版　説庫

007644191　5736　0105　(59)
遊梁瑣記一卷
黃軒祖撰　上海　文明書局　1925 年
3 版　説庫

007644195　5736　0105　(60)
大獄記一卷
黃人輯　上海　文明書局　1925 年　3 版　說庫

007644192　5736　0105　(60)
儒林瑣記一卷
朱克敬撰　上海　文明書局　1925 年　3 版　說庫

007657629　5736　0421
名家小說
章士釗撰　上海　亞東圖書館　1929 年

007657633　5736　0421　(1)
孤雲傳
陳白虛撰　上海　亞東圖書館　1929 年　名家小說

007657630　5736　0421　(1)
雙枰記
爛柯山人撰　上海　亞東圖書館　1929 年　名家小說

007657632　5736　0421　(1)
西泠異簡記
寂寞程生撰　上海　亞東圖書館　1929 年　名家小說

007657634　5736　0421　(2)
說元室述聞
兹撰　上海　亞東圖書館　1929 年　名家小說

007657637　5736　0421　(2)
俠女記
匏夫撰　上海　亞東圖書館　1929 年　名家小說

007657635　5736　0421　(2)
啁啾漫記
匏夫撰　上海　亞東圖書館　1929 年　名家小說

007657640　5736　0421　(3)
白絲巾
老談撰　上海　亞東圖書館　1929 年　名家小說

007869881　5736　0421　(3)
焚劍記
曇鸞撰　上海　亞東圖書館　1929 年　名家小說

007956342　5736　0421　(3)
絳紗記
曇鸞撰　上海　亞東圖書館　1929 年　名家小說

007657639　5736　0421　(3)
女蜮記
老談撰　上海　亞東圖書館　1929 年　名家小說

007657641　5736　0421　(3)
孝感記
老談撰　上海　亞東圖書館　1929 年　名家小說

007657624　5736　0448
新輯分類古今奇案彙編二十卷
許慕羲撰　上海　廣益書局　1921 年

007655725　5736　0448.1
古今騙術大觀
許慕羲編　上海　大達圖書供應社　1935 年

007655797　5736　0857
古今神怪大觀
廣益書局編輯　　上海　廣益書局
1922 年

007664301　5736　1444
宋人小說
上海　商務印書館　1919—21 年

007273631　5736　1444　(01-02)　9150　2233
春渚紀聞十卷
何薳撰　　上海　商務印書館　1919 年
　初版　宋元人說部書

007276287　5736　1444　(03)　9150　2327
青箱雜記十卷
吳處厚撰　　上海　商務印書館　1920 年
　宋元人說部書

007273629　5736　1444　(04-05)　9150　1272
涑水記聞十六卷
司馬光撰　　上海　商務印書館　1920 年
　3 版　宋元人說部書

007453541　5736　1444　(06)　9150　7722　　9150　7722　c.2
歸田錄
歐陽修撰　　上海　商務印書館　1921 年
　宋元人說部書

007276345　5736　1444　(07)　9150　1114
珩璜新論
孔平仲撰　　上海　商務印書館　1921 年
　再版　宋元人說部書

007276995　5736　1444　(08)　9150　5046
腳氣集
車若水撰　　上海　商務印書館　1920 年
　再版　宋元人說部書

007740144　5736　1444　(09-10)
河南邵氏聞見錄二十卷
邵伯溫撰　　上海　商務印書館　1920 年

宋元人說部書

007273628　5736　1444　(11-13)　9150　1244
邵氏聞見後錄
邵博著　　上海　商務印書館　1919 年
宋元人說部書

007743799　5736　1444　(14)
蘇黃門龍川略志十卷別志二卷
蘇轍撰　　上海　商務印書館　1921 年
　3 版　宋元人說部書

007738109　5736　1444　(15)　9150　5803
梁溪漫志十卷
費袞撰　　上海　商務印書館　1918 年
宋元人說部書

007276968　5736　1444　(16-17)　9150　4942
石林避暑錄話
葉夢得撰　　上海　商務印書館　1921 年
　再版　宋元人說部書

006567295　5736　1444　(18)　9150　4954　PL2685．C54 1919x
仇池筆記上下卷
蘇軾撰　　上海　商務印書館　1919 年
宋元人說部书

007276993　5736　1444　(19)　9150　4954.2
東坡志林五卷
蘇軾撰　　上海　商務印書館　1921 年
　3 版　宋元人說部書

007276312　5736　1444　(20)　9150　082
東原錄
龔鼎臣撰　　上海　商務印書館　1920 年
　再版　宋元人說部書

007639658　5736　1444　(21)　5745　2983
稽神錄六卷　拾遺　補遺
（南唐）徐鉉著　　上海　商務印書館
1921 年　宋元人說部書

語言文學類

007639668　5736　1444　(22)　5745　1163
投轄錄
王明清撰　上海　商務印書館　1920年
　宋元人説部書

007276362　5736　1444　(23)　9150　1163.1
玉照新志四卷
王明清撰　上海　商務印書館　1921年
　3版　宋元人説部書

007281517　5736　1444　(24-25)　9150　7986
捫蝨新話
陳善撰　香港　1920年　宋元人説部書

007276366　5736　1444　(26)　9150　1181
默記
王銍撰　上海　商務印書館　1921年
　3版　宋元人説部書

007276351　5736　1444　(27)　9150　1124
麈史
王得臣撰　上海　商務印書館　1919年
　宋元人説部書

007281515　5736　1444　(28)　9150　7941
隨隱漫錄五卷
陳世崇撰　上海　商務印書館　1920年
　初版　宋元人説部書

007276380　5736　1444　(29)　9150　412
雞肋編十卷
莊綽撰　上海　商務印書館　1920年
　宋元人説部書

007276363　5736　1444　(30)　9150　1172
澠水燕談錄十卷
王闢之撰　上海　商務印書館　1920年
　宋元人説部書

007276997　5736　1444　(31-33)　9150　6143
鶴林玉露
羅大經撰　上海　商務印書館　1920年
　宋元人説部書　(m.)

007501700　5736　1444　(34-37)　9150　7232　9150　7232
c.2
齊東野語
(宋)周密著　香港　1920年　宋元人
　説部書

007281506　5736　1444　(38-39)　9150　7134
老學庵筆記
陸游撰　上海　商務印書館　1920年
　3版　宋元人説部書

007638449　5736　1444　(40)　5745　9170
燈下閒談上下卷
上海　商務印書館　1919年　宋元人説
　部書

006567567　AC150.C5164　1920x
捫蝨新話十五卷
(宋)陳善著　上海　商務印書館
　1920年

003571032　5736　1490
五朝小説大觀
上海　掃葉山房　1926年

007658740　5736　1490　(1)
楚王鑄劍記一卷
趙曄撰　上海　掃葉山房　1926年　五
　朝小説大觀

007715458　5736　1490　(1)
東方朔傳一卷
郭憲撰　上海　掃葉山房　1926年　五
　朝小説大觀

007891468　5736　1490　(1)
東越祭蛇記一卷
干寶撰　上海　掃葉山房　1926年　五
　朝小説大觀

007716063　5736　1490　(1)
度朔君別傳一卷
干寶撰　上海　掃葉山房　1926年　五朝小説大觀

007658741　5736　1490　(1)
古墓斑狐記一卷
郭頒撰　上海　掃葉山房　1926年　五朝小説大觀

007716023　5736　1490　(1)
漢武帝内傳一卷
班固撰　上海　掃葉山房　1926年　五朝小説大觀

007658739　5736　1490　(1)
糜生瘞箄岬記一卷
王嘉撰　上海　掃葉山房　1926年　五朝小説大觀

007658729　5736　1490　(1)
穆天子傳一卷
上海　掃葉山房　1926年　五朝小説大觀

007658732　5736　1490　(1)
秦女賣枕記一卷
干寶撰　上海　掃葉山房　1926年　五朝小説大觀

007716088　5736　1490　(1)
山陽死友傳一卷
蔣濟撰　上海　掃葉山房　1926年　五朝小説大觀

007891461　5736　1490　(1)
蘇娥訴寃記一卷
干寶撰　上海　掃葉山房　1926年　五朝小説大觀

007659678　5736　1490　(1)
太古蠶馬記一卷
張儼撰　上海　掃葉山房　1926年　五朝小説大觀

007658734　5736　1490　(1)
泰山生令記一卷
司馬彪撰　上海　掃葉山房　1926年　五朝小説大觀

007658736　5736　1490　(1)
泰嶽府君記一卷
庾翼撰　上海　掃葉山房　1926年　五朝小説大觀

007658731　5736　1490　(1)
天上玉女記一卷
賈善翔撰　上海　掃葉山房　1926年　五朝小説大觀

007659679　5736　1490　(1)
烏衣鬼軍記一卷
李朏撰　上海　掃葉山房　1926年　五朝小説大觀

007716042　5736　1490　(1)
吳女紫玉傳一卷
趙曄撰　上海　掃葉山房　1926年　五朝小説大觀

007715452　5736　1490　(1)
西王母傳一卷
桓驎撰　上海　掃葉山房　1926年　五朝小説大觀

007659680　5736　1490　(1)
夏侯鬼語記一卷
孔曄撰　上海　掃葉山房　1926年　五朝小説大觀

007716034　5736　1490　(1)
薛靈芸傳一卷
王嘉撰　上海　掃葉山房　1926年　五

朝小說大觀

007658730　5736　1490　(1)
趙飛燕外傳一卷
伶玄撰　上海　掃葉山房　1926 年　五朝小說大觀

007659687　5736　1490　(2)
別國洞冥記一卷
郭憲撰　上海　掃葉山房　1926 年　五朝小說大觀

007659681　5736　1490　(2)
還冤記一卷
顏之推撰　上海　掃葉山房　1926 年　五朝小說大觀

007659682　5736　1490　(2)
冥通記一卷
陶弘景撰　上海　掃葉山房　1926 年　五朝小說大觀

007659688　5736　1490　(2)
述異記一卷
任昉撰　上海　掃葉山房　1926 年　五朝小說大觀

007659684　5736　1490　(2)
搜神後記二卷
陶潛撰　上海　掃葉山房　1926 年　五朝小說大觀

007659683　5736　1490　(2)
搜神記一卷
干寶撰　上海　掃葉山房　1926 年　五朝小說大觀　(m.)

007890537　5736　1490　(2)
續齊諧記一卷
吳均撰　上海　掃葉山房　1926 年　五朝小說大觀

007659686　5736　1490　(2)
續幽明錄一卷
劉孝孫撰　上海　掃葉山房　1926 年　五朝小說大觀

007659689　5736　1490　(2)
宣驗記一卷
劉義慶撰　上海　掃葉山房　1926 年　五朝小說大觀

007659685　5736　1490　(2)
幽明錄一卷
劉義慶撰　上海　掃葉山房　1926 年　五朝小說大觀

007659692　5736　1490　(3)
大業雜記一卷
劉義慶[一題唐杜寶]撰　上海　掃葉山房　1926 年　五朝小說大觀

007659696　5736　1490　(3)
東宮舊事一卷
張敞撰　上海　掃葉山房　1926 年　五朝小說大觀

007659690　5736　1490　(3)
古鏡記一卷
王度撰　上海　掃葉山房　1926 年　五朝小說大觀

007659694　5736　1490　(3)
漢雜事秘辛一卷
上海　掃葉山房　1926 年　五朝小說大觀

007659698　5736　1490　(3)
群輔錄一卷
陶潛撰　上海　掃葉山房　1926 年　五朝小說大觀

007659693　5736　1490　(3)
西京雜記一卷

劉歆[一題晉葛洪]撰　上海　掃葉山房　1926 年　五朝小説大觀

007659697　5736　1490　（3）
鄴中記一卷
陸翽撰　上海　掃葉山房　1926 年　五朝小説大觀

007658738　5736　1490　（3）
異苑一卷
劉敬叔撰　上海　掃葉山房　1926 年　五朝小説大觀

007891646　5736　1490　（3）
虞喜志林一卷
虞喜撰　上海　掃葉山房　1926 年　五朝小説大觀

007659708　5736　1490　（4）
楚國先賢傳一卷
張方撰　上海　掃葉山房　1926 年　五朝小説大觀

007659704　5736　1490　（4）
丁新婦傳一卷
殷基撰　上海　掃葉山房　1926 年　五朝小説大觀

007659713　5736　1490　（4）
東林蓮社十八高賢傳一卷
上海　掃葉山房　1926 年　五朝小説大觀

007659709　5736　1490　（4）
會稽先賢傳一卷
謝承撰　上海　掃葉山房　1926 年　五朝小説大觀

007659703　5736　1490　（4）
列女傳一卷
皇甫謐撰　上海　掃葉山房　1926 年　五朝小説大觀

007711249　5736　1490　（4）
列仙傳一卷
劉向撰　上海　掃葉山房　1926 年　五朝小説大觀

007659710　5736　1490　（4）
零陵先賢傳一卷
司馬彪撰　上海　掃葉山房　1926 年　五朝小説大觀

007713121　5736　1490　（4）
麻姑傳一卷
葛洪撰　上海　掃葉山房　1926 年　五朝小説大觀

007659707　5736　1490　（4）
汝南先賢傳一卷
周斐撰　上海　掃葉山房　1926 年　五朝小説大觀

007659702　5736　1490　（4）
神僧傳
釋法顯撰　上海　掃葉山房　1926 年　五朝小説大觀

007659701　5736　1490　（4）
神仙傳一卷
葛洪撰　上海　掃葉山房　1926 年　五朝小説大觀

007659712　5736　1490　（4）
文士傳一卷
張隱撰　上海　掃葉山房　1926 年　五朝小説大觀

007659705　5736　1490　（4）
襄陽耆舊傳一卷
習鑿齒撰　上海　掃葉山房　1926 年　五朝小説大觀

007659706　5736　1490　(4)
益都耆舊傳一卷
陳壽撰　上海　掃葉山房　1926年　五朝小說大觀

007659700　5736　1490　(5)
真靈位業圖一卷
陶弘景撰　上海　掃葉山房　1926年　五朝小說大觀

007659717　5736　1490　(5)
風土記一卷
周處撰　上海　掃葉山房　1926年　五朝小說大觀

007659722　5736　1490　(5)
廣州記一卷
顧微撰　上海　掃葉山房　1926年　五朝小說大觀

007713186　5736　1490　(5)
海內十洲記一卷
東方朔撰　上海　掃葉山房　1926年　五朝小說大觀

007891650　5736　1490　(5)
漢中士女志一卷
常璩撰　上海　掃葉山房　1926年　五朝小說大觀

007659720　5736　1490　(5)
荊州記一卷
盛弘之撰　上海　掃葉山房　1926年　五朝小說大觀

007659721　5736　1490　(5)
南越志一卷
沈懷遠撰　上海　掃葉山房　1926年　五朝小說大觀

007713417　5736　1490　(5)
拾遺名山記一卷
王嘉撰　上海　掃葉山房　1926年　五朝小說大觀

007659723　5736　1490　(5)
水衡記一卷
上海　掃葉山房　1926年　五朝小說大觀

007659716　5736　1490　(5)
西州後賢志一卷
常璩撰　上海　掃葉山房　1926年　五朝小說大觀

007659719　5736　1490　(5)
湘中記一卷
羅含撰　上海　掃葉山房　1926年　五朝小說大觀

007659718　5736　1490　(5)
宜都記一卷
袁山松撰　上海　掃葉山房　1926年　五朝小說大觀

007659715　5736　1490　(5)
豫章古今記一卷
雷次宗撰　上海　掃葉山房　1926年　五朝小說大觀

007891654　5736　1490　(5)
梓橦士女志一卷
常璩撰　上海　掃葉山房　1926年　五朝小說大觀

007659726　5736　1490　(6)
佛國記一卷
釋法顯撰　上海　掃葉山房　1926年　五朝小說大觀

007715282　5736　1490　(6)
荊楚歲時記一卷
宗懍撰　上海　掃葉山房　1926年　五

朝小説大觀

007659727　5736　1490　(6)
梁京寺記一卷
上海　掃葉山房　1926年　五朝小説大觀

007659724　5736　1490　(6)
洛陽伽藍記一卷
楊衒之撰　上海　掃葉山房　1926年　五朝小説大觀

007715277　5736　1490　(6)
三齊略記一卷
伏琛撰　上海　掃葉山房　1926年　五朝小説大觀

007658781　5736　1490　(6)
袖中記一卷
沈約撰　上海　掃葉山房　1926年　五朝小説大觀

007660672　5736　1490　(6)
輶軒絕代語一卷
揚雄撰　上海　掃葉山房　1926年　五朝小説大觀

007890542　5736　1490　(7)
褚氏遺書一卷
褚澄撰　上海　掃葉山房　1926年　五朝小説大觀

007660674　5736　1490　(7)
刀劍錄一卷
陶弘景撰　上海　掃葉山房　1926年　五朝小説大觀

007660677　5736　1490　(7)
金樓子一卷
梁元帝撰　上海　掃葉山房　1926年　五朝小説大觀

007891131　5736　1490　(7)
南方草木狀三卷
嵇含撰　上海　掃葉山房　1926年　五朝小説大觀

007660675　5736　1490　(7)
神異經一卷
東方朔撰　張華註　上海　掃葉山房　1926年　五朝小説大觀

007660678　5736　1490　(7)
顏氏家訓一卷
顏之推撰　上海　掃葉山房　1926年　五朝小説大觀

007660683　5736　1490　(8)
登涉符籙一卷
葛洪撰　上海　掃葉山房　1926年　五朝小説大觀

007660687　5736　1490　(8)
陸機要覽一卷
陸機撰　上海　掃葉山房　1926年　五朝小説大觀

007660688　5736　1490　(8)
裴啟語林一卷
裴啟撰　上海　掃葉山房　1926年　五朝小説大觀

007660680　5736　1490(8)
齊民要術一卷
賈思勰撰　上海　掃葉山房　1926年　五朝小説大觀

007660684　5736　1490　(8)
三輔決錄一卷
趙岐撰　上海　掃葉山房　1926年　五朝小説大觀

007660685　5736　1490　(8)
三國典略一卷

魚豢撰　上海　掃葉山房　1926年　五朝小説大觀

007660690　5736　1490　（8）
詩品三卷
鍾嶸撰　上海　掃葉山房　1926年　五朝小説大觀

007660689　5736　1490　（8）
詩譜一卷
陳繹曾撰　上海　掃葉山房　1926年　五朝小説大觀

007660682　5736　1490　（8）
探春歷記一卷
東方朔撰　上海　掃葉山房　1926年　五朝小説大觀

007660686　5736　1490　（8）
魏晉世語一卷
郭頒撰　上海　掃葉山房　1926年　五朝小説大觀

007660698　5736　1490　（9）
筆經一卷
王羲之撰　上海　掃葉山房　1926年　五朝小説大觀

007660695　5736　1490　（9）
法書苑一卷
周越撰　上海　掃葉山房　1926年　五朝小説大觀

007660701　5736　1490　（9）
風后握奇經一卷
公孫弘解　上海　掃葉山房　1926年　五朝小説大觀

007660696　5736　1490　（9）
古畫品錄一卷
謝赫撰　上海　掃葉山房　1926年　五朝小説大觀

007660697　5736　1490　（9）
後畫品錄一卷
姚最撰　上海　掃葉山房　1926年　五朝小説大觀

007660692　5736　1490　（9）
書品一卷
庾肩吾撰　上海　掃葉山房　1926年　五朝小説大觀

007660694　5736　1490　（9）
書評一卷
梁武帝撰　上海　掃葉山房　1926年　五朝小説大觀

007660693　5736　1490　（9）
四體書勢一卷
衛恒撰　上海　掃葉山房　1926年　五朝小説大觀

007711275　5736　1490　（9）
相貝經一卷
朱仲撰　上海　掃葉山房　1926年　五朝小説大觀

007715234　5736　1490　（9）
相兒經一卷
嚴助撰　上海　掃葉山房　1926年　五朝小説大觀

007660704　5736　1490　（9）
相鶴經一卷
浮丘公撰　上海　掃葉山房　1926年　五朝小説大觀

007715240　5736　1490　（9）
相牛經一卷
寧戚撰　上海　掃葉山房　1926年　五朝小説大觀

007660703　5736　1490　(9)
相手板經一卷
上海　掃葉山房　1926年　五朝小説大觀

007660708　5736　1490　(10)
鼎錄一卷
虞荔撰　上海　掃葉山房　1926年　五朝小説大觀

007891497　5736　1490　(10)
龜經一卷
上海　掃葉山房　1926年　五朝小説大觀

007660712　5736　1490　(10)
籟紀一卷
(陳)王叔齊撰　上海　掃葉山房　1926年　五朝小説大觀

007660707　5736　1490　(10)
夢書一卷
上海　掃葉山房　1926年　五朝小説大觀

007660705　5736　1490　(10)
禽經一卷
師曠撰　張華註　上海　掃葉山房　1926年　五朝小説大觀

007660711　5736　1490　(10)
儒棋格一卷
上海　掃葉山房　1926年　五朝小説大觀

007660710　5736　1490　(10)
尤射一卷
繆襲撰　上海　掃葉山房　1926年　五朝小説大觀

007660715　5736　1490　(10)
月令問答一卷
蔡邕撰　上海　掃葉山房　1926年　五朝小説大觀

007660713　5736　1490　(10)
竹譜一卷
戴凱之撰　上海　掃葉山房　1926年　五朝小説大觀

007660724　5736　1490　(11)
朝野僉載一卷
張鷟撰　上海　掃葉山房　1926年　五朝小説大觀

007890530　5736　1490　(11)
次柳氏舊聞一卷
李德裕撰　上海　掃葉山房　1926年　五朝小説大觀

007660719　5736　1490　(11)
金鑾密記一卷
韓偓撰　上海　掃葉山房　1926年　五朝小説大觀

007660720　5736　1490　(11)
龍城錄一卷
柳宗元撰　上海　掃葉山房　1926年　五朝小説大觀

007660716　5736　1490　(11)
尚書故實一卷
李綽撰　上海　掃葉山房　1926年　五朝小説大觀

007660717　5736　1490　(11)
松窗雜記一卷
杜荀鶴[一題李濬]撰　上海　掃葉山房　1926年　五朝小説大觀

007660721　5736　1490　(11)
小説舊聞記一卷
柳公權撰　上海　掃葉山房　1926年

五朝小說大觀

007660722　5736　1490　（11）
撫異記一卷
李浚撰　上海　掃葉山房　1926年　五朝小說大觀

007890513　5736　1490　（11）
卓異記一卷
李翱撰　上海　掃葉山房　1926年　五朝小說大觀

007660735　5736　1490　（12）
葆化錄一卷
陳京撰　上海　掃葉山房　1926年　五朝小說大觀

007890487　5736　1490　（12）
常侍言旨一卷
柳珵撰　上海　掃葉山房　1926年　五朝小說大觀

007660740　5736　1490　（12）
廣陵妖亂志一卷
鄭廷誨［一題羅隱］撰　上海　掃葉山房　1926年　五朝小說大觀

007660736　5736　1490　（12）
桂苑叢談一卷
馮翊撰　上海　掃葉山房　1926年　五朝小說大觀

007660743　5736　1490　（12）
集異記一卷
薛用弱撰　上海　掃葉山房　1926年　五朝小說大觀

007660730　5736　1490　（12）
金華子雜編一卷
劉崇遠撰　上海　掃葉山房　1926年　五朝小說大觀

007660742　5736　1490　（12）
夢遊錄一卷
任蕃撰　上海　掃葉山房　1926年　五朝小說大觀

007715162　5736　1490　（12）
迷樓記一卷
韓偓撰　上海　掃葉山房　1926年　五朝小說大觀

007660729　5736　1490　（12）
南楚新聞一卷
尉遲樞撰　上海　掃葉山房　1926年　五朝小說大觀

007660738　5736　1490　（12）
三夢記一卷
白行簡撰　上海　掃葉山房　1926年　五朝小說大觀

007660731　5736　1490　（12）
商芸小說一卷
殷芸撰　上海　掃葉山房　1926年　五朝小說大觀

007660734　5736　1490　（12）
樹萱錄一卷
劉燾撰　上海　掃葉山房　1926年　五朝小說大觀

007890504　5736　1490　（12）
幽閒鼓吹一卷
張固撰　上海　掃葉山房　1926年　五朝小說大觀

007660726　5736　1490　（12）
中朝故事一卷
尉遲偓撰　上海　掃葉山房　1926年　五朝小說大觀

007660737　5736　1490　（12）
周秦行紀一卷
牛僧孺撰　上海　掃葉山房　1926 年
五朝小説大觀

007890498　5736　1490　（13）
博異志一卷
鄭還古撰　上海　掃葉山房　1926 年
五朝小説大觀

007661057　5736　1490　（13）
耳目記一卷
張鷟撰　上海　掃葉山房　1926 年　五
朝小説大觀

007711212　5736　1490　（13）
海山記一卷
韓偓撰　上海　掃葉山房　1926 年　五
朝小説大觀

007661059　5736　1490　（13）
開元天寶遺事一卷
王仁裕撰　上海　掃葉山房　1926 年
五朝小説大觀

007891134　5736　1490　（13）
前定録一卷
鍾輅撰　上海　掃葉山房　1926 年　五
朝小説大觀

007661058　5736　1490　（13）
瀟湘録一卷
李隱撰　上海　掃葉山房　1926 年　五
朝小説大觀

007661056　5736　1490　（13）
續幽怪録一卷
李復言撰　上海　掃葉山房　1926 年
五朝小説大觀

007661055　5736　1490　（13）
幽怪録一卷

王惲撰　上海　掃葉山房　1926 年　五
朝小説大觀

007661064　5736　1490　（14）
長恨歌傳一卷
陳鴻撰　上海　掃葉山房　1926 年　五
朝小説大觀

007661069　5736　1490　（14）
東城老父傳一卷
陳鴻撰　上海　掃葉山房　1926 年　五
朝小説大觀

007715304　5736　1490　（14）
高力士傳一卷
郭湜撰　上海　掃葉山房　1926 年　五
朝小説大觀

007715317　5736　1490　（14）
劍俠傳一卷
段成式撰　上海　掃葉山房　1926 年
五朝小説大觀

007661071　5736　1490　（14）
開河記一卷
韓偓撰　上海　掃葉山房　1926 年　五
朝小説大觀

007661067　5736　1490　（14）
李林甫外傳一卷
上海　掃葉山房　1926 年　五朝小説
大觀

007661066　5736　1490　（14）
梅妃傳一卷
曹鄴撰　上海　掃葉山房　1926 年　五
朝小説大觀

007661061　5736　1490　（14）
明皇十七事一卷
李德裕撰　上海　掃葉山房　1926 年

五朝小說大觀

007661062　5736　1490　(14)
楊太真外傳二卷
樂史撰　上海　掃葉山房　1926年　五朝小説大觀

007715310　5736　1490　(14)
鄴侯外傳一卷
李繁撰　上海　掃葉山房　1926年　五朝小説大觀

007661080　5736　1490　(15)
北戶錄一卷
段公路撰　上海　掃葉山房　1926年　五朝小説大觀

007661075　5736　1490　(15)
大藏治病藥一卷
釋靈澈撰　上海　掃葉山房　1926年　五朝小説大觀

007661074　5736　1490　(15)
黑心符一卷
于義方撰　上海　掃葉山房　1926年　五朝小説大觀

007661079　5736　1490　(15)
來南錄一卷
李翱撰　上海　掃葉山房　1926年　五朝小説大觀

007661078　5736　1490　(15)
嶺表錄異記一卷
劉恂撰　上海　掃葉山房　1926年　五朝小説大觀

007661073　5736　1490　(15)
洛中九老會一卷
白居易等撰　上海　掃葉山房　1926年　五朝小説大觀

007661083　5736　1490　(15)
南部煙花記一卷
馮贄撰　上海　掃葉山房　1926年　五朝小説大觀

007661077　5736　1490　(15)
平泉山居草木記一卷
李德裕撰　上海　掃葉山房　1926年　五朝小説大觀

007661081　5736　1490　(15)
吳地記一卷
陸廣微撰　上海　掃葉山房　1926年　五朝小説大觀

007661084　5736　1490　(15)
妝樓記一卷
張泌撰　上海　掃葉山房　1926年　五朝小説大觀

007890495　5736　1490　(16)
北里志一卷
孫棨撰　上海　掃葉山房　1926年　五朝小説大觀

007661085　5736　1490　(16)
本事詩一卷
孟棨撰　上海　掃葉山房　1926年　五朝小説大觀

007890546　5736　1490　(16)
比紅兒詩一卷
羅虬撰　上海　掃葉山房　1926年　五朝小説大觀

007891125　5736　1490　(16)
洞天福地記一卷
杜光庭撰　上海　掃葉山房　1926年　五朝小説大觀

007890490　5736　1490　(16)
教坊記一卷
崔令欽撰　上海　掃葉山房　1926年
五朝小說大觀

007661089　5736　1490　(16)
義山雜纂一卷
李商隱撰　上海　掃葉山房　1926年
五朝小說大觀

007661087　5736　1490　(16)
終南十志一卷
盧鴻撰　上海　掃葉山房　1926年　五
朝小說大觀

007891117　5736　1490　(17)
茶經三卷
陸羽撰　上海　掃葉山房　1926年　五
朝小說大觀

007661101　5736　1490　(17)
二十四詩品一卷
司空圖撰　上海　掃葉山房　1926年
五朝小說大觀

007661100　5736　1490　(17)
花九錫一卷
羅虬撰　上海　掃葉山房　1926年　五
朝小說大觀

007890550　5736　1490　(17)
煎茶水記一卷
張又新撰　上海　掃葉山房　1926年
五朝小說大觀

007661113　5736　1490　(17)
申宗傳一卷
孫頠撰　上海　掃葉山房　1926年　五
朝小說大觀

007661094　5736　1490　(17)
十六湯品一卷
蘇廙撰　上海　掃葉山房　1926年　五
朝小說大觀

007661097　5736　1490　(17)
食譜一卷
韋巨源撰　上海　掃葉山房　1926年
五朝小說大觀

007661103　5736　1490　(17)
書法一卷
歐陽詢撰　王道焜註　上海　掃葉山房
　1926年　五朝小說大觀

007661092　5736　1490　(17)
嘯旨一卷
孫廣撰　上海　掃葉山房　1926年　五
朝小說大觀

007661106　5736　1490　(17)
續畫品錄一卷
李嗣真撰　上海　掃葉山房　1926年
五朝小說大觀

007661105　5736　1490　(17)
學畫秘訣一卷
王維撰　上海　掃葉山房　1926年　五
朝小說大觀

007661096　5736　1490　(17)
醉鄉日月一卷
皇甫松撰　上海　掃葉山房　1926年
五朝小說大觀

007661116　5736　1490　(18)
記錦裾一卷
陸龜蒙撰　上海　掃葉山房　1926年
五朝小說大觀

007890535　5736　1490　(18)
羯鼓錄一卷
南卓撰　上海　掃葉山房　1926年　五

朝小說大觀

007661120　5736　1490　（18）
樂府雜錄一卷
段安節撰　上海　掃葉山房　1926年　五朝小說大觀

007661117　5736　1490　（18）
耒耜經一卷
陸龜蒙撰　上海　掃葉山房　1926年　五朝小說大觀

007661119　5736　1490　（18）
五木經一卷
李翱撰　元革註　上海　掃葉山房　1926年　五朝小說大觀

007661115　5736　1490　（18）
小名錄一卷
陸龜蒙撰　上海　掃葉山房　1926年　五朝小說大觀

007661121　5736　1490　（18）
摭言一卷
何晦[一題王定保]撰　上海　掃葉山房　1926年　五朝小說大觀

007662358　5736　1490　（19）
會真記一卷
元稹撰　上海　掃葉山房　1926年　五朝小說大觀

007662360　5736　1490　（19）
記事珠一卷
馮贄撰　上海　掃葉山房　1926年　五朝小說大觀

007662357　5736　1490　（19）
金剛經鳩異一卷
段成式撰　上海　掃葉山房　1926年　五朝小說大觀

007662363　5736　1490　（19）
靈應錄一卷
傅亮[一題于逖]撰　上海　掃葉山房　1926年　五朝小說大觀

007662356　5736　1490　（19）
肉攫部一卷
段成式撰　上海　掃葉山房　1926年　五朝小說大觀

007662352　5736　1490　（19）
衛公故物記一卷
韋端符撰　上海　掃葉山房　1926年　五朝小說大觀

007662362　5736　1490　（19）
聞奇錄一卷
于逖撰　上海　掃葉山房　1926年　五朝小說大觀

007662355　5736　1490　（19）
諧噱錄一卷
劉訥言撰　上海　掃葉山房　1926年　五朝小說大觀

007662353　5736　1490　（19）
藥譜一卷
侯寧極撰　上海　掃葉山房　1926年　五朝小說大觀

007662361　5736　1490　（19）
志怪錄一卷
陸勳撰　上海　掃葉山房　1926年　五朝小說大觀

007662374　5736　1490　（20）
杜秋傳一卷
杜牧撰　上海　掃葉山房　1926年　五朝小說大觀

007662381　5736　1490　(20)
杜子春傳一卷
鄭還古撰　上海　掃葉山房　1926 年
五朝小說大觀

007662392　5736　1490　(20)
紅綫傳一卷
楊巨源撰　上海　掃葉山房　1926 年
五朝小說大觀

007662388　5736　1490　(20)
霍小玉傳一卷
蔣防撰　上海　掃葉山房　1926 年　五
朝小說大觀

007662369　5736　1490　(20)
稽神錄一卷
徐鉉撰　上海　掃葉山房　1926 年　五
朝小說大觀

007662378　5736　1490　(20)
蔣子文傳一卷
羅鄴撰　上海　掃葉山房　1926 年　五
朝小說大觀

007662386　5736　1490　(20)
劉無雙傳一卷
薛調撰　上海　掃葉山房　1926 年　五
朝小說大觀

007662377　5736　1490　(20)
柳毅傳一卷
李朝威撰　上海　掃葉山房　1926 年
五朝小說大觀

007662375　5736　1490　(20)
龍女傳一卷
薛瑩撰　上海　掃葉山房　1926 年　五
朝小說大觀

007662365　5736　1490　(20)
妙女傳一卷

顧非熊撰　上海　掃葉山房　1926 年
五朝小說大觀

007662390　5736　1490　(20)
墨崑崙傳一卷
馮延巳撰　上海　掃葉山房　1926 年
五朝小說大觀

007662391　5736　1490　(20)
牛應貞傳一卷
宋若昭撰　上海　掃葉山房　1926 年
五朝小說大觀

007662383　5736　1490　(20)
奇男子傳一卷
許棠撰　上海　掃葉山房　1926 年　五
朝小說大觀

007662384　5736　1490　(20)
虬髯客傳一卷
張説［一題杜光庭］撰　上海　掃葉山房
　1926 年　五朝小說大觀

007662371　5736　1490　(20)
揚州夢記一卷
于鄴撰　上海　掃葉山房　1926 年　五
朝小說大觀

007662394　5736　1490　(20)
章臺柳傳一卷
許堯佐撰　上海　掃葉山房　1926 年
五朝小說大觀

007662401　5736　1490　(21)
大中遺事一卷
令狐澄撰　上海　掃葉山房　1926 年
五朝小說大觀

007664345　5736　1490　(21)
高宗幸張府節次略一卷
周密撰　上海　掃葉山房　1926 年　五

朝小説大觀

007662396　5736　1490　(21)
家世舊聞一卷
陸游撰　上海　掃葉山房　1926年　五朝小説大觀

007890480　5736　1490　(21)
家王故事一卷
錢惟演撰　上海　掃葉山房　1926年　五朝小説大觀

007664340　5736　1490　(21)
洛中紀異錄一卷
秦再思撰　上海　掃葉山房　1926年　五朝小説大觀

007664338　5736　1490　(21)
茅亭客話一卷
黄休復撰　上海　掃葉山房　1926年　五朝小説大觀

007664339　5736　1490　(21)
幕府燕閒錄一卷
畢仲詢撰　上海　掃葉山房　1926年　五朝小説大觀

007662395　5736　1490　(21)
錢氏私志一卷
錢愐撰　上海　掃葉山房　1926年　五朝小説大觀

007664343　5736　1490　(21)
上壽拜舞記一卷
陳世崇撰　上海　掃葉山房　1926年　五朝小説大觀

007662399　5736　1490　(21)
澠水燕談錄一卷
王闢之撰　上海　掃葉山房　1926年　五朝小説大觀

007664344　5736　1490　(21)
太清樓侍宴記一卷
蔡京撰　上海　掃葉山房　1926年　五朝小説大觀

007664342　5736　1490　(21)
熙豐日曆一卷
王明清撰　上海　掃葉山房　1926年　五朝小説大觀

007662397　5736　1490　(21)
玉堂逢辰錄一卷
錢惟演撰　上海　掃葉山房　1926年　五朝小説大觀

007662404　5736　1490　(21)
御寨行程一卷
趙彥衛撰　上海　掃葉山房　1926年　五朝小説大觀

007891502　5736　1490　(22)
白獺髓一卷
張仲文撰　上海　掃葉山房　1926年　五朝小説大觀

007664353　5736　1490　(22)
春渚紀聞一卷
何薳撰　上海　掃葉山房　1926年　五朝小説大觀

007664346　5736　1490　(22)
從駕記一卷
陳世崇撰　上海　掃葉山房　1926年　五朝小説大觀

007664347　5736　1490　(22)
東巡記一卷
趙彥衛撰　上海　掃葉山房　1926年　五朝小説大觀

007664351　5736　1490　(22)
梁溪漫志一卷
費袞撰　上海　掃葉山房　1926年　五朝小説大觀

007664350　5736　1490　(22)
清夜錄一卷
俞文豹撰　上海　掃葉山房　1926年　五朝小説大觀

007664354　5736　1490　(22)
曲洧舊聞一卷
朱弁撰　上海　掃葉山房　1926年　五朝小説大觀

007891503　5736　1490　(22)
儒林公議一卷
田況撰　上海　掃葉山房　1926年　五朝小説大觀

007664348　5736　1490　(22)
涑水記聞
司馬光撰　上海　掃葉山房　1926年　五朝小説大觀

007664352　5736　1490　(22)
暘谷漫錄一卷
洪巽撰　上海　掃葉山房　1926年　五朝小説大觀

007664349　5736　1490　(22)
異聞記一卷
何先撰　上海　掃葉山房　1926年　五朝小説大觀

007664357　5736　1490　(22)
友會談叢一卷
上官融撰　上海　掃葉山房　1926年　五朝小説大觀

007664356　5736　1490　(22)
玉壺清話一卷
釋文瑩撰　上海　掃葉山房　1926年　五朝小説大觀

007664355　5736　1490　(22)
摭青雜説一卷
王明清撰　上海　掃葉山房　1926年　五朝小説大觀

007891512　5736　1490　(23)
東皋雜錄
孫宗鑒撰　上海　掃葉山房　1926年　五朝小説大觀

007891550　5736　1490　(23)
東軒筆錄一卷
魏泰撰　上海　掃葉山房　1926年　五朝小説大觀

007664362　5736　1490　(23)
話腴一卷
陳郁撰　上海　掃葉山房　1926年　五朝小説大觀

007664358　5736　1490　(23)
閒燕常談一卷
董棻撰　上海　掃葉山房　1926年　五朝小説大觀

007664361　5736　1490　(23)
江南野錄一卷
龍袞撰　上海　掃葉山房　1926年　五朝小説大觀

007664365　5736　1490　(23)
倦遊雜錄一卷
張師正撰　上海　掃葉山房　1926年　五朝小説大觀

007891528　5736　1490　(23)
默記一卷
王銍撰　上海　掃葉山房　五

朝小説大觀

007664367　5736　1490　(23)
彭蠡小龍記一卷
王惲撰　上海　掃葉山房　1926年　五朝小説大觀

007664360　5736　1490　(23)
談藪一卷
龐元英撰　上海　掃葉山房　1926年五朝小説大觀

007891539　5736　1490　(23)
談淵一卷
王陶撰　上海　掃葉山房　1926年　五朝小説大觀

007891510　5736　1490　(23)
陶朱新錄一卷
馬純撰　上海　掃葉山房　1926年　五朝小説大觀

007664359　5736　1490　(23)
桯史一卷
岳珂撰　上海　掃葉山房　1926年　五朝小説大觀

007664364　5736　1490　(23)
聞見雜錄一卷
蘇舜欽撰　上海　掃葉山房　1926年五朝小説大觀

007664366　5736　1490　(23)
行都紀事一卷
陳晦撰　上海　掃葉山房　1926年　五朝小説大觀

007664369　5736　1490　(23)
虛谷閒鈔一卷
方回撰　上海　掃葉山房　1926年　五朝小説大觀

007664377　5736　1490　(24)
哼囈集一卷
宋無撰　上海　掃葉山房　1926年　五朝小説大觀

007890379　5736　1490　(24)
碧雲騢一卷
梅堯臣撰　上海　掃葉山房　1926年五朝小説大觀

007664372　5736　1490　(24)
傳載略一卷
釋贊寧撰　上海　掃葉山房　1926年五朝小説大觀

007890371　5736　1490　(24)
吹劍錄一卷
俞文豹撰　上海　掃葉山房　1926年五朝小説大觀

007664374　5736　1490　(24)
洞微志一卷
錢易撰　上海　掃葉山房　1926年　五朝小説大觀

007890390　5736　1490　(24)
對雨編一卷
洪邁撰　上海　掃葉山房　1926年　五朝小説大觀

007890408　5736　1490　(24)
拊掌錄一卷
元懷撰　上海　掃葉山房　1926年　五朝小説大觀

007664373　5736　1490　(24)
該聞錄一卷
李畋撰　上海　掃葉山房　1926年　五朝小説大觀

007664370　5736　1490　(24)
蓼花洲閒録一卷
高文虎撰　上海　掃葉山房　1926 年
五朝小説大觀

007890404　5736　1490　(24)
清尊録一卷
廉布撰　上海　掃葉山房　1926 年　五
朝小説大觀

007890385　5736　1490　(24)
投轄録一卷
王明清撰　上海　掃葉山房　1926 年
五朝小説大觀

007890388　5736　1490　(24)
忘懷録一卷
沈括撰　上海　掃葉山房　1926 年　五
朝小説大觀

007890396　5736　1490　(24)
軒渠録一卷
呂本中撰　上海　掃葉山房　1926 年
五朝小説大觀

007664376　5736　1490　(24)
芝田録一卷
丁用晦撰　上海　掃葉山房　1926 年
五朝小説大觀

007890405　5736　1490　(24)
昨夢録一卷
康與之撰　上海　掃葉山房　1926 年
五朝小説大觀

007890431　5736　1490　(25)
艾子雜説一卷
蘇軾撰　上海　掃葉山房　1926 年　五
朝小説大觀

007890456　5736　1490　(25)
避暑録話一卷
葉夢得撰　上海　掃葉山房　1926 年
五朝小説大觀

007890460　5736　1490　(25)
避暑漫鈔一卷
陸游撰　上海　掃葉山房　1926 年　五
朝小説大觀

007890434　5736　1490　(25)
仇池筆記一卷
蘇軾撰　上海　掃葉山房　1926 年　五
朝小説大觀

007890427　5736　1490　(25)
調謔編一卷
蘇軾撰　上海　掃葉山房　1926 年　五
朝小説大觀

007890438　5736　1490　(25)
暌車志一卷
郭彖撰　上海　掃葉山房　1926 年　五
朝小説大觀

007890447　5736　1490　(25)
石林燕語一卷
葉夢得撰　上海　掃葉山房　1926 年
五朝小説大觀

007890464　5736　1490　(25)
席上腐談一卷
俞琰撰　上海　掃葉山房　1926 年　五
朝小説大觀

007890452　5736　1490　(25)
巖下放言一卷
葉夢得撰　上海　掃葉山房　1926 年
五朝小説大觀

007890466　5736　1490　(25)
遊宦紀聞一卷
張世南撰　上海　掃葉山房　1926 年

五朝小說大觀

007890443　5736　1490　（25）
玉澗雜書一卷
葉夢得撰　上海　掃葉山房　1926 年　五朝小說大觀

007891581　5736　1490　（26）
豹隱紀談一卷
周遵道撰　上海　掃葉山房　1926 年　五朝小說大觀

007891561　5736　1490　（26）
船窗夜話一卷
顧文薦撰　上海　掃葉山房　1926 年　五朝小說大觀

007664390　5736　1490　（26）
澹山雜識一卷
錢功撰　上海　掃葉山房　1926 年　五朝小說大觀

007891574　5736　1490　（26）
東谷所見一卷
李之彥撰　上海　掃葉山房　1926 年　五朝小說大觀

007664389　5736　1490　（26）
東齋記事一卷
許觀撰　上海　掃葉山房　1926 年　五朝小說大觀

007664382　5736　1490　（26）
懶真子錄一卷
馬永卿撰　上海　掃葉山房　1926 年　五朝小說大觀

007664396　5736　1490　（26）
老學庵筆記一卷
陸游撰　上海　掃葉山房　1926 年　五朝小說大觀

007891556　5736　1490　（26）
三柳軒雜識一卷
程榮撰　上海　掃葉山房　1926 年　五朝小說大觀

007664385　5736　1490　（26）
葦航紀談一卷
蔣津撰　上海　掃葉山房　1926 年　五朝小說大觀

007664392　5736　1490　（26）
楊文公談苑一卷
楊億撰　黃鑒錄　宋庠重訂　上海　掃葉山房　1926 年　五朝小說大觀

007664380　5736　1490　（26）
悅生隨鈔一卷
賈似道撰　上海　掃葉山房　1926 年　五朝小說大觀

007664387　5736　1490　（26）
雲谷雜記一卷
張淏撰　上海　掃葉山房　1926 年　五朝小說大觀

007708815　5736　1490　（27）
泊宅編一卷
方勺撰　上海　掃葉山房　1926 年　五朝小說大觀

007664404　5736　1490　（27）
道山清話一卷
王氏撰　上海　掃葉山房　1926 年　五朝小說大觀

007664398　5736　1490　（27）
讀書隅見一卷
上海　掃葉山房　1926 年　五朝小說大觀

007664407　5736　1490　（27）
雞肋編一卷
莊綽撰　上海　掃葉山房　1926 年　五朝小説大觀

007664412　5736　1490　（27）
雞林類事一卷
孫穆撰　上海　掃葉山房　1926 年　五朝小説大觀

007664399　5736　1490　（27）
齊東野語一卷
周密撰　上海　掃葉山房　1926 年　五朝小説大觀

007664405　5736　1490　（27）
深雪偶談一卷
方岳撰　上海　掃葉山房　1926 年　五朝小説大觀

007891590　5736　1490　（27）
韋居聽輿一卷
陳直撰　上海　掃葉山房　1926 年　五朝小説大觀

007664401　5736　1490　（27）
西溪叢語一卷
姚寬撰　上海　掃葉山房　1926 年　五朝小説大觀

007891593　5736　1490　（27）
暇日記一卷
劉跂撰　上海　掃葉山房　1926 年　五朝小説大觀

007664400　5736　1490　（27）
野人閒話一卷
景焕撰　上海　掃葉山房　1926 年　五朝小説大觀

007664410　5736　1490　（27）
隱窟雜記一卷
温革撰　上海　掃葉山房　1926 年　五朝小説大觀

007664402　5736　1490　（27）
植杖閒譚一卷
錢康功撰　上海　掃葉山房　1926 年　五朝小説大觀

007665102　5736　1490　（28）
汴都平康記一卷
張邦基撰　上海　掃葉山房　1926 年　五朝小説大觀

007664422　5736　1490　（28）
登西臺慟哭記一卷
謝翺撰　上海　掃葉山房　1926 年　五朝小説大觀

007664421　5736　1490　（28）
艮嶽記一卷
張淏撰　上海　掃葉山房　1926 年　五朝小説大觀

007665101　5736　1490　（28）
古杭夢遊錄一卷
耐得翁撰　上海　掃葉山房　1926 年　五朝小説大觀

007664413　5736　1490　（28）
雞肋一卷
趙崇絢撰　上海　掃葉山房　1926 年　五朝小説大觀

007664414　5736　1490　（28）
鑒誡錄一卷
何光遠撰　上海　掃葉山房　1926 年　五朝小説大觀

007664425　5736　1490　（28）
六朝事跡一卷
張敦頤撰　上海　掃葉山房　1926 年

五朝小説大觀

007664418 5736 1490 （28）
乾道庚寅奏事錄一卷
周必大撰　上海　掃葉山房　1926 年
五朝小説大觀

007664426 5736 1490 （28）
錢塘瑣記一卷
于肇撰　上海　掃葉山房　1926 年　五朝小説大觀

007664415 5736 1490 （28）
事原一卷
劉孝孫撰　上海　掃葉山房　1926 年
五朝小説大觀

007665103 5736 1490 （28）
侍兒小名錄一卷
洪遂撰　上海　掃葉山房　1926 年　五朝小説大觀

007891610 5736 1490 （28）
釋常談三卷
上海　掃葉山房　1926 年　五朝小説大觀

007891601 5736 1490 （28）
坦齋通編一卷
邢凱撰　上海　掃葉山房　1926 年　五朝小説大觀

007664416 5736 1490 （28）
續釋常談一卷
龔熙正撰　上海　掃葉山房　1926 年
五朝小説大觀

007891618 5736 1490 （28）
臆乘一卷
楊伯嵒撰　上海　掃葉山房　1926 年
五朝小説大觀

007664424 5736 1490 （28）
于役志一卷
歐陽修撰　上海　掃葉山房　1926 年
五朝小説大觀

007891622 5736 1490 （29）
北苑別錄一卷
趙汝礪撰　上海　掃葉山房　1926 年
五朝小説大觀

007665109 5736 1490 （29）
本朝茶法一卷
沈括撰　上海　掃葉山房　1926 年　五朝小説大觀

007891634 5736 1490 （29）
茶錄一卷
蔡襄撰　上海　掃葉山房　1926 年　五朝小説大觀

007665114 5736 1490 （29）
禪本草一卷
釋慧日撰　上海　掃葉山房　1926 年
五朝小説大觀

007665113 5736 1490 （29）
花經一卷
張翊撰　上海　掃葉山房　1926 年　五朝小説大觀

007665111 5736 1490 （29）
酒名記一卷
張能臣撰　上海　掃葉山房　1926 年
五朝小説大觀

007665112 5736 1490 （29）
麗情集一卷
張君房撰　上海　掃葉山房　1926 年
五朝小説大觀

007665110　5736　1490　(29)
品茶要錄一卷
黄儒撰　上海　掃葉山房　1926年　五朝小説大觀

007665108　5736　1490　(29)
琴曲譜錄一卷
釋居月撰　上海　掃葉山房　1926年　五朝小説大觀

007665106　5736　1490　(29)
侍兒小名錄一卷
張邦幾撰　上海　掃葉山房　1926年　五朝小説大觀

007665104　5736　1490　(29)
侍兒小名錄一卷
王銍撰　上海　掃葉山房　1926年　五朝小説大觀

007665105　5736　1490　(29)
侍兒小名錄一卷
温豫撰　上海　掃葉山房　1926年　五朝小説大觀

007891626　5736　1490　(29)
蔬食譜一卷
陳達叟撰　上海　掃葉山房　1926年　五朝小説大觀

007665107　5736　1490　(29)
思陵書畫記一卷
周密撰　上海　掃葉山房　1926年　五朝小説大觀

007891629　5736　1490　(29)
宣和北苑貢茶錄一卷
熊蕃撰　上海　掃葉山房　1926年　五朝小説大觀

007869866　5736　1490　(30)
福州猴王神記一卷
洪邁撰　上海　掃葉山房　1926年　五朝小説大觀

007665117　5736　1490　(30)
感應經一卷
陳櫟撰　上海　掃葉山房　1926年　五朝小説大觀

007665115　5736　1490　(30)
耕祿稿一卷
胡錡撰　上海　掃葉山房　1926年　五朝小説大觀

007665125　5736　1490　(30)
鬼國記一卷
洪邁撰　上海　掃葉山房　1926年　五朝小説大觀

007869857　5736　1490　(30)
鬼國續記一卷
洪邁撰　上海　掃葉山房　1926年　五朝小説大觀

007665126　5736　1490　(30)
海外怪洋記一卷
洪芻撰　上海　掃葉山房　1926年　五朝小説大觀

007665128　5736　1490　(30)
韓奉議鸚歌傳一卷
何薳撰　上海　掃葉山房　1926年　五朝小説大觀

007665123　5736　1490　(30)
惠民藥局記一卷
沈括撰　上海　掃葉山房　1926年　五朝小説大觀

007665122　5736　1490　(30)
龍壽丹記一卷
蔡襄撰　上海　掃葉山房　1926年　五

朝小説大觀

007665127　5736　1490　（30）
閩海蠱毒記一卷
楊胐撰　上海　掃葉山房　1926年　五朝小説大觀

007869870　5736　1490　（30）
鳴鶴山記一卷
洪邁撰　上海　掃葉山房　1926年　五朝小説大觀

007665116　5736　1490　（30）
水族加恩簿一卷
毛勝撰　上海　掃葉山房　1926年　五朝小説大觀

007869876　5736　1490　（30）
土牛經一卷
向孟撰　上海　掃葉山房　1926年　五朝小説大觀

007665118　5736　1490　（30）
物類相感志一卷
蘇軾撰　上海　掃葉山房　1926年　五朝小説大觀

007665121　5736　1490　（30）
遊仙夢記一卷
蘇轍撰　上海　掃葉山房　1926年　五朝小説大觀

007665120　5736　1490　（30）
雜纂二續一卷
蘇軾撰　上海　掃葉山房　1926年　五朝小説大觀

007665119　5736　1490　（30）
雜纂續一卷
王君玉撰　上海　掃葉山房　1926年　五朝小説大觀

007665534　5736　1490　（31）
長安客話一卷
蔣一葵撰　上海　掃葉山房　1926年　五朝小説大觀

007665535　5736　1490　（31）
古穰雜錄一卷
李賢撰　上海　掃葉山房　1926年　五朝小説大觀

007665526　5736　1490　（31）
皇朝盛事一卷
王世貞撰　上海　掃葉山房　1926年　五朝小説大觀

007665531　5736　1490　（31）
駒陰冗記一卷
闕莊撰　上海　掃葉山房　1926年　五朝小説大觀

007665528　5736　1490　（31）
客座新聞一卷
沈周撰　上海　掃葉山房　1926年　五朝小説大觀

007665527　5736　1490　（31）
菽園雜記一卷
陸容撰　上海　掃葉山房　1926年　五朝小説大觀

007665530　5736　1490　（31）
莘野纂聞一卷
伍餘福撰　上海　掃葉山房　1926年　五朝小説大觀

007665529　5736　1490　（31）
枝山前聞一卷
祝允明撰　上海　掃葉山房　1926年　五朝小説大觀

007665533　5736　1490　(31)
中洲野錄一卷
程文憲撰　上海　掃葉山房　1926年
五朝小説大觀

007665540　5736　1490　(32)
碧里雜存一卷
董穀撰　上海　掃葉山房　1926年　五
朝小説大觀

007665543　5736　1490　(32)
二酉委譚一卷
王世懋撰　上海　掃葉山房　1926年
五朝小説大觀

007665537　5736　1490　(32)
後渠漫記一卷
崔銑撰　上海　掃葉山房　1926年　五
朝小説大觀

007665546　5736　1490　(32)
劉氏雜志一卷
劉定之撰　上海　掃葉山房　1926年
五朝小説大觀

007665539　5736　1490　(32)
南翁夢錄一卷
黎澄撰　上海　掃葉山房　1926年　五
朝小説大觀

007665544　5736　1490　(32)
三餘贅筆一卷
都卬撰　上海　掃葉山房　1926年　五
朝小説大觀

007665541　5736　1490　(32)
田居乙記一卷
方大鎮撰　上海　掃葉山房　1926年
五朝小説大觀

007665545　5736　1490　(32)
聽雨紀談一卷
都穆撰　上海　掃葉山房　1926年　五
朝小説大觀

007665542　5736　1490　(32)
西樵野記一卷
侯甸撰　上海　掃葉山房　1926年　五
朝小説大觀

007665538　5736　1490　(32)
懸笥瑣探一卷
劉昌撰　上海　掃葉山房　1926年　五
朝小説大觀

007665555　5736　1490　(33)
庚巳編一卷
陸粲撰　上海　掃葉山房　1926年　五
朝小説大觀

007665548　5736　1490　(33)
寒檠膚見一卷
毛元仁撰　上海　掃葉山房　1926年
五朝小説大觀

007665557　5736　1490　(33)
涉異志一卷
閔文振撰　上海　掃葉山房　1926年
五朝小説大觀

007665552　5736　1490　(33)
識小錄一卷
周賓所撰　上海　掃葉山房　1926年
五朝小説大觀

007665549　5736　1490　(33)
書肆説鈴一卷
葉秉敬撰　上海　掃葉山房　1926年
五朝小説大觀

007665558　5736　1490　(33)
蘇談一卷
楊循吉撰　上海　掃葉山房　1926年

五朝小説大觀

007665563　5736　1490　（33）
天順日錄一卷
李賢撰　上海　掃葉山房　1926 年　五朝小説大觀

007665547　5736　1490　（33）
推蓬寤語一卷
李豫亨撰　上海　掃葉山房　1926 年　五朝小説大觀

007665551　5736　1490　（33）
新知錄一卷
劉仕義撰　上海　掃葉山房　1926 年　五朝小説大觀

007665556　5736　1490　（33）
續巳編一卷
郎瑛撰　上海　掃葉山房　1926 年　五朝小説大觀

007665559　5736　1490　（33）
意見一卷
陳于陛撰　上海　掃葉山房　1926 年　五朝小説大觀

007665550　5736　1490　（33）
語窺今古一卷
洪文科撰　上海　掃葉山房　1926 年　五朝小説大觀

007665560　5736　1490　（33）
遇恩錄一卷
劉仲璟撰　上海　掃葉山房　1926 年　五朝小説大觀

007665569　5736　1490　（34）
病逸漫記一卷
陸釴撰　上海　掃葉山房　1926 年　五朝小説大觀

007666529　5736　1490　（34）
高坡異纂一卷
楊儀撰　上海　掃葉山房　1926 年　五朝小説大觀

007665564　5736　1490　（34）
今言一卷
鄭曉撰　上海　掃葉山房　1926 年　五朝小説大觀

007665566　5736　1490　（34）
琅琊漫鈔一卷
文林撰　上海　掃葉山房　1926 年　五朝小説大觀

007665565　5736　1490　（34）
彭公筆記一卷
彭時撰　上海　掃葉山房　1926 年　五朝小説大觀

007665124　5736　1490　（34）
篷窗續錄一卷
馮時可撰　上海　掃葉山房　1926 年　五朝小説大觀

007666531　5736　1490　（34）
篷軒別記一卷
楊循吉撰　上海　掃葉山房　1926 年　五朝小説大觀

007666532　5736　1490　（34）
青巖叢錄一卷
王褘撰　上海　掃葉山房　1926 年　五朝小説大觀

007666530　5736　1490　（34）
豫章漫鈔一卷
陸深撰　上海　掃葉山房　1926 年　五朝小説大觀

007665568　5736　1490　(34)
震澤長語一卷
王鏊撰　上海　掃葉山房　1926年　五朝小說大觀

007665567　5736　1490　(34)
震澤紀聞一卷
王鏊撰　上海　掃葉山房　1926年　五朝小說大觀

007666546　5736　1490　(35)
寶檟記一卷
滑惟善撰　上海　掃葉山房　1926年　五朝小說大觀

007666541　5736　1490　(35)
矗采館清課一卷
費元禄撰　上海　掃葉山房　1926年　五朝小說大觀

007666535　5736　1490　(35)
春風堂隨筆一卷
陸深撰　上海　掃葉山房　1926年　五朝小說大觀

007666533　5736　1490　(35)
東谷贅言一卷
敖英撰　上海　掃葉山房　1926年　五朝小說大觀

007666534　5736　1490　(35)
閒中今古錄一卷
黃溥撰　上海　掃葉山房　1926年　五朝小說大觀

007666547　5736　1490　(35)
腳氣集一卷
車若水撰　上海　掃葉山房　1926年　五朝小說大觀

007666539　5736　1490　(35)
農田餘話一卷
長谷真逸撰　上海　掃葉山房　1926年　五朝小說大觀

007666544　5736　1490　(35)
篷櫳夜話一卷
李日華撰　上海　掃葉山房　1926年　五朝小說大觀

007666540　5736　1490　(35)
水南翰記一卷
李如一[一題張袞]撰　上海　掃葉山房　1926年　五朝小說大觀

007666542　5736　1490　(35)
吳風錄一卷
黃省曾撰　上海　掃葉山房　1926年　五朝小說大觀

007666537　5736　1490　(35)
簷曝偶談一卷
顧元慶撰　上海　掃葉山房　1926年　五朝小說大觀

007666538　5736　1490　(35)
雨航雜錄一卷
馮時可撰　上海　掃葉山房　1926年　五朝小說大觀

007666551　5736　1490　(35)
寓圃雜記一卷
王錡撰　上海　掃葉山房　1926年　五朝小說大觀

007666549　5736　1490　(35)
逐鹿記一卷
王禕撰　上海　掃葉山房　1926年　五朝小說大觀

007666557　5736　1490　(36)
剪勝野聞一卷
徐禎卿撰　上海　掃葉山房　1926年

五朝小說大觀

009160406　5736　1490　(36)
近峰記略一卷
皇甫庸撰　上海　掃葉山房　1926年
五朝小說大觀

007666554　5736　1490　(36)
近峰聞略一卷
皇甫庸撰　上海　掃葉山房　1926年
五朝小說大觀

007666553　5736　1490　(36)
青溪暇筆一卷
姚福撰　上海　掃葉山房　1926年　五朝小說大觀

007666564　5736　1490　(36)
清暑筆談一卷
陸樹聲撰　上海　掃葉山房　1926年
五朝小說大觀

007666561　5736　1490　(36)
吳中故語一卷
楊循吉撰　上海　掃葉山房　1926年
五朝小說大觀

007666560　5736　1490　(36)
谿山餘話一卷
陸深撰　上海　掃葉山房　1926年　五朝小說大觀

007666559　5736　1490　(36)
遜國記一卷
上海　掃葉山房　1926年　五朝小說大觀

007666567　5736　1490　(37)
百可漫志一卷
陳霆撰　上海　掃葉山房　1926年　五朝小說大觀

007666566　5736　1490　(37)
甲乙剩言一卷
胡應麟撰　上海　掃葉山房　1926年
五朝小說大觀

007666569　5736　1490　(37)
見聞紀訓一卷
陳良謨撰　上海　掃葉山房　1926年
五朝小說大觀

007666576　5736　1490　(37)
遼邸記聞一卷
錢希言撰　上海　掃葉山房　1926年
五朝小說大觀

007666577　5736　1490　(37)
女俠傳一卷
鄒之麟撰　上海　掃葉山房　1926年
五朝小說大觀

007666571　5736　1490　(37)
先進遺風一卷
耿定向撰　上海　掃葉山房　1926年
五朝小說大觀

007666573　5736　1490　(37)
擁絮迂談一卷
朱鷺撰　上海　掃葉山房　1926年　五朝小說大觀

007668450　5736　1490　(38)
朝鮮紀事一卷
倪謙撰　上海　掃葉山房　1926年　五朝小說大觀

007668453　5736　1490　(38)
國寶新編一卷
顧璘撰　上海　掃葉山房　1926年　五朝小說大觀

007668447　5736　1490　(38)
琉球使略一卷
陳侃撰　上海　掃葉山房　1926 年　五朝小説大觀

007666578　5736　1490　(38)
秘録一卷
李夢陽撰　上海　掃葉山房　1926 年　五朝小説大觀

007668449　5736　1490　(38)
南巡日録一卷
陸深撰　上海　掃葉山房　1926 年　五朝小説大觀

007668451　5736　1490　(38)
平定交南録一卷
丘濬撰　上海　掃葉山房　1926 年　五朝小説大觀

007666579　5736　1490　(38)
西征記一卷
戴祚撰　上海　掃葉山房　1926 年　五朝小説大觀

007668454　5736　1490　(38)
仰山脞録一卷
閔文振撰　上海　掃葉山房　1926 年　五朝小説大觀

007666580　5736　1490　(38)
醫間漫記一卷
賀欽撰　上海　掃葉山房　1926 年　五朝小説大觀

007666581　5736　1490　(38)
義虎傳一卷
祝允明撰　上海　掃葉山房　1926 年　五朝小説大觀

007668452　5736　1490　(38)
雲林遺事一卷
顧元慶撰　上海　掃葉山房　1926 年　五朝小説大觀

007668448　5736　1490　(38)
雲中事記一卷
蘇佑撰　上海　掃葉山房　1926 年　五朝小説大觀

007668459　5736　1490　(39)
蒹葭堂雜鈔一卷
陸楫撰　上海　掃葉山房　1926 年　五朝小説大觀

007668460　5736　1490　(39)
快雪堂漫録一卷
馮夢禎撰　上海　掃葉山房　1926 年　五朝小説大觀

007668457　5736　1490　(39)
緑雪亭雜言一卷
敖英撰　上海　掃葉山房　1926 年　五朝小説大觀

007668465　5736　1490　(39)
前定録補一卷
朱佐撰　上海　掃葉山房　1926 年　五朝小説大觀

007668462　5736　1490　(39)
逌徇編一卷
葉秉敬撰　上海　掃葉山房　1926 年　五朝小説大觀

007668461　5736　1490　(39)
天爵堂筆餘一卷
薛崗撰　上海　掃葉山房　1926 年　五朝小説大觀

007668464　5736　1490　(39)
委巷叢談一卷
田汝成撰　上海　掃葉山房　1926 年

五朝小説大觀

007668456　5736　1490　（39）
吳中往哲記一卷
楊循吉撰　上海　掃葉山房　1926年
五朝小説大觀

007668455　5736　1490　（39）
新倩籍一卷
徐禎卿撰　上海　掃葉山房　1926年
五朝小説大觀

007668463　5736　1490　（39）
雪濤談叢一卷
江盈科撰　上海　掃葉山房　1926年
五朝小説大觀

007668458　5736　1490　（39）
雲夢藥溪談一卷
文翔鳳撰　上海　掃葉山房　1926年
五朝小説大觀

007668481　5736　1490　（40）
阿寄傳一卷
田汝成撰　上海　掃葉山房　1926年
五朝小説大觀

007668476　5736　1490　（40）
洞簫記一卷
陸粲撰　上海　掃葉山房　1926年　五朝小説大觀

007668478　5736　1490　（40）
廣寒殿記一卷
明宣宗撰　上海　掃葉山房　1926年
五朝小説大觀

007668473　5736　1490　（40）
海味索隱一卷
屠本畯撰　上海　掃葉山房　1926年
五朝小説大觀

007668480　5736　1490　（40）
李公子傳一卷
陳繼儒撰　上海　掃葉山房　1926年
五朝小説大觀

007668466　5736　1490　（40）
譚輅一卷
張鳳翼撰　上海　掃葉山房　1926年
五朝小説大觀

007668472　5736　1490　（40）
西州合譜一卷
張鴻槃撰　上海　掃葉山房　1926年
五朝小説大觀

007668468　5736　1490　（40）
戲瑕一卷
錢希言撰　上海　掃葉山房　1926年
五朝小説大觀

007668474　5736　1490　（40）
笑禪錄一卷
潘游龍撰　上海　掃葉山房　1926年
五朝小説大觀

007668471　5736　1490　（40）
異林一卷
徐禎卿撰　上海　掃葉山房　1926年
五朝小説大觀

007668469　5736　1490　（40）
語怪一卷
祝允明撰　上海　掃葉山房　1926年
五朝小説大觀

007668475　5736　1490　（40）
雜纂三續一卷
黃允交撰　上海　掃葉山房　1926年
五朝小説大觀

007668479　5736　1490　(40)
周顛仙人傳一卷
明太祖撰　上海　掃葉山房　1926 年
五朝小説大觀

008454048　MLC－C
明清扇面集錦
上海　藝苑真賞社　194? 年

007657646　5736　1935
武俠叢畫四卷
上海　上海圖書館　1925 年

007658698　5736　2225.7
新式標點古今情史類纂二十四卷
上海　普益書局　1926 年

007658702　5736　2383
舊小説
吴曾祺編　上海　商務印書館　1924 年
　6 版　(m.)

008335759　5736　2383b　5736　2383d
舊小説
吴曾祺編　上海　商務印書館　1930 年
　國學基本叢書　(m.)

007658704　5736　2923
繪圖女才子十二卷
上海　南華書局　1917 年

007657446　5736　3371
武俠叢談
冷風編　上海　商務印書館　1934 年
國難後第 2 版　(m.)

008096829　5736　3560
癡婆子傳
芙蓉主人輯　香港　寫春園　1912—
30 年

008096830　5736　3560　FC8726　Film　Mas　32958
控鶴監秘記
(唐)張垍撰　香港　寫春園　1912—
30 年

009370049　5736　3560a
癡婆子傳二卷
芙蓉主人輯　情癡子批校　1912—49
年　鉛印

007658434　5736　38
顧氏文房小説
顧元慶撰　上海　涵房樓景印　1925 年

007665581　5736　4090　FC8534　Film　Mas　32227
筆記小説大觀八輯
上海　進步書局　1912—49 年

007670786　5736　4462
太平廣記五百卷
李昉撰　上海　掃葉山房　1926 年

007657577　5736　4462B
太平廣記五百卷　目録十卷
李昉等編　北平　文友堂書坊　1934 年

007443120　Z3101.Y446x　vol.15
太平廣記篇目及引書引得
鄧嗣禹編　哈佛燕京學社引得編纂處
洪業等　北平　哈佛燕京學社引得編纂
處　1934 年　引得　(m.)

007664448　5736　4881
古今第一奇觀四卷
李笑吾撰　上海　大陸圖書公司
1922 年

007664449　5736　4881　(1)
古今忠孝奇觀
上海　大陸圖書公司　1922 年　古今第
一奇觀

007664451　5736　4881　（2）
古今節義奇觀
上海　大陸圖書公司　1922 年　古今第一奇觀

007664452　5736　4881　（3）
古今奸盜奇觀
上海　大陸圖書公司　1922 年　古今第一奇觀

007664453　5736　4881　（4）
古今詐騙奇觀
上海　大陸圖書公司　1922 年　古今第一奇觀

007658707　5736　5621
古今情海三十二卷
曹繡君編　上海　文明書局　1916 年

007657351　5736　6755
古今說部叢書
國學扶輪社校輯　上海　中國圖書公司　1913 年

007657465　5736　7217
中國五千年秘史大觀
周天鵬編　上海　古史編輯局　1920 年（m.）

009110629　DS751.S5　1919x
河南邵氏聞見錄二十卷
邵伯溫撰　上海　涵芬樓藏版　1919 年

007658514　5736　7248
唐宋傳奇集八卷
魯迅校錄　上海　北新書局　1927—28 年　初版（m.）

007658515　5736　7248.1
古小說鉤沉
魯迅編　香港　魯迅全集出版社　1939 年　魯迅全集單行本著述之部

007658639　5736　7914
古佚小說叢刊初集
海寧　慎初堂　1929 年

007665582　5736　8258
中國短篇小說第一集
鄭振鐸撰　上海　商務印書館　1925 年

007666526　5736　8258　5736　8258（2）
中國短篇小說集第二集
鄭振鐸編　上海　商務印書館　1926—28 年（m.）

007666527　5736　8258　pt.1
中國短篇小說集第三集　上冊
鄭振鐸編　上海　商務印書館　1933 年（m.）

009284649　5736.2　2211
飛燕外傳
伶玄撰　漢雜事秘辛　王子充撰　上海　文祿堂　1934 年

007664456　5736.2　7223
漢魏小說採珍
馬俊良編纂　上海　中央書店　1937 年

007660517　5736.4　1300
遊仙窟
（唐）張文成[鷟]作　川島校點　上海　北新書局　1929 年　初版（m.）

007783289　5736.4　2116
唐宋傳奇選
盧冀野選註　上海　商務印書館　1939 年（m.）

007660535　5736.4　2355
唐人創作小說選
上海中央書店編　儲菊人校訂　上海　上海中央書店　1937 年

007660548　5736.4　3164B
唐人小説二卷
汪辟疆編　上海　神州國光社　1930年
初版　(m.)

007662286　5736.4　8230
劍俠傳　續劍俠傳
鄭應齋[官應]輯編　上海　中央書店
1936年　再版

007633991　5737　2648
宋人創作小説選
中央書店編　上海　中央書店　1935年
初版　(m.)

007633992　5737　4427
雲齋廣錄九卷
(宋)李獻民著　上海　中央書店　1936
年　(m.)

009370020　5738　3118
近事叢殘不分卷
(明)沈瓚著　北平　廣業書社　1928
年　鉛印　明清珍本小説集　之一
(m.)

009324381　5738　3810
四十家小説
顧元慶編　上海　國學扶輪社　1915年
石印

009324385　5738　4333a
虞初志七卷
袁宏道參評　屠隆點閱　上海　掃葉山
房　1924年　石印　(m.)

007633986　5738　5550
明人創作小説選
王華編　上海　中央書店　1935年
(m.)

007636014　5739　1143.3
漁洋夜譚
漁洋山人[王士禛]著　香港　百新圖書
公司　1929年

007635775　5739　1147
豔史十二種
上海　漢文淵書肆　1929年

007636029　5739　1147　(1)
板橋雜記三卷　續一卷
余懷撰　珠泉居士撰續　上海　漢文淵
書肆　1929年　豔史十二種

007636033　5739　1147　(1-2)
吳門畫舫錄一卷　續錄三卷
西溪山人撰　箇中生續撰　上海　漢文
淵書肆　1929年　豔史十二種

007636036　5739　1147　(3-4)
秦淮畫舫錄二卷　畫舫餘譚一卷
捧花生撰　上海　漢文淵書肆　1929年
豔史十二種

007636034　5739　1147　(3)
雪鴻小記一卷　補遺一卷
珠泉居士撰　上海　漢文淵書肆　1929
年　豔史十二種

007636038　5739　1147　(4)
白門新柳記一卷　補記一卷　附記一卷
許豫撰　楊亨撰補記　上海　漢文淵書
肆　1929年　豔史十二種

007636040　5739　1147　(5)
十洲春雨二卷
二石生撰　上海　漢文淵書肆　1929年
豔史十二種

007636042　5739　1147　(6-8)
**海陬冶遊錄三卷　附錄三卷　餘錄一卷
花國劇談二卷**

王韜撰　上海　漢文淵書肆　1929 年　豔史十二種

007636041　5739　1147　(6)
竹西花事小錄一卷
芬利它行者撰　上海　漢文淵書肆　1929 年　豔史十二種

007071753　5739　1174
壺天錄
百一居士著　上海　大達圖書供應社　1936 年

007635798　5739　1982
清朝奇案大觀
孫劍秋編著　上海　東華書局　1919 年　(m.)

007635720　5739　7910
香畹樓憶語
陳裴之著　上海　中央書局　1935 年

007635804　5740　025
歷代滑稽故事選集
方成編註　南京　正中書局　1935 年　(m.)

007636079　5740　3142
莊諧筆記
江蔭香編著　上海　大達圖書供應社　1935 年

007636081　5740　3182
歷代小說筆記選
江畬經撰　上海　商務印書館　1934 年　(m.)

007635822　5740　3367
江湖異聞
壯遊客編纂　上海　大亞書局　1931 年

007635797　5740　4291
虞初近志
胡懷琛編　上海　大達圖書供應社　1932 年　(m.)

007636086　5740　4657
近代奇案大觀
世界書局編輯部編輯　上海　世界書局　1931 年

007636088　5740　4657.3
近代野史奇觀
世界書局編輯部編輯　上海　1925 年

007637291　5740　5457
小小說八十種
中華書局編輯　上海　中華書局　1917—21 年

007637058　5740　5457　(v.1)
長阪坡
中華書局編輯　上海　中華書局　1917 年　初版　小小說

007637067　5740　5457　(v.10)
飛虎將軍
中華書局編輯　上海　中華書局　1917 年　初版　小小說　(m.)

007637312　5740　5457　(v.11)
風波亭
中華書局編輯　上海　中華書局　1917—21 年　小小說　(m.)

007637068　5740　5457　(v.12)
壕山大戰
中華書局編輯　上海　中華書局　1917 年　初版　小小說　(m.)

007637072　5740　5457　(v.13)
火燒赤壁
中華書局編輯　上海　中華書局　1917

年　初版　小小説　（m.）

007637061　5740　5457　（v.14）
火燒葫蘆谷
中華書局編輯　上海　中華書局　1917年　初版　小小説　（m.）

007637091　5740　5457　（v.15）
火燒博望坡
中華書局編輯　上海　中華書局　1921年　初版　小小説　（m.）

007637071　5740　5457　（v.16）
火燒草料場
中華書局編輯　上海　中華書局　1917年　初版　小小説　（m.）

007637092　5740　5457　（v.17）
火焰山
中華書局編輯　上海　中華書局　1921年　初版　小小説　（m.）

007637323　5740　5457　（v.18）
巡檢招婿
中華書局編輯　上海　中華書局　1917—21年　小小説　（m.）

007637325　5740　5457　（v.19）
潯陽江
中華書局編輯　上海　中華書局　1917—21年　小小説　（m.）

007798926　5740　5457　（v.2）
戰猇亭
中華書局編輯　上海　中華書局　1917—21年　小小説

007637326　5740　5457　（v.20）
花果山
中華書局編輯　上海　中華書局　1917—21年　小小説　（m.）

007637087　5740　5457　（v.21）
義士贈刀
中華書局編輯　上海　中華書局　1917年　初版　小小説　（m.）

007637329　5740　5457　（v.22）
人參果
中華書局編輯　上海　中華書局　1917—21年　小小説　（m.）

007637073　5740　5457　（v.23）
癩頭和尚
中華書局編輯　上海　中華書局　1917年　初版　小小説　（m.）

007637078　5740　5457　（v.24）
泥馬渡康王
中華書局編輯　上海　中華書局　1917年　初版　小小説　（m.）

007637074　5740　5457　（v.25）
連環洞
中華書局編輯　上海　中華書局　1917年　初版　小小説　（m.）

007637331　5740　5457　（v.26）
劉老老
中華書局編輯　上海　中華書局　1917—21年　小小説　（m.）

007637062　5740　5457　（v.27）
潞安州
中華書局編輯　上海　中華書局　1917年　初版　小小説　（m.）

007637332　5740　5457　（v.28）
蘆中人
中華書局編輯　上海　中華書局　1917—21年　小小説　（m.）

007637342　5740　5457　(v.29)
龍圖奇案
中華書局編輯　上海　中華書局
1917—21年　小小説　(m.)

007637301　5740　5457　(v.3)
摺扇案
中華書局編輯　上海　中華書局
1917—21年　小小説　(m.)

007637079　5740　5457　(v.30)
牛頭山
中華書局編輯　上海　中華書局　1917
年　初版　小小説　(m.)

007637063　5740　5457　(v.31)
劈羅真人
中華書局編輯　上海　中華書局　1917
年　初版　小小説　(m.)

007637375　5740　5457　(v.32)
四神祠
中華書局編輯　上海　中華書局
1917—21年　小小説　(m.)

007637082　5740　5457　(v.33)
天河怪
中華書局編輯　上海　中華書局　1917
年　初版　小小説　(m.)

007637083　5740　5457　(v.34)
天門陣
中華書局編輯　上海　中華書局　1917
年　初版　小小説　(m.)

007637380　5740　5457　(v.35)
狄青平南
中華書局編輯　上海　中華書局
1917—21年　小小説　(m.)

007637381　5740　5457　(v.36)
臥薪嘗膽
中華書局編輯　上海　中華書局
1917—21年　小小説　(m.)

007637084　5740　5457　(v.37)
王佐斷臂
中華書局編輯　上海　中華書局　1917
年　初版　小小説　(m.)

007637384　5740　5457　(v.38)
文白降龍
中華書局編輯　上海　中華書局
1917—21年　小小説

007637085　5740　5457　(v.39)
烏江自刎
中華書局編輯　上海　中華書局　1917
年　初版　小小説　(m.)

007637095　5740　5457　(v.4)
珍珠旗
中華書局編輯　上海　中華書局　1921
年　初版　小小説　(m.)

007637086　5740　5457　(v.40)
五龍陣
中華書局編輯　上海　中華書局　1917
年　初版　小小説　(m.)

007637064　5740　5457　(v.41)
大狼山
中華書局編輯　上海　中華書局　1917
年　初版　小小説　(m.)

007637077　5740　5457　(v.42)
能仁寺
中華書局編輯　上海　中華書局　1917
年　初版　小小説　(m.)

007637090　5740　5457　(v.43)
刀王
中華書局編輯　上海　中華書局　1921

年　初版　小小説　（m.）

007637066　5740　5457　（v.44）
奪先鋒
中華書局編輯　上海　中華書局　1917
年　初版　小小説　（m.）

007637392　5740　5457　（v.45）
花癡
中華書局編輯　上海　中華書局
1917—21 年　小小説　（m.）

007637070　5740　5457　（v.46）
火燒安樂村
中華書局編輯　上海　中華書局　1917
年　初版　小小説　（m.）

007637097　5740　5457　（v.47）
采石磯
中華書局編輯　上海　中華書局　1921
年　初版　小小説　（m.）

007637088　5740　5457　（v.48）
魚腸劍
中華書局編輯　上海　中華書局　1917
年　初版　小小説　（m.）

007637401　5740　5457　（v.49）
八卦陣
中華書局編輯　上海　中華書局
1917—21 年　小小説　（m.）

007637094　5740　5457　（v.5）
七擒孟獲
中華書局編輯　上海　中華書局　1921
年　初版　小小説　（m.）

007637060　5740　5457　（v.50）
黃泥岡
中華書局編輯　上海　中華書局　1917
年　初版　小小説　（m.）

007637408　5740　5457　（v.51）
渭水河
中華書局編輯　上海　中華書局
1917—21 年　小小説　（m.）

007637075　5740　5457　（v.52）
蓮花化身
中華書局編輯　上海　中華書局　1917
年　初版　小小説　（m.）

007637057　5740　5457　（v.53）
草木皆兵
中華書局編輯　上海　中華書局　1917
年　初版　小小説　（m.）

007637414　5740　5457　（v.54）
秦瓊賣馬
中華書局編輯　上海　中華書局
1917—21 年　小小説　（m.）

007637089　5740　5457　（v.55）
大破混元錘
中華書局編輯　上海　中華書局　1921
年　初版　小小説　（m.）

007637418　5740　5457　（v.56）
青龍山
中華書局編輯　上海　中華書局
1917—21 年　小小説　（m.）

007637421　5740　5457　（v.57）
讀書刺股
中華書局編輯　上海　中華書局
1917—21 年　小小説　（m.）

007637427　5740　5457　（v.59）
大破洛陽城
中華書局編輯　上海　中華書局
1917—21 年　小小説　（m.）

007637306　5740　5457　(v.6)
劫王扛
中華書局編輯　上海　中華書局
1917—21 年　小小説

007637081　5740　5457　(v.60)
十字坡
中華書局編輯　上海　中華書局　1917
年　初版　小小説　(m.)

007637080　5740　5457　(v.61)
槍挑小梁王
中華書局編輯　上海　中華書局　1917
年　初版　小小説　(m.)

007637065　5740　5457　(v.62)
鄧家莊
中華書局編輯　上海　中華書局　1917
年　初版　小小説　(m.)

007637059　5740　5457　(v.63)
大鬧五台山
中華書局編輯　上海　中華書局　1917
年　初版　小小説　(m.)

007637076　5740　5457　(v.64)
馬贊報仇
中華書局編輯　上海　中華書局　1917
年　初版　小小説　(m.)

007637428　5740　5457　(v.65)
假仙師
中華書局編輯　上海　中華書局
1917—21 年　小小説　(m.)

007637429　5740　5457　(v.66)
陰陽鐘
中華書局編輯　上海　中華書局
1917—21 年　小小説　(m.)

007637489　5740　5457　(v.67)
陳琳救主
中華書局編輯　上海　中華書局
1917—21 年　小小説　(m.)

007637491　5740　5457　(v.68)
鬧天宮
中華書局編輯　上海　中華書局
1917—21 年　小小説　(m.)

007637069　5740　5457　(v.69)
混世魔王
中華書局編輯　上海　中華書局
1917 年　初版　小小説　(m.)

007637093　5740　5457　(v.7)
酒中仙
中華書局編輯　上海　中華書局　1921
年　初版　小小説　(m.)

007637492　5740　5457　(v.70)
孟良盜骨
中華書局編輯　上海　中華書局
1917—21 年　小小説　(m.)

007638368　5740　5457　(v.71)
鴛鴦樓
中華書局編輯　上海　中華書局　1921
年　初版　小小説　(m.)

007638552　5740　5457　(v.72)
狄青比武
中華書局編輯　上海　中華書局
1917—21 年　小小説　(m.)

007638554　5740　5457　(v.73)
教場打拳
中華書局編輯　上海　中華書局
1917—21 年　小小説　(m.)

007638558　5740　5457　(v.74)
君子國
中華書局編輯　上海　中華書局

1917—21年 小小說 （m.）

007638364　5740　5457　(v.75)
過五關
中華書局編輯　上海　中華書局
1917年　初版　小小說　（m.）

007638365　5740　5457　(v.76)
馬陵道
中華書局編輯　上海　中華書局
1917年　初版　小小說　（m.）

007638566　5740　5457　(v.77)
活提孫飛虎
中華書局編輯　上海　中華書局
1917—21年　小小說

007638363　5740　5457　(v.78)
望蒙山鬥箭
中華書局編輯　上海　中華書局　1917
年　初版　小小說　（m.）

007638367　5740　5457　(v.79)
灌晉陽
中華書局編輯　上海　中華書局　1921
年　初版　小小說　（m.）

007637307　5740　5457　(v.8)
九龍山
中華書局編輯　上海　中華書局
1917—21年　小小說　（m.）

007638366　5740　5457　(v.80)
武松打虎
中華書局編輯　上海　中華書局　1917
年　初版　小小說　（m.）

007637096　5740　5457　(v.9)
祝家莊
中華書局編輯　上海　中華書局　1921
年　初版　小小說　（m.）

007638360　5740　7963
古今劍俠大全秘本筆記
陳愚著　上海　廣益書局　1947年　新
1版　（m.）

007638586　5741　0213.23
山海經地理今釋六卷
吳承志撰　香港　南林劉氏　1922年
求恕齋叢書

007440686　5741　0213.7　Z3101.C4795　1943x　vol.9
山海經通檢
巴黎大學北平漢學研究所編輯　北京
巴黎大學北平漢學研究所　1948年　巴
黎大學北平漢學研究所通檢叢刊　（m.）

007638257　5741　0213C
山海經箋疏十八卷
郭璞傳　郝懿行箋疏　上海　中華書局
1927—36年

011913384　PL2801.N29　M5　1948
民間奇案
沈文華編著　上海　國光書店　1948年
初版　（m.）

011909304　PL2754.Y8　H7　1935
情性故事集
周越然著　上海　天馬書店　1936年
初版　（m.）

007638590　5741　4371
燕丹子
鄭麐編譯　上海　世界書局　1946年
（m.）

007638359　5743　1438D
搜神記二十卷
（晉）干寶、陶潛著　袁韜壺標點　上海
掃葉山房書局　1925年　初版
（m.）

007638207　5744　3248
雲仙雜記十卷
馮贄著　上海　商務印書館　1934 年
四部叢刊續編　（m.）

007638377　5744　4153
雲溪友議
范攄纂　上海　商務印書館　1934 年
初版

007639650　5744　7454
酉陽雜俎前集二十卷　續集十卷
（唐）段成式著　上海　商務印書館
1929 年　（m.）

007638633　5745　1361
括異志十卷
張思政撰　上海　商務印書館　1934 年
　四部叢刊續編

007638636　5745　2144
鬼董狐
香港　1916 年

007685957　MLC–C
洪容齋筆記
洪邁撰　趙學南校　上海　掃葉山房
1928 年

007638654　5745　3833
夷堅志
洪邁著　上海　商務印書館　1927 年

007638663　5745　4317
月河所聞集一卷
莫君陳撰　香港　吳興劉氏　1918 年
吳興叢書

007638208　5745　4424
續幽怪錄四卷
李復言編　上海　商務印書館　1934 年

007638687　5747　1142
[玉茗堂批選本]豔異編四十卷
湯顯祖選　上海　中央書店　1936 年

008337630　5747　6146b
剪燈新話、剪燈餘話合刊
瞿佑、李昌祺著　1931 年

007638710　5748　0263　（1）
洞靈小志
郭則澐撰　蟄園校刊　1934 年

007638711　5748　0263　（2）
洞靈續志八卷
1936 年

007639586　5748　114
虞初支志四卷
王葆心編　上海　商務印書館　1935 年
　（m.）

007639401　5748　1143
香祖筆記
王世禛撰　上海　大達圖書供應社
1934 年　（m.）

009112432　5748　1144a
印雪軒隨筆四十卷
三硬蘆圩耕叟著　上海　掃葉山房
1929 年　石印

007639519　5748　1147.1　PL2732.A58　T36　1934
弢園筆記
王弢著　朱維公標點　胡協寅校閱　上
海　大達圖書供應社　1934 年　再版
文學筆記叢書　（m.）

007639517　5748　2334.2
我佛山人筆記
吳趼人著　上海　廣益書局　1936 年
再版　文學筆記叢書

007639724　5748　3947c　(1－8)
池上草堂筆記八卷
梁恭辰著　上海　受古書店　1927年

007639576　5748　3947d
池上草堂筆記
（清）梁恭辰撰　周郁年標點　上海　大達圖書供應社　1935年

007640129　5748　4242.11
聊齋志異新評
蒲松齡著　王士正［士禎］評　上海　商務印書館　1925年

007640135　5748　4242.12
聊齋志異新評十六卷
王士正［士禎］評　但明倫新評　上海　中新書局　1918年

007640157　5748　4242.6
聊齋志異外書磨難曲四卷
蒲松齡撰　東京　文求堂書店　1936年

007640163　5748　4242.66c
詳註聊齋志異圖詠十六卷
蒲松齡著　呂湛恩註　上海　中原書局　1928年

007640164　5748　4242.66d
詳註聊齋志異圖詠十六卷
蒲松齡著　呂湛恩註　上海　錦章圖書局　1927年

007639950　5748　4242.72
聊齋志異外集八卷
留仙後人著　上海　新民書局　1935年　再版　（m.）

007640189　5748　4344
新齊諧初集五卷　續集三卷
隨園［袁枚］編　上海　錦章圖書局　1914年

007639947　5748　7231b
螢窗異草
（清）長白浩歌子著　薛恨生標點　上海　新文化書社　1935年　9版　（m.）

007639945　5748　7625
六合內外瑣言
（清）屠紳著　沈耀楣標點　上海　大達圖書供應社　1935年　初版　文學筆記叢書　（m.）

007639959　5748　8533
梅溪叢話上下卷
（清）錢梅溪［錢泳］著　朱太忙標點　上海　大達圖書供應社　1936年　初版　文學筆記叢書　（m.）

007639960　5748.3　5014
天上人間
（清）史震林著　雪蛆選輯　上海　出版合作社　1926年　初版　（m.）

007639949　5749　0718
新民耳食錄
薛鎮心著　胡協寅校閱　上海　大達圖書供應社　1935年　初版　（m.）

007639951　5749　1422
民國奇案大觀
襟亞總纂　上海　襟霞閣　1919年　初版　（m.）

007640251　5749　1846
女聊齋志異四卷
賈茗輯　上海　中華圖書館　1913年

007640253　5749　2142
拍案驚異記
程世爵撰　上海　鑄記書局　1912年

語言文學類

007639946　5749　2142b
拍案驚異
（清）王浩著　潘敬元標點　上海　大達圖書供應社　1934年　文學筆記叢書（m.）

007640255　5749　2152
菊兒慘史
上海　文明書局　1932年

007639948　5749　2429
倏遊浪語三卷
傅向榮著　香港　傅向榮　1926年（m.）

007640256　5749　2621
花蠱
上海　文明書局　1932年

007640343　5749　2960
粵派拳師陸阿采別傳
朱愚齋著　香港　華字日報　1936年

007640349　5749　3120
芸娘外傳
汪處廬著　上海　文明書局　1932年（m.）

007640350　5749　3142
奇聞怪見錄
汪大俠編　上海　廣益書局　1930年（w.）

007640351　5749　3334
滿清官場百怪錄二卷
雲間顛公著　上海　掃葉山房　1920年

007640347　5749　4434
澹盦志異
李遜梅著　上海　倣古書店　1936年　初版

007640336　5749　4462
殘夢齋隨筆劄記小說
蔣景緘著　上海　進步書局　1915年　初版（m.）

007640352　5749　4462.1
水底鴛鴦
蔣景緘著　上海　文明書局　1929年（m.）

007640353　5749　4462.4
女傑麥尼華傳
蔣景緘譯　貢少芹續譯　上海　文明書局　1929年

007640354　5749　4462.8
美人心
蔣景緘撰　上海　文明書局　1932年

007640334　5749　4474
海上談魂錄
獨存居士編　上海　大法輪書局　1948年　初版（m.）

007640341　5749　4480
松蔭盦漫錄
松蔭盦主編　上海　自由雜誌社　1926年　初版（m.）

007640335　5749　4861
雲片
趙眠雲著　鄭逸梅校　上海　中孚書局　1934年　初版（m.w.）

009013765　5749　4922
踐卓翁短篇小說一卷
踐卓翁著　香港　平報社　1913年　鉛印

007640337　5749　4926
黃鶴樓感舊記
豹翁著　香港　工商日報營業部　1936年　初版　工商日報叢書　（m.）

009087998　5749　5138
家庭秘聞六卷
虯道人輯　香港　香港書局　1912—49年　石印

007640340　5749　6225
生死情魔懺情小説
喻血輪著　上海　文明書局　1929年4版　（m.）

007640338　5749　8323
閨閣豪賭記社會小説
無愁著　上海　文明書局　1932年6版　（m.）

007640339　5749　8323.3
湖濱豔跡十二章
無愁著　上海　文明書局　1917年　初版　（m.）

009013502　5749　8653
善果拾遺一卷
劉家水編輯　新竹　劉氏　1935年　鉛印

007640323　5750　0113
俠義的故事
施瑛編著　上海　世界書局　1946年　初版　（m.）

007640356　5750　0532
京本通俗小説
黎烈文標點　上海　商務印書館　1934年　（m.）

009199567　5750　0882
唐人創作小説選
上海中央書店編　儲菊人校訂　上海　上海中央書店　1935年　初版　（m.）

007640329　5750　1490
醒世恒言
馮夢龍著　鄭振鐸主編　上海　生活書店　1936年　（m.）

008014496　5750　1490.8
金虜海陵王荒淫
馮夢龍原編　葉德輝摘　1925年　京本通俗小説

008096831　5750　2040
後庭花等四種
濟南　1912—30年

008099446　5750　2040　(1)
[新奇小説]後庭花十二回
濟南　1912—30年　後庭花

007640320　5750　2310.1
新編五代史平話
上海　商務印書館　1924年

007640332　5750　2310.2
京本通俗小説
黎烈文標點　上海　商務印書館　1924年　（m.）

008633391　Microfiche　C-884　CH1489
影元人寫京本通俗小説
濟南　1915年跋

009370067　5750　2310.2a
影元人寫京本通俗小説二冊[存卷十至十六]
濟南　1915—30年

007640324　5750　3240
[全像]古今小説四十卷
馮夢龍編　上海　商務印書館　1947年

007640333　5750　3240.4
警世通言
(明)馮夢龍編　沈亞公校訂　上海　中央書店　1937年　初版　通俗小說庫　(m.)

007641136　5750　3687
續今古奇觀三十回
潘超公標點　沈世榮校閱　上海　大達圖書供應社　1934年

008096833　5750　3844
雨窗集殘存五種　欹枕集殘存七種
香港　馬廉　1934年　清平山堂話本

007641126　5750　3844B
清平山堂話本
洪楩編　廣州　古今小品書籍印行會影印　1929年

007642460　5750　8444
[繡像]今古奇觀六卷　四十回
上海　廣益書局　1924年

007642467　5750　8444c
今古奇觀四十卷
(明)抱甕老人輯　上海　亞東圖書館　1933年　(m.)

009192914　5750　8444e
今古奇觀
金國璞譯　田中慶太郎編輯　東京　文求堂書店　1933年　(m.)

007642250　5750　8444h
今古奇觀
(明)抱甕老人輯　上海　商務印書館　民國間　(m.)

007801836　MLC－C
今古不奇觀
香港　文化書局　1924年

007642150　5750.5　3117
宋人話本七種
上海　亞東圖書館　1935年　重訂3版　(m.)

009192334　5750.5　3117.2
宋人話本八種
汪乃剛句讀　上海　亞東圖書館　1928年　初版　(m.)

007642285　5750.5　4447c
宋人小說
李華卿編　上海　神州國光社　1940年　(m.)

010136199　5750.8　0254
唐虞盛世詞
濟南　1914—45年　鈔本

009369970　5750.8　4121
藍公奇案不分卷
藍鼎元著　唐在田評　香港　大達社　1935—49年　鉛印

009369982　5750.8　4382
增註奇逢全集四卷
廈門　繪文堂　1919年　石印再版

008627849　Microfiche　C－1016　CH1343
三公奇案
上海　大成書局　1926年

007642252　5750.8　4433
十二樓
(清)李漁著　汪協如句讀　上海　亞東圖書館　1949年　初版　(m.)

007642535　5751　1641
三國志平話三卷
上海　涵芬樓　1929年

007642561　5751　3235
宣和遺事
無名氏撰　濟南　1915年

007642126　5751　3235B
宣和遺事前集　後集
上海　中華書局　1927—36年

007642249　5751　3235D
大宋宣和遺事
黎烈文標點　上海　商務印書館　1925年　初版　（m.）

007642393　5751　4306
唐三藏取經詩話上中下
1916年　影印宋刻本

007642564　5751　4306B
唐三藏取經詩話三卷
香港　羅振玉　1916年

007642571　5751　8140
繡像金鞭記十卷
上海　茂記書莊　1914年

008627863　Microfiche　C-1003　CH1278
繡像西湖緣全傳四十卷
上海　茂記書局　1912年

007642579　5752　070.3
水滸七十回
施耐庵著　汪原放句讀　上海　亞東　1929年　8版　（m.）

007642586　5752　070.3　（1930）
水滸七十回
施耐庵著　汪原放句讀　上海　亞東　1930年　12版　（m.）

007642591　5752　070.4
[足本]水滸七十回
施耐庵撰　上海　世界書局　1936年　4版

007643352　5752　070.87
金聖歎七十一回本水滸傳貫華堂原本
上海　中華書局　1934年

007643411　5752　070.87　（1947）
金聖歎七十一回本水滸傳
（明）施耐庵著　（清）金聖歎評　上海　中華書局　1947年　初版

007643655　5752　100.5
[重刊忠義]水滸傳一百回
施耐庵撰　北京　李玄伯　1925年

007643410　5752　120.44
一百二十回的水滸
（明）施耐庵著　上海　商務印書館　1932年　初版　國學基本叢書　（m.）

007643313　5752　1391
水滸人物論贊
張恨水著　南京　萬象周刊社　1947年　（m.）

007643700　5752　2140
武松故事新編
任蒼厂編　上海　經緯書局　1946年

007643402　5752　4111
水滸傳與中國社會
薩孟武著　南京　正中書局　1934年　初版　（m.）

007643354　5752　4111b
水滸傳與中國社會
薩孟武著　上海　正中書局　1947年　4版　（m.）

007643730　5752　7932
陳老蓮水滸葉子
陳洪綬撰　上海　上海出版公司

1947 年

001892518　5752.08　1322
水滸續集
汪原放、章希呂點讀　章希呂等校對
上海　亞東圖書館　1924 年　（m.）

007643900　5752.08　2183
殘水滸
程善之著　秋風、湘亭評　江蘇鎮江
新江蘇日報館　1933 年　初版
（m.w.）

009364846　5752.08　7991e
後水滸傳四十回
陳忱撰　上海　新文化書社　1934 年
鉛印初版

007644106　5752.7　1148　（1949）
水泊梁山英雄譜
孟超著　上海　學智出版社　1949 年
（m.）

007643901　5752.9　7251
水滸外傳
劉盛亞著　上海　懷正文化社　1947 年
初版（m.）

007643916　5754　1643
三國志通俗演義
羅貫中著　上海　涵芬樓　1929 年

002358100　5754　2132.1
三國演義
羅貫中原著　汪原放標點　上海　亞東
圖書館　1930 年　7 版　（m.）

002397578　5754　2132.1　（1922）
三國演義
羅貫中著　汪原放句讀　上海　亞東圖
書館　1922 年　（m.）

002371815　5754　2132f
三國演義
羅貫中著　上海　泰東圖書局　1919 年
（m.）

008014497　5754　2132g
第一才子書存一至八卷　一至五十六回
羅貫中撰　毛宗崗評　上海　中新書局
1915 年

009192154　5755　1138
繡像繪圖兩晉演義十二卷
陳氏尺蠖齋評釋　上海　進步書局　民
國間

009324197　5755　6175d
繪圖前金臺蕩平奇妖傳二十回　後集二十回
羅貫中撰　龍子猶補撰　香港　廣益書
局　1915 年　石印

009342182　5755　6175e
平妖傳四十回
羅貫中撰　馮夢龍補撰　上海　上海受
古書局　1927 年　石印

007639619　5756　3170
西遊記
吳承恩著　汪原放句讀　上海　亞東
1925 年　4 版　（m.）

007639620　5756　3170B
西遊記
（明）吳承恩著　上海　亞東　1929 年
6 版　（m.）

007638361　5756　3170C
西遊記一百回
（明）吳承恩著　汪原放句讀　上海　亞
東圖書館　1921 年　初版　（m.）